该书荣获第十二届河北省文艺振兴奖

邯鄲成語典故

HANDAN CHENGYU DIANGU

苑清民◎主编

中国社会科学出版社

图书在版编目(CIP)数据

邯郸成语典故/苑清民主编．—北京：中国社会科学出版社，2011.12
(2018.1 重印)
ISBN 978-7-5004-9635-9

Ⅰ.①邯…　Ⅱ.①苑…　Ⅲ.①文化史—邯郸市—通俗读物②汉语—成语—典故　Ⅳ.①K292.23-49②H136.3

中国版本图书馆 CIP 数据核字(2011)第 044603 号

出版人　赵剑英
责任编辑　张　林
责任校对　郭　娟
责任印制　戴　宽

出　　版　中国社会科学出版社
社　　址　北京鼓楼西大街甲 158 号
邮　　编　100720
网　　址　http://www.csspw.cn
发行部　010-84083685
门市部　010-84029450
经　　销　新华书店及其他书店

印刷装订　北京君升印刷有限公司
版　　次　2011 年 12 月第 1 版
印　　次　2018 年 1 月第 2 次印刷

开　　本　710×1000　1/16
印　　张　50.5
字　　数　669 千字
定　　价　158.00 元

女娲像，位于邯郸市涉县索堡镇索堡村东唐王峧山

娲皇宫，位于邯郸市涉县索堡镇索堡村唐王峧山

鬼谷子诞生地，位于邯郸市临漳县

鬼谷祠堂，位于邯郸市临漳县

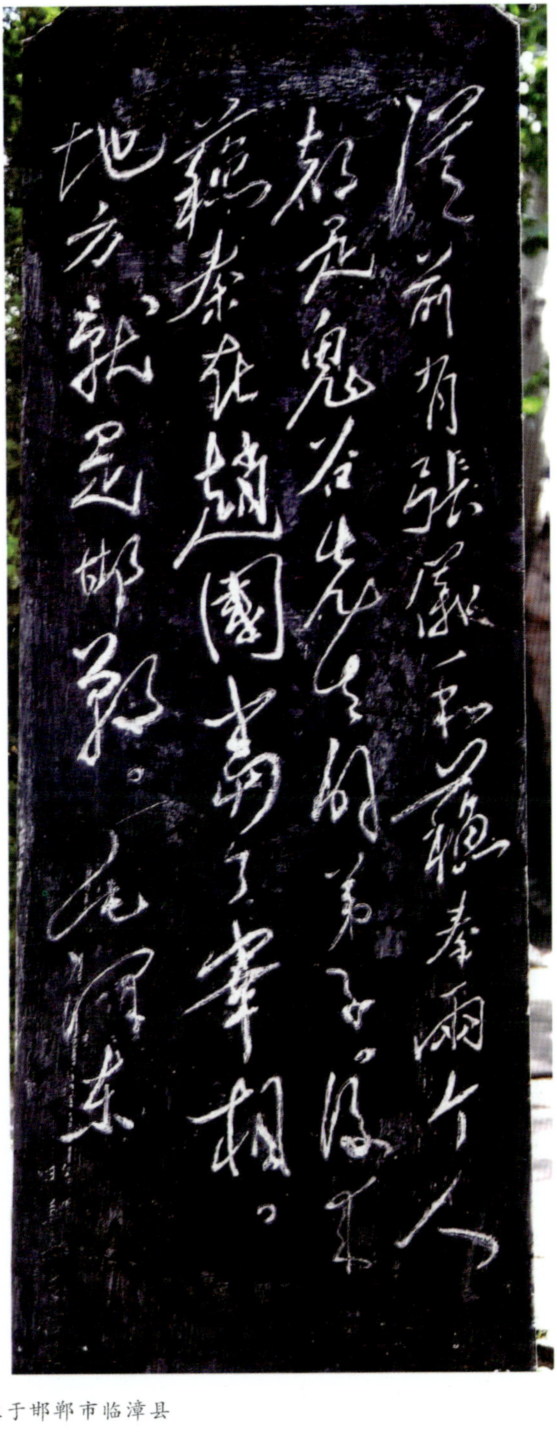

鬼谷子祠碑记，位于邯郸市临漳县

学步桥，位于邯郸市内沁河上

武灵丛台，位于邯郸市区丛台公园内，为赵王阅兵和观赏歌舞的地方

七贤祠，位于邯郸市区丛台公园内，祠内有公孙杵臼、程婴、韩厥、蔺相如、廉颇、赵奢、李牧七尊塑像

胡服骑射塑像，位于邯郸市区

乐毅将军墓，位于邯郸县乐堡村

望诸榭，位于邯郸市丛台公园内，为纪念望诸君乐毅而建

蔺相如庙，位于邯郸市磁县南城乡羌村

廉颇祠，位于邯郸市邯郸县西孙庄村

回车巷，位于邯郸市区穿城街，相传为蔺相如避让廉颇回车之处

平原君赵胜塑像，位于邯郸市肥乡县

赵平原君(赵胜)墓,位于邯郸市肥乡县

王郎城遗址，位于邯郸市复兴区王郎村

罗敷潭，位于邯郸县姜窑村，相传为罗敷浣衣处

古邺城三台遗址，位于邯郸市临漳县

五礼记碑，位于邯郸市大名县石刻博物馆，是柳公权奉唐太宗之命为魏博节度使何进滔撰写的德政碑

广府城，位于邯郸市永年县

大名府城楼，位于邯郸市大名县

二度梅塑像，位于邯郸市丛台公园内，相传梅良玉和陈杏园在丛台离别

吕洞宾墓，位于邯郸县南吕固乡

序　　一

在历史的长河中，每个民族和国家都有自己独特的历史文化和语境。人们在生产实践和社会实践中，创造出许多简洁、生动、形象的成语典故，简单的几个字，就能十分准确、十分精妙地表达出丰富的思想内容。我国在民族大融合过程中，以汉语为主体，吸收诸多少数民族词语，而杂居地区则共同创造出同一话语。文化是代代相传的，成语典故涵蓄了几千年来中华民族政治、经济、文化、军事等方面的智慧和经验教训，是中华民族历史发展的真实记录。据不完全统计，我国成语典故万余条，其中与邯郸有关的达千余条，许多还是直接以邯郸冠名的。邯郸市已被誉为"中国成语典故之乡"。

邯郸荣膺这项桂冠是其历史地理环境铸成的。早在新石器时代早期，邯郸就有了磁山文化，中华民族的先民们赖以生存繁衍的种植业和养殖业在邯郸大地上已相当发达，如家鸡等家禽的饲养、粟等农作物的种植都处于当时全国乃至世界的领先水平。生产剩余已相当可观，仅磁山遗址一处就有余粮十几万斤，而且还有纺织品和陶制品。可以说早在七千余年以前，邯郸地方的社会生产力已处于当时社会的领先水平。殷商以后，邯郸的冶炼业、商业、手工业也逐步发达起来。战国时代，邯郸成为中国北方最主要的冶炼中心，"邯郸郭纵以冶炼成业，与王者埒富"（《史记·货殖列传》）。卓氏先人在邯郸冶炼致富。秦破赵以后，迁卓氏于四川临邛，仍是家童千人的大富豪。商业大贾吕不韦在邯郸以巨资谋居"奇货"……这些都说明赵迁都邯郸前后，邯郸已不仅是"仓廪实"（《史记·赵世家》），而且手工业、冶炼业、商业都已经相当发达。汉代邯郸仍是黄河以北最大的商业城市，"富冠海内，天下名都”（《盐铁论》），是仅次于长安、洛阳的全国五大都会之一。

汉末，虽然邯郸城遭受战乱破坏衰落了，但是在其东南仅30公里的邺城（今邯郸市临漳县境内）迅速崛起，先是成为冀州州治和袁绍的基地，后又成为曹魏的陪都，两晋南北朝先后又有后赵、冉魏、前燕、东魏、北齐在邺建都，邺于是又成为中国北方的政治、经济、军事、文化中心。隋唐以后，邺被战火焚毁，而邯郸城东50公里的大名又代之而起，唐初即为河北道道治，宋代成为陪都，也是黄河以北的经济、政治、文化、军事中心之一……这就给了我们这样一个启示：在宋以前的中国历史中，邯郸地方（即现在的邯郸市域）一直都是中国北方的政治、经济、文化中心。其中心位置或在中（邯郸城）或在南（邺）或在东（大名），但都在邯郸地方；或者说，一直在“邯郸市”。正因如此，中华民族的历史文化中有关邯郸的事件、人物、传说和由此而生的成语典故自然也就多了一些。这也说明了经济基础和文化底蕴的关系。

近年来，关于邯郸历史文化的研究成果颇丰。苑清民同志与一些志同道合的学者，经过多年辛勤劳动和不懈努力，编撰出这部厚重的《邯郸成语典故》，界定了“邯郸”这个名词的内涵和外延，既解释了成语典故的意义、源流，又说明了它们和邯郸的关系。作者旁征博引、匠心独运，使人们对邯郸的历史文化有了更深刻的认识，这是弘扬优秀传统文化，发掘地方文化的新途径；这是一项功于千秋，嘉惠学林的事业。值《邯郸成语典故》出版之际，我谨表示诚挚的祝贺。

全国哲学社会科学规划小组成员

国务院学位委员会历史学科评议组第二、三届成员

南开大学教授，博士生导师

2011年3月

序　二

就像绝大多数中国人那样，我没有亲自到过邯郸，但是从小就知道“完璧归赵”和“毛遂自荐”这些成语典故，从中也知道了邯郸这座城市。作为国家历史文化名城，邯郸自创建以来就和人们耳熟能详的成语典故连在了一起。近三千年来，这片土地为我们留下了数不清的故事，这与它在历史上显赫的政治、经济和军事地位有着直接的关系——从商王朝的畿内重地到战国时期的赵国王城，从秦火之后的重新崛起到汉末曹魏的定都邺下，其后又有后赵、冉魏、前燕、东魏、北齐在邺建都。隋唐之际邺城毁于战火，而大名城又代之而起，成为唐代“畿辅八府”之首，从那时直到近代，大名府始终是黄河北岸的重镇。

漫长的历史使邯郸成了政治家、思想家、军事家和文人志士展示自身才能的舞台，也造就了邯郸这座中华民族精神遗产的宝库。不同时代的文化特征在这里撞击、融合，最终形成了连绵不绝、兼收并蓄的地域文化传统，而作为这一传统的体现，有关邯郸的成语典故也在中华传统文化的洪流之中占有独特的地位，仍然对我们的现代生活施加着深远的影响。

很高兴能有机会读到苑清民先生主编的这部《邯郸成语典故》。这部书给予人们的历史知识上起春秋，下至明清，涉及与邯郸境内的17处遗址和与邯郸有关的203个历史人物。除了其他优秀著作所具备的征引丰富、注解翔实等特点外，《邯郸成语典故》全书还有一个值得称道的地方，那就是把所有的成语典故按时代顺序排列，从一个雅俗共赏的角度为我们展示了邯郸多彩的历史文化，使读者得以在学习成语典故知识的同时了解邯郸,关注邯郸在当代的发展。

聂鸿音

中国社会科学院民族学与人类学研究所研究员、

博士生导师

中国社会科学院民族学与人类学研究所民族古文献

研究室主任

2011年3月

凡　　例

一　条目收录范围

本书所指的邯郸是今邯郸市辖范围内的邯郸市4区（丛台区、复兴区、邯山区、峰峰矿区）、1市（武安市）及临漳、大名、鸡泽、磁县、涉县、魏县、广平、曲周、永年、肥乡、邯郸、馆陶、成安、邱县14县。域内的历史人物、历史事件所形成的成语典故都在收录范围内。其中包含与邯郸籍的历史人物有关的（事出、语出、书出）成语典故；在邯郸地域内发生的历史事件所形成的成语典故；客籍人物在邯郸期间的事出、语出形成的成语典故。考虑到战国时期邯郸为赵国的都城，许多赵氏先人的故事与邯郸有密切联系，所以本书也将其收录，以便读者了解赵国历史梗概。

二　条目编排与检索

本书按历史顺序分为4篇：《先秦时期》、《秦汉时期》、《魏晋南北朝时期》、《隋唐至元明清时期》。各篇独立成章，按汉语拼音字母顺序排列。东汉末年，曹操等人在邺城期间形成的成语本应归入秦汉时期。但这一时期与三国相连，许多人物故事如绝对按历史时期划分，难以给读者完整印象，所以我们将这部分内容并入魏晋南北朝时期。

唐宋以后，传奇、元曲、小说等对唐以前的历史、人物事件等多有涉及。考虑到这些文学形式与真实的历史事实还不尽相符，因此不能将其归入其所描写的历史时期，而将其归入文学作品产生的时期，以区别史实与文学作品。如《赵氏孤儿》所出的成语没有归入先秦时期而归入作者纪君祥所在的元代。

为方便读者查阅利用，本书另有总目录，将全书所有成语典故（含副条）按汉语拼音字母顺序排列。

三　主条和副条

本书中有相当数量的条目，将其内容（同义、近义、反义）或形式（字面、结构）关系密切的予以集中和合并，形成了条目群。每一条目群中，以词源典源中的最初形式为主条，而不是以其流传使用的广度为主条；其余为副条。

四　词源典源

本书力图追本溯源，将邯郸成语典故的早期形成模式展现给读者。凡引用的书目中已标明与邯郸有关系的成语典故，一般只举书目及其出处，个别需要说明梗概的，述其本末。

五　注释

本书对引文不作全译，原则上只对成语典故中的字词进行注释。部分条目对引文中的关键词语、通假字及历史人物、时代背景作出注释。

六　释义

释义是对整个条目的解释，着重解释成语典故的特定含义及其用途。副条在必要时才作通释。

七　书证

本书条目一般均有书证，以见不同时代作者的使用情况。书证均载明出处，或为书籍，或为单篇作品。书籍或单篇作品的作（编）者及其时代（近代的从略）也都随例列举。

八　考据

考据是本书的主要内容之一，其目的是说明该成语典故与邯郸的关系。凡大家熟知的条目一般只作介绍，如邯郸学步等；有多种意见的也列举其中，如荀子。

目　录

先秦时期

A

B

F

G

H

J

M

N

P

Q

R

S

T

W

X

Y

Z

秦汉时期

A

B

C

D

E

F

G

H

J

K

L

M

R

S

T

W

X

Y

Z

魏晋南北朝时期

A

B

C

D

E

H

J

K

L

M

N

P

Q

R

S

T

W

X

Y

Z

隋唐至元明清时期

A

B

C

D

E

F

G

H

J

K

L

M

N

P

Q

R

S

T

W

X

Y

Z

总 目 录

D

E

F

G

H

K

L

M

N

O

P

Q

R

S

T

W

X

Y

先秦时期

邯郸历史悠久，殷商时期是殷商王朝的“离宫别馆”和畿内重地。春秋时期邯郸是晋国的重要城池，晋国重臣赵氏的重要领地。战国时期成为赵国的都城，历经八代国君，共计158年。在这个历史时期里，邯郸逐步发展成为黄河以北最大的城市，中国北方最重要的政治、经济、文化中心。在这个历史时期里，邯郸荟萃了中华民族许多杰出的政治家、军事家、思想家、哲学家、外交家、巨商大贾和中国冶炼行业的先驱。其中有人们熟知的倡导“胡服骑射”、大力改革的赵武灵王，不辱使命、“完璧归赵”的名相蔺相如，既能“攻城野战”、又能“负荆”改过的大将廉颇，“秉公执法”、“廉洁奉公”的名将赵奢，“自荐”成行、“脱颖而出”的毛遂，远见卓识、“盛气凌人”的赵威后，“富埒王侯”的冶铁巨匠郭纵、卓氏。此外，还有战国“四君”之一的平原君赵胜和信陵君魏无忌，一代名将乐毅、李牧，思想家、教育家荀子、慎到，哲学家公孙龙，创建纵横学说的军事家、思想家、教育家鬼谷子……这些中华民族的时代精英人物在邯郸或治国安邦、大展雄才；或抗敌御侮、功勋卓著；或著书立说、探究真理；或经商从业、理财致富。演绎出了一幕幕流传千古的历史话剧。这些剧目许多便结晶和演绎为与邯郸有关的成语典故。

A

安然无恙 ān rán wú yàng

【典源】西汉·刘向《战国策·齐策四》："齐王使使者问赵威后。书未发，威后问使者曰：'岁亦无恙耶？民亦无恙耶？王亦无恙耶？'使者不悦，曰：'臣奉使使威后，今不问王而先问岁与民，岂先贱而后尊贵者乎？'威后曰：'不然。苟无岁，何以有民？苟无民，何以有君？故有舍本而问末者耶？'"

【注】安然：平安。恙：疾病、伤害之类的忧伤的事。

【释义】齐王派使者带着信到赵国问候赵威后。赵威后还没有拆信就问使者："齐国的收成不坏吧？老百姓平安吗？齐王身体健康吗？"齐国使者听了很不高兴地说："我受齐王派遣来问候您，现在您不先问齐王，却先问收成和百姓，难道可以把低贱的放在前面，把尊贵的放在后面吗？"赵威后笑着说："不是，如果没有收成，怎么会有百姓？如果没有百姓，怎么会有君主？难道问候时可以舍弃根本而只问枝节吗？"

【书证】明·冯梦龙《醒世恒言》第四卷："只求处士每岁元旦，作一朱幡，上图日月五星之文，立于苑东，吾辈则安然无恙矣！"

【考据】赵威后（？—前264）：赵惠文王的王后，赵孝成王的母后，称孝威太后，简称威后，是赵孝成王执政前期实际掌权者。前266年，赵惠文王卒，赵孝成王年少即位，赵威后听政。秦乘机伐赵，赵求救于齐，齐王必以太后幼子长安君为人质，方肯出兵救赵。太后不答应。后经左师触龙劝导，说服太后，送长安君到齐国去当人质，齐乃出兵救赵。

安如磐石 ān rú pán shí

【词源】战国·荀况《荀子·富国》："为名者否，为利者否，为忿者否。则国安于磐石，寿于旗翼。"

【注】磐石：巨石。旗、翼：都是天上的星宿。

【释义】像磐石一样安稳不动，像星宿一样长久不衰。比喻国家、社会十分稳固，不可动摇。

【书证】宋·司马光《资治通鉴·秦纪·始皇帝二十五年》："夫如是，

则国家安如磐石，炽如炎火……虽有强暴之国，尚何足畏哉！”清·西周生《醒世姻缘传》第七回：“况岁星正在通州分野，通州是‘安如磐石’的一般。告那致仕则甚?”清·梁启超《责任内阁释义》：“立宪国皇室所以安如磐石，道皆在是也。”

【考据】荀子（约前313—前238）：战国时赵国人，名况，字卿。汉时避宣帝讳，称孙卿。游学于齐，齐襄王时三为稷下学宫祭酒。秦昭王四十一年（前266）至秦，赞秦政治清明。旋回赵，在赵孝成王前议兵。约楚考烈王八年，任楚兰陵令。后居兰陵，著书授徒。其学术源于儒而博采众家之长。主“制天命而用之”，重视“征知”，强调“解蔽”，“制名以指实”。主张“性恶论”，主张“法后王”，尊礼重教。韩非、李斯均从之受学。著有《荀子》。

据《史记·孟子荀卿列传》、《战国策·楚策》、《孙卿新书·叙录》等书记载，荀子于赵武灵王十三年（前313）生于赵都邯郸，赵武灵王二十六年（前300）游学于齐稷下学宫。赵孝成王十四年（前252），在赵国与赵孝成王议兵。赵悼襄王七年（前238），“春申君死而荀卿废，卒于兰陵”。

荀子故里：位于峰峰矿区八特镇荀家村，现已湮没。持此说的蒋鸿林先生在其《荀子家世考》、《寻觅荀子》等文章中提出三点依据：一、《史记》载，荀子赵人也，都城邯郸最当称赵；二、晋之封邑的赵国其都城由河南中牟迁河北邯郸时，荀氏以贵族身份随赵至邯郸；三、八特古镇在邯郸市峰峰矿区。八特古镇境内有一湮没在洺河之阳、磁山东榛的汉代小村庄——荀家村，又名西南庄。1945年土改时有石碑记载着荀家村在八特镇金沟西边的中台地下，为荀氏祖传村庄。

按兵不动 àn bīng bú dòng
按兵不举 àn bīng bù jǔ

【词源】战国·荀况《荀子·王制》：“殷之日，案以中立无有所偏而为纵横之事，偃然按兵无动，以观夫暴国之相卒也。”秦·吕不韦《吕氏春秋·恃君览》：“赵简子将袭卫，使史默往睹之，期以一月，六月而后反。赵简子曰：‘何其久也?’史默曰：‘谋利而得害，犹弗察也。今蘧伯玉为相，史鳝佐焉，孔子为客，子贡使令于君前，甚听。’《易》曰：‘涣者贤也，群者众也,元者吉之始也。涣其群,元吉者,其佐多贤也。'赵简子按兵而不动。"

【注】按:抑制。兵:军队。

【释义】使军队暂不行动,等待时机。现指故意拖延时间而不急于做某事。

【书证】唐·欧阳修《新五代史·梁臣传·王景仁》:"栅中告急,趣景仁出战,景仁按兵不动。"元·无名氏《开诏救忠》第三折:"你将那忠臣良将故赃谋,想着你按兵不举心更毒。"明·施耐庵《水浒传》第六十八回:"又听得寨前炮响,史文恭按兵不动,只要等他入来,塌了陷坑,山后伏兵齐起,接应捉人。"

B

白马非马 bái mǎ fēi mǎ

【词源】战国·公孙龙《白马非马论》:"谓白马为非马也。白马为非马者,言白所以名色,言马所以名形也;色非形,形非色也。夫言色则形不当与,言形则色不宜从,今合以为物,非也。如求白马于厩中,无有,而有骊色之马,然不可以应有白马也。不可以应有白马,则所求之马亡矣;亡则白马竟非马。"

【释义】谓事物概念与本体之间可以分割,个体与整体可以割裂,这是战国时期公孙龙学派的著名辩命题。

【考据】公孙龙(约前320—前264):战国后期名辩思想家。字子秉,赵国人。曾说燕昭王、赵惠文王偃兵,被平原君奉为上客。鼓吹"名辩",在思维逻辑上,其基本命题为"别异同",着眼于"别"而不在"合"。从严格区别事物共性和个性出发,把"同"与"异"的矛盾绝对化。认为思维中的一切"属性"可以脱离"本质"而存在,从而提出了"离坚白"、"白马非马"的命题。《汉书·艺文志》著录《公孙龙子》十四篇,宋时已亡八篇,今存六篇1900余字。

白马公孙 bái mǎ gōng sūn

【词源】战国·公孙龙《公孙龙子·迹府》:"公孙龙,六国时辩士也。疾名实之散乱,固资财之所长,为'守白'之论。假物取譬,以'守白'辩,谓白马非马也。白马为非马者,言白所以名色,言马所以名形也；色非形，形非色也。夫言色则形不当与，言形则色不宜从，今合以为物，非也。如求白马于厩中，无有，而有骊色之马，然不可以应有白马也。不可以应有白马，则所求之马亡矣；亡则白马竟非马。欲推是辩，而证名实而化天下焉。”

【释义】指名家或善于辩辞的辩士。

【书证】唐·岑参《函谷关歌送刘平事使关西》：“白马公孙何处去，青牛老人更不还。”

白马之盟 bái mǎ zhī méng

【词源】西汉·刘向《战国策·赵策二》：苏秦从燕之赵，始合从，说赵王（肃侯）曰：“臣闻，明王绝疑去谗，屏流言之迹，塞朋党之门，故尊主广地强兵之计，臣得陈忠于前矣。故窃本大王计，莫如一韩、魏、齐、楚、燕、赵六国从亲，以傧畔秦。令天下之将相，相与会于洹水之上，通质刑白马以盟之。约曰：‘秦攻楚，齐、魏各出锐师以佐之，韩绝食道，赵涉河、漳，燕守常山以北。秦攻韩、魏，则楚绝其后，齐出锐师以佐之，赵涉河、漳，燕守云中。秦攻齐，则楚绝其后，韩守成皋，魏塞午道，赵涉河、漳、博关，燕出锐师以佐之。秦攻燕，则赵守常山，楚军武关，齐涉渤海，韩、魏出锐师以佐之。秦攻赵，则韩军宜阳，楚军武关，魏军河外，齐涉渤海，燕出锐师以佐之。诸侯有先背约者，五国共伐之。六国从亲以摈秦，秦必不敢出兵函谷关以害山东矣。如是则伯业成矣。’”

【注】洹（huán）水：今安阳河。通质：交换人质。刑白马：杀白马以表示信守盟约。

【释义】古代统治者之间订立盟誓的一种仪式。

【书证】唐·杨炯《后周青州刺史齐贞公宇文公神道碑》：“开国承家，丹书白马。”

【考据】赵肃侯（？—前326）：战国时赵国国君，名语，成侯子。尝欲游大陵，因大戊午言农事方急，一日不耕作，百日不得食，即下车称谢。卒时，秦、楚、燕、齐、魏出锐师各万人来会葬。在位二十四年，谥肃。

赵王陵：位于邯郸市西北邯郸县、永年县的两县交界地带，蜿蜒逶迤数十里。陵墓分踞五座山头，称陵台，一座陵台也就是一组古墓。这五座陵台，其中有三座在邯郸县境内，位于黄粱梦西的三陵乡西北部和工程乡周窑村东，称为三陵墓群。另两座在永年境内，位于县城西部两岗乡温窑村北，称为温窑灵台。赵王陵为国家级重点文物保护单位。王兴在其主编的《邯郸名胜古迹》一书中指出，这五座陵台中有两座上面各两堆封土，很可能是赵肃侯、赵武灵王也在其中。这五座陵台七个封土高大的古墓，墓主人应是：赵敬侯、赵成侯、赵肃侯、赵武灵王、赵惠文王、赵孝成王、赵悼襄王等七个赵王的陵墓。

白沙在涅 bái shā zài niè

【词源】战国·荀况《荀子·劝学篇·第一》："白沙在涅，与之俱黑。"

【注】白沙：白色的细沙。涅：矾石。古代人们将其碾磨成粉末加水做黑色染料。

【释义】白沙和入黑泥中，会变得和黑泥一样黑，所以君子居住必须选择乡土，为的是防止邪辟小人而接近品行端庄之人。白色的细沙掺和在黑色的粉末中也会变成黑色。比喻好人处在不好的环境中也会变坏。

百金之士 bǎi jīn zhī shì

【典源】西汉·司马迁《史记·廉颇蔺相如列传》：李牧者，赵之北边良将也。常居代雁门，备匈奴。以便宜置吏，市租皆输入莫府，为士卒费。日击数牛飨士，习射骑，谨烽火，多间谍，厚遇战士。为约曰："匈奴即入盗，急入收保，有敢捕虏者斩。"匈奴每入，烽火谨，辄入收保，不敢战。如是数岁，亦不亡失。然匈奴以李牧为怯，虽赵边兵亦以为吾将怯。赵王让李牧，李牧如故。赵王怒，召之，使他人代将。岁余，匈奴每来，出战。出战，数不利，失亡多，边不得田畜。复请李牧。牧杜门不出，固称疾。赵王乃复强起使将兵。牧曰："王必用臣，臣如前，乃敢奉令。"王许之。李牧至，如故约。匈奴数岁无所得。终以为怯。边士日得赏赐而不用，皆原一战。于是乃具选车得千三百乘，选骑得万三千匹，百金之士五万人，彀者十万人，悉勒习战。大纵畜牧，人民满野。匈奴小入，详北不胜，以数千人委之。单于闻之，大率众来入。李牧多为奇陈，张左右翼击之，大破杀匈奴十余万骑。灭襜褴，破东胡，降林胡，单于奔走。后十余岁，匈奴不敢近赵边城。

【注】陈：阵地。“陈”同“阵”。

【释义】指敢于冲锋陷阵获重金奖赏的勇士。也指有功而受到重赏的人或有作为的人。

【书证】元·马端临《文献通考·卷一百五十四·兵考六》：“自古制兵，必去冗食、存精锐，分为等级，如所谓百金之士、千金之士，则战之所恃以必胜者，其余充声势、备辎重而已，则所以食之役之者，不敢与锐卒班焉。虽其等如是，然无非军旅之用也。”

【考据】李牧（？—228）：战国时赵国大将。长期居代地、雁门以御匈奴。日飨士卒，得军心。习骑射，出奇兵，大破匈奴。赵王迁二年，秦大举攻赵。次年，牧大破秦军于肥，以功封武安君。秦贿赵王嬖臣郭开诬李牧欲反，被斩。秦遂灭赵。

百龙之智 bǎi lóng zhī zhì

【典源】秦·孔鲋《孔丛子·公孙龙》：“先生好儒术而非仲尼之所取也，欲学而使龙去所以教，虽百龙之智，固不能当其前也！”

【释义】公孙龙说：“先生（孔穿）喜欢儒学而不是孔子所追求的，要想向我学习，就是有一百个公孙龙的智慧也不能应付啊！”“百龙之智”，比喻非常聪明。

百万之师 bǎi wàn zhī shī

【典源】西汉·司马迁《史记·平原君虞卿列传》：（平原君赵胜）“已定从而归，归至于赵，曰：‘胜不敢复相士。胜相士多者千人，寡者百数，自以为不失天下之士，今乃于毛先生而失之也。毛先生一至楚，而使赵重于九鼎大吕。毛先生以三寸之舌，强于百万之师。胜不敢复相士。’遂以为上客。”

【注】复：再。相：识别。三寸之舌：雄辩之意。

【释义】平原君赵胜在楚国完成合纵之事以后回到赵国，平原君说，毛遂先生到楚国凭三寸不烂之舌说服了楚王，使赵国解了困，他的勇敢和辩才强于百万军队。

【书证】南朝·梁·刘勰《文心雕龙·论说第十八》：“一人之辩，重于九鼎之宝；三寸之舌，强于百万之师。”宋·司马光《资治通鉴·梁纪二》：“周文常率百万之师于城下矣，章邯三击而三走之卒杀周文。”

【考据】毛遂：战国时赵国人。

平原君赵胜门下食客。赵孝成王九年，秦围赵都邯郸，王使平原君求救于楚。于门客中选文武具备二十人为从。得十九人，毛遂乃自荐同往。平原君与楚议不决，毛遂按剑而上，陈说救赵击秦之利害，楚乃定约，发兵救赵。平原君谓其三寸之舌，强于百万之师，以之为上客。

毛遂墓：位于永年县广府城西南2.5公里滏阳河北岸的大堤内。《永年县志》载："毛遂墓，在城(指永年故城广府城)西南五里大堤内。"早年坟丘高大，被称为"毛冢高峰"，为广府八景之一。

百闻不如一见

bǎi wén bù rú yī jiàn

【词源】战国·荀况《荀子·儒效》："闻之不若见之。"

【注】闻：听见。

【释义】耳听为虚，眼见为实，听得再多，也不如亲眼见一次。

【书证】东汉·班固《汉书·赵充国传》："百闻不如一见，兵难遥度，臣愿驰至金城，图上方略。"清·毕沅《续资治通鉴》第一百六十四卷："左司谏陈规进曰：'兵难遥度，百闻不如一见。'"《慈禧太后演义》第三十六回："从前画师所绘的狮子形，统是全身有毛，我观现在这狮子并不是这个样子，所以百闻不如一见。"

苞苴公行 bāo jū gōng xíng

【典源】战国·荀况《荀子·大略》："汤旱而祷曰：'政不节与？使民疾与？何以不雨至斯极也！……苞苴行与？谗夫兴与？何以不雨至此极也？'"

【注】节：调节。苞苴：蒲包，古代用于包裹物品。这里代指贿赂。

【释义】商汤王因大旱而祷告上天说：是贿赂盛行吗？是谗人太多吗？为什么旱得这么厉害呢？

【书证】清·毕沅《续资治通鉴》第一百七十一卷："徒闻苞苴公行，政出吾门，便嬖私昵，狼狈万状。"清·纪昀《阅微草堂笔记·如是我闻·四》："然则苞苴公行，冰茛不饰，而月限某，曰某日不受钱，谓之廉吏乎？"

抱薪趋火 bào xīn qū huǒ
抱薪救火 bào xīn jiù huǒ

【词源】战国·鬼谷子《鬼谷子·摩篇》："故物归类，抱薪趋火，燥者先燃；平地注水，湿者先濡。”

【注】薪：柴火。濡：浸，沾湿。

【释义】抱着柴去救火，喻消灭灾害的方法不对，反而使灾害扩大。

【书证】西汉·刘向《战国策·魏策三》：“以地事秦，辟犹抱薪而救火也，不尽则火不止。”东汉·班固《汉书·董仲舒传》：“如以汤止沸，抱薪救火，益甚亡益也。”宋·王安石《上运使孙司谏书》：“常恐天下之势积而不已，以至于此，虽力挑之，已若无奈何，又从而为之辞，其与抱薪救火何异？”

【考据】鬼谷子：《辞源》载，鬼谷子，战国时纵横家之祖，传说为苏秦、张仪师。籍贯姓氏不详。因其所居号称鬼谷子或鬼谷先生。著有《鬼谷子》一书，今存本为三卷二十一篇。

《临漳县志》载：“临漳县香菜营乡有个谷子村，相传王禅老祖鬼谷子就出生在这里。”县志称：“鬼谷子姓王，名禅，字诩，号鬼谷。”现谷子村大都为王姓人家，鬼谷随母姓。其出生的传说是：王禅母亲是一王氏姑娘，因食谷而孕，被其父逐出家门，于今盐食村外南庵子分娩，得观音菩萨佑护。现谷子村有鬼谷祠堂，相距三里地的盐食村村南有鬼谷出生地遗址南庵子。且有分娩时出血浸过的血板地和血板地上长出的红茅草；均为县重点保护单位。该村祠堂有光绪九年刊立的“毛真人降鸾书碑”，记述了鬼谷子王禅老祖的生平、功绩和《鬼谷子》一书。

暴慢恣睢 bào màn zì suī
暴戾恣睢 bào lì zì suī

【词源】战国·荀况《荀子·礼论》：“其理诚大矣，擅作典制，辟陋之说入焉而丧，其理诚高矣，暴慢恣睢轻俗以为高之属入焉而坠。”

【注】恣睢（suī）：任意胡为。

【释义】“暴慢恣睢”意为粗暴傲慢，任意胡为。

【书证】西汉·司马迁《史记·伯夷传》：“盗跖日杀不辜，肝人之肉，暴戾恣睢，聚党数千人横行天下，竟以寿终。”明·归有光《与嘉定诸友书》：“之恶大憝，暴戾恣睢，据人之室，窃人之财，杀人之妇。此而不诛，则人将相食，国家之典法亦为无用矣。”

北辕适楚 běi yuán shì chǔ
南辕北辙 nán yuán běi zhé

【典源】西汉·刘向《战国策·魏策四》：魏王欲攻邯郸，季梁闻之……往见王曰："今者臣来，见人于大行，方北面而持其驾，告臣曰：'我欲之楚。'臣曰：'君之楚，将奚为北面？'曰：'吾马良。'臣曰：'马虽良，此非楚之路也。'曰：'吾用多。'臣曰：'用虽多，此非楚之路也。'曰：'吾御者善。'此数者愈善而离楚愈远耳。今王动欲成霸王，举欲信于天下。恃王国之大，兵之精锐，而攻邯郸，以广地尊名，王之动愈数，而离王愈远耳。犹至楚而北行也。"

【注】辕：车前驾牲畜的两根长木。适：到，往。

【释义】战国时，魏安厘王打算出兵攻打赵国。有个叫季梁的大臣，正奉命出使在外，得到这个消息，急忙赶回来，求见安厘王。季梁想劝安厘王放弃攻打赵国的计划，又怕他一下子难以接受自己的主张，因此，他见到安厘王后，并没有直接说明自己的来意，而是先说了一个有趣的小故事。季梁说："今天我在路上遇到一个坐着马车往北去的人，他自己说要到楚国去。我很奇怪：楚国明明在南方，而他的车子却一直往北走，这怎能到达目的地呢？可是那人说：'没关系，我的马跑得快，我的路费也带得多，况且我的车夫驾车的技术又很好，一定能够到达楚国的。'这人真是糊涂啊！他的方向根本错了，即使马跑得特别快，路费带得特别多，车夫特别会驾车，也只能和目的地离得越来越远。"季梁说到这里，停了一下，又换用恳切的语气对安厘王说："现在，大王依仗自己国土辽阔、兵力强盛等优越条件，就想侵略别国，称霸天下，其结果不是和那人差不多吗？"安厘王听了，深受启发，终于放弃了攻打赵国的计划。意谓要到南方的楚国去，却驾着车往北走。比喻行动与想要实现的目的相反。

【书证】汉·荀悦《申鉴·杂言下》："先民有言：适楚而北辕者，曰：'吾马良，用多，御膳。'此三者益，其去楚亦远矣。"唐·白居易《立部》诗："欲望凤来百兽舞，何异北辕将适楚？"

倍道妄行 bèi dào wàng xíng

【词源】战国·荀况《荀子·天论》：本荒而用侈，则天不能使之富;养略而动罕,则天下不能使之全;倍道而妄行,则天下不能使之吉。故水旱未至而饥,寒暑未薄而疾,妖怪未至而凶。受时与治世同,而殃祸与治世异,不可以怨天,其道然也。

【注】:本荒:荒废了农业。养略:衣食不足。动罕:工程少。倍道:"倍"通"背",违背天道。

【释义】违背天道(自然规律)而恣意妄为,那么上天也不会使他吉祥。

悖言乱辞 bèi yán luàn cí

【词源】战国·公孙龙《公孙龙子·白马论》:"以黄马为非马,而以白马为有马,此飞者入池而棺椁异处,此天下之悖言乱辞也。"

【注】悖:谬误,惑乱。

【释义】荒悖的言论,胡言乱语。

本末倒置 běn mò dào zhì

【词源】西汉·刘向《战国策·齐策》:齐王使使者问赵威后。书未发,威后问使者曰:"岁亦无恙耶?民亦无恙耶?王亦无恙耶"?使者不说,曰:"臣奉使使威后,今不问王而先问岁与民,岂先贱而后尊贵者乎?"威后曰:"不然!苟无岁,何以有民?苟无民,何以有君?故有舍本而问末者耶?"

【注】本:树根,比喻事物的根本。末:树梢,比喻事物的枝节。置:放置。比喻主次颠倒。

【释义】本末倒置指把树根和树梢颠倒过来,比喻主次颠倒。

【书证】金·无名氏《绥德州新学记》:"然非知治之审,则亦未尝不本末倒置。"曲波《林海雪原》十二章:"简者你却详而不简,该详者而你又简而不详。本末倒置,批评你还不愿意?乱弹琴!"

本末源流 běn mò yuán liú

【词源】战国·荀况《荀子·富国》:"故禹十年水,汤七年旱,而天下无菜色者;十年之后,年谷复孰,而陈积有余。是无它故焉,知本末源流之谓也!"

【注】孰:通"熟"。源:水源。流:从水源向下游流的水。

【释义】本和末,源和流的生态关系。喻事物的主次、始末、先后。

【书证】宋·陈亮《与韩无咎尚书》:"本朝二百年之间,学问文章,政事术业,各有家法,其本末源流，班班可考。”清·叶德辉《书林清话》卷六：“迹唐，虞三代之本末源流，虽千载之久，豁然如一日矣，其明经之指南欤？”

比肩并起 bǐ jiān bìng qǐ
比肩而立 bǐ jiān ér lì

【典源】战国·荀况《荀子·非相》：“今世俗之乱君，乡曲之儇子，莫不美丽，姚冶，奇衣、妇饰、血气、态度，拟于女子。妇人莫不愿得以为夫，处女莫不愿得以为士，弃其亲家而欲奔之者比肩并起。然而中君羞以为臣，中父羞以为子，中兄羞以为弟，中人羞以为友。”

【注】乱君：君下当有“者”字；乱君者：犯上作乱的人。儇(xuān)：轻薄巧慧，指轻薄少年。比肩：并肩。

【释义】比肩并起指肩并肩地一齐起来，形容人数众多。

【书证】东汉·班固《汉书·路温舒传》：“是以死人之血流离于市，被刑之徒比肩并立。”宋·陈亮《贺周丞相启》：“虽使间世而生，何异比肩而立。”清·蔡东藩《明史演义》第九十八回：“自成以革、左诸贼，比肩并起，恐他不服，遂用李岩计，洋清革里岩，左金玉入宴，酒酣伏发，刺死两人。”

闭口结舌 bì kǒu jié shé
钳口结舌 qián kǒu jié shé

【词源】战国·慎到《慎子》：“臣下闭口，左右结舌。”

【释义】指有话不愿说或不敢说。

【书证】东汉·王符《潜夫论·贤难》：“此志士所以钳口结舌，括囊共(拱)默而已者也。”清·天花才子《快心编初集》第八回：“众人问知是郝家难为他，便闭口结舌不来兜搭。”柏杨《投奔中医记》：“三十年代，医学堂终于分析出来其中成分，提炼制成麻黄素，新派洋派才闭口结舌。”

【考据】慎到：(约前395—约前315)战国时赵国人。曾在齐国的稷下学宫讲学，负有盛名。主张法治，认为“民一于君，断于法，国之大道也”，“治国无其法则乱”，并认为尚法必须重势，强调势治，“贤智未足以服众，而势位足以诎贤者”，把君主的权势看做行法的力量，有了权，有了法，一个平凡的君主就可以“抱法处势”，“无为而治天下”。著有《慎子》一书。《汉书·艺文志》著录四十二篇(收入《守山阁丛书》和《百子全书》)传世。

辟陋之国 bì lòu zhī guó

【词源】战国·荀况《荀子·议兵》:"故近者歌讴而乐之,远者竭蹶而趋之,无幽间辟陋之国,莫不趋使而安乐之,四海之内若一家,通达之属莫不从服,夫是之谓人师。"

【注】无:通"虽"。间:通"闭"。辟:通"僻",即幽隐、闭塞、偏僻、落后之义。人师:义师,即仁义之师。

【释义】地处偏远,落后的国家。

【书证】西汉·刘安《淮南子·卷十九·修务训》:"令使人生于辟陋之国,长于穷檐漏室之下,长无兄弟,少无父母。"

变态百出 biàn tài bǎi chū

【词源】战国·荀况《荀子·君道》:"故君子恭而不难,敬而不巩,贫穷而不约,富贵而不骄,并遇变态而不穷,审之礼也。"

【注】恭:恭敬。难:畏惧。

【释义】多种多样的形式状态层出不穷。后多指人情世态变幻无常,层见不穷。

【书证】《新唐书·艺文志序》:"历代盛衰,文章与时高下,然其变态百出,不可穷也!"宋《苏轼文集》:"盖此花见重于世三百余年穷妖极丽,以擅天下之观美。而近岁尤复变态百出,务为新奇以追逐时好者,不可胜记。"

变心易虑 biàn xīn yì lǜ

【词源】战国·荀况《荀子·儒效》:"四海之内,莫不变心易虑以化顺之。故外阖不闭,跨天下而无蕲。"

【注】蕲(qí):通"垠",边界。

【释义】转变思想,改变打算。

【书证】西汉·司马迁《史记·张仪列传》:"(寡人)以为一从不事秦,非国之长利也。乃且愿变心易虑,割地谢前过以事秦。"

兵不血刃 bīng bù xuè rèn
兵无血刃 bīng wú xuè rèn

【词源】战国·荀况《荀子·议兵》:"故近者亲其善,远方慕其德,兵不血刃,远迩来服;德盛于此,施及四极。"

【注】德:道义。兵:武器。刃:刀、剑等的锋利部分。迩:近。

【释义】因此,周围的国家感到友善,远方的国家羡慕它的威德,不经过战争,就令远近的国家降伏。

【书证】《北史·序传·凉武昭王李暠》："昭王以纬世之量，为群雄扬奉，兵无血刃，遂启霸业，乃修敦煌旧塞。"《晋书·陶侃传》："(郭)默在中原，数与石勒等战，贼畏其勇，闻侃讨之，兵不血刃而擒之，益畏侃。"清·张春帆《宦海》第七回："兵不血刃，就平了广西省多年的乱党。"

博闻强志 bó wén qiáng zhì

【词源】战国·荀况《荀子·解蔽》："析辞而为察，言物而为辨，君子贱之。博闻强志，不合王制，君子贱之。此之谓也。"

【注】博：广博。闻：见闻。志：通"识"，记忆。

【释义】荀子原文的意思是：见识广而记忆力强，但不符合圣王的法度，君子鄙视这种人。后多为褒义，指学识广博，见闻丰富，记忆力强。

【书证】西汉·司马迁《史记·屈原贾生列传》："博闻强志，明以治乱，娴于辞令。"西汉·戴圣《礼记·曲礼上》："博闻强识而让，敦善行而不怠，谓之君子。"晋·陈寿《三国志·魏书·文帝纪》："文帝天资文藻，下笔成章，博闻强识。"

跛鳖千里 bǒ biē qiān lǐ

【词源】战国·荀况《荀子·修身》："故跬步而不休，跛鳖千里；累土而不辍，丘山崇成；厌其源开其渎，江河可竭；一进一退，一左一右，六骥不至。"

【注】跛：瘸腿。崇：通"终"。厌：通"压"，堵塞。

【释义】一步一步地走个不停，即使跛腿的鳖也能行走千里。喻只要坚持不懈，即使条件很差，也能成功。

【书证】唐·刘禹锡《何卜赋》："络首縻足兮，骥不能逾跬；前无所阻兮，跛鳖千里。"

不耻最后 bù chǐ zuì hòu

【典源】战国·韩非《韩非子·喻老》："赵襄主学御于王子期，俄而与子期逐，三易马而三后。襄主曰：'子之教我御，术未尽也？'对曰：'术已尽，用之则过也。凡御之所贵，马体安于车，人心调于马，而后可以进速致远。今君后则欲逮，先则恐逮于臣。夫诱道争远非先则后也，而先后皆在于臣，何以调于马？此君之所以后也！'"

【释义】赵襄子向王子期学驾御，随后就和子期进行比赛，看谁驾御跑得快。比赛了三个回合，赵襄子三次换马，但三次都是落后输局。襄子便埋怨道："你教我驾驭，没有把真本领全部教给我，为什么三次比赛我总是落后呢？"子期回答说："驾御的本领，我已经全教给了你，但你在运用中有过失。在驾御时，最关键的要领是要用心把马与车调整为牢固的一体，驭手要与马相互协调配合默契。这样才可能快速前进而致千里。而现在你在驾驭时，当你落后时心里想的是如何赶上我；当你领先时，你心里又担心被我赶上，如此一来，你就不能专心致志地去调整马与车。这就是你落后的主要原因。""不耻最后"意谓在竞争比赛时，要专心努力，坚持不懈地拼搏，不要因为落到最后而羞耻。喻指只要持之以恒，坚持到底，就能达到目的。

【书证】鲁迅《华盖集·补白》："记得韩非子曾教人以竞马的要妙，其一是'不耻最后'。即使慢，驰而不息，纵而落后，纵而失败，但一定可以达到他所向的目标。"

【考据】赵襄子：（？—前425），名赵无恤或作毋恤。春秋末晋国人。赵鞅之子。鞅以其贤，废太子伯鲁而立之。曾设计杀代王，兴兵平代地。赵襄子四年，联合智伯、韩、魏尽分范氏、中行氏故地，并逐走晋出公。二十一年，智伯索地于赵、韩、魏，独赵不与。智伯遂率韩、魏攻赵，无恤固守晋阳，岁余不下，智伯引水灌城。后无恤私与韩、魏合谋，反灭智伯，三分其地，为此后三家分晋奠定基础，卒谥襄。

不瞽不聋 bù gǔ bù lóng

【词源】战国·慎到《慎子》："不聪不明，不能为王；不瞽不聋，不能为公。"

【注】瞽：盲人，此指装作没有看见。公：阿公阿婆。

【释义】不故作痴呆，装聋作哑，就不能当好阿公阿婆。喻长辈要宽宏大度。

【书证】唐·魏征《隋书·长孙平传》："不痴不聋，不为家翁。"

不教而诛 bù jiào ér zhū

【词源】战国·荀况《荀子·富

国》:“故不教而诛,则刑繁而邪不胜;教而不诛,则奸民不惩;诛而不赏,则勤属之民不劝;诛赏而不类,则下疑,俗险而百姓不一。”

【注】诛:刑罚、杀戮。劝:鼓励。类:法,这里指礼义法度。俗险:习俗险恶,指人们存侥幸心理以免处罚。

【释义】所以说事先不教育,一犯错误就严酷惩处,那么法度再多,邪恶也不能禁止;只是教育而不严惩,那么邪恶之人也不能得到处置。“不教而诛”指不经教育,一犯错误就严惩、处死。

【书证】清·林则徐《喻各国夷人呈缴烟土稿》:“惟念究系远人,从前尚未知有此严禁,今与明申约法,不忍不教而诛。”

不绝若绳 bù jué ruò shéng
不绝若缕 bù jué ruò lǚ
不绝如线 bù jué rú xiàn

【词源】战国·荀况《荀子·强国》:“今巨楚县吾前,大燕鳝吾后,劲魏钩吾右,西壤之不绝若绳,楚人则仍有襄贲、开阳以临吾左。是一国作谋,则三国必起而乘我。如是,则齐必断而为四三,国若假城然耳,必为天下大笑。曷若?两者孰足为也?”

【注】县:同“悬”。鳝(qiū):通“借”,逼迫。钩:牵制。襄贲、开阳:都是战国时期楚国的城邑,在今山东省临沂县北。

【释义】(这些领土)虽然还属于齐国,但已像是吊在细绳上了。后作“不绝若缕”,喻局势非常危急,亦喻技艺学说等继承者稀少,但未失传,或用以喻子孙衰落、后继无人。

【书证】唐·柳宗元《寄许京兆梦容书》:“茕茕孤立,未有子息……以是嗣续之重,不绝如缕。”唐·张说《府君墓志铭》:“先君四代早孤,单门茕立,宗祀不绝如线。”北宋·苏轼《前赤壁赋》:“余音袅袅,不绝如缕。”

不可告人 bù kě gào rén

【词源】战国·荀况《荀子·臣道》:“国有大命,不可以告人。妨其躬身,此之谓也!”

【释义】事涉机密,不能让人知道。后多指不光明、不正当的打算或计谋不敢公示。

【书证】清·陈梦雷《闲止书堂集钞·绝交书》:“其于不可告人之隐,犹未忍宣于众也!”清·和邦额《夜谭随录·袁翁》:“袁某自向于心，所行之事无不可告人者。”巴金《奴隶的心》：“你还有什么不可告人的隐衷吗？”

不可胜数 bù kě shèng shǔ

不可胜记 bù kě shèng jì

不可胜纪 bù kě shèng jì

不可胜算 bù kě shèng suàn

【词源】战国·鬼谷子《鬼谷子·抵巇》：“五帝之政，抵而塞之；三王之事，抵而得之；诸侯相抵，不可胜数，当此之时，能抵为右。”

【注】抵而塞之：（对敌手）进行抵制，消除，以维护、巩固政权。胜：旧读 shēng，尽。数：计算。

【释义】不能够尽数。指数量极大，多得数不过来。

【书证】南宋·范成大《峨眉山行纪》：“草叶之异者亦不可胜数。”《汉书·光武帝纪》：“莽兵大溃……尽获其军实辎重，车珍宝不可胜算。”清·章炳麟《上李鸿章书》：“至于特举大工，自芦汉而外，其新政，犹不可胜数。”东汉·班固《汉书·司马迁传》：“古者富贵而名摩灭不可胜记，惟俶(chù)傥(tǎng)非常之人称焉。”《明史·张献忠传》：“诸受职者寻亦皆见杀，其惨虐无理不可胜纪。”

不可同日而语

bù kě tóng rì ér yǔ

未可同日而语

wèi kě tóng rì ér yǔ

【典源】西汉·司马迁《史记·苏秦列传》：“臣窃以天下之地图案之，诸侯之地五倍于秦，料度诸侯之卒十倍于秦，六国为一，并力西乡而攻秦，秦必破矣。今西面而事之，见臣于秦。夫破人之与破于人也，臣人之与臣于人也，岂可同日而论哉！”

【注】“乡”通“向”。

【释义】苏秦到赵国说纵横事，对赵肃侯说：“我用地图说明，诸侯之地，是秦国的五倍，士卒是秦国的十倍，如能团结起来攻打秦国，秦必败。但侍奉秦国，就得俯首称臣。打败敌人和被敌人打败，臣服别人和被人臣服怎么能够相提并论呢？”喻不能放在同一时间谈论。形容彼此不能相提并论，不能相比。

【书证】西汉·刘向《战国策·赵策二》：“夫破人之与破于人也，臣人之与臣于人也，岂可同日而言之哉？”东汉·班固《汉书·息夫躬传》：“臣为国家计几先，谋将然，豫图然未行，为万世虑；而左将军公孙禄以其犬马齿保目所见。臣与禄异议，未可同日而语也！”汉·贾谊《过秦论》：“试使山东之国，与陈涉度长絜大，比权量力，则不可同年而语。”晋·皇甫谧《三都赋》：“比风俗之清浊，课士人之优劣，亦不可同年而语矣。”

【考据】苏秦（前340—前284）：字季子，东周洛阳轩里人（今洛阳东郊太平庄一带），战国时期的韩国人，是与张仪齐名的纵横家。可谓“一怒而天下惧，安居而天下熄”。他出身农家，素有大志，曾随鬼谷子学习纵横捭阖之术多年。

苏秦与赵秦阳君共谋，发动韩、赵、燕、魏、齐诸国合纵，迫使秦国废帝退地。帛书《战国策》残卷中，存有其游说辞及书信十六篇，与《史记》所载有出入。《汉书·艺文志》著录有《苏子》三十一篇，今逸。

赵惠文王时封苏秦为相国、武安君。

不失毫厘 bù shī háo lí

【词源】战国·荀况《荀子·儒效》：“不闻不若闻之，闻之不若见之，见之不若知之，知之不若行之。学至于行而止矣。行之，明也，明之为圣人。圣人也者，本仁义，当是非，齐言行，不失豪厘。无它道焉，已乎行之矣。”

【注】失：差。毫：古文中“豪”通“毫”，故常写作不失豪厘。毫厘：一毫一厘。

【释义】一毫一厘也不会出差的。

【书证】南朝·宋·范晔《后汉书·志第一》：“度长短者不失毫厘。”《隋书·卷十六》：“故体有长短，检之以度不失毫厘。”

不识大体 bù shí dà tǐ

不知大体 bù zhī dà tǐ

未睹大体 wèi dǔ dà tǐ

【词源】西汉·司马迁《史记·平原君虞卿列传》：“太史公曰：平原君，翩翩浊世之佳公子也，然未睹大体。”

【注】大体：有关大局的道理。

【释义】不懂得从大局考虑。处理问题不能从整体和长远利益出发。

【书证】晋·袁宏《后汉记》：“臣愚浅，不识大体。”五代·王定保《唐摭言·四凶》：“刘子振，蒲田人，颇富学业，而不知大体。”

【考据】赵胜：战国时期赵国

人，赵惠文王弟，封于东武城，号平原君，任相国，曾“三去相三复位”。有食客数千人。赵孝成王七年，秦军围困赵都邯郸，赵胜率众坚持三年。胜向魏、楚求救，得信陵君、春申君之援，击败秦军，解围邯郸。史称赵胜为“战国四君”之一。

赵胜墓：位于肥乡县东南四公里处的西屯庄村。据考，赵胜墓在西屯庄的记载有：(1)唐·《元和郡县志》载：“赵胜墓，在肥乡县东南七里。”(2)明·嘉靖乙丑年(1565)，肥乡县知县郭崇嗣在西屯庄村《重修赵平原君庙记》中曾写道：“平原君墓巍然，高数丈，望之若山然。”(3)明·万历壬辰年(1592)，明左督张懋忠重修赵王墓祠，书刻有“平原君赵胜墓”墓碑及重修碑记，现碑尚存，高矗墓前神道上。(4)清·雍正十年(1732)，《肥乡县志》载：“平原君冢，在县东南八里西屯庄村，有碑记。”(5)清·同治六年(1867)，《肥乡县志》载：“平原君赵胜墓，在县东南西屯庄。元和志载，平原君墓在县东(南)七里。”(6)民国二十九年(1940)，知县安亮清编撰的《增修肥乡县志》对平原君赵胜墓的记载论文引用了清·同治六年的县志记述。

不遗余力 bù yí yú lì

【典源】西汉·司马迁《史记·平原君虞卿列传》：虞卿谓赵孝成王曰：“秦之攻王也，倦而归乎？王以其力尚能进，爱王而弗攻乎？”王曰：“秦之攻我也，不遗馀力矣，必以倦而归也。”虞卿曰：“秦以其力攻其所不能取，倦而归，王又以其力之所不能取以送之，是助秦自攻也。来年秦复攻王，王无救矣。”

【注】遗：留。余力：剩下的力量。

【释义】虞卿对赵王说：“大王您看，秦国进攻大王，是因为打得疲顿了才撤回呢？还是它能够进攻，只是由于怜惜大王而不再进攻呢？”赵王回答说：“秦国进攻我，是竭尽全力了，一定是因为打得疲惫了才撤回的。”不遗余力：指把全部力量都使出来，一点不保留。

【书证】西汉·刘向《战国策·赵策三》：“秦之攻我也，不遗余力矣，必以倦而归也。”清·李宝嘉《文明小史·第四回》：“委员和事，调停惟赖孔方；绅士责言，控诉不遗余力。”

【考据】虞卿：或作虞庆、吴庆。战国时人，虞氏，名失传。游说之士。因游说赵孝成王，为赵上卿，故号虞卿。主张合纵抗秦。后因救魏相魏齐，弃相印与魏齐逃亡，困于梁。魏齐自尽，虞卿穷愁著书，有《虞氏春秋》，今逸，清人有辑本。

据《史记·平原君虞卿列传》载，虞卿约在赵孝成王六年（前260）左右，入赵都邯郸说赵孝成王。

不翼而飞 bù yì ér fēi

【典源】西汉·刘向《战国策·秦策三》："秦攻邯郸，十七月不下。庄谓王稽曰：'君何不赐军吏乎？'王稽曰：'吾与王也，不用人言。'庄曰：'不然。父之于子也，令有必行者，有必不行者。……今君虽幸于王，不过父子之亲；军吏虽贱，不卑于守闾妪。且君擅主轻下之日久矣！闻三人成虎，十夫揉椎。众口所移，毋翼而飞。故曰，不如赐军吏而礼之。'"

【释义】秦兵攻打邯郸，经过十七个月的苦战也没攻下，秦国人佚庄对秦将王稽说："您为什么不赏赐下级军官呢？"王稽说："我和君王之间，彼此互相信赖，他人的进言起不了作用。"佚庄反驳说："……但是君臣关系不能超过父子的骨肉至亲；而下级军官虽然身份微贱，总不会低于看门的老太婆。况且阁下仰仗君王的宠信，平日一直轻视属下。常言道：'三个人说有虎，大家就会相信有虎；十个人说大力士可以折弯铁椎，大家也会相信是事实；众口一词，就可以使事物迁移变化、不翼而飞。'所以不如赏赐诸将加以优遇！"不翼而飞：没有翅膀却飞走了。喻物品忽然丢失。也喻事情传播得很迅速。

【书证】清·龚自珍《尊隐》："百宝万货，人功精英，不翼而飞，府于京师。"

不知其子视其友

bù zhī qí zǐ shì qí yǒu

【词源】战国·荀况《荀子·性恶》："不知其子视其友，不知其君视其左右。"

【释义】通过观察其朋友知其好坏。

【书证】东汉·王充《论衡·卷九》："夫欲知其子视其友，欲知其君视其所使。"

布衣之交 bù yī zhī jiāo

【典源】西汉·司马迁《史记·廉颇蔺相如列传》：相如因持璧却立，倚柱，怒发上冲冠，谓秦王曰："大王欲得……璧，使人发书至赵王，赵王悉召群臣议，皆曰'秦贪，负其强，以空言求璧，偿城恐不可得'。议不欲予秦璧。臣以为布衣之交尚不相欺，况大国乎？……"

【注】布衣：古代平民的衣着。

【释义】布衣之交指平民之间的交往、友谊。也指显贵与无官职的人相交往。

【书证】西汉·刘向《战国策·齐策三》："卫君与文布衣交，请具车马皮币，愿君以此从卫君游。"晋·陈寿《三国志·卷十六·魏书·杜畿传》："且布衣之交，犹有务信誓而蹈水火，感知己而披肝胆，徇声名而立节义者。"唐·姚思廉《梁书·卷五·元帝本纪》："世祖性不好声色，颇有高名，与裴子野、刘显、萧子云、张缵及当时才秀为布衣之交。"

【考据】蔺相如：战国时期赵国人。原为赵宦者令缪贤舍人。赵惠文王时，秦昭王强索和氏璧，云以十五城为交换。以缪贤荐，相如奉命带璧入秦，当庭据理力争，终于完璧归赵，以功拜上大夫。赵惠文王二十年（前279），随赵王与秦王在渑池相会，使赵王未受屈辱，升上卿，位居廉颇之上。廉颇意欲羞辱之，相如容忍谦让，回车小巷，使廉颇愧悟，负荆登门谢罪，成为刎颈之交。将相和好，使秦多年不敢加兵于赵。

蔺相如墓：位于磁县南城乡前羌村。据孔令德、蔺朝国在《千古名相蔺相如》一书中考，蔺相如墓在羌村的记载有：(1)宋·范成大《揽辔录》中载："台城镇故城延袤十数里，城中有灵台、坡陀。邯郸人春时倾城出祭，赵王歌舞台上。旁有廉颇、蔺相如墓，今古迹多不存。"范成大在乾道六年（1170）曾奉命出使金国，路过邯郸，在蔺相如墓前设酒祭典，并写有一首《蔺相如墓》的七绝诗："玉节径行虏障深，马头酾酒奠疏林。兹行璧重身如叶，天日应临慕蔺心。"收在《范石湖集》中。此诗后有条原注："蔺相如墓在邯郸县南，赵故城之西。"羌村的蔺相如墓正是处于邯郸县南部，赵故城偏西的地方；又在台城近旁，西距台城十里。(2)多部志书对蔺相如墓地均有记载。①明·嘉靖乙酉年（1525）《广平府志》载："蔺相如墓，与地要览云，在邯郸县今去西县南三十里白村里，有墓故址，墓堙灭。”②明·嘉靖元年(1522)《彰德府志》载：“蔺上卿相如墓在羌村。”③清·康熙三十九年(1700)《磁州志》载：“赵上卿蔺相如墓，在州西南三十五里羌村，尚存大庙三楹，中有塑像，墓在庙后。”④民国二十九年(1940)《增修磁县县志》载：“赵上卿蔺相如墓，在县北四十里羌村，尚有古庙三楹，中有塑像，墓在庙后。清雍正六年奉文保护。邯郸志亦谓蔺相如墓去城西南三十五里，入磁州界羌村。”⑤民国二十八年(1939)《邯郸县志》载：“蔺相如墓，距城西南三十五里。相传有相如墓，堙没。”

步履蹒跚 bù lǚ pán shān
步履盘散 bù lǚ pán sǎn

【典源】西汉·司马迁《史记·平原君虞卿列传》：平原君赵胜者，赵之诸公子也。诸子中胜最贤，喜宾客，宾客盖至者数千人。平原君相赵惠文王及孝成王，三去相，三复位，受封于东武城。平原君家楼临民家。民家有躄者，槃散行汲。平原君美人居楼上，临见，大笑之。明日，躄者至平原君门，请曰：“臣闻君之喜士，士不远千里而至者，以君能贵士而贱妾也。臣不幸有罢癃之病，而君之后宫临而笑臣，臣愿得笑臣者头。”平原君笑应曰：“诺。”躄者去，平原君笑曰：“观此竖子，乃欲以一笑之故杀吾美人，不亦甚乎！”终不杀。居岁馀，宾客门下舍人稍稍引去者过半。平原君怪之，曰：“胜所以待诸君者未尝敢失礼，而去者何多也？”门下一人前对曰：“以君之不杀笑躄者，以君为爱色而贱士，士即去耳。”于是平原君乃斩笑躄者美人头，自造门进躄者，因谢焉。其后门下乃复稍稍来。

【注】躄：脚跛。盘散：蹒跚。行汲：走去打井水。

【释义】形容走路腿脚不方便，歪歪倒倒的样子。后演化为“步履蹒跚”。

【书证】唐·皮日休《上真观》：“天禄行蹒跚。”宋·龚熙正《释常谈·步履蹒跚》：“患脚谓之步履蹒跚。”

C

操券而取 cāo quàn ér qǔ

【典源】西汉·司马迁《史记·

平原君虞卿列传》：虞卿欲以信陵君之存邯郸为平原君请封。公孙龙闻之，夜驾见平原君曰："龙闻虞卿欲以信陵君之存邯郸为君请封，有之乎？"平原君曰："然。"龙曰："此甚不可。且王举君而相赵者，非以君之智能为赵国无有也。割东武城而封君者，非以君为有功也，而以国人无勋，乃以君为亲戚故也。君受相印不辞无能，割地不言无功者，亦自以为亲戚故也。今信陵君存邯郸而请封，是亲戚受城而国人计功也。此甚不可。且虞卿操其两权，事成，操右券以责；事不成，以虚名德君。君必勿听也。"平原君遂不听虞卿。

【注】操：掌握。券：古代索偿的契券、凭证。

【释义】操券而取：指有充分的把握取得成功。

【书证】《啸虹笔记》："明朝制艺，确有分两作文者，阅文者皆可操券而取。"

厕身其间 cè shēn qí jiān

【词源】战国·乐毅《报遗燕惠王书》："先王过举，厕之宾客之中，立之群臣厕之上，不谋父兄，以为亚卿。"

【释义】置身于某种场合之中。指参与、介入某件事情中来。

【书证】清·王士禛《池北偶谈·一八·谈艺·慈恩塔诗》："每思高、岑、杜辈同登慈恩塔，高、李、杜辈同登吹台，一时大敌，旗鼓相当，恨不厕身其间，为执鞭弭之役。"

【考据】乐毅：战国时中山国灵寿人。魏将乐羊后裔。燕昭王招谏贤者，毅自魏入燕，任为亚卿。燕昭王二十八年（前230），拜上将军，率赵、楚、韩、魏、燕五国兵攻齐，大破齐军，入齐都临淄，下齐七十余城，以功封昌国君。燕惠王即位，中齐反间计，使骑劫代乐毅为将，毅出奔赵国，赵封毅于观津，号望诸君。后死于赵国。

乐毅宅：位于邯郸县代召乡小乐家堡村。明·万历《邯郸县志》载："乐毅宅，在（邯郸）城东二十里，今其地名为乐家堡。"又载："剑池在城东南二十里。世传乐毅自燕奔赵居此，尝于池边磨剑，至今其石尚在，固名其地为乐家堡（今为大乐家堡村）。池已为耕地矣。"又载："舞剑房，在剑池旁，乐毅曾舞剑于此，故名。今故址尚存。"

乐毅墓：位于邯郸县代召乡

大乐堡村。《邯郸县志》载:“乐毅墓在大乐堡村北 170 米处,传为望诸君乐毅墓。该墓封土底部为圆形,直径 7 米,类顶残高 1.5 米,四周为耕地,墓南侧残留碑座一个。”

望诸榭:位于邯郸市丛台公园西南湖心岛上。为纪念望诸君乐毅而建,为六角攒尖式建筑。原名“望诸君祠”,系清雍正十一年(1733)邯郸知县郑方坤所建。民国十一年(1922),当时邯郸驻军军长孙禹行及邑绅王文山重修丛台时,将“望诸君祠”改为“望诸榭”。新中国成立后,于 1971 年 11 月—1972 年 10 月重修。

侧行褦席 cè xíng bié xí

【词源】西汉 · 司马迁《史记 · 孟子荀卿列传》:“是以驺子重于齐。适梁,惠王郊迎,执宾主之礼。适赵,平原君侧行褦席。”

【注】侧行:侧着身子走。表示谦让之意。褦席:拂拭席位。褦:拂、轻擦。

【释义】侧身行走,用衣服拂拭坐席。形容对人才贤哲的尊敬。

长久之计 cháng jiǔ zhī jì

【典源】西汉 · 刘向《战国策 · 赵策四》:“左师公(触龙)曰:‘父母之爱,则为之计深远。媪之送燕后也,持其踵而为之泣,念悲其远也,亦哀之矣!已行,非弗思也,祭祀必祝之,祝曰‘必勿使返。’岂非计久长,有子孙相继为王也哉?”

【注】计:计划,策略。

【释义】(秦国攻赵国,赵向齐国求救,齐国要求长安君为质才肯出兵。主政的赵威后不舍得小儿子为质,大臣劝谏不成,一时僵持不下。左师公触龙委婉劝谏。)触龙说:“父母对孩子的爱,一定要为他做长远打算。太后您送燕后出嫁时哭泣,念她出嫁太远而哭泣,也为她将来的日子发愁。已经出嫁了,不是不想,每到祭祀的时候必为她祷告,希望她不要被婆家遣返。这不是为她考虑长久,希望她的子孙能够代代称王吗?”喻长远的打算。

【书证】东汉 · 班固《汉书 · 元帝纪》:“东垂被虐耗之害,关中有无聊之民,非长久之计。”明 · 吴承恩《西游记》第十六回:“却把袈裟留下,以为传家之宝,岂非子孙长久之计也?"

长虑顾后 cháng lǜ gù hòu

【词源】战国·荀况《荀子·荣辱》:"是何也?非不欲也,几不长虑顾后而恐无以继之故也。于是又节用御欲,收敛蓄藏以继之也,是于己长虑顾后,几不甚善矣哉!"

【注】虑:思考。顾:回头看。

【释义】意为从长远考虑,顾及将来。

【书证】北宋·王安石《上皇帝万言书》:"方今公卿大夫,莫肯为陛下长虑顾后,为宗庙万世计。"

长平之祸 cháng píng zhī huò
白起坑降 bái qǐ kēng xiáng

【典源】西汉·司马迁《史记·赵世家》:"廉颇免而赵括代将。秦人围赵括,赵括以军降,卒四十余万皆坑之。王悔不听赵豹之计,故有长平之祸焉。"

【释义】廉颇被免将而起用赵括。秦军包围赵括的部队,赵国军队投降,四十万兵卒被坑杀。赵王后悔不听赵豹的计策,才有了长平这样的惨剧。长平之祸:喻打了大败仗。

【书证】唐·李益《从军夜次》:"毕昴不见胡天阴,东征曾吊长平苦。"

【考据】赵括(?—前260):战国时期赵国人。赵奢之子,亦称马服子。熟读其父所传兵书,未能实际运用。赵孝成王六年,中秦反间计,以括代廉颇为将。赵括母和病笃中的蔺相如均进谏,不宜起用赵括,王皆不听。括一反廉颇坚守战略,在长平大举出击,被秦将白起包围,括突围不成,被射死。长平之战秦军胜,赵军四十余万人被俘,皆被坑杀。

长生久视 cháng shēng jiǔ shì
长生不老 cháng shēng bù lǎo

【词源】战国·荀况《荀子·荣辱》:"孝弟原悫,軥录疾力,以敦比其事业,而不敢怠傲,是庶人之所以取暖衣饱食,长生久视,以免于刑戮也!"

【注】弟:同"悌"。原:同"愿",诚实。悫(què):诚实。軥(qú)录:通"劬录",勤劳的意思。疾力:拼命用力。敦(duì)比:治,办理。久视:耳目不衰。

【释义】孝顺父母,尊敬兄长,勤苦努力,尽心尽力做好自己的事，而不是懈怠傲慢，这就是百姓获得丰衣足食、长生不老，不被刑罚杀戮的办法。喻永远活着，耳目聪明，长寿。

【书证】明·赵弼《两教辨》："岂比尔道者之言，拘拘手养此幻躯，惟求长生久视，作漏世之精也耶！"清·李绿园《歧路灯》第七十三回："见了些道友们，全是讲长生久视之术。"明·罗贯中《三国演义》第一百零五回："朕建高台峻阁，欲与神仙往来以求长生不老之方。"闻一多《〈女神〉之地方色彩》："不独艺术为然，我们的文化的全体也是这样，好像吃了长生不老的金丹似的。"

沉鱼出听 chén yú chū tīng

【典源】战国·荀况《荀子·劝学》："昔者，瓠巴鼓瑟而沉鱼出听，伯牙鼓琴而六马仰秣。故声无小而不闻，行无隐而不形。玉在山而草木润，渊生珠而崖不枯。为善不积邪，安有不闻者乎？"

【注】瓠巴：古代善于弹琴的人。伯牙：古代琴师。

【释义】伯牙鼓琴时，马停食仰头听音乐。喻音乐优美动听，连水下的鱼都探出头来倾听。意为一个人的美言善行一定会感动大家。

沉灶产蛙 chén zào chǎn wā
沉灶生蛙 chén zào shēng wā

【典源】春秋·左丘明《国语·晋语九》："赵襄子乃走晋阳，晋师围而灌之，沉灶产蛙，民无叛意。"

【释义】晋国内部斗争，智伯联合魏、韩氏攻击赵族，赵襄子带领部队跑到晋阳，三姓的部队用水灌城，灶没于水中，时间长了灶坑里都有了青蛙，晋阳的老百姓也没有背叛赵氏。喻水患之甚。

【书证】西汉·刘向《战国策·赵策一》："今城不没者三板。臼灶升蛙，人马相食。"

【考据】赵襄子（？—前425）名赵无恤或作毋恤。春秋末晋国人。赵鞅之子。鞅以其贤，废太子伯鲁而立之。曾设计杀代王，兴兵平代地。赵襄子四年，联合智伯、韩、魏尽分范氏、中行氏故地，并逐走晋出公。之后，智伯索地于赵、韩、魏，独赵不与。智伯遂率韩、魏攻赵，无恤固守晋阳，岁余不下，智伯引水灌城。后无恤私与韩、魏合谋，反灭智伯，三分其地，为此后三家分晋奠定基础。卒谥襄。

称情立文 chēng qíng lì wén

【词源】战国·荀况《荀子·礼论》："三年之丧，何也？曰：'称情而立文，国以饰群，别亲疏，贵贱之节而不可益损也。'故曰：'无适不易之术也。创巨者，其日久；痛甚者，其愈迟。三年之丧，称情而立文，所以为至痛极也。'"

【注】称情：衡量感情。立：制定。文：条文，指规章制度。

【释义】丧礼要守三年什么原因呢？回答说："根据具体情况（人的感情亲疏程度）来确定礼仪制度，以区别亲近贵贱，是不能随意增加或减少的。"

【书证】《隋书·高祖纪下》："故恩厚其礼隆，情轻者其礼杀。圣人以陈情立文，列亲疏贵贱之节。"

程婴杵臼 chéng yīng chǔ jiù

【典源】西汉·司马迁《史记·赵世家》："晋景公之三年，大夫屠岸贾欲诛赵氏。初，赵盾在时，梦见叔带持要而哭，甚悲；已而笑，拊手且歌。盾卜之，兆绝而后好。赵史援占之，曰：'此梦甚恶，非君之身，乃君之子，然亦君之咎。至孙，赵将世益衰。'屠岸贾者，始有宠于灵公，及至于景公而贾为司寇，将作难，乃治灵公之贼以致赵盾，遍告诸将曰：'盾虽不知，犹为贼首。以臣弑君，子孙在朝，何以惩罪？请诛之。'韩厥曰：'灵公遇贼，赵盾在外，吾先君以为无罪，故不诛。今诸君将诛其后，是非先君之意而今妄诛。妄诛谓之乱。臣有大事而君不闻，是无君也。'屠岸贾不听。韩厥告赵朔趣亡。朔不肯，曰：'子必不绝赵祀，朔死不恨。韩厥许诺，称疾不出。贾不请而擅与诸将攻赵氏于下宫，皆灭其族。赵朔妻成公姊，有遗腹，走公宫匿。赵朔客曰公孙杵臼，杵臼谓朔友人程婴曰：'胡不死？'程婴曰：'朔之妇有遗腹，若幸而男，吾奉之；即女也，吾徐死耳。'居无何，而朔妇免身，生男。屠岸贾闻之，索于宫中。夫人置儿蔫中，祝曰：'赵宗灭乎，若号；即不灭，若无声。'及索，儿竟无声。已脱，程婴谓公孙杵臼曰：'今一索不得，后必且复索之，奈何？'公孙杵臼曰：'立孤与死孰难？'程婴曰：'死易，立孤难耳。'公孙杵臼曰：'赵氏先君遇子厚，子强为其难者，吾为其易者，请先死。'乃二人谋取他人婴儿负之,衣以文葆藏于山中。程婴出,谬谓诸将军曰:"婴不肖,不能立赵孤。谁能与我千金,吾告赵氏孤处。"诸将皆喜,许之,发师随程婴攻公孙杵臼。杵臼谬曰:'小人哉程婴!昔下宫之难不能死,与我谋匿赵氏孤儿,今又卖我。纵不能立,而忍卖之乎!'抱儿呼曰:'天乎天乎!赵氏孤儿何罪?请活之,独杀杵臼可也。'诸将不许,遂杀杵臼与孤儿。诸将以为赵氏孤儿良已死,皆喜。然赵氏真孤乃反在,程婴卒与俱匿山中。"

【释义】晋国大夫屠岸贾屠杀赵朔一家,赵朔妻逃走,于宫中生下一子。

赵氏孤儿依靠程婴和公孙杵臼用计舍命保就。后在韩厥的帮助下由晋景公恢复了封邑并诛杀了屠氏以报家仇。"程婴杵臼"泛指危难之际可信赖托孤的人;为知己者竭尽忠诚保全后嗣的人。也谓信友厚士。

【书证】元·刘麟瑞《忠义集》之《昭忠逸咏·死节诸公(二)》:"堪怜许远张巡节,谁识心程婴杵臼。"清·李渔《义士李伦表传》:"事不谐矣,有死无二,但少一程婴杵臼,为宗祀计,虽忠不孝,为可虑耳。"

【考据】赵武(?—前541):亦称赵文子,赵孟。春秋时晋国人。赵朔之子。大夫。晋景公时,屠岸贾诛灭赵氏,朔妻庄姬(晋景公之姊)遗腹生武。赖程婴、公孙杵臼、韩厥之救得免死,随其母庄姬蓄养于公宫。后被立为赵氏后嗣。晋悼公立,任为卿。晋平公十年,执国政。之后与楚屈建(即子木)主持弭兵之会,卒谥文。

持禄养交 chí lù yǎng jiāo

【词源】战国·荀况《荀子·臣道》:"不恤君之荣辱,不恤国之臧否,偷合苟容以持禄养交而已耳,谓之国贼。"

【注】臧否(zāng pǐ):好坏。持禄:保持禄位。养交:交结豢(huàn)养门客游侠。

【释义】不顾及君主的荣耀和耻辱,不顾及国家的安危,(苟且迎合君主,为的是)保住自己的禄位,豢养党羽(这种人是国家的奸贼!)。指追求禄位,培植私党的奸贼行为。

【书证】《明史·列传·一一九》:"大臣持禄养交不言笑,小臣又不许言。"清·毕沅《续资治通鉴·卷五十六》:“今陛下之臣,持禄养交者多,忠心谋国者少。窃以为陛下乃孤立耳!”《清史稿·世祖纪二》:“乃部院诸臣因仍前弊,持禄养交。朕亲行黜陟与天下见之。”

持之有故,言之成理

chí zhī yǒu gù yán zhī chéng lǐ

【词源】战国·荀况《荀子·非十二子》:“假今之事,饰邪说,文奸言,以枭乱天下,便天下混然不知,是非治乱之所在者,有人矣。纵情性,安恣睢,禽兽行,不足以合文通治;然而其持之有故,其言之成理,足以欺惑愚众。是它嚣魏牟也。”

【注】它嚣:人名,生平无考。魏牟:战国时魏国公子,名牟。持:持论,政见。有故:有根据。假:如。假今之世:如今之世,指战国时代。枭:通挠,扰。

【释义】“持之有故而言之成理”意为所持的见解、主张有根据,解说时有条有理。

【书证】清·章学诚《诗教上》:“诸子之为书,其持之有故而言之成理者,必有得于道之一端,而后乃能恣肆其说。”章太炎《驳康有为论革命书》:“自知非持之有故,言之有理,不得已复援引《春秋》,谓其始外吴、楚,终则等视。”

尺帛之谏 chǐ bó zhī jiàn

【典源】西汉·刘向《战国策·赵策三》:“建信君贵于赵。公子魏牟过赵,赵王迎之,顾反至坐,前有尺帛,且令工以为冠。工见客来也,因辟。赵王曰:‘公子乃驱后车,幸以临寡人,愿闻所以为天下。’魏牟曰:‘王能重王之国若此尺帛,则王之国大治矣!’赵王不说,形于颜色,曰:‘先王不知寡人不肖,使奉社稷,岂敢轻国若此?’魏牟曰:‘王无怒请为王说之。’曰:‘王有此尺帛,何不令前郎中以为冠?’王曰:‘郎中不知为冠。’魏牟曰:‘为冠而败之,奚亏于王之国?而王必待工而后乃使之。今为天下之工,或非也,社稷为虚戾,先王不血食,而王不以予工,乃与幼艾。且王之先帝,驾犀首而骖马服,以与秦角逐。秦当时适其锋。今王憧憧,乃辇建信以与强秦角逐,臣恐秦折王之椅也!’”

【注】幼艾:年轻漂亮的男宠。说:通“悦”。

【释义】魏牟以尺帛为喻,说明治理国家应该选用贤臣。谓对君王的劝谏。

【书证】清·王夫之《宋论·卷八》:"于高宗无尺帛之书,宋遂终无如邦昌何哉?"

出死断亡 chū sǐ duàn wáng
出生入死 chū shēng rù sǐ

【词源】战国·荀况《荀子·富国》:"故仁人在上,百姓贵之如帝,亲之如父母,为之出死断亡而愉者,无它故焉,其所是焉诚美,其所得焉诚大,其所利焉诚多。"

【注】出死:献身。断亡:决死。

【释义】所以有仁者在,老百姓把他看成帝王一样的宝贵,像父母一样的亲切,为他出生入死而感到心甘情愿,这并没有其他的缘故,而是他的主张好,他取得的成就大,他所带来的好处多啊!"出生入死"指冒着生命危险去战斗,随时都有牺牲的可能。

【书证】元·马端临《文献通考》卷一百三十六:"若然者,从孰不能出死断亡而偷哉。"宋·孙光宪《北梦琐言逸文》卷二:"我与尔累年战斗,出生入死。"明·罗贯中《三国演义》第八十三回:"其余诸将……皆披坚执锐出生入死之士。"

钼麑触槐 chú ní chù huái

【典源】春秋·左丘明《左传·宣公二年》:"宣子骤谏,公患之,使鉏麑贼之。晨往,寝门辟矣,盛服将朝,尚早,坐而假寐。麑退,叹而言曰:'不忘恭敬,民之主也。贼民之主,不忠!弃君之命,不信。有一于此,不如死也。'触槐而死。"

【释义】晋灵公是个残忍无道的暴君,常以虐杀臣民而取乐,晋国重臣赵盾对此深为忧虑,多次冒死劝谏,希望晋灵君能改正过错。结果引起晋灵君极端的忌恨,竟然派刺客钼麑去刺杀赵盾。钼麑在清晨时分进入赵盾的住所,只见大门敞开,赵盾早已起床,穿戴整齐准备上朝。因天色尚早,便坐着打盹。钼麑在暗处把这一切都看在眼里,感到赵盾是个忠心耿耿的臣子,所以不忍心行刺,但又君命难违,便一头撞死在一棵大槐树上,以表明自己的心迹。

【书证】元·马致远《荐福碑》第三折:"我为甚的做钼麑触槐,弃舍了这土木形骸?"

【考据】赵盾,亦称赵宣子、宣孟。春秋时晋国人。赵衰之子。

晋襄公七年，任中军元帅，遂执国政。襄公卒，盾使先蔑、士会迎公子雍于秦，经襄公夫人穆嬴力争而立为灵公，御秦师。灵公即位，荒淫暴虐，盾屡谏不听，灵公反欲杀之。盾惧祸出走，未出境，其族弟赵穿杀灵公。赵盾归，迎立襄公弟黑臀为晋成公，继续任国政。卒谥宣。

楚弓楚得 chǔ gōng chǔ dé 楚得楚弓 chǔ dé chǔ gōng

【典源】战国·公孙龙《公孙龙子·迹府》："龙闻楚王张繁弱之弓，载忘归之矢，以射蛟，兕于云梦之圃，而丧其弓。左右请求之。王曰：'止。楚人遗弓，楚人得之，又何求乎？'仲尼闻之曰：'楚王仁义而未遂也，亦曰人亡弓，人得之而已，何必楚？'"

【注】兕(sì)：古代犀牛一类的兽。古人常用木刻成兕形，作为射礼时放筹码的盛器。这里代指楚王在云梦射猎。遗：失。

【释义】楚人丢失的弓被楚人得到了。比喻自己的东西虽然遗失，而拾得者恰好也是自家人，利未外流。也喻自己丢失的东西又回到了自己手里。

【书证】明·苏复之《金印记传奇》十二："喜楚得楚弓，免被傍人笑。"清·袁枚《小仓山房诗集·张菊坡太守有伽南香珠余乞之命以诗易》："我发谰言君目听，楚弓楚得原无定……"清·文康《儿女英雄传》十七回："一张弓，原是她刻不可离的东西……这个东西送上门来，楚弓楚得，岂有再容它已来复去的理？"

创巨痛深 chuāng jù tòng shēn

【词源】战国·荀况《荀子·礼论》："创巨者其日久，痛甚者其愈迟；三年者，称情而立文，所以至痛极也！"

【注】创：创伤。巨：大。痛：痛苦。

【释义】创伤大，痛苦深重。所以哀礼为三年。原指哀痛父母之丧，犹如体受重创。后多喻遭受了严重的损害和痛苦。

【书证】南朝·宋·刘义庆《世说新语》："元皇初见贺司空，言及吴时事，问孙皓锯截一贺头是谁？司空未得言。元皇自忆曰：'是贺劭。'司空流涕曰：'臣父遭遇无道，循创巨痛深，无以上答明诏。'"范文澜《中国近代史》："于是自己率领一帮民贼来制造创深痛巨，教军官放火烧城。"

吹毛求疵 chuī máo qiú cī

【典源】战国·慎到《慎子·外篇》:“不吹毛而求小疵,不洗垢而察难知。”

【注】求:找寻。疵:毛病。

【释义】吹开皮上的毛寻找里面的毛病。喻故意挑毛病,找差错,存心为难人。

【书证】东汉·班固《汉书·中山靖王刘胜传》:“有司吹毛求疵,笞服其臣使证其君。”《北齐书·酷吏传·宋游道》:“游道禀性遒悍,是非肆口,史吹毛洗垢,疮疵人物。”鲁迅《且介亭杂文集·“题未定”草》:“我在这里也犯了‘文人相轻’罪,其罪状曰‘毛求吹疵’。”南朝·宋·范晔《后汉书·杜林传》:“吹毛求疵,诋欺无限。”晋·陈寿《三国志·吴书·步骘传》:“伏闻诸典校吹毛求疵,重案深诬,辄欲陷人以成威福。”南朝·梁·刘勰《文心雕龙·奏启》:“是以世人为文,竞于诋呵,吹毛取瑕。”

椎击晋鄙 chuí jī jìn bǐ

【典源】西汉·司马迁《史记·魏公子列传》:“至邺,矫魏王令代晋鄙。晋鄙合符,疑之,举手视公子曰:‘今吾拥十万之众,屯于境上,国之重任,今单车来代之,何如哉?’欲无听。朱亥袖四十斤铁椎,椎杀晋鄙,公子遂将晋鄙军。”

【注】晋鄙:魏国大将。符:兵符,调兵遣将之用。朱亥:魏公子门客,侠士。椎(音垂):铁锤。

【释义】在邺城,朱亥用铁椎击杀魏国大将晋鄙,率晋鄙军解秦军对邯郸之围。

【书证】唐·李白《送侯十一》:“朱亥已击晋,侯嬴尚隐身。”另,李白《赠从兄襄阳少府皓》:“却秦不受赏,击晋宁为功?”

【考据】信陵君:名无忌,魏公子,相,封信陵君,战国时期“四君子”之一。因救赵,赵封鄗(古地名,今河北柏乡北)为他的汤沐邑。

唇亡齿寒 chún wáng chǐ hán

【典源】西汉·司马迁《史记·田敬仲完世家》:“王建立六年,秦攻赵,齐、楚救之。……赵无食,请粟于齐,齐不听。周子曰:‘不如听之,以退秦兵……且赵之于齐、楚扞蔽也,犹齿之有唇也。唇亡齿寒。今日亡赵,明日患及齐、楚。且救赵之务,宜若奉漏瓮沃焦釜也。夫救赵,高义也;却秦兵,显名也!'"

【注】瓮:一种陶制的盛器。沃:浇灌。釜:锅。扞蔽:屏蔽。

【释义】齐王建即位六年,秦国攻赵国,齐、楚出兵救赵。赵向齐借粮,齐谋士周子建议借粮予赵。他说:赵国是齐、楚的一道屏障,唇亡齿寒,今天灭赵,明天祸患就到了齐、楚。救赵应像捧着漏缸去浇烧干的锅一样急切,是高尚的德义,打退秦兵会大显威名。嘴唇没有了,牙齿就会感到寒冷。喻利害密切相关。

【书证】北宋·司马光《资治通鉴》:"唇亡齿寒,吾为天下元帅,曾不能救邻道,将安用之!"清·褚人获《隋唐演义》第五十八回:"真个弄得唇亡齿寒,只道主公失信于天下。"

鹑衣百结 chún yī bǎi jié

衣若悬鹑 yī ruò xuán chún

【典源】战国·荀况《荀子·大略》:"子夏贫,衣若悬鹑。人曰:'子何不士?'曰:'诸侯之骄我者,吾不为臣?大夫之骄我者,吾不复见。'"

【注】结:悬挂、连缀。形容衣服破烂得不像样子。亦简作"鹑衣"。鹑衣:像鹌鹑鸟尾巴那样的衣服。

【释义】孔子的学生子夏,家里很穷,身上穿的衣服补了又补,补丁连缀着就像鹌鹑的秃尾巴。有人就劝他:"你生活得这样穷困,为什么不去作官呢?"子夏回答说:"对我傲慢的诸侯,我是决不做他的臣子的;对我傲慢的卿大夫,我连见都不见他。古代贤人柳下惠与手下的人穿一样的衣服,争利争到最后是要丧身的。"鹑衣百结,意为身上穿的衣服补丁多,连缀起来就像鹌鹑鸟的秃尾巴。

【书证】唐·杜甫《舟中伏枕书怀奉呈湖南亲友》:"鸟儿重重缚,鹑衣寸寸针。"唐·刘长卿《行营酬吕侍御诗》:"并税鹑衣乐,壶浆鹤发迎。"清·程麟《此中人语·乞丐风流》:"鹑衣百结走风尘,落魄谁怜此一身?"

醇酒妇人 chún jiǔ fù rén

【典源】西汉·司马迁《史记·魏公子列传》:"公子自知再以毁废,乃谢病不朝,与宾客为长夜饮,饮醇酒。多近妇女。日夜为乐饮者四岁,竟病酒而卒。"

【释义】战国时期,魏国的公子无忌任上将军,掌握魏国的军权。魏无忌治军有方,使魏国的军力变得强大起来。秦国要灭掉魏国，无忌就是一大阻力，因此使用反间计，使魏王产生了对无忌的不信任，夺其手中的兵权。无忌心里很明白：要想重振魏国的军威是难以办到的，于是就假装有病，不去上朝了，和手下的宾客一天到晚、一夜到天亮地喝酒；喝的是美酒，而且还经常和女人在一起玩乐。这样日夜地玩乐了四年，就因为喝酒喝多了而死去。“醇酒妇人”意为喝美酒、玩漂亮的女人，后用于形容沉溺于酒色的腐化生活，意志完全颓废了。

【书证】章炳麟《华国月刊发刊辞》：“象棋六博，醇酒妇人，以为苟毕吾生而已足，此则志气尤其脆弱者。”鲁迅《致许寿裳》：“仆荒落殆尽，手不触书，惟搜采植物，不殊曩日，又翻类书，荟集古逸书数种，此非求学，以代醇酒妇人者也。”

辞金蹈海 cí jīn dǎo hǎi

【典源】西汉·司马迁《史记·鲁仲连邹阳列传》：“鲁仲连曰：‘……彼秦者，弃礼义而上首功之国也，权使其士，虏使其民。彼即肆然而为帝，过而为政于天下，则连有蹈东海而死耳，吾不忍为之民也。所为见将军者，欲以助赵也。’于是平原君欲封鲁连，鲁连辞让者三，终不肯受。平原君乃置酒，酒酣起前，以千金为鲁连寿。鲁连笑曰：‘所贵于天下之士者，为人排患释难解纷乱而无取也。即有取者，是商贾之事也，而连不忍为也。’遂辞平原君而去，终身不复见。”

【注】上首功：秦法，斩首多为上功。谓斩一人首赐爵一级，故谓秦为“首功之国”也。权使其士，虏使其民：以权诈使其战士，以奴虏使其人。言无恩以恤下。肆然：犹肆志。过：言秦得肆志为帝，恐僭行天子之礼。

【释义】战国时，秦军围赵都邯郸，齐人鲁仲连以利害进说赵平原君、魏公子无忌，劝阻尊秦昭王为帝，并表示若秦王为帝，则自己将蹈东海而死。秦军退后，赵平原君以千金谢之，鲁仲连却不受，以为为人排难解纷而取酬，是商贾之事。比喻不慕富贵，慷慨有气节。

【书证】唐·李白《古风之十》：“意轻千金赠，顾向平原笑。”明·武宗《刘基赠谥太师文成诰》：“受爵能让，怀辞金蹈海之风；成功不居，从辟谷封留之请。”

赐环召还 cì huán zhào huán

【典源】战国·荀况《荀子·大略》:"聘人以珪,问士以璧,召人以瑗,绝人以玦,反绝以环。"

【注】古代诸侯之间或诸侯与天子之间派使节问候叫"聘"。珪:同"圭",用作信符的玉器,上部呈圆形或尖锥形,下部呈方形。问:小规模的或不定期的"聘"叫做"问"。士:通"事"。璧:扁圆形,中心有孔的玉器,其边阔比孔大一倍的叫"璧"。瑗:扁圆形、中心有孔的玉器,其孔比边阔大一倍的叫"瑗"。"瑗"与"援"古音相近,"援"是拿过来、领来的意思,所以用瑗来召人。玦:一种环形而有缺口的玉器。"玦"与"决"、"诀"同源,所以与人决裂、断绝用玦。反:通"返",使……回来。环:扁圆形、中心有孔的玉器,其边阔与孔大小一样的叫"环"。"环"与"还"同音,所以用它来代指君主召还臣子。

【释义】使者到诸侯国去问候人用珪,去作国事访问用璧,召见人用瑗,与人断绝关系用玦,召回被断绝关系的人用环。谓帝王对放逐之臣赦罪召还。

【书证】南宋·陆游《题饭中直舍壁》:"几年憔悴去请班,敢辱君恩误赐环。"清·西周生《醒世姻缘传》:"郭将军奉旨赐环,狄经历回家致仕。"

聪明睿智 cōng míng ruì zhì
聪明才智 cōng míng cái zhì

【词源】西汉·刘向《战国策·赵策二》:(赵公子成曰)"臣闻之:'中国者,聪明睿智之所居也!'"

【注】聪明:聪,指听觉敏锐,明,指视觉敏锐。睿智:有远见卓识。

【释义】指超人的智力和显著的才能。

【书证】北齐·颜之推《颜氏家训·治家》:"如有聪明才智,识达古今,正当辅佐君子,助其不足。"清·康有为《大同书》:"则全地聪明睿智之士,日尽其心思才力创新。"《精卫石》:"因思姊姊同妹妹,聪明才智岂输男?"

【考据】赵公子成:前295年与李兑一起平定公子章沙丘之乱,因功为相国,封安平君。

存亡安危 cún wáng ān wēi

【词源】战国·荀况《荀子·王

制》:“天下胁于暴国,而党为吾所不欲于是者,日与桀同事同行,无害为尧,是非功名之所就也,非存亡安危之所堕也。必将于愉殷赤心之所。”

【注】 党:倘,倘若,如果。堕:随。

【释义】 功名能够建立,国家安危存亡的原因,必定在于国家强胜时每个国人的志向如何。“存亡安危”意为国家的长治久安或危亡。

【书证】 唐·杜牧《樊川文集》第十二:“凡此十九公,皆国家存亡安危治乱者也!”清·王夫之《读通鉴论·武帝》:“以国家存亡安危之任,则万人之扬诩,不能救一朝之丧败。”清·毕沅《续资治通鉴·卷一一七》:“今日之事,存亡安危所自以分。”

存亡荣辱 cún wáng róng rǔ

【词源】 战国·慎到《慎子·内篇·知忠》:“廊庙之材,非一木之枝;狐白之裘,非一狐之腋,治乱安危、存亡荣辱之施,非一人之力也!”

【释义】 国家存亡安危。

【书证】 晋·陈寿《三国志》卷六:“卧奉暗后,则覆亡之祸至,存亡荣辱,常必由兹。”《晋书·卷四十八》:“夫荣辱存亡,实不所任,可不审哉!”

D

大巧在所不为

dà qiǎo zài suǒ bù wéi

【词源】 战国·荀况《荀子·天论》:“故大巧在所不为,大智在所不虑。所志于天者,已其见象之可以期者矣。所志于地者,已其见宜之可以息者矣。”

【注】 所不为:不做的事,指违反客观规律的事情。所不虑:不加考虑的事,指探究自然之事。志:知,了解。已:止,不超过。宜:适宜,指适合农作物生长的重要条件。息:繁殖,指种植庄稼。

【释义】 最大的技巧是顺应自然,不主观蛮干,不做违反客观规律的事情。喻技术已经成熟,不用故意雕琢。

大庭广众 dà tíng guǎng zhòng
广庭大众 guǎng tíng dà zhòng

【典源】《孔丛子·公孙龙》:

"使此人于广庭大众之中,见侮而不敢斗,王将以为臣似?"

【注】庭:厅堂,泛指宽大的场合。广众:很多群众。广庭大众:场面大、人众多的公开场合。

【释义】战国时,齐国齐滑王很喜欢结交士人。有一天,他对名家尹文说:"我很喜欢士人,可齐国缺少这种人,这是为什么?"尹文说:"大王所说的士人,究竟是指什么样的人呢?"齐滑王一时回答不上来。尹文接着说:"有这样一种人,他讲忠孝,讲信义,这能算士人吗?能任用他为臣下吗?""行!行!"齐滑王满意地认为这就是求之不得的意中人。尹文又说:"如果这种人在大庭广众之中,受了欺侮而不敢争斗,您也想用他为臣吗?"齐滑王说:"这算什么士啊!这是一种耻辱,我是不会用他的。"

【书证】《新唐书·张行成传》:"左右文武诚无将相材,奚用大庭广众与之量校,捐万乘之尊,与臣下争功哉?"清·吴趼人《二十年目睹之怪现状》第八十六回:"这是秘密的事,他敢在大庭广众之下宣扬起来?"鲁迅《且介亭杂文二集·什么是"讽刺"》:"习惯了,虽在大庭广众之间,谁也不觉得奇怪。"

大智若愚 dà zhì ruò yú

【词源】战国·荀况《荀子·天论》:"故大巧在所不为,大智在所不虑。"

【释义】真正的灵巧聪明好像什么作为都没有,真正的智慧好像不动脑筋考虑问题。后多用作"大智若愚"或"大智如愚",喻有智慧的人极有涵养,不露锋芒,表面上看好像愚笨。

【书证】北宋·苏轼《贺欧阳修致仕启》:"大勇若怯,大智如愚,至贵无轩冕而荣,至仁不导引而寿。"明·李贽《焚书·李中谿先生告文》:"盖众川合流,务欲以成其大;土石并砌,务欲以实其坚。是故大智若愚焉耳!"章炳麟《箴新党论》:"学生能善体虏酋之志,执雌守黑,不敢自遂,大智若愚,于是乎在。"

代好摩笄 dài yú mó jī

【典源】西汉·刘向《战国策·燕策一》:"昔赵王以其姊为代王妻,欲并代,约与代王遇于句之塞。乃令工人作为金斗,长其尾,令之可以击人。与代王饮,而阴告厨人曰:'即酒酣乐,进热歃，即因反斗击之。’于是酒酣乐，进取热歌，厨人进斟羹，因反斗而击之，代王脑涂地。其姊闻之，摩笄以自刺也。故至今有摩笄之山，天下莫不闻。”

【注】代好：指春秋时代王之妻，赵襄子之姊。

【释义】赵襄子为了吞并代地而使人杀死代王。代好闻之，摩笄自刺而死。代好死之地为摩笄山（今河北张家口市东南）。喻为正义而殉难的烈妇。

【书证】唐·胡曾《咏史诗·摩笄山》：“春草绵绵岱日低，山边立马看摩笄。黄莺也解追前事，来向夫人死处啼。”

带甲百万 dài jiǎ bǎi wàn

【词源】西汉·刘向《战国策·赵策三》：“今赵，万乘之强国也，前漳滏，右常山，左河间，北有代，带甲百万。”

【注】带甲：披甲的战士。百万：极言为数之多。

【释义】今天的赵国，是个拥有万乘的强国，前面有漳水、滏水，右侧有常山，左边是河间，北边有代国，雄兵有百万以上。犹言雄兵百万。

【书证】西汉·晁错《论贵粟疏》：“神农之教曰：‘有百城十仞、汤池百步、带甲百万而无粟，弗能守也！’”晋·陈寿《三国志·魏书·袁绍传》：“冀州虽鄙，带甲百万，谷支十年。”晋·葛洪《抱朴子·讥惑》：“大楚带甲百万，而有振槁之脆。”隋·卢思道《后周兴亡论》：“带甲百万，骁将如林。”明·罗贯中《三国演义》第二十二回：“陈登献计于玄德曰：‘曹操所惧者袁绍。绍虎踞冀、幽、并诸郡，带甲百万，文官武将极多，今何不写书遣人到彼求救？’”

弹丸之地 dàn wán zhī dì

【典源】西汉·刘向《战国策·赵策三》：秦既解邯郸围，而赵（孝成）王入朝，使赵郝约事于秦，割六县而媾。虞卿谓赵王曰：“秦之攻王也，倦而归乎？王以其力尚能进，爱王而弗攻乎？”王曰：“秦之攻我也，不遗余力矣，必以倦而归也。”虞卿曰：“秦以其力攻其所不能取，倦而归，王又以其力之所不能取以送之，是助秦自攻也。来年秦复攻王，王无救矣。”王以虞卿之言告赵郝。赵郝曰：“虞卿诚能尽秦力之所至乎？诚知秦力之所不能进，此弹丸之地弗予，令秦来年复攻王，王得无割其内而媾乎？”

【注】弹丸之地：弹丸这样大的地方。弹丸：弹弓发射用的铁丸或泥丸。形容地方很小。

【释义】战国时候，有一次，秦国进攻赵国，大破赵军于长平。秦撤兵之后，赵王欲派赵郝使秦，割六县以求和，谋士虞卿听到了这件事，就劝赵王不要给，认为秦国尽管战胜了赵国，但他已耗尽了兵力，秦国之所以胜后就撤兵，是因为军队疲惫了。赵王于是又把虞卿的意见告诉赵郝，赵郝说：“虞卿能够了解清楚秦国的实力吗？如果了解清楚确实暂时无能为力，那六城只不过是弹丸一样大的小地方，不给就不给；但如果来年秦国再来攻赵，你能再不割地求和吗？”赵王又问：“如果给了这块弹丸之地，你能叫秦国来年不再来攻赵吗？”

【书证】明·罗贯中《三国演义》第七十六回：“东吴兵精将勇；且荆州九郡，俱已属彼，止有麦城，乃弹丸之地。”明·许仲琳《封神演义》第四十四回：“西歧城不过弹丸之地，姜子牙不过浅行之夫。”

德不称位 dé bù chèn wèi

【词源】战国·荀况《荀子·正论》：“夫德不称位，能不称官，赏不当功，罚不当罪，不祥莫大焉。”

【注】德：品德。位：爵位。当：相当，抵挡。

【释义】如果品德和地位不相称，能力和官职不相称，奖赏和功劳不相称，刑罚和罪行不相称，那么，没有比这更大的祸害了。“德不称位”指品德和爵位不相称。

德广贤至 dé guǎng xián zhì

【词源】春秋·左丘明《国语》卷十《晋语》四：“文公问元帅于赵衰……公曰：‘夫赵衰三让不失义。让，推贤也。义，广德也。德广贤至，又何患矣。请令衰也从子。’乃使赵衰佐新上军。”

【释义】晋文公重耳问赵衰，谁可为元帅……晋文公说：“赵衰多次推让，都没有失去礼仪，谦让是为了推荐贤哲，礼仪是推广道德，推广仁义，贤哲就来了，又有什么可担心的呢。请让赵衰随从你做副将。”于是，便任命赵衰做上军的副将。推广仁义之德，贤才自然会来。

【考据】赵衰（？—前 622）：一称孟子余，春秋时晋国人，字子余。谥成，又称赵成子、成季。从公子重耳流亡在外十九年，历尽艰难险阻。助重耳回国即位为晋文公。以大功论赏，为大夫。旋为卿，任上军之将。先后举荐先轸、栾枝等人，佐晋文公创立霸业。晋襄公三年，以中军佐从中军将先且居击败秦师于彭衙。

登高而呼 dēng gāo ér hū
登高一呼 dēng gāo yī hū

【词源】战国·荀况《荀子·劝学》："登高而招，臂非加长也，而见者远；顺风而呼，声非加急也，而闻者彰；假舆马者，非利足也，而致千里；假舟楫者，非能水也，而绝江河；君子性非异也，善假于物也。"

【注】呼：呼唤，招呼。

【释义】站在高处向人们呼喊。指有影响的人物向大家发出倡议或号召，激起巨大反响。

【书证】清·文康《儿女英雄传》第三回："他在外面登高而呼，只怕还容易些。"清·李宝嘉《官场现形记》："一省之内唯彼独尊，自然是登高一呼，众山响应。"朱自清《论标语口号》："我们说登高一呼，群山回应……都指先知先觉或志士仁人而言。"

登高望远 dēng gāo wàng yuǎn

【词源】战国·荀况《荀子·劝学篇》："吾尝终日而思矣，不如须臾之所学也。吾尝跂而望矣，不如登高之博见也。"

【释义】我曾整天思索，但不如学习片刻之所得；我曾踮起脚跟远望，但不如登上高处所见之宽广。"登高望远"意指登上高处望得广远。喻思想境界高，目光远大。

【书证】宋·沈瀛《野庵曲》："一桥那边一庵儿，登高望远输情思。"宋·刘克庄《贺新郎》："向西风，登高望远，乱山斜日。"郁达夫《采石矶》："这样的念了一句，他忽然动了登高望远的心思。"

颠倒是非 diān dǎo shì fēi

【词源】西汉·刘向《战国策·赵策二》："张仪为秦连横，说赵王曰：'凡大王之所信以为从者，恃苏秦之计，荧惑诸侯，以是为非，以非为是。欲反复齐国而不能，自令车裂于齐之市。'"

【释义】硬把对的说成错的，把错的说成对的。

【书证】唐·韩愈《施先生墓铭》:“古圣人言,其旨密微,笺注纷罗,颠倒是非。”宋·曾巩《南齐书目录序》:“然而蔽害天下之圣法,是非颠倒而采摭谬乱者,亦岂少哉!”清·刘鹗《老残游记》九回:“然则桀纣之为君是,而桀纣之民全非了,岂不是是非颠倒吗?”清·纪昀《阅微草堂笔记·滦阳消夏录二》:“正人君子,为小人乘其机而反激之,其固执决裂,有转致颠倒是非者。”《清史稿·张伯行传》:“伯行居官清正,天下所知。噶礼才虽有余而喜生事,无清正名。此议是非颠倒,命九卿、詹事、科道再议。”

冬日可爱,夏日可畏 dōng rì kě ài xià rì kě wèi

【典源】春秋·左丘明《左传·文公七年》:“丰舒问于贾季曰:‘赵衰、赵盾孰贤?’对曰:‘赵衰,冬日之日也;赵盾,夏日之日也。’”

【注】畏:害怕,恐惧。

【释义】春秋时,晋国卿赵衰,帮助流亡在外的公子重耳回国继位,这就是称霸一时的晋文公。赵衰因而担任了新上军之将。晋灵公时,赵衰儿子赵盾执政,并担任中军元帅。一次,有个叫丰舒的问贾季道:“你说赵衰、赵盾父子俩哪个贤些?”贾季回答说:“赵衰好比是冬天的太阳,人们觉得他暖洋洋的;而赵盾呢,则是像夏天的太阳,热得有点使人可怕。”“冬日可爱”指像冬天的太阳那样使人感到暖和、可爱。“夏日可畏”指人的态度像夏天的太阳一样热得使人生畏。

【书证】晋·杜预注 :“冬日可爱,夏日可畏。”南朝·宋·谢希逸《宋孝武宣贵妃诔》:“踌躇冬爱,惆怅秋晖。”宋·苏轼《次韵朱光庭喜雨》:“久苦赵盾日,欣逢傅说霖。”

董狐直笔 dǒng hú zhí bǐ

董狐笔 dǒng hú bǐ

【典源】春秋·左丘明《左传·宣公二年》:“乙丑,赵穿攻灵公于桃园。宣子未出山而复。太史公曰:‘赵盾弑其君。以示于朝。’宣子曰:‘不然。’对曰:‘子为正卿,亡不越竟(境)、不讨贼,非子而谁?’……孔子曰:‘董狐,古之良史也,书法不隐。’”

【释义】春秋时晋国晋灵公,年轻时就当了国君。他十分骄横,曾用弹弓射击行人,以此取乐。一次,厨师做的熊掌不合他的口味，他一气之下把厨师杀了。国相赵盾多次劝谏，他非但不听，还怀恨在心，多次设计要害赵盾。赵盾见国君无法挽救，就出奔他国。赵盾还没越出国界，听说族弟赵穿把晋灵公杀了。赵盾立即回到京城，拥立晋成公为国君。这时，史官董狐已将这一事件载入史册，写"赵盾弑其君"。赵盾一见大为吃惊，立刻向董狐作解释，声称自己没有弑君之罪。可董狐道："你身居相位，事件发生前虽然出走了，但还没有离开国境，回京后又没有惩办凶手，这弑君之罪该由谁负！"后来孔子赞扬董狐是个好史官，能不加隐讳地直书史实。"董狐直笔"、"董狐笔"指董狐用笔公正无私地记载史实。后形容良吏公正不阿。

【书证】《晋书·郭璞传》："忝荷史任，敢忘直笔。"宋·文天祥《正气歌》："在晋董狐笔。"宋·黄庭坚《王彦祖惠其祖黄州制草书其后》："脱略看时辈，诸君等发蒙。董狐常直笔，汲黯少居中。"

独步一时 dú bù yī shí

【典源】战国·慎到《慎子·外篇》："蔺相如既困秦王，归而有矜色，谓慎子曰：'人谓秦王如虎，不可触也；仆已摩其顶、拍其肩矣！'慎子曰：'善哉！先生天下之独步也！'"

【注】独步：独一无二，无与伦比。

【释义】蔺相如从秦国回来，对慎子说："人们都说秦王像老虎一样凶残，不可接触；我已抚摸过他的头，拍过他的肩了。"慎子回答说："好啊！先生您是当今天下独一无二呀！"后喻在当时独一无二，一时无双。

【书证】唐·白居易《唐故银青光禄大夫……范阳张公墓志铭序》："文献始兴公九龄，即公之伯祖，开元中以儒学诗赋，独步一时。"宋·无名氏《宣和画谱·郭熙》："论者谓熙独步一时，虽年老落笔益壮，随其年貌焉！"

独辟蹊径 dú pì xī jìng
独开蹊径 dú kāi xī jìng

【词源】战国·荀况《荀子·劝学》："将原先王，本仁义，则礼正其经纬蹊径也。若挈裘领，诎五指而顿之，顺者不可胜数也。"

【注】蹊径：小路。诎：伸。

【释义】独得要领，(经家纬国)。

【书证】清·叶燮《原诗·外篇上》："于是楚风惩其弊……抹倒体裁、声调、气象、格力诸说，独辟蹊径。"章炳麟《论教育的根本要从自国自心发出来》："宋元之间，几位算学先生出来，倒算是独开蹊径。"

独智之虑 dú zhì zhī lǜ

【典源】西汉·司马迁《史记·赵世家》："(赵武灵)王曰：'有高世之功者，负遗俗之累；有独智之虑者，任骜民之怨。我将变服骑射，而世必议寡人，何也？'"

【注】骜民：傲慢不讲道理的人。

【释义】赵武灵王说："有超过常人的伟大功劳的人，一定会受到旧习惯的反对；有独特智慧和超人谋略的人，一定会受到傲慢而不讲理的人的怨恨。我想让大家穿胡人的服装，练骑马射箭，你看这是为什么？""独智之虑"指独特的智慧、超人的谋略。

【书证】汉·桓宽《盐铁论·卷第五·遵道第二十三》："商鞅有独智之虑，世乏独见之证。"

【考据】赵武灵王(？—前295)：战国时赵国国君，名雍。肃侯子。武灵王十九年，行胡服骑射，强军以御游牧部族。后陆续攻灭中山，破林胡、楼烦，国势大盛。二十七年传位于少子何(即赵惠文王)，自称主父。另封长子章为代安阳君。章不满。惠文王四年，章起兵争位失败，逃入主父所居沙丘宫，李兑围宫三月余，章先死，主父饿死。

短绠汲深 duǎn gěng jí shēn

【词源】战国·荀况《荀子·荣辱》："短绠不可以汲深井之泉，知不几者不可与及圣人之言。"

【注】绠：汲水器上的绳索。汲：取水于井。

【释义】吊桶的绳子短，不能用来打深井里的水，知识浅陋之人不可以同圣人相比。喻能力太弱而任务重大，难以胜任，多用作自谦。

【书证】唐·严挺之《大智禅师碑铭》："顾才不称物，短绠汲深。"唐·萧颖士《赠韦斯业书》："诚智小谋大，绠短汲深。"

断长续短 duàn cháng xù duǎn

断长补短 duàn cháng bǔ duǎn

【词源】战国·荀况《荀子·礼论》："礼者，断长续短，损有余，益不足，达爱敬之文，而滋成行义之美者也。”

【注】断：截断。续：连接。损：减损。益：增加。爱敬：爱怜恭敬。行义：德行道义。

【释义】礼，要做到截下有余的部分，补到不足的地方去，减少有余，弥补不足，既再现了崇敬的仪式，又养成事事按照礼的规定去做的美德。断长续短喻取长补短。

【书证】西汉·刘向《战国策·秦策一》：“今秦地形，断长续短，方数千里，名师数百万。”西汉·戴圣《礼记·王制》：“凡四海之骨，断长补短，方三千里，为田八十万亿一万亿亩。”唐·元稹《授孝愿校检司空宣武军节度使制》：“然而灵武魏博至于大梁，断长补短方数千里，皆尔伯仲，又何加焉？”

度己以绳 duó jǐ yǐ shéng

【典源】战国·荀况《荀子·非相》：“故君子之度己则以绳，接人则用枻。度己以绳，故足以为天下法则矣；接人用枻，故能宽容，因求以成天下之大事矣！”

【注】度：裁度、衡量。枻：(yì)：短桨，这里指代船。

【释义】要求自己要像木工用墨绳来取直一样严格，待人像梢公用舟船来接客一样。用墨线样的准则律己才能使自己成为天下人效仿的榜样；用舟船一样的胸怀待人，才能对他人宽容，也才能依靠他人来成就治理天下的大业。度己以绳指依照严格的道德标准要求自己。

F

罚不当罪 fá bù dāng zuì

【词源】战国·荀况《荀子·正论》：“夫德不称位，能不称官，赏不当功，罚不当罪，不祥莫大焉。”

【注】罚：处罚。当：相当，相称。

【释义】所给的处罚和所犯的罪不相称。

【书证】宋·张孝祥《徽驳成闵按劾部将奏》：“然赏不当功，则不如无赏；罚不当罪，则不如无罚。”毛泽东《湖南农民运动考察报告》：“都有极明白的计算，罚不当罪的极少。”

反手可得 fǎn shǒu kě dé

【词源】战国·荀况《荀子·非相》：“诛白公，定楚国，如反手尔。”

【注】反:通"翻"。

【释义】杀死白公,平定楚国,如翻手一样容易。喻轻易就可得到。

【书证】明·罗贯中《三国演义》第五十一回:"我等费了许多军马,用了许多钱粮,日下南郡反手可得;彼等心怀不仁,要就现成,须放着周瑜不死!"

非日非月 fēi rì fēi yuè

【词源】战国·荀况《荀子·赋篇》:"非日非月,为天下明。"

【注】非:不论。月:月夜。

【释义】不论白昼或月夜,都能为天下带来光明。喻不分昼夜。

【书证】南朝·陈·徐陵《为贞阳侯与王僧辨书》:"非日非月,苍生仰其照临。"唐·皮日休《孔子庙碑》:"非日非月,光之所被者远。"北宋·文莹《玉壶清话》:"逮升坛之际,皎洁如昼,非日非月。"

奋矜伐德 fèn jīn fá dé

奋矜之容 fèn jīn zhī róng

【词源】战国·荀况《荀子·正名》:"有兼听之明,而无奋矜之容;有兼覆之厚,而无伐德之色。"

【注】奋:振起,发扬。矜:自以为是。容:容貌,仪容。伐:自夸。

【释义】有了解百家学说的明智,而没有自以为是的神态;有无所不包的宽大度量,而没有自夸德行的神色。谓骄傲自大,夸耀不实。

丰取刻与 fēng qǔ kè yǔ

【词源】战国·荀况《荀子·君道》:"衡石称县者,所以为平也;上好倾覆,则臣下百吏乘是而后险。头斛敦概者,所以为啧也;上好贪利,则臣下百吏乘是而后丰取刻与,以无度取于民。"

【注】衡:秤。石:重量单位,古一百二十斤为一石。县:同"悬",称县即称量。倾覆:指君主破坏规章制度,随意妄为。斛(hú):古量器,十斗为一斛。"概":同"杚",量米时用来刮平头斛的木板。丰:多。刻:损减。与:给。

【释义】如果君主喜欢贪利,臣下们乘机肆意盘剥百姓,却很少给百姓做事。这里指多取少给。

冯亭垂涕 féng tíng chuí tì

【典源】西汉·司马迁《史记·赵世家》:“后三日,韩氏上党守冯亭使者至,曰:‘韩不能守上党,入之于秦。其吏民皆安为赵,不欲为秦。有城市邑十七,愿再拜入之赵。’王大喜……乃令赵胜受地,告冯亭曰:‘敝国使者臣胜,敝国君使胜致命,以万户都三封太守,千户都三封县令,皆世世为侯,吏民皆益爵三级,吏民能相安,皆赐之六金。’冯亭垂涕不见使者,曰:‘吾不处三不义也:为主守地,不能死固,不义一矣;入之秦,不听主令,不义二矣;卖主地而食之,不义三矣!’”

【释义】因为自感不义而强烈自责。

【考据】冯亭:原为韩上党郡守,上党郡归赵后赵封为华阳君。赵孝成王时封庐陵君。

奉公如法 fèng gōng rú fǎ
奉公守法 fèng gōng shǒu fǎ
廉洁奉公 lián jié fèng gōng

【典源】西汉·司马迁《史记·平原君虞卿列传》:“(赵奢谓平原君)曰:‘以君之贵,奉公如法则上下平,上下平则国强,国强则赵固,而君为贵戚,岂轻于天下邪?’”

【注】廉洁:清白。奉:奉行。公:公务。

【释义】战国时赵国的将军赵奢在赵惠文王时,任田部吏。他办事公平而严格。有一次,平原君府里的人仗势不缴租税,赵奢依法处理,连续惩办了赵胜的九个管家。赵胜大怒,下令把赵奢逮捕,准备杀死他。赵奢说:“你身为赵国的公子,竟然纵容你的管家,不奉公守法。这样国家就会衰弱,就会招致别国的侵犯,甚至灭亡。到那时,你哪里还能保住什么富贵?以你现在这样的地位,如能带头奉公,遵守法令,做到上下公平,那么国家就会强盛起来,你也就会更加受人尊重了。”赵胜听了,觉得很有道理,于是带头奉公守法。这里指奉行公事,遵守法令。指一切都按照国家规定的法令制度办,不徇私情,清白公正。

【书证】元·无名氏《延安府》第一折:“想俺这为官的,都只要奉公如法也啊。”元·曾瑞卿《留鞋记》第三折:“因为老夫廉能清正,奉公守法,圣人敕赐,势剑金牌,着老夫先斩后奏。”元·无名氏《陈州粜米》楔子："则要你奉公守法，束杖理民。"清·平步青《霞外攟屑·时事·史恩涛》："如果奉公守法，毫无情弊，何至人言啧啧？"

【考据】赵奢：战国时赵国人。初为田部吏，赵国平原君荐于王，治国赋，国库充实。后为赵将，善用兵。赵惠文王二十九年，秦攻阏与，奢奉命往救，途中屯兵二十八日，增垒不行，以欺秦间。继以二日一夜急行军赶赴前线。并听军士许历之计，发兵先据北山。秦兵后至，争山不得上，赵奢纵兵击之，大败秦兵，因功封马服君。

赵奢墓：位于邯郸县西北紫山南麓。赵奢墓在紫山的记载有：(1)晋·张华《博物志》载："赵奢冢在邯郸县西山上，谓之马服山。"(2)唐·李吉甫《元和郡县志》载："赵奢墓在县西北七里。"(3)清·黄彭年《畿辅通志》载："紫山在县西北三十里……上有赵奢冢，故又名马服山(《太平寰宇记》作马服冈)。"(4)清·胡景桂《广平府志》载："紫山在红山南，距邯郸县西北三十里……山势耸拔，岭麓回复。一名马服山(旧志)。张华曰，赵奢冢在邯郸界西山上，谓之马服山。《括地志》云，马服山，在邯郸县西北十里。马服山因马服君为号也(《史记正义》)。"(5)明·万历元年(1573)《邯郸县志》载："紫金山，在城西三十里，按《汉书》张华注云，赵奢冢在山上，故又名马服山云。"(6)清·康熙十二年(1673)、清·乾隆二十年(1755)、清·光绪元年(1875)、民国二十九年(1940)等四部《邯郸县志》均从明·《邯郸县志》记载。(7)清·乾隆四年(1739)《武安县志》载："紫金山，位于武安县境东部，为武安、邯郸、永年县交界山……早在战国时期，赵国大将马服君赵奢葬于此山，故称马服山。"

奉令承教 fèng lìng chéng jiào

【词源】西汉·刘向《战国策·燕策二》："(乐毅使人献书报燕王)曰：'臣自以为奉令承教，可以幸无罪矣，故受命而不辞。'"

【注】奉：遵从。承：接受。

【释义】战国时，乐毅在赵国写信对燕惠王说，我自以为遵从命令，接受教育，可以有幸不获罪名，所以接受命令没有推辞。遵从命令，接受指教。指完全按照别人的命令、意图去办事。

【书证】章太炎《致袁世凯电》："至如赵秉钧之妄用佥壬，变生不意，犹不过奉令承教者耳！"

伏而咶天 fú ér shì tiān

【词源】战国·荀况《荀子·强国》："辟之是犹伏而咶天，救经而引其足也。说必不行矣，愈务而愈远。"

【注】辟：通"譬"。咶：通"舐"，舔。

【释义】就像趴在地上去舔天、抢救上吊的人却拉他的脚一样，是绝对不行的。越是努力去做，离所追求的目的就越远。喻行为与愿望背道而驰，不可能达到目的。

黼黻文章 fǔ fú wén zhāng

【词源】战国·荀况《荀子·非相》："故赠人以言，重于金石珠玉，观人以言，美于黼黻文章。"

【注】黼：黑与白。黻：黑与青。文：青与赤。章：赤与白。

【释义】古代用染料染成的各种颜色。多指古代礼服上各色相间的花纹，其中的黼做斧形，刃白身黑；黻作亚形，青黑相间。本文用以比喻华丽的辞藻。

【书证】西汉·戴圣《礼记·月令》："季春之月……命妇官染采，黼黻文章。"清·程麟《此中人语·曾睹瑶池仙客》："内坐一女，年纪三十许，黼黻文章，光明夺目。"

负荆请罪 fù jīng qǐng zuì
肉袒负荆 ròu tǎn fù jīng

【典源】西汉·司马迁《史记·廉颇蔺相如列传》："（赵惠文王）既罢归国，以相如功大，拜为上卿，位在廉颇之右。廉颇曰：'我为赵将，有攻城野战之大功，而蔺相如徒以口舌为劳，而位居我上，且相如素贱人，吾羞，不忍为之下。'宣言曰：'我见相如，必辱之。'相如闻，不肯与会。相如每朝时，常称病，不欲与廉颇争列。已而相如出，望见廉颇，相如引车避匿。于是舍人相与谏曰：'臣所以去亲戚而事君者，徒慕君之高义也。今君与廉颇同列，廉君宣恶言而君畏匿之，恐惧殊甚，且庸人尚羞之，况于将相乎！臣等不肖，请辞去。'蔺相如固止之，曰：'公之视廉将军孰与秦王？'曰：'不若也！'相如曰：'夫以秦王之威，而相如廷叱之，辱其群臣，相如虽驽，独畏廉将军哉？顾吾念之，强秦之所以不敢加兵于赵者，徒以吾两人在也。今两虎共斗，其势不俱生，吾所以为此者，以先国家之急而后私仇也！’廉颇闻之，肉袒负荆，因宾客至蔺相如门谢罪。曰：‘鄙贱之人，不知将军宽之至此也！’卒相与欢，为刎颈之交。”

【注】负荆请罪：背着荆杖，表示服罪，向当事人请罪。形容主动向人认错、道歉，自请严厉责罚。

【释义】廉颇面对蔺相如的高尚气度深感惭愧，便袒露背膀负荆请罪，向蔺相如诚恳道歉，将相两人坦诚相见，结成生死之交，共同为国家的稳定安全而齐心协力贡献才智。这个历史典故被人称颂为“将相和”，今邯郸市内存有“回车巷”遗址。

【书证】元·高文秀《渑池会》第三折：“若相如语言之中为国呵，我则做小，负荆请罪。”明·施耐庵《水浒全传》第四十六回：“杨雄道：‘兄弟，你休怪我。……我今特来寻贤弟，负荆请罪。”明·施耐庵《水浒传》第四十六回：“我今特来寻弟弟，肉袒负荆。”明·施耐庵《水游传》第七十三回：“李逵没奈何，只得同燕青回寨来，负荆请罪。”清·曹雪芹《红楼梦》第三十回：“宝钗……便笑道：‘我看的是李逵骂了宋江，后来又赔不是。’宝玉便笑道：‘……这叫做‘负荆请罪’。”

【考据】廉颇：战国时赵国人。赵惠文王时为将，后升上卿。屡次战胜齐、魏等国，略取齐之几、魏之防陵、安阳等地。长平之战，坚壁固守，使秦出师三年，劳而无功。后因赵中秦反间计，改用赵括为将，遭致大败。孝成王十五年，燕发大兵攻赵，颇率军反击，杀燕将栗腹，进围燕都，燕割五城求和，因功封于尉文，为信平君，任假相国。悼襄王时，使乐乘代廉颇，颇怒而攻乘，奔魏居大梁，后老死于楚。

廉颇墓：位于邯郸市磁县台城乡赵拨庄村（今属邯山区北张庄镇西南孙庄）。据考，廉颇墓在磁县赵拨庄的记载有：(1)明·嘉靖元年(1522)《彰德府志·地理》磁州目中载：“廉将军墓在赵拨庄。”(2)清·康熙三十九年(1700)蒋擢撰《磁州志·古迹》载：“赵将军廉颇墓，在州北五十里赵拨庄。”(3)民国二十九年(1940)《增修磁县县志·陵墓》载：“赵将军廉颇墓，在县北五十里赵拨庄。”(4)民国二十二年(1933)《邯郸县志》载：“信平君廉颇墓，在县西南故城中。”(5)宋·范城大《揽辔录》载：“台城

(赵王避暑胜地)镇故城延袤十数里,城中有灵台、坡陀,邯郸人春时倾城出祭,赵王歌舞台上。旁有廉颇、蔺相如墓。"从这些记载看,廉颇墓应在磁县城北五十里赵拨庄。

赴东海而死 fù dōng hǎi ér sǐ

【典源】西汉·刘向《战国策·赵策三》:"(鲁仲连曰)彼秦弃礼义、上首功之国也。彼则肆然而为帝,则(鲁)连有赴东海而死耳,吾不忍为之民也!"

【注】赴:往,去。

【释义】秦国背弃道义,是以杀人多为首功的国家,肆然称为皇帝。鲁连宁可跳进东海而死,也不愿在秦统治下为民。喻宁死不屈从残暴势力。

【书证】宋·胡铨《戊午上高宗封事》:"不然,臣有赴东海而死,宁能处小朝廷求活耶?"

富有天下 fù yǒu tiān xià

【词源】战国·荀况《荀子·荣辱》:"夫贵为天子,富有天下,是人情所同欲也。"

【注】有:享有。天下:指国家。

【释义】像天子一样尊贵,充分享有全国的财富。这是人人都向往的。喻帝王最为富有。

【书证】西汉·司马迁《史记·秦始皇本纪》:"贵为天子,富有天下,身不免于戮杀者,正倾非也,是二世之过也。"

腹心之患 fù xīn zhī huàn

【典源】西汉·司马迁《史记·赵世家》:"王北略中山之地,至于房子,遂之代,北至无穷,西至河,登黄华之上。召楼缓谋曰:'我先王因事之变,以长南藩之地,属阻漳、滏之险,立长城,又取蔺、郭狼,败林人于荏,而功未遂。今中山在我腹心,北有燕,东有胡,西有林胡、楼烦、秦、韩之边,而无强兵之救,是亡社稷,奈何?'"

【释义】赵武灵王招来楼缓一起谋划,说:"我先王根据世事的变化,来做南边属地的君长,现在属地虽然不小,但大功尚未告成。如今中山国是我的腹心之患,四面有这样长的边界,却没有强大的兵力自救,这是要亡国的。怎么办?"比喻内部存在严重的祸患,亦谓要害之病。

【书证】北宋·司马光《资治通鉴·后梁太祖干化元年》:"云代与燕接境,彼若扰我城戍,动摇人情，吾千里出征，缓急难应，此亦腹心之患也。”

【考据】楼缓：战国时赵国人。赵武灵王之大臣，支持武灵王推行胡服骑射。后入秦。秦昭王十年，任秦宰相。次年，齐、韩、魏、赵、宋、中山联合攻秦，秦战败割地求和。再次年，免相职。长平战后，曾为秦入赵，诱赵王献城求和，事未成。

覆巢毁卵 fù cháo huǐ luǎn

覆巢无完卵

fù cháo wú wán luǎn

【典源】西汉·刘向《战国策·赵策四》：“谅毅受赵惠文王之命赴秦，秦王曰：‘赵豹、平原，数欺弄寡人，赵能杀此二人，则可。若不能杀，请今率诸侯受命邯郸城下。’谅毅曰：‘赵豹、平原君，亲寡君之母弟也，犹大王之有叶阳（名悝）、泾阳君。……臣闻之：有覆巢毁卵，而凤凰不翔；刳胎焚夭，而麒麟不至。今使臣受大王之令以还报，敝邑之君畏惧不敢不行，无乃伤叶阳君、泾阳君之心乎？’”

【注】覆：翻，倾覆。毁：破坏。

【释义】谅毅受赵王命赴秦国，秦昭王要求赵国杀掉赵豹和赵胜，否则将率诸侯攻打赵国邯郸。谅毅说：“赵豹、赵胜是我们君王的亲兄弟，就像大王有叶阳君、泾阳君两个弟弟一样。我听说鸟巢倾覆毁坏了鸟蛋，凤凰就不再飞到这里；剖开兽胎焚烧小兽，麒麟就不会再来。赵国因为害怕不敢不执行大王的命令，不过恐怕要伤害叶阳、泾阳君的心吧？”喻灭门之灾，无一得免。也喻整体覆灭，个人不能幸存。

【书证】南朝·宋·刘义庆《世说新语·言语》：“孔融被收，中外遑怖。时融儿大者九岁，小者八岁，二儿故琢钉戏，了无遽容。融谓使者曰：‘冀罪止于身，二儿可得全不？’徐进曰：‘大人，岂见覆巢之下，复有完卵乎？’寻亦收至。”

【考据】赵惠文王（前310—前266）：战国时赵国国君，名何。武灵王庶子。即位初年少，公子成与李兑专政。时秦已强大，王用廉颇、赵奢为将，蔺相如为上卿，均有功绩。在位三十三年。

赵王陵：位于邯郸市西北邯郸县、永年县的两县交界地带，蜿蜒逶迤数十里。陵墓分踞五座山头，称陵台，一座陵台也就是一组古墓。这五座陵台，其中有三座在邯郸县境内，位于黄粱梦村西的三陵乡西北部和工程乡周窑村东，称为三陵墓群。另两座在永年县境内，位于县城西部两岗乡温窑村北，称为温窑灵台。赵王陵为国家级重点文物保护单位。马金南、王兴等考证认为，这五座陵台中有两座上面各两堆封土，很可能是赵肃侯、赵武灵王也在其中。这五座陵台七个封土高大的古墓，墓主人应是赵敬侯、赵成侯、赵肃侯、赵武灵王、赵惠文王、赵孝成王、赵悼襄王等七个赵王的陵墓。

G

甘就鼎镬 gān jiù dǐng huò

【典源】西汉·司马迁《史记·廉颇蔺相如列传》："秦王斋五日后，乃设九宾礼于庭，引赵使者蔺相如。相如至，谓秦王曰：'秦自缪(mù)公以来二十余君，未尝有坚明约束者也。臣诚恐见欺于王而负赵，故令人持璧归，间至赵矣。且秦强而赵弱，大王遣一介之使至赵，赵立奉璧来。今以秦之强而先割十五都予赵，赵岂敢留璧而得罪于大王乎？臣知欺大王之罪当诛，臣请就汤镬。唯大王与群臣孰计议之。'秦王与群臣相视而嘻。左右或欲引相如去，秦王因曰：'今杀相如，终不能得璧也，而绝秦赵之欢；不如因而厚遇之，使归赵。赵王岂以一璧之故欺秦邪？'卒廷见相如，毕礼而归之。"

【注】鼎镬：古代酷刑，用大锅将人活活煮死。汤镬：开水锅。孰议：商量好。孰通"熟"。

【释义】我知道欺骗了大王应得死罪，我愿意受汤镬之刑。"甘就鼎镬"多用于规谏，表达若能采纳建议，即使身受酷刑也心甘情愿。

【书证】唐·魏征等《隋书·李密》："今道中犹可为计，安得行就鼎镬，不规逃避也？"唐·陈子昂《谏灵驾入京书》："所以不顾万死，乞献一言，愿蒙听览，甘就鼎镬，伏惟陛下察之。"宋·王钦若等《册府元龟·尽忠》："繇汉而下，公府方面咸得聘署，以至丞椽之选，率多英豪，乃有当艰虞之祭，尽忠贞之效，亢直以御侮，奔走以赴难，尽力于救恶，而忘于楚毒；悉心于济难，而安于厮役；励节以固守，蹈刃而无悔，以至规劝之不听，死以为诲；事势之既去，义不改图；追怀恩纪，甘就鼎镬，斯固英风激于颓俗，茂烈著于信史，千载之下，凛乎其有生气矣！”

甘罗说赵王

gān luó shuì zhào wáng

【典源】西汉·司马迁《史记·樗里子甘茂列传》：“始皇召见，使甘罗于赵。赵襄王郊迎甘罗。甘罗说赵王曰：‘王闻燕太子丹入质秦欤？’曰：‘闻之。’曰：‘闻张唐相燕欤？’曰：‘闻之。’‘燕太子丹入秦者，燕不欺秦也。张唐相燕者，秦不欺燕也。燕、秦不相欺者，伐赵，危矣。燕、秦不相欺无异故，欲攻赵而广河间。王不如赍臣五城。以广河间，请归燕太子，与强赵攻弱燕。’赵王立自割五城以广河间。秦归燕太子。赵攻燕，得上谷三十城，令秦有十一。”

【释义】甘罗，秦国人，甘茂之孙。少聪颖，年十二，受吕不韦命使赵，说赵王以五城事秦。“甘罗说赵王”也指劝说别人，使其听从自己的意见。

【考据】赵悼襄王（？—前236）：战国时赵国国君，名偃。孝成王子。悼襄王二年，用李牧为将，攻取燕武遂、方城之地。三年，又用庞煖为将，擒燕将剧辛。四年，取齐地饶妥。在位九年。

赵王陵：位于邯郸市西北邯郸县、永年县两县交界地带，蜿蜒逶迤数十里。陵墓分踞五座山头，称陵台，一座陵台也就是一组古墓。这五座陵台，其中有三座在邯郸县境内，位于黄粱梦村西的三陵乡西北部和工程乡周窑村东，称为三陵墓群。另两座在永年境内，位于县城西部两岗乡温窑村北，称为温窑灵台。赵王陵为国家级重点文物保护单位。今马金南、王兴等考证认为，这五座陵台中有两座上面各两堆封土，很可能是赵肃侯、赵武灵王也在其中。这五座陵台七个封土高大的古墓，墓主人应是赵敬侯、赵成侯、赵肃侯、赵武灵王、赵惠文王、赵孝成王、赵悼襄王等七个赵王的陵墓。

敢布腹心 gǎn bù fù xīn

【典源】西汉·刘向《战国策·赵策一》：“豫让曰：‘……今日之事，臣固伏诛，然愿请君之衣而击之，虽死不恨。非所望也，敢布腹心。’”

【释义】春秋时，豫让投奔智伯后，很受宠爱。后来赵襄子杀死了智伯。豫让为给智伯报仇，两次刺杀赵襄子不成。被襄子抓住后说："今天的事情，我固然应该被杀，然而请求您让我刺杀一下您的衣服，即使死了也没有什么怨恨。我知道这是件办不到的事情，冒昧地向您（赵襄子）说出我的心事。"谓指冒昧说出自己的心里话。即自言唐突冒昧之意。

【书证】晋·夏侯湛《抵疑》："然过承古人之诲，抑因子大夫之忝在弊室也，敢布其腹心，岂能隐几以览其概乎！"

【考据】豫让：春秋时期晋国人。初事范氏及中行氏，无所知名。去而事晋卿智伯，甚见尊宠。及赵襄子与韩、魏合谋灭智氏，让逃遁山中。以为士为知己者死，必为智伯报仇，遂变姓更名为刑人，挟匕首谋刺襄子，不果。襄子义其贤，释之。又漆身为癞，吞炭为哑，伏于桥下再欲行刺襄子，为襄子所获。自知当死，请得赵襄子衣服，拔剑跃而击之，遂伏剑而亡。

敢死之士 gǎn sǐ zhī shì

【典源】西汉·司马迁《史记·平原君虞卿列传》："平原君既返赵，楚使春申君将兵赴救赵，魏信陵君亦矫夺晋鄙军往救赵，皆未至。秦急围邯郸，邯郸急，且降，平原君甚患之。邯郸传舍吏子李同说平原君曰：'君不忧赵亡邪？'平原君曰：'赵亡则胜为虏，何为不忧乎？'李同曰：'邯郸之民，炊骨易子而食，可谓急矣，而君之后宫以百数，婢妾被绮縠，馀粱肉，而民褐衣不完，糟糠不厌。民困兵尽，或剡木为矛矢，而君器物钟磬自若。使秦破赵，君安得有此？使赵得全，君何患无有？今君诚能令夫人以下编于士卒之间，分功而作，家之所有尽散以飨士，士方其危苦之时，易德耳。'于是平原君从之，得敢死之士三千人。李同遂与三千人赴秦军，秦军为之却三十里。亦会楚、魏救至，秦兵遂罢，邯郸复存。李同战死，封其父为李侯。"

【注】敢死：勇敢不怕死。

【释义】喻指勇士。亦作"敢死者"。

【书证】南朝·宋·范晔《后汉书·光武帝纪》："光武乃与敢死者三千人，从城西水上冲其中坚。"南朝·梁·沈约《宋书·本纪第一·武帝》："贼日来攻城，城内兵力甚弱，高祖乃选敢死之士数百人，咸脱甲胄，执短兵，并鼓噪而出。"

【考据】李同（？—约前290）：战国时赵国人，邯郸传舍使子，本名谈，司马迁避父讳，改为同。秦围赵都邯郸，危急，赵将降。李同说平原君散财飨士人，得敢死之士三千人。遂率领三千人与秦军战，秦军退却三十里。适逢楚、魏救兵至，邯郸围解，同战死。

感忽悠暗 gǎn hū yōu àn

【典源】战国·荀况《荀子·议兵》："临武君曰：'不然，兵之所贵者势利也，所行者变诈也。善用兵者，感忽悠暗，莫知其所从出。'"

【释义】临武君说："不是这样，用兵贵在有利的形势和有利的条件及实行变化多端、隐秘诡诈的手段。善于用兵的人，行动快速，变幻莫测，敌人不知道他从哪里出击。"喻极快的行动。

高城深池 gāo chéng shēn chí
高城深堑 gāo chéng shēn qiàn

【词源】战国·荀况《荀子·议兵》："礼者，治辨之极也，强固之本也，威行之道也，功名之总也，王公由之以得天下也，不由所以陨社稷也；故坚甲利兵不足以为胜，高城深池不足以为固，严令繁刑不足以为威，由其道则行，不由其道则废。"

【注】池：城池，指护城河。

【释义】强大的军事力量不一定胜券在握，城池坚固不一定不被攻破，政令、刑法繁多不一定震慑四方。只有遵循其中的道理才能顺利，反之则会被废止。城墙很高，护城河很深。喻防守坚固。

【书证】汉·晁错《论贵粟疏》："贫生于不足，不足生于不农，不农则不地著，不地著则离乡轻家。民如鸟兽，虽有高城深池，严法重刑，犹不能禁也！"三国·魏·曹植《谏伐辽东表》："彼我之兵，连于城下，进则有高城深池，无所施其功；退则有归途不通……"汉·荀悦《汉记·孝文帝记下》："今室家田作具以备之，以便为之，高城深堑，其外复为一城。"

高爵丰禄 gāo jué fēng lù
高官厚禄 gāo guān hòu lù
尊官厚禄 zūn guān hòu lù

【词源】战国·荀况《荀子·议兵》："是高爵丰禄之所加也，荣孰大焉？将以为害邪？则高爵丰禄以持养之，生民之属，孰不愿也？”

【释义】高官厚禄加身，还能有比这个更大的荣耀吗？认为会有吗？所以高官厚禄来了，世人谁不羡慕呢？意谓很高的爵位，丰厚的俸禄。

【书证】《孔丛子·上·公仪》：“今徒以高官厚禄钓饵君子，无信用之意。”何尚之《又答问庾炳之事》（《宋书·庾炳之传》）：“历观古今，未有众过藉藉，受货数百万，更得高官厚禄如今者也！”《韩非子·说疑》：“大者不难卑身尊位以下之，小者高爵重禄以利之。”汉·司马迁《报任少卿书》：“下之不能积日累劳，取尊官厚禄，以为宗族交游光宠。”《金史·完颜纲传》：“高官厚禄，朕所不吝。”

高世之功 gāo shì zhī gōng

【典源】西汉·司马迁《史记·赵世家十三》：“（武灵）王曰：‘简、襄主之烈，计胡、翟之利。为人臣者，宠有孝弟长幼顺明之节，通有补民益主之业，此两者臣之分也。今吾欲继襄主之迹，开于胡、翟之乡，而卒世不见也。为敌弱，用力少而功多，可以毋尽百姓之劳，而序往古之勋。夫有高世之功者，负遗俗之累；有独智之虑者，任骜民之怨。今吾将胡服骑射以教百姓，而世必议寡人，奈何？’肥义曰：‘臣闻疑事无功，疑行无名。王既定负遗俗之虑，殆无顾天下之议矣。夫论至德者不和于俗，成大功者不谋于众。昔者舜舞有苗，禹袒裸国，非以养欲而乐志也，务以论德而约功也。愚者暗成事，智者睹未形，则王何疑焉。’王曰：‘吾不疑胡服也，吾恐天下笑我也。狂夫之乐智者哀焉；愚者所笑，贤者察焉。世有顺我者，胡服之功未可知也。虽驱世以笑我，胡地中山吾必有之。’于是遂胡服矣。”

【注】遗俗：旧习惯。骜民：傲慢不讲理的人。

【释义】有超常功劳的人，遭到旧习惯的反对；有独特智慧的人，受到傲慢不讲理的人的怨恨。指超常的丰功伟绩。

【书证】《晋书·王导》：“隆高世之功，复宣武之绩，旧物不失，公协其猷。”清·杜纲《南朝秘史》第九回：“高世之功，自古所无，今无事相召，未识吉凶若何？”

高世之名 gāo shì zhī míng

【典源】西汉·司马迁《史记·

赵世家》："十九年春正月，大朝信宫。召肥义与议天下，五日而毕。王北略中山之地，至于房子，遂之代，北至无穷，西至河，登黄华之上。召楼缓谋曰：'我先王因世之变，以长南藩之地，属阻漳、滏之险，立长城，又取蔺、郭狼，败林人于荏，而功未遂。今中山在我腹心，北有燕，东有胡，西有林胡、楼烦、秦、韩之边，而无彊兵之救，是亡社稷，奈何？夫有高世之名，必有遗俗之累。吾欲胡服。'"

【注】大朝：帝王大会群臣叫大朝，以别于平日的常朝。房子：邑名，在今河北高邑县西南。无穷：地名，今不详。河：黄河。黄华：山名。楼缓：赵大臣名。长：首领。藩：属国、属地。属：通"嘱"，连接。郭狼：地名。林人：林胡，古畜牧民族。荏：邑名。腹心：即"腹心之疾"，喻深入要害处。胡：东胡，后为鲜卑。楼烦：古部落。遗俗：为世俗所摒弃。

【释义】想成就伟大的事业，必然受到世俗的拖累。比喻名望极高。

【书证】汉·王充《论衡·别通篇》："不与贤圣通业，望有高世之名，难哉！"汉·荀悦《汉纪·前汉孝文皇帝纪》："陛下有高世之名。"

【考据】肥义（？—前295）：战国时赵国人。赵武灵王时大夫。支持赵武灵王推行胡服骑射。武灵王传位于惠文王，肥义为相国。文王三年，武灵王长子章封为代安阳君。时李兑以章强壮而志骄、党众而欲大、心不服其弟为王，祸必不久，劝肥义称病退，义不可。翌年，章果作乱，诈以主父令召王，肥义先入，为其所杀。

割地求和 gē dì qiú hé

【典源】西汉·司马迁《史记·平原君虞卿列传》："楼缓闻之，往见王，曰：'赵兵困于秦，天下之贺战胜者则必尽在于秦矣。故不如亟割地为和，以疑天下而慰秦之心。不然，天下将因秦之强怒，乘赵之弊，瓜分之。赵且亡，何秦之图乎？故曰虞卿得其一，不得其二。'"

【注】亟：迅速、急迫。图：谋取、算计。

【释义】楼缓听说了，就去拜见赵王。赵王把虞卿的话告诉了楼缓。楼缓说："不对，虞卿知其一，不知其二。秦、赵两国结下怨仇引起兵祸而天下诸侯都很高兴，这是为什么？如今赵国军队被秦国围困，天下诸侯祝贺获胜的人必定都在秦国了。所以不如赶快割让土地讲和，来使天下诸侯怀疑秦、赵已经交好而又能抚慰秦国。不然的话，天下诸侯将借着秦国的怨怒，趁着赵国的疲困，瓜分赵国。赵国将要灭亡，还图谋什么秦国呢？”割地为和：割让土地，求得和平。

【书证】明·罗贯中《三国演义》：“超等屯渭南，遣信求割河以西请和，公不许。”

各得其宜 gè dé qí yí
各得其所 gè dé qí suǒ

【词源】战国·荀况《荀子·正论》：“圣王在上，图德而定次，量能而授官，皆使民载其事而各得其宜；不能以义制利，不能以伪饰性，则兼以为民。”

【释义】有贤能的皇帝，大都是根据道德的好坏而排名，根据本事的大小而授予一定的官职。指每个人或事物都安排得合适合理。后演化为各得其所。

【书证】西汉·司马迁《史记·范雎蔡泽列传》：“富贵显荣，成里万物，使各得其所。”东汉·班固《汉书·董仲舒传》：“天下和洽，万民皆安仁乐谊，各得其宜，动作应礼，从容中道。”清·李百川《绿野仙踪》：“喜得他为人活动，于本地乡绅铺户，应酬的轻重各得其宜，上司也甚喜他。”

耕耘树艺 gēng yún shù yì

【词源】战国·荀况《荀子·子道》：“夙兴夜寐，耕耘树艺，手足胼胝，以养其身。”

【注】耘：锄草。树：栽植。艺：播种。

【释义】耕田、锄草、植树、播种。泛指各种农业生产劳动。

公生明，偏生暗
gōng shēng míng piān shēng àn

【词源】战国·荀况《荀子·不苟》：“公生明，偏生暗；端悫生通，诈伪生塞；诚信生神，夸诞生惑。此六生者，君子慎之，而禹桀以分也。”

【注】端悫（què）：端正、诚笃忠厚。

【释义】公正产生明智，偏颇产生昏暗；诚实产生通达，欺诈产生障碍；诚信产生神明，虚夸产生惑乱。这六种情况的结果，君子必须谨慎地对待。指公正使人耳聪目明，偏颇使人昏暗愚昧。

公正无私 gōng zhèng wú sī
公平无私 gōng píng wú sī

【词源】战国·荀况《荀子·赋》："天下不治，请陈佹诗；天地易位，四时易乡；列星殒坠，旦暮晦盲；幽晦登昭，日月下藏；公正无私，反见纵横……"

【注】佹：通"恑"，变。反见：旧本作"见谓"。

【释义】公通正直，没有私心。

【书证】西汉·刘向《战国策·秦策一》："商君治秦、法令至行，公平无私。"西汉·刘安《淮南子·修务训》："若夫尧……公正无私，一言而万民齐。"宋·司马光《谨司疏》："当取其轻重，诛窜废黜，公正无私，御众严整者，当量其才能，擢用褒赏。"

公仲进贤 gōng zhòng jìn xián

【典源】西汉·司马迁《史记·赵世家》："烈侯好音，谓相国公仲连曰：'寡人有爱，可以贵之乎？'公仲曰：'富之可，贵之则否。'烈侯曰：'然。夫郑歌者枪、石二人。吾赐之田，人万亩。'公仲曰：'诺。'不与居一月，烈侯从代来，问歌者田。公仲曰：'求，未有可者。'有顷，烈侯复问。公仲终不与，乃称疾不朝。番吾君自代来，谓公仲曰：'君实好善，而未知所持。今公仲相赵，于今四年，亦有进士乎？'公仲曰：'未也！'番吾君曰：'牛畜、荀欣、徐越皆可。'公仲乃进三人。及朝，烈侯复问：'歌者田何如？'公仲曰：'方使择其善者。'牛畜侍烈侯以仁义，约以王道，烈侯龙然。明日，荀欣侍，以选练举贤，任官使能。明日，徐越侍，以节财俭用，察度功德。所与无不充，君说。烈侯使使谓相国曰：'歌者之田且止。'"

【释义】赵烈侯喜欢音乐，对丞相公仲连说："我喜欢音乐，可以让乐者富贵吗？"公仲回答说："让他们富裕可以，但是不能赏赐高位。""公仲进贤"指善于灵活推荐人才。

【考据】赵烈侯：名赵籍，赵献侯公子，赵敬侯父。烈侯六年，赵与魏、韩被立为诸侯。

攻城野战 gōng chéng yě zhàn

【典源】西汉·司马迁《史记·廉颇蔺相如列传》："既罢归国，

以相如功大，拜为上卿，位在廉颇之右。廉颇曰：'我为赵将，有攻城野战之大功，而蔺相如徒以口舌为劳，而位居我上，且相如素贱人，吾羞，不忍为之下。'"

【注】城：城池。

【释义】渑池会结束后，回到赵国，因为蔺相如功劳大，赵王任命他做上卿，位在廉颇之上。廉颇说："我做赵国的大将，有攻城野战的大功劳，而蔺相如只不过凭着几句言辞立了些功劳，他的职位却在我之上。再说蔺相如本来是卑贱的人，我感到羞耻，不甘心位居他之下！""攻城野战"指攻打城池，野外作战。

【书证】战国·墨翟《墨子·节用上》："攻城野战死者不可胜数。"东汉·班固《汉书·淮南厉王传》："高帝蒙霜露，沐风雨，赴矢石，野战攻城，身被创痍。"明·宋濂等《元史·卷一二四·忙哥撒儿传》："济大川，造方舟，代山通道，攻城野战，功多于诸将。"

攻伐振槁 gōng fá zhèn gǎo

【词源】战国·荀况《荀子·议兵》："汝、颍以为险，江、汉以为池，限之以邓林，缘之以方城，然而秦师至而鄢郢举，若振槁然。"

【注】汝：汝水，源于河南鲁山大盂山，流经宝丰、襄城、郾城、上蔡、汝南、注入淮河。颍：颍水，源于河南登封，流径禹县、临颍、西华、商水，至周口和贾鲁河一起南合沙河入淮河。邓：楚国北部边境古邓国，在今河南邓州。方城：方城县，楚国北边的长城，北起今河南泌阳县，沿叶县南经方城县，沿伏牛山南麓延伸到邓州一带。鄢郢举：鄢(yān)为楚国的大城，在湖北江陵市；郢为楚国都城；举，被攻占。秦昭王二十八年，秦攻楚，取鄢、邓、西陵，次年，秦将白起攻破郢。槁：枯干。振：摇动。

【释义】如同摇动枯干，即摧枯拉朽。喻非常容易。

【书证】唐·储光羲《歌舒大夫颂德》："韩魏多锐士，蹶张在幕庭。大非四决轧，石堡高峥嵘，攻伐若振槁，孰云非神明？"宋·赵构《春赋》："穆然若东风之振槁，洒然若膏雨之萌芽。"

攻难守易 gōng nán shǒu yì

【词源】西汉·刘向《战国策·赵策三》："平原君请冯忌曰：'吾欲北伐上党，出兵攻燕，何如？'冯忌对曰：'不可。夫以秦将武安公孙起乘七胜之威，而与马服子战于长平之下，大败赵师，因以其余兵围邯之城。赵以亡败之余众，收破军之敝守，而秦罢于邯郸之下，赵守而不可拔者，以攻难而守者易也。今赵非有七克之威也，而燕非有长平之祸也。今七败之祸未复，而欲以罢赵攻强燕，是使弱赵为强秦之所以攻，而使强燕为弱赵之所以守。而强秦以休兵承赵之敝，此乃强吴之所以亡，而弱越之所以霸。故臣未见燕之可攻也！'平原君曰：'善哉！'"

【注】马服子：指马服君赵奢之子赵括。

【释义】喻坚守以逸待劳，与攻取相比而较容易。

【书证】晋·陈寿《三国志》："刘晔对曰：'上缭虽小，城坚池深，攻难守易，不可旬日而举也。兵疲于外而国内虚，策乘虚袭我，则后不能独守。是将军进屈于敌，退无所归，若军必出，祸今至矣！'"明·李贽《藏书·九国兵争》："而秦军疲于邯郸。赵守而不可拔，然者，攻难而守易者也！"

沟中之瘠 gōu zhōng zhī jí

【典源】战国·荀况《荀子·荣辱》："今夫偷生浅知之属，曾此而不知也。粮食大侈，不顾其后，俄则屈安穷矣。是其所以不免于冻饿，操瓢囊为沟壑中瘠者也！"

【注】瘠：通"胔"，没有完全腐烂的尸体。

【释义】挥霍浪费粮食而不顾及今后生活，那么很快就会陷入穷困的境地，这就是为什么不免于冻饿，拿着讨饭的东西而饿死在沟里的原因。指因贫困而死无葬身之地的人。

【书证】西汉·刘向《说苑·善说》："管子者，天子之佐，诸侯之相也，死之，则不免为沟中之瘠，不死，则功复用于天下，夫何为死之哉？"明·袁宏道《良乡三教寺记》："怀市井锥刀之心，背先圣立人之教，沟中之瘠，宁复挂念？"

狗彘不若 gǒu zhì bù ruò
狗彘不如 gǒu zhì bù rú

【典源】战国·荀况《荀子·荣辱》："乳彘不触虎，乳狗不远游，不忘其亲也。人也，忧忘其身，内忘其亲，上忘其君，则是人也而狗彘之不若也。"

【注】狗彘：猪狗。原作"苟彘"，"苟"同"狗"。

【释义】一个人下忘自己的身

体,内忘自己的亲属,上忘自己的君主,那么这种人岂不是连猪狗都不如。喻品行极端卑劣。

【书证】明·陶宋义《南村辍耕录·李哥贞烈》:“孟津县达鲁花赤厚赂(李)哥母,夜抵舍,哥怀利刃,闭卧内,骂之曰:‘汝职在牧发,而狗彘之不若;可急去,不且血污吾刃矣!’”明·许仲琳《封神演义》第六十二回:“朝廷拜你为大将,宠任非轻;不思报本,一旦投降叛逆,真狗彘不若!”

冠盖相属 guān gài xiāng zhǔ

【典源】西汉·司马迁《史记·魏公子传》:“秦昭王已破赵长平军,又起兵围邯郸,平原君夫人数遗魏王及公子(信灵君)书,请救于魏,平原君使者冠盖相属于魏。”

【注】冠盖:古代官吏的冠服和车盖,代指官吏。属:接连。

【释义】秦国在长平打败赵国,又包围了邯郸,平原君夫人多次向魏王和信灵君写信求救,平原君使者络绎不绝地来到魏国。比喻使者来往不绝。亦作“冠盖相望”。

【书证】清·蒲松龄《聊斋志异·胡四娘》:“殡日,冠盖相属,里中咸嘉叹焉。”

冠缨索绝 guān yīng suǒ jué

【典源】西汉·司马迁《史记·滑稽列传》:齐威王八年,楚大发兵加齐。齐王使淳于髡之赵请救兵,赍金百斤、车马十乘。淳于髡仰天大笑,冠缨索绝。王曰:“先生少之乎?”髡曰:“何敢!”王曰:“笑,岂有说乎?”髡曰:“今臣从东方来,见道旁有禳田者,操一豚蹄,酒一盂,祝曰:‘瓯窭满篝,五谷蕃熟,穰穰满家。’臣见其所持者狭而所欲者奢,故笑之。”于是王乃益赍黄金千镒,白璧十双,车马百驷。髡辞而行,至赵,赵王与之精兵十万,革卒千乘。楚闻之,夜引兵而去。

【注】缨:带子。索:尽,彻底。绝:断,帽带子断了。

【释义】齐威王八年,楚大肆发兵攻打齐国。齐王派淳于髡到赵请求救兵,却只给黄金百斤和车马十辆作为礼物。淳于髡觉得微礼重求,有失大国体面,便仰天大笑,以至把帽带都笑断了。齐威王在淳于髡的启发下,终于拿出黄金千镒,白璧十双,车马百驷,至赵请得精兵十万,解了齐国之危。“冠缨索绝”形容笑得很厉害的样子。亦作“冠缨尽绝”。

【书证】清·徐继畬《退密斋选批举隅集》："诙谐入妙，冠缨索绝。"

规矩绳墨 guī jǔ shéng mò
规矩准绳 guī jǔ zhǔn shéng

【词源】战国·荀况《荀子·儒效》："设规矩、陈绳墨，便备用，君子不如工人。"

【注】规：画圆或校正圆形的工具。矩：画方形或校正方形的工具。绳墨：墨线，工匠画线和测定平直的工具。

【释义】原意是木匠用以规划量度木材的工具，后多用来比喻标准、法度。

【书证】西汉·司马迁《史记·孙子吴起列传》："遂斩队长二人以徇，用其次为队长，于是复鼓之，妇人左右前后，皆中规矩绳墨，无敢出声。"宋·陈亮《谢陈同知启》："规矩准绳之大器，本末兼通。"秦牧《巧匠和竹》："他们还是严守一定的规矩绳墨的，只是在一个巨大的范围内，加以变化罢了。"

滚滚财源 gǔn gǔn cái yuán

【词源】战国·荀况《荀子·富国》："若是则万物得宜，事变得应，上得天时，下得地利，中得人和，则财货滚滚如泉源。"

【释义】占有天时、地利、人和，财源就像泉水一样源源不断。钱财的来源滔滔不绝，进项源源不断。后多用作祝人生意兴隆的吉祥语。

【书证】清·董元恺《苍梧词·念奴娇·登金山有感》(《清名家词》)："试问行者当年，开山布地，宝气浮空出。少府泉流都似此。"

郭开贪金 guō kāi tān jīn

【典源】西汉·司马迁《史记·廉颇蔺相如列传》："赵(幽缪)王迁七年，秦使王翦攻赵，赵使李牧、司马尚御之。秦多与赵王宠臣郭开金，为反间，言李牧、司马尚欲反。赵王乃使赵葱及齐将颜聚代李牧。李牧不受命，赵使人捕得李牧，斩之。废司马尚。后三月，王翦因急击赵，大破。杀赵葱，虏赵王迁及其将颜聚，遂灭赵。"

【释义】秦国用重金收买赵王宠臣郭开，郭开就向赵王诬告赵将李牧、司马尚准备造反。赵王杀李牧、废掉司马尚。三个月后，秦灭赵国。“郭开贪金”谓奸臣贪赃枉法，陷害忠良。

【书证】唐·周昙《春秋战国门·郭开》：“秦袭邯郸岁月深，何人沾赠郭开金。廉颇还国李牧在，安得赵王为尔擒。”

【考据】郭开：战国时赵国人。赵王迁宠臣，与廉颇有仇，尝屡毁廉颇于赵王。又受秦赂，谤大将军李牧、司马尚欲反。赵王杀牧废尚，赵军为秦所破。赵王迁被掳，赵亡。

赵幽缪王：战国时赵国国君，名迁。悼襄王庶子。其母宠于悼襄王，遂废嫡子嘉而立迁。幽缪王七年，秦攻赵，大将李牧、将军司马尚击之。迁素无行，信谗言，杀良将李牧，免司马尚，用郭开，赵卒为秦所灭，邯郸十万民贾被迁至巴蜀，赵王城被平毁，王被虏，降。在位七年。谥幽缪，亦称滑王。

国不待死 guó bù dài sǐ

待死之国 dài sǐ zhī guó

【词源】战国·荀况《荀子·大略篇》：“无三王之法，天下不待亡，国不待死。”

【释义】国家很快就要灭亡。

【书证】梁启超《少年中国说》：“国为待死之国，一国之民为待死之民。”

国计民生 guó jì mín shēng

民生国计 mín shēng guó jì

【词源】战国·荀况《荀子·富国》：“如是，则上下俱富，交无所藏之，是知国计之极也。故禹十年水，汤七年旱，而天下无菜色者。十年之后，年谷复孰而陈集有余。”

【注】交：交往事务。孰：通“熟”。

【释义】如果这样，那么上下都会富裕，财货多得无处收藏，这是最懂得治国大计的。谓国家经济和人民生活。

【书证】清·元成《续纂淮关通志·晓喻宽商》：“明得本部自莅任以来，无刻不以国计民生为念。”《明史·刘健传》：“忧在于民生国计，则若罔闻之，事涉于近幸贵戚，则牢不可破。”清·蒲松龄《聊斋志异·续黄粱》：“声色狗马，昼夜荒淫，国计民生罔存念虑。”严复《救亡决论》：“真若一丘之貉，苟利一身而已矣，遑惜民生国计也哉！”

H

邯郸斑鸠 hán dān bān jiū

【典源】战国·列御寇《列子·说符》:"邯郸之民,以正月之旦,献鸠于简子,简子大悦,厚赏之。客问其故,简子曰:'正旦放生,示有恩也!'客曰:'民知君之欲放之,故竞而捕之,死者众矣。君如欲生之,不若禁民勿捕。捕而放之,恩过不相补矣!'简子曰:'然。'"

【释义】每年正月初一,邯郸的百姓把斑鸠献给赵简子,赵简子高兴地重赏了他们。客人问其中缘故,简子答:"过年放生,表示恩惠生灵。"客人说:"如果老百姓都这样做,都争相捕捉斑鸠,死的斑鸠会更多。你如果真想放生,倒不如禁止捕捉,捕了再放,恩不补过失,斑鸠会更遭殃。"赵简子表示同意。"邯郸斑鸠"意为释放小动物,积善积德。

【书证】唐·柳宗元《放鹧鸪词》:"齐王不忍觳觫牛,简子亦放邯郸鸠。二子得意犹念此,况我万里为孤囚。"

【考据】赵鞅:一作志父,又称赵孟、赵简子,春秋末晋国人,赵武之孙,正卿。晋顷公十三年,鞅与荀寅率师筑城于汝滨,征铁于民,以造刑鼎,鼎上铸范宣子所著刑书。定公十二年,率军围卫,卫贡五百家,鞅置诸邯郸。十五年,将五百家迁晋阳。晋卿内讧,鞅击败范氏、中行氏。十九年,齐输粮于范氏,使郑兵护送。鞅率师大败郑兵,赵氏遂专晋政权,为嗣后建立赵国奠定基础。卒谥简。

邯郸虱 hán dán shī
口中蚤虱 kǒu zhōng zǎo shī

【典源】战国·韩非《韩非子·内储说上·七术》:"应侯谓秦王曰:'王得宛、叶、蓝田、夏阳,断河内,困梁、郑,所以未王者,赵未服也。弛上党在一而已,以临东阳,则邯郸口中虱也!'"

【注】应侯:范雎的封号。

【释义】战国时,秦相范雎曾向秦昭王建议出兵围攻赵国都城邯郸,将其比为"口中虱"。喻指毫无反抗力量、极易消灭的敌人。

【书证】东汉·班固《汉书·王莽传》:"校尉韩威进曰:'以新室之威而吞胡虏,无异口中蚤虱。'"唐·温庭筠《过华清宫二十二韵》诗:"不料邯郸虱,俄成即墨牛。剑锋挥太皞,旗焰拂蚩尤。内嬖陪行在,孤臣预坐筹。瑶簪遗翡翠,霜仗驻骅骝。"

邯郸学步 hán dān xué bù

【典源】战国·庄周《庄子·秋水》:"子独不闻寿陵余子之学行于邯郸欤?未得国能,又失其故行矣,直匍匐而归耳!"

【注】余子:即少年(年轻人)。国能:闻名于一国的技能。

【释义】喻指模仿别人不到家,连自己原来会的东西也忘了。

【书证】唐·李白《古风》之三十五:"丑女来效颦,还家惊四邻。寿陵失本步,笑杀邯郸人。"明·杨慎《升庵诗话·右丞诗用字》:"岂止学步邯郸,效颦西子。"

【考据】学步桥:今邯郸市丛台区有学步桥,位于邯郸市内沁河上段,南北向。始建年代无考,明万历四十五年(1617)改建为石拱桥。桥有3孔,最大跨度6.2米,全长35米,宽8.3米,通高4米。桥面两侧有石栏,柱头雕有石狮,1988年重建。

浩如烟海 hào rú yān hǎi
浩如沧海 hào rú cāng hǎi

【词源】战国·荀况《荀子·富国》:"一而成群,然后飞鸟凫若烟海。"

【注】浩:浩繁。

【释义】远望如烟覆海,皆言多。谓浩繁,意谓多。

【书证】隋·释真观《梦赋》:"若夫正法宏深,妙理难寻,非生非灭,非色非心,浩如沧海,郁如邓林。"宋·司马光《进〈资治通鉴〉表》:"遍阅旧史,旁才小说。简牍盈积,浩如烟海。"清·惺园遇士《儒林外史序》:"士人束发受书,经史子集浩如烟海,博观约取,曾有几人?"周作人《鬼的生长》:"但是千百年来已非一日,载籍浩如烟海,门外摸索,不得象尾。"

合符 hé fú
虎符 hǔ fú

【典源】战国·荀况《荀子·君道》:"合符节别契卷者,所以为信也!"

【释义】古代常以竹木或金石为符,上面写有文字,剖而为二,各执其一，合之为证。亦称虎符。指事情彼此相合。

【书证】唐·李白《古风》之三十四："羽檄台流星，虎符合专城。"唐·卢仝《观放鱼歌》："故仁人用心，刺史尽合符。"唐·温庭筠《病中书怀呈友人》："处以将营窟，论心若合符。"

合乎人心 hé hū rén xīn

【词源】战国·慎到《慎子·逸文》："法非从天下，非从地出，发于人间，合乎人心而已。"

【释义】法律不是从天上掉下来的，不是从地上自己长出来的，它产生于人间，而且符合人的心意罢了。意谓出自人的本心。后多指符合人民大众的意愿。

【书证】清·雍正《台留良谕》："朕慎重刑罚，诛奸锄叛，必合乎人心之大公，以昭于众弃之义。"严复、夏增佑《国闻报·附印说重部缘起》："或则附会事实，凿空而出，释心而言，更能曲合乎人心者也。"

河伯娶妇 hé bó qǔ fù

【典源】西汉·褚少孙补《史记·滑稽列传》：魏文侯时，西门豹为邺令。豹往到邺，会长老，问之民所疾苦。长老曰："苦为河伯娶妇，以故贫。"豹问其故，对曰："邺三老、廷掾常岁赋敛百姓，收取其钱得数百万，用其二三十万为河伯娶妇，与祝巫共分其余钱持归。当其时，巫行视小家女好者，云是当为河伯妇，即聘取。洗沐之，为治新缯绮縠衣，间居斋戒；为治斋宫河上，张缇绛帷，女居其中。为具牛酒饭食，十余日。共粉饰之，如嫁女床席，令女居其上，浮之河中。始浮，行数十里乃没。其人家有好女者，恐大巫祝为河伯取之，以故多持女远逃亡。以故城中益空无人，又困贫，所从来久远矣。民人俗语曰'即不为河伯娶妇，水来漂没，溺其人民'云。"西门豹曰："至为河伯娶妇时，原三老、巫祝、父老送女河上，幸来告语之，吾亦往送女。"皆曰："诺。"至其时，西门豹往会之河上。三老、官属、豪长者、里父老皆会，以人民往观之者三二千人。其巫，老女子也，已年七十。从弟子女十人所，皆衣缯单衣，立大巫后。西门豹曰："呼河伯妇来，视其好丑。"即将女出帷中，来至前。豹视之，顾谓三老、巫祝、父老曰:“是女子不好,烦大巫妪为入报河伯,得更求好女,后日送之。”即使吏卒共抱大巫妪投之河中。有顷,曰:“巫妪何久也?弟子趣之!”复以弟子一人投河中。有顷,曰:“弟子何久也?复使一人趣之!”复投一弟子于河中。凡投三弟子。西门豹曰:“巫妪弟子是女子也,不能白事,烦三老为入白之。”复投三老河中。西门豹簪笔磬折,乡河立待良久。长老、吏傍观者皆惊恐。西门豹顾曰:“巫妪、三老不来还,奈之何?”欲复使廷掾与豪长者一人入趣之。皆叩头,叩头且破,额血流地,色如死灰。西门豹曰:“诺,且留待之须臾。”须臾,豹曰:“廷掾起矣。状河伯留客之久,若皆罢去归矣。”邺吏民大惊恐,从是以后,不敢复言为河伯娶妇。

【注】河伯:管理河水的神。

【释义】河里哪有河伯?不过是古人的迷信。给河伯娶妻是巫婆敛财的招数,害人而已。西门豹运用智慧破之。喻指荒诞不经之事,后亦指妇女不幸,投河而死。亦作“河伯妇”。

【书证】晋·干宝《搜神记》卷四:“班问:‘女郎何在?’曰:‘女为河伯妇。’”唐·汪遵《西河》:“花貌年年溺水滨,俗传河伯娶生人。自从明宰投巫后,直至如今鬼不神。”宋·苏轼《吴中田妇叹》:“龚黄满朝人更苦,不知却做河伯妇。”

【考据】西门豹:战国初魏国人。性急,常佩韦以自诫。魏文侯时为邺令。初,邺人为水患所苦,地方豪吏与巫祝勾结,以河伯娶妇愚弄人民。豹至邺,废之。兴建水利,开凿十二支渠,引漳河水灌田,改良土壤,发展生产。并实行寓兵于农、存粮于民等措施。

据考,西门豹于魏文侯二十四年(前422)为邺令,投巫除漳水“河伯娶妇”陋习。次年(前421),邺地凿渠十二,分漳溉田。

赫赫之功 hè hè zhī gōng

【词源】战国·荀况《荀子·劝学》:“是故无冥冥之志者,无昭昭之明;无惛惛之事者,无赫赫之功。”

【注】赫:显耀盛大的样子。

【释义】没有埋头苦干精神的人,不可能取得巨大的成功。“赫赫之功”喻功劳极大。

【书证】三国魏·曹操《〈孙子·军形〉注》:“故兵形未成,胜之无赫赫之功也。”清·陈康祺《郎潜纪闻初笔·咸同二朝宰相》：“满臣若官文恭者，不必有赫赫之功，而推贤任能，度量越众……”

褐衣不完 hè yī bù wán

【典源】西汉·司马迁《史记·平原君虞卿列传》：“邯郸之民，炊骨易子而食，可谓急矣。而君之后宫以百数，婢妾被绮谷，余粱肉，而民褐衣不完，糟糠不厌。”

【注】褐：粗布衣服。不完：不全。

【释义】平原君回到赵国后，楚国派春申君带兵赶赴救援赵国，魏国的信陵君也假托君命夺了晋鄙军权带兵前去救援赵国，可是都还没有赶到。这时秦国急速地围攻邯郸，邯郸告急，将要投降，平原君极为焦虑。邯郸宾馆吏员的儿子李同劝说平原君道：“您不担忧赵国灭亡吗？”平原君说：“赵国灭亡那我就要做俘虏，为什么不担忧呢？”李同说：“邯郸的百姓，拿人骨当柴烧，交换孩子当饭吃，可以说危急至极了，可是您的后宫姬妾侍女数以百计，侍女穿着丝绸绣衣，精美饭菜吃不了，而百姓却粗布短衣难以遮体，酒渣谷皮吃不饱。百姓困乏，兵器用尽，有的人削尖木头当长矛箭矢，而您的珍宝玩器铜钟玉磬照旧无损。假使秦军攻破赵国，您还怎么能有这些东西？假若赵国得以保全，您又何愁没有这些东西？现在您果真能命令夫人以下的全体成员编到士兵队伍中，分别承担守城劳役，把家里所有的东西全都分发下去供士兵享用，士兵正当危急困苦的时候，是很容易感恩戴德的。”于是平原君采纳了李同的意见，得到敢于冒死的士兵三千人。李同就加入了三千人的队伍奔赴敌阵与秦军决一死战，秦军因此被击退了三十里。这时楚、魏两国的救兵也赶到，秦军便撤走了，邯郸得以保存下来。“褐衣不完”指连粗布衣服也穿不周全。形容生活困苦。

横行天下 héng xíng tiān xià

【词源】战国·荀况《荀子·修身》：“体恭敬而心忠信，术礼义而情爱人，横行天下，虽困四夷，人莫不贵。劳苦之事则争先，饶乐之事则能让，端悫诚信，拘守而详，横行天下，虽困四夷，人莫不任。体倨固而心执诈，术顺墨而精杂污，横行天下，虽达四方，人莫不贱；劳苦之事则偷儒转脱，饶乐之事则佞兑而不曲，辟违而不悫，程役而不录，横行天下，虽达四方，人莫不弃。”

【注】执：通“势”，引申为因善于用谋而显得狡诈。术：通“述”，遵循。顺：通“慎”，指慎到，慎子。墨：指墨翟，墨子。儒：通“懦”，因懦弱而怕事。偷儒：即苟且偷安、懒惰之意。佞兑：兑通“锐”，锐利，口齿伶俐，此指施展口才，不顾一切地去争。曲：通“屈”，不曲即不弯曲，毫不谦让。程役：通“逞欲”。录：检束。

【释义】原指无阻碍地走遍各地，后指东征西战所向无敌。

【书证】西汉·刘安《淮南子·人间训》：“昔晋厉公南伐楚，东伐齐，西伐秦，北伐燕，兵横行天下而无所绻（quǎn），威服四方而无所诎。”明·冯梦龙《东周列国志》第六十三回：“尝欲广求勇力之士，自为一队，亲率之以横行天下。”

后发制人 hòu fā zhì rén

【词源】战国·荀况《荀子·议兵》：“临武君与孙卿子议兵于赵孝王前，王曰：‘请问兵要。’临武君对曰：‘上得天时，下得地利，观敌之变动，后之发，先之至，此用兵之要术也。’”

【注】发：发动。要术：要领。制：制服，控制。

【释义】楚将军临武君和荀子在赵孝成王前议论兵法，孝成王说：“请说说兵法的要诀。”临武君说：“上得天时，下得地利，仔细观察敌方的动向，然后再出动，在敌人没有到达之前到达战略要地，这就是用兵的要领。”后发制人指先让对方进攻，然后抓住其弱点，选择有利时机反击，制服对方。另有“先发制人”，指先动手控制对方，喻主动进攻打败对方。

【书证】明·冯梦龙《东周列国志》第三回：“语云：‘先发制人’，机不可失。”毛泽东《论革命的战略问题》：“楚汉成皋之战，新汉昆阳之战，袁曹官渡之战，秦晋淝水之战等有名的大战，都是双方强弱不同，弱者先让一步，后发制人，因而战胜的。”邓友梅《追赶部队的女兵们》：“他后发制人，等待长袍亮牌。”

胡服骑射 hú fú qí shè

【典源】西汉·司马迁《史记·

赵世家》:“(武灵王)十九年春正月,大朝信宫。召肥义与议天下,五日而毕。王北略中山之地,至于房子,遂之代,北至无穷,西至河,登黄华之上。召楼缓谋曰:‘先王因世之变,以长南藩之地,属阻漳、滏之险,立长城,又取蔺、郭狼,败林人于荏,而功未遂。今中山在我腹心,北有燕,东有胡,西有林胡、楼烦、秦、韩之边,而无强兵之救,是亡社稷,奈何? 夫有高世之名,必有遗俗之累。吾欲胡服。’缓曰:‘善。’皆不欲。于是肥义侍,王曰:‘简、襄,而卒世不见也。为敌弱,用力少而功多,可以毋尽百姓之劳,而序往古之勋。夫有高世之功者,负遗俗之累;有独智之虑者,任骜民之怨。今吾将胡服骑射以教百姓,而世必议寡人,奈何?’肥义曰:‘臣闻疑事无功,疑行无名。王既定负遗俗之虑,殆无顾天下之议矣。夫论至德者不和于俗,成大功者不谋于众。昔者舜舞有苗,禹袒裸国,非以养欲而乐志也,务以论德而约功也。愚者暗成事,智者睹未形,则王何疑焉。’王曰:‘不疑胡服也,吾恐天下笑我也。狂夫之乐,智者哀焉;愚者所笑,贤者察焉。世有顺我者,胡服之功未可知也。虽驱世以笑我,胡地中山吾必有之。’遂胡服矣。”

【注】胡:古代对中国北方和西方少数民族的统称。

【释义】赵武灵王即位初年常遭别国的欺凌。赵国地处北方,疆域位于四面受敌的环境之下。正如赵武灵王所说:“今中山在我心腹,北有燕,东有胡,西有林胡、楼烦、秦、韩之边,而无强兵之救,是亡社稷,奈何?”赵国的形势十分危急,先后受到齐国、秦国的进攻,赵国都以损兵失地而惨败。面对严峻的生存压力,赵武灵王从实际出发,决定要向胡人学习骑兵战术。赵武灵王先把心腹老臣楼缓招来商议,楼缓对改革的思路很赞成,当他问到如何进行、具体如何实施时,赵武灵王却首先提出一个令楼缓意想不到的动议,他说:“吾将胡服骑射以教百姓,而世必议寡人,奈何?”楼缓一听,顿时如坠五里雾中,学习胡人的服装有何意义呢? 武灵王解释说:“你看胡人的穿着,紧袖短褂,腰束皮带,脚蹬皮靴,走路做事,风火泼辣,行军作战,迅捷灵活。我们只有改革老祖宗的宽带长袍的服饰,才能引进胡人骑兵作战的军种。传统的车兵一旦改成剽悍、威猛的骑兵，战士可在飞奔的战马上射箭、挥刀。可以灵活地转战奔袭。这样一来，我们军队的作战能力岂不大大提高？”楼缓连连称是，原来学习胡人服装是为了学习胡人的骑射战术。于是君臣二人细商了实行步骤。但是胡服骑射的诏令刚一颁布，却朝野哗然，引来很多人的反对，他们认为：冠冕服装，是华夏礼仪之邦区别于未开化蛮夷的标志，是炎黄先人传下来的文明，怎么可以轻易改变呢？赵武灵王又取得了老臣肥义的大力支持，便认真地分头去做反对派的思想工作，并让朝中的核心大臣们带头改革，赵武灵王自己率先垂范，君臣一行身穿胡服列班上朝，又公开到大街上去行走宣传。在武灵王亲自大力倡导下，赵国上下出现了穿胡服、练骑兵的热潮。之后，骑兵军阵形成规模，骑兵战术日益精湛，赵武灵王亲率骑兵南征北战屡建奇功。赵国由于胡服骑射的改革而由弱变强，使诸侯各国刮目相看。“胡服骑射”意为：学习胡人的短打服饰，同时也学习他们的骑马、射箭等武艺。指不要故步自封，应学习别人的长处，勇于改革。

【书证】郭沫若《邯郸丛台览胜》：“邯郸市内赵丛台，秋日登临曙色开，照黛妆楼遗废迹，射骑胡服思雄才。”翦伯赞《登大青山访赵长城遗址》：“骑射胡服捍北疆，英雄不愧武灵王！”

【考据】赵武灵王（？—前295）：战国时赵国国君，名雍，肃侯子。武灵王十九年，行胡服骑射，强军以御游牧部族。后陆续攻灭中山，破林胡、楼烦，国势大盛。

虎会善谏 hǔ huì shàn jiàn

【典源】西汉·刘向《新序·卷一·杂事》：赵简子上羊肠之坂，群臣皆偏袒推车，而虎会独担戟行歌，不推车。简子曰：“寡人上坂，群臣皆推车，会独担戟行歌不推车，是会为人臣侮其主。为人臣侮其主，其罪何若？”虎会对曰：“为人臣侮其主者，死而又死。”简子曰：“何谓死而又死？”虎会曰：“身死，妻子又死，若是为死而又死。君既以闻为人臣而侮其主者之罪矣，君亦闻为人君而侮其臣者乎？”简子曰：“为人君而侮其臣者何若？”虎会对曰：“为人君而侮其臣者，智者不为谋，辩者不为使，勇者不为斗。智者不为谋则社稷危；辩者不为使，则使不通；勇者不为斗，则边境侵。”简子曰：“善。”乃罢群臣不推车，为士大夫置酒，与群臣饮，以虎会为上客。

【注】偏袒：赤膊光膀。虎会：赵简子的臣子。善：好，正确。

【释义】赵简子乘车上羊肠坡，大臣们赤膊光膀给简子推车，唯有虎会扛着戟，边走边唱歌，不推车。简子说：“寡人上坡，大家都推车，只有你扛戟，唱歌，不推车，这是臣子侮辱自己的君主。臣子侮辱君主，该判什么罪？”虎会回答道：“臣子侮辱君主，犯双重死罪。”简子问：“什么叫双重死罪？”虎会答道：“自己被处死，妻子也处死，这就叫双重死罪。不过，您既然已听说臣子侮辱君主的罪，也愿听听君主侮辱臣子的罪吗？”简子问：“人君侮辱臣子会怎么样呢？”虎会说：“人君侮辱了臣子，有才智的人不给人君出谋划策；能言善辩的人不愿替人君充当使节；勇敢的人不愿为人君战斗。显然，有才智的人不出计谋，国家就有危险；有辩才的人不当使节，外交关系就不顺利；勇敢的人不愿战斗，边境就会被侵犯。”简子说：“说得好。”便不再要大臣推车，还设酒席和群臣同饮，把虎会尊为上宾。此事说明擅长劝谏。

【考据】赵鞅：一作志父，又称赵孟、赵简子。春秋末晋国人。赵武之孙。正卿。晋顷公十三年，鞅与荀寅率师筑城于汝滨，征铁于民，以造刑鼎，鼎上铸范宣子所著刑书。定公十二年，率军围卫，卫贡五百家，鞅置诸邯郸。十五年，将五百家迁晋阳。晋卿内讧，鞅击败范氏、中行氏。十九年，齐输粮于范氏，使郑兵护送。鞅率师大败郑兵，赵氏遂专晋政权，为嗣后建立赵国奠定基础。卒谥简。

化性起伪 huà xìng qǐ wěi

【词源】战国·荀况《荀子·性恶》：“故圣人化性而起伪，伪起而生礼义，礼义生而制法度。”

【注】化：变。伪：人为。

【释义】原意是变化（恶的）本性，兴起后天的品行。后多指改变固有的品质，树立了新的观念。

【书证】《宋史·蔡元定传》：“元定见学者刘砺曰：‘化性起伪，乌得无罪？’未几，果谪道州。”罗惇融《文学源流》：“其教人以变化气质为先，实暗用荀子化性起伪之意。”

祸生于纤纤 huò shēng yú xiān xiān

【词源】战国·荀况《荀子·大略》：“祸之所由生也，生自纤纤。是故君子蚤绝之。”

【注】纤纤：细微。蚤：同早。

【释义】祸患生于细微的错误和漏洞。

祸与福邻 huò yǔ fú lín

祸福相依 huò fú xiāng yī

【词源】战国·荀况《荀子·大略》：“敬戒无怠。庆者在堂，吊者在闾。祸与福邻，莫知其门。豫哉！豫哉！万民望之。”

【注】邻：接近。

【释义】庆贺的人在堂上欢乐时，吊丧的人就已经来到门口。喻祸与福常常相从。

【书证】蔡东藩《慈禧太后演义》：“谁知祸福相依，悲乐相因，那拉氏初结珠胎，皇太后竟缠病榻，不到数日，遽乐太渐。”

J

几而不征 jī ér bù zhēng

【词源】战国·荀况《荀子·王制篇》：“关市几而不征，质律禁而不偏，如是，则商贾莫不敦悫而无诈矣！”

【注】几：通“饥”，察看，稽查，盘问。征：征税。

【释义】指在关口、市场等处只稽查而不征收商税。

【书证】西汉·戴圣《礼记·王制》：“古者公田借而不税，市廛而不税，关几而不征，林麓川泽以时入而不禁。”

饥而忘食 jī ér wàng shí

【词源】西汉·司马迁《史记·赵世家》：异日肥义谓信期曰：“公子与田不礼甚可忧也。其于义也声善而实恶，此为人也不子不臣。吾闻之也，群奸臣在朝，国之残也；谗臣在中，主之蠹也。此人贪而欲大，内得主而外谗为暴。娇令为慢，以擅一旦之命，不难为也，祸且逮国。今吾忧之，夜而忘寐，饥而忘食。盗贼出入不可不备。自今以来，若有召王者必见吾面，我将先以身当之，无故而王乃入。”信期曰：“善哉，吾得闻此也！”

【注】食：吃饭。

【释义】尽管很饥饿，但也忘记了吃饭。形容极其忧虑的样子。后多指忙碌。

【书证】北宋·司马光《资治通鉴·晋记·孝宗永和十二年》：“自有事中原，兵不暂息，吾每念之，夜不能寐，饥而忘食，奈何轻用其死乎！”

积厚流广 jī hòu liú guǎng

积厚流光 jī hòu liú guāng

【词源】战国·荀况《荀子·礼论》：“故有天下者事七世，有一国者事五世，有五乘之地者事三世，有三乘之地者事二世，持手而食者不得立宗庙。所以别积厚者流广，积薄者流泽狭也。”

【注】乘：古代一车四马为一乘。古代兵赋法规定，六里见方的土地出兵车一乘。含一车四马，二十八甲士，二十个盾手，三十个民夫。所以以六里见方的土地为一乘之地。积厚：积累厚实，指根基深厚。流广：流传广远，指影响深远。

【释义】功绩大的人传布的功德广远。指功业巨大影响就广远。

【书证】西汉·戴德《礼记·礼论》：“所以别积厚者流泽光，积薄者流泽卑。”唐·权德舆《唐故尚书工部员外郎赠礼部尚书王公改葬墓志铭》：“故公以义方贻庆，再受二千石五曹之锡，积厚流光，可胜言哉！”清·钱谦益《和州鲁化先茔神道碑》：“箕裘之美，侯于带砺，积厚流光，斯已信矣！”

积劳成疾 jī láo chéng jí

积劳成瘁 jī láo chéng cuì

【词源】战国·荀况《荀子·王制》：“如是，则彼日积弊，我日积完；彼日积贫，我日积富；彼日积劳，我日积佚。”

【释义】长期劳累而病。

【书证】唐·陆贽《李澄赠司空制》：“连年野处，积劳成瘁。”元·张起岩《济南路大都督张公行状》(《元文类》)：“以在军旅岁久、积劳成疾，坚乞骸骨以归。”清·李汝珍《镜花缘》第五回：“朕闻淮南节度使文隐，昨在剑南剿灭倭寇，颇为出力，现在积劳成疾。”

积善成德 jī shàn chéng dé

【词源】战国·荀况《荀子·劝学》："积善成德，而神明自得，圣心备焉。"

【注】善：善行。德：德行，道德。

【释义】长期行善，就会形成一种高尚的品德。

【书证】北宋·欧阳修《泷冈阡表》："惟考我祖，积善成德，宜享其隆。"

积水成渊 jī shuǐ chéng yuān
积土成山 jī tǔ chéng shān
积少成多 jī shǎo chéng duō

【词源】战国·荀况《荀子·劝学》："积土成山，风雨兴焉；积水成渊，蛟龙生焉。"

【注】渊：深水潭。

【释义】点滴之水可以汇集成深潭。喻积小成大，积少成多。

【书证】东汉·王充《论衡·状留篇》："故夫河冰结合，非一日之寒；积土成山，非斯须之作。"蔡东藩、许廑父《民国通俗演义》第一回："续写下去，一夕复一夕，一秩复一秩，居然积少成多……"

积微成著 jī wēi chéng zhù
积微至著 jī wēi zhì zhù

【词源】战国·荀况《荀子·大略》："夫尽小者大，积微者著，德至者色泽洽，行尽而声向远。"

【注】微：细小。著：显著。

【释义】把微小的事物积累起来，就会变得显著。

【书证】晋·葛洪《抱朴子·疾谬》："伤人之语，有剑戟之痛；积微致著，累浅成深，鸿羽所以况龙舟，群轻所以折劲轴。"北宋·司马光《论两浙不宜添置弓手状》："及私贩茶盐之徒，皆有利兵抵拒，吏士益难擒讨，积微致著，渐不可长，其不可二也。"宋·刘挚《论三省枢密院差除秦》："臣恐积微至著，交乱官守，渐行私意，以害政事。"宋·何承天《上历数新法表》："夫圆极常动，七曜远行，离合去来，虽有定势，以新故相涉，自然有毫末之差，连日累岁，积微成著。"

赍盗粮，借贼兵
jī dào liáng jiè zéi bīng
赍粮借寇 jī liáng jiè kòu

【词源】战国·荀况《荀子·大

略》:“非君子而好之,非其人也;非其人而教之,赍盗粮 借贼兵也。”

【注】赍:以物送人。兵:兵器。

【释义】送粮食给强盗,供兵器给贼人。喻帮助坏人或敌人。

【书证】秦·李斯《谏逐客书》:“今乃弃黔首以资敌国,却宾客以业诸侯,使天下之士退而不敢西向,裹足不入秦,此所谓借寇兵而赍盗粮也。”《战国策·秦军三》:“诸侯见齐之罢(pí)露,君臣之不亲,举兵而伐之,主辱军破,为天下笑。所以然者,以伐楚而肥韩魏也。此所谓借贼兵而赍盗食者也。”清·林则徐《答奕将军防御粤省六条》:“其中近年所买夷炮,约居三分之一,尽以借寇赍盗,深堪愤恨。”梁启超《新中国未来记》第二回:“独有民德一桩,最难养成,倘若无民德,则志气两则也无从发达完满。就使有智,亦不过借寇兵,赍盗粮;就是有气,亦不过一团客气。”

急人之困 jí rén zhī kùn
急人之难 jí rén zhī nàn

【词源】西汉·司马迁《史记·魏公子列传》:“胜所以自附为婚姻者,以公子之高义,为能急人之困。”

【注】胜:平原君赵胜。自附为婚姻:自己主动和人结成姻亲。

【释义】魏安厘王二十年,秦兵包围邯郸。赵求救于魏。魏王派将军晋鄙率十万大军去救援,因惧怕秦,魏王令晋鄙军扎邺城,名为救赵,实则观望。平原君使者相属于魏,魏公子说:“赵胜所以自附为婚姻,以公子的品德,会急人之困的,邯郸早晚会被秦亡,而魏国的救兵还不到,公子怎样急人之困呢?”谓热心主动帮助别人解决困难。亦作“急人之难”。

【书证】明·归有光《吴纯甫行状》:“笃于孝友,急人之难,大义落落,人莫敢以利动。”

掎挈伺诈 jǐ qì sì zhà

【词源】战国·荀况《荀子·议兵》:“掎挈司诈,权谋倾覆,未免盗兵也!”《荀子·富国》:“有掎挈司诈,权谋倾覆,以相颠倒,以靡敝之。”

【注】掎 :抓住,拖住,引申为牵制。挈:提起。伺:同“司”。诈:欺诈。

【释义】伺机欺诈,玩弄权术,图谋颠覆,颠倒事非,以败坏社会。指抓住别人的过错或弱点，伺机行施诈术。喻伺机发难、乘人之危。

季子裘敝 jì zǐ qiú bì

季子之裘 jì zǐ zhī qiú

裘敝金尽 qiú bì jīn jìn

【典源】西汉·刘向《战国策·秦策一》："苏秦将入秦劝说秦惠王实施连横之策，在赵国时李兑送与他明月之珠、和氏之璧、黑貂之裘、黄金百镒。苏秦来到秦国之后，书十上而说不行，黑貂之裘敝，黄金百两尽，资用乏绝，去秦而归。羸縢履蹻，负书担橐，形容枯槁，面目黧黑，状有归色。"

【注】镒：古重量单位，一镒二十两。

【释义】战国时苏秦将入秦劝说秦惠王实施连横之策，在赵国的时候，赵奉阳君李兑送给他明月之珠、和氏之璧、黑貂之裘、黄金百镒。到秦国之后，苏秦游说秦王的奏章上了十次，还是没有成功，李兑送给他的黑貂皮衣服已穿破了，黄金也用光了，只好离开秦国而去。喻破衣烂衫，表示奔波劳碌、贫穷疲惫之态。后多以此表示怀才不遇。后以"季子裘"谓旅途或客居中处境困顿。

【书证】唐·殷尧藩《九日》诗："壮怀空掷班超笔，久客谁怜季子裘。"宋·陆游《北望感怀》："乾坤恨入新丰酒，霜露寒侵季子之裘。食粟本同天下责，孤臣敢独废深忧！"明·唐顺之《十五夜旅怀》诗："镜有潘郎鬓，囊无季子裘。"

【考据】苏秦：赵惠文王时封苏秦为相国、武安君。

价值连城 jià zhí lián chéng

连城璧 lián chéng bì

【典源】西汉·司马迁《史记·廉颇蔺相如列传》："赵惠文王时，得楚和氏璧。秦昭王闻之，使人遗赵王书，愿以十五城请易璧。"

【注】价：物件的价格。值：够得上。连城：连成一片的城池。

【释义】春秋时候，有个叫卞和的楚国人，在楚山得到一块玉璞（里面蕴藏有美玉的石头），把它献给楚厉王，厉王让加工玉石的匠人鉴别，匠人不识货，将其误认为是石头，于是卞和以欺君之罪被砍去了左脚。厉王死后，武王继位，卞和又献玉璞，但鉴别的结果仍说是石头，卞和又被砍去了右脚。后来楚文王继位，卞和抱着玉璞在楚山下哭了三天三夜，眼泪都流干了，眼睛里哭出了血。文王派人问他为何哭得这样悲痛，卞和说："我所伤心的并不是被砍去了双脚，而是这个世道是非不分、黑白颠倒。这明明是块宝玉，却被认为是石头；我本来是一心为国的忠贞之士，却被认为是欺君罔上的无知狂徒——这是最使我伤心的啊！"文王让匠人剖开玉璞，果然得到一块上等的美玉，为了表彰卞和献玉的功绩，就将这块美玉命名为"和氏之璧"。从此，和氏璧成为稀世之宝。后来到了战国时期，和氏璧被赵惠文王得到了，秦昭王听说后非常羡慕和忌妒，派人给赵惠文王送去一封信，表示愿意以十五座城池交换和氏璧。"价值连城"形容物品十分贵重。亦作"价重连城"。

【书证】《魏书·彭城王勰传》："陛下赐刊一字，足以价值连城。"唐·韦庄《乞彩戕歌》："也知价重连城璧，一纸万金犹不惜。"清·钱彩《说岳全传》第十回："岳大爷就立起身来，接剑在手，左手拿定，右手把剑锋抽出才三四寸，觉得寒气逼人。再抽出细看了一看，连忙推进，便道：'周先生，请收了进去吧。'三畏道：'岳兄既然看了，为何不还价钱？难道还未中意么？'岳大爷道：'周先生，此乃府上之宝，价值连城，谅小子安敢妄想。休得取笑！'"

嫁祸于人 jià huò yú rén

【典源】西汉·司马迁《史记·赵世家》："韩氏上党守冯亭使者至，曰：'韩不能守上党，入之于秦。其吏民皆安于赵，不欲为秦，有城市邑十七，愿再拜入之赵，财王所以赐吏民。'王大喜，召平阳君豹告之曰：'冯亭入城市邑十七，受之何如？'对曰：'夫秦蚕食韩氏地，中绝石令相通，固自以为坐而受上党之地也，韩氏所以不入于秦者，欲嫁其祸于赵也。'"

【释义】前262年，韩国上党太守冯亭派人到赵国见赵孝成王，说韩国原打算将上党地区十七个城市划给西方的秦国管辖，但当地吏民都不同意，希望划给东方的赵国管辖，看赵国同意接收否。孝成王听后大喜，召平阳君赵豹商量说："冯亭入城市邑十七，受之何如？"赵豹说："圣人甚祸无故之利。”赵王说：“人怀吾德，何谓无故乎？”赵豹说：“西方强大的秦国一直在蚕食韩国的领土，对上党这块地方，它早就垂涎三尺，韩国现在之所以不把它让给秦国，而主动送给赵国，这是要嫁祸于我们赵国啊！强大的秦国天天在打主意而得不到，而弱小的赵国却坐收其利，这难道不是得无故之利吗？”赵王却说：“今发百万之军而攻，逾年历岁未得一城也。今以城市十七送礼给吾国，此大利也。……”不久赵王听了赵胜的意见，派廉颇进驻上党长平。之后又让赵括代替廉颇守长平，被秦军打败，秦国一下活埋了赵军四十余万。这时，赵孝成王才后悔没听赵豹的话，招来了长平的大祸。“嫁祸于人”意为把自己的祸患转嫁给别人。

【书证】梁斌《翻身记事》：“……直到目前为止，他们之间的关系还是藕断丝连。刘登华也正在这个问题上嫁祸于人。”王蒙《青春万岁》：“吴长福，我太恨你了，你干吗帮着袁新枝嫁祸于人呀？”

【考据】赵孝成王（？—前245）：战国时赵国国君，名丹。惠文王子。即位初，太后用事，秦攻赵，拔三城。四年，秦攻韩上党，上党守冯亭不能守，以上党入赵，王受之。七年，中秦反间计，以赵括代廉颇为将，与秦长平一战，赵军大败，死士卒四十余万。秦军进围邯郸，得楚、魏相救，围乃解。十五年，燕攻赵，廉颇为将反击大胜，杀燕将栗腹等。十八年，秦攻取赵榆次等三十七城。赵孝成王在位二十一年。

冯亭：原为韩上党郡守，上党郡归赵后，赵封为华阳君。赵孝成王时封庐陵君。

奸人妇人之泣

jiān rén fù rén zhī qì

【典源】秦·孔鲋《孔丛子·儒服》：“子高游赵，平原君客有邹文、季节者与子高相善。及将还鲁，诣故人决既毕，文、节送行，三宿临别，文、节流涕交颐，子高土地抗手而已。分背就路，其徒问曰：‘先生与彼二子善，彼有恋恋之心，未知后会何期，凄怆流涕，而先生厉生高揖，此无乃非亲亲之谓乎？’子高曰：‘始焉谓此二子丈夫尔，今乃知其妇人也。’……其徒曰：‘凡泣者一无取乎？’子高曰：‘有二焉，大奸之人，以泣取信；妇人懦夫，以泣著爱。’”

【释义】战国时，鲁人孔穿字子高，为孔子之后。孔穿认为人生应有四方之志，故离别时不必哭泣。男儿哭泣，说明心理素质之不果敢坚毅。然泣涕也并非无用，奸人哭泣是为了取得别人信任。妇女和没有硬气的人哭泣，是为了取得别人的爱怜。谓泣涕目的不同。

【书证】唐·罗隐《泪》诗：“自从鲁国潸然后，不是奸人即妇人。”

奸人之雄 jiān rén zhī xióng

【词源】战国·荀况《荀子·非相》：“听其言则辞辩而无统，用其身则多诈而无功；上不足以顺明王，下不足以和齐百姓；然而口舌之于噡唯则节，足以为奇伟，偃却之属；夫是之谓奸人之雄。”

【注】噡唯：噡同“谵”，多言；唯，唯唯诺诺，少言。节：有节制，适度。偃却：同“偃蹇”，高耸，引申为出众。奸人：奸恶诈伪之人。雄：杰出的，强有力的。

【释义】听他夸夸其谈而不得要领，任用他，只会说假话而做不成事，对上不能顺应明君的意志行事，对下不能使百姓和谐一致。但是，他却巧舌如簧，完全可以归于自大、高傲一类人，是奸人当中最奸的。原指混淆是非的辩士，后多指才能突出但倒行逆施的野心家、阴谋家。

【书证】东汉·班固《汉书·卷八十三》：“背君乡臣，倾乱政治，奸人之雄，附下罔上，为臣不忠之道。”东汉·荀悦《汉纪·哀帝纪下》：“孙宠息夫躬，辩足以移众，权足以独立，奸人之雄，宜时罢退。”

坚刚不屈 jiān gāng bù qū
坚强不屈 jiān qiáng bù qū

【词源】战国·荀况《荀子·法行》：“坚刚而不屈，义也！”

【释义】坚定、刚强、不屈服，这就是义。喻坚定刚强，不向恶势力屈服。

【书证】南宋·朱熹《朱子语类》卷八：“盖刚是坚强不屈之意，便是卓然而立，不为物欲所累的人。”

坚甲利兵 jiān jiǎ lì bīng

【词源】战国·荀况《荀子·议

兵》："故坚甲利兵不足以为胜，高城深池不足以为固。"

【注】甲：护身衣，用皮革或金属做成。兵：武器。

【释义】坚固的盔甲，锐利的武器。指装备精良、战斗力强的军队。

【书证】晋·陈寿《三国志·程昱传》："今度等得城郭不能居，其势可知，此不过欲虏掠财物，非有坚甲利兵攻守之志也！"《清朝野史大观·卷四·清流党之外交观》："动辄以可使制挺挞秦，楚之坚甲利兵为言，顽固乖谬，不达时务。"

坚明约束 jiān míng yuē shù

【典源】西汉·司马迁《史记·廉颇蔺相如列传》："秦王斋五日后，乃设九宾于廷，引赵使者蔺相如。相如至，谓秦王曰：'秦自缪公以来二十馀君，未尝有坚明约束者也。臣诚恐见欺于王而负赵，故令人持璧归，间至赵矣。且秦强而赵弱，大王遣一介之使至赵，赵立奉璧来。今以秦之强而先割十五都予赵，赵岂敢留璧而得罪于大王乎？臣知欺大王之罪当诛，臣请就汤镬，唯大王与群臣孰计议之。'秦王与群臣相视而嘻。左右或欲引相如去，秦王因曰：'今杀相如，终不能得璧也，而绝秦赵之欢，不如因而厚遇之，使归赵，赵王岂以一璧之故欺秦邪！'卒廷见相如，毕礼而归之。"

【注】坚：守。明：明确。约束：遵守信约。

【释义】"坚明约束"意谓坚守同盟，遵从信约。

【书证】宋《苏轼集·卷五十四·因擒(鬼章)论西羌夏人事宜札子》："若当时大臣因虏之请，受其词不纳其使，且诏边臣与之往返商议，所获新疆，取舍在我，俟其词意屈服，约束坚明，然后纳之，则虏虽背恩反覆，亦不至如今日之速也。"《清史稿·增祺传》："增祺严饬文武官吏坚明约束，并告两国主兵者勿得犯中立。"

坚守一心 jiān shǒu yī xīn

【典源】西汉·司马迁《史记·赵世家》：肥义曰："不可，昔者主父以王属义也，曰：'毋变而度，毋异而虑，坚守一心，以殁而世。'义再拜受命而籍之。"

【注】昔者：过去。主父：赵武灵王。属：嘱咐。义：大臣肥义。

【释义】李兑对肥义说："公子章身强力壮，意志骄横，广结党羽，野心很大，一定有图谋不轨的打算。田不礼这个人，残忍好杀而又骄纵不驯。二人臭味相投，必定滋生阴谋诡计。田不礼是个出身侥幸的小人。小人有所企求，考虑问题往往草率从事，只看到有利的一面，而看不到不利的一面，同类相残，同归于尽。依我看来，祸必不久矣。先生责任重，影响大，动乱一爆发，矛盾会集中在你身上，先生将先受其祸。仁者博爱，智者防患于未然。不仁不智，何以治国。先生何不称病不上朝，把国政交给公子成。您不要成为众人埋怨的对象，也别给祸乱创造条件。"肥义说："不可以。当初主父把今王托付给我时说：'你的态度要坚定，切勿动摇自己的信念，坚守一心，直到生命的最后一刻。'我再拜接受主父的委托，并记录在册。现在害怕田不礼发难而忘记诺言，还有比这更大的变心吗？接受庄严的使命，一转身就不认账，还有比这更严重的负义吗？变心负义之臣，刑法所不容。谚云：'死者复生，生者不愧。'我已有言在先，既欲实现自己的诺言，哪能考虑保全自己的身躯！须知：坚贞之臣，只有在患难中方能见忠节。忠信之臣，只有在祸乱中才能表现其德行。承你赐教，可谓忠于我矣。可是，我已有言在先，绝对不敢食言。"李兑说："好啦！您多保重！过了今年，将再也见不到您了。"李兑挥泪而出。李兑多次去见公子成，商量如何对付田不礼。"坚守一心"指对国家、民族忠贞不渝的气节。

【考据】李兑：战国时赵国人。赵武灵王传位于王子何，自号主父。后长子公子章为乱，杀相国肥义。兑与公子成起兵杀公子章，久围沙丘王宫，主父饿死。兑与公子成遂专赵政。

坚贞不屈 jiān zhēn bù qū

【词源】战国·荀况《荀子·法行》："夫玉者，君子比德焉。温润而泽，仁也。栗而理，知也。坚刚而不屈，义也。"

【注】坚：坚贞。屈：屈服。

【释义】坚韧刚强，绝不弯曲。喻意志坚定，绝不屈服于邪恶势力。

【书证】南朝·宋·范晔《后汉书·王龚传》："王公束修厉节，敦乐蓺文，不求苟得，不为苟行，但以坚贞之操，违俗失众，横为谗佞所构毁。”唐·裴度《岁寒知松柏后凋赋》：“客有择木务材，感哀叹盛，悟标劲无永，申蚍蜉之歌；爱坚贞不渝，发风雨之咏。”

艰难竭蹶 jiān nán jié jué

【词源】战国·荀况《荀子·儒效》：“故近者歌讴而乐之，远者竭蹶而趋之。四海之内若一家，通达之属莫不从服。”

【注】竭蹶：力竭而跌倒。形容众人竭尽全力奔走的样子。后用来形容资财缺乏，经济困难，生活穷困。

【释义】君主周围的人就歌颂他、逢迎他，远方的人就不辞劳苦地投奔他。喻财务匮乏，艰难窘迫。

【书证】毛泽东《中国社会各阶级的分析》：“此种农民……于艰难竭蹶之中，存聊以卒岁之想。”

兼覆无遗 jiān fù wú yí

【词源】战国·荀况《荀子·王制》：“五疾，上收而养之，材而事之，官施而衣食之，兼覆无遗。”

【注】兼覆：原指天普遍地覆盖万物。

【释义】对残疾人，官府要收养他们，根据他们的能力安排合适的工作，由官府供给衣食，给予照顾，而不要漏下一人。喻恩泽广大，无所遗漏。

兼权熟计 jiān quán shú jì
兼权尚计 jiān quán shàng jì

【词源】战国·荀况《荀子·不苟》：“见其可欲也，则必前后虑其可恶也者；见其可利也，则必前后虑其可害也者；而兼权之，孰计之，然后定其欲恶取舍；如是则常不失陷矣。”

【注】权：衡量。孰：通“熟”，深入。计：考虑。

【释义】看到自己喜好的事物，要思前想后考虑它令人憎恶的地方；看到有利可图的事物，要思前想后考虑它有害的地方；兼顾两方面来衡量，深思熟虑，然后才决定是喜好、憎恶，是获取还是舍弃。这样可以保证不出错误。指全面地权衡比较，反复深入地思考。

【书证】宋·曾巩《陈书目录序》：“然而兼权尚计，明于任使，恭俭忧人，则其始之所以兴。”清·朱寿朋《光绪朝东华录·七九·十二年十月辛巳》："与其为迁就之计但顾目前，徒耗数百万之帑金，终归无计。曷若兼权熟计，早为久远之图。"

茧丝 jiǎn sī

【典源】春秋·左丘明《国语·晋语九》："(赵)简子使尹铎为晋阳。请曰：'以为茧丝乎？抑为保障乎？'简子曰：'保障哉！'尹铎损其户数。简子诫襄子曰：'晋国有难，而无以尹铎为少，无以晋阳为远，必以为归。'"

【注】茧丝：茧所抽的丝，这里指赋税。保障：障蔽。晋阳：今太原市西南。

【释义】赵简子派尹铎治理晋阳。尹铎请示说："是让晋阳提供赋税呢？还是使它成为您可靠的保障？"简子说："当然是保障！"尹铎便减少了户税的数目。简子告诫他的儿子襄子说："晋国一旦发生了祸乱，请你不要认为尹铎年轻，也不要嫌晋阳距这里太远，一定要前往投奔。""茧丝"喻指赋税。

【书证】宋·李洪《子清弟赴丹阳赋古调饯》："保障茧丝优租赋，瓯窭汗邪饱禾黍。"

简子释台 jiǎn zǐ shì tái

【典源】西汉·刘向《说苑》："赵简子春筑台于邯郸，天雨而不息，谓左右曰：'可无趋种乎？'尹铎对曰：'公事急，厝种而悬之台。夫虽欲趋种，不能得也！'简子惕然，乃释台罢役曰：'我以台为急，不如民之急也，民以不为台，故知吾之爱也！'"

【注】厝：安置，措置。趋：赶快，立即。惕然：警觉省悟的样子。释：放开，放下。

【释义】赵简子春天在邯郸建筑高台，春雨下个不停，简子对左右说："是不是该赶紧播种了？"尹铎回答说："您的事情太急切，把种子暂时放下来建筑高台。所以百姓想抓紧播种，是不可能的啊！"简子马上警觉省悟，于是放下建筑高台的事情，免除了百姓的劳役，说："我把建筑高台看做急事，不如百姓农事迫切啊。百姓知道我不建筑高台，是知道我爱民啊！"喻体恤民情。

见微知类 jiàn wēi zhī lèi

见微知著 jiàn wēi zhī zhù

【词源】战国·鬼谷子《鬼谷

子·反应》:"已欲平静,以听其辞,察其事,论万物,别雄雌。虽非其事,见微知类。若探人而居其内,量其能射其意也,符应不失,如螣蛇之所指,若羿之引矢。"

【注】 微:小,细微。类:事物变化的规律和征兆。

【释义】 看到事物的微小变化和苗头就能知道它的发展规律和趋向归宿。

【书证】 东汉·班固《白虎通义·情性》:"智者知也,独见前闻,不惑于事,见微而知著也。"鲁迅《会稽郡故书杂集·会稽典典录卷上》:"《意林》引《范子》云:'计然者……少而明学阴阳,见微知著。'"

剑决浮云 jiàn jué fú yún

【典源】 战国·庄周《庄子·说剑》:(庄子)曰:"天子之剑,以燕谿石城为锋,齐岱为锷,晋魏为脊,周宋为镡,韩魏为夹;包以四夷,裹以四时,绕以渤海,带以常山;制以五行,论以刑德;开以阴阳,持以春秋,行以秋冬。此剑,直之无前,举之无上,案之无下,运之无旁,上决浮云,下绝地纪。此剑一用,匡诸侯,天下服矣。此天子之剑也!"

【释义】 庄子(对赵惠文王)说:"天子之剑,用燕谿的石城山做剑尖,用齐国的泰山做剑刃,用晋国和卫国做剑脊,用周王畿和宋国做剑环,用韩国和魏国做剑柄;用中原以外的四境来包扎,用四季来围裹,用渤海来缠绕,用恒山来做系带;靠五行来统驭,靠刑律和德教来论断;遵循阴阳的变化而进退,遵循春秋的时令而持延,遵循秋冬的到来而运行。向前直刺一无阻挡,高高举起无物在上,按剑向下所向披靡,挥动起来旁若无物,向上割裂浮云,向下斩断地纪。一旦使用,可以匡正诸侯,使天下人全都归服。这就是天子之剑。""剑决浮云"常用以喻威力出众的宝剑。

【书证】 唐·白居易《鸦九剑》:"不如持我决浮云,无令漫漫蔽白日。"

将相和 jiàng xiàng hé

【典源】 西汉·司马迁《史记·廉颇蔺相如列传》:"(渑池之会)既罢,归国,以相如功大,拜为上卿,位在廉颇之右。廉颇曰:'我为赵将,有攻城野战之大功,而蔺相如徒以口舌为劳,而位居我上;且相如素贱人,吾羞不忍为之下。’宣言曰:‘我见相如,必辱之。’相如闻,不肯与会。相如每朝时,常称病,不欲与廉颇争列。已而,相如出,望见廉颇,相如引车避匿,于是舍人相与谏曰:‘臣所以去亲戚而事君者,徒慕君之高义也。今君与廉颇同列,廉君宣恶言,而君畏匿之,恐惧殊甚,且庸人尚羞之,况于将相乎?臣等不肖,请辞去。’蔺相如固止之,曰:‘公之视廉将军孰与秦王?’曰:‘不若也。’相如曰:‘夫以秦王之威,而相如廷叱之,辱其群臣,相如虽驽,独畏廉将军哉?顾吾念之,强秦之所以不敢加兵于赵者,徒以吾两人在也。今两虎共斗,其势不俱生。吾所以为此者,以先国家之急而后私雠也。’廉颇闻之。肉袒负荆,因宾客至蔺相如门谢罪,曰:‘鄙贱之人,不知将军宽之至此也。’卒相与欢,为刎颈之交。”

【注】卒:从此。

【释义】指文武大臣关系融洽,将相和谐。此事历代被传为佳话,并喻为“将相和”。

交浅言深 jiāo qiǎn yán shēn

【典源】战国·鬼谷子《鬼谷子·谋篇》:“其身内,其言外者,疏;其身外,其言深者,危。”

【注】身内:关系密切。言外:谈话见外。疏:被疏远。身外:关系疏远。言深:谈话很深入。

【释义】意谓交情不深,话却谈得很深切。指对交情不深的人说出恳切的意见。

【书证】西汉·刘向《战国策·赵策四》:“客有见于服子(宓子贱)者,已而请其罪。服子曰:‘公之客独有三罪:望我而笑,是狎也;谈话而不称师,是倍也;交浅而言深,是乱也。’客曰:‘不然……交浅而言深,是忠也。’”明·冯梦龙《警世通言》卷三十二:“孙富沉吟半晌,故作愀然之危,道:‘小弟乍会之间,交浅言深,诚恐见怪。’”清·李绿园《歧路灯》第七十一回:“但弟予太尊初任馆陶时,便是宾主,至今又谬托久敬,知其性情甚悉,就不妨在世兄交浅言深。”柳亚子《安娥女士索诗·报以二绝》:“交浅言深一喟然,感君劝我托逃禅。”

胶柱鼓瑟 jiāo zhù gǔ sè
胶柱调瑟 jiāo zhù tiáo sè

【典源】西汉·司马迁《史记·廉颇蔺相如列传》:“赵孝成王七

年，秦军与赵在平对垒，这时赵奢已死，蔺相如生病，赵将廉颇坚守营垒。赵王信秦之间。秦之间言曰：'秦之所恶，独畏马服君赵奢之子赵括为将耳。'赵王因以括为将，代廉颇。蔺相如曰：'王以名使括，若胶柱而鼓瑟耳。括徒能读其父书传，不知合变也。'赵王不听，遂将之。结果，括军败，数十万之众遂降秦。秦悉坑之。"

【释义】秦军攻打赵国，双方会战于长平。廉颇采取坚守营垒，消耗远来的秦军而伺机出击的策略。秦军便派出间谍在邯郸散布谣言，说秦军最害怕赵奢的儿子赵括。赵孝成王听信了间谍的谣言，决定任用赵括为将军而代替廉颇。蔺相如劝阻说："大王凭借赵括的名声起用他，就好像用胶把瑟上的弦柱粘起来，弹奏时就无法调整音调，声响艰涩不成音乐。赵括是死读兵书生搬教条，拘泥固执不知变通。"赵王听不进去，还是派赵括代替廉颇。结果赵军大败，从此一蹶不振。意谓把瑟上的柱胶粘住，鼓瑟时，柱不能运转，因而弦就不能调以缓急，所以瑟就只能发出死板的声音了。比喻只知道死守成法，不能灵活运用。

【书证】西汉·刘向《淮南子·齐俗》："今握一君之法籍，以非传代之俗，譬由胶柱而调瑟也。"明·余继登《典故纪闻》卷一："其心虽忠于辅国，而胸中无机变之才，是古非今，胶柱鼓瑟，而强人君以难行之事，然观其本情忠鲠，亦可谓端人正士矣！"清·曹雪芹《红楼梦》第五十一回："黛玉忙拦道：'这宝姐姐也忒胶柱鼓瑟，矫揉造作了。'"

焦熬投石 jiāo áo tóu shí

【典源】战国·荀况《荀子·议兵》："故齐之技击不可以遇魏氏之武卒，魏氏之武卒不可以遇秦之锐士，秦之锐士不可以当桓文之节制，桓文之节制不可以敌汤、武之仁义。有遇之者，若以焦熬投石焉！"

【注】焦熬：指在火上久烧变脆的东西。

【释义】魏国的军队抵挡不住秦国的精兵，秦兵又抵挡不住齐、晋纪律严明、训练有素的军队，齐、晋的军队又抵挡不住商汤王和周武王的仁义之师，如果抵挡就如把焦脆的东西往石头上碰一样。喻把焦脆的东西往石头上摔，必然粉碎。

【书证】北宋·司马光《资治通鉴·秦昭襄王五十二年》:“若以焦熬投石焉!”清·黎庶昌《何忠诚公编年纪略书后》:“是王师入关后,放兵南下,触之者皆若焦熬投石已耳!”

节财俭用 jié cái jiǎn yòng

【典源】西汉·司马迁《史记·赵世家》:“牛畜侍烈侯以仁义约以王道,烈侯卣然。明日,荀欣侍,以选练举贤、任官使能。明日,徐越侍以节财俭用、察度功德。所与无不充,君说。”

【释义】(相国公仲连给赵烈侯推荐了三人,三人分别给烈侯出了好主意。)牛畜给烈侯建议实行“王道”、“仁义”。荀欣建议推举干练之人、贤良之才,按照能力任用官员。徐越建议俭省财力、节俭费用,考查官员的功劳、德行,他们三人的建议全面充分,赵烈侯非常高兴。意谓俭省财力,节俭费用。

节威反文 jié wēi fǎn wén

【词源】战国·荀况《荀子·强国》:“威动海内,强殆中国,然而忧患不可胜校也,諰諰然常恐天下之一合而轧己也。然则奈何?曰:‘节威反文,案用夫端诚信全之君子治天下焉,因与之参国政,正是非,治曲直。’”

【注】节:节制。威:威力,这里指武力。反:同“返”。文:文治。

【释义】节制使用武力,回到文治上来。

节用裕民 jié yòng yù mín

节用爱民 jié yòng ài mín

【词源】战国·荀况《荀子·富国》:“足国之道,节用裕民,而善臧其余。”

【注】节:节制、减省。裕:富饶,这里指使民富裕。臧:通“藏”。

【释义】使国家富足的原则是:节约费用,使人民富裕,将余下的财物好好地贮藏起来。指节约用度,使百姓富裕。

【书证】清·汪琬《太子太保礼部尚书王公行状》:“汉之文帝,史称其节用爱民,方内安宁,家给人足。”清·魏源《〈明代食兵二政录〉序》:“是以节用爱民,同符三代。”

节制之师 jié zhì zhī shī

【词源】战国·荀况《荀子·议兵》:“秦之锐士不可以当桓、文之节制,桓、文之节制不可以敌汤、武之仁义,有遇之者,若以焦熬投石焉!”

【释义】魏国的武卒不能抵挡秦国的精兵,秦之精兵不能抵挡齐桓公、晋文公纪律严明、训练有素的军队,桓、文的军队不能抵挡商汤王和周武王的仁义之师,如果有抵挡的就如同把焦脆的东西往石头上扔一样。喻军纪严整的部队。

【书证】清·毕沅《续资治通鉴》卷二十八:“小有不利,则莫之能止,非所谓节制之师也!”清·韩菱《满清入关暴政》卷三:“见城上兵循南而西,步武严整,淋雨亦不少紊,疑为节制之师。”清《曾胡治兵语录·下》:“盖因其时所对之敌,并非节制之师、精练之卒。”

洁身自好 jié shēn zì hào

洁己自好 jié jǐ zì hào

【词源】战国·荀况《荀子·修身》:“善在身介然,必以自好也!”

【注】洁身:使自身纯洁。“身”也作“己”。自好:自爱。

【释义】指保持自身清白,不受流俗的影响。

【书证】清·方苞《方苞集·八·四君子传·刘齐》:“自齐归,其友亦次第归,太学生虽有洁己自好者,而气概不足动人,清议遂由是消委云。”

竭智尽力 jié zhì jìn lì

【典源】西汉·刘向《战国策·赵策四》:楼缓将使,伏事,辞行,谓赵王曰:“臣虽尽力竭知,死不复见于王矣。”王曰:“是何言也?固且为书而厚寄卿。”楼子曰:“王不闻公子牟夷之于宋乎?非肉不食。文张善宋,恶公子牟夷,寅然。今臣之于王,非宋之于公子牟夷也,而恶臣者过文张,故臣死不复见于王矣。”王曰:“子勉行矣,寡人与子有誓言矣。”楼子遂行。

【注】竭:完,尽。知:智慧,聪明。

【释义】楼缓将要出使,其使命保密,辞行时他对赵王说:“我虽然用尽全部力量和智慧,终究难免一死,恐怕不能再见大王了。”

赵王说："这是什么话？我一定写信说明，是委您以重任。"楼缓说："大王没有听说公子牟夷在宋国的事吗？他在宋国地位尊贵，文张与宋王友好，诬蔑牟夷，以致公子牟夷遭受肉刑。现在我与大王非公子牟夷与宋王的关系可比，但诬蔑我的却超过了文张。所以我终究难免一死，恐怕不能再见到大王了。"赵王说："您就快出发吧，我已经与您有誓约了。"楼缓才出发。竭智尽力指竭尽智慧和力量。

【书证】清·王夫之《读通鉴论》卷二十八："所竭智尽力以图度者，唯相搏相噬、毒民争地、以逞其志欲。"邹韬奋《经历·前途》："竭智尽力求得这种'最大的贡献'，这是人对于自己，对于社会应负的责任。"姚雪垠《李自成》卷三第四十章："大将军若果为闯王大业打算，理应竭智尽力，提出取胜方略。"

津女棹歌 jīn nǚ zhào gē
津妾棹歌 jīn qiè zhào gē

【典源】唐·欧阳询等《艺文类聚》卷九引《列女传》："赵简子南击楚，津吏醉卧，不能渡。简子召，欲杀之。津吏女子，特楫而前曰：'妾父闻君东渡不测之水，恐风波之起，故祷九江三淮之神，不胜巫祝杯酌余沥，醉至于此。妾愿以鄙躯易父之死。'简子将渡，少一人，乃备员持楫，遂与渡。中流，发激棹之歌。简子悦，以为夫人。"

【释义】战国时，赵简子率军渡河南击楚，津吏醉卧失职将被处死。津吏之女巧妙陈词："我的父亲听说君王要渡河，怕有大风，所以祈祷各路水神，但是喝了巫祝残杯剩炙，所以醉酒误事，我愿意代父的死罪。"马上要渡河了，还少一人，女子拿上船楫，一起划船渡河到中流时，女子唱船歌，鼓舞士气。赵简子很高兴，把她娶为夫人。意谓孝女救父。也喻女子智勇双全，有胆识。

【书证】唐·李白《东海有勇妇》："津妾一棹歌，脱父于严刑。"

矜纠收缭 jīn jiū shōu liáo

【词源】战国·荀况《荀子·议兵》："暴悍勇力之属为之化为愿，旁辟曲私之属为之化为公，矜纠收缭之属为之化为调。夫是之谓大化至一。"

【注】旁：偏颇，不公正。辟：邪

僻，不正当。曲：弯扭，不正直。私：不公道。矜：傲愎、不谦和。纠：刻薄，不客气。收：收取，不谦让。缭：纠缭，不和睦。

【释义】“矜纠收缭”喻人性格暴戾。

【书证】清·王念孙《读书杂志》：“矜纠收缭，皆急戾之意，故与调和相反。”

仅以身免 jǐn yǐ shēn miǎn

【典源】西汉·司马迁《史记·乐毅列传》：“乐毅贤，好兵，赵人举之。及武灵王有沙丘之乱，乃去赵适魏。闻燕昭王以子之之乱而齐大败燕，燕昭王怨齐，未尝一日而忘报齐也。燕国小，辟远，力不能制，于是屈身下士，先礼郭隗以招贤者。乐毅于是为魏昭王使于燕，燕王以客礼待之。乐毅辞让，遂委质为臣，燕昭王以为亚卿，久之……于是使乐毅约赵惠文王，别使连楚、魏，令赵啖秦以伐齐之利。诸侯害齐闵王之骄暴，皆争合从与燕伐齐。乐毅还报，燕昭王悉起兵，使乐毅为上将军，赵惠文王以相国印授乐毅。乐毅于是并护赵、楚、韩、魏、燕之兵以伐齐，破之济西。诸侯兵罢归，而燕军乐毅独追，至于临淄。齐闵王之败济西，亡走，保于莒。……乐毅报遗燕惠王书曰：‘臣不佞，不能奉承王命，以顺左右之心，恐伤先王之明，有害足下之义，故遁逃走赵。今足下使人数之以罪，臣恐侍御者不察先王之所以畜幸臣之理，又不白臣之所以事先王之心，故敢以书对。先王命之曰：“我有积怨深怒于齐，不量轻弱，而欲以齐为事。”臣曰：“夫齐，霸国之馀业而最胜之遗事也。练于兵甲，习于战攻。王若欲伐之，必与天下图之。与天下图之，莫若结于赵。且又淮北、宋地，楚魏之所欲也，赵若许而约四国攻之，齐可大破也。”先王以为然，具符节南使臣于赵。顾反命，起兵击齐。以天之道，先王之灵，河北之地随先王而举之济上。济上之军受命击齐，大败齐人。轻卒锐兵，长驱至国。齐王遁而走莒，仅以身免；珠玉、财宝、车甲、珍器尽收入于燕。齐器设于宁台，大吕陈于元英，故鼎反乎室，蓟丘之植植于汶篁，自五伯已来，功未有及先王者也。先王以为慊于志，故裂地而封之，使得比小国诸侯。臣窃不自知，自以为奉命承教，可幸无罪，是以受命不辞。’”

【注】仅：才能够。身：自身。免：避免。

【释义】"仅以身免"指只身逃出险境。

【书证】汉·桓宽《盐铁论·诛秦》："大围匈奴，单于失魂，仅以身免。"晋·陈寿《三国志·吴主传》："刘备奔走，仅以身免。"《晋书·谢玄传》："难等相率北走，仅以身免。"宋·薛居正等《旧五代史·列传三·刘知俊》："六月，大破岐军于幕谷，俘斩千计，李茂贞仅以身免。"《元史·列传第三十一·卜颜铁木儿》："十二月，分道进攻蕲水县，拔其伪都，获伪将相而下四百余人，徐寿辉仅以身免。"

禁暴除害 jìn bào chú hài

【词源】战国·荀况《荀子·议兵》："彼兵者，所以禁暴除害也，非争夺也。故仁人之兵所存者神，所过者化，若时雨之降，莫不说喜。"

【释义】用兵，是为了禁止暴虐、消除危害，并不是争夺。所以仁义的军队，他们的地方会得到全面的治理，经过的地方会受到教育和感化，像及时雨的降落，没有人说不好。意谓禁止强暴，消除危害。

【书证】西汉·刘安《淮南子·卷十五》："攻者非以禁暴除害也，欲以侵地广壤也。"

经年累月 jīng nián lěi yuè

【词源】战国·荀况《荀子·荣辱》："人之情，食欲有刍豢，衣欲有文绣，行欲有舆马，又欲夫余财蓄积之富也。然而穷年累世，不知不足，是人之情也！"

【注】穷：终，从始至终。

【释义】经过一年又一年。表示持续的时间长。

【书证】三国·魏·曹植《辩道论》："而顾为匹夫所罔，纳虚妄之辞，信眩惑之说，隆礼以招弗臣，倾产以供虚求……经年累稔，终一验。"南朝·陈·何之元《梁典高祖事论》："收缚无罪，逼迫善人，民尽流离，邑皆荒毁。由是劫抄蜂起，盗窃群行，陵犯公私，经年累月。"隋·薛道衡《豫章行》(《乐府诗集》)："丰城双剑昔曾离，经年累月复相随。"清·姚元之《竹叶亭杂记》八："华山出小松，长二三寸……行则夹置纸本，经年累月，虽干不瘁，见水仍活。名华山松，其实则苔也！"

惊弓之鸟 jīng gōng zhī niǎo
空弦落雁 kōng xián luò yàn

【典源】西汉·刘向《战国策·楚策四》："天下合从。赵使魏加见楚春申君曰：'君有将乎？'曰：'有矣，仆欲将临武君。'魏加曰：'臣少之时好射，臣愿以射譬之，可乎？'春申君曰：'可。'加曰：'异日者，更羸与魏王处京台之下，仰见飞鸟。更羸谓魏王曰：'臣为王引弓虚发而下鸟。'魏王曰：'然则射可至此乎？'更羸曰：'其飞徐而鸣悲。飞徐者，故疮痛也；鸣悲者，久失群也，故疮未息，而惊心未至也。闻弦音，引而高飞，故疮陨也。今临武君，尝为秦孽，不可为拒秦之将也。'"

【注】更羸：古代善射之人。虚发而下鸟：不用箭，只空响一下弓弦，就使雁落下来。

【释义】六国决定合纵，赵国派出使者魏加到楚国协商抗秦。楚王决定派临武君为将。临武君曾经被秦国击败，魏加以为不妥，向楚王讲了一个小故事：更羸当着魏王用空弓虚射打下一只雁，魏王很奇怪。更羸说，这是受过箭伤的雁，它掉下来是因为有余悸。所以让临武君去带兵抗秦，是不妥当的。"惊弓之鸟"喻受过惊恐遇到一点动静就特别害怕的人。

【书证】《晋书·王鉴传》："黩武之众易动，惊弓之鸟难安。"清·李绿园《歧路灯》第八十一回："绍闻是惊弓之鸟，吓了一跳。"

【考据】春申君：名黄歇，原为楚令尹，封春申君。前209年，秦攻邯郸，赵求楚救赵，以灵丘封于春申君。

井井有理 jǐng jǐng yǒu lǐ
井井有条 jǐng jǐng yǒu tiáo

【词源】战国·荀况《荀子·儒效》："井井兮其有理也，严严兮其能敬己也，分分兮有终始也，猒猒兮其能长久也……"

【注】井井：有条理。理：玉石的纹路，引申为事情的条理。敬己：为人庄严有度，别人对其尊敬。分分：当做"介介"，坚定不移的意思。猒猒（yàn yàn）：心满意足，安详和悦的样子。

【释义】条理分明。

【书证】宋·陈亮《与周立义参政书》："若置之繁难之地，必能随机处置，井井有理。"明·冯梦龙《东周列国志》第五十一回："及见叔敖行事，井井有条……"

郭沫若《洪波曲》第十五章："他自告奋勇去打前站，打尖宿营，都做得井井有条。"

九鼎大吕 jiǔ dǐng dà lǚ

【典源】西汉·司马迁《史记·平原君虞卿列传》：平原君已定从而归，归至于赵，曰："胜不敢复相士。胜相士多者千人，寡者百数，自以为不失天下之士，今乃于毛先生而失之也。毛先生一至楚，而使赵重于九鼎大吕。毛先生以三寸之舌，强于百万之师。胜不敢复相士。"遂以为上客。

【注】九鼎：夏禹铸九鼎，象征九州，是夏商周三代传国之宝。大吕：周庙大钟。

【释义】"九鼎大吕"本意是说因毛遂出使楚国而使赵国为天下重。后也喻指说出的话力量大，分量重。

【书证】明·魏校撰《庄渠遗书》："贤者所至，涂炭者可使之枕席，小民戴之如君，亲之若父母上之人，固将敬之如九鼎大吕。"

九合一匡 jiǔ hé yī kuāng

【词源】战国·荀况《荀子·王霸》："故汤用伊尹，文王用吕尚，武王用召公，成王用周公旦。卑者五伯，齐桓公闺门之内，县乐、奢泰、游抏之修，于天下不见谓修，然九合诸侯，一匡天下，为五伯长，是亦无他故焉，知一政于管仲也，是君人者之要守也。知者易为之兴力，而功名綦大。舍是而孰足为也？故古之人，有大功名者，必道是者也。丧其国危其身者，必反是者也。故孔子曰：'知者之知，固以多矣，有以守少，能无察乎？愚者之知，固以少矣，有以守多，能无狂乎？'此之谓也。"

【注】九：喻次数多。合：会集。匡：正。一匡：正而为一。

【释义】"九合一匡"原指齐桓公多次会合诸侯，称霸主，使混乱的政局得以安定。后用以指卓越的治国才能。

【书证】西汉·司马迁《史记·主文偃列传》："昔者管仲相齐桓，霸诸侯，有九合一匡之功。"

救经引足 jiù jīng yǐn zú

【典源】战国·荀况《荀子·强国》："志不免乎奸心，行不免乎奸道，而求有君子、圣人之名，辟之是犹伏而咶天，救经而引其足也。说不必行矣,愈务而愈远。”

【注】经:上吊。引:牵,挽。

【释义】怀有坏心而做坏事,却还要求取得商汤、周武王那样的名望。这就好像是趴在地上去舔天、挽救上吊的人却拉他的脚,这种主张一定行不通,越是用力就离目标越远。喻行为背离目标,根本达不到目的。

【书证】宋·张守《毗陵集·再论增置教授状》:“顾兹防秋在候,选将练兵,捍外治内……而乃置教官数十员,何异适楚而北辕,救经而引其足耶!”

救亡图存 jiù wáng tú cún

【词源】战国·鬼谷子《鬼谷子·下·中经》:“圣人所贵道微妙者,诚以其可以转危为安,救亡使存也!”

【注】亡:危亡。存:生存。

【释义】指拯救国家免于沦亡,谋求民族的生存。

【书证】清·王僇生《论小说与改良社会之关系》:“夫欲救亡图存,非仅一二才士所能为也;必使爱国思想,普及于最大多数之国民而后可。”

拒谏饰非 jù jiàn shì fēi

【词源】战国·荀况《荀子·成相》:“论臣过,反其施,尊主安国尚贤义,拒谏饰非,愚而上同,国必祸。”

【注】谏:直言规劝。饰:掩饰。上同:苟同君主或上司的意见。

【释义】拒绝规劝,掩饰错误。

【书证】北宋·司马光《资治通鉴·唐纪·高祖武德元年》:“专任佞谀,饰非拒谏,何谓无罪!”《清史稿·洪亮吉传》:“今特宣示亮吉原书,使内外诸臣,知联非拒谏饰非之主,实为可与言之君。”毛泽东《评蒋介石在双十节的演说》:“他找到了拒谏饰非的方法。”

遽捐馆舍 jù juān guǎn shè
馆舍遽捐 guǎn shè jù juān

【典源】西汉·刘向《战国策·赵策二》:“(苏秦说赵王曰)奉阳君妒,大王不得任事……今奉阳君捐馆舍,大王乃今然后得与士民相亲。”

【释义】苏秦对赵肃侯说:“奉阳君嫉贤妒能。大王不能亲自管理政事,外来宾客没人敢在大王面前献策，如今奉阳君已死，大王才可以与士民亲近。臣下才敢为大王奉献忠心。”意谓舍弃所居的房屋。转用为死亡的婉称，指突然亡故。

【书证】西汉·司马迁《史记·范雎传》：“（王稽谓范雎曰）：君卒然捐馆舍，君虽恨于臣，亦无可奈何。”唐·白居易《感旧》诗：“晦叔坟荒草已陈，梦得墓湿土犹新。微之捐馆将一纪，杓直归丘二十春。城中虽有故第宅，庭芜园废生荆榛。箧中亦有旧书札，纸穿字蠹成灰尘。平生定交取人窄，屈指相知唯五人。”清·俞樾《〈唐文续拾〉序》：“剞劂未竟，君捐馆舍。至今年秋，军民以蒇事告，而君不及见矣！”

掘墓扬灰 jué mù yáng huī

【典源】西汉·刘向《说苑》：“赵简子攻陶，有二人先登，死于城上，简子欲得之，陶君不与。承盆疽谓陶君曰：‘简子将掘君之墓，以与君之百姓市曰，邑梯城者将赦之，不者将掘其墓，朽者扬其灰，未朽者辜其尸。’陶君惧，谓效二人之尸以为和。”

【注】挖掘死者坟墓，扬弃死者骨灰。

【释义】比喻对死者进行侮辱。

君明臣直 jūn míng chén zhí

【词源】战国·慎到《慎子》：“君明臣直，国之福也；父慈子孝，夫信妻贞，家之福也。”

【释义】君主清明，臣子正直。

【书证】宋·司马光《资治通鉴》：“古人有言，君明臣直。裴矩佞于隋而忠于唐，非其性之有变也；君恶闻其过，则忠化为佞；君乐闻直言，则佞化为忠。”明·许仲琳《封神演义》第十八回：“臣闻治天下之道，君明臣直，言听计从，惟师保是用，忠良是亲，奸佞日远，和外国，顺民心。”

君射臣决 jūn shè chén jué

【词源】战国·荀况《荀子·君道》：“君射则臣决。楚庄王好细腰，故朝有饿人。”“君者，仪也；仪正而景正。君者，槃也；槃圆而水圆。君者，盂也；盂方而水方。”

【注】仪：日晷中央的标杆。景：同“影”。槃：盘子。决：决射，古代射箭的用具，射箭时将其套在右手拇指上用来钩弦的

骨套子，俗称“扳指”。这里“决”为动词，即扣动扳机或为君子套扳指。

【释义】君主爱射箭，臣子们必然佩带射箭的用具。喻领导者的爱好，必然会影响下面的人群，他们一定会效仿追随。

【书证】《战国策·楚策一》：“其君好发者，其臣决拾。”

君子交绝，不出恶声 jūn zǐ jiāo jué bù chū è shēng

【词源】西汉·司马迁《史记·乐毅列传》：“臣闻古之君子，交绝不出恶声；忠臣去国，不絜其名。臣虽不佞，数奉教于君子矣。恐侍御者之亲左右之说，不察疏远之行，故敢献书以闻，唯君王之留意焉。”

【注】交绝：交往断绝。恶声：坏话。

【释义】君子与他人交往断绝了，不说他人坏话。

【书证】南朝·宋·范晔《后汉书·袁绍刘表列传》：“且君子违难不适仇国，交绝不出恶声，况忘先人之仇，弃亲戚之好，而为万世之戒，遗同盟之耻哉！”

钧天广乐 jūn tiān guǎng yuè

【词源】西汉·司马迁《史记·赵世家》：“赵简子疾，五日不知人……居二日半，简子寤。语大夫曰：‘我之帝所甚乐，与百神游于钧天，广乐九奏万舞，不类三代之乐，其声动人心。’”

【注】钧天：古神话传说天之中央。广乐：优美而雄壮的音乐。

【释义】指天上的音乐，仙乐。后形容优美雄壮的乐曲。

【书证】东汉·张衡《西京赋》：“昔者大帝说秦缪公而觐之，飨以钧天广乐。”北宋·苏轼《集英殿秋宴教坊词·女童致语》：“妾闻钧天广乐，空传帝所之游。”南宋·戴复古《陪虞使君登岳阳楼》：“钧天广乐无闻矣，袖剑仙人安在哉。”

K

开源节流 kāi yuán jié liú

【词源】战国·荀况《荀子·富国》：“故明主必谨养其和，节其流，开其源，而时斟酌焉，潢然使天下必有余，而上不忧不足。如是，则上下俱富，交无所藏之，是知国计之极也！"

【注】斟酌：原指筛酒，少为斟，多为酌。这里指税收和赈济要随着年成的好坏进行调剂。潢然：大水积聚的样子。

【释义】所谓英明的君主必定保护安定和谐，节流开源，而对钱财的收支时常加以调节，使财富滚滚而来绰绰有余，君主不用担心缺乏，这是最懂得国计民生的。意谓开发水源，节制水流。喻增加收入，节省开支。

【书证】清·袁枚《小仓山房尺牍》第八十五首："开源节流，量力入出，经纪之道不过如此。"蔡东藩、许廑父《民国通俗演义》第一百一十一回："中央财政奇绌……权宜济变，势不外开源节流两端。"

坎井之蛙 kǎn jǐng zhī wā
井蛙之见 jǐng wā zhī jiàn

【典源】战国·庄周《庄子·秋水》："公孙龙问于魏牟曰：'龙少学先王之道，长而明仁义之行；合同异，离坚白；然不然，可不可；困百家之知，穷众口之辩；吾自以为至达已。今吾闻庄子之言，汇焉异之。不知论之不及与？知之弗若与？今吾无所开吾喙，敢问其方？'公子牟隐机大息，仰天而笑曰：'子独不闻夫坎井之蛙乎？'"

【释义】公孙龙向魏牟问道："我年少的时候学习古代圣王的主张，长大以后懂得了仁义的行为；能够把事物的不同与相同合而为一，把一个物体的质地坚硬与颜色洁白分离开来；能够把不对的说成是对的，把不应认可的看做是合宜的；能够使百家智士困惑不解，能够使众多善辩之口理屈词穷。我自以为是最为通达的了。如今我听了庄子的言谈，感到十分茫然。"魏牟靠着几案深深地叹了口气，然后又仰头朝天笑着说："你不曾听说过那浅井里的青蛙吗？"喻见识不多的人。

【书证】战国·荀况《荀子·正论》："浅不足与测深，愚不足与谋知，坎井之蛙，不可与语东海之乐。"汉·桓宽《盐铁论·复古》："宇栋之内，燕雀不知天地之高也；坎井之蛙，不知江海之大。"明·沈德符《万历野获·杂剧院本》："予观此剧，尽有高出其上者。世人未曾遍观，逐队吠声，诧为绝唱，真井蛙之见耳！"

口耳之学 kǒu ěr zhī xué

【词源】战国·荀况《荀子·劝学》:"君子之学也,入乎耳箸乎心,布乎四体,形乎动静,端而言,蠕而动,一可以为法则。小人之学也,入乎耳,出乎口,口耳之间则四寸耳,曷足以美七尺之躯哉?"

【注】箸:通"著",附着。布:分布。四体:四肢。端:通"喘",微言。蠕:微动。

【释义】指没有真正领会要旨。也指口头传授没有见诸文字的学识。

【书证】宋·陆游《跋柳书苏夫人墓志》:"盖欲注杜诗,须去少陵地位不大远乃可下语。不然,则勿注可也。今诸家徒欲以口耳之学揣摩得之,可乎?"辜鸿铭《张文襄幕府纪闻·学术》:"宋陆象山云:为学有讲明,有践履……然必一意笃实学,不事空言,然后可以谓之讲明,若谓口耳之学为讲明,则又非圣人之徒弟矣。"清·章学诚《文史通义·永清县志舆地图序例》:"古人口耳之学,有非文学所能著者,贵其心领而神会也。"

口行相反 kǒu xíng xiāng fǎn

【词源】战国·荀况《荀子·致士》:"人主之患,不在乎不言用贤、而在乎不诚必用贤。夫言用贤者,口也;却贤者,行也;口行相反而欲贤者之至,不肖者之退也,不亦难乎?"

【注】必:当做"心"。

【释义】所说的和所做的相反。后作"言行不一","言行相反","言行相诡"。

刳胎焚夭 kū tāi fén yāo

【词源】西汉·刘向《战国策·赵策四》:"(赵使谅毅对秦王曰)臣闻之,有覆毁卵,而凤凰不翔;刳胎焚夭,而麒麟不至。"

【注】刳:开而挖空。夭:刚出生的禽兽。

【释义】挖母胎,残害幼体。谓凶狠残暴。

楛耕伤稼 kǔ gēng shāng jià

【词源】战国·荀况《荀子·天论》:"物之已至者,人妖则可畏也。楛耕伤稼,耘耨失,政险失民,田稼恶,籴贵民饥,道路有死人，夫是之谓人妖。”

【注】人妖：人为的反常现象。楛：粗放。耘：除草。

【释义】耕耘粗放就会损坏庄稼，丢掉好收成。喻准备不充分，就会影响结果。

【书证】西汉·韩婴《韩诗外传》卷二：“曰：‘何谓人妖？’曰：‘楛耕伤稼，楛耘伤岁，政险失民。’”

夸诞生惑 kuā dàn shēng huò

夸诞大言 kuā dàn dà yán

【词源】战国·荀况《荀子·不苟》：“诈伪生塞，诚信生神，夸诞生惑。”

【注】夸诞：虚夸荒唐。惑：疑惑。

【释义】说话虚夸荒唐使人产生疑惑。

【书证】《魏书·释老志》：“夸诞大言，不本人情。”汉·王充《论衡·道虚》：“自知以必然之事见责与世，则作夸诞之语。”

旷日持久 kuàng rì chí jiǔ

【典源】西汉·刘向《战国策·赵策四》：“马服君曰：‘使安平君知，则奚以赵之强为？赵强则齐不复霸矣。今得强赵之兵，以杜燕将，旷日持久数岁，令士大夫余子之力，尽于沟垒。车甲羽毛裂敝，府库仓廪虚，两国交敝，乃引其兵而归。夫尽两国之兵无明其此者矣！’果为马服君言也！”

【注】旷日持久：相持得很久，空废了时日。旷：荒废，耽误。

【释义】战国时期，燕国派大将荣蚠为统帅，攻打赵国。赵王得报，召集大臣商议对策。国相赵胜说道：“齐国的名将田单，善勇多谋，我们划三个城池给齐国，把他请来，帮助我们领兵抗燕，定可取胜。”大将赵奢不同意说：“难道我们赵国没有人能领兵了吗？仗未打，先失三城，那怎么行！”并进一步分析：“第一，田单即使肯来，也可能敌不过荣蚠，那就是白请了；第二，田单可能确实有本领，但他也未必肯为赵国出力，因为赵国如果强大起来，对他们齐国的‘霸业’不是很不利吗？”最后赵奢又说：“田单要是来了，他定会把我国拴在战场上，旷日持久，拖延不决，几年之后，会把我国的人力、财力、物力消耗尽净，后果不堪设想！”但赵王与赵胜不听赵奢的建议，结果不出赵奢所料，赵国付出了很大代价，却没有取得理想的胜利。

【书证】清·陈忱《水浒后传》第十八回："这厮们死守不出，便要旷日持久。"

跬步千里 kuǐ bù qiān lǐ

【词源】战国·荀况《荀子·劝学》："故不积跬步，无以至千里；不积小流，无以成江海。"

【注】跬：半步。

【释义】原文意是脚都不愿抬，难以至千里。后指虽然步伐很小，但只要一直坚持走下去，也能远行千里。比喻虽然能力小，只要努力不懈总是可以获得成功的。

【书证】唐僖宗《车驾还京师德音》："且朕深宫九重，跬步千里，目虽视而不见，耳虽听而不闻。"

L

来者不拒 lái zhě bù jù

【词源】战国·荀况《荀子·法行》："（子贡）曰：'君子正身以俟，欲来者不距，欲去者不止。'"

【释义】对前来求教的人一概不拒绝。指听其自然，不加限制。后世多用来指对别人前来访问一概予以接待，或别人赠送、贿赂的财物完全予以接受。

【书证】唐·《柳宗元集·三四·与太学诸生喜诣阙留阳城司业书》："阳公有博厚恢弘之德，能并容善伪，来者不拒。"《古今小说》："只是这班阿谀谄媚的，要博相国欢喜……遣人殷殷勤勤地送来。裴晋公来者不拒，也只得纳了。"清·天花主人《云仙笑》："怎么如今那些卑卑不足数的，要与我们做起朋友来？只是来者不拒，便是我的度量宽宏了。"

兰芷渐滫 lán zhǐ jiàn xiǔ

【典源】战国·荀况《荀子·劝学》："兰槐之根是为芷，其渐之滫，君子不近，庶人不服。其质非不美也，所渐者然也。故君子居必择乡，游必就士，所以防邪僻而近中正也。"

【注】兰槐：香草名，又名白芷，古人称其苗为"兰"，称其根为"芷"。渐：浸。滫：臭泔水。

【释义】兰槐的根为芷，如果把它浸在泔水里，君子就不再接近它，百姓也不佩戴它。它的本质不是不美，而是泡它的泔水使它变成这样的。所以君子居住时必须选择乡里，外出交游必须接近贤士，这是防止自己误入邪途而接近正道的方法。意为把兰芷泡在臭水里。喻好人长期受恶劣环境的影响而变坏。

廊庙之材 láng miào zhī cái

【词源】战国·慎到《慎子·内篇·知忠》："廊庙之材，非一木之枝；狐白之裘，非一狐之腋，治乱安危，存亡荣辱之施，非一人之力也。"

【释义】建筑殿堂和太庙的坚固质优的木材。后用来喻能肩负国家重任的卓越人才。

【书证】唐·白居易《雪中晏起偶咏所怀》："上无皋陶，伯益廊庙材，不能匡君辅国活生民。"《旧唐书·张行成传》："张子体局方正，廊庙才也！"

乐而忘归 lè ér wàng guī

乐而忘返 lè ér wàng fǎn

留连忘返 liú lián wàng fǎn

【典源】西汉·司马迁《史记·赵世家》："造父幸于周穆王。造父取骥之乘匹，与桃林盗骊、骅骝、绿耳，献之穆王。穆王使造父驭，西巡狩，见西王母，乐而忘归。"

【注】乐而忘归：非常快乐，竟忘记回家。

【释义】造父为周穆王宠信，他选八匹骏马，与桃园的骏马献给穆王。穆王让造父驾车到西方巡游，快乐得忘记回家。形容沉迷于某种场合，舍不得离开。

【书证】《晋书·苻坚载记》："坚尝如邺，狩于西山，旬余，乐而忘返。"清·石玉昆《三侠五义》第八十九回："但凡有可以消遣处，不是十天，就是半月，乐而忘返。"

离珠之明 lí zhū zhī míng

【词源】战国·慎到《慎子·逸文》："离珠之明，察毫之末于百步之外，下于水尺，而不能见浅深。非目不明也，其势难睹也！"

【注】离珠：传说黄帝时代视力最好的人。

【释义】喻观察细致、深刻，察能明见。

【书证】西汉·刘安《淮南子·修务训》："使未尝鼓瑟者，虽有离珠之明，攫掇之捷，犹不能屈伸其指。"

立锥之地 lì zhuī zhī dì
置锥之地 zhì zhuī zhī dì

【词源】战国·荀况《荀子·儒效》:“无置锥之地,而明于持社稷之大义。”

【释义】即使穷困到没有立锥之地的地步,也能深明维护国家的大义。喻能够容身的地方极小。

【书证】西汉·司马迁《史记·留侯世家》:“灭六国之后,使无立锥之地。”汉·韩婴《韩诗外传》卷四:“十子者,不能亲也,无置锥之地,而王公不能与争名,则是圣人之未得志者也!”东汉·班固《汉书·食货志》:“富者田连阡陌,贫者亡(无)立锥之地。”唐·韦应物《答故人见谕》:“况本落人,归无置锥地。”

利令智昏 lì lìng zhì hūn

【典源】西汉·司马迁《史记·平原君虞卿列传》:“太史公曰:‘平原君,翩翩浊世之佳公子也,然未睹大体。鄙语曰利令智昏,平原君贪冯亭邪说,使赵陷长平兵四十余万众,邯郸几亡。’”

【注】令:使。智:理智。昏:昏乱,神智不清。

【释义】秦国派大将攻伐韩国,上党的地方官冯亭准备归附赵国,希望得到赵孝成王的保护。平阳君说不能要,平原君力主要。赵孝成王听了平原君的话,就去接收上党。这可激怒了秦国,便派兵来攻打赵国。赵国大败,四十万军全部覆没。平原君为贪图私利,而使头脑发昏、理智不清,给赵国带来大灾祸。“利令智昏”意为因贪图私利而失去理智,把什么都忘了。

【书证】唐·权德舆《二疏赞》:“日饮醇酎,心困道尊;人或言利,利令智昏。”清·李宝嘉《官场现形记》第四回:“这藩台是不能久的。他便利令智昏,叫他的幕友、官亲,四下里替他招揽买卖。”章炳麟《敬告对待间谍者》:“独苦国人无识者,利令智昏,则不免受其饵矣。”

廉颇怀赵 lián pō huái zhào

【典源】西汉·司马迁《史记·廉颇蔺相如列传》:“赵孝成王卒,子悼襄王立,使乐乘代廉颇。廉颇怒,攻乐乘,乐乘走。廉颇遂奔魏之大梁。其明年,赵乃以李牧为将而攻燕,拔武遂、方城。

廉颇居梁久之，魏不能信用。赵以数困于秦兵，赵王思复得廉颇，廉颇亦思复用于赵。赵王使使者视廉颇尚可用否。廉颇之仇郭开多与使者金，令毁之。赵使者既见廉颇，廉颇为之一饭斗米，肉十斤，被甲上马，以示尚可用。赵使还报王曰：'廉将军虽老，尚善饭，然与臣坐，顷之三遗矢矣。'赵王以为老，遂不召。楚闻廉颇在魏，阴使人迎之。廉颇一为楚将，无功，曰：'我思用赵人。'廉颇猝死于寿春。"

【注】梁：魏国都城（今河南开封）。寿春：楚国属地（今安徽寿县）。

【释义】比喻思念家乡，怀念故国之情。

【书证】北齐·荀济《赠阴梁州诗》（见《文苑英华》二百四十七诗纪）："怀赵实廉颇。思燕唯乐毅。"唐·孔德绍《王泽岭遭洪水》："徒知怀赵景，终是倦阳侯。"唐·柳宗元《弘农公以硕德伟材屈于诬枉左官三岁复为大僚·谨献诗五十韵以毕微志》："顾土虽怀赵，知天讵畏匡。"

廉颇强饭 lián pō qiǎng fàn

【典源】西汉·司马迁《史记·廉颇蔺相如列传》："赵孝成王卒，子悼襄王立，使乐乘代廉颇。……廉颇遂奔魏之大梁。居梁久之，魏不能信用。赵以数困于秦兵，赵王思复得廉颇，廉颇亦思复用于赵。赵王使使者视廉颇尚可用否。廉颇之仇郭开多与使者金，令毁之。赵使者既见廉颇，廉颇为之一顿斗米、肉十斤，披甲上马，以示尚可用。赵使还报王曰：'廉将军虽老，尚善饭，然与臣坐，顷之三遗矢矣。'赵王以为老，遂不召。"

【注】矢：通"屎"。

【释义】赵国多次遭秦攻打，赵王想重新起用廉颇，便派使者去大梁看廉颇还是否可用。廉颇为求起用，年老而强饭，顿食斗米，肉十斤。表示报国心切，未得知遇，壮志难酬的情怀；或比喻老当益壮，雄风犹在，英勇不减当年。

【书证】南宋·辛弃疾《永遇乐》："凭谁问，廉颇老矣，尚能饭否？"南宋·陆游《亲旧见过多见贺强健戏作此篇》："据鞍马援虽堪笑，强饭廉颇亦未非。"

两虎共斗 liǎng hǔ gòng dòu

【典源】西汉·司马迁《史记·

廉颇蔺相如列传》："于是舍人相与谏曰：'臣所以去亲戚而事君者，徒慕君之高义也。今君与廉颇同列，廉君宣恶言，而君畏匿之，恐惧殊甚。且庸人尚羞之，况于将相乎？臣等不肖，请辞去。'蔺相如固止之，曰：'公之视廉将军孰与秦王？'曰：'不若也。'相如曰：'夫以秦王之威，而相如廷叱之，辱其群臣。相如虽驽，独畏廉将军哉？顾吾念之，强秦之所以不敢加兵于赵者，徒以吾两人在也。今两虎共斗，其势不俱生。吾所以为此者，以先国家之急而后私仇也。'"

【注】斗：争斗。势：势必，必然。不俱生：都不能生存。

【释义】相如说："像秦王那样威风，而我还敢在秦国的朝廷上叱责过他，羞辱他的群臣。我虽然无能，难道单怕一个廉将军吗？但我考虑到这样的问题，强大的秦国之所以不敢发兵攻打我们赵国，只是因为有我们两人在。现在两虎相斗，势必有一个要伤亡。我之所以这样做，是因为先顾国家的安危，而后考虑个人的恩怨啊。""两虎相斗"比喻两个强者互相搏斗，两败俱伤。

【书证】隋·海顺《三不为》："不为则已，为则不然。将恐两虎共斗，势不俱全。永存今好，长绝来怨。"明·钱谦益《牧斋初学集·东征二士录》："敬之再使也，李参军密告如松，遣仲缨别使清正，使两虎共斗，此上策也。"

两鼠斗穴 liǎng shǔ dòu xué

【典源】西汉·司马迁《史记·廉颇蔺相如列传》："秦伐韩，军与阏与。王召廉颇而问曰：'可救不？'对曰：'道路险狭，难救。'又召乐乘而问焉，乐乘对如廉颇言。又召问赵奢，奢对曰：'其道远险狭。譬之犹两鼠斗于穴中，将勇者胜。'王乃令赵奢将，救之。"

【释义】秦国攻打韩国，驻军阏与。廉颇和乐乘认为难以救援，唯有赵奢认为："两军在此艰险狭窄之地作战，如两鼠在巢穴中打斗，只有勇敢的人才能取得胜利。""两鼠斗穴"喻指两军狭路相逢，不能迂回，要想夺取胜利，只有奋勇战斗。

【书证】北宋·苏轼《东坡集》卷三十六《送范中济经略侍郎》诗："两鼠斗穴中，一胜永偶然。"清·郝树栗《赵奢墓》："两鼠斗穴凭将勇，不恃折冲恃持重。"

两言可决 liǎng yán kě jué

【典源】西汉·司马迁《史记·平原君虞卿列传》：毛遂比至楚，与十九人论议，十九人皆服。平原君与楚合从，言其利害，日出而言之，日中不决。十九人谓毛遂曰："先生上。"毛遂按剑历阶而上，谓平原君曰："从之利害，两言而决耳。"

【注】决：决定。

【释义】毛遂到达楚国，跟那十九个人谈论、争议天下局势，十九个人个个佩服他。平原君与楚王谈判订立合纵盟约的事，再三陈述利害关系，从早晨就谈判，直到中午还没决定下来，那十九个人就鼓动毛遂说："先生登堂。"于是毛遂紧握剑柄，一路小跑地登阶到了殿堂上，便对平原君说："谈合纵不是'利'就是'害'，只两句话罢了。"形容寥寥数语就把事情办妥了。

【书证】宋·郭子晟《新编日用涓吉大六壬总归》(亦称《壬归》)卷之四·婚姻门·例约第一："成与不成，两言可决；得与不得，中有微机。"

量能授官 liàng néng shòu guān

【词源】战国·荀况《荀子·君道》："天子三公，诸侯一相，大夫擅官，士保职，莫不法度而公，是所以班治之也。论德而定次，量能而授官，皆使其人载其事而各得其所宜，上贤使之为三公，次贤使之为诸侯，下贤使之为士大夫，是所以显设之也。"

【注】量：估量，衡量。三公：太师，太傅，太保。

【释义】天子配备太师、太傅、太保三公，诸侯配一个相，大夫独掌某一官职，士谨守自己的职责，无不按照法令制度而秉公办事，这是治理人的方法。审察德行来确定等级，衡量才能授予官职，上等的贤才任为三公，次一等的贤才任诸侯，下等贤才任大夫，这就是安置工作人员的最好办法。意谓按照能力大小授予一定的官职。

【书证】西汉·司马迁《史记·平津侯主父列传》："今陛下躬行大孝，鉴三王，建周道，兼文武，厉贤予禄，量能授官。"南朝·宋·范晔《后汉书·黄香传》："臣闻量能授官，则职无费事，因劳施爵，则贤愚得宜。"

料事揣情 liào shì chuǎi qíng
料事如神 liào shì rú shén

【词源】西汉·司马迁《史记·

平原君虞卿列传》:“太史公曰:‘虞卿料事揣情,为赵画策,何其工也!及不忍魏齐,卒困于大梁,庸夫且知其不可,况贤人乎?然虞卿非穷愁,亦不能著书以自见于后世云。’”

【注】料:估计,猜想。

【释义】太史公说:虞卿分析事理,推测情势,为赵国出谋划策,是多么周密巧妙啊!到后来不忍心看着魏齐被人追杀,终于在大梁遭到困厄,平常人尚且知道不能这么做,何况贤能的人呢?但是虞卿若不是穷困忧愁,也就不能著书立说而使自己的名声表露于世,流传后代了。“料事揣情”指预测揣度事情的变化和结局。后演变为“料事如神”,形容预料事情非常准确。

【书证】南宋·杨万里《诚斋集·提刑徽猷检正王公墓志铭》:“公器识宏深,襟度宽博,议论设施等,料事如神,物无遁情。”清·吴趼人《近十年之怪现状》第四回:“我又不能料事如神,除了硬挺之外,总不免要吃点小亏。”

令行禁止 lìng xíng jìn zhǐ

【词源】战国·荀况《荀子·议兵》:“古者汤以亳,武王以鄗,皆百里之地也,天下为一,诸侯为臣,无它故焉,能凝之也。故凝士以礼,凝民以政。礼修而士服,政平而民安。士服民安,夫是之谓大凝。以守则固,以征则强,令行禁止,王者之事毕矣。”

【注】凝:凝聚。

【释义】古代商汤凭借亳,周武王凭借鄗,都不过是方圆百里的领土,而天下被他们统一了,这没有其他的缘故,是因为能凝聚人心啊。凝聚士人要依靠礼义,凝聚民众要依靠政治。礼义好了,士人就会归服;政治清明,民众就安定。靠这种局面来守卫就牢不可破,出征就强大无比,有令必行,有禁必止。喻法令严肃不苟。

【书证】《韩诗外传》:“能以礼扶身,则贵名自扬,天下顺焉,令行禁止,而王者之事毕矣!”清·魏源《〈圣武记〉序》:“五官强,五兵昌,禁止令行,四夷来王。是之谓战胜于庙堂。”

流言止于智者

liú yán zhǐ yú zhì zhě

【词源】战国·荀况《荀子·大略》:“流丸止于瓯(ōu)臾(yú),流言止于智者。”

【注】流言：传播的谣言。智者：有见识善思考的人。流丸：滚动的圆球。瓯、臾：都是盛物的瓦器。这里喻指低洼的地方。

【释义】圆珠滚到低洼的地方就滚不动了，流言蜚语对于聪明人就不起作用了。喻聪明人不会被流言蜚语迷惑。

六马仰秣 liù mǎ yǎng mò
绿马仰秣 lù mǎ yǎng mò

【典源】战国·荀况《荀子·劝学》："昔者瓠巴鼓瑟而流鱼出听，伯牙鼓琴而六马仰秣。故声无小而不闻，行无隐而不形。"

【注】仰秣：仰，脸向上；秣，喂马的饲料。六马：古代帝王乘车驾用六马，后用作几匹马的概数。

【释义】瓠巴鼓琴时，水中的鱼都跳出来聆听，伯牙鼓琴时马停食听音乐。面对饲料的马都仰起头来停止了嚼吃。形容乐声美妙，连马也停食倾听。

【书证】东汉·王充《论衡·率性》："推此以论，百兽率舞，潭鱼出听，六马仰秣，不复疑矣。"唐·王勃《伯牙弹琴对钟期赞》："绿马仰秣，丹鱼耸鳞。"（绿马：绿耳马，古代骏马名）。

六卿分晋 liù qīng fēn jìn

【典源】西汉·司马迁《史记·晋世家》："昭公六年卒。六卿强，公室卑。"《汉书·严朱吾丘主父徐严终王贾传第三十四·严安》："诸侯恣行，强陵弱，众暴寡，田常篡齐，六卿分晋，并为战国，此民之始苦也。"

【释义】春秋后期，晋国范氏、中行氏、智氏、韩氏、赵氏、魏氏六卿秉持国政，并相继改革田亩制、税制，图谋富强，相互兼并，导致晋室瓦解，史称"六卿分晋"。最后分立为赵、韩、魏三国，亦称"三家分晋"。

漏瓮沃焦釜 lòu wèng wò jiāo fǔ

【典源】西汉·司马迁《史记·田敬仲完世家》："王建立六年，秦攻赵，齐楚救之……赵无食，请粟于齐，齐不听。周子曰：'不如听之，以退秦兵……且赵之于齐楚扞蔽也，犹齿之有唇也。唇亡齿寒。今日亡赵，明日患及齐楚。且救赵之务，宜若奉漏瓮沃焦釜也。夫救赵，高义也；却秦兵，显名也！'"

【注】奉：捧。沃：浇灌。

【释义】齐王建即位六年，秦国攻打赵国，齐楚出兵救赵。赵国向齐国借粮，齐谋士周子建议借粮给赵。周子说："赵国是齐楚的一道屏障，唇亡齿寒，如果今天灭了赵国，明天祸患就会危及齐、楚。救赵应当像捧着漏缸去浇烧干的锅一样急切，是高明的义举；打退秦兵会大显威名。"用漏瓮里的余水倒在烧焦的锅里。比喻情势危急，亟待挽救。

【书证】南宋·洪迈《容斋续笔·卷一·存亡大计》："国家大策，系于安危存亡，方变故交切，幸而有智者陈至当之谋，其听而行之，当如捧漏瓮以沃焦釜。"明·明河《补续高僧传·卷四·善柔传》："其外至于诱引慈济，则孳孳揞揞，如抱漏瓮沃焦釜，得其法者，莫不饱满慰喜。"

鲁勾践 lǔ gōu jiàn

【典源】西汉·司马迁《史记·刺客列传·荆轲》："荆轲游于邯郸，鲁勾践与荆轲博，争道，鲁勾践怒而叱之，荆轲嘿而逃去，遂不复会。""鲁勾践已闻荆轲之刺秦王，私曰：'嗟乎，惜哉其不讲于刺剑之术也！甚矣吾不知人也！曩者吾叱之，彼乃以我为非也！'"

【注】鲁：姓氏。勾践：名字。

【释义】战国时邯郸有鲁勾践，乃游侠之人，他曾与荆轲在博戏中发生争执，鲁勾践生气地叱责荆轲。荆轲不言而逃。后来鲁勾践听说荆轲刺秦王，说："过去，我叱责他，他不理睬我，是看不起我啊！""鲁勾践"比喻强横的游侠。

【书证】唐·李白《少年行》其一："少年负壮气，奋烈自有时。因击鲁勾践，争博勿相欺。"明·卢柟《蠛蠓集·少年行》其一："长安侠客多少年，醉歌击筑南山邊。相逢不避鲁勾践，一夜掷卢得万钱。"明·李贽《焚书》："吾是以深悲鲁勾践之陋也，彼其区区，又何足以知荆卿哉！"

鲁酒薄而邯郸围

lǔ jiǔ bó ér hán dān wéi

【典源】战国·庄周《庄子·胠箧》："故曰：唇竭而齿寒，鲁酒薄而邯郸围。圣人生而大盗起。掊击圣人，纵舍盗贼，而天下始治矣！"

【注】对它的解释有两种说法：

《音义》注曰："楚宣王朝诸侯，鲁恭公后到而酒薄，宣王怒。恭公曰：'我，周公之后，勋在王室，送酒已失礼，方责其薄，毋乃太甚。'遂不辞而还，宣王乃发兵与齐攻鲁。梁惠王常欲击赵而畏楚，楚以鲁为事，故梁得围邯郸。"另一种说法是《淮南子》云："楚会诸侯，鲁赵俱献酒于楚王，鲁酒薄而赵酒厚。楚之主酒吏求酒于赵，赵不与，吏怒，乃以赵厚酒易鲁薄酒，奏之。楚王以赵酒薄，故围邯郸。"

【释义】这个典故本意是讲鲁酒味淡薄，与赵国本不相干，赵国的国都邯郸反而因此被围，后遂用"鲁酒围邯郸"，比喻无端蒙祸，或莫名其妙受到牵扯株连。同时，"鲁酒"也成为普通酒或劣质酒的代名词。《稗史汇编》附会说："中山人善酿酒，鲁国有人取其糟回来渍以成鲁酒，冒充说是中山酒，被中山人发觉，所以酿酒味薄称鲁酒。"

【书证】北周·庾信《哀江南赋序》："楚歌非取乐之方，鲁酒无忘忧之用。"宋·刘筠《秋夜对月》诗："欲消千里恨，鲁酒薄还醒。"宋·黄庭坚《观秘阁苏子美题壁》："鲁酒围邯郸，老龟祸枯桑。"

鲁连逃金 lǔ lián táo jīn

【典源】西汉·司马迁《史记·鲁仲连邹阳列传》："秦将闻之，为却军五十里。适会魏公子无忌夺晋鄙军，以救赵击秦，秦军引而去。于是平原君欲封鲁仲连。鲁仲连辞让者三，终不肯受。平原君乃置酒，酒酣，起前以千金为鲁连寿。鲁连笑曰：'所贵于天下之士者，为人排患、释难、解纷乱而无所取也。即有所取者，是商贾之人也，仲连不忍为也。'遂辞平原君而去，终身不复见。"

【注】寿：同"酬"。

【释义】战国时，齐人鲁仲连为人重义轻利。他曾劝赵不尊秦为帝，退却秦军，平原君赠他千金为酬，他推辞不受。喻称颂人重义轻利，成功不受封赏的高风亮节。"鲁连逃金"指君子义士重义轻利，高风亮节。

【书证】唐·李白《赠郎中宗之》："鲁连逃千金，珪组岂可酬？"唐·吴筠《高士咏·鲁仲连》："仲连秉奇节，释难含道情。一言却秦围，片札降聊城。辞金义何远，让禄心益清。处世功已立，拂衣蹈沧溟。"

碌碌无能 lù lù wú néng

【词源】西汉·司马迁《史记·平原君虞卿列传》:“公等录录,所谓因人成事者也。”

【注】录录:同“碌碌”,平庸、无能。

【释义】平平庸庸,没有能力,无所作为。

【书证】清·魏文中《绣云阁》第三十二回:“尔主见吾碌碌无能,久欲谢绝,不过碍于颜面,一时难以启齿耳。”清·痛哭生《仇史》第一回:“奴才虽碌碌无能,亦有臣亦择君之念,故敢不远千里,冒死上陈,伏乞大张柔远之思,深愿一口之受。”

戮仆 lù pú

【典源】春秋·左丘明《左传·襄公三年》:“晋侯之弟扬干乱行于曲梁,魏绛戮其仆。”

【注】曲梁:在今河北鸡泽县。

【释义】春秋时,晋侯之弟扬干在曲梁(今邯郸市鸡泽境内)会盟时,带兵无方,乱了兵车之军容行阵,时中军司马魏绛杀了扬干的车夫,表示对他的惩儆。喻指严肃军纪、法纪。

【书证】唐·韩愈《寄卢仝》诗:“放纵是谁之过欤,效尤戮仆愧前史。”

M

马陵书树 mǎ líng shū shù

【典源】西汉·司马迁《史记·孙子吴起列传》:“孙子度其行,暮当至马陵。马陵道陕,而旁多阻隘,可伏兵,乃斫大树白而书之曰:‘庞涓死于此树之下。’”“庞涓果夜至斫木下,见白书,乃钻火烛之。读其书未毕,齐军万弩俱发,魏军大乱相失。庞涓自知智穷兵败,乃自刭。”

【释义】齐魏交战时,孙膑料定魏兵傍晚经过马陵,于是他就让人刮去大树的皮,上写“庞涓死于此树下”,并令大批善射齐兵埋伏道路两旁,约定信号,看见举火把者就放箭。魏军天黑时果至,齐军万箭齐发,庞涓走投无路,拔剑自刎。后以此为神机妙算、克敌制胜之典。亦作“马陵削树”。

【书证】北周·庾信《周大将军

上开府广饶公郑常墓志铭》："置阵黎阳，麾兵官渡，平阴听乌，马陵书树。"北周·庾信《周骠骑大将军开府侯莫陈道生墓志铭》："临晋横船，既擒赵将；马陵削树，复下齐兵。"

【考据】马陵道，位于大名县东南距县城30公里的西付集乡六个马陵村一带。学者张建华、李伦等对马陵道古战场进行多年考证，认为马陵之战是著名军事家孙膑运筹帷幄、精心策划的光辉战例，其"减灶诱敌"的战术，一直为人们津津乐道。关于马陵古战场，在学术上是一个有争议的研讨课题。经过考察，根据地形地貌、史籍记载、出土文物、民间传说诸因素，明确指出：大名县东南部西付集乡六个马陵村一带，距县城约30公里，乃是公元前341年战国时期齐、魏马陵之战的战场。依据如下：一、据《史记》载，马陵道在大名县境内。另据《大名县志》、《大名府志》和《东周列国故事选》记载："马陵道在大名城东南四十五里。"二、《东周列国志》载："魏军（统帅庞涓）已过沙鹿山……孙膑（齐军统帅）屈指计程，日暮必至马陵。那马陵道在两山之间……堪以伏兵。"现六个马陵村南北长10公里，西侧十几里处为沙鹿山，蜿蜒起伏几十里，东侧六里处有五座山峰，自然形成一个大通道，故名马陵道。

芒轫慢楛 máng rèn màn kǔ

【词源】战国·荀况《荀子·富国》："凡主相臣下百吏之俗，其于货财取与计数也，须孰尽察；其礼仪节奏也，芒轫僈楛，是辱国已。"

【注】芒：通"茫"，混沌暗昧，模糊不清。轫：后世作"韧"，柔软而坚固，引申指怠情而疲沓。楛：不坚固。

【释义】凡是君主、宰相、大臣和各种官吏，他们对于货物钱财的收取和支出的计算，谨慎仔细极其苛察；对于礼仪制度茫然无知、怠情疲沓、漫不经心，这就是对国家的不敬。谓暗昧怠慢。

【书证】《大藏经·心学典论卷三》："如彼失礼仪而芒慢轫楛之人，习揖让之法，旦暮熟之，以自改其过焉。"

毛遂自荐 máo suí zì jiàn

【典源】西汉·司马迁《史记·

平原君虞卿列传》:“秦之围邯郸,赵使平原君求救,合从于楚,约与食客门下有勇力文武备具者二十人偕。平原君曰:‘使文能取胜,则善矣。文不能取胜,则歃血于华屋之下,必得定从而还。士不外索,取于食客门下足矣。’得十九人,余无可取者,无以满二十人。门下有毛遂者,前,自赞于平原君曰:‘遂闻君将合从于楚,约与食客门下二十人偕,不外索。今少一人,愿君即以遂备员而行矣。’平原君曰:‘先生处胜之门下几年于此矣?’毛遂曰:‘三年于此矣。’平原君曰:‘夫贤士之处世也,譬若锥之处囊中,其末立见。今先生处胜之门下三年于此矣,左右未有所称诵,胜未有所闻,是先生无所有也。先生不能,先生留。’毛遂曰:‘臣乃今日请处囊中耳。使遂蚤得处囊中,乃颖脱而出,非特其末见而已。’平原君竟与毛遂偕。”

【注】毛遂自荐:毛遂自我推荐。

【释义】毛遂是战国时赵平原君赵胜的食客。赵惠文王九年,秦军围攻赵都邯郸,赵王派相国平原君去楚国求救。平原君决定在三千食客中挑选二十个文武双全的人同行,左挑右选,好容易才选出十九人。这事被毛遂知道了,他来到平原君跟前,对平原君说:“我听说您将要出使楚国,联楚抗秦,并打算挑选门下食客二十人同往,如今还少一人,请您允许我与您同行。”平原君本来有些看不起他,不想带他去,由于毛遂态度坚决,就同意了他的请求。来到楚国后,平原君与楚王久议不决,没有达成任何协议。毛遂见了,就按剑上前,义正词严地指责楚王,迫使楚王答应了平原君的要求,双方在殿上达成了联和抗秦的协议。“毛遂自荐”比喻自告奋勇,自己推荐自己担任某项任务。

【书证】清·文康《儿女英雄传》第十八回:“为此晚生不揣鄙陋,竟学那毛遂自荐。倘大人看我可为公子之师,情愿附骥,自问也还不至于尸位素餐,误人子弟。”周而复《上海的早晨》:“马慕韩睨视他一眼,没有吭声,觉得冯永祥太不识相,可是他又不好毛遂自荐。”蒋子龙《乔厂长上任记》:“毛遂自荐自古就有,乔光朴也是毛遂自荐,但和这些人的自荐是完全不同的两种性质。”

【考据】毛遂:战国时赵国人。

平原君赵胜门下食客。赵孝成王九年，秦围赵都邯郸，王使平原君求救于楚。于门客中选文武具备二十人为从。得十九人，毛遂乃自荐同往。平原君与楚议不决，毛遂按剑而上，陈说救赵击秦之利害，楚乃订约，发兵救赵。平原君谓其三寸之舌，强于百万之师，以之为上客。

毛遂墓：位于邯郸市永年县广府城西南 2.5 公里滏阳河北岸的大堤旁。《永年县志》载：“毛遂墓，在城(指永年故城广府城)西南五里大堤旁。”早年坟丘高大，被称为“毛冢高峰”，为广府八景之一。

毛薜劝归 máo xuē quàn guī

毛薜救魏 máo xuē jiù wèi

【典源】西汉·司马迁《史记·魏公子列传》：“(魏公子窃符救赵后)公子留赵十年不归。秦闻公子在赵，日夜出兵东伐魏。魏王患之，使使往请公子。公子恐其怒之，乃诫门下：‘有敢为魏王使通者，死。’宾客皆背魏之赵，莫敢劝公子归。毛公、薛公两人往见公子曰：‘公子所以重于赵，名闻诸侯者，徒以有魏也！今秦攻魏，魏急而公子不恤，使秦破大梁而夷先王之宗庙。公子当何面目立天下乎？’语未及卒，公子立变色。告车趋驾归救魏。”

【释义】信陵君魏公子无忌在赵时，听说有名士毛公藏身于赌徒中、薛公藏身于酒肆中，想要拜见两人，两人不肯见公子。公子听说他们的住处，屈驾与他们交游，非常融洽……后来，秦国攻打魏国，魏王派人来赵国请公子，公子不愿回去，毛、薛两人去拜见公子，说：“公子的声名远扬的原因，最主要是因为有魏国，如今魏国有了危机而公子不顾及忧虑，假使秦国打下魏国的都城大梁，踏平祭祀先王的祖庙，公子你有什么面目见天下人呢？”公子于是听从他们的建议，赶紧回去救魏。喻小人物也明白大道理。

【书证】唐·李白《博平郑太守自庐山千里相寻入江夏北市门见访》：“大梁贵公子，气盖苍梧云。若无三千客，谁道信陵君。救赵复存魏，英威天下闻。邯郸能屈节，访博从毛薛。”

美人笑躄 měi rén xiào bì

【典源】西汉·司马迁《史记·平原君虞卿列传》：“平原君家楼

临民家，民家有躄者，槃散行汲。平原君美人居楼上，临见，大笑之。明日，躄者至平原君门，请曰：‘臣闻君之喜士，士不远千里而至者，以君能贵士而贱妾也。臣不幸有罢癃之病，而君之后宫临而笑臣，臣愿得笑人者头。’平原君笑应曰：‘诺。’躄者去，平原君笑曰：‘观此竖子，乃欲以一笑之故杀君美人，不亦甚乎！’终不杀。”

【释义】战国时，赵国相国平原君的姬妾从楼上看到，邻居的跛者一瘸一拐地去打水，大笑起来。第二天，跛者登门要求平原君杀死笑他的姬妾。平原君笑着答应了，但是后来没有履行杀姬诺言。比喻轻宾客重女色。亦作“美人笑客”，“笑躄”。

【书证】唐·李白《送薛九被谗去鲁》：“蛾眉笑躄者，宾客去平原。”宋·王令《十七史蒙求》：“胜妾笑躄，齐母观偻。”宋·余靖《贺孙抗员外春昼端居》：“高人鼓吹蛙鸣地，当世神笑躄楼。”明·邵宝《荣春堂集·简端录·学史卷六》：“笑躄之必杀戮，以成好士名，此战国之习也。”明·高启《过故将第》：“美人笑客登楼上，假子将兵卫阁中。”清·庞垲《丛碧山房集·病足诗》：“切防美人笑躄者，春来不过平原门。”

美意延年 měi yì yán nián

【词源】战国·荀况《荀子·致士》：“得众动天，美意延年。诚信如神，夸诞逐魂。”

【注】动天：感动上天。美意：乐观的心情。

【释义】得到人民大众的拥护就能感动上天，心情舒畅就能延长寿命。指心情舒畅可以延长寿命。多用于祝颂之词。“美意延年”喻心情舒畅就能延年益寿。

【书证】清·曾国藩《曾国藩全集·诗文·季仙九师五十寿序》：“中朝大官，咸询以今事古事；海内英彦，早仰为经师人师。尔见缕称扬，抑又赘矣，夫葆真纯固，当推其致此之由，美意延年，要识其本原之量。”

昧死以闻 mèi sǐ yǐ wén

触龙说后 chù lóng shuì hòu

【典源】西汉·司马迁《史记·赵世家》：“老臣贱息舒祺，最少，不肖，而臣衰，窃爱怜之，愿令得补黑衣之数，以卫王宫。昧死以闻！”

【注】昧：冒昧。闻：使听到。

【释义】孝成王元年（前 265），秦国进攻赵国，攻下了三座城。赵王刚刚即位，太后掌权，秦国加紧进攻。赵国向齐国求救，齐王说：“一定要让长安君来做人质，才能出兵。”太后不肯，大臣极力进谏。太后明确地对左右说：“有再来谈让长安君去做人质的，老妇一定要唾他的脸。”左师公触龙说希望拜见太后，太后怒气冲冲地等着他。触龙进宫后，慢慢地走着小碎步坐下，自己告罪说：“老臣我脚有毛病，行动不便，没来拜见您有很久了。我私下里宽恕自己，可是又恐怕太后的身体有什么不舒服，所以很想看望太后。”太后说：“老妇我依仗车辇行动。”触龙说：“您的饮食没有减少吧？”太后说：“就靠喝粥罢了。”触龙说：“老臣我近来很不想吃饭，就勉强散散步，每天走上三四里，多少增加了点食欲，身体也舒适一些了。”太后说：“老妇我办不到。”太后的脸色稍有缓和。左师公触龙说：“我的儿子舒祺年龄最小，没什么出息，可是我已经衰老，心里很疼爱他，希望他能补上黑衣卫士的空缺来保卫王宫，我冒着死罪向您禀告。”太后说：“好吧！年纪多大了？”回答说：“十五岁了。虽然还不大，但愿在我还没入土的时候把他托付给您。”太后说：“你们男人也疼爱小儿子吗？”回答说：“超过妇人。”太后笑着说：“妇人爱得更厉害。”触龙说：“老臣私下里认为您老疼爱燕后胜过爱长安君。”太后说：“您错了，比爱长安君差得多了。”左师公说：“父母疼爱子女，就应该为他们考虑得周到长远。您老送燕后远嫁的时候，握着她的脚后跟，为她哭泣，想到她要去那么远，也是很可怜她呀。走了以后，并非不想念她，可是祭祀的时候却祷告说‘千万不要让她回来’，难道不是为她的长远打算，希望她子子孙孙都能继承王位吗？”太后说：“是啊。”左师公说：“从现在上推到三代以前，直到赵国每位君主的子孙被封侯的，他们的继承人还有在位的吗？”太后说：“没有了。”触龙说：“不只是赵国，各国诸侯子孙后代的继承人还有在位的吗？”太后说：“老妇没听说过。”触龙说：“这是由于离得近的灾祸落到自己身上，离得远的灾祸就落到子孙头上。难道君主的子孙被封侯的就全不好吗？是由于他们的地位尊贵但没有功勋，俸禄优厚但没有劳绩，而拥有的贵重的宝物又太多了。如今您老让长安君的地位尊贵了，又封给他肥沃的土地，给他许多贵重的宝物，可是不趁现在让他为国立功，一旦您辞别了人世，长安君凭借什么在赵国立身？老臣以为您为长安君打算得短浅，所以认为疼爱他不如疼爱燕后。”太后说：“好吧，任凭您派他到哪里去吧！”于是为长安君准备了一百辆车，到齐国去做人质，齐国这才出兵。谓冒着死罪向君王进言，表示诚惶诚恐。《战国策·赵策四》作“没死以闻”。

【书证】东汉·班固《汉书·贾邹枚路传第二十一·贾山》：“臣昧死以闻，愿陛下少留意而详择其中。”汉·无名氏《汉杂事秘辛》：“臣妾女贱愚憨，言不宣心，书不符见，谨秘缄昧死以闻。”唐·日本僧人菅原道真《为大学助教善渊朝臣永贞请解官侍母表》（见《唐文续拾》卷十六）：“今有胜乌鸟之情，昧死以闻。”

【考据】赵威后（？—前264）：赵惠文王的王后，即赵孝成王的母后，称孝威太后，简称威后，是赵孝成王执政前期实际掌权者，前266年，赵惠文王卒赵孝成王年少即位，赵威后听政。秦乘机伐赵，赵求救于齐，齐王必以太后幼子长安君为人质，方肯出兵救赵。太后不答应。后经左师触龙劝导，说服太后，送长安君到齐国去当人质，齐兵乃出。

触龙：战国时赵国大臣。官左师。赵孝成王年少即位，太后听政。前266年，秦突然发兵进攻赵国，连克三城。赵国派人去向齐国求援。齐要求以赵威后所宠爱的小儿子长安君为人质，方出兵救赵。太后不答应，经触龙婉言规谏，才恍然醒悟，送长安君去齐做人质。齐即派兵救赵。

梦射熊罴 mèng shè xióng pí

【典源】西汉·司马迁《史记·赵世家》：“赵简子疾，五日不知人……居二日半，简子寤。语大夫曰：‘我之帝所甚乐……有一熊欲来援我，帝命我射之，中熊，熊死。……又有一罴来，我又射之，中罴，罴死。帝甚喜，赐我二笥，皆有副。吾见儿在帝侧，帝属我一翟犬，曰：“及而子之壮也，以赐之……”’简子召子毋恤……简子于是知毋恤果贤。乃废太子伯鲁，而以毋恤为太子。”

【释义】春秋时，赵简子梦见自己到了天帝居所，奉天帝之命射死一只熊。后来有一个人来圆梦，简子根据梦兆立毋恤为太子。“梦射熊罴”谓托梦定太子。

【书证】唐・王维《恭懿太子挽歌五首》：“射熊今梦帝，秤象问何人。苍舒留帝宠，子晋有仙才。五岁过人智，三天使鹤催。”

渑池之功 miǎn chí zhī gōng

【典源】西汉・司马迁《史记・廉颇蔺相如列传》：“秦伐赵，拔石城。明年，复攻赵，杀二万人。秦王使使者告赵王，欲与王为好，会于西河外渑池。赵王畏秦，欲毋行。廉颇、蔺相如计曰：‘王不行，示赵弱且怯也！’赵王遂行，相如从。……遂与秦王会渑池。秦王饮酒酣，曰：‘寡人窃闻赵王好音，请奏瑟。’赵王鼓瑟。秦御史前书曰：‘某年月日，秦王与赵王会饮，令赵王鼓瑟。’蔺相如前曰：‘赵王窃闻秦王善为秦声，请奉盆缻秦王，以相娱乐。’秦王怒，不许。于是相如前进，因跪请秦王。秦王不肯击 。相如曰：‘五步之内，相如请得以颈血溅大王矣！’左右欲刃相如，相如张目叱之，左右皆靡。于是秦王不怿，为一击缻。相如顾召赵御史书曰：‘某年月日，秦王为赵王击缻。’秦之群臣曰：‘请以赵十五城为秦王寿。’蔺相如亦曰：‘请以秦之咸阳为赵王寿。’秦王竟酒，终不能加胜于赵。赵亦盛设兵以待秦，秦不敢动。”

【注】渑池：古城名。

【释义】战国时，秦国攻打赵国。第二年，又攻打赵国，杀二万余人。后来，秦国派使者转告赵王，想与赵国和好，并在渑池相会。秦昭王当场请赵惠文王鼓瑟，以示羞辱，赵臣蔺相如当即胁迫秦王击缻，秦王无奈何，只得为一击 。秦索要赵地不得，同时因赵已有备而不敢妄举兵，故未占到上风。因而，蔺相如有渑池之功。“渑池之功”喻在外交上建立非常卓越的功勋。

【书证】唐・许尧佐《柳氏传》：“向使柳氏以色选，则当熊辞辇之诚可继，许俊以才举，则曹柯渑池之功可建。”

眇小丈夫 miǎo xiǎo zhàng fū

【典源】西汉・司马迁《史记・孟尝君列传》：“赵人闻孟尝君贤，出观之，皆笑曰：‘始以薛公为魁然也，今视之，乃眇小丈夫耳。’”

【注】眇：瘦小。

【释义】战国时，赵国人都听说孟尝君是一位身材高大的贤人，等见到他都笑着说："开始以为薛公身材魁伟，今观之，却原来是一位身材矮小的汉子。"谓身材矮小的男人。

【书证】清·灵耀《随缘集》："是虽眇小丈夫，然吾兄吐万言，以徼君相之知，渠亦有记述不忘之助，勿嫌其秃，而退之冢也。"

【考据】孟尝君：名田文，原为齐相，封孟尝君。后又入魏为相。赵惠文王曾封田文以武城。薛公是孟尝君田文继承其父亲的封号。

名世之士 míng shì zhī shì

【词源】唐·杨倞《荀子注序》："孟轲辟其前，荀卿振其后，观其立言指事，根极理要，易于反掌。真名世之士，王者之师。"

【注】名世：名显于世。

【释义】当世有名的人才。

【书证】《宋史·卷一百一十四·志第六十七》："凡累朝名世之士，由是以兴，而一代致治之原，盖出于此。朕嘉兴与学士大夫共宏斯道，乃一新史观，新御榜题，肆从望幸之忱，以示右文之意。"宋·罗从彦《罗豫章先生集》卷六《遵尧录·韩琦》："王安石以高明之学、卓绝之行，前无古人，其意盖以孟子自待。自世俗观之，可谓名世之士矣！"

名重泰山 míng zhòng tài shān

【典源】西汉·司马迁《史记·廉颇蔺相如传》："太史公曰：'知死必勇，非死者难也，处死者难。方蔺相如引璧睨柱，及叱秦王左右，势不过诛，然士或怯懦而不敢发。相如一奋其气，威信敌国，退而让颇，名重泰山，其处智勇，可谓兼之矣！'"

【释义】智慧的人一定是勇敢的，关键时刻，不是想要赴死的人难，而是将要把他处死的人难。当蔺相如手拿玉璧靠柱而立，大声斥责秦王的左右最多不过杀头，一般的士兵怯懦而不敢如此。蔺相如一旦发威，足以威服敌国。回国以后又能谦让廉颇，名气重于泰山，他可谓重于泰山的人。"名重泰山"意为名气比泰山还重，形容声望极高。

【书证】晋·常璩《华阳国志·卷十下·先贤士女总赞》："名重

泰山，华夏仰崇，则郑子真也。”宋·石介《南齐云》：“身轻鸿毛，名重泰山。”宋·王寂《七律·题蔺相如庙》：“名重泰山成底事，一科蓬底觅孤坟。”

明月之珠 míng yuè zhī zhū

【典源】西汉·刘向《战国策·赵策一》：“明日来，抵掌而谈。李兑送苏秦明月之珠，和氏之璧，黑貂之裘，黄金百镒。苏秦得以为用，西入于秦。”

【释义】李兑是当时赵国的显赫人物，出身贫寒的苏秦虽然没有最终得到重用，但却从他处得到了资助。第二天苏秦来，李兑同他击掌畅谈。李兑赠送苏秦明月珠、和氏璧、黑貂裘、二百镒黄金。苏秦得到这些东西便作为资用，一路西行进入秦国。“明月之珠”喻像明月一样明澈晶莹的宝珠。

【书证】东汉·班固《汉书·邹阳传》：“明月之珠，出于东海，藏于蚌中，蚌蜃伏之。”

鸣金收兵 míng jīn shōu bīng

【词源】战国·荀况《荀子·议兵》：“闻鼓声而进，闻金声而退；顺命为上，有功次之；令不进而进，犹令不退而退也，其罪惟均。”

【注】金声：古代作战时，以敲钲（用金属制成的像钟一样的乐器）或铙（后来多用锣）作为命令军队停止进攻撤退的信号。

【释义】听到鼓声就进攻，听到鸣金声就撤退回营。

【书证】明·罗贯中《三国演义》第六十五回：“（刘备）恐张飞有失，急鸣金收军。”明·施耐庵《水浒全传》第九十七回：“见孙安勇猛，卢先锋令鸣金收兵。”清·钱彩《说岳全传》第五十一回：“伍尚志见岳爷大败进城，鸣金收军。”

冥冥之志 míng míng zhī zhì

【词源】战国·荀况《荀子·劝学》：“是故无冥冥之志者，无昭昭之明；无惛惛之事者，无赫赫之功。行衢道者不至，事两君者不容。目不能两视而明，耳不能两听而聪。”

【注】冥冥：高远，深沉。这里引申为坚执隐忍。昭昭：光明，明亮。衢：大路的十字路口。

【释义】没有刻苦钻研的精神，

就不会有洞察一切的聪明；没有默默无闻的工作，就不会有显赫卓著的功绩。喻专心致志、潜心专研、坚执隐忍的精神。

目挑心招 mù tiǎo xīn zhāo

【典源】西汉·司马迁《史记·货殖列传》："今夫赵女郑姬，设形容，揳鸣琴，揄长袂，蹑利屣，目挑心招，出不远千里，不择老少者，奔富厚也。"

【注】挑：挑逗。招：指勾引。

【释义】如今那些赵女郑姬，梳妆打扮，弹琴奏瑟，舞动长袖，用眼神挑逗、勾引，外出不远千里，不择老少找男人，这是投奔荣华富贵呀！"目挑心招"意为眉目传情，心神招引。形容女子诱惑人的媚态。

【书证】明·张岱《陶庵梦忆·卷四·二十四桥风月》："美人数百人，目挑心招，视我如潘安。"明·冯梦龙《初刻拍案惊奇》卷三十二："每每花朝月夕，士女喧阗，稠人广众，挨肩擦背，目挑心招，恬然不以为意。"清·曹去晶《姑妄言》："定情则目挑心招，绸缪宛转；入夜则掘挡筝，梨园搬演，声彻云霄，喧嗔达旦。"

N

难至节见 nàn zhì jié xiàn

【典源】西汉·司马迁《史记·赵世家》：肥义曰："不可，昔者主父以王属义也。"曰："毋变而度，毋异而虑，坚守一心，以殁而世。"义再拜受命而籍之。"今畏不礼之难而忘吾籍，变孰大焉。进受严命，退而不全，负孰甚焉。变负之臣，不容于刑。谚曰：'死者复生，生者不愧。'吾言已在前矣，吾欲全吾言，安得全吾身！且夫贞臣也难至而节见，忠臣也累至而行明。子则有赐而忠我矣，虽然，吾有语在前者也，终不敢失。"李兑曰："诺，子勉之矣！吾见子已今年耳。"涕泣而出。李兑数见公子成，以备田不礼之事。

【注】难：危难。节：节操。

【释义】赵国大臣李兑预感到赵惠文王的两个儿子要为继承王位同室操戈、兵戎相见，劝宰相肥义把政事交给公子成，肥义不同意。他说："我已有话在前，我要遵守我的诺言，不能只顾及性命！况且坚贞之臣，大难当前才显节操，忠诚之臣，大祸压顶才德行彰明。”喻坚贞之臣当危难临头时节操就会显现，忠良之臣遇到牵累时德行就能鲜明。指危难之时见节操。

能不称官 néng bù chèn guān

【词源】战国·荀况《荀子·正论》：“夫德不称位，能不称官，赏不当功，罚不当罪，不祥莫大焉。”

【注】能：才能。官：官职。

【释义】才能和官职不相称。

匿意隐情 nì yì yǐn qíng

【词源】西汉·刘向《战国策·赵策二》：张仪说赵王曰：“是故不敢匿意隐情，先以闻于左右。”

【释义】指隐瞒真实的意图和情况，掩盖真正的用心和企图。

【书证】冯琦《答太仓王相公》(《明经世文编》)：“夫士之相与在相知心耳，言感则已浅，言酬言报则又浅，虽然以吾师披腹心教我，我独匿意隐情，无一言片词相别，夫乃以我为非人也！”

鸟穷则啄 niǎo qióng zé zhuó

【词源】战国·荀况《荀子·哀公》：“臣闻之，鸟穷则啄，兽穷则攫，人穷则诈。自古及今，未有穷其下而能无危者也。”

【注】穷：困窘。

【释义】我听说，鸟陷入困境就会啄人，野兽困急了就会掠取，人贫穷了就会欺诈。鸟陷于绝境就要反啄。喻人走投无路就会冒险。

蹑屩担簦 niè juē dān dēng
担簦蹑屩 dān dēng niè juē

【词源】西汉·司马迁《史记·平原君虞卿列传》：“虞卿者，游说之士也。蹑屩担簦，说赵孝成王。一见，赐黄金百镒，白璧一双；再见，为赵上卿，故号为虞卿。”《史记·范雎蔡泽列传》：“夫虞卿蹑屩担簦，一见赵王，赐白璧一双，黄金百镒；再见，拜为上卿；三见，卒受相印，封万户侯。”

【注】蹑屩：穿着草鞋。担簦：背着斗笠。

【释义】信陵君问：“虞卿是怎样的一个人？”侯嬴说：“知道一

个人不是容易的事情。当年虞卿长途跋涉，穿着草鞋、戴着斗笠拜见赵王，第一次见赵王，赐一双白璧，一百镒黄金；第二次相见，就拜为上卿；第三次相见，就征为相国，封万户侯。那个时候，天下的人，都想知道他。”“蹑屩担簦”意为穿着草鞋，戴着斗笠。喻长途跋涉。指远行、跋涉，亦指身份、地位低下。

【书证】宋·赞宁《宋高僧传·卷十四·唐越州法华山寺玄俨传(融济)》：“若夫秦衡上士燕代高僧，数若稻麻算同竹苇，伏膺请益蹑屩担簦。宴坐不出几三十载。”明·德清《憨山老人梦游集》卷八：“蹑屩担簦西游上国，初从曙堂晓法师，受天台贤首宗旨；再参少室小山书禅师，传达摩心印。”清·谈迁《北游录·纪文·上太仆曹秋壑书》：“而向且未即前者，自分蹑屩担簦之贱，渎及左右。”

牛缺遇盗 niú quē yù dào

【典源】秦·吕不韦《吕氏春秋·必己》：“牛缺居上地，大儒也。下之邯郸，遇盗于耦沙之中。盗求其囊中之载，则与之；求其车马，则与之；求其衣被，则与之。牛缺出而去。盗相谓曰：‘此天下之显人，今辱之如此，此必诉我与万乘之主，万乘之主必以国诛我，我必不生，不若相与追而杀之，以灭其迹。’于是相与趋之，行三十里，及而杀之。”

【释义】对强盗无原则一味迁就，会引来杀身之祸。

驽马十驾 nú mǎ shí jià

【词源】战国·荀况《荀子·劝学》：“骐骥一跃，不能十步；驽马十驾，功在不舍。锲而舍之，朽木不折；锲而不舍，金石可镂。”

【注】驽马：跑不快的马。十驾：马拉车一天为一驾，十驾指十天路程。

【释义】骏马跳一次，也不能有十步远；劣马拉车十天，也能跑很远的路程，功效就在于不断努力。喻能力低下的人只要勤奋努力，同样能达到目的。

【书证】唐·李商隐《为安平公谢徐兖海观察使表》：“谨当冰霜励志，金石贯诚，驽马奋十日驾之勤，铅刀淬一割之用。”宋·陆游《渭南文集·谢王宣抚启》：“病骨支离，邅途颠沛，驽马空想于十驾，沉舟坐阅于千帆。”

怒发冲冠 nù fà chōng guān

【典源】西汉·司马迁《史记·廉颇蔺相如列传》:“赵惠文王时,得楚和氏璧。秦昭王闻之,使人遗赵王书,愿以十五城请易璧。……王曰:‘谁可使者?’相如曰:‘王必无人,臣愿奉璧往使。’……相如奉璧奏秦王。秦王大喜,传以示美人及左右,左右皆呼万岁。相如视秦王无意偿赵城,乃前曰:‘璧有瑕,请指示王。’王授璧。相如因持璧却立,倚柱怒发上冲冠…… 持其璧睨柱,欲以击柱。”

【释义】愤怒得头发直竖,顶着帽子。形容极端愤怒。

【书证】宋·岳飞词《满江红》:“怒发冲冠,凭栏处,潇潇雨歇。抬望眼,仰天长啸,壮怀激烈。”

怒形于色 nù xíng yú sè

【典源】西汉·刘向《战国策·赵策三》:“赵王不说,形于颜色……魏牟曰:‘王无怒,请为王说之。’”

【注】说:通“悦”。

【释义】后世多作“怒形于色”。愤怒显露在脸色上,非常生气的样子。

【书证】南宋·洪迈《夷坚志·丙志七·子夏蹴酒》:“陈炎梦登大成殿,夫子赐之酒五尊。子夏怒形于色,举足蹴其二。觉而异之,以语同舍生。及榜出,名在第二。”明·冯梦龙《东周列国志》:“曹沫右手按剑,左手揽桓公之袖,怒形于色。”

暖衣饱食 nuǎn yī bǎo shí

【词源】战国·荀况《荀子·荣辱》:“孝弟,原悫,軥录疾力,以敦比其事业而不敢怠傲,是庶人之所以取暖衣饱食,长生久视,以免于刑戮也。”

【注】弟:同“悌”。原:即“愿”,诚实。軥(qú)录:通“劬录”,勤劳的意思。疾力:拼命用力。敦(duī)比:治,办理。

【释义】这是平民百姓取得丰衣足食、健康长寿而受刑罚杀戮的办法啊。意谓穿得暖,吃得饱。形容丰衣足食,生活安逸。

【书证】元·无名氏《张公艺九世同居》:“暖衣饱食供朝暮,不勤时仓廪空虚,礼义廉耻为先务。”清·章学诚《文史通义·针名》:“暖衣饱食者,不求农桑之名也。”

P

排难解纷 pái nàn jiě fēn

【典源】西汉·刘向《战国策·赵策三》:“鲁连笑曰:‘所贵于天下之士者,为人排患释难解纷乱而无所取也。即有所取者,是商贾之人也,仲连不忍为也。’”

【释义】战国时,秦军有一次围困了赵国国都邯郸,赵王向魏国求援。魏王派晋鄙率兵救赵,却不敢同秦兵交战。魏王又派辛垣衍为使臣,去劝说赵王向秦国屈服。这时,齐国人鲁仲连(即鲁连)正访问邯郸,听到了这“屈服”的消息,立刻去求见赵相平原君和辛垣衍。鲁仲连列举历史事实,分析当时形势,严斥“尊秦为帝”的谬论,指出屈服的严重后果,使辛垣衍听了也深受感动,当即表示坚决放弃妥协政策。秦军得知这一消息,为了防止意外,即刻退兵五十里。同时,魏国的信陵君杀了晋鄙,驰援救赵,邯郸就解围了。事后,平原君准备给鲁仲连封地,送他千金,他一概不受,笑笑说:“天下之士之所以高贵,是因为他们替人排难解纷而不取报酬。如果想要报酬,这不就成了商人?我不忍心这样做。”意为替别人排除危难,调解纠纷。

【书证】北宋·司马光《司马温公文集·答孔文仲司户书》:“夫国有诸侯之事,而能端委束带,与宾客言,以排难解纷,徇国家之急。”清·李渔《意中缘·设计》:“况且排难解纷是我辈的常事,何足为奇!”

朋党比周 péng dǎng bǐ zhōu

【词源】战国·荀况《荀子·臣道》:“上不忠乎君,下善取誉乎民,不恤公道通义,朋党比周,以环主图私为务,是篡臣者也。”

【注】朋党:为了某种利益相互勾结在一起的一伙人。比周:植党营私。环:封闭,蒙蔽。

【释义】不顾国家利益和制度而结党营私,专门干迷惑君主、图谋私利的事,这是篡夺君权的贼子。指结党营私,排除异己。

【书证】《北史·隋本纪》:“强臣家族,咸执国均,朋党比周,以之成俗。”北宋·曾巩《相制二》:“礼义廉耻,阙而不思,朋党比周,靡然成俗。”

朋党之争 péng dǎng zhī zhēng

【词源】西汉·刘向《战国策·赵策二》:"臣闻明主绝疑去谗,屏流言之迹,塞朋党之门。"

【注】朋党:指同类人为自私目的而相互勾结。

【释义】君主排除疑惑,消除谗言,屏退流言的痕迹,堵塞为私利互相勾结的门径。指为自私目的而结合起来的集团间的争斗。

【书证】《晋书·郤诜传》:"动则争竞,争竞则朋党,朋党则诬謟,诬謟则臧否失实,真伪相冒。"

蓬生麻中 péng shēng má zhōng

【典源】战国·荀况《荀子·劝学》:"蓬生麻中,不扶自直;白沙在涅,与之俱黑。"《史记·三王世家》:"传曰:'蓬生麻中,不挟自直;白沙在泥中,与之皆黑'者,土地教化使之然也。"

【释义】蓬生麻中指蓬草生长在大麻之中,自然而直。比喻人受到环境的影响,环境好就能健康成长。

【书证】北齐·颜之推《颜氏家训·风操》:"昔在江南,目能视而见之,耳能听而闻之,蓬生麻中,不劳翰墨。"清·李绿园《歧路灯》第六十三回:"可惜居住远隔,若卜居相近,未必无蓬赖麻直之幸。"清·王士祯《香祖笔记》卷八:"而负国贼柳璨乃生其族,卒与张廷范辈同诛,死未足酬衣冠之祸。故知蓬生麻中不扶而直之论,未必尽然。"

批亢捣虚 pī háng dǎo xū

【词源】西汉·司马迁《史记·孙子吴起列传》:"田忌欲引兵之赵,孙子曰:'夫解杂乱纷纠者不控卷,救斗者不搏戟(同"击")。批亢捣虚,形格势禁,则自为解耳。'"

【注】批、捣:击。亢:通"吭",咽喉,比喻"要害"。虚:空虚、虚弱。

【释义】战国时候,有一次魏国攻打赵国。赵国很着急,就派使者向齐国求救。齐威王命田忌为将军,任命曾被自己的同学、魏国的将军庞涓砍断了两足的孙膑为军师,帮助田忌出谋划策。这时,田忌想率领军队直入赵国,解救赵国都城邯郸,孙膑劝阻道："理乱丝只能用手慢慢疏解，不能抓拳使硬劲；劝解争斗，只能善为分解．不能插手帮打。我们如果冲击敌国空虚的地方，即避实就虚，敌人必然因彼此不得相顾而产生矛盾、恐惧，那么就自动撤退了。"田忌听从了。后来，齐兵疾走魏都大梁，围赵的魏军果然从邯郸撤走了。当魏军撤至桂陵（今山东省菏泽县东北），被齐军杀得大败。意为抓住对方要害乘虚打击。

【书证】宋·陈亮《中兴论》："故必有批亢捣虚，形格势禁之道。"

【考据】孙膑：战国时齐国人，孙武后裔，与庞涓同学兵法。涓为魏将，嫉膑才能出于己，乃阴召膑至魏，假他事处以膑刑，故称孙膑。后为齐使秘载归齐，威王以为师。协助田忌，在桂陵、马陵大破魏军，擒庞涓，以此名显天下。所著《孙膑兵法》、《汉书·艺文志》称为《齐孙子》，久失传。1972年山东临沂银雀山汉墓出土竹简中，有其书。

翩翩公子 piān piān gōng zǐ

【词源】西汉·司马迁《史记·平原君虞卿列传》：太史公曰："平原君，翩翩浊世之佳公子也，然未睹大体。鄙语曰：'利令智昏'，平原君贪冯亭邪说，使赵陷长平兵四十余万众，邯郸几亡。"

【注】翩翩：风度潇洒的样子。

【释义】比喻气质不凡举止出众的青年男子。

【书证】三国·魏·曹植《侍太子坐》："齐人进奇乐，歌者出西秦，翩翩我公子，机巧忽若神。"元·姚桐寿《乐郊私语》："云石翩翩公子，无论所制乐府、散套，骏逸为当行之冠，即歌声高引，上彻云汉。"

飘风暴雨 piāo fēng bào yǔ

【词源】秦·吕不韦《吕氏春秋·慎大览》："襄子曰：'江河之大也不过三日，飘风暴雨日中不须臾。'"

【注】飘风：暴风。

【释义】喻来势迅疾而猛烈的风雨。也喻声势浩大、发展迅猛的运动。

【书证】唐·郭仁表《梦中辞》："飘风暴雨可思惟，鹤望巢门敛翅飞。"

平心而论 píng xīn ér lùn

【词源】战国·荀况《荀子·大略》："是非疑，则度之以远事，验之以近物，参之以平心。”

【注】平心：心情平和，不动感情。论：评论。

【释义】对是非有怀疑时就用过去的事来衡量它，用近前的事物来检验它，用公正不偏的态度来考察它。指平心静气作公允的评论，不掺杂感情因素。

【书证】清·纪昀《阅微草堂笔记·滦阳消夏录一》：“平心而论，王弼始变旧说，为宋学之萌芽。”《清朝野史大观·卷九·陈其年四六》：“清朝以四六名者，初有陈维崧及吴绮，次则章藻功《思绮堂集》，亦颇见称于世……平心而论，要当以维崧为冠。（四六：骈体文的一种，因为四字、六字为对偶，故名。）”朱自清《论无话可说》：“我是个懒人，平心而论，又不曾遭过怎样了不起的逆境。”

Q

七尺之躯 qī chǐ zhī qū

【词源】战国·荀况《荀子·劝学》：“君子之学也，入乎耳，箸乎心，布乎四体，形乎动静；端而言，蠕而动，一可以为法则。小人之学也.入乎耳，出乎口。口、耳之间则四寸耳，曷足以美七尺之躯哉？”

【注】箸：通“著”，附着。布：分布。四体：四肢。端：通“喘”，微言。蠕：微动。则：才。躯：身体。

【释义】君子的学习，进入耳中，记在心中，贯彻到全身，表现在举止上；所以他稍微说一句话，稍微动一动，都可以成为别人效法的榜样。小人的学习，只是从耳中听进去，从口中说出来。口、耳之间才不过四寸罢了，怎么能够靠它来完美七尺长的身躯呢？指七尺高的身体。古代的七尺约合现在五尺，现代口语中仍有“五尺男儿”说法。成年男子的身躯，喻不肯随便低头、气宇轩昂的状貌。

【书证】南朝·宋·刘义庆《世说新语·排调》：“七尺之躯，今日委君二贤。”明·宋濂《文原》：“丈夫七尺之躯，其所学者，独文乎哉？”冯友兰《人生哲学》：“人虽只有七尺之躯，但可以与天地参，虽上寿不过百年，而可以与天地比寿，与日月齐光。”

欺世盗名 qī shì dào míng

【词源】战国·荀况《荀子·不苟》：“夫富贵者则类傲之，夫贪贱者则求柔之，是非仁人之情也，是奸人将以盗名于暗世者也，险莫大焉。”

【注】欺骗世人，窃取名声。世人：当时的人。盗：用不正当的手段窃得。

【释义】春秋时，卫国有个大夫叫史鱼。他曾多次劝说卫灵公，但始终没有被采纳。后来史鱼病重临死时，关照他的儿子在他死后不要把尸体装进棺材，即以尸进谏。卫灵公知道后对史鱼大加赞扬。另外，战国时齐国人田仲，他哥哥是一位食禄万钟的富翁，但田仲自命清高，宁可靠织草鞋过日子，不去依靠哥哥。战国时的思想家荀子说：“史鱼、田仲的行为实际上是欺世盗名，世界上没有比盗名这种行径更邪恶的了，它甚至比偷货物更恶劣。”

【书证】宋·苏洵《辨奸论》：“王衍之为人，容貌言语，固有欺世而盗名者。”鲁迅《花边文学·大小骗》：“‘欺世盗名’有之，盗卖名以欺世者又有之，世事也真是五花八门。然而受损失的却只有读者。”

漆身吞炭 qī shēn tūn tàn

【典源】西汉·刘向《战国策·赵策》：“豫让又漆身为癞，灭须去眉，自刑以变其容，为乞人而往乞，其妻不识，曰：‘状貌不似吾夫，其言何类吾夫之甚也！’又吞炭为哑，变其音，再谋刺赵襄子。”

【释义】战国时晋国有个豫让，先在范中行氏那儿做事，因不被重用而投奔了智伯，智伯很宠信他。三家分晋时，赵襄子最恨智伯，把智伯杀了，并将智伯的头骨做了饮器。豫让逃蔽山中，后更姓换名，到赵氏王宫里打扫厕所，想刺杀襄子。很快，赵襄子发现了豫让。襄子钦佩这个人是个义士，把他放了。豫让回山后，又在身上涂了漆，成了癞子；还剃光眉毛和胡须，破坏了自己的面容。当他跑回老家时，他妻子认不出来，但却听出声音是丈夫后，豫让又口吞火炭，使声音变得嘶哑了。不久，他又藏在赵襄子路过的桥下行刺襄子，又被逮住了。当赵襄子要杀他时，豫让恳求赵襄子给他取义成仁的机会，即请襄子拿出件衣服来，让他砍上几剑，表示为知己尽了报仇的大义，然后自刎。赵襄子又真的成全了他，而后豫让拔剑自刎而死。意谓身上涂上漆，变成癞子；喉咙吞火炭，使声音变得嘶哑。“漆身吞炭”指故意改容貌变声音，使人不能辨认，以达到某种目的。亦作“吞炭漆身”。

【书证】晋·陈寿《三国志·魏志·毌丘俭传》裴松之注引：“斯义苟立，虽焚妻子，吞炭漆身，死而不恨。”明·朱鼎《玉镜台记·一十二·新亭流涕》：“列位大人，我自愿漆身吞炭、卧薪尝胆，同心协力期雪耻。”

漆园说剑 qī yuán shuō jiàn

【典源】战国·庆周《庄子·说剑》：“昔赵（惠）文王喜剑，剑士夹门而客三千余人，日夜相击于前，死伤者岁百余人……王曰：‘天子之剑何如？’曰：‘天子之剑，以燕豁石城为锋，齐岱为锷，晋魏为脊……此剑一用，匡诸侯，天下服矣。此天子之剑也！’文王芒然自失，曰：‘诸侯之剑如何？’曰：‘诸侯之剑，以知勇士为锋，以清廉士为锷……此剑一用，如雷霆之震也，四封之内，无不宾服而听从君命者矣。此诸侯之剑也！’王曰：‘庶人之剑如何？’曰：‘庶人之剑，蓬头突鬓垂冠……相击于前，上斩颈领，下决肝肺。此庶人之剑，无异于斗鸡。一旦命已绝矣，无所用于国事。今大王有天子之位而好庶人之剑，臣窃为大王薄之。’”

【释义】庄子劝谏赵惠文王改变对剑的看法。劝文王喜好天子之剑。意在安邦定国，反对无益的一般匹夫之间的击斗。指谈论武事。

【书证】唐·卢纶《九日奉陪侍中宴白楼》：“露白菊氛氲，西楼盛袭文。玉筵秋令节，金钺汉元勋。说剑风生座，抽琴鹤绕云。谀儒无以答，愿得备前军。”宋·辛弃疾《水调歌头》：“未应两手无用，要把蟹螯杯。说剑论诗馀事，醉舞狂歌欲倒，老子颇堪哀。白发宁有种，一一醒时栽。”

其势汹汹 qí shì xiōng xiōng

【词源】战国·荀况《荀子·天论》：“天不为人之恶寒也，辍冬；地不为人之恶辽远也，辍广；君子不为小人之匈匈也，辍行。天有常道矣，地有常数矣，君子有常礼矣。”

【注】辍：停止、终止、改变。匈：通“汹”。汹汹：波涛汹涌的样子，引申为声势盛大。

【释义】天（指自然界）的运行变化是有规律的，决不因为尧贤明而存在，也不因为夏朝国君桀的不贤而不存在。天，决不会因为人厌恶寒冷而废除冬季，地也不会因为人讨厌广阔辽远而缩小，一个正人君子，也决不会因为小人气势汹汹地指长道短就改变他的正确主张。

【书证】清·韩邦庆《九尾龟》第一百六十四回："沉二宝见了小飞珠这样其势汹汹的样子好像是理应借给他的一般，心上自然十分生气。"毛泽东《中国革命战争的战略问题》："谁人不知，两个拳师放对，聪明的拳师往往退让一步，而蠢人则其势汹汹，劈头就使出全副本领，结果却往往被退让者打倒。"郭沫若《洪波曲》第十五章："这时三五成群的警备队更多了，有的其势汹汹走来干涉我们。"华而实《汉衣冠》五："老水手……其势汹汹地反问：'郑家海口的老部下零零散散地东飘西泊，他为什么不来收拾？'"

奇货可居 qí huò kě jū
居为奇货 jū wéi qí huò

【典源】西汉·司马迁《史记·吕不韦列传》："子楚，秦诸庶孽孙，质于诸侯，车乘进用不饶，居处困，不得意。吕不韦贾邯郸，见而怜之，曰：'此奇货可居。'"

【注】奇货：珍奇的货物。居：囤积。

【释义】指把少有的货物囤积起来，等待高价出售。也比喻拿某种专长或独占的东西作为资本，等待时机，以捞取名利地位。后演变为"居为奇货"。

【书证】清·蒲松龄《聊斋志异·胡大姑》："言其以次纵之，出为祟，因此获聘金，居为奇货云。"清·李宝嘉《官场现形记》茂苑惜秋生序："乃至行博弈之道，掷为孤注；操贩鬻之行，居为奇货；其情可想，其理可推矣！"

【考据】吕不韦（？—前235）：战国末卫国濮阳人。原为阳翟大商人，偶遇为质于赵之秦公子异人（后名子楚），视为奇货，设策使归嗣位，为秦庄襄王。任秦相，封文信侯。攻灭东周，建三川郡，又占领韩、魏上党郡，北略赵地，建太阳郡。秦王政立，继任相国，尊为仲父。又攻韩、魏，建置东郡。门下食客三千，家童万人。秦王政十年亲政后，被免职徙蜀，忧惧自杀。曾令宾客编撰《吕氏春秋》。

《史记》《秦始皇本纪》、《吕不韦列传》等记载，吕不韦于秦昭王四十七年（前260）前后，经商于赵都邯郸。秦昭王五十六年（前251），赵奉子楚夫人及子政归秦，吕不韦亦离开邯郸。

弃甲负弩 qì jiǎ fù nǔ

【词源】战国·韩非《韩非子·初见秦》："（秦）乃复悉士卒以攻邯郸，不能拔也，弃甲负弩，战竦而却。"

【注】甲：铠甲。弩：用机械发箭的弓。负弩：把弓背在肩上。

【释义】表示不战。喻打了败仗，狼狈逃窜。

弃如敝屣 qì rú bì xǐ

【词源】西汉·刘向《战国策·燕策一》："（苏代上书燕昭王）夫实得所利，名得所愿，则燕、赵之弃齐也犹释弊丽。"

【注】释：脱掉，放弃。弊丽：同"敝屣"，破旧的鞋子。

【释义】表示看得轻微，无所顾恋。

【书证】《陈亮集·二五·祭钱伯同母硕人文》："大家世族，垂三百年，方其盛时，二浙惟钱……弃如敝屣，圣明当天。"清·无名氏《杜诗言志·六·水槛遣心（其二）》："浮名久矣弃如敝屣，所谓'不如生前一杯酒'者。"

弃义背信 qì yì bèi xìn
背信弃义 bèi xìn qì yì
弃信忘义 qì xìn wàng yì

【词源】战国·荀况《荀子·强国》："古者禹汤本义务信而天下治，桀纣弃义倍信而天下乱。故为人上者必将慎礼义、务忠信然后可。此君人者之大本也。"

【注】弃：抛弃。倍：通"背"。

【释义】不讲道义，不守信用。

【书证】《北史·周本纪》："背惠怒邻，弃信忘义。"郭沫若《洪波曲》："反动派的背信弃义，还有一件令人发指的事，出在西安。"

千人诺诺，不如一士谔谔

qiān rén nuò nuò bù rú yī shì è è

【典源】西汉·韩婴《韩诗外传》卷七："赵简子有臣曰周舍，立于门下，三日三夜，简子使问之，曰：'子欲见寡人何事？'周舍对曰：'愿为谔谔之臣，墨笔操牍，从君之过而，日有记也，月有成也，岁有效也。’简子居，则与之居；出，则与之出。居无几何，而周舍死，简子如丧子。后与诸大夫饮于洪波之台，酒酣，简子涕泣，诸大夫皆出走，曰：‘臣有罪而不自知。’简子曰：‘大夫皆无罪。昔者、吾友周舍有言曰：“千羊之皮，不若一狐之腋；众人诺诺，不若一士之谔谔。昔者、商纣默默而亡，武王谔谔而昌。”今自周舍之死，吾未尝闻吾过也，吾亡无日矣，是以寡人泣也。’”

【注】谔谔：直言争辩的样子。

【释义】简子赵鞅之泣，说明臣下能直言敢谏是极为重要的。千人诺诺，不如一人谔谔，指众多唯唯诺诺之人，不如一名诤谏之士可贵。

【书证】北宋·苏轼《讲田友直字序》：“不夫直者，刚者之长也。千夫诺诺，不如一士之谔谔。”明·冯梦龙《东州列国志》第八十九回：“内有一士厉声而前曰‘千人诺诺，不如一人谔谔’，尔告等……岂可进陷主乎？”

千载一时 qiān zǎi yī shí

【词源】西汉·刘向《战国策·楚策四》：“（虞卿对春申君黄歇云）今燕之罪大而赵怒深，故君不如北兵以德赵，践乱燕，以定身封，此百代之一时也！”

【注】载：年。

【释义】“一时”演化为“千载一时”，喻机会非常难得与可贵。

【书证】晋·袁宏《后汉纪·桓帝纪下》：“为仁者博施兼爱，崇善济物，得其志而中心倾之，然忘己以为千载一时也！”高阳《清官外史》上：“如今由曾国荃举荐为慈禧太后看病，是飞黄腾达、千载一时的机会。”

【考据】春申君：名黄歇，原为楚令尹，封春申君。前 209 年，秦攻邯郸，赵求楚救赵，以灵丘封于春申君。

千载一遇 qiān zǎi yī yù
千载一逢 qiān zǎi yī féng

【词源】西汉·司马迁《史记·乐毅列传》：“乐生之志，千载一遇。”

【注】遇：相逢，碰上。

【释义】喻机会难得。

【书证】《梁书·任昉传》：“千载一逢，再造难答。”清·李绿园《歧路灯》第十回：“那得一个穷庐书愚，竟得上觐龙颜，这也是千载一遇的厚福。”清·冯桂芬

《致姚衡堂书》:"此又千载一逢之机会,于此举尤宜者也!"

前车可鉴 qián chē kě jiàn
前车之鉴 qián chē zhī jiàn
前车覆后车戒 qián chē fù hòu chē jiè

【词源】战国·荀况《荀子·成相》:"阪为先,圣知不用愚者谋。前车已覆,后未知更,何觉时?不觉悟,不知苦,迷惑失指易上下。"

【注】鉴:镜子,引申为教训。

【释义】以前面车子翻倒作为教训。比喻要以前人失败的经历作为后人从事的鉴戒。亦作"前车可鉴"。

【书证】西汉·刘向《说苑·善说》:"'前车覆,后车戒',盖言其危。"清·文康《儿女英雄传》第三十六回:"再要遭际不偶,去作个榜下知县,我便是你的前车之鉴,不可不知。"毛泽东《反对日本进攻的方针、办法和前途》:"民族战争而不依靠人民大众,毫无疑义将不能取得胜利。阿比西尼亚的覆辙,前车可鉴。"周恩来《关于和平谈判问题的报告》:"蒋介石失败的主要原因之一,就是一切依赖外援,这是前车之鉴。"王西彦《春寒》:"他们最后是饿死在首阳山的……那就是因为他们迂腐到'不食周粟'的缘故。这一点也必须当作我们的前车之鉴的。"

前事不忘,后事之师
qián shì bù wàng hòu shì zhī shī

【典源】西汉·刘向《战国策·赵策一》:"(张孟谈对曰)观成事,闻往古,天下之美同,臣主之权均之能美,未之有也。前事之不忘,后事之师。君若弗图,则臣力不足。"

【注】师:师表、榜样,引申为借鉴。

【释义】春秋战国之交,晋国卿大夫知(智)伯会同韩、赵、魏三国灭掉晋卿范中行氏后反过来向三国索取疆土。赵国赵襄子采用卿大夫张孟谈的计策,暗中与韩、魏两家串通,联合起来,放水夜袭知伯的军队,一举成功,活捉了知伯。张孟谈帮助赵襄子的大功告成后,即向赵襄子提出辞退。赵襄子对此很不高兴,说道:"凡能辅佐国君的,功劳大的,应当委以重任,众人也会信服的。您正是国家所需要的人才，为什么要辞退呢？”张孟谈答道：“我所知道的往古，君臣协力打天下，取得成功，这是有的，而成功之后，若君臣权力相等，那臣子有好结果的，是没有的。牢记从前的经验教训，作为今后行动的镜子。您就是不同意我的请求，我也没有力量来帮助您了。”赵襄子无奈，只好同意辞退了。意为记取以前的经验教训，作为后来的借鉴。

【书证】郭沫若《南冠草》第三幕：“前事不忘，后事之师，以前的错误固然值得借鉴，但本朝的疆土还有广西、广东、江西、湖南、四川、云贵一大片土地，几百万大兵，你怎么便说毫无办法了？”

浅陋鄙薄 qiǎn lòu bǐ bó

【词源】战国·荀况《荀子·修身》：“多闻曰博，少闻曰浅。多见曰闲，少见曰陋。”

【释义】听得多叫做广博，听得少叫做浅薄；见识多叫做博大，见识少叫做孤陋。谓见闻不多，多作自谦之词。

【书证】东汉·马融《广成颂序》：“谨依旧文，重述搜狩之义，作颂一篇，浅陋鄙薄，不足观省。”

强本节用 qiáng běn jié yòng

【词源】战国·荀况《荀子·天论》：“天行有常，不为尧存，不为桀亡。应之以治则吉，应之以乱则凶。强本而节用，则天不能贫。养备而动时，则天不能病。”

【注】本：根本。用：费用。

【释义】荀子指出：自然天道有不以人们意志为转移的常规，它不会因为爱贤德的尧，就保存它的正常规律性；也不会因为讨厌万恶的桀而丧失它的正常规律性。人们治理中只要顺应它就能吉利，否则就不顺利。一个国家，如果能重视农桑这些根本，增加生产，节约开支，天就不会使百姓贫穷。生活需要的资料备足了，所作所为合乎时宜，那么老天是不会使人生病的。意谓加强农桑本务，节省用度。

【书证】西汉·司马迁《史记·太史公自序》：“墨者俭而难遵，是以其事不可遍循；然其强本节用，不可废也。”

强将手下无弱兵

qiáng jiàng shǒu xià wú ruò bīng

【词源】战国·荀况《荀子·富

国》:"观国之强弱贫富有征:上不隆礼,则兵弱;上不爱民,则兵弱;已诺不信,则兵弱;庆赏不渐,则兵弱;将率不能,则兵弱。"

【注】原作"将帅无能则兵弱",指将帅无能,他指挥下的军队就软弱无力。后来反其义而用之,喻领导者坚强有力,其部下就不会软弱无能。

【释义】观察一个国家的强弱贫富有一定的征兆:君主不崇尚礼义,那么兵力就衰弱;君主不爱护民众,那么兵力就衰弱;禁止与许诺都不讲信用,那么兵力就衰弱;奖赏不厚重,那么兵力就衰弱;将帅无能,那么兵力就衰弱。

【书证】宋·周遵道《豹隐纪续》引《粟斋诗话》:"死人身边有活鬼,强将手下无弱兵。"宋·苏轼《东坡题跋·题连公壁》:"俗话云:'强将下,无弱兵。'真可信。"

强自取柱 qiáng zì qǔ zhù

【词源】战国·荀况《荀子·劝学》:"物类之起,必有所始。荣辱之来,必象其德。肉腐出虫,鱼枯生蠹。怠慢忘身,祸灾乃作。强自取柱,柔自取束。邪秽在身,怨之所构。"

【注】蠹:蠹虫,蛀虫。

【释义】物质坚强的自然可为柱石。

【书证】吴则虞《晏子春秋集释》卷四:"石以刚为性,犹人之有廉政三质,而复以坚强行之,故随在忤物,所谓强自取柱也。"

窃符救赵 qiè fú jiù zhào

【典源】西汉·司马迁《史记·魏公子列传》:"秦昭王已破赵长平军,又进兵围邯郸。公子姊为赵惠文王弟平原君夫人,数遗魏王及公子书,请救于魏。魏王使将军晋鄙将十万众救赵。秦王使使者告魏王曰:'吾攻赵旦暮且下,而诸侯敢救赵者,已拔赵,必移兵先击之。'魏王恐,使人止晋鄙,留军壁邺,名为救赵,实持两端以观望。……公子再拜,因问。侯生乃屏人间语曰:'嬴闻晋鄙之兵符常在王卧内。嬴闻如姬最幸,出入王卧内,力能窃之。嬴闻如姬父为人所杀,如姬资之三年,自王以下,欲求报其父仇,莫能得。如姬为公子泣,公子使客斩其仇头,敬进如姬,如姬之欲为公子死,无所辞,顾未有路耳。公子诚一开口请如姬，如姬必许诺，则得虎符夺晋鄙军；此救赵而西却秦，此五霸之伐也。’公子从其计，请如姬，如姬果盗兵符与公子。……公子遂行，至邺，矫魏王令代晋鄙。晋鄙合符疑之，举手视公子，曰：‘今吾拥十万之众，屯于境上，国之重任。今单车来代之，何如哉？’欲无听。朱亥袖四十斤铁椎椎杀晋鄙。公子遂将晋鄙军。……进兵击秦军，秦军解去，遂救邯郸存赵。”

【注】虎符，古代调兵的凭证。

【释义】战国时，秦军包围了邯郸，赵国求救于魏，魏王派将军晋鄙率兵救赵。秦王威胁魏王说，如果谁来救赵，秦军攻下邯郸后便调兵去攻打谁。魏王惧怕强秦，便命令晋鄙停止救赵的行动。信陵君听取了侯嬴的计谋，通过魏王的侍妾如姬偷出了兵符。信陵君凭得到的兵符取代了晋鄙的军权，率兵击退了秦军，解救了邯郸之围，表现了信陵君急人之困的义勇精神。此典故意谓义救邻邦，抵御强暴。

【书证】唐·虞羽客《曲歌辞·结客少年场行》：“幽并侠少年，金路控连线。窃符方救赵，击筑正怀燕。轻生辞凤阙，挥袂上祁连。陆离横宝剑，出没惊徂旃。”张伯驹《红毹纪梦诗注》第九十六诗：“窃符救赵剧新编，窑变名伶有素娟。多谢琴师徐督办，梅家班作陆家班。”

挈瓶之智 qiè píng zhī zhì

【典源】西汉·刘向《战国策·赵策一》：“挈瓶之知，不失守器。”

【注】挈瓶：汲水用的小瓶。

【释义】战国时，秦国派出去两支军队攻韩国，韩桓惠王准备将上党献给秦国求和，上党太守听到这一消息后，说人们有这样的话：“仅有一点挈瓶汲水的浅薄见识，就能守住汲器不至于丢失。”韩王改派冯亭为上党太守。但冯亭也不愿降秦，顺从上党民众的意见让赵国来接收。喻浅薄的见识或才略。多指才能窘促，不能应对自如而言。

【书证】唐·李峤《与夏县崔少府书》：“下官才不逮人，学非通敏，徒以闻长者之余论，忝好事之末流，有时感激，斐然牵课，但短绠之才，嗟于不及，挈瓶之智，患在屡空。”《魏书·律历》（中书监高闾上表）曰：“近在邺见崇。臣先以其聪敏精勤，有挈瓶之智，虽非经国之才，颇长推考之术。”

锲而不舍 qiè ér bù shě

【词源】战国·荀况《荀子·劝学》：“锲而舍之，朽木不折；锲而不舍，金石可镂。”

【注】锲：雕刻。舍：停止，放下。

【释义】荀子曾写了一篇《劝学》，用“骏马一跳最多不超过十步，劣马坚持着跑也能走很远的路程。刀刻东西刻一会儿就放下不干，即使是块烂木头也刻不出什么来，如果坚持着刻，那么坚硬的金石也是可以雕刻出精美的东西来”等作比喻，说明了坚持不懈地学习的重要性。“锲而不舍”意谓一直雕刻下去不放手。喻办事有恒心，坚持不懈。

【书证】章炳麟《菌说》：“夫固谓一人锲而不舍，则行美于本性矣。”鲁迅《两地书·十二》：“我记得先前在学校也曾说过，要治这种麻木状态的国度，只有一法，就是‘韧’。也就是‘锲而舍之’。”萧三《我的一项自我批评》：“然而鲁迅却始终像一株独立支持的大树，不畏强暴，不惧黑暗，对腐朽反动，卑鄙恶浊的现象和人物进行着锲而不舍的战斗。”

秦公击缶 qín gōng jī fǒu

【典源】西汉·司马迁《史记·廉颇蔺相如列传》：“其后秦伐赵，拔石城。明年复攻赵，杀二万人。秦王使使者告赵王，欲与王为好，会于西河外渑池。赵王畏秦，欲毋行。廉颇、蔺相如计曰：‘王不行，示赵弱且怯也！’赵王遂行，相如从……遂与秦王会渑池。秦王饮酒酣，曰：‘寡人窃闻赵王好音，请奏瑟。’赵王鼓瑟。秦御史前书曰：‘某年月日，秦王与赵王会饮，令赵王鼓瑟。’蔺相如前曰：‘赵王窃闻秦王善为秦声，请奏盆缶秦王，以相娱乐。’秦王怒，不许。于是相如前进，因跪请秦王。秦王不肯击 。相如曰：‘五步之内，相如请得以颈血溅大王矣！’左右欲刃相如，相如张目叱之，左右皆靡。于是秦王不怿，为一击缶。相如顾召赵御史书曰：‘某年月日，秦王为赵王击缶。’秦之群臣曰：‘请以赵十五城为秦王寿。’蔺相如亦曰：‘请以秦之咸阳为赵王寿。’秦王竟酒，终不能加胜于赵。赵亦盛设兵以待秦，秦不敢动。”

【注】缶：古代一种瓦质打击乐

器。秦人歌唱时往往爱击缶打节拍。

【释义】赵惠文王与秦王在渑池相会。秦王对赵王说："我听说赵王擅长音乐，请奏瑟以助兴。"赵王奏瑟。秦国的史官上前写道："某年某月某日，秦王与赵王喝酒，秦王命令赵王鼓瑟。"蔺相如走上前说："赵王听说秦王善于唱秦腔，请把缶给秦王，互相高兴高兴。"秦王生气，不答应。蔺相如说："五步以内，我可以把我的血溅到大王身上。"秦王手下想杀相如。相如怒目叱责，左右都退下。秦王无奈敲了一下缶。喻强权者被屈辱。

【书证】唐·汪遵《渑池》："何事君王亲击缶，相如有剑可吹毛。"宋·陆游《自咏》："已罢向空书咄咄，尚能击缶和呜呜。"元·高文秀《渑池会》第一折："请秦公击缶，我也相凌辱。"

青出于蓝而胜于蓝，冰水为之而寒于水

qīng chū yú lán ér shèng yú lán bīng shuǐ wéi zhī ér hán yú shuǐ

【词源】战国·荀况《荀子·劝学》："学不可以已。青，取之于蓝而青于蓝；冰，水为之而寒于水。"

【注】青：蓝色颜料靛青。蓝：可提炼蓝色颜料的蓼蓝。

【释义】青，取之于蓝而青于蓝：靛青从蓼蓝中提炼出来，而颜色比蓼蓝更深。冰由水而成却比水冷。比喻学生超过老师或后人超过前人。亦作"青出于蓝而青于蓝"。

【书证】北齐·刘昼《崇学》："青出于蓝而青于蓝，染使然也。"清·李汝珍《镜花缘》第十八回："你只看见小学生尚且如此，何况先生！固然有青出于蓝而胜于蓝的，究竟是他受业之师。"清·李汝珍《镜花缘》第八十四回："不过略为跟着历练历练，只怕还要'青出于蓝'哩！"清·况周颐《蕙风词话》卷二："恐梦似真，翻新入妙，不特不嫌沿袭，几于青胜于蓝。"

轻虑浅谋 qīng lǜ qiǎn móu

【词源】西汉·司马迁《史记·赵世家》："李兑谓肥义曰：'夫小人有欲，轻虑浅谋，徒见其利而不顾其害，同类相推，俱入祸门。以吾观之，必不久矣！'"

【释义】考虑不全面，计划不周密。

【书证】北宋·司马光《资治通鉴·秦纪二·始皇帝二十五年》："燕丹不胜一朝之忿，以犯虎狼之秦，轻虑浅谋，挑怨速祸，使召公之庙不祀忽诸，罪孰大焉！"

清君侧 qīng jūn cè

【词源】《公羊传·定公十三年》："晋赵鞅取晋阳之甲，以逐荀寅与士吉射。荀寅与士吉射者，曷为者也？君侧之恶人也。此逐君侧之恶人，曷为以叛言之？无君命也。"

【注】清君侧：清除、驱逐君主身边的坏人、亲信。侧：旁边。

【释义】春秋后期，晋国的贵族赵鞅与荀寅、士吉射有矛盾，发生了冲突。晋定公偏袒荀寅、士吉射一方，诬说赵鞅发动了叛乱，赵鞅只得暂时逃到自己的封地晋阳（今山西太原）。后来，荀寅和士吉射又攻击晋定公，赵鞅便率领晋阳的军队，赶回国都绛城（今山西曲沃县），驱逐出荀寅和士吉射这两个在国君身旁的坏人。

【书证】唐·李商隐《李义山诗集·有感》之二："古有清君侧，今非乏老成。"蔡东藩、许廑父《民国通俗演义》第九十三回："独徐树铮在军粮城，电迫政府，速起用段祺瑞为总理，调度军事，一致平南，否则将引兵入京，仿佛有兴甲晋阳，入清匿君侧的气象。"

穷愁潦倒 qióng chóu liáo dǎo

【词源】西汉·司马迁《史记·平原君虞卿列传》："然虞卿穷愁，亦不能著书以自见于后世云。"三国·魏·嵇康《与山巨源绝交书》："足下旧知吾潦倒粗疏，不切事情。"

【注】穷愁：穷困愁伤。潦倒：颓丧，失意。

【释义】穷困愁苦，失意消沉。形容读书人境遇困苦，意志消沉。

【书证】清·无名氏《都门竹枝词·教馆十首》其一："盘费全无怎去家，穷愁潦倒驻京华。"清·曾朴《孽海花》第三十五回："我从此认得笑庵，不是饭颗山头、穷愁潦倒的诗人，倒是瑶台桃树下、玩世不恭的奇士了。"

穷愁著书 qióng chóu zhù shū
虞卿著春秋 yú qīng zhù chūn qiū

【典源】西汉·司马迁《史记·平原君虞卿列传》："虞卿既以魏

齐之故，不重万户侯卿相之印，与魏齐行，卒去赵，困于梁。魏齐已死，不得意，乃著书……凡八篇。以刺讥国家得失，世传之曰《虞氏春秋》。”

【释义】虞卿在赵国为相，因秦王求捕魏齐甚急，便弃相印，与魏齐一起投奔信陵君魏无忌，信陵君疑而未决，魏齐自杀。所以虞卿居住魏国，穷愁著书，作成《虞氏春秋》。“穷愁著书”谓人不得其志。亦作“孤愤虞卿”等。

【书证】北齐·何之元《梁典·总论》：“穷愁著书，窃慕虞子。”宋·陈造《送赴省七子》：“忆昔涂抹鬓未秋，著书初不缘穷愁。”宋·姜夔《以“长歌意无极，好为老夫听”为韵奉别沔鄂亲友（其十）》：“穷愁著书滨，可续离骚经。”宋·王禹偁《还杨遂蜀中集》：“圣人忧患方演易，贤者穷愁始著书。”明·汤显祖《长卿初拟游浙东胜处，忽念太夫人返棹，怅焉有作》：“定道穷愁能著书，正恐春风动游子。”

穷年累世 qióng nián lěi shì
穷年累月 qióng nián lěi yuè

【词源】战国·荀况《荀子·荣辱》：“人之情，食欲有豢，衣欲有文锈，行欲有舆马，又欲夫余财蓄积之富也，然而穷年累世不知不足，是人之情也。”

【注】穷年：一年又一年。世：三十年。

【释义】人的欲望是，吃饭希望有肉，穿衣希望有丝绸，行路希望有车马，还希望有余财积蓄来致富，年复一年永远也不知满足，这就是人的欲望。“穷年累世”喻年年月月，表示时间持续长久。

【书证】宋·陈亮《传注》：“九师三傅，齐、韩毛、郑、大戴、小戴，与天伏生，孔安国之徒，其予六径之义，穷年累岁，不遗余力矣！”清·袁枚《小仓山房尺牍》第一百七十八首：“自觉穷年累月，无一回敢废书不观。”孙中山《心理建设（孙文学说）》第四章：“而间有好学深思之士，专从事于研求其理者，每毕生穷年累月，亦有所不能知。”

穷阎漏屋 qióng yán lòu wū
穷阎漏巷 qióng yán lòu xiàng

【词源】战国·荀况《荀子·儒效》：“势在人上，则王公之材也；在人下，则社稷之臣，国君之宝也。虽隐于穷阎漏屋，人莫不贵之，道诚存也。”

【注】穷阎：荒远偏僻的胡同。阎：里巷。漏：通“陋”。穷阎漏巷：僻陋狭小的住处。

【释义】“穷阎漏屋”后世多作“穷阎陋巷”，指贫士、穷人聚居的地方；也借指社会地位低下的贫士。

【书证】东汉·应劭《风俗通义·声音·琴》：“虽在穷阎陋巷、深山幽谷，犹不失琴。”汉·韩婴《韩诗外传》卷五：“虽隐居穷巷陋室、无置锥之地，而王公不能与争名矣。”宋·曾巩《元丰类稿·四十八·徐复传》：“乐其所自得，谓富贵不足慕也，贫贱不足忧也。故穷阎漏屋、敝衣粝食，或至于不能自给，未尝动其意也！”

秋毫之末 qiū háo zhī mò

【词源】战国·鬼谷子《鬼谷子·抵巇》：“事之危也，圣人知之。独保其用，因化说事，通达计谋，以识细微。经起秋毫之末，挥之于太山之本。其施外，兆萌芽蘖之谋，皆由抵巇。”

【注】危：指危险的征兆。独保其用：独自保持清醒，精神不受干扰。因化说事：顺应自然变化的规律来分析事物。秋毫：秋天鸟的羽毛，这里指最细微的事物。太山：大山，或指泰山。本：树的根部，这里指山脚。施外：施行于外界。兆萌：萌芽的征兆。蘖：树木被砍伐以后，从根部重新长出来的新牙。巇：通“罅”，即“涧”，这里指裂痕，缝隙。

【释义】比喻十分细微的东西。

【书证】《商君书·弱民》：“今离娄见秋毫之末，不能以明目易人；乌获举千斤之重，不能以多力易人。”（离娄：相传为黄帝时眼力极好的人。乌获：秦国的大力士。）梁启超《慧观》：“夫一市之人之多，非若秋毫之末之难察也，而攫（jué）金者不知也，此其故何哉？”

秋收冬藏 qiū shōu dōng cáng

【词源】战国·荀况《荀子·王制》：“春耕、夏耘、秋收、冬藏，四者不失时，故五谷不绝而百姓有余食也；污池、渊沼，川泽谨其时禁，故鱼鳖优多而百姓有余用也；斩伐养长不失其时，故山林不童而百姓有余材也。”

【注】污池：污，停积不流的水。污池即蓄水的池塘。

【释义】春天萌生，夏天滋长，秋天收获，冬天储藏。指农业生产的一般过程。亦喻事物的发生、发展过程。

【书证】西汉·司马迁《史记·太史公自序》："夫春生夏长，秋收冬藏，此天道之大经也。弗顺则无以为天下纲纪。"

屈从毛薛 qū cóng máo xuē

【典源】西汉·司马迁《史记·魏公子列传》："公子闻赵有处士毛公藏于博徒，薛公藏于卖浆家，公子欲见两人，两人自匿不肯见公子。公子闻所在，乃间步往从此两人游，甚欢。平原君闻之，谓其夫人曰：'始吾闻夫人弟公子天下无双，今吾闻之乃妄从博徒卖浆者游，公子妄人耳！'夫人以告公子。公子乃谢夫人去，曰：'始吾闻平原君贤，故负魏王而救赵，以称平原君。平原君之游，徒豪举耳，不求士也。无忌自在大梁时，常闻此二人贤，至赵恐不得见。以无忌从之游，尚恐其不我欲也，今平原君乃以为羞，其不足从游。'"

【注】博：赌博。卖浆家：酒家。

【释义】战国时，信陵君魏公子无忌在赵期间，结识了隐于赌徒中的毛公和隐于酒徒中的薛公，跟他们一起游乐，相交很好。比喻屈尊访贤尊贤。

【书证】唐·李白《博平郑太守自庐山千里相寻入江夏北市门见访却之武陵立马赠别》："邯郸能屈节，访博从毛薛。"

取信于民 qǔ xìn yú mín

【词源】西汉·刘向《战国策·赵策一》："腹击为室而巨，荆敢言之主。谓腹子曰：'何故为室之巨也？'腹击曰：'臣羁旅也，爵高而禄轻，宫室小而帑不众。主虽信臣，百姓皆曰：国有大事，击必不为用。今击之巨宫，将以取信于百姓也！'"

【释义】大臣腹击建造的宫室巨大，大臣荆敢告诉了主君。主君问腹击何故，腹击说，我是客居他乡的人，主君虽然信任我，而百姓却不然。我所以建造巨大的宫室，是用来取得老百姓的信任。"取信于民"谓取得百姓的信任。

【书证】毛泽东《中国革命战争的战略问题》："当时的情况是弱国抵抗强国，文中指出了战前的政治准备——取信于民。”

权衡轻重 quán héng qīng zhòng

【词源】战国·鬼谷子《鬼谷子·捭阖》：“即欲捭之，贵周；即欲阖之，贵密。周密之贵微，而与道相追。捭之者，料其情也。阖之者，结其诚也。皆见其权衡轻重，乃为之度数，圣人因而为之虑。”

【注】捭：开的意思。如打开心扉、积极行动、采纳良言、任用贤才都可谓之捭，这里是采取行动的意思。阖：闭的意思，如封闭心扉、采取守势、拒绝外物、排斥他人等都可谓之阖，这里是封闭的意思。料其情：料，估计；即检验事情的真伪、善恶、良莠、利害。结其诚：结，结交；使其诚心坚定。权衡：权指秤锤，衡指秤杆，引申为称量。

【释义】称量一下哪个轻，哪个重。喻分清主次缓急。

【书证】《商君书·弱民》：“释权衡而操轻重者。”《周书·王褒庾信传论》：“权衡轻重，斟酌古今。”《清史稿·世宗孝敬宪皇后传》：“权衡轻重，如何使情文兼尽，其具议以闻。”

权谋势利 quán móu shì lì

【词源】战国·荀况《荀子·议兵》：“荀卿子曰：‘不然，臣之所道，仁人之兵、王者之志也。君之所贵，权谋势利也，所行，攻夺变诈也，诸侯之事也。仁人之兵，不可诈也。’”

【释义】“权谋势利”指权衡谋略，追求有利形势。

群居合一 qún jū hé yī

【词源】战国·荀况《荀子·荣辱》：“故先王案为之制礼义以分之，使有贵贱之等，长幼之差，知贤愚能不能之分，皆使人载其事而各得其宜，然后使悫禄多少厚薄之称，是夫群居合一之道也。”

【注】悫：通“縠”（谷），本句是说，使他的俸禄与他的才干相一致。

【释义】所以先王为人们制定礼义来分辨高低，有高贵和卑贱的等级，年长与年幼的差别，聪明与愚笨、有能力与没能力的区分，这些都是使人们各自承担自己的事情而各得其所，然后使俸禄多少得到平衡，这就是使上下之间协调一致的方法。喻在一起相处得非常和谐一致。

R

人非圣贤，孰能无过

rén fēi shèng xián
shú néng wú guò

【典源】春秋·左丘明《左传·宣公二年》："晋灵公不君：厚敛以雕墙；从台上弹人，而观其辟丸也；宰夫胹熊蹯不熟，杀之，置诸畚，使妇人载以过朝。赵盾、士季见其手，问其故，而患之。将谏，士季曰：'谏而不入，则莫之继也。会请先，不入，则子继之。'三进，及溜，而后视之，曰："吾知所过矣，将改之。"稽首而对曰："人谁无过？过而能改，善莫大焉。《诗》曰：'靡不有初，鲜克有终。'夫如是，则能补过者鲜矣。君能有终，则社稷之固也，岂惟群臣赖之。"又曰："衮职有阙，惟仲山甫补之能补过也。君能补过，衮不废矣。"犹不改。宣子骤谏，公患之，使钼麑贼之。晨往，寝门辟矣，盛服将朝。尚早，坐而假寐。麑退，叹而言曰："不忘恭敬，民之主也。贼民之主，不忠；弃君之命，不信。有一于此，不如死也！"触槐而死。

【注】非：不是。孰：谁。

【释义】晋灵公生性残暴，时常借故杀人。一天，厨师送上来的熊掌炖得不透，他就残忍地当场把厨师处死。正好，尸体被赵盾、士季两位正直的大臣看见。他们了解情况后，非常气愤，决定进宫去劝谏晋灵公。士季先去朝见，晋灵公从他的神色中看出是为自己杀厨师这件事而来的，便假装没有看见他。直到士季往前走了三次，来到屋檐下，晋灵公才瞟了他一眼，轻描淡写地说："我已经知道自己所犯的错误了，今后一定改正。"士季听这样说，也就用温和的态度道："谁没有过错呢？有了过错能改正，那就最好了。如果您能接受大臣正确的劝谏，就是一个好的国君。"但是，晋灵公并非是真正认识自己的过错，行为残暴依然故我。相国赵盾屡次劝谏，他不仅不听，反而十分讨厌，竟派刺客去暗杀赵盾。不料刺客不愿去杀害正直忠贞的赵盾，宁可自杀。晋灵公见此事不成，便改变方法，假意请赵盾进宫赴宴，准备在席间杀他。但结果赵盾被卫士救出，他的阴谋又未能得逞。最后这个作恶多端的国君，终于被赵穿杀死。意谓一般人都不是圣人和贤人，谁能没有过失？

人伦并处 rén lún bìng chǔ

【词源】战国·荀况《荀子·富国》："万物同宇而异体，无宜而有用为人，数也。人伦并处，同求而异道，同欲而异知，生也。皆有可也，知愚同；所可异也，知愚分。"

【注】为：于。伦：类别，指各种类别的人。生：同"性"。

【释义】人处在一起，具有共同的要求，但要求获得满足的方法却不一样；有共同的欲望，但满足欲望的智慧却不同，这是人天生的本性。喻人群居在一起，什么样的人都有。

仁义道德 rén yì dào dé

【词源】西汉·刘向《战国策·赵策二》："（赵武灵王）曰：'今重甲循兵，不可以逾险；仁义道德，不可以来朝。'"

【注】仁义：仁爱、正义。

【释义】穿着厚重的铠甲，拿着锐利的兵器，不能够攻坚克敌；严守道德规范，也不能够使别国臣服。"仁义道德"指旧时儒家所言的道德规范。也泛指旧时提倡的道德标准。

【书证】唐·韩愈《原道》："后之人，其欲闻仁义道德之说，其孰从而听之。"清·吴趼人《二十年目睹之怪现状》第一百零一回："还有一种人，自己做下了多少男盗女娼的事，却责成儿子做仁义道德，那才难过呢！"曹禺《日出》第二幕："李石清：'你（黄省三）满肚子的天地良心，仁义道德。你只想凭着老实安分，养活你的妻儿老小，可是你连自己一个老婆都养不住。'"郭沫若《屈原》第二幕："你说凡是一口仁义道德的人，都是些伪君子，真是一点也不错。"

仁义之兵 rén yì zhī bīng
仁义之师 rén yì zhī shī

【词源】战国·荀况《荀子·议兵》："是以尧伐欢兜，舜伐有苗，禹伐共公，汤伐有夏，文王伐崇，武王伐纣，此四帝两王，皆以仁义之兵行于天下也。"

【注】四帝：尧帝、舜帝、禹帝、汤帝。两王：周文王、周武王。

【释义】伸张正义、讨伐邪恶的

军队。

【书证】明·罗贯中《三国演义》第十五回："吾兴仁义之兵，来安浙江，汝何故助贼？"清·钱彩《说岳全传》第十五回："因此，我主兴仁义之师，救百姓于倒悬。"

任官使能 rèn guān shǐ néng

【词源】西汉·司马迁《史记·赵世家》："牛畜侍烈侯以仁义约以王道，烈侯逌然。明日，荀欣侍，以选练举贤，任官使能。明日，徐赵侍以节财俭用，察度功德。所与无不充，君说。"

【注】逌（yōu）：舒心自得的样子。

【释义】相国公仲连给赵烈侯推荐了三个贤士，三人分别为赵烈侯出了一个好主意。牛畜向烈侯建议实行"王道"、"仁义"。荀欣建议推举干练之才，重用贤良之士，按照能力任用官员。徐赵建议俭省财力、节俭费用，注意考察官员的功劳和德行。他们三人的建议非常适用，赵烈侯因此十分高兴。"任官使能"就是按照才能的大小任用官员。

肉投馁虎 ròu tóu něi hǔ

【典源】西汉·司马迁《史记·魏公子列传》："侯生笑曰：'臣固知公子之还也！'曰：'公子喜士，名闻天下。今有难，无他端而欲赴秦王，譬若以肉投馁虎，何功之有哉？'"

【释义】战国时，秦军包围了邯郸，赵国危在旦夕。魏国和信陵君答应了赵国求救的请求，而魏王害怕出兵会得罪秦国。情急之下，信陵君准备亲自率领身边的少数门客奔赴赵国，去与秦军决一死战而解救邯郸之围。他的门客侯生认为这种盲动冒险的做法无济于事，就好比把肉块投给饥饿的老虎，是白白送死毫无意义。"肉投馁虎"意谓把肉投给饿虎，比喻作无谓的牺牲，舍弃了自己的性命也无法满足对方的贪欲。

【书证】清·顾炎武《流转》诗："为小人资，委肉投馁虎。"

如堕烟海 rú duò yān hǎi

如堕云雾 rú duò yún wù

【典源】战国·荀况《荀子·富国》："今是土之生五谷也，人善治之，则亩数盆，一岁而再获之。然后瓜桃枣李一本数以盆鼓；然后荤菜百疏以泽量；然后六畜禽兽一而‘刬’车；鼋、鼍、鱼、鳖、鳅、鳣以时别，一而成群；然后飞鸟、凫、雁若烟海；然后昆虫万物生其间，可以相食养者，不可胜数也！”

【注】堕：落。

【释义】现在土地生长五谷杂粮，只要人们善于打理，各种瓜桃枣李、六畜禽兽等足够供给。飞鸟、凫、雁非常多，飞起来好像烟海一样。后成语词义变化为好像掉进茫茫无边的烟雾里一样。喻迷失方向，找不到头绪，抓不住要领。

【书证】明·袁中道《珂雪斋集·十九·应天武试程策一道》：“乃世以学属文，而云武无俟学者，其蔽有五……乃今惩（赵）括之谭兵，而略不置口，杂务经心，讲求无功，讯古证今，如坐云雾，此其蔽四也！”清·朱彝尊《竹垞诗话·下·臣士下》：“今有称诗者，问以七略四部，茫然如堕云雾，顾好坐坛坫说诗，其亦不自量矣！”毛泽东《矛盾论》：“万千的学问家和实行家，不懂得这种方法，结果如堕烟海，找不到中心，也就找不到解决矛盾的方法。”

茹肝涉血 rú gān shè xuè

【词源】西汉·刘向《战国策·赵策四》：燕封宋人荣蚠为高阳君，使将而攻赵。赵王因割济东三城（令）卢、高唐、平原合陵地城（邑市）五十七，命以与齐，而以求安平君而将之。马服君谓平原君曰：“国奚无人甚哉！君致安平君而将之，乃割济东三令城市邑五十七以与齐，此夫子与敌国战，覆军杀将之所取，割地于敌国者也。今君以此与齐，而求安平君而将之，国奚无人甚也！且君奚不将奢也？奢尝抵罪居燕，燕以奢为上谷守，燕之通谷要塞奢习知之。百日之内，天下之兵未聚，奢已举燕矣。然则君奚求安平君而为将乎？”平原君曰：“将军释之矣，仆已言之仆主矣，仆主幸以听仆也。将军无言已。”马服君曰：“君过矣！君之所以求安平君者，以齐之于燕也，茹肝涉血之仇耶。其于奢也不然。使安平君愚，固不能当荣蚠；使安平君知，又不肯与燕人战。此两言者，安平君必处一焉。虽然，两者有一也。使安平君知，则奚以赵之强为？赵强则齐不复霸矣。今得强赵之兵，以杜燕将，旷日持久数岁，令士大夫余子之力，尽于沟垒，车、甲、羽、毛裂敝，府库仓廪虚，两国交以习之，乃引其兵而归。夫尽两国之兵，无明此者矣。”

【释义】“茹肝涉血”意谓杀人很多，血流成河。

入耳著心 rù ěr zhù xīn

【词源】战国·荀况《荀子·劝学》：“君子之学也，入乎耳箸乎心，布乎四体，形乎动静；端而言蠕而动，一可以为法则。小人之学也，入乎耳，出乎口。口耳之间，则四寸耳，曷足以美七尺之躯哉？”

【注】箸：同“著”。蠕：微动。入乎耳：听进耳中。箸乎心：记到心里。

【释义】君子的学习，听进耳中，记在心中，贯彻到全身，表现在举止上；所以他说一句话、动一下都会成为别人效仿的榜样。小人的学习，只是从耳中听进去，从口中说出来。口耳间距不过四寸，怎么能靠它来完美七尺之躯呢？“入耳著心”意谓听进耳中，记在心中。喻认真领会。

【书证】宋·阮阅《诗话总龟后集·上·卷七》：“二章言其外屏非闻，耳无邪听，入耳著心，但惟圣道。”清·毕沅《续资治通鉴》第一九八卷：“入耳著心以正其本，则他日亦当有所发也！”

若别白黑 ruò bié bái hēi

若辨黑白 ruò biàn hēi bái

【词源】战国·荀况《荀子·儒效》：“苟仁义之类也，虽在鸟兽之中，若别白黑；倚物怪变，所未尝闻也……”

【释义】就像辨别黑白两种颜色一样，清清楚楚。

【书证】西汉·韩婴《韩诗外传》卷五：“知国之安危臧否，若别白黑。”清·江藩《汉学师承记·惠周惕》：“雅爱典籍，得一善本，倾囊弗惜，或借读手抄，校勘精审，于古书之真伪，了然若辨黑白。”

若不胜衣 ruò bù shèng yī

如不胜衣 rú bù shèng yī

【典源】战国·荀况《荀子·非相》：“叶公子高，微小短瘠，行若不胜其衣。然白公之乱也，令尹子西、司马子期皆死焉，叶公子高入据楚，诛白公，定楚国，如反手尔，仁义功名善于后世。”

【注】叶公子高：姓沈，名诸梁，字子高，春秋时楚国大夫，封地在叶（今河南叶县南）。楚国大夫称“公”，故称“叶公”。

【释义】叶公子高，个小体弱，走路好像连衣裳也承担不住。喻身体非常虚弱。

【书证】西汉·刘向《新序·杂事四》：“臣敢言赵武之为人也，立若不胜衣，言若不出于口。”南朝·宋·刘义庆《世说新语》：“亙字景真，长七尺三寸，洁白黑发，闲详安谛，体若不胜衣。”《南史·周敷传》：“敷形貌渺小，如不胜衣，胆力劲果，超出时辈。”

若赴水火 ruò fù shuǐ huǒ
赴汤蹈火 fù tāng dǎo huǒ

【词源】战国·荀况《荀子·议兵》：“以桀诈尧，辟之若以卵投石，以指挠沸，若赴水火，入焉焦没耳！”

【释义】原意是比喻不自量力，白讨苦吃。后转意，喻不避艰险，勇往直前。

【书证】晋·傅玄《傅子·贵教篇》：“恃力务争，至有探汤赴火而忘其身者。”北齐·刘昼《新论·辩乐》：“楚越之俗好勇，则有赴汤蹈火之歌。”唐·赵元一《奉天录》卷三：“犒师旅，使闻鼓而蹈赴汤火。”《金史·刘炳传》：“九日，修军政以习守战、自古名将料敌制胜，训练士兵，故可使赴汤蹈火，百战不殆。”

S

三寸之舌 sān cùn zhī shé
三寸不烂之舌 sān cùn bù làn zhī shé

【典源】西汉·司马迁《史记·平原君虞卿列传》：“秦之围邯郸，赵使平原君求救，合从于楚，约与食客门下有勇力文武备具者二十人偕。平原君曰：‘使文能取胜，则善矣；文不能取胜，则歃血于华屋之下，必得定从而还。士不外索，取于食客门下足矣。’得十九人，余无可取者，无以满二十人。门下有毛遂者，前，自赞于平原君曰：‘遂闻君将合从于楚，约与食客门下二十人偕，不外索。今少一人，愿君即以遂备员而行矣。’平原君曰：‘先生处胜之门下几年于此矣？’毛遂曰：‘三年于此矣。’平原君曰：‘夫贤士之处世也，譬若锥之处囊中，其末立见，今先生处胜之门下三年于此矣，左右未有所称诵，胜未有所闻，是先生无所有也。先生不能，先生留！'毛遂曰：'臣乃今日请处囊中耳。使遂蚤得处囊中，乃颖脱而出，非特其末见而已。'平原君竟与毛遂偕。十九人相与目笑之而未废也。

"毛遂比至楚，与十九人议论，十九人皆服。平原君与楚合从，言其利害，日出而言之，日中不决。十九人谓毛遂曰：'先生上！'毛遂按剑历阶而上，谓平原君曰：'从之利害，两言而决耳。今日出而言从，日中不决，何也？'楚王谓平原君曰：'客何为者也？'平原君曰：'是胜之舍人也。'楚王叱曰：'胡不下？吾乃与而君言，汝何为者也？'毛遂按剑而前曰：'王之所以叱遂者，以楚国之众也。今十步之内，王不得恃楚国之众也，王之命，县于遂手。吾君在前，叱者何也？且遂闻汤以七十里之地王天下，文王以百里之壤而臣诸侯，岂其士卒众多哉，诚能据其势而奋其威。今楚地方五千里，持戟百万，此霸王之资也。以楚之强，天下弗能当。白起，小竖子耳，率数万之众，兴师以与楚战，一战而举鄢、郢，再战而烧夷陵，三战而辱王之先人，此百世之怨，而赵之所羞，而王弗知恶焉。合从者为楚，非为赵也。吾君在前，叱者何也。'楚王曰：'唯唯。诚若先生之言。谨奉社稷而以从。'毛遂曰：'从定乎？'楚王曰：'定矣。'毛遂谓楚王之左右曰：'取鸡、狗、马之血来！'毛遂奉铜盘而跪进之楚王，曰：'王当歃血而定从，次者吾君，次者遂。'遂定从于殿，毛遂左手持盘血，而右手招十九人曰：'公相与歃此血于堂下。公等录录，所谓因人成事者也。'

"平原君已定从而归，归至于赵，曰：'胜不敢复相士。胜相士，多者千人，寡者百数，自以为不失天下之士，今乃于毛先生而失之也。毛先生一至楚，而使赵重于九鼎大吕。毛先生以三寸之舌，强于百万之师。胜不敢复相士。'遂以为上客。"

【释义】秦国围攻邯郸时，赵王派平原君去求援，当时拟推楚国为盟主，订立合纵盟约联兵抗秦，平原君约定跟门下有勇有谋文武兼备的食客二十人一同前往楚国。平原君说："假使能通过客气的谈判取得成功，那就最好了。如果谈判不能取得成功，那么也要挟制楚王在大庭广众之下把盟约确定下来，一定要确定了合纵盟约才回国。”这时门下食客中有个叫毛遂的人，径自走到前面来，向平原君自我推荐说：“我听说您要到楚国去，让楚国做盟主订下合纵盟约，并且约定与门下食客二十人一同去，现在还少一个人，希望您就拿我充个数一起去吧。”平原君终于同意让毛遂一同去。到达楚国，平原君与楚王谈判订立合纵盟约的事，再三陈述利害关系，从早晨直到中午还没决定下来，于是毛遂紧握剑柄，一路小跑地登阶到了殿堂上，对平原君说：“谈合纵不是‘利’就是‘害’，只两句话罢了。现在从早晨到了中午还决定不下来，是什么缘故？”楚王见毛遂登上堂来就对平原君说：“这个人是干什么的？”平原君回答说：“这是我的随从家臣。”楚王厉声呵叱道：“怎么还不给我下去！我是跟你的主人谈判，你来干什么！”毛遂紧握剑柄走向前去说：“大王敢呵叱我，不过是依仗楚国人多势众。现在我与你相距只有十步，十步之内大王是依仗不了楚国的人多势众的，大王的性命控制在我手中。我的主人就在面前，当着他的面你为什么这样呵叱我？况且我听说商汤曾凭着七十里方圆的地方统治了天下，周文王凭着百里大小的土地使天下诸侯臣服，难道是因为他们的士兵多吗？实际上是由于他们善于掌握形势而奋力发扬自己的威力。如今楚国领土纵横五千里，士兵百万，这是争王称霸所凭借的资本。凭着楚国如此强大，天下谁也不能挡住它的威势。秦国的白起，不过是个毛孩子罢了，他带着几万人的部队，发兵与楚国交战，第一战就攻克了鄢城郢都，第二战烧毁了夷陵，第三战便使大王的先祖受到极大凌辱。这是楚国百世不解的怨仇，连赵王都感羞耻，可是大王却不觉得羞愧。合纵盟约是为了楚国，不是为了赵国。我的主人就在面前，你为什么这样呵叱我？”听了毛遂这番数说，楚王立即改变了态度说：“是，是，的确像先生所说的那样，我一定竭尽全国的力量履行合纵盟约。”毛遂进一步逼问道：“合纵盟约算是确定了吗？”楚王回答说：“确定了。”于是毛遂用命令的口吻对楚王的左右近臣说：“把鸡、狗、马的血取来。”毛遂双手捧着铜盘跪下把它进献到楚王面前说：“大王应先吮血以表示确定合纵盟约的诚意，下一个是我的主人，再下一个是我。”就这样，在楚国的殿堂上确定了合纵盟约。平原君确定了合纵盟约便返回赵国，回到赵国后，说：“我不敢再观察识别人才了。我观察识别人才多说上千，少说几百，自认为不会遗漏天下的贤能之士，现在竟然把毛先生给漏下了。毛先生一到楚国，就使赵国的地位比九鼎大吕的传国之宝还尊贵。毛先生凭着他那一张能言善辩的嘴，竟比百万大军的威力还要强大。”于是把毛遂尊为上等宾客。“三寸之舌”后来演变为“三寸不烂之舌”，喻人能说会道，善于辩论。

【书证】西汉·扬雄《解嘲》：“娄敬委辂脱挽，掉三寸之舌，建不拔之策。”南朝·刘勰《文心雕龙》：“一夫之辩重于九鼎之宝，三寸之舌强于百万之师。”南北朝·傅昭《处世悬镜·藏之卷四》：“蝼蚁之穴，能毁千里之堤；三寸之舌，可害身家性命。”唐·李吉甫《贺赦表》(其五)：“徒张三寸之舌，不足以谈圣典；空捐七尺之躯，不足以报明主。”宋·王日休《龙舒净土文卷十》：“食前方丈，只为三寸之舌；妙丽娇娆，只为臭腐之身。”

三军同力 sān jūn tóng lì

【词源】战国·荀况《荀子·议兵》：“如是，则近者竞亲，远方致愿；上下一心，三军同力；名声足以暴炙之，威强足以捶笞之；拱揖指挥，而强暴之国莫不趋使；譬之，是犹乌获与僬侥搏也！”

【注】乌获：秦国的大力士。僬侥：传说中的矮子，身高三尺。三军：本指军队建制中的各部分，如左军、右军、中军。泛指军队。现指陆海空军。三军同力：指部队非常团结，能够集中力量打击敌人。

【释义】这样邻国就会争先恐后地来亲近，远方的国家也会表达出仰慕之情；国内上下团结一心，全军共同努力；声威足以用来向别国炫耀而震慑他们，武力足以用来惩罚他们；从容地指挥，而强暴的国家没有不奔走前来听命的；打个比方，这就好像大力士乌获与矮子焦侥搏斗一样。

【书证】西汉·韩婴《韩诗外传》卷六：“上下一心，三军同力。名声足以薰炙之，威强足以一齐之。”宋·徐梦莘《三朝北盟》卷一九三:"故能百将一心,三军同力,父诏其子,兄诏其弟。"

三人成虎 sān rén chéng hǔ

【典源】西汉·刘向《战国策·魏策二》:"夫市之无虎明矣,然而三人言而成虎。"

【释义】战国时代,魏国有个大臣叫庞葱。魏王派庞葱陪太子到赵国去做人质。庞葱担心自己走后有人会在魏王面前说他的坏话,临行前他对魏王说:"假如有人对大王说,街上来了只老虎,大王信不信?"魏王果断地说:"我当然不会相信。"庞葱又说,"假如有两个人说街上来了一只老虎,大王信不信呢?"魏王迟疑了一下说:"那我将半信半疑。"庞葱再问:"假如有三个人说,大王信不信呢?"魏王立即回答说:"那我就只得相信了。"庞葱忧郁地说:"街上明明没有老虎,因为有三个人这么说,街上有老虎就成了真的了。王宫和大街靠得很近,而赵国的都城邯郸跟魏国的都城却隔得很远,我担心我走后,恐怕背后议论我的人还不止三个呢?"魏王这才明白庞葱的意思,坦然地说:"你放心去吧,我明白了。"

"三人成虎"谓三个人都谎说街上有老虎,令人信以为真。比喻流言可以耸动视听。

【书证】西汉·刘向《战国策·秦策三》:"闻三人成虎,千夫揉椎,众口所移,毋翼而飞。"《邓析子·转辞》:"古人有言,众口铄金,三人成虎,不可不察也。"

桑荫未移 sāng yīn wèi yí
桑荫未徙 sāng yīn wèi xǐ

【词源】西汉·刘向《战国策·赵策四》:"(冯忌借门客言谓赵王)昔者尧见舜于草茅之中,席陇亩而荫庇桑,荫移而授天下传。"

【注】荫:树荫。

【释义】喻人的意气相投、相知,并不需要很久的时间。也指时间短暂。

【书证】晋·陈寿《三国志·魏书·文帝纪》:"以肃承天命"裴松之注引《献帝传》:"舜受大麓,桑荫未移而已陟帝位,皆所以只承天命,若此之速也!"宋·吴曾《能改斋漫录·事实二》:"唐尉迟敬德赞曰:'敬德之来,太宗以赤心待之。桑荫未徙,而大功立。'"

杀生予夺 shā shēng yǔ duó
生杀予夺 shēng shā yǔ duó

【词源】战国·荀况《荀子·王制》："故丧祭、朝聘、师旅，一也，贵贱、杀生、予夺，一也，君君、臣臣、父父、子子、兄兄、弟弟，一也。农农、士士、工工、商商，一也。"

【注】杀：杀戮。生：生存。予：给予。夺：剥夺。

【释义】指统治者对人民生命财产任意处置。

【书证】明·冯梦龙《东周列国志》第九十七回："夫制国之为王，生杀予夺，他人不敢擅专。"《北齐书·恩幸列传·穆提婆》："自武平之后，令萱母子势倾内外矣，庸劣之徒皆重迹屏气焉，自外杀生予夺，不可尽言。"清·黄宗羲《子刘子行状上》："斜封之敕，钩党之狱，生杀予夺，惟所自出，而国家之大命随之。"

沙丘之变 shā qiū zhī biàn
成兑平变 chéng duì píng biàn

【典源】西汉·司马迁《史记·赵世家》：惠文王二年，主父行新地，遂出代，西遇楼烦王于西河而致其兵。三年，灭中山，迁其王于肤施。起灵寿，北地方从，代道大通。还归，行赏，大赦，置酒酺五日，封长子章为代安阳君。章素侈，心不服其弟所立。主父又使田不礼相章也。李兑谓肥义曰："公子章强壮而志骄，党众而欲大，殆有私乎？田不礼之为人也，忍杀而骄。二人相得，必有谋阴贼起，一出身徼幸。夫小人有欲，轻虑浅谋，徒见其利而不顾其害，同类相推，俱入祸门。以吾观之，必不久矣。子任重而势大，乱之所始，祸之所集也，子必先患。仁者爱万物而智者备祸于未形，不仁不智，何以为国？子奚不称疾毋出，传政于公子成？毋为怨府，毋为祸梯。"肥义曰："不可，昔者主父以王属义也，曰：'毋变而度，毋异而虑，坚守一心，以殁而世。'义再拜受命而籍之。今畏不礼之难而忘吾籍，变孰大焉。进受严命，退而不全，负孰甚焉。变负之臣，不容于刑。谚曰'死者复生，生者不愧'。吾言已在前矣，吾欲全吾言，安得全吾身！且夫贞臣也难至而节见，忠臣也累至而行明。子则有赐而忠我矣，虽然，吾有语在前者也，终不敢失。"李兑曰："诺，子勉之矣！吾见子已今年耳。"涕泣而出。李兑数见公子成,以备田不礼之事。异日肥义谓信期曰:“公子与田不礼甚可忧也。其于义也声善而实恶,此为人也不子不臣。吾闻之也,奸臣在朝,国之残也;谗臣在中,主之蠹也。此人贪而欲大,内得主而外为暴。矫令为慢,以擅一旦之命,不难为也,祸且逮国。今吾忧之,夜而忘寐,饥而忘食。盗贼出入不可不备。自今以来,若有召王者必见吾面,我将先以身当之,无故而王乃入。”信期曰:“善哉,吾得闻此也!”四年,朝群臣,安阳君亦来朝。主父令王听朝,而自从旁观窥群臣宗室之礼。见其长子章傫然也,反北面为臣,诎于其弟,心怜之,于是乃欲分赵而王章于代,计未决而辍。主父及王游沙丘,异宫,公子章即以其徒与田不礼作乱,诈以主父令召王。肥义先入,杀之。高信即与王战。公子成与李兑自国至,乃起四邑之兵入距难,杀公子章及田不礼,灭其党贼而定王室。公子成为相,号安平君,李兑为司寇。公子章之败,往走主父,主父开之,成、兑因围主父宫。公子章死,公子成、李兑谋曰:“以章故围主父,即解兵,吾属夷矣。”乃遂围主父。令宫中人“后出者夷”,宫中人悉出。主父欲出不得,又不得食,探爵鷇而食之,三月余而饿死沙丘宫。主父定死,乃发丧赴诸侯。

【注】沙丘:地名,今河北省广宗县西北。夷(yí)杀,夷灭。鷇(kòu),待哺的雏鸟。

【释义】赵武灵王二十七年,武灵王立次子赵何为国王,自己号称“主父”,后来他又觉得对不起长子赵章,想分部分土地给赵章让其称王,但没有成功。赵章心怀不满,乘主父和赵何游沙丘而起事发难,准备杀死武灵王和赵何,然而谋杀未遂。李兑和公子成追杀赵章,赵章曾跑到主父的宫殿。李兑和公子成商议:“虽然是因为赵章叛乱而包围了主父的宫殿,即使我们撤兵解围,我们也犯上而将被杀头。”于是继续包围主父的宫殿,不允许主父走出来,三个月之后,武灵王饿死在沙丘宫内。此事变称“沙丘之变”或“成兑平变”,意谓事变、动乱、自相残杀而玉石俱焚。

【书证】明·宋濂《元史·列传第七十三·张桢》:“然为言大要有三:保君父,一也;扶社稷,二也;卫生灵,三也。请以近似者陈其一二:卫出公据国,至于不父其父;赵有沙丘之变,其臣成、兑平之,不可谓无功,而后至于不君其君;唐肃宗流播之中,怵于邪谋，遂成灵武之篡。千载之下，虽有智辩百出，不能为雪。呜呼！是岂可以不鉴之乎！”

歃血为盟 shà xuè wéi méng

【典源】西汉·司马迁《史记·平原君虞卿列传》：“毛遂谓楚王之左右曰：‘取鸡狗马之血来。’毛遂奉铜盘而跪进之楚王，曰：‘王当歃血而定从，次者吾君，次者遂。’”

【注】用牲畜的血涂抹嘴唇，宣誓缔约，以表诚意。歃血：古代举行结盟仪式时，为表示诚意，用牲畜的血涂抹嘴唇。后泛指订立盟约极其庄严。

【释义】毛遂大声吩咐楚王的侍从：“赶快给我把鸡血、狗血、马血拿来。”侍从见毛遂怒目圆睁，手按宝剑，楚王见有危险，只得照办。毛遂手托铜盘、跪着呈给楚王，说：“大王理当歃血为盟，请用鸡狗马之血涂抹嘴唇，接着是我们大人平原君涂，然后我毛遂涂。”楚王慑于毛遂的威怒，不得不涂。楚国终于和赵国订立了联合抗秦的盟约，并立即出兵，解了赵国之围。

【书证】明·罗贯中《三国演义》第一百一十回：“宰白马歃血为盟，宣言司马师大逆不道。”郭沫若《屈原》第二幕：“说不定国王还要歃血为盟呢，珠盘玉敦的准备也是不可少的。”

山陵崩 shān líng bēng

【典源】西汉·刘向《战国策·赵策·触龙说赵太后》：“赵太后新用事，秦急攻之。赵氏求救于齐，齐曰：‘必以长安君为质，兵乃出。’太后不肯，大臣强谏。太后明谓左右：‘有复言令长安君为质者，老妇必唾其面。’……(左师公)曰：‘此其近者祸及身，远者及其子孙。岂人主之子孙则必不善哉？位尊而无功，奉厚而无劳，而挟重器多也。今媪尊长安君之位，而封之以膏腴之地，多予之重器，而不及今令有功于国，一旦山陵崩，长安君何以自托于赵？臣以媪为长安君计短也，故以为其爱不若燕后。’”

【注】崩：天子死亡。

【释义】赵太后刚刚执政，秦国加紧攻赵。赵国向齐国求救。齐国说：“一定要把长安君作为人质，才派兵。”赵太后不肯答应，大臣们极力劝说，太后明白地对左右的人说：“有哪个再来说要长安君为人质的，我就要把唾沫吐在他的脸上。”……左师官触龙进见太后，触龙委婉地劝道：“近一点呢，祸患会落到自己身上；远一点呢，灾祸就会累及子孙。难道是这些人君之子一定都不好吗？但他们地位尊贵，却无功于国；俸禄优厚，却毫无劳绩，而他们又持有许多奇珍异宝。（这就难免危险了。）现在您使长安君地位尊贵，把肥沃的土地封给他，赐给他很多宝物，可是现在不使他有功于国，有朝一日您不在了，长安君凭什么在赵国立身呢？我觉得您为长安君考虑得太短浅了，所以我认为您对他的爱不及燕后啊！”

善善恶恶 shàn shàn wù è

【词源】战国·荀况《荀子·强国》：“夫尚贤使能，赏有功，罚有罪，非独一人为之也。彼先王之道也，一人之本也，善善恶恶之应也，治必由之，古今一也！”

【注】善善：称赞、宣扬好的。恶恶：憎恶、贬斥恶的。

【释义】形容是非清楚，扬善疾恶，爱憎分明。

【书证】西汉·司马迁《史记·太史公自序》：“善善恶恶，贤贱不肖。”张仲方《全唐文·驳赠司徒李吉甫谥议》：“处大位者，举其巨节，蔑诸细行，垂范当代，彰示后人，然后书之，垂于不朽，善善恶恶，不可以诬。故称一字则至当焉，举一事则至明焉。”

善言暖于布帛，伤人之言深于矛戟

shàn yán nuǎn yú bù bó shāng rén zhī yán shēn yú máo jǐ

【词源】战国·荀况《荀子·荣辱》：“憍泄者，人之殃也；恭俭者，偋五兵也，虽有戈矛之刺，不如恭俭之利也。故与人善言暖于布帛，伤人之言深于矛戟。故薄薄之地不得履之，非地不安也，危足无所履者，凡在言也。巨涂则让，小涂则殆，虽欲不谨，若云不使。”

【注】憍：通“骄”，骄傲。泄：通“媟”，轻慢。憍泄：骄傲轻慢。偋：同“屏”，屏除。五兵：五种兵器，这里泛指一切兵器。“偋五兵”即免除杀身之祸。布帛：麻布和丝织品，指代“衣服”。薄薄：同“溥溥”，广大无边的样子。危足：踮起脚尖。巨涂：涂通“途”；巨涂即大路。让：通“攘”，

拥挤的样子。

【释义】指好话比衣服还温暖，能给人以安慰和鼓舞。伤害人的话比矛戟刺人还要痛。

缮甲砥兵 shàn jiǎ dǐ bīng

【词源】西汉·刘向《战国策·赵策二》：张仪说赵王曰："弊邑恐惧慑伏，缮甲砥兵，饰车骑，习驰射，力田积粟，守四封之内。"

【注】缮甲：备办铠甲。砥兵：磨砺兵器。

【释义】整治军事装备，做好战斗准备。

【书证】汉·刘向《说苑·一十三·权谋》："楚王恐，召梁公弘曰：'晋人已胜知氏矣，归而缮甲砥兵，其以我为事乎？'"

赏不当功 shǎng bù dāng gōng

【词源】战国·荀况《荀子·正论》："夫德不称位，能不称官，赏不当功，罚不当罪，不祥莫大焉。"

【注】赏：奖赏。功：功劳。

【释义】如果品德和地位不相称，能力和官职不相称，奖励和功劳不相称，刑律和罪行不相适，那么没有比这更大的祸害了。谓奖赏和功劳不相称。

【书证】西汉·刘安《淮南子》卷九："有司枉法而从风，赏不当功，诛不应罪，上下离心，而君臣相怨也！"《明史·赵锦传》："致朝廷之上，用者不贤，贤者不用；赏不当功，罚不当罪。"

赏贤使能 shǎng xián shǐ néng

【词源】战国·荀况《荀子·王霸》："致忠心以爱之，赏贤能以次之。"

【注】赏：通"尚"，崇尚尊重。次：按序编排。

【释义】尊崇贤能之士并量才重用。

上得天时，下得地利 shàng dé tiān shí xià dé dì lì

【词源】战国·荀况《荀子·议兵》："上得天时，下得地利，观敌之变动，后之，先之至，此用兵之要术也！"

【注】天时：自然的时序及阴晴寒暑的变化。地利：有利地势。

【释义】上得天时，下得地利，明察敌人的动态，然后再出动，在敌人还没有到达之前，先占据有利的地势，这是用兵之道。指作战既有适宜的气候条件，又有优越的地理形势做依托；亦泛指办事所具备的客观条件极为有利。

上马试廉颇

shàng mǎ shì lián pō

【典源】西汉·司马迁《史记·廉颇蔺相如列传》："廉颇居梁之久，魏不能信用。赵以数困于秦兵，赵王思复得廉颇，廉颇亦思复用于赵。赵王使使者视廉颇尚可用否。廉颇之仇郭开多与使者金，令毁之。赵使者既见廉颇，廉颇为之一饭斗米，肉十斤，披甲上马，以示尚可用。赵使还报王曰：'廉将军虽老，尚善饭，然与臣坐，顷之三遗矢矣。'赵王以为老，遂不召。"

【注】矢：通"屎"。

【释义】廉颇在大梁住久了，魏国对他不能信任重用。赵国由于屡次被秦兵围困，赵王就想重新用廉颇为将，廉颇也想再被赵国任用。赵王派了使臣去探望廉颇，看看他还能不能胜任。廉颇的仇人郭开用重金贿赂使者，让他回来后说廉颇的坏话。赵国使臣见到廉颇之后，廉颇当着他的面一顿饭吃了一斗米、十斤肉，又披上铁甲上马，表示自己还可以被任用。赵国使者回去向赵王报告说："廉将军虽然已老，饭量还很不错，可是陪我坐着时，一会儿就拉了三次屎。"赵王认为廉颇老了，就不再把他召回了。比喻空怀报国之志而不得用之。

【书证】唐·刘长卿《奉寄婺州李使君舍人》："似鹗占贾谊，上马试廉颇。"

上下一心 shàng xià yī xīn

【词源】战国·荀况《荀子·议兵》："如是，则近者竟亲，远方致愿；上下一心，三军同力；名声足以暴炙之，威强足以捶笞之，拱揖指挥，而强暴之国莫不趋使；譬之，是犹乌获与焦侥搏也！"

【注】暴炙：日晒火烤，这里比喻名声显赫而能威慑别人。拱揖：两手相握作揖，喻闲适、容易。乌获：秦国的大力士，能力举千斤。焦侥（jiāo ráo）：传说中的矮人，身高三尺。

【释义】指领导者和其部属意志、思想高度一致。

【书证】西汉·刘安《淮南子·

诠言训》:“上下一心,君臣同志,与之守社稷。”《晋书·刘颂传》:“上下一心爱国如家。”元·余阙《于中书参政成谊叔书》:“区区小邑,虽曰上下一心,幸而完固,红炉片雪,实为可忧耳!”《周书·宇文虬传》:“虬每经行政,必身先卒伍,故上下同心,战无不克。”

上医医国 shàng yī yī guó

【典源】春秋·左丘明《国语·晋书八》:“平公有疾,秦景公使医和(秦人,良医)视之……文子(赵武)曰:‘医及国家乎?’对曰:‘上医医国,其次医人。固医官也。’”

【注】上医:高明的医生。医国:为国除弊。

【释义】晋平公有病,秦景公派大夫和来看病……赵武说:“你的医术高明,能为国家看病吗?”大夫说:“作为一个好的医官,首先应该懂得为国除患祛弊,然后才是治病救人,这是医官的本分。”上医医国指作为一个高明的医生,首先应该懂得为国除患祛弊,然后才是治病救人。

【书证】宋·刘镇《江城子》:“思君梦里说邯郸,未成欢,已炊残。断送春归,风雨霎时间。空有身前医国手,医不到,子孙寒。”清·龚自珍《杂诗》:“霜豪掷罢倚天寒,任作淋漓淡墨看。何敢自矜医国手,前方只贩古时丹。”

上溢下漏 shàng yì xià lòu

【词源】战国·荀况《荀子·王制》:“故修礼者王,为政者强,取民者安,聚敛者亡。故王者富民,霸者富士,仅存之国富大夫,亡国富筐箧、实府库。筐箧已富,府库已实,而百姓贫;夫是之谓上溢而下漏。入不可以守,出不可以战,则倾覆灭亡可立而待也。故我聚之以亡,敌得之以强。聚敛者,召寇、肥敌,亡国危身之道也,故明君不蹈也。”

【注】溢:水满外流。

【释义】指上富下贫。

【书证】《宋史·食货志下·一》:“天下财赋多为禁中私财,上溢下漏,而民重困。”

舌挢不下 shé jiǎo bù xià

【词源】战国·庄周《庄子·秋水》:“公孙龙口呿而不合,舌举而不下，乃逸而走。”

【注】 挢：举起，此词中作翘起之意。呿(qū)：张口的样子。

【释义】 因恐惧、惊讶而张口结舌。

【考据】 公孙龙(约前320—264)：战国后期名辩思想家。字子秉，赵国人。曾说燕昭王、赵惠文王偃兵，被平原君奉为上客。鼓吹“名辩”，在思维逻辑上，其基本命题为“别异同”，着眼于“别”而不在“合”。从严格区别事物共性和个性出发，把“同”与“异”的矛盾绝对化。认为思维中的一切“属性”可以脱离“本质”而存在，从而提出了“离坚白”、“白马非马”的命题。《汉书·艺文志》著录《公孙龙子》十四篇，宋时已亡八篇，今存六篇1900余字。

舍本问末 shě běn wèn mò

【典源】 西汉·刘向《战国策·齐策四》：“齐王使使者向赵威后。书未发，威后向使者曰：‘岁亦无恙耶？民亦无恙耶？王亦无恙耶？’使者不说，曰：‘臣奉使使威后，今不问王，而先问岁与民，岂先贱而后尊者乎？’威后曰：‘不然。苟无岁，何以有民？苟无民，何以有君？故有舍本而问末者耶？’”

【注】 舍：放弃。

【释义】 赵威后向齐使者先问年成，继而问百姓，最后才问齐王。齐使者说赵威后把卑贱放在前面，而把尊贵摆在后面。威后说：“没有好年成靠什么养育百姓，没有百姓哪有国君？问话怎么能舍去根本而去问细枝末节呢？”比喻分不清主次，抛弃了主要的、根本的，而去追求次要的、枝节的。

慎树枳棘 shèn shù zhǐ jí

【典源】 战国·韩非《韩非子·内储说左下》：“(赵简)主俯而笑曰：‘夫树桔柚者，食之则甘，嗅之则香；树枳棘者，成而刺人；故君子慎所树。’”

【注】 枳、棘：都是多刺的灌木。树：栽树。

【释义】 赵简子(鞅)大笑说，栽种桔柚树，吃起来是甜的，闻起来是香的；栽种枳、棘，长成以后，只能够扎人，所以说，君子栽树也要慎重啊。喻奸邪恶人或险恶处境。

【书证】 唐·杜牧《昔事文皇帝三十二韵》：“狐威假白额，枭啸得黄昏。馥馥芝兰网，森森枳棘藩。吠声嗾国猘，公议怯膺门。窜逐诸丞相，苍茫远帝阍。一名为吉士，谁免吊湘魂。间世英明主，中兴道德尊。”

生计 shēng jì

【词源】战国·鬼谷子《鬼谷子·谋篇》：“事生谋，谋生计。”

【释义】原意为产生计策。后引申为谋生之道，有关生活的事情。

【书证】唐·白居易《首夏》：“料钱随月用，生计逐日营。”刘沧《罢华原尉上座主尚书》：“自怜生计事悠悠，浩渺沧浪一钓舟。”

圣君贤相 shèng jūn xián xiàng

【词源】战国·荀况《荀子·富国》：“兼足天下之道在明分——掩地表亩，刺草植谷，多粪肥田，是农夫众庶之事也。守时力民，进事长功，和齐百姓，使人不偷，是将率之事也。高者不旱，下者不水，寒暑和节而五谷以时孰，是天下之事也。若夫兼而覆之，兼而爱之，兼而制之；岁虽凶败水旱，使百姓无冻馁之患，则是圣君贤相之事也。”

【注】掩：撩，撩地即种地。表亩：在田垄上作标志标明各户之间的地界。率：同“帅”。古代为将帅者，其平时即为州长党正之官。孰：同“熟”。天下之事：当为“天之事”。相：辅弼之臣，后专指宰相。君臣投契的意思。

【释义】圣明的君主与贤良的辅佐大臣。

【书证】唐·韩愈《答刘秀才论史书》：“唐有天下二百年矣，圣君贤相相踵。”清《曾国藩家书》：“古之圣君贤相，若汤之昧旦丕显，文王日昃不遑。”

盛气凌人 shèng qì líng rén

【典源】西汉·司马迁《史记·赵世家》：“赵太后新用事，秦急攻之。赵氏求救于齐。齐曰：‘必以长安君为质，兵乃出。’太后不肯，大臣强谏。太后明谓左右：‘有复言令长安君为质者，老妇必唾其面。’左师触龙言愿见太后，太后盛气而胥之。”

【释义】赵孝成王年幼即位，秦国乘机攻打赵国。齐国提出以长安君做人质为出兵相助条件。太后不肯，左师触龙求见太后，太后显出盛气逼人的神态等待触龙。触龙一番婉言终解太后顾虑。喻在别人面前,以骄傲的气焰压人。

【书证】元·杨载《大元故翰林学士·赵公行状》:"(叶)李论事厉声色,盛气凌人,若好己胜者,刚直太过,故人多怨焉。"清·蘧园《负曝闲谈》:"华尚书这才把心放下,又去谢过大总管,谢过陆大军机,从今以后,也稍微敛迹些,不敢再把他那盛气凌人的样子拿出来了。"

时用则存,不用则亡

shí yòng zé cún bù yòng zé wáng

【词源】战国·荀况《荀子·赋》:"有物于此,生于山阜处于室堂。无私无巧,善治衣裳。不盗不窃,穿窬而行……下覆百姓,上饰帝王。功业甚博,不见贤良。时用则存,不用则亡。"

【释义】这里有个东西,出产于山冈上,而居处在堂屋。自己无私又无巧,又善于缝衣裳。不偷也不抢,可经常穿洞爬墙。……下能暖和老百姓的身体,上能修饰帝王将相。功劳业绩很大,可不露一点点贤能才干的锋芒。用它就锋利,不用就衰亡。喻知识、技术越用越丰富、熟练,不用就要生疏、遗忘;亦指人的脑子越用越善于思考,不用就会变得迟钝。

士为知己者死

shì wèi zhī jǐ zhě sǐ

【典源】西汉·刘向《战国策·赵策一》:"晋毕阳之孙豫让,始事范、中行氏而不说,去而就知(智)伯,知伯宠之。及三晋分知氏,赵襄子最怨知伯,而将其头以为饮器。豫让遁逃山中,曰:'嗟乎!士为知己者死,女为悦己者容,吾其报知氏之仇矣!'"

【注】知伯:智伯。士:古代男子的美称。知己:彼此相互了解,情意深切的朋友。

【释义】晋国义士毕阳的孙子豫让,原来事奉范氏,后来事奉智伯,智伯很宠信他。韩、魏、赵分晋以后赵襄子用智伯的头颅做酒器。豫让逃到中山后说:"义士应当为知己者效死,我要为智伯报仇。"指士人愿意为知己者牺牲生命,为报答知己甘心以死相报。

【书证】三国·魏·曹操《祀故太尉桥玄文》:"士死知己,怀此无忘。"清·袁枚《小仓山房心牍》："公竟死公署中，所谓士为知己者死，固其所也！"

市道之交 shì dào zhī jiāo

【典源】西汉·司马迁《史记·廉颇蔺相如列传》："廉颇之免长平归也，失势之时，故客尽去。乃复用为将客又复至。廉颇曰：'客退矣！'客曰：'吁！君何见之晚也？夫天下以市道交，君有势，我则从君，君无势则去，此固其理也，有何怨乎？'"

【释义】廉颇失势时门客离去，被重用时门客复归。廉颇很不满。门客说："您的见识已过时，现在天下是以市场买卖的方式交朋友，您有权势我们就跟随您，您没有权势我们就离开，将军有什么可怨恨的呢？""市道之交"意谓以市场上交易的关系用到朋友交往上，形容人们重利忘义的庸俗行为。

【书证】明·李贽《续焚书》："以天下尽市道之交也。"

是是非非 shì shì fēi fēi

【词源】战国·荀况《荀子·修身》："以善先人者谓之教，以善和人者谓之顺；以不善先人者谓之谄，以不善和人者谓之谀。是是非非谓之知，非是是非谓之愚。伤良曰谗，害良曰贼；是谓是，非谓非曰直。"

【注】是是：前一个"是"作肯定讲，后一个"是"指正确的东西。非非：前一个"非"作否定讲，后一个"非"指错误的东西。

【释义】肯定正确的，否定错误的。指能正确地评定是非。后也指处事严明公正。"是是"、"非非"又为重言，统指"是"和"非"，指流言蜚语。

【书证】北宋·欧阳修《尹师鲁墓志》："与其人言，是是非非，务穷尽道理而已，不为苟知而妄从。"明·朱权《冲漠子》二折："猿也，你再休向灵台寄迹；马也，再休向黄庭伏枥，再休管是是非非。"

手足胼胝 shǒu zú pián zhī
胼手胝足 pián shǒu zhī zú
手胼足胝 shǒu pián zú zhī

【词源】战国·荀况《荀子·子道》："今夙兴夜寐，耕耘树艺，手足胼胝以养其亲……"

【注】胼、胝：老茧。

【释义】早起晚睡，种地锄草，

手脚都磨出了老茧。形容辛勤劳苦。

【书证】宋·叶遗《谢除宝漠阁直学士提举凤翔府上清太平宫表》:"臣力耕壤,勤凿枯泉,空有胼手胝足之劳。"南朝·宋·刘义庆《世说新语·言语》:"王右军与谢太傅共登冶城,王谓谢曰:'夏禹勤王,手足胼胝'"。明·宋濂《东阳十孝子赞·晋许孜》:"勚(yì,疲劳)彼乡民手胼足胝。"

守时力民 shǒu shí lì mín

【词源】战国·荀况《荀子·富国》:"守时力民,进事长功。和齐百姓,使人不偷,是将帅之事也!"

【释义】遵守农时,使人民努力生产。指顺应时势,引导人民努力发展生产。

顺非而泽 shùn fēi ér zé

【词源】战国·荀况《荀子·宥坐》:"人有恶者五,而盗窃不与焉:一曰心达而险,二曰行辟而坚,三曰言伪而辩,四曰记丑而博,五曰顺非而泽。"

【注】顺:顺从。非:错误。泽:通"释",解释。

【释义】人有五种罪恶的行为,盗窃还不包括在里面:一是为人精明而用心险恶;二是行为邪僻而又顽固;三是说话虚伪却很善辩;四是记述丑恶的东西十分广博;五是顺从错误而又加以润饰。"顺非而泽"指对于错误的言行不仅表示赞同,而且还加以润饰。

【书证】《魏书·李谧传》:"可谓因伪饰辞,顺非而泽,谅可叹矣!"清·严复《救亡决论》:"乡(向)壁虚造,顺非而泽,持之似有故,言之若成礼。"

顺风而呼 shùn fēng ér hū

【词源】战国·荀况《荀子·劝学》:"登高而招,臂非加长也,而见者远;顺风而呼,声非加疾也,而闻者彰。"

【注】顺:趋向同一方向。

【释义】顺风呼喊,声音并没有增大,人们却能够听得清清楚楚。喻凭借外力可以取得好的结果。

【书证】西汉·司马迁《史记·游侠列传》:"比如顺风而呼,声非加疾,其势激也!"

私忧过计 sī yōu guò jì

【词源】战国·荀况《荀子·富国》："墨子之言，昭昭然为天下忧不足。夫不足，非天下之公患也，特墨子之私忧过计也。"

【释义】墨子言论，万分着急地认为天下人物资不够用。他所谓的不够用并不是天下人共同的祸患，而只是墨子个人的担忧与过虑。个人的多虑和担忧。指没有必要的担心忧虑。"私忧过计"后世多用来表示个人对某事有多方面的考虑而郑重提出来，以引起对方的重视，不可等闲视之。

【书证】宋·李心传《建炎以来系年要录·绍兴二十九年四月辛亥》："臣尚有私忧过计者，金人强则称兵，弱则请和……"金·元好问《东平府新学记》："若人者，必当戒覆车之辙，以适改新之路。特私忧过计，有不能自已者耳，故备述之。"

四分五裂 sì fēn wǔ liè

【词源】西汉·刘向《战国策·魏策一》："张仪为秦连横，说魏王曰：'魏南与楚而不与齐。则齐攻其东；东与齐而不与赵，则赵攻其北；不合于韩，则韩攻其西；不亲于楚，则楚攻其南。此所谓四分五裂之道也！'"

【注】裂：分裂。

【释义】喻分散，不完整，不集中，不团结，不统一。

【书证】《旧五代史·僭伪二》："当今海内四分五裂，吾欲南面以朝天下，诸君以为何如？"明·冯梦龙《东周列国志》第五十四回："一时鱼奔鸟散，被楚兵砍瓜切菜，乱杀一回，杀得四分五裂，七零八碎。"孙中山《中国前途问题》："今日中国正是万国眈眈虎视的时候，如果革命家自己相争，四分五裂，岂不是自亡其国！"

四海一家 sì hǎi yī jiā
四海为家 sì hǎi wéi jiā

【词源】战国·荀况《荀子·议兵》："故近者歌讴而乐之，远者竭蹶而趋之，无幽间辟陋之国，莫不趋使而安乐之，四海之内若一家，通达之属莫不从服，夫是之谓人师。"

【注】竭蹶：竭尽全力奔跑。无：通"虽"。间：通"闭"。辟：通"僻"，即闭塞，偏僻之意。人师：

义师，正义之师。

【释义】指天下一统，四海之广犹如一家。

【书证】东汉·班固《汉书·高帝纪》："且夫天子以四海为家。"唐·刘禹锡《西塞山怀古》："今逢四海为家日，故垒萧萧芦荻秋。"清·褚人获《隋唐演义》第十六回："这那里说起？弟一身四海为家，迹同萍梗；况所志未遂，何暇议及室家之事？"

四战之国 sì zhàn zhī guó

【词源】西汉·司马迁《史记·乐毅传》："赵，四战之国也，其民习兵，伐之不可。"

【注】四战之国：司马光贞索隐，"言赵数距四方之敌，故云'四战之国'"。

【释义】战国时期，赵国处于四面受敌的位置，故称"四战之国"，意谓四方都易于遭受攻击的地方。

素车白马 sù chē bái mǎ

【词源】春秋·左丘明《左传·哀公二年》："若其有罪，绞缢以戮，桐棺三寸，下设属辟，素车朴马，无入于兆，下卿之罚也！"

【注】朴马：没有剪饰髦鬣的马。

【释义】（赵鞅起誓说）如果战败有罪，就甘受绞刑，死后用三寸厚桐木棺，不再用外棺，以素车朴马运棺，不要葬入本族墓地。这是按照下卿的地位所作的惩罚。后世多作"素车白马"，用于送葬、吊丧，多表示对亡友的哀悼。

【书证】三国·吴·谢承《后汉书·五·独行传》："（范）式梦见元伯（张劭）……觉而悲，驰往赴之，便服朋友之服，投其葬日。未届而丧已发引，至圹将窆，而柩不肯进。其母抚之曰：'元伯岂有望也？'……停柩移时，见有素车白马哭而来，母曰：'必巨卿（范式字）也！'既至，叩丧言曰：'行矣元伯，死生异路，永从此辞。'"金·元好问《哭曹征君子玉二首（其二）》（《元遗山诗集笺注》一四）："斗酒只鸡孤旧约，素车白马属何人？"

随俗为变 suí sú wéi biàn

【典源】西汉·司马迁《史记·扁鹊仓公列传》："扁鹊名闻天下，过邯郸，闻贵妇人，即为带下医；过雒阳，闻周人爱老人，即为耳目痹医；来入咸阳，闻秦人爱小儿，即为小儿医。随俗为变。”

【释义】扁鹊成名后，周游各国，为人治病。在邯郸时，听说当地妇女病多，即做“带下医”（妇科）；过洛阳，见当地敬重老人，便以治疗耳目等老年病患为主；到了咸阳，知秦人以小儿为重，则成为一名儿科医生。根据环境变化来改变自己的行医风格。意谓要随着地方的风俗变化，主动改变措施以适应环境的需要。

【书证】明《御制重修鄚州药王庙碑》：“因瘖瘵国工之鸿术，缅思史传载上池之事、随俗为变之能，慨然有怀。”清·孙一奎《孙文垣医案》：“太夫人七十余矣，而有经可调哉！投剂之左，由生平守常套，而不知因人因症随俗为变也。”

T

贪得无厌 tān dé wú yàn
贪欲无厌 tān yù wú yàn

【词源】西汉·司马迁《史记·李斯列传》：“夫高（赵高），故贱人也，无识于理，贪欲无厌，求利不止，列势次主，求欲无穷，臣故日殆。”

【注】厌：满足。

【释义】喻贪心过重，欲望永远不能满足。

【书证】西汉·刘向《战国策·赵策一》：“知伯帅赵、韩、魏，而伐范、中行氏，灭之。……杀守堤之吏，而决水灌知伯军。知伯军救水而乱，韩、魏翼而击之，襄子将卒犯其前，大败知伯军，而擒知伯。知伯身死、国亡、地分，为天下笑，此贪欲无厌也。夫不听知过亦所以亡也。知氏尽灭，唯辅氏存焉。”蒲韧《二千年间·三》：“他们又终于成为从内部来腐蚀整个统治集团的贪欲无厌的蛀虫。”民国·还珠楼主《蜀山剑侠传》第一百八十五回：“这次洞庭毛公坛巧得前生仙书、法宝，更知足才是。偏又贪欲无厌，勾起旧事，仍想夺回玉符，以为驱邪降魔之助。”

弹冠振衣 tán guān zhèn yī

【典源】战国·荀况《荀子·不苟》：“君子挈其身而同焉者合矣，善其言而类焉者应矣。故马鸣而马应之，牛鸣而牛应之，非知也，其势然也。故新浴者振其衣，新沐者弹其冠，人之情也。其谁能以己之潐潐，受人之掝掝哉?”

【注】潐潐：明亮洁白的样子。掝掝(huò)：浑浊肮脏的样子。

【释义】刚洗澡的人总爱抖衣服，刚洗过头的人总爱弹弹自己的帽子。弹冠振衣后来形容人准备高就时的姿态和喜悦心情。

【书证】南朝·宋·范晔《后汉书·李固传》：“是以岩穴幽人，智术之士，弹冠振衣，乐欲为用，四海欣然，归服圣德。”清·钱谦益《工科给事中魏大中授征仕郎制》：“以《缁衣》、《巷伯》之恩，励其素节，以弹冠振衣之想，立我新朝。”

提纲挈领 tí gāng qiè lǐng

【典源】战国·荀况《荀子·劝学》：“若挈裘领，诎五指而顿之，顺者不可胜数也。不道理宪，以《诗》、《书》为之，譬之犹以指测河也，以戈舂黍也，以锥餐壶也，不可以得之矣。”

【注】纲：渔网的总绳。挈：拎起。

【释义】战国时代的荀子，经常给学生讲学习的道理和方法。一次，有个学生问他：“老师，我自以为学习很用功，可不知为什么进步不快?”荀子说：“学习要抓住宗旨，才能贯通整体，就像提起皮袍领头，抖擞一下，毛便多半理顺了一般。”学生进而问道：“学习的宗旨是什么呢?”荀子接着说：“礼法是学习的宗旨。如果不抓住这个宗旨，一味空谈《诗》、《书》，那是徒劳的。那就譬如用手指去测量河深，用戈矛去捣黍去壳，把锥子当筷子从壶里夹饭吃。”“提纲挈领”指拉住渔网的总绳，提起皮袍的领子。比喻凡事都须掌握要领。亦作“提纲振领”。

【书证】《宋史·职官志八》：“提纲而众目张，振领而群毛理。”清·李宝嘉《官场现形记·第六十回》：“因此便想到一个提纲挈领的法子。”清·李渔《奈何天·忧嫁》：“要晓得妇德虽多，提纲挈领，只在一个顺字。”

天地剖判 tiān dì pōu pàn

【词源】西汉·司马迁《史记·孟子荀卿列传》：“称引天地剖判以来，五德转移，治各有宜。”

【注】剖：剖开。

【释义】比喻空前的，自古以来

没有过的。犹言开天辟地。

【书证】东汉·班固《汉书·陆贾传》："自天地剖判，未始有也。"《魏书·律历三下》："自天地剖判，日月运行，刚柔相摩，寒暑交谢，分之以气序，纪之以星辰，弦望有盈缺，明晦有修短。"

天高地厚 tiān gāo dì hòu

【词源】战国·荀况《荀子·劝学》："故不登高山，不知天之高也；不临深溪，不知地之厚也；不闻先王之遗言，不知学问之大也！"

【释义】因此，不攀登高山，就不知道天有多高；不下临深溪，就不知道地有多厚；不聆听古代君王的遗言，就不知道学问的广博。喻天地广大辽阔，有时也喻恩情深谊，或喻天地万物的艰巨复杂性。

【书证】东汉·蔡邕《释海》："天高地厚，跼而蹐之，怨岂在明，患生不思。"《魏书·陈建传》："天高地厚，何日忘之。"

天公地道 tiān gōng dì dào

【词源】战国·荀况《荀子·君道》："兼听齐明，则天下归之。然后明分职，序事业，材技官能，莫不治理，则公道达而私门塞矣，公义明而私事息矣！"

【注】公道：公正。

【释义】听取各方面的意见，明察一切事情，那么天下人就会归顺他。然后明确各自职责，根据轻重缓急的次序来安排工作，安排有技术的人做事，任用有才能的人当官，没有什么得不到治理，那么为公家效劳的道路就畅通了，而谋私的门径就被堵住了，为公的原则清明了，而谋私的事情就自然停息了。后来用"天公地道"喻十分公平合理。

【书证】《东欧女豪杰·三》(《晚清文学丛钞·小说一卷》)："如今人人的脑袋里头既都有了一个社会平等，政治自由，是个天公地道的思想，这便任凭他有几十、几百个路易第十四做皇帝、梅特涅·俾斯麦做宰相，也不能够挽回这个气运过来的。"

天下独步 tiān xià dú bù
独步天下 dú bù tiān xià

【词源】战国·慎到《慎子·外篇》："先生天下之独步也。"

【释义】当今独一无二，没有可

相比的。

【书证】南朝·宋·范晔《后汉书·戴良传》："独步天下，谁与为偶？"明·无名氏《录鬼簿续编》："德清之词，不惟江南，实天下之独步也！"明·施耐庵《水浒传》第五十六回："这徐宁的金枪法，钩镰枪法端的是天下独步。"

天下士 tiān xià shì

【典源】西汉·刘向《战国策·赵策》："鲁仲连谓辛垣衍曰：'今秦万乘之国，梁亦万乘之国，交有称王之名。睹其一战而胜，欲从而帝之，是使三晋之大臣不如邹鲁之仆妾也。且秦无已而帝，则且变易诸侯之大臣，彼将夺其所谓不肖，而予其所谓贤；夺其所憎，而与其所爱。彼又将使其子女谗妾为诸侯妃姬，处梁之宫，梁王安得晏然而已乎？而将军又何以得故宠乎？'于是辛垣衍起，再拜谢曰：'始以先生为庸人，吾乃今日而知先生为天下士也。吾请去，不敢复言帝秦。'秦将闻之，却军五十里。"

【释义】鲁仲连见到辛垣衍说："如今秦国是一万辆兵车的大国，梁国也是有一万辆兵车的大国，都是万乘之国，相互间都有称王的名分。如果只看到一次战争秦国取得了胜利，就想从此尊秦称帝，这是使三晋的大臣连邹鲁的奴隶都不如。再说秦王的野心无止境地膨胀，直到做成皇帝，他们将变换各诸侯的大臣，并且夺去他们听说的无才者的位置，而安排他们所谓贤良的人；夺去他们所憎恨人的位置，而安排他们所喜爱的人。他们又将要让自己的子女和善说坏话的小妾成为诸侯的妃姬，居住在梁王宫中，梁王怎么能平安地生活呢？而将军您又靠什么保住原来的尊贵地位呢？"鲁仲连句句击中辛垣衍的要害。辛垣衍再也坐不住了，站立起来，再三拜谢说："原先我认为先生是平常的人，我从今才知道先生是最高义的人。请允许我离去，我不敢再谈尊秦为帝的事了。"秦军将领听说这个消息，为此退兵五十里。

"天下士"指安定天下的士人。

【书证】宋·高斯得《读荆轲传》："夜读荆轲传，掩卷喟然叹。结交天下士，贤哉太子丹。"明·吴潜《水调歌头·每怀天下士》："每怀天下士，要与共艰危。"

天下无敌 tiān xià wú dí

【词源】战国·庄周《庄子·说剑》:“王曰:‘子欲何以教寡人,使太子先。’曰:‘臣闻大王喜剑,故以剑见王。’王曰:‘子之剑何能禁制?’曰:‘臣之剑,十步一人,千里不留行。’王大悦之,曰:‘天下无敌矣!’”

【释义】赵惠文王问庄子:“你的剑术怎样能遏阻剑手,战胜对方呢?”庄子说:“我的剑术,十步之内可杀一人,行走千里也不会受人阻留。”赵王听后笑着说:“天下没有谁是你的对手了。”喻本事大,力量强,战无不胜。

【书证】明·罗贯中《三国演义》第六十回:“张松曰:‘某闻许都曹操,扫荡中原,吕布、二袁皆为所灭,近又破马超,天下无敌矣!’”

天下无双 tiān xià wú shuāng

【词源】汉·司马迁《史记·魏公子传》:“平原君闻之,谓其夫人曰:‘始吾闻夫人弟公子天下无双。’”

【注】夫人:魏公子无忌的姐姐。

【释义】形容出类拔萃,独一无二。

【书证】《东观汉记·黄香传》:“年十二,博览传记。家业虚贫,衣食不赡。舅龙乡侯为做衣被,不受。帝赐香《淮南》、《孟子》各一通,诏令诣东观读所未尝见书,谓诸王曰:‘此日下无双江夏黄童也,京师号曰天下无双国士。’”三国·魏·曹丕《列异传》:“夜半,有女子可年十五六,姿颜服饰,天下无双。”

天下之将 tiān xià zhī jiàng

【典源】战国·荀况《荀子·议兵》:孝成王、临武君曰:“善!请问为将?”孙卿子曰:“知莫大乎弃疑,行莫大乎无过,事莫大乎无悔。事至无悔而止矣,成不可必也。故制号政令,欲严以威;庆赏刑罚,欲必以信;处舍收藏,欲周以固;徙举进退,欲安以重,欲疾以速;窥敌观变,欲潜以深,欲伍以参;遇敌决战,必道吾所明,无道吾所疑。夫是之谓六术。无欲将而恶废,无急胜而忘败,无威内而轻外,无见利而不顾其害,凡虑事欲孰而用财欲泰:夫是之谓五权。所以不受命于主有三:可杀而不可使处不完，可杀而不可使击不胜，可杀而不可使欺百姓：夫是之谓三至。凡受命于主而行三军，三军既定，百官得序，群物皆正，则主不能喜，敌不能怒：夫是之谓至臣。虑必先事，而申之以敬，慎终如始，终始如一：夫是之谓大吉。凡百事之成也，必在敬之；其败也，必在慢之。故敬胜怠则吉，怠胜敬则灭；计胜欲则从，欲胜计则凶。战如守，行如战，有功如幸，敬谋无圹，敬事无圹，敬吏无圹，敬众无圹，敬敌无圹。夫是之谓五无圹。谨行此六术、五权、三至，而处之以恭敬无圹，夫是之谓天下之将，则通于神明矣。”

【注】圹：通“旷”，无旷即不要疏忽大意。

【释义】“天下之将”意谓天下最优秀的将军。

【书证】三国·诸葛亮《诸葛亮兵法·将器》：“仁爱治于下，信义服邻国，上知天文，中察人事，下识地理，四海之内，视如室家，此天下之将。”

田亩改制 tián mǔ gǎi zhì

【典源】春秋·孙武《孙子兵法·吴问》：“吴王问孙子曰：‘六将军分守晋国之地，孰先亡？孰固成？’孙子曰：‘范、中行氏先亡。’‘孰为之次？’‘智氏为次。’‘孰为之次？’‘韩魏为次。赵毋失其故法，晋国归焉。’吴王曰：‘其说可行闻乎？’孙子曰：‘可。范、中行氏制田，以八十步为畹，以百六十步为畛，而伍税之。其田狭，置士多，伍税之，公家富。公家富，置士多，主骄臣奢，冀功数战，故曰先亡。智氏制田，以九十步为畹，百八十步为畛，其田狭，其置士多，伍税之，公家富，置士多，主骄臣奢，冀功数战，故为范、中行氏次。韩、魏制田，以百步为畹，以二百步为畛，而伍税之。其制田狭，其置士多，伍税之，公家富。公家富，置士多，主骄臣奢，冀功数战，故为智氏次。赵氏制田，以百廿步为畹，以二百步为畛，公无税焉。公家贫，其置士少，主敛臣收，以御富民，故日固国。晋国归焉。’吴王曰：‘善。王者之道，厚爱其民者也！’”

【注】畹，古代土地计量单位，一说一畹为三十亩，一说为二十亩。

【释义】田亩改制意谓在田亩计量与税利征收时，要采取宽松的方针，减轻农民负担，促进生产发展，给农民让步以使国家长治久安。

铁质之诛 tiě zhì zhī zhū
斧质之诛 fǔ zhì zhī zhū

【典源】西汉·司马迁《史记·廉颇蔺相如列传》："（赵惠文）王乃令赵奢将，救之。兵去邯郸三十里，而令军中曰：'有以军事谏者死。'秦军军武安西，秦军鼓噪勒兵，武安屋瓦尽振。军中候有一人言急救武安，立斩之。坚壁，留二十八日不行，复益增垒。秦间来入，赵奢善食而遣之。间以报秦将，大喜曰：'夫去国三十里而军不行，乃增垒，阏与非赵地也。'赵奢既已遣秦间，乃卷甲而趋之，二日一夜至，令善射者去阏与五十里而军。军垒成，秦人闻之，悉甲而至。军士许历请以军事谏，赵奢曰：'内之。'许历曰：'秦人不意赵师至此，其来气盛，将军必厚集其阵以待之。不然，必败。'赵奢曰：'请受令。'许历曰：'请就铁质之诛。'赵奢曰：'胥后令邯郸。'"

【注】铁质之诛：谓用刀斩杀罪人。

【释义】赵惠文王任命赵奢为大将，救援阏与。军队离开邯郸三十里，赵奢就在军中下令说："有拿军事上的事情来劝说的就正法。"秦军进军武安西面，秦军击鼓呐喊率军进攻，武安的屋瓦全给呐喊声震动了。军中有个军候说赶紧救援武安，赵奢立即把他杀了。赵军坚守，停留了二十八天还不走，又加固了防守工事。秦军的奸细偷偷进来，赵奢好好款待了他，并把他送走了，秦军奸细回往报告了秦军将领，秦军将领非常兴奋说："离开国都三十里却驻军不走，还加固工事，阏与不是赵国的了。"赵奢已经送走了秦军的奸细，就拔营急行军，两天一夜就到了，命令善于射箭的军士在间隔阏与五十里的地方扎营，刚扎好营，秦军听说了，倾巢而来。军士许历请求提出军事意见，赵奢说："好吧。"许历说："秦军想不到赵军会来到这里，他们进攻的气势一定很盛，将军您必须严阵以待。不这样，一定失败。"许历还说："（如败）我情愿接受砍头的刑法。"铁质之诛泛指刑戮之事。亦作"斧质之诛"。

【书证】西汉·刘向《说苑·卷十二·奉使》："前虽有乘轩之赏，未为之动，后虽有斧质之诛，未为之惧者，此忠臣之勇也。"

铤而走险 tǐng ér zǒu xiǎn

【词源】春秋·左丘明《左传·文公十七年》:"郑子家为书与晋之赵宣子曰:'小国之事大国也,德,则其人也;不德,则其鹿也,铤而走险,急何能择?'"

【注】铤:疾跑的样子。

【释义】郑国的子家(公子归生)写信给赵盾说:"小国侍奉大国,大国以德服人,小国就会像人一样与大国交往,大国不以德服人,这时小国就像被逼迫的鹿一样,容易采取冒险行动,匆忙中还能有什么选择呢?"意为因无路可走而采取冒险行动。

【书证】清·钱泳《履园丛话·旧闻·席氏多贤》:"况铤而走险,人之本性也。"清·吴趼人《二十年目睹之怪现状》第十五回:"碰到荒年,也少不了这班人,不然,闹出那铤而走险的,更是不得了。"

同日而言 tóng rì ér yán
同日而语 tóng rì ér yǔ

【词源】西汉·刘向《战国策·赵策二》(苏秦)谓赵王曰:"夫破人与破于人也,臣人之与臣于人也,岂可同日而言之哉?"

【释义】把两件事或两个人同等看待,相提并论。

【书证】西汉·贾谊《过秦论》:"试使山东之国,与陈涉度长挈大,比权量力,则不可同日而语矣!"

偷合苟容 tōu hé gǒu róng
偷合取容 tōu hé qǔ róng

【词源】战国·荀况《荀子·臣道》:"不恤君之荣辱,不恤国之臧否,偷合苟容,以持禄养交而已耳,谓之国贼。"

【注】臧否(pǐ):好坏,安危。偷合:苟合,曲意迎合。苟:苟且。持禄:保持禄位。养交:结交外人,一说豢养门客。

【释义】不顾君王的荣辱,不顾国家的安危,迎合君主,放弃原则以求保住自己地位的,只不过是为了自己保持俸禄,豢养宾客罢了,这叫做国贼。意谓曲意迎合他人,只求自身保全。多指为了自己的名利地位,不惜违心地迎合权贵,不能坚守节操信念。

【书证】西汉·司马迁《史记·白起王翦列传》:"王翦为秦将……然不能辅秦建德,固其根本,偷合取容,以至圽(mò)身。"

《新唐书·吴兢传》:"臣诚恐天下骨鲠之士谠言为戒……偷合苟容,不复能尽节忘身,纳君于道也。"明·归有光《夏淑人六十寿序》:"居公之位,食公之禄,未尝乏人也,能不偷合苟容,摧折万乘之威,而尽言天下之事者,几人哉?"梁启超《王荆公传》:"当时在位,亦皆偷合苟容,弃礼义,捐法度,后果海内大扰。"

投其所好 tóu qí suǒ hào

【词源】战国·鬼谷子《鬼谷子·飞箝》:"心意之虑怀,审其意,知其好恶,乃就说其所重,以飞箝之辞,钩其所好,以箝求之。"

【注】心意之虑怀:(君主)内心的想法。好恶:爱好和憎恶。所重:所重视的。钩:投,迎合。飞箝:意思是运用诱导对方说话的辞令,获知对方内心的真实情感和想法,再用褒扬的方法控制他。

【释义】迎合别人的喜好。

【书证】明·冯梦龙《东周列国志》第八十回:"今王志在报吴,必先投其所好,然后得制其命。"清·李绿园《歧路灯》第九十九回:"取出书目一册,割裁就的红笺寸厚一叠,放在桌面。这篑初投其所好,按册写笺。"朱自清《经典常谈·战国策第八》:"他们自己没有理想,没有主张,只求揣摩主上的心理,拐弯儿抹角投其所好。"

徒读父书 tú dú fù shū

【典源】西汉·司马迁《史记·廉颇蔺相如列传》:"秦与赵兵相距长平,时赵奢已死……赵王因以括为将,代廉颇。蔺相如曰:'王以名使,若胶柱而鼓瑟耳。括徒能读其父书,不知合变也。'"

【注】徒:徒然。父书:父亲的言论。

【释义】战国末期,秦与赵战于长平,赵王中了秦国的反奸之计,以赵括为将。蔺相如指出:"赵括死读其父赵奢的兵书,不懂得灵活变通。"结果,赵军四十万将士被秦军坑杀,赵括也未能幸免。比喻只知死读书、空谈前人理论,不能领会变通。

【书证】明·程允升《幼学琼林·卷三·人事》:"不知通变,曰徒读父书;自作聪明,曰徒执己见。"明·武之望辑《济阴纲目》:"以上七案,内五症皆治湿痰,而兼升补者,以立斋名盛,当时非久病,必不延之,故每以升补为效,学立斋者须得此解,不然徒读父书矣！”

土崩瓦解 tǔ bēng wǎ jiě

【词源】战国·鬼谷子《鬼谷子·抵巇》：“君臣相惑，土崩瓦解而相伐射，父子离散，乖乱反目，是谓萌牙巇罅。”

【注】相伐射：互相残杀攻击。萌牙：即“萌芽”。巇罅(xī xià)：缝隙。

【释义】像土崩塌、瓦破裂一样。比喻彻底崩溃，不可收拾。

【书证】西汉·司马迁《史记·秦始皇本纪》：“秦之积衰，天下土崩瓦解，虽有周丹之材，无所复陈其巧。”元·脱脱、阿鲁图《宋史·孙沔传》：“若恬然不顾，遂以为安，臣恐土崩瓦解，不可复救。”明·罗贯中《三国演义》第九十六回：“某引兵冲杀十余次，皆不能入。次日土崩瓦解，降者无数。”《毛泽东选集》第四卷：“德军猛攻不克，整个德奥土保阵线再也找不到出路，从此日益困难，众叛亲离，土崩瓦解，走到了最后的崩溃。”

土偶桃梗 tǔ ǒu táo gěng

【典源】西汉·刘向《战国策·赵策一》：苏秦曰：“今日臣之来也暮，后郭门，借席无所得，寄宿人田中，旁有大丛。夜半，土偶与木梗斗曰：‘汝不知我，我者乃土也，使我逢疾风淋雨，坏沮，乃复归土。今汝非木之根，则木之枝耳。汝逢疾风淋雨，漂入漳、河，东流至海，泛滥无所止。’”

【释义】战国时，苏秦向赵国奉阳君李兑讲了他寄宿在田地中听土偶和木梗争辩的故事：土偶对木梗说：“你不如我，我是土做的，如果遭到狂风暴雨的袭击，身体损坏了，还可以再回到土中去。你不是树的根而是枝干，遭受狂风暴雨袭击漂入漳、河，流入大海漂泊下去永无定所。”“土偶桃梗”比喻人漂泊无定，失意无所寄托。也喻玩偶、傀儡。

【书证】清·潘来《阐杜于皇》：“土偶桃人莫相笑，久客会有还山年。”

脱颖而出 tuō yǐng ér chū

【典源】西汉·司马迁《史记·平原君虞卿列传》：秦之围邯郸，赵使平原君求救，合纵于楚，约与食客门下有勇力文武备具者二十人偕。平原君曰：“使文能取胜，则善矣。文不能取胜，则歃血于华屋之下，必得定从而还。士不外索，取于食客门下足矣。”得十九人，余无可取者，无以满二十人。门下有毛遂者，前，自赞于平原君曰：“遂闻君将合从于楚，约与食客门下二十人偕，不外索。今少一人，愿君即以遂备员而行矣。”平原君曰：“先生处胜之门下几年于此矣？”毛遂曰：“三年于此矣。”平原君曰：“夫贤士之处世也，譬若锥之处囊中，其末立见。今先生处胜之门下三年于此矣，左右未有所称诵，胜未有所闻，是先生无所有也。先生不能，先生留。”毛遂曰：“臣乃今日请处囊中耳。使遂蚤得处囊中，乃颖脱而出，非特其末见而已。”平原君竟与毛遂偕。

【注】颖，尖儿。锥子的整个尖部透过布囊显露出来。

【释义】战国时代，秦国兵困赵都邯郸，形势十分危急。赵惠文王派相国平原君赵胜去楚国求救。赵胜接受任务后，决定在三千门客中挑选二十个文武双全的同行。他挑来挑去，只挑了十九个。这时，毛遂自我推荐，愿意同往。平原君觉得毛遂比较陌生，便问：“先生在我这儿几年了？”毛遂回答道：“三年了。”平原君说：“一个真正有才干的人，就像口袋里的锥子，锥尖儿一定会从口袋里刺出来。你来了三年了，怎么还不见你有何本领？”毛遂分辩说：“你的话有道理。可是，我从没像锥子那样放进过你的口袋呀！要是你早把我放进口袋，那么锥尖儿早就刺出来了。”于是，平原君同意了毛遂的请求。在执行任务的关键时刻，毛遂果然表现出了非凡的才能。“颖脱而出”比喻人的才能全部显示出来或比喻优秀人才超出他人拔尖而出。

【书证】唐·李白《与韩荆州书》：“愿君侯不以富贵骄之，寒贱而忽之，则三千宾中有毛遂，使白得颖脱而出，即其人焉！”清·曾朴《孽海花》第十三回：“潘尚书本是名流宗匠，文学斗士，这日得了总裁之命，夹袋中之许多人物可以脱颖而出，欢喜自不待言。”郭明伦、张重天《冀鲁春秋》：“他们是想钻这个空子，利用错综复杂的地理条件和社会人事关系，利用我们鞭长莫及的弱点，脱颖而出，独树一帜。”秦牧《长街灯语》：“身居下层而有真正才能的人物，要脱颖而出，是要克服许多困难的。”

W

完璧归赵 wán bì guī zhào

【典源】西汉·司马迁《史记·廉颇蔺相如列传》：赵惠文王时，得楚和氏璧。秦昭王闻之，使人遗赵王书，愿以十五城请易璧。赵王与大将军廉颇诸大臣谋，欲予秦，秦城恐不可得，徒见欺；欲勿予，即患秦兵之来。计未定，求人可使报秦者，未得。宦者令缪贤曰："臣舍人蔺相如可使。"王问："何以知之？"对曰："臣尝有罪，窃计欲亡走燕，臣舍人相如止臣曰：'君何以知燕王？'臣语曰，臣尝从大王与燕王会境上，燕王私握臣手曰，'愿结友'，以此知之，故欲往。相如谓臣曰：'夫赵强而燕弱，而君幸于赵王，故燕王欲结于君。今君乃亡赵走燕，燕畏赵，其势必不敢留君，而束君归赵矣。君不如肉袒伏斧质请罪，则幸得脱矣。'臣从其计，大王亦幸赦臣。臣窃以为其人勇士，有智谋，宜可使。"于是王召见，问蔺相如曰："秦王以十五城请易寡人之璧，可予不？"相如曰："秦强而赵弱，不可不许。"王曰："取吾璧，不予我城，奈何？"相如曰："秦以城求璧而赵不许，曲在赵；赵予璧而秦不予赵城，曲在秦。均之二策，宁许以负秦曲。"王曰："谁可使者？"相如曰："王必无人，臣愿奉璧往使。城入赵而璧留秦；城不入，臣请完璧归赵。"赵王于是遂遣相如奉璧西入秦。秦王坐章台见相如，相如奉璧奏秦王。秦王大喜，传以示美人及左右，左右皆呼万岁。相如视秦王无意偿赵城，乃前曰："璧有瑕，请指示王。"王授璧。相如因持璧却立，倚柱，怒发上冲冠，谓秦王曰："大王欲得璧，使人发书至赵王，赵王悉召群臣议，皆曰：'秦贪，负其强，以空言求璧，偿城恐不可得。'议不欲予秦璧。臣以为布衣之交尚不相欺，况大国乎？且以一璧之故逆强秦之欢，不可。于是赵王乃斋戒五日，使臣奉璧，拜送书于庭。何者？严大国之威以修敬也。今臣至，大王见臣列观，礼节甚倨，得璧，传之美人，以戏弄臣。臣观大王无意偿赵王城邑，故臣复取璧。大王必欲急臣，臣头今与璧俱碎于柱矣。"相如持其璧睨柱，欲以击柱。秦王恐其破璧，乃辞谢，固请，召有司案图，指从此以往十五都予赵。相如度秦王特以诈佯为予赵城，实不可得，乃谓秦王曰："和氏璧，天下所共传宝也。赵王恐，不敢不献。赵王送璧时斋戒五日。今大王亦宜斋戒五日，设九宾于廷，臣乃敢上璧。"秦王度之，终不可强夺，遂许斋五日，舍相如广成传舍。相如度秦王虽斋，决负约不偿城，乃使其从者衣褐，怀其璧，从径道亡，归璧于赵。秦王斋五日后，乃设九宾礼于庭，引赵使者蔺相如。相如至，谓秦王曰："秦自缪(mù)公以来二十余君，未尝有坚明约束者也。臣诚恐见欺于王而负赵，故令人持璧归，间至赵矣。且秦强而赵弱，大王遣一介之使至赵，赵立奉璧来。今以秦之强而先割十五都予赵，赵岂敢留璧而得罪于大王乎？臣知欺大王之罪当诛，臣请就汤镬。唯大王与群臣孰计议之。"秦王与群臣相视而嘻。左右或欲引相如去，秦王因曰："今杀相如，终不能得璧也，而绝秦赵之欢；不如因而厚遇之，使归赵。赵王岂以一璧之故欺秦邪？"卒廷见相如，毕礼而归之。

【注】完：完好，完整无缺。璧：中间有孔的扁圆形玉器，也泛指美玉。归：归还。比喻将原物完好无损地归还原主。

【释义】战国时期，秦昭襄王听说赵惠文王得了一块和氏璧，便写信给赵王说他愿"以十五城易璧"。当时秦强而赵弱，赵王不知该怎么办。他想把璧给秦王，但怕秦王失言；假使不给，又怕秦王出兵进犯。在这样的情况下，赵王便问蔺相如该怎么办。相如认为秦强赵弱，不可以不答应。赵王又问："谁可担当出使重任？"相如回答说："大王如果无人派遣，我愿护送璧玉出使。十五座城池划给赵国，我就把璧留在秦；如果得不到城池，我一定把璧完好地带回赵国。"于是赵王便派遣相如出使秦国。结果，相如凭着自己的勇敢、智慧，既揭露了秦王的阴谋，又把璧完好地送回了赵国。原指蔺相如将和氏璧完好地送回赵国。后范喻将物完好无损地归还原主。

【书证】南宋·文天祥《真州杂赋》："不是谋归全赵璧，东南那个是男儿。"明·冯梦龙《东周列国志》第九十六回："若城入予赵，臣当以璧留秦，不然，臣请完璧归赵。"

【考据】蔺相如：战国时赵国人。原为赵宦者令缪贤舍人。赵惠文王时，秦昭王强索和氏璧，云以十五城为交换。以缪贤荐，相如奉命带璧入秦，用他的勇敢和智慧，终于完璧归赵，因功受拜为上大夫。赵惠文王二十年，蔺相如随赵王与秦王在渑池相会，使赵王未受屈辱，晋上卿，位居廉颇之上。廉颇意欲羞侮之，相如容忍谦让，回车小巷，使廉颇愧悟，负荆登门谢罪，二人成为刎颈之交。将相和好，使秦多年不敢加兵于赵。

玩岁愒日 wán suì kài rì

【典源】春秋·左丘明《左传·昭公元年》："秦后子有宠于桓，如二君于景。其母曰：'弗去，惧选。'癸卯，鍼适晋，其车千乘。……后子见赵孟。赵孟曰：'吾子其曷归？'对曰：'鍼惧选于寡君，是以在此，将待嗣君。'赵孟曰：'秦君何如？'对曰：'无道。'赵孟曰：'亡乎？'对曰：'何为？一世无道，国未艾也。国于天地，有与立焉。不数世淫，弗能毙也！'赵孟曰：'天乎？'对曰：'有焉。'赵孟曰：'其几何？'对曰：'鍼闻之，国无道而年谷和熟，天赞之也。鲜不五稔。'赵孟视荫，曰：'朝夕不相及，谁能待五？'后子出，而告人曰：'赵孟将死矣。主民，玩岁而愒日，其与几何？'"

【注】玩：玩弄，轻慢，也写作"翫"，义同。愒：荒废。愒日：荒废时日。

【释义】春秋时期，秦景公即位之后，对其弟秦鍼的势力发展很快而不安。母亲看到这种情况，就劝秦鍼赶快离开秦国，以免遭到景公的杀害。秦鍼听了母亲的话，便立即逃到了晋国……一天，秦鍼去拜见晋国的重臣赵武。赵武问他："请问你什么时候准备回秦国？"秦鍼回答说："我因为害怕惨遭我的君主杀害，所以才跑到贵国来，我准备等我们国家的新君即位后再回国。""那么秦君还能维持几年呢？""据我所知，如果老天帮忙，让他五谷丰登的话，他最少还能维持五年。"赵武听了之后，一边看着日影一边说："早晨活着都不敢说能活到晚上，谁还能等五年。"秦鍼回去后对旁人说："赵武身为国家重臣，却贪图安逸，虚度岁月，他又能活几日呢？"喻贪图安逸，虚度岁月。

【书证】南宋·朱熹《答汪尚书第七》："无乃溺心于无用之地，玩岁愒日，而卒不见其成功乎！"民国·许慕羲《宋代宫闱史》第五十八回："而乃酣歌深宫，啸傲湖山，玩岁愒日，缓急倒施。"

万变不离其宗 wàn biàn bù lí qí zōng

【词源】战国·荀况《荀子·儒效》："其言有类，其行有礼，其举事无悔，其持险、应变曲当。与时迁徙，与世偃仰，千举万变，其道一也！"

【释义】说话有条理，行为符合礼义，做事不会后悔，处理危机、应付突变都能恰到好处；随着时日的变化而变化，随着形势的不同而采取不同的对策，千变万化，他的根本原则却始终是一样的。喻不论形式上怎样变化，其本质或目的始终不变。

【书证】清·谭献《复堂类稿·文一·明诗》："而又师其论文之旨，持以论诗，求夫辞有体要，万变而不离其宗，进退古今，以求其合，盖千一而绌。"清《秦力山集·说奴隶·二·奴隶之界说》："有公奴隶，有私奴隶，有体魄之奴隶，有灵魂之奴隶，凡为奴隶者四，而其变态乃千焉万焉，不可得而究诘者也。要之，万变而不离此奴隶之宗。"

万世不易 wàn shì bù yì

【词源】战国·荀况《荀子·正论》："故君子可以有势辱而不可以有义辱，小人可以有势荣而不可以有义荣。有势辱无害为尧，有势荣无害为桀。义荣，势荣，唯君子然后兼有之；义辱，势辱，唯小人然后兼有之。是荣辱之分也。圣王以为法，士大夫以为道，官人以为守，百姓以为成俗，万世不能易也。"

【注】势辱：权势给予的污辱。义辱：道义给予的耻辱。势荣：权势给予的荣耀。义荣：道义给予的光荣。

【释义】圣王把它作为法度，士大夫把它作为原则，官吏遵守它，百姓把它作为风俗习惯，万世也不会改变。喻千秋万代也不会改变。

【书证】汉·班固《白虎通义》："黄色中和之色，自然之性，万世不易。"陈寅恪《论独立之精神与自由之思想》："故无自由之思想，则无优美之文学，此乃万世不易之真理。"

万折必东 wàn zhé bì dōng

【词源】战国·荀况《荀子·宥

坐》:“夫水,遍与诸生而无为也,似德。其流也埤下,裾拘必循其理,似义。其洸洸乎不淈尽,似道。若有决行之,其应佚若声响,其赴百仞之谷不惧,似勇。主量必平,似法。盈不求概,似正。绰约微达,似察。以出以入以就鲜洁,似善化。其万折也必东,似志。是故君子见大水必观焉。”

【注】裾:通“倨”。洸:水涌之光。淈:(qú)竭。佚:通“逸”。响:响应。绰约:约,弱;绰约,柔弱。

【释义】河流无论多么曲折,最后一定流向东海。喻事物无论多么复杂曲折,总要按照自身的规律发展变化。

亡国富库 wáng guó fù kù

【词源】西汉·刘安《淮南子·人间训》:“西门豹曰:‘臣闻王主富民,霸主富武,亡国富库。’”

【释义】亡国富库意谓统治者为了求得朝廷的富足,向老百姓横征暴敛,残酷压榨,从而使百姓贫困交加,民怨沸腾,国家也将覆灭。

【考据】西门豹:战国初魏国人。性急,常佩韦以自诫。魏文侯时为邺令。初,邺人为水患所若,地方豪吏与巫祝勾结,以河伯娶妇愚弄人民。豹至邺,废之。兴建水利,开凿十二支渠,引漳河水灌田,改良土壤,发展生产。并实行寓兵于农,存粮于民等措施。

据考,西门豹于魏文侯二十四年(前422)为邺令,投巫除漳水“河伯娶妇”陋习。次年(前421),邺地凿渠十二,分漳溉田。

王良伯乐 wáng liáng bó lè

【典源】战国·荀况《荀子·王霸》:“王良、造父者,善服驭者也!”

【注】王良、造父:都是赵国人。造父是赵氏的先祖。

【释义】赵国人王良是善御马、相马的良师,与伯乐、九方堙等齐名。喻善于御马、相马的人。亦泛指能工巧匠。

【书证】战国·吕不韦《吕氏春秋·观表》:“凡此十人者,皆天下之(相马)良工也。若赵之王良,秦之伯乐、九方堙。尤尽其妙矣!”金·元好问《贺威卿徐弟得雄》:“跨牛杨朴空颠酒,秣骥王良已问途。”

危于累卵 wēi yú lěi luǎn
危如累卵 wēi rú lěi luǎn

【典源】西汉·刘向《战国策·赵策一》："李兑见之。苏秦曰：'今日臣之来也暮……寄宿人田中，旁有大丛。夜半，土偶和木梗斗曰：'汝不如我，我者乃土也。使我逢疾风淋雨，坏沮，乃复归土。今汝非木之根，则木之枝耳。汝逢疾风淋雨，漂入漳、河，东流至海，泛滥无所止。'臣窃以为土偶胜也。今君杀主父而族之，君之立于天下，危于累卵。君听臣计则生，不听臣计则死。'"

【注】累卵：把蛋垒起来。

【释义】苏秦对李兑说："半夜时，我听见了土偶和木梗的争辩：假如土偶遭受大风连阴雨的侵袭，身体坏了还可以再回到土中去。而木梗遭受大风连阴雨的侵袭，就会漂入大海，没有停止的地方。我认为是土偶胜利了，如今你杀死武灵王，灭了他的族人，您立于天下，就像叠起来的蛋那样危险，您听我的计策就生存，不然就会灭亡。"喻情况非常危险。

【书证】西汉·枚乘《上书谏吴王》："必若所欲为，危于累卵，难于上天。"《梁书·侯景传》："（景报书曰）复仆'众不足以自满，危如累卵'。"明·施耐庵《水浒传》："大名危如累卵，破在旦夕；倘或失陷，河北县郡如之奈何？"

威动海内 wēi dòng hǎi nèi

【词源】战国·荀况《荀子·强国》："今秦南乃有沙羡与俱，是乃江南也；北与胡、貉为邻；西有巴、戎；东在楚者乃界于齐，在韩者逾常山乃有临虑，在魏者乃据圉津，即去大梁百有二十里耳；其在赵者剡然有苓而据松柏之塞，负西海而固常山；是地遍天下也。此所谓广大乎舜、禹也。威动海内，强殆中国。"

【注】沙羡：地名。临虑：地名 。剡然：剡通"焰"，这里指气焰旺盛。

【释义】古代诸侯国家没有封土千里的，今秦国地盘广大，威势震动海内，威胁中原各国，然而它的忧患却数不胜数，常常提心吊胆地害怕诸侯各国联合起来进攻它，喻威力很大，足以威服天下。

【书证】东汉·班固《汉书·卷一·下》："大王起于细微，灭乱秦，威动海内。"

为鱼之叹 wéi yú zhī tàn

【词源】春秋·左丘明《左传·昭公元年》："天王使刘定公劳赵孟于颍，馆于洛、汭。刘子曰：'美哉禹功，明德远矣。微禹，吾其鱼乎！吾与子弁冕端委，以治民临诸侯，禹之力也，子盍亦远绩禹功，而大庇民乎？'"

【注】天王：周景王。刘定公：周大臣刘夏。弁（biàn）：古代的一种帽子，引申为加弁、加冕。

【释义】春秋时，周景王派刘夏慰劳晋臣赵武。刘夏感叹大禹对后世的功绩："没有大禹，我们早已成鱼了！"其赞叹禹功，意在希望赵氏能继承大禹的精神做出于民有益的业绩。

围魏救赵 wéi wèi jiù zhào

【典源】西汉·司马迁《史记·孙子吴起列传》：魏伐赵，赵急请救于齐。齐威王以田忌为将，而孙子为师居辎车中，坐为计谋。田忌欲引兵之赵，孙子曰："夫解杂乱分纠者不控卷，救斗者不搏撠。批亢捣虚，形格势禁，则自为解耳。今梁、赵相攻，轻兵锐卒必竭于外，老弱罢于内；君不若引兵疾走大梁，据其街路，冲其方虚，彼必释赵而自救。是我一举解赵之围而收弊于魏也。"田忌从之，魏果去邯郸，于齐战桂陵，大破梁军。

【释义】战国初期，魏国势力强大起来，便向外扩张，前353年发兵围攻赵国都城邯郸。赵国危急，便向齐国求援。齐威王想用孙膑为大将，孙膑很客气地说："我是遭过刑戮的人，不能够当大将。"是齐威王便任田忌为将，孙膑为军师，率兵救赵。田忌准备带兵直接到赵国去援救，孙膑认为这不是上策，便对田忌说："要劝解打架的人，也要善于分解，不能直接参加进去帮打。派兵解围的方法也是这样，不能硬碰硬，而应采取避实就虚的办法，使敌人感到形势不利，产生后顾之忧，那样，赵国之围就自然会得到解除。现在，魏国猛攻赵国，它的精锐部队必在赵国，而且已打得精疲力竭了；它的老弱残兵，在国内也搞得疲惫不堪了，因此，我认为不如统率军队用最快的速度直冲魏都大梁，截断它的交通要道，攻击它设防虚弱的地方。魏国知道后，必定会从赵国撤军，回兵自救。这样，我们定能解赵国之围，同时又收到了挫败魏国的效果。”田忌采纳了孙膑的意见，引兵攻魏，魏军撤兵回国，齐军乘其疲惫，中途截击，在桂陵一战，打败魏军，赵国之围遂解。

【书证】明·施耐庵《水浒全传》第六十四回：“倘用围魏救赵之计，且不来解此处之危，反去取我梁山大寨，如之奈何！”毛泽东《抗日游击战争的战略问题》：“如果敌在根据地内久踞不去，我可以倒置地使用上述方法，即以一部留在根据地内围困该敌，而用主力进攻敌所从来之一带地方，在那里大肆活动，引致久踞之敌撤退出去打我主力；这就是‘围魏救赵’的办法。”

苇苕系巢 wěi tiáo jì cháo

【典源】战国·荀况《荀子·劝学》：“南方有鸟焉，名曰蒙鸠，以羽为巢，而编之以发，系之苇苕。风至苕折，卵破子死。巢非不完也，所系者然也。”

【注】苕：苇花。

【释义】南方有一种叫蒙鸠的鸟，将巢筑在芦苇之端，巢虽完美，但基础不固，故风至芦苇的花折断，卵破子死，酿成祸患。不是巢穴不完整，而是固定巢穴的东西不结实。将巢系在苇苕上。喻身处危险境地必致后患。

【书证】三国·陈琳《檄吴将校部曲文》：“令江东之地，无异苇苕，诸贤处之，信亦危矣！”

委桑饿人 wěi sāng è rén

【典源】春秋·左丘明《左传·宣公二年》：“初，宣子田于首山，舍于翳桑，见灵辄饿，问其病。曰：‘不食三日矣。’食之，舍其半。问之，曰：‘宦三年矣，未知母之存否，今近焉，请以遗之。’使尽之，而为之箪食与肉，置诸橐以与之。既而与为公介，倒戟以御公徒，而免之。问何故。对曰：‘翳桑之饿人也。’问其名居，不告而退，遂自亡也。”《吕氏春秋·报更篇》：“昔赵宣孟将上之绛，见骫桑之下，有饿人卧不能起者，宣孟止车，为之下食，蠲而哺之，再咽而后能视。宣孟问之曰：‘女何为而饿若是？’对曰：‘臣宦于绛，归而粮绝，羞行乞而憎自取，故至于此。’宣孟与脯一朐，拜受而弗敢食也。问其故，对曰：‘臣有老母，将以遗之。’宣孟曰：‘斯食之，吾更与女。’乃复赐之脯二束与钱百，而遂去之。处二年，晋灵公欲杀宣孟，伏士于房中以待之，因发酒于宣孟。宣孟知之，中饮而出。灵公令房中之士疾追而杀之。一人追疾，先及宣孟，之面曰：‘嘻，君舆！吾请为而‘君反死。’宣孟曰：‘而名为谁？’反走对曰：‘何以名为臣骫桑下之饿人也。’还斗而死。宣孟遂活。”

【释义】比喻施仁救命，也指感恩待义。

【书证】西汉·刘安《淮南子·人间训》：“赵宣孟活饥人于委桑之下，而天下称仁焉！”

畏首畏尾 wèi shǒu wèi wěi

【典源】春秋·左丘明《左传·文公十七年》：郑子家使执讯而与之书，以告赵宣子，曰：“寡君即位三年，召蔡侯而与之事君。九月，蔡侯入于敝邑以行。敝邑以侯宣多之难，寡君是以不得与蔡侯偕。十一月，克减侯宣多，而随蔡侯以朝于执事。十二年六月，归生佐寡君之嫡夷，以请陈侯于楚而朝诸君。十四年七月，寡君又朝，以蒇陈事。十五年五月，陈侯自敝邑往朝于君。往年正月，烛之武往，朝夷也。八月，寡君又往朝。以陈、蔡之密迩于楚，而不敢贰焉，则敝邑之故也。虽敝邑之事君，何以不免？在位之中，一朝于襄，而再见于君。夷与孤之二三臣，相及于绛。虽我小国，则蔑以过之矣。今大国曰：‘尔未逞吾志。’敝邑有亡，无以加焉。古人有言曰：‘畏首畏尾，身其余几。’又曰：‘鹿死不择音。’小国之事大国也，德，则其人也；不德，则其鹿也。铤而走险，急何能择？”

【注】畏：害怕。

【释义】晋灵公在扈地会合诸侯，是为了同宋国媾和。当时晋灵公不肯同郑穆公相见，认为郑国同时又对楚国友好。郑国大夫子家派遣通讯官并带去一封信，将这件事报告赵宣子，信里说：“敝国国君即位三年，就召请蔡侯并约他一同去事奉贵国先君襄公。九月，蔡侯取道敝国前往晋国。敝国由于侯宣多的祸乱，敝国国君因而不能与蔡侯同行。十一月，除掉侯宣多，就继蔡侯之后朝见于襄公左右。十二年六月，归生陪同敝国国君的太子夷，为陈侯朝晋一事到楚国请命，并朝见贵国国君。十四年七月，敝国国君又接着为完成陈侯朝晋一事朝见君王。十五年五月，陈侯从敝国前往朝见君王。去年正月，烛之武为太子夷朝晋前往贵国。八月，敝国国君又前往朝见。以陈、蔡两国距离楚国之近，而不敢依附于它，就是由于敝国的缘故。虽然敝国这样事奉贵国国君，何以不能免于罪？敝国国君在位期间，一次朝见襄公，又两次朝见君王。太子夷与敝国国君的几个大臣也络绎不绝地往来于绛都。虽然我们是小国，事奉大国也没有超过我们的了。现在大国说：'你还没有满足我的意愿。'敝国只有灭亡，再也不能增添什么来事奉大国了。古人有句话说：'怕头又怕尾，身子剩多少？'又说：'鹿死的时候，顾不得声音是否好听。'小国事奉大国，大国施予恩惠，它就是人；大国不施予恩惠，它就是鹿，狂奔乱跑而奔向险境，紧急中怎能选择道路？贵国的命令没有穷尽，敝国也知道要亡国了，准备全部调集敝国的兵力在鲦地待命，就请您的左右下达命令吧。""畏首畏尾"谓前也怕，后也怕。形容懦弱胆小，疑虑过多。

温润而泽 wēn rùn ér zé

【词源】战国·荀况《荀子·法行》："夫玉者，君子比德焉，温润而泽，仁也！栗而理知也。"

【注】栗而理：坚实而有纹理。

【释义】玉，是君子用来比喻道德品行的，玉柔润而有光泽，好比是君子的仁。原指玉色，柔润而有光泽。也用于形容人的容色和品格。

【书证】元·脱脱、阿鲁图《宋史·志·一零七》："按所献玉玺，色绿如蓝，温润而泽。"西汉·戴德、戴圣《礼记·聘义》："昔者君子比德于玉焉，温润而泽，仁也。"

文理成章 wén lǐ chéng zhāng

【词源】战国·荀况《荀子·赋》："爰有大物，非丝非帛，文理成章；非日非月，为天下明；生者以寿，死者以葬；城郭以固，三军以强；粹而王，驳而伯，无一焉而亡。"

【注】爰：曰。大物：指"礼"。文：通"纹"。粹：指礼纯而全。驳：指礼杂，不纯。

【释义】（不是丝帛，却）纹理成条。

文以忠贞 wén yǐ zhōng zhēn

【词源】春秋·左丘明《国语》

卷十《晋语》四："赵衰其先君之戎御，赵夙之弟也，而文以忠贞。贾佗公族也，而多识以恭敬。此三人者，实左右之。"

【释义】晋国的重耳公子经过宋国，与司马公孙固关系不错，公孙固对宋襄公说："晋国公子在外逃亡时间长了，已经由一个孩子变成大人了。喜欢做好事而不骄傲，像对待父亲一样对待狐偃，像对待老师一样对待赵衰，像对待兄长一样对待贾佗。狐偃是他的舅舅，仁义而足智多谋。赵衰是为他先君驾御战车的赵夙的弟弟，富于文才而为人忠贞。贾佗是晋国的公族，见识多而谦恭有礼。这三个人在左右辅佐他。""文以忠贞"意为富于文才而为人忠贞。

闻不如见 wén bù rú jiàn

【词源】战国·荀况《荀子·儒效》："不闻不若闻之，闻之不若见之。"

【释义】没有听到不如听到了，听到了不如看见了。谓听到的不如亲见可靠。

【书证】东汉·王充《论衡》："又诸家去孔子远，远不如近，闻不如见。"《魏书·列传·列女》："吾闻闻不如见，山民未见礼教，何足责哉？"

闻声相思 wén shēng xiāng sī

【词源】战国·鬼谷子《鬼谷子》："君臣上下之事，有远而亲，近而疏，就之不用，去之反求，日进前而不御，遥闻声而相思。"

【注】闻：听到。

【释义】喻听到名声而思慕。

【书证】清·吴敬梓《儒林外史》第九回："朋友闻声相思，命驾相访，也是常事。"

刎颈之交 wěn jǐng zhī jiāo

【典源】西汉·司马迁《史记·廉颇蔺相如列传》："廉颇闻之，肉袒负荆，因宾客至蔺相如门谢罪，曰：'鄙贱之人，不知将军宽之至此也！'卒相与欢，为刎颈之交。"

【注】刎颈：割脖子。交：交情、友谊。亦作"刎颈交"。

【释义】（赵惠文王时，蔺相如因"完璧归赵"、"渑池相会"立下汗马功劳。赵王拜他为相，地位比出身尊贵的廉颇还高。对此，廉颇很不服气，扬言道："我身经百战，出生入死，才当上了大将。

蔺相如只凭一张嘴巴，无尺寸战功，职位竟然比我还高。我若遇上他，非羞辱他一番不可。”蔺相如得知这一情况，便有意避开廉颇，以免发生冲突。他的手下人以为他怕廉颇，蔺相如对他们说：“秦王何等厉害，我都不怕，怎会怕廉将军呢？我之所以避开他，是以国事为重啊！秦王所以不敢对赵国轻举妄动，是因为有我和廉将军在。倘若我俩闹起矛盾，岂不给秦王造成了可乘之机。”）廉颇听到蔺相如这番话，极为感动、惭愧。他立即袒露上身，背负荆条，上门请罪。从此，两人结为生死之交。

【书证】西汉·司马迁《史记·张耳陈余传》：“余年少，父事张耳，两人相与为刎颈交。”南朝·宋·范晔《后汉书·廉范传》：“范与洛阳庆鸿为刎颈之交，时人称曰：‘前有管、鲍，后有庆、廉。’”元·白朴《又调·沉醉东风·渔夫》：“虽无刎颈交，却有忘机友。”清·曾朴《孽海花》第十三回：“他有个闺中谈禅的密友，却是个刎颈之交的娇妻。”

无所不可 wú suǒ bù kě

【词源】战国·鬼谷子《鬼谷子·捭阖》：“捭阖之道，以阴阳试之。故与阳言者，依崇高。与阴言者，依卑小。以下求小，以高求大。由此言之，无所不出，无所不入，无所不可。可以说人，可以说家，可以说国，可以说天下。”

【注】以阴阳试之：指用正或反、激烈或缓和、属阳或属阴的游说方法去试探，了解对方的思想。求：求取，指在游说时设法获得对方的心理认同，取消双方因心理态势而造成的隔阂。

【释义】没有什么目的达不到，没有什么事情办不了，没有什么不可以的。

【书证】鲁迅《好政府主义》：“其实是，指摘一种主义的理由的缺点，或因此而生的弊病，虽是并非某一主义者，原也无所不可的。”老舍《四世同堂·三十二》：“他甚至于想到拜金三爷为师。师在五伦之中，那么那次的喊爸爸也就无所不可了。”

梧鼠技穷 wú shǔ jì qióng

【典源】战国·荀况《荀子·劝学》：“螣蛇无足而飞，梧鼠五技而穷。”

【注】螣蛇：传说中的一种龙，

能驾云雾飞行。梧鼠：原作鼯鼠。传说其有五技：能飞不能过屋，能缘不能穷木，能游不能渡谷，能穴不能掩身，能走不能先人。

【释义】螣蛇（一种龙）没有脚，能腾云驾雾，飞游空际；而梧鼠虽说有五种技能，实际却一样也不行。劝勉人们学习要专一精深，切忌自满于一知半解。喻技能不精，虽多无益。比喻技能虽多但不精，于事无益。

【书证】北齐·颜之推《颜氏家训·省事》："古人云：'多为少善，不如执一；梧鼠五能，不成伎术。'"

五步之内 wǔ bù zhī nèi

【典源】西汉·司马迁《史记·廉颇蔺相如列传》："秦王怒，不许。于是相如前进缻，因跪请秦王。秦王不肯击缻，相如曰：'五步之内，相如请得以颈血溅大王矣！'"

【注】缻：同"缶"，瓦质乐器。秦人常敲击它来作为歌唱的节拍。

【释义】比喻极近的距离。亦作"五步间"。

【书证】西汉·刘安《淮南子·说山训》："越人学远射，参天而发，适在五步之内，不易仪也。世已变矣，而守其故，譬犹越人之射也。"明·张栞《行邯郸道中忆卢圣》："生死五步间，千秋墓两行。"

五尺竖子 wǔ chǐ shù zǐ

【词源】战国·荀况《荀子·仲尼》："仲尼之门，五尺之竖子言羞称乎五伯。"

【注】竖子：旧称童仆。

【释义】指尚未成年的儿童。

【书证】秦·吕不韦《吕氏春秋·重已》："使五尺竖子引其棬（juàn），而牛恣所以之，顺也！"

武安瓦振 wǔ ān wǎ zhèn

【典源】西汉·司马迁《史记·廉颇蔺相如列传》："秦伐韩、军于阏。"赵王令赵奢将兵救韩，"秦军军武安西，秦军鼓噪勒兵，武安屋瓦尽振。"

【释义】战国时，秦伐韩，赵奢率军救韩，两军对阵于武安西部，秦军鼓噪呐喊之声非常大，致使武安屋瓦为之震颤。意谓军威强盛，气势昂奋。

【书证】唐·李白《发白马》诗："武安有振瓦，易水无寒歌。"

物从其类 wù cóng qí lèi

物以类聚，人以群分 wù yǐ lèi jù rén yǐ qún fēn

【词源】战国·荀况《荀子·劝学》："草木畴生，禽兽群焉，物各从其类也。是故质的张而弓矢至焉，林木茂而斧斤至焉；树成荫而众鸟息焉；醯酸而蚋聚焉。故言有招祸也，行有招辱也，君子慎其所立手。"

【注】畴：种类。醯（xī）：醋。

【释义】万物都是依从自己的同类生存。喻坏人互相依从、勾结。

【书证】宋·普济《五灯会元·三九·温州护国钦禅师》："如藤倚树，物以类聚。"明·冯梦龙《醒世恒言》："自古道：'物以类聚。过迁性喜游荡，就有一班浮浪子弟引诱打合。'"明·周清原《西湖二集》："从来道：'诗有诗友，酒有酒友，嫖有嫖友，赌有赌友'，真是物以类聚。"

物腐虫生 wù fǔ chóng shēng

【词源】战国·荀况《荀子·劝学》："肉腐出虫，鱼枯生蠹，怠慢忘身，祸灾乃作。"

【释义】肉腐朽了会生蛹，鱼枯烂了会生虫，懒惰到连自己的安危都不顾的时候，灾祸也就要来临了。喻祸患的产生一定有它内部的原因。

【书证】北宋·苏轼《范增论》："物必先腐也，而后虫生之；人必先疑也，而后谗入之。"清·李绿园《歧路灯》第四十七回："本县若执'物腐虫生'之理究治起来，不说你这嫩皮肉受不得这桁扬摧残，追比赌赃不怕你少了分文。"

X

西门豹投巫

xī mén bào tóu wū

【典源】西汉·褚少孙补《史记·滑稽列传》：魏文侯时，西门豹为邺令。豹往到邺，会长老，问之民所疾苦。长老曰："苦为河伯娶妇，以故贫。"豹问其故，对曰："邺三老、廷掾常岁赋敛百姓，收取其钱得数百万，用其二三十万为河伯娶妇，与巫祝共分其余钱持归。当其时，巫行视小家女好者，云是当为河伯妇，即聘取。洗沐之，为治新缯绮縠衣，间居斋戒；为治斋宫河上，张缇绛帷，女居其中。为具牛酒饭食，十余日。共粉饰之，如嫁女床席，令女居其上，浮之河中。始浮，行数十里乃没。其人家有好女者，恐大巫祝为河伯取之，以故多持女远逃亡。以故城中益空无人，又困贫，所从来久远矣。民人俗语曰‘即不为河伯娶妇，水来漂没，溺其人民’云。”西门豹曰：“至为河伯娶妇时，原三老、巫祝、父老送女河上，幸来告语之，吾亦往送女。”皆曰：“诺。”至其时，西门豹往会之河上。三老、官属、豪长者、里父老皆会，以人民往观之者三二千人。其巫，老女子也，已年七十。从弟子女十人所，皆衣缯单衣，立大巫后。西门豹曰：“呼河伯妇来，视其好丑。”即将女出帷中，来至前。豹视之，顾谓三老、巫祝、父老曰：“是女子不好，烦大巫妪为入报河伯，得更求好女，后日送之。”即使吏卒共抱大巫妪投之河中。有顷，曰：“巫妪何久也？弟子趣之！”复以弟子一人投河中。有顷，曰：“弟子何久也？”复使一人趣之！复投一弟子于河中。凡投三弟子。西门豹曰：“巫妪弟子是女子也，不能白事，烦三老为入白之。”复投三老河中。西门豹簪笔磬折乡河立待良久。长老、吏傍观者皆惊恐。西门豹顾曰：“巫妪、三老不来还，奈之何？”欲复使廷掾与豪长者一人入趣之。皆叩头，叩头且破，额血流地，色如死灰。西门豹曰：“诺，且留待之须臾。”须臾，豹曰：“廷掾起矣。状河伯留客之久，若皆罢去归矣。”邺吏民大惊恐，从是以后，不敢复言为河伯娶妇。

【释义】谓果断机智地革除陋俗，对巫妪“以其人之道还治其人之身”。为民除害，坚决、彻底。

【考据】西门豹：战国初魏国人。性急，常佩韦以自诫。魏文侯时为邺令。初，邺人为水患所苦，地方豪吏与巫祝勾结，以河伯娶妇愚弄人民。豹至邺，废之。兴建水利，开凿十二支渠，引漳河水灌田，改良土壤，发展生产。并实行寓兵于农、存粮于民等措施。

据考，西门豹于魏文侯二十四年（前422）为邺令，投巫除漳水“河伯娶妇”陋习。次年（前

421)，郧地凿渠十二，分漳溉田。

谌谌过虑 xǐ xǐ guò lǜ

【词源】战国·荀况《荀子·议兵》："谌谌然常恐天下之一合轧已也，此所谓力术止也！"

【注】谌：恐惧，担心害怕。

【释义】对某种情况过分忧虑。

【书证】明·吴甡《柴庵疏集·六·缉获妖贼疏》："臣尝与抚臣谌谌过虑，日檄各道，申饬有司，严保甲，练乡兵，三令而五申之。"清·梁启超《饮冰室文集·二一·发行公债整理官钞推行国币说帖》："夫中央银行苟办理得宜，则除输出超过频年赓续外，绝无实币外流之患，而兑换基础可以常固，正不必谌谌过虑也。"

夏虫不可语冰 xià chóng bù kě yǔ bīng

【典源】战国·庄周《庄子·秋水》："公子牟谓公孙龙曰：'井蛙不可以语于海者，拘以虚也；夏虫不可以语于冰者，笃于时也；曲士不可以语于道者，束于孝也。'"

【释义】"夏虫不可语冰"，意谓对见识短浅的人，无法理论，因其孤陋寡闻，无法与他谈论道义的精妙。

【书证】宋·王安石《同王濬贤良赋》："谅能学此真寿类，世论安以虫疑冰。"

先事虑事 xiān shì lǜ shì

【词源】战国·荀况《荀子·大略》："配天而有下土者，先事虑事，先患虑患。先虑事谓之捷，捷则事优或。先患虑患谓之豫则祸不生。事至而后虑者谓之后，后则事不举。患至而后虑者谓之困，困则祸不可御。"

【注】捷：原文为"接"。虑：思考，谋划。配天而有下土者：指天子。古人以君权为神授，天子被看做天帝的儿子，故所谓配天子。

【释义】拥有天下土地的人事情发生之前就要考虑到这件事，这叫敏捷，这样事情就会圆满成功。祸患到来之前就要考虑到祸患，这叫预先准备，这样就不会发生。事情发生后才考虑后果，那样事情就办不成；祸患来了才考虑叫困厄，那样就不能抵挡了。意谓事前考虑周详，把计划作好。

【书证】唐·武则天《臣轨》："夫将若能先事虑事，先防求防，守则不可攻，攻则不可防。"

险陂倾侧 xiǎn bēi qīng cè

【词源】战国·荀况《荀子·成相》："请牧基，贤者思，尧在万世如见之。谗人罔极，险陂倾侧，此之疑。"

【注】陂：通"诐"，邪僻。倾侧：偏邪不正。极、侧：属职部，古代之职两部对转，也相谐。

【释义】请听治国的根本，在于思慕用贤臣，唐尧距今虽万代，依然可见其德政。谗人作恶无止境，险恶邪僻心不正，怀疑用贤的方针。指邪恶不正的行为。

解狐荐仇 xiè hú jiàn chóu

【典源】战国·韩非《韩非子·外储说左下》："解狐荐其仇于简主以为相。其仇以为且幸释己也，乃因往拜谢。狐乃引弓迎而射之，曰：'夫荐汝，公也，以汝能当之也。夫仇汝，吾私怨也，不以私怨汝之故拥汝于吾君。故私怨不入公门。'"

【释义】解狐推荐自己的一个仇人去给赵简子任宰相，不因个人恩怨而埋没人才。喻公正无私，荐举人才。

兴利除害 xīng lì chú hài

兴利除弊 xīng lì chú bì

【词源】战国·荀况《荀子·王霸》："汤、武者，循其道行其义，兴天下同利，除天下同害，天下归之。"

【释义】兴办对天下都有利的事情，清除对天下都有害的事情。天下的人民都会归顺他们。

【书证】东汉·荀悦《汉纪·文帝纪下》："兴利除害，明赏慎罚，直言极谏，补主之过，德匡天下，威正诸侯，此人臣极谏直言之功也！"宋·王安石《答司马谏议书》："举先王之政，以兴利除弊，不为生事。"

刑措不用 xíng cuò bù yòng

【词源】战国·荀况《荀子·议兵》："威厉而不试，刑错而不用。"

【注】厉：高举。错：通"措"，放置。

【释义】刑罚搁置起来不用。

喻政治清明。

【书证】东汉·王充《论衡》卷八:"言其犯刑者少,用刑布疏,可也;言其一人不刑,刑措不用,增之也。"东汉·班固《汉书·武帝纪》:"周之成康,刑措不用,德及鸟兽,教通四海。"唐·陈子昂《请措刑科》:"今神皇不以此时崇德务仁,使刑措不用。乃任有司明察,专务威刑,臣窃恐非神皇措刑之道。"

行具神生 xíng jù shén shēng

【词源】战国·荀况《荀子·天论》:"天职既立,天功既成,形具而神生:好恶、喜怒、哀乐藏焉,夫是之谓天情。耳、目、鼻、口、形,能各有接而不相能也,夫是之谓天官,心居中虚,以治五官,夫是之谓天君。"

【注】形:形体。神:精神。

【释义】形体具备了,精神也就随之产生。喻指精神依附物质而存在。

【书证】苏萍《〈黄帝内经〉中身心健康问题的研究》:"即形神关系的理论,说明形具神生、神主宰形、形神合一的观点。"

虚一而静 xū yī ér jìng

【词源】战国·荀况《荀子·解蔽》:"人何以知? 曰:虚一而静。心未尝不臧也,然而有所谓虚;心未尝不满也,然而有所谓一;心未尝不动也,然而有所谓静。"

【注】臧:这里指各种偏好。满:指各样思虑。虚:虚心。一:这里指专心。静:静心。

【释义】虚心,专心,冷静地观察事物。

【书证】北宋·苏轼《辟谷之法》:"则虚一而静者世无有也!"

许历谏军 xǔ lì jiàn jūn

【典源】西汉·司马迁《史记·廉颇蔺相如列传》:"赵奢者,赵之田部吏也,秦伐韩,军于阏与,王令赵奢将,救之。兵去邯郸三十里,而令军中曰:'有以军事谏者死。'……军士许历请以军事谏,赵奢曰:'内之。'许历曰:'秦人不意赵师至此,其来势盛,将军必厚集其阵以待之。不然,必败。'……赵奢曰:'……胥后令邯郸。'许历复请谏,曰:'先据此山者胜,后至者败。'赵奢许诺,即发万人趋之。秦兵后至,争山不得上,赵奢纵兵击之,大破秦军。秦军解而走,遂解阏与围而归。”

【释义】赵奢带兵与秦作战,军中的许历敢于冒死进谏并谋划用兵策略,赵奢听取许历的谋略,终于取得了胜利。“许历谏军”意谓谋士敢于并善于进谏,首长要善于听从正确的建议。

【书证】东汉·王粲《军 ·从军诗五首》之四:“许历为完士,一言独败秦。”

悬釜而炊 xuán fǔ ér chuī

【典源】西汉·刘向《战国策·赵策一》:知伯帅赵、韩、魏、而伐范、中行氏,灭之。休数年,使人请地于韩。……三国之兵乘晋阳城,遂战。三月不能拔,因舒军而围之,决晋水而灌之。围晋阳三年,城中巢居而处,悬釜而炊,财食将尽,士卒病羸。

【释义】前 472 年,智伯和赵襄子、韩康子、魏桓子尽分范氏、中行氏故地后,智伯日益骄横。他向韩、魏两家索要领地都答应给了,智伯向赵襄子索地,遭到拒绝。于是智伯与韩、魏联合攻赵,赵襄子退守晋阳。三家联军决晋水灌城晋阳被淹,城中军民只能悬锅做饭。意谓水患严重,难以为炊。

【书证】宋·陆游《暴雨》:“黑云如龙爪,白雨如搏棋,老屋处处漏,此夕将何之?岂惟移床避,殆欲悬釜炊。”清·赵执信《诅雨师》:“我栖茅屋傍山椒,未免移床复悬釜。”

循礼守分 xún lǐ shǒu fèn

【词源】战国·荀况《荀子·议兵》:“彼仁者爱人,爱人,故恶人之害之也;义者循礼,循礼,故恶人之乱之也。”

【注】恶:憎恨。循:依照,按照。

【释义】言语行为遵循事理。安分守己。

【书证】宋·司马光《论北边事宜》:“而朝廷至今终未省寤,犹以二人所为为是,而以循礼守分者为非。”

Y

言行不一 yán xíng bù yī
言行相反 yán xíng xiāng fǎn
言行相诡 yán xíng xiāng guǐ

【词源】战国·荀况《荀子·

致士》："夫言用贤者，口也；却贤者，行也；口行相反，而却贤者之至、不肖者退也，不亦难乎？"

【释义】说任用贤人，这只是口头上的；行动上排斥贤人。口头和行动相反，却想要贤人到来、不贤良的人退去，不也很难吗？喻言行不一致。

【书证】秦·吕不韦《吕氏春秋·潘辞》："言行相诡，不祥莫大焉。"

言有召祸 yán yǒu zhāo huò

【词源】战国·荀况《荀子·劝学》："言有召祸也，行有召辱也，君子慎其所立乎。"

【注】召：通"招"。

【释义】说话有时会招来祸害，做事有时会招致耻辱，君子要小心自己的立身行事啊！意谓言语不慎会招来祸患。

扬扬得意 yáng yáng dé yì

【词源】战国·荀况《荀子·儒效》："呼先王以欺愚者而求衣食焉，得委积足以掩其口，则扬扬如也；随其长子，事其便辟，举其上客，患然若终身之虏而不敢有它志，是俗儒者也。"

【注】扬扬如也：扬扬得意的样子。长子：这里指君主的太子。便辟：(pián bì)通"便嬖"，君主的宠信小臣。患然：提心吊胆的样子。

【释义】形容十分得意的样子。

【书证】西汉·司马迁《史记·管晏列传》："意气扬扬，甚自得也。"清·李宝嘉《官场现形记》第三十四回："他到此更觉扬扬得意，目中无人。"茅盾《小圈圈里的人物》："许多表示胜利的眼光都毒辣地拿小李当做箭靶，那位'小天才'的扬扬得意，更不待言。"

怏怏不悦 yàng yàng bù yuè
怏怏不乐 yàng yàng bù lè

【典源】西汉·司马迁《史记·鲁仲连邹阳列传》："辛垣衍怏然不悦，曰：'噫嘻，亦太甚矣，先生之言也！先生又恶能使秦王烹醢梁王？'"

【注】怏然：不愉快的模样。悦：愉悦，快乐。恶：怎么。

【释义】战国时，秦围赵都邯郸，魏王派将军辛垣衍劝说赵王尊秦为帝。正在邯郸游历的齐国高士鲁仲连劝说辛垣衍放弃尊秦为帝的主张。鲁仲连说："如果尊秦为帝，我将让秦王烹煮魏王并把他剁成肉酱。"辛垣衍听后很不高兴。接着鲁仲连举例说："从前，九侯、鄂侯、文王，是商纣王的三公。九侯有个女儿长得很美，进献给纣王，纣王却认为她长得丑陋，把九侯剁成肉酱。现在秦国和魏国都是拥有万辆兵车的大国，都有称王的名分，如果尊秦昭王为帝结果也和九侯一样。"辛垣衍不敢再言尊秦为帝。喻因不满意而很不快乐。

【书证】唐·颜师古《大业拾遗记》："三十六封书至今使人怏怏不悦。"北宋·司马光《资治通鉴·晋纪三十九》："进护开府仪同三司、录尚书事，以慰其心，护怏怏不悦，踧鸩杀之。"明·罗贯中《三国演义》第九十二回："遂不用魏延之计。魏延怏怏不悦。"

叶落归根 yè luò guī gēn
叶落归本 yè luò guī běn

【词源】战国·荀况《荀子·致仕》："水深而回，树落则粪本。"《王先谦集解》："谓木叶落粪其根也……二句喻弟子于师不忘水源木本之意。"

【释义】指归向根本所在。原指弟子不忘师的教诲，后多喻客居异地的人最终要回归故乡，不忘本源。

【书证】清·李宝嘉《官场现形记》第五十一回："张国柱并不隐瞒，竟说明自己是先君弃妾所生，树高千尺，叶落归根……"姚雪垠《李自成》第一卷第二十八章："'唉，难道咱们的家就永远不要了？'她噙着眼泪问，总想着叶落归根，还有回来的时候。"清末、民初·章炳麟《稽勋意见书三》："得四月三日书……具见主持公道，不忘本源，所谓狐死首丘，叶落归本者，实于贵局长见之。"

一倡三叹 yī chàng sān tàn
一唱三叹 yī chàng sān tàn

【词源】战国·荀况《荀子·礼论》："清庙之歌，一倡而三叹也；县一钟，尚拊之膈，朱弦而通越也。"

【注】倡：领唱。拊：一种打击乐器，由熟皮制的囊中塞满谷糠而成，形如小鼓。膈：乐器名，类似拊。通越：越，瑟底的孔；通越，打通瑟底的孔。

【释文】原意是一人唱三人和，唱、和的人都不多。后用来喻诗文婉转而寓义深刻。

【书证】北宋·苏轼《和蔡景繁海州石室》："长篇小字远相寄，一唱三叹神凄楚。"

一狐之腋 yī hú zhī yè

【词源】战国·慎到《慎子·内篇》："庙廊之材，非一木之枝；狐白之裘，非一狐之腋。"

【注】腋：野兽腋下的皮毛。

【释义】一只狐狸腋下的皮毛。

【书证】西汉·司马迁《史记·赵世家》："吾闻千羊之皮，不如一狐之腋。"《史记·商君列传》："千羊之皮，不如一狐之腋；千人之诺诺，不如一士之谔谔。"

一日不作，百日不食 yī rì bù zuò bǎi rì bù shí

一日不稼，百日不食 yī rì bù jià bǎi rì bù shí

【典源】西汉·司马迁《史记·赵世家》："肃侯游大陵，出于鹿门。大戊午扣马曰：'耕事方急，一日不作，百日不食。'肃侯下马谢。"

【注】谓一天不耕作，则百日没有饭吃。

【释义】比喻不劳动就没有收获。亦作"一日不稼，百日不食"。

【书证】西汉·刘向《说苑·卷三·建本》："文公见咎季，其庙傅于西墙，公曰：'孰处而西？'对曰：'君之老臣也。'公曰：'西益而宅。'对曰：'臣之忠，不如老臣之力，其墙坏而不筑。'公曰：'何不筑？'对曰：'一日不稼，百日不食。'"

【考据】赵肃侯（？—前326）：战国时赵国国君，名语，成侯子。尝欲游大陵，因大戊午言农事方急，一日不耕作，百日不得食，即下车称谢。卒时，秦、楚、燕、齐、魏出锐师各万人来会葬。在位二十四年，谥肃。

赵王陵：位于邯郸市西北邯郸县、永年县的两县交界地带，蜿蜒逶迤数十里。陵墓分踞五座山头，称陵台，一座陵台也就是一组古墓。这五座陵台，其中有三座在邯郸县境内，位于黄粱梦村西的三陵乡西北部和工程乡周窑村东，称为三陵墓群。另两座在永年县境内，位于县城西部两岗乡温窑村北，称为温窑灵台。赵王陵为国家级重点文物保护单位。这五座陵台中有两座上面是两堆封土，很可能是赵肃侯、赵武灵王也在其中。这五座陵台七个封土高大的古墓，墓主人很可能是：赵敬侯、赵成侯、赵肃侯、赵武灵王、赵惠文王、赵孝成王、赵悼襄王七个赵王的陵墓。

一日千里 yī rì qiān lǐ

【词源】战国・荀况《荀子・修身》："夫骥一日千里，驽马十驾则亦及之矣。将以穷无穷，逐无极与？其折骨绝筋，终身不可以相及也。将有所止之，则千里虽远，亦或迟或速，或先或后，胡为乎其不可相及也？"

【释义】喻马跑得快。后形容事业进展迅速。

【书证】南朝・宋・范晔《后汉书・王允传》："同郡郭林宗尝见允而厅之，曰：'王生一日千里，王佐才也！'"清・梁启超《外资输入问题》："美国澳州之进步，一日千里。"

一言九鼎 yī yán jiǔ dǐng

【典源】西汉・司马迁《史记・平原君虞卿列传》："平原君已定从而归，归至于赵，曰：'胜不敢复相士。胜相士多者千人，寡者百数，自以为不失天下之士，今乃于毛先生而失之也。毛先生一至楚，而使赵重于九鼎大吕。毛先生以三寸之舌，强于百万之师。胜不敢相士。'遂以为上客。"

【注】九鼎、大吕：古代国家的宝器，传说夏禹所铸，象征九州，夏、商、周三代均奉为传国之宝。

【释义】赵平原君十分感慨地说："毛先生这次去楚国，一席话就使赵国在楚国眼里像九鼎大吕之宝一样身价倍增，真是了不起啊！"自此，平原君把毛遂作为上客相待。"一言九鼎"意谓一句话重于九鼎，形容说话极有分量，一说便解决问题。

【书证】南宋・陆游《儒生》："用可重九鼎，穷宁直一线。"清・丘逢甲《送刘铭伯之美洲四首》："九万征尘走使车，一言九鼎信非虚。"清・李绿园《歧路灯》第五回："二位老师，一言九鼎。"清・冯桂芬《致曾侯相书》："执事一言九鼎，或有以息其议，甚善。"姚雪垠《李自成》第二卷第四十章："贤妹是他的救命恩人，一言九鼎。倘蒙贤妹劝说几句，使他悬崖勒马，潜逃异乡，避此厄运，我将世世生生永学贤妹之德。”陈毅《记遗言》诗：“碧血长江流不尽，一言九鼎重千秋。”

衣若悬鹑 yī ruò xuán chún
鹑衣百结 chún yī bǎi jié

【词源】战国·荀况《荀子·大略》：“子夏贫，衣若县鹑。”

【注】县：通“悬”。鹑：鹌鹑鸟。鹌鹑小头秃尾，羽毛赤褐色，杂有暗黄色斑和条文，像布满补丁的破衣。

【释义】形容衣服非常破烂。

【书证】宋·赵蕃《大雪》：“鹑衣百结不蔽膝，恋恋谁怜范叔贫？”明·张岱《陶庵肘后方·序》：“而内多淄衣黄冠乞丐贫子，鹑衣百结提囊负笈之辈。”

移风易俗 yí fēng yì sú

【词源】战国·荀况《荀子·乐论》：“故乐行而志清，礼修而行成。耳目聪明，血气和平，移风易俗，天下皆宁，美善相乐。故曰：乐者、乐也。君子乐得其道，小人乐得其欲。”

【注】移：改变。

【释义】改变旧的风气和不良习俗。

【书证】西汉·司马迁《史记·李斯列传》：“孝公用商鞅之法，移风易俗，民以殷盛。”三国·魏·高堂隆《谏用法深重疏》：“夫移风易俗，宣明道化，使四表同风，回首面内，德教光熙，九服慕义，固非俗吏之所能也！”朱自清《三礼·第五》：“乐有改善人心移风易俗的功用，所治是相通的。”

遗俗之累 yí sú zhī lèi

【典源】西汉·司马迁《史记·赵世家》：于是肥义侍，（赵武灵）王曰：“简、襄主之烈，计胡、翟之利。为人臣者，宠有孝弟长幼顺明之节，通有补民益主之业，此两者臣之分也。今吾欲继襄主之迹，开于 胡、翟之乡，而卒世不见也。为敌弱，用力少而功多，可以毋尽百姓之劳，而序往古之勋。夫有高世之功者，负遗俗之累；有独智之虑者，任骜民之怨。今吾将 胡服骑射以教百姓，而世必议寡人，奈何？”肥义曰：“臣闻疑事无功，疑行无名，王既定负遗俗之虑，殆无顾天下之议矣！”

【释义】对事业疑虑就不能建立功勋，行动犹豫就不会有成就。大王既然不多考虑世俗的牵涉，就不要在乎天下人的议论了。意谓囿于世俗陋习的观念而过多地疑虑。

以类相从 yǐ lèi xiāng cóng

【词源】战国·荀况《荀子·正论》："故象刑殆非生于治古，并起于乱今也。治古不然，凡爵列、官职、赏庆、刑罚皆报也，以类相从者也！"

【注】类：种类。从：从属。

【释义】所以象征性的刑罚并非产生于治理得很好的古代，而都是产生于混乱的当代。凡是爵位、官职、奖赏、刑罚都是一种回报，是与行为的类别相应的。意谓按照类别确定事物的从属。

【书证】元·虞集《杜诗纂例》："然独好工部诗，讽诵之久，又取其一篇、一联、一句、一字可以类相从者，录之以为纂例，其亦好之笃而求之祥已乎？"鲁迅《汉文学史纲要》第八篇："又分造词赋，以类相从，或称大山，或称小山，其义犹《诗》之有《大雅》、《小雅》也。"

以聋辨声 yǐ lóng biàn shēng
以盲辨色 yǐ máng biàn sè

【词源】战国·荀况《荀子·修身》："故非礼，是无法也；非师，是无师也。不是师法而好自用，譬之，是犹以盲辨色，以聋辨声也，舍乱妄，无为也。故学也者，礼法也；夫师，以师为正仪而贵自安者也。"

【注】舍：居，处于；舍乱妄，即身处乱妄。正仪：正确的准则和榜样。

【释义】不遵照老师的教导去做，喜欢自以为是，就好比让盲人来辨颜色，让聋子去辨别声音一样，除了这些荒诞的举动，毫无办法。用盲眼去辨别颜色，用聋子去辨别声音。喻方法不当。

以吕易嬴 yǐ lǚ yì yíng

【典源】西汉·司马迁《史记·吕不韦传》："（子楚）质于邯郸……吕不韦贾邯郸，见而怜之……吕不韦取邯郸诸姬绝好善舞者与居，知有身。子楚从不韦饮，见而说之，因起为寿，请之。吕不韦怒，念业已破家为子楚，欲以钓奇，乃遂献其姬。姬自匿有身，至大期时，生子政。"

【注】吕：吕不韦。嬴：嬴政，秦始皇。

【释义】秦始皇姓嬴名政，其父庄襄王子楚为太子时质于赵，常在富商吕不韦家饮宴。子楚见到吕的一个怀了孕的美妾，很是喜爱，就留了下来，不久生下一子，就是始皇。改嬴姓为吕姓。“以吕易嬴”比喻异姓乱宗。

【书证】明·张燧《千百年眼·天亡秦》卷四：“生一妇子曰邯郸姬，阴以吕易嬴而莫之觉。全盛一统之业，忽然瓦解，此两人盖从内乱之。”清·程允升《幼学琼林·人事》：“至若景泰以吕易嬴，是嬴亡于庄襄之手；弱晋以牛易马，是马灭于怀愍之时。”清·邱炜萲《菽园赘谈》：“文姜淫乱，越境成奸，恐后之读史，或有嬴吕之嫌，故特于夫人姜氏如齐之前，大书特书子同生，明其的系吾君之子也。”

以卵投石 yǐ luǎn tóu shí

以卵击石 yǐ luǎn jī shí

【词源】战国·荀况《荀子·议兵》：“以桀诈尧，譬之若以卵投石，以指挠沸，若赴水火，入焉焦没耳。”

【释义】用桀欺骗尧，就好像用鸡蛋掷石头、用手指搅开水，就好像投身水火，一进去就会被烧焦淹没的啊！用蛋击石头。比喻不自量力，自取灭亡。

【书证】金·无名氏《大金吊伐录·二·宋主遣报谢使副回书》：“岂意城外军兵，辄敢不遵号令，妄举甲兵，夜犯军寨，以卵击石，自取灭亡。”明·罗贯中《三国演义》第四十三回：“刘豫州不识天时，强欲与争，正如以卵击石，安得不败乎？”

以书为御 yǐ shū wéi yù

【词源】西汉·刘向《战国策·赵策二》：“谚曰：‘以书为御者，不尽于马之情；以古制今者，不达于事之变。’”

【注】御：驾驭车马。

【释义】死搬书本上的理论去驾驭马匹，就不能懂得马的性情。只凭书本的教条，就会脱离实际而导致失败。

以一持万 yǐ yī chí wàn

以一驭万 yǐ yī yù wàn

【词源】战国·荀况《荀子·效儒》：“法先王，统礼义，一制度，以浅持博，以古持今，以一持万，苟仁义之类也，虽在鸟兽之中，若别黑白。”

【注】持：把握，控制。驭：驾驭。

【释义】效法古代的帝王，统一制度，推崇礼仪。如果是合乎礼仪的事情，即使存在于鸟兽之中，也像辨别黑白一样容易认出来。指根据一个原则把握无限的事物。抓住根本，就能控制掌握全局。

【书证】朱自清《经典常谈·诸子第十》："君主能够兼用法、术、势，就可以一驭万，以静制动，无为而治。"

以疑决疑 yǐ yí jué yí

【词源】战国·荀况《荀子·解蔽》："彼愚者之定物，以疑决疑，决必不当。夫苟不当，安能无过乎！"

【释义】那些愚蠢的人判断事物，是用疑惑不清的心去判断疑惑不清的事物，判断一定不得当。判断不得当，又怎么能没有错误呢？

"以疑决疑"指愚昧的人，用充满疑虑的头脑来判断有疑问的事物，一定会作出错误的结论。

以指测河 yǐ zhǐ cè hé

【词源】战国·荀况《荀子·劝学》："不道礼宪，以《诗》、《书》为之，譬之犹以指测河也，以戈舂黍也，以锥餐壶也，不可以得之矣。"

【释义】用手指去测量河的深浅。喻使用的工具和方法不当，达不到目的。

以指挠沸 yǐ zhǐ náo fèi

【词源】战国·荀况《荀子·议兵》："以桀诈尧，辟之若以卵投石，以指挠沸。"

【注】挠：搅。沸：开水。

【释义】用手指去搅开水。喻自找麻烦，自取其祸。

【书证】汉·韩婴《韩诗外传》卷三："以桀而诈尧，以指挠沸，以卵投石。"

义不帝秦 yì bù dì qín

【典源】西汉·司马迁《史记·魏公子列传》："鲁连见辛垣衍而无言。辛垣衍曰：'吾视居此围城之中者，皆有求于平原君者也；今吾观先生之玉貌，非有求于平原君者也，曷为久居此围城之中而不去？'鲁仲连曰：'世以鲍焦为无从颂而死者，皆非也……彼秦者，废礼义而上首功之国也，权使其士，虏使其民……则连有蹈东海而死耳，吾不忍为之民也。所为见将军者，欲以助赵也！'辛垣衍曰：'先生助之将奈何？'鲁连曰：'吾将使梁及燕助之，齐、楚则固助之矣！'辛垣衍曰：'燕则吾请以从矣；若乃梁者，则吾乃梁人也，先生恶能使梁助之？'鲁连曰：'梁未睹秦称帝之害故耳。使梁睹秦称帝之害，则必助赵矣！'于是辛垣衍起，再拜谢曰：'始以先生为庸人，吾乃今日知先生为天下之士也。吾请出，不敢复言帝秦。'秦将闻之，为却军五十里。适会魏公子无忌夺晋鄙军以救赵，击秦军，秦军遂引而去。"

【释义】秦国大兵压境，包围邯郸，赵国危在旦夕，四处求救，但迫于秦国淫威，无国出兵相助，魏王派辛垣衍劝说赵国尊秦为帝，割地求得安宁，平原君犹豫不决。这时，鲁仲连出面向辛垣衍陈述利害说："秦国是废弃礼义而崇尚斩首之功的国家，用权诈的手段役使其士兵，像对待俘虏那样待其民众。"他表示：如果秦王自称为帝，仲连宁愿跳海而死，也不做秦国的臣民。他还列举了许多事例来说明尊秦为帝的危害，经过激烈辩论，终于说服魏、赵两国不尊秦为帝。魏公子无忌带兵救赵，秦军因此退却。喻坚持正义，不向强权恶势力屈服、投降。

【书证】南宋・文天祥《思小村》："鲁连子兮义不帝秦，负玄德兮羽不名为人。委骨草莽兮时乃天命，自古孰无死兮首丘为正。我行我行兮梦寐所思，故人望我兮胡不归，胡不归？"近代・苏曼殊《以诗并画留别汤国顿》："蹈海鲁连不帝秦，茫茫烟水著浮身。"陈毅《含羞草》诗："有草名含羞，人岂能无耻？鲁连不帝秦，田横刎颈死。"

易如反掌 yì rú fǎn zhǎng

【词源】战国・荀况《荀子・非相》："叶公子高入据楚，诛白公，定楚国，如反手尔。"《三国志・法正传》："（法正献策于先主曰）然后资益州之殷富，冯（凭）天府之险阻，以此成业，犹反掌也！"

【注】反掌：翻一下手掌。喻容易。

【释义】喻事情轻而易举，不费很大力气就能实现。

【书证】隋、唐・裴矩《西域图记序》（《北史》）："以国家威德，将士骁雄，泛濛汜而扬旌，越昆仑而跃马，易如反掌，何往不至？”清·董诰等《全唐文·冯用之〈机论〉》：“夫如是，则一得一失，易如反掌；一兴一亡，疾如旋踵，为国家者，可不务乎！”

因人成事 yīn rén chéng shì

【典源】西汉·司马迁《史记·平原君虞卿列传》：毛遂左手持槃血而右手招十九人曰：“公相与歃此血于堂下。公等录录，所谓因人成事者也。”

【注】因：依靠。

【释义】战国时期，有一次赵国被秦军围困，赵相平原君奉命去楚国联络楚王共同对付秦国。平原君带着他手下的二十个人一起来到楚国。但是，由于楚王害怕秦国，不敢联合抗秦，因此，平原君和楚王从早晨一直谈到中午，仍然没能说服楚王。跟随平原君出使楚国的二十个人中，有一个叫毛遂的人，十分机智勇敢，其他十九人便推他上殿参加谈判。毛遂按剑沿石阶而上，来到谈判的地方，说：“联合抗秦的利害关系十分明显，只消几句话便可以解决，为什么谈了半天还不能决定？”楚王见他只是平原君的随从，便责备他不该上来插嘴。毛遂手按宝剑，上前一步，对楚王说：“你责备我，乃是自以为楚国人多。现在，你我相距不到十步，十步之内你的命捏在我的手里，楚国人再多你也依靠不上。”接着毛遂对楚王陈述了联合与否的利害关系以及联合抗秦的可能性，说得楚王连连称是，答应和赵国联合抗秦。毛遂又让楚王的人取来鸡血、狗血、马血，让双方歃血订盟。待楚王、平原君宣誓立约之后，他自己也宣了誓。然后，左手托着盛血的盘子，右手招呼十九个人说：“你们也来宣誓。你们这些人啊，真是碌碌无为的庸人，只能依赖他人的努力获得成功。”意谓依靠别人的力量办成事情。

【书证】唐·魏征《隋书·卷三十八·列传第三》：“柳裘、皇甫绩、卢贲，因人成事，协规不二，大运光启，莫参枢要。”唐·刘知几《史通·内篇·书志第八》：“但班固缀孙卿之词，以序《刑法》；探孟轲之语，用裁《食货》，《五行》出刘向《洪范》，《艺文》取刘歆《七略》，因人成事，其目遂多。”宋·李曾伯《满江红·得襄阳捷》：“赖因人成事，同心却敌。”元·李寿卿《伍员吹箫》第四折：“小将因人成事，何足道哉！”清·李渔《闲情偶寄·种植》："止可因人成事，人立而我立，人仆而我亦仆矣。"老舍《四世同堂》六十八："晓荷想不出主意。因人成事的人禁不住狂风暴雨。"

应变不穷 yìng biàn bù qióng

【词源】战国·荀况《荀子·王制》："王者之人，饰动以礼义，听断以类，明振毫末，举措应变而不穷。夫是之谓有原。是王者之人也。"

【注】饰：通"饬"，整治，端正。原：原则。

【释义】政令制度的兴废应随时应变而不至于束手无策，这就叫做懂得了政事的根本。谓适应时事变化或应变事态发展，随机应变，没有穷尽。

【书证】清·曾国藩《冰鉴》："才者，奋发有为，应变无穷，非小惠辩捷，圆熟案牍而已。"

犹豫未决 yóu yù wèi jué
犹豫不决 yóu yù bù jué

【词源】西汉·刘向《战国策·赵策三》：魏王使客将军辛垣衍间入邯郸，因平原君谓赵王曰："秦所以急围赵者，前与齐湣王争为帝，已而复归帝，以齐故。方今唯秦雄天下，此非必贪邯郸，其意欲求为帝"……平原君犹豫未有所决。

【注】犹豫：迟疑。

【释义】迟疑不决，拿不定主意。

【书证】唐·房玄龄《晋书·赵诱传》："隆犹豫不决，遂为其下所害。"五代·刘昫《旧唐书·裴寂传》："高祖将先定京师，议者恐通为后患，犹豫未决。"杜鹏程《保卫延安》第三章："紧张的战斗生活，不光把人平时举止态度上的细节磨掉了，就连人那些迟缓柔弱、犹豫不定的脾性也磨掉了。"刘流《烈火金钢》第八回："解文华看破了他的心情，他想趁他在这犹豫不定的时候，说上几句好话，放他走。"

游鱼出听 yóu yú chū tīng

【典源】战国·荀况《荀子·劝学》："昔者瓠巴鼓瑟，而游鱼出听；伯牙鼓琴，而六马仰秣。"

【注】瓠巴：楚国人，善于鼓瑟。

【释义】从前瓠巴一鼓瑟，沉在水底的鱼游到水面认真欣赏；伯牙鼓琴，吃草的六匹马抬起头来咧嘴听。“游鱼出听”喻音乐美妙动听。

【书证】明·张鼎思《琅代醉编》:“伯牙鼓琴,游鱼出听。”

友风子雨 yǒu fēng zǐ yǔ

【词源】战国·荀况《荀子·赋》:“托地而游宇,友风而子雨,冬日作寒,夏日作暑,广大精神,请归之云。”

【注】友风:云与风并行,所以是风的“友”。子雨:雨因云而生,所以雨是云的“子”,此句中的“友”和“子”是意动用法。

【释义】指天上的云与风同行,雨因云而生。喻关系密切。

【书证】宋·叶适《王椒秘监挽词》:“我欲从之似云出,友风子雨游四方。”

有过之无不及

yǒu guò zhī wú bù jí

【词源】春秋·左丘明《国语·周语中》:“是三子也,吾又过于四之无不及。”韦昭注:“三子,荀(林父)、赵(盾)、栾(书)也……言已之材优于彼四人也,三人之中无有所不及也!”

【释义】只有超过的,没有比不上的。多用于褒义。

【书证】南宋·杨万里《诚斋诗话》:“近世词人,闲情之靡,如伯有所赋,赵武所不得闻者,有过之无不及焉,是得为好色而不淫乎?”清·翁方纲《石洲诗话》五:“雁门(萨都拉)风流跌宕,町谓才人之笔。使生许浑、赵嘏间,与之联镳并驰,有过之无不及也!”清·郑燮《郑板桥全集·题画·靳秋田索画》:“石涛画法千变万化,离奇苍古,而又能细秀妥贴,比之八大山人,殆有过之无不及处。”

有治人无治法

yǒu zhì rén wú zhì fǎ

【词源】战国·荀况《荀子·君道》:“有乱君,无乱国;有治人,无治法。羿之法非亡也,而羿不世中;禹之法犹存,而夏不世王。故法不能独立,类不能自行。得其人则存,失其人则亡。法者,治之端也;君子者,法之原也。”

【注】乱国:自行混乱的国家。羿之法:羿,后羿;后羿的箭法。治之端:政治治理的前提。法之原:法的本源。

【释义】有治理国家的人才,没

有固定不变的治国方略。意为治理国家的人才最重要，人才决定着法的制定和执行。

【书证】清·林则徐《林文忠公政书·甲集·东河奏稿一·复秦访察碎石工程情形折》："此又人事之难言者也。总之，有治人，无治法。在工人员，果皆讲明利弊，自无枉费之工；果皆激发天良，自无妄开之费。"清·薛福成《代李伯相复张观察书》："农夫终岁勤动，仅获糊口，与逐什一之利者，劳逸迥殊……由此而推，则天下事有治人无治法，已可概见。"

于安思危 yú ān sī wēi

【词源】西汉·刘向《战国策·楚策四》："虞卿谓春申君曰：'臣闻之《春秋》，于安思危，危则虑安。'"

【注】于：在。

【释义】在安宁的环境中，要想到可能出现的危难。

【书证】三国·魏·陈琳《檄吴将校部曲文》："是以大雅君子于安思危，以远咎悔。"

盂方水方 yú fāng shuǐ fāng

【词源】战国·荀况《荀子·君道》："君者盘也，民者水也，盘圆而水圆；君者盂也，盂方而水方。"

【注】盂：盛物的器皿，有圆口方口之分。

【释义】盛水的器皿是什么形状，水也成为什么形状。喻上行下效或环境风气的影响。

【书证】战国·韩非《韩非子·外储说左上》："为人君者犹盂也，民犹水也，盂方水方，盂圆水圆。"清·蔡东藩《元史演义》第三十四回："拜住道：'盘圆水圆，盂方水方，有纳谏的太宗，自有敢谏的魏征。"

逾垣闭门 yú yuán bì mén

【典源】战国·孟轲《孟子·滕文公下》："公孙丑问曰：'不见诸侯何义？'孟子曰：'古者不为臣不见，段干木逾垣而辟之，泄柳闭门而不纳，是皆已甚；迫，斯可以见矣。'"

【注】纳：通内。迫：求见心切。

【释义】"逾垣闭门"是"干木逾垣"和"泄柳闭门"两个典故的合称。意谓不图仕禄，不求闻达于诸侯，自甘隐居过清淡的生活。

【书证】明·冯梦龙《醒世恒言》卷三十二："已效郗生入幕，何当干木逾垣。"

【考据】段干木：战国时魏国人。少贫且贱，师事子夏，高尚不仕。魏文侯欲见之，造其门，干木逾墙避之。文侯出过其庐，必凭轼示敬。请以为相，不受。秦兴兵欲攻魏，闻段干木贤，而魏侯能以礼待之，乃不入侵而还。

虞卿双璧 yú qīng shuāng bì

【典源】西汉·司马迁《史记·平原君虞卿列传》："虞卿者，游说之士也。蹑跻担簦说赵孝成王。一见，赐黄金百镒，白璧一双；再见，为赵上卿，故号为虞卿。"

【注】蹑跻担簦：跻(jué)，草鞋；簦(dēng)，古代有柄的笠，类似后世的雨伞。跻与簦都是远行时的用具，即脚穿草鞋，肩背上柄笠，远道走路。镒(yì)：古代重量单位，二十两，也说二十四两。

【释义】虞卿，战国时赵国人。虞卿游说赵孝成王，受赐白璧一双，拜为上卿，故称虞卿。"虞卿双璧"意谓君王重赏贤士以招揽人才。

【书证】唐·韦庄《三用韵》："遗愧虞卿璧，言依季布金。"清·钱谦益《出郊与吴吉父言别》："虚传郭隗台千尺，谁赐虞卿璧一双。"

与世偃仰 yǔ shì yǎn yǎng
与世仰俯 yǔ shì yǎng fǔ

【词源】战国·荀况《荀子·非相》："凡说之难：以至高遇至卑，以至治接至乱。未可直至也。远举则病缪，近世则病庸。善者于是间也，亦必远举而不缪，近世而不庸。与时迁徙，与世偃仰，缓急嬴绌。"

【注】缪(miù)：通"谬"。庸：庸俗鄙琐。嬴：通"赢"，盈余。绌：不足。

【释义】指随着时代发展而不断调整谈话内容。后多指随俗沉浮。

【书证】元·脱脱、阿鲁图《宋史·米芾传》："芾为文奇险，不蹈袭前人轨辙，特妙于翰墨……又不能与世俯仰，故从仕数困。"愚明《青年与枣树》："这种爱憎分明、丝毫不苟的敏感性，难道不比那种是非不清、与世俯仰的恶习好很多吗？"

禹行舜趋 yǔ xíng shùn qū

【词源】战国·荀况《荀子·非

十二子》："弟佗其冠，神其辞，禹行而舜趋，是子张氏之贱儒也。"

【注】弟（tuí）佗：颓唐的样子。神：平淡。禹行：禹，传说中的古帝王；禹行，禹因为治水腿瘸了，只能踮着脚行走。舜趋：舜，古代帝王，他在父母面前总是低着头走路，以示尊敬。子张：春秋时陈国人，孔子学生，姓颛孙，名师。

【释义】学习禹跛行和舜低头快走。喻学习不得要领或装腔作势。

【书证】宋・吕祖谦《东莱博议》第一卷："禹行舜趋者，肩相摩于道。"梁启超《论私德》："而其受社会之崇拜，享学界之尸祝自若也，则更何必自苦自强为禹行舜趋之容也！"

裕民足国 yù mín zú guó

裕国足民 yù guó zú mín

【词源】战国・荀况《荀子・富国》："足国之道，节用裕民而善臧其余。节用以礼，裕民以政。彼裕民，故多余；裕民则民富。民富，则田肥以易；田肥以易则出实百倍。"

【注】臧：通"藏"。肥：使肥沃。

【释义】人民富裕，国家丰足。

【书证】明・张居正《答应天巡抚论大政大典》："且此项钱粮，贮积甚多，将来裕国足民，更不外索。"清・彭养鸥《黑籍冤魂》第四回："以中国有用之货，易外国无用之鸦片烟，每年消费至数百万金。此数百万金，皆中国裕民足国之资。"

豫让斩衣 yù ràng zhǎn yī

【典源】西汉・刘向《战国策・赵策一》："（豫让曰）：'臣闻明主不掩人之义，忠臣不爱死以成名。君前已宽舍臣，天下莫不称君之贤。今日之事，臣故伏诛，然愿请君之衣而击之，虽死不恨。非所望也，敢布腹心。'于是襄子义之，乃使使者持衣与豫让。豫让拔剑三跃，呼天击之曰：'而可以报知（智）伯矣！'遂伏剑而死。"

【释义】春秋时，豫让投奔智伯后，智伯很宠爱他。后来赵襄子杀死了智伯。豫让为了给智伯报仇，便伺机刺杀赵襄子，没有成功。后来在一座桥下行刺时，被赵襄子抓获，他请求把襄子的衣服拿来刺几剑，象征性地为智伯报了仇，安慰自己。然后自杀而死。喻壮志未酬聊以自慰。

【书证】唐・李白《东海有勇

妇》:"豫让斩空衣,有心竟无成。要离杀庆忌,壮夫所素轻。妻子亦何辜,焚之买虚声。岂如东海妇,事立独扬名。"

鹬蚌相争,渔人获利

yù bàng xiāng zhēng yú rén huò lì

【典源】西汉·刘向《战国策·燕策二》:"赵且伐燕,苏代为燕谓(赵)惠文王曰:'今者臣来过易水,蚌方出曝,而鹬啄其肉,蚌合而钳其喙。鹬曰:"今日不雨,明日不雨,即有死蚌。"蚌亦谓鹬曰:"今日不出,明日不出,即有死鹬。"两者不肯相舍,渔者得而并禽之。'"

【注】鹬:一种长嘴的水鸟。"禽"通"擒"。

【释义】赵国企图攻打燕国。著名游说之士苏代替燕国去劝赵惠文王说:"我这次来的时候,路过易水,看见有一只河蚌从水中上岸来晒太阳,恰好遇着一只鹬鸟飞来。鹬鸟看见河蚌张开贝壳在晒太阳,便用嘴去啄河蚌的肉。河蚌立刻合拢贝壳,一下子钳住鹬的嘴不放。鹬鸟说:'今天不下雨,明天不下雨,你就会变成一只死蚌。'河蚌说:'我今天不开壳,明天不开壳,你就成了一只死鹬!'它俩谁都不肯罢休。正当相持不下的时候,突然来了个渔翁,他毫不费力地捉住了河蚌和鹬鸟。"苏代讲完了这段故事就对赵王说:"假如赵国去攻打燕国,两国相争,彼此削弱,那么,强大的秦国就会坐收渔人之利,请大王三思而行。"赵惠文王听了,觉得苏代言之有理,于是打消了攻打燕国的念头。渔人得利原指鹬蚌相争,渔人毫不费力地得到了好处。渔人:比喻第三者。比喻双方相争,使第三者从中得利。

【书证】明·凌濛初《二刻拍案惊奇》卷十六:"他日可以在里头看景生情,得些渔人之利。"明·冯梦龙《滕大尹鬼断家私》:"这正叫做'鹬蚌相持,渔人得利'。"清·蔡东藩《唐史演义》第三回:"俟关中平定,据险养威,看他鹬蚌相争,坐收渔翁之利,也不为迟呢?"

原尝春陵 yuán cháng chūn líng

【典源】西汉·司马迁《史记·平原君虞卿列传》:"平原君赵胜者,赵之诸公子也!""是时齐有孟尝,魏有信陵,楚有春申,故争相倾以待士。"

【释义】战国时有四公子，即赵平原君赵胜，齐孟尝君田文，楚春申君黄歇，魏信陵君魏无忌。他们都以好士闻名。“原尝春陵”为四公子的合称。后指礼贤下士的高官。

【书证】唐·李白《扶风豪士歌》：“原尝春陵六国时，开心写意君所知。堂中各有三千士。明日报君知是谁。”

源清流清 yuán qīng liú qīng

【典源】战国·荀况《荀子·君道》：“故械数者，治之流也，非治之原也。君子者，治之原也。官人守数，君子养原，原清则流清，原浊则流浊。”

【注】原：通“源”，水的源头。

【释义】各种量具量器，都是用来作为统治的标准的，并不是治理的根本，君主才是统治的根本。官吏依法守规，君主正己，源头清澈，下流的水自然就会清澈。源头混浊，下流的水自然污浊。水的源头清，下流的水也清。指修身治国要从君开始，君好，下面的臣民就好。后比喻事物开头好，以后的发展和结果也会好。也作“源清流洁”。

【书证】东汉·班固《泗水亭碑铭》：“源清流洁，本盛末荣。”西汉·韩婴《韩诗外传》卷五：“君者，民之源也，源清则流清，源浊则流浊。”

怨府祸梯 yuàn fǔ huò tī

【词源】西汉·司马迁《史记·赵世家》：李兑谓肥义曰：“公子章强壮而志骄，党众而欲大，殆有私乎？田不礼之为人也，忍杀而骄。二人相得，必有谋阴贼起，一出身侥幸。夫小人有欲，轻虑浅谋，徒见其利而不顾其害，同类相推，俱入祸门。以吾观之，必不久矣。子任重而势大，乱之所始，祸之所集也，子必先患。仁者爱万物而知者备祸于未形，不仁不智，何以为国？子奚不称疾毋出，传政于公子成？毋为怨府，毋为祸梯。”

【注】怨府：怨恨集中的地方。祸梯：导致祸患的途径。

【释义】“怨府祸梯”意谓怨恨的集中点，祸害的根由。

约定俗成 yuē dìng sú chéng

【词源】战国·荀况《荀子·正名》：“名无固宜，约之以命，约定俗成谓之宜，异于约则谓之不宜。名无固实，约之以命实，约定俗成谓之实名。”

【释义】名称并没有本来就合宜的，而是人们相约命名的，相约一致了即可谓合宜，不一致即可谓不合宜。约定俗成指某种事物的名称或事情好的做法，得到了社会公认而固定下来，为大家所习用和遵守。

【书证】郭沫若《古代文学之辩证的发展》：“任何民族的文字，都和语言一样，是劳动人民在劳动生活中，从无到有，从少到多，从多头尝试到约定俗成，所逐步孕育、选练，发展出来的。”鲁迅《名人和名言》：“然而自从提倡白话以来，主张者却没有一个以为写白话的主旨，是在从‘小学’里寻出本字来的，我们就用约定俗成的借字。”

乐毅见猜 yuè yì jiàn cāi

【典源】西汉·司马迁《史记·乐毅列传》：“乐毅贤，好兵，赵人举之。及武灵王有沙丘之乱，乃去赵适魏。闻燕昭王以子之乱而齐大败燕，燕昭王怨齐，未尝一日而忘报齐也。燕国小，僻远，力不能制，于是屈身下士，先礼郭以招贤者。乐毅于是为魏昭王使于燕，燕王以客礼待之，乐毅辞让，遂委质为臣燕昭王以为亚卿。乐毅还报，燕昭王悉起兵，使乐毅为上将军，赵惠文王以相国印授乐毅，乐毅于是并护赵、楚、韩、魏、燕之兵以伐齐，破之济西。诸侯兵罢归，而燕军乐毅独追，至于临淄。乐毅留徇齐五岁，下齐七十余城，皆为郡县以属燕，唯独莒、即墨未服，会燕昭王死，子立为燕惠王。惠王自为太子时尝不快于乐毅，及即位，齐于田单闻之，乃纵反间于燕，曰：‘齐城不下者两城耳。然所以不早拔者，闻乐毅与燕新王有隙，欲连兵且留齐，南面而王齐。齐之所患，唯恐他将之来。’于是燕惠王固已疑乐毅，得齐反间，乃使骑劫代将，而召乐毅。乐毅知燕惠王之不善代之，畏诛，遂西降赵。赵封乐毅于观津，号曰望诸君。”

【释义】燕将乐毅统帅燕、赵等五国之师，东下齐城七十余座，功高日月。燕惠王中齐反间之计，以骑劫为将。乐毅无奈而投奔赵国。赵封乐毅于观津，号望诸君。“乐毅见猜”，指乐毅为燕立下赫赫战功，而被猜忌，一代良将蒙冤饮恨。

【书证】唐·高适《酬裴员外以诗代书》："乐毅吾所怜，拔齐翻见猜。"

Z

载舟覆舟 zài zhōu fù zhōu

【典源】战国·荀况《荀子·王制》："庶人安政，然后君子安位。传曰：'君者，舟也；庶人者，水也。水则载舟，水则覆舟。'此之谓也。故君人者，欲安，则莫若平政爱民矣！"

【释义】君王是舟，百姓是水。君王要想天下太平，就要勤政爱民呀。后来用"载舟覆舟"作为引起统治者（多指君主）注意民心向背的警戒语。

【书证】唐·魏征《论时政疏四首（其二）》："怨不在大，可畏惟人。载舟覆舟，所宜深慎，奔车朽索，其可忽乎？"五代·田淳《谏用兵疏》（《全唐文》）："伏见三年以来，民颇怨嗟，谓陛下求贤失道，为政不平……纳谏之心，微自满假；驭朽之念，渐乖始卒。载舟覆舟，不可不惧。"元·顾家相《套数·告存曲·叨叨令》（《全清散曲》）："建勋业要家肥国肥，须肩荷千钧万钧的担；论治道比载舟覆舟，牢系住千寻万寻的缆；标威望仰韩公范公，曾惊破千夫万夫的胆。"清·魏源《观德吟·乱世人材倍平世》："载舟覆舟两未形，逆风顺风均不利。"

簪笔磬折 zān bǐ qìng zhé

【典源】西汉·褚少孙补《史记·滑稽列传》："西门豹簪笔磬折，向河立待良久。长老、小吏、旁观者皆惊恐。"

【注】簪笔，本是一种讲礼节的冠饰，以毛装簪头，长五寸，插在冠前，谓之笔，言插笔备礼也。磬折：曲礼揖之，若口磬之形曲折也。

【释义】西门豹非常恭敬地向河行礼，面对大河站立良久。长老、小吏、旁观者都非常惊恐。"簪笔磬折"形容备礼鞠躬，表示非常恭敬。

【书证】唐·李峤《皇帝上礼抚事述怀诗》："小臣滥簪笔，无以颂唐风。"

凿龟数筮 záo guī shǔ shì

【典源】战国·韩非《韩非子·

饰邪》："赵又尝凿龟数筮而北伐燕，将劫燕而逆秦，兆曰'大吉'……赵以其'大吉'，地削兵辱，主不得意而死。龟筮鬼神，不足举胜，左右背向，不足以专战。"

【注】凿龟：古时钻灼龟甲，看灼开的裂纹，以推测吉凶。数筮：筮，蓍草。数蓍草的茎，以茎的数目占吉凶。

【释义】喻占卜。

【书证】三国·魏·嵇康《难〈宅无吉凶摄生论〉》："夫凿龟数筮，可以知吉凶，然不能为吉凶。"

造父善驭 zào fù shàn yù

【典源】西汉·司马迁《史记·赵世家》："造父幸于周缪王。造父取骥之乘匹，与桃林盗骊、骅骝、绿耳，献之缪王。缪王使造父御，西巡狩，见西王母，乐之忘归。而徐偃王反，缪王日驰千里马，攻徐偃王，大破之。乃赐造父以赵城，由此为赵氏。"

【释义】造父是周缪王时的好驭手，曾从桃林获得骏马献给缪王，从而得到宠幸。缪王命造父为己驾车，西巡狩，乐而忘归。当听到徐偃王造反的消息后，造父驾车日行千里，缪王飞速赶回，大败徐偃王。将赵城赐于造父。造父因此为赵氏的先祖。"造父善驭"喻指好驭手。

【书证】唐·韩愈《驽骥》："问谁能为御，旷世不可求。惟昔穆王子，乘之极遐游。王良执其辔，造父挟其辅。"

张口结舌 zhāng kǒu jié shé

【词源】战国·庄周《庄子·秋水》："公孙龙口呿而不合，舌举而不下，乃逸而走。"

【释义】公孙龙嘴巴张开了合不上，舌头翘起来放不下，就逃走了。后世多作"张口结舌"，喻理屈而无言答对或紧张、惊愕而语塞。

【书证】明·许仲琳《封神演义》："（哪吒说毕）就把李靖只吓得张口如痴，结舌不语，半晌，大叫道：'好冤家！你惹下无涯之祸。'"清·文康《儿女英雄传》："公子被他问得张口结舌，面红过耳，坐在那里只管发怔。"

招权纳贿 zhāo quán nà huì

【词源】战国·荀况《荀子·仲

尼》："招权于下，以妨害人，虽欲元危，得乎哉？"《隋书·樊子盖传》(并见《北史》)："(帝)谓之曰：'人道公清，定如此不？'子盖谢曰：'臣安敢言清，止是小心不敢纳贿耳！'"

【注】招权：揽权，弄权。纳贿：接受贿赂。

【释义】后来四字成文，指窃弄职权，接受贿赂。

【书证】宋·无名氏《宋季三朝政要·二·理宗·乙卯》："巨珰董宋臣迎逢上意，起梅堂芙蓉阁，夺豪民田，引倡优入宫，招权纳贿，无所不至。人以董阎罗曰之。"宋·叶绍翁《四朝闻见录·戊集·臣寮雷孝友上言》："(苏)师旦何知？习利无耻，固其常态。既为(韩)偏胄所亲信，遂招权纳贿，其门如市。"明·王守仁《王文成公全书·九·陈言边务疏》："臣愚以为，今之大患在于为大臣者，外托慎重老成之名，而内为固禄希宠之计；为左右者，内挟交蟠蔽壅之资，而外肆招权纳贿之恶。"

昭昭之明 zhāo zhāo zhī míng

【词源】战国·荀况《荀子·劝学》："是故无冥冥之志者，无昭昭之明，无惛惛之事者，无赫赫之功。"

【注】昭昭：明白的样子，这里指大彻大悟。冥冥：昏暗不明的样子，这里指坚执隐忍。

【释义】所以没有潜心钻研的精神，就不会有洞察一切的聪明；没有默默无闻的工作，就不会有显赫卓著的功绩。喻大彻大悟，十分聪明。

赵后问岁 zhào hòu wèn suì

【典源】西汉·刘向《战国策·齐策四》："齐王使使者问赵威后，书未发，威后问齐使曰：'岁亦无恙耶？民亦无恙耶？王亦无恙耶？'使者不悦，曰：'臣奉使使威后，今不问王，而先问岁与民，岂先贱而后尊贵者乎？'威后曰：'不然！苟无岁，何以有民？苟无民，何以有君？故有舍本而问末者耶？'"

【注】威后：赵惠文王之妻。齐王：指齐襄王的儿子，名建。问：问候。书：指信。发：启封。岁：一年中农作物收成。恙：灾害。

【释义】齐襄王派遣使者问候赵威后，还没有打开书信，赵威后问使者："今年收成还可以吧？百姓安乐吗？你们大王无恙吧？"使者有点不高兴，说："臣奉大王之命向太后问好，您不先问我们大王状况却打听年成、百姓的状况，这有点先卑后尊吧？”赵威后回答说：“话不能这样说。如果没有年成，百姓凭什么繁衍生息？如果没有百姓，大王又怎能南面称尊？岂有舍本问末的道理？”“问岁”指了解年景好坏、收成丰歉。

赵孟之贵 zhào mèng zhī guì

【词源】战国·孟轲《孟子·告子上》：“孟子曰：‘欲贵者，人之同心也，人人之有贵于己者，弗思耳矣。人之所贵者，非良贵也，赵孟之所贵，赵孟能贱之。’”

【释义】求富贵人人所想，对此不作认真思考。人们所追求的，并非真正的尊贵。赵孟所借以尊贵，然夺其爵禄便成为贫贱。“赵孟之贵”谓赵盾及其后代执掌晋政，尊贵无比。

【书证】明·方孝孺《寿善堂记》：“虽有陶猗之富，赵孟之贵，不能延其年于斯臾。”

赵母深识 zhào mǔ shēn shí

【典源】西汉·司马迁《史记·廉颇蔺相如列传》：“赵括自少时学兵法，言兵事，以天下莫能当。尝与其父奢言兵事，奢不能难，然不谓善。括母问其故，奢曰：‘兵，死地也，而括易言之。使赵不将括即已，若必将之，破赵军者必括也。’及括将行，其母上书言王曰：‘括不可使将。’王曰：‘何以？’对曰：‘始妾事其父，时为将，身所奉饭饮而进食者以十数，所友者以百数，大王及宗室所赏赐者尽以予军吏士大夫，受命之日，不问家事。今括一旦为将，东向而朝，军吏无敢仰视之者，王所金帛，归藏于家，而日视便利田宅可买者买之。王以为何如其父？父子异心，愿王勿遣。’王曰：‘母置之，吾已决矣。’括母因曰：‘王终遣之，即有如不称，妾得无随坐乎？’王许诺。赵括既代廉颇，悉更约束，易置军吏。秦将白起闻之，纵奇兵，佯败走，而绝其粮道，分断其军为二。士卒离心，四十余日，军饿，赵括出锐卒自搏战，秦军射杀赵括。括军败，数十万之众遂降秦，秦悉坑之。赵前后所亡凡四十五万。明年，秦兵遂围邯郸。岁余，几不得脱。赖楚、魏诸侯来救，乃得解邯郸之围。赵王亦以括母先言，竟不诛也。”

【释义】“赵母深识”谓贤德的母亲知道自己儿子的不足之处。当儿子被委以重任时，母亲深明大义，不袒护儿子的缺点而辞拒君王的重用。这种无私的坦荡胸怀令人钦佩。

【书证】唐·元稹《夫远征》：“赵卒四十万，尽为坑中鬼。赵王未信赵母言，犹点新兵更填死。”

赵衰举贤 zhào cuī jǔ xián

【典源】春秋·左丘明《国语》卷十《晋语》四：“文公问元帅于赵衰，对曰：‘郤縠可，行年五十矣，守学弥惇。夫先王之法志，德义之府也。夫德义，生民之本也。能惇笃者，不忘百姓也。请使郤縠。’公从之。公使赵衰为卿，辞曰：‘栾枝贞慎，先轸有谋，胥臣多闻，皆可以为辅佐，臣弗若也！’乃使栾枝将下军，先轸佐之。公曰：‘赵衰三让。其所让，皆社稷之卫也。废让，是废德也！’以赵衰之故，蒐于清原，作五军。使赵衰将新上军，箕郑佐之；胥婴将新下军，先都佐之。子犯卒，蒲城伯请佐，公曰：‘夫赵衰三让不失义。让，推贤也。义，广德也。德广贤至，又何患矣。请令衰也从子。’乃使赵衰佐新上军。”

【释义】晋文公问赵衰，谁可做元帅、上卿、将，赵衰推举贤哲，自己多次退让。晋文公说：“赵衰多次推让，都没有失去礼仪，谦让是为了推荐贤哲，礼仪是推广道德，推广道德，贤哲就来了，又有什么可担心的呢。请让赵衰随从你做副将。”于是，便任命赵衰做上军的副将。喻礼让贤哲。

知彼知己 zhī bǐ zhī jǐ
知己知彼 zhī jǐ zhī bǐ

【词源】战国·鬼谷子《鬼谷子·反应》：“古之大化者，乃与无形俱生。反以观往，复以验来；反以知古，复以知今；反以知彼，复以知己。动静虚实之理，不合来今，反古而求之。”

【注】大化者：指能影响社会、转化人心、用大道来教化众生的古代圣人。无形：没有形迹。反以观往，复以验来：反、复都是返回，重复的意思。意思是追溯过去的事情，根据以往的经验、教训来分析研究当前的问题，考虑解决办法。彼：对方。己：自己。

【释义】了解对方和自己的

情况。

【书证】明·罗贯中《三国演义》第三十五回："兵法云：'知己知彼百战百胜。'"清·魏源《都中吟》："知己知彼兵家策，何人职司典属国？"姚雪垠《李自成》第一卷第十二章："我同你们洪总督打了几年仗，原以为他知彼知己，谁晓得他竟然不认识我李闯王是甚么样人！"朱自清《古文学的欣赏》："得弄清楚自己的立场，所谓知己知彼，然后才分别出哪些是该扬弃的，哪些是该保留的。"

执一无失 zhí yī wú shī

【词源】战国·荀况《荀子·尧问》："执一无失，行微无怠，忠信无倦，而天下自来。"

【释义】掌管政事要专心一志，不出过错。做细小的事也不能松懈。忠诚守信，要自始至终，那么天下的人自然都会归附。后指专心做事，不出现一点过失。

指不胜偻 zhǐ bù shèng lǚ
指不胜屈 zhǐ bù shèng qū

【词源】战国·荀况《荀子·儒效》："虽有圣人之知，未能偻指也！"

【释义】扳着指头数也数不过来。喻数量极多。

【书证】清·谢廷章《赌棋山庄词话·三·雨村词话之误》："其余散见于各家诗话、杂记，如《渔隐丛话》、《老学丛谈》等类，更指不胜偻引。"清·袁枚《小仓山房文集·卷三十五·与孙甫之秀才书》："凡此之类，指不胜屈。"清·唐才常《唐才常集·辩惑上》："其他百年来揭地掀天之举动，尤指不胜偻。"

纸上谈兵 zhǐ shàng tán bīng

【典源】西汉·司马迁《史记·廉颇蔺相如列传》："后四年，赵惠文王卒，子孝成王立。七年，秦与赵兵相距长平，时赵奢已死，而蔺相如病笃，赵使廉颇将攻秦，秦数败赵军，赵军固壁不战。秦数挑战，廉颇不肯。赵王信秦之闲。秦之闲言曰：'秦之所恶，独畏马服君赵奢之子赵括为将耳！'赵王因以括为将，代廉颇。蔺相如曰：'王以名使括，若胶柱而鼓瑟耳。括徒能读其父书传，不知合变也！'赵王不听，遂将之……赵括既代廉颇，悉更约束，易置军吏。秦将白起闻之，纵奇兵，详败走，而绝其粮道，分断其军为二，士卒离心。四十余日，军饿，赵括出锐卒自搏战，秦军射杀赵括。括军败，数十万之众遂降秦，秦悉坑之。赵前后所亡凡四十五万。”

【注】病笃：病重。闲：通“间”，离间。详：通“佯”，假装。坑：坑杀，活埋。

【释义】战国末期，赵国名将赵奢的儿子赵括，年少时读过不少兵书。他父亲同他谈论用兵之道，他是滔滔不绝，连父亲也不能难倒他，因此自以为天下没有人能比得上他。但赵奢一直没有称赞他，并告诉赵括的母亲，说这儿子没有实践经验，今后不能让他当大将。后来，秦国进攻赵国。老将廉颇采取掘壕坚守的战略，一拖三年，秦军给养困难，于是使用反间计，说“秦军只怕赵括当大将”。赵王听信了谗言，认为廉颇老了，即改派赵括为大将。当时，相国蔺相如、赵括的母亲都上疏劝阻，赵王坚持不听。赵括一到前方，完全改变了廉颇的策略，照搬兵书上争取主动的条文，立即向秦军出击。结果，被秦军重重围困四十多天，最后赵括只得突围而逃。突围中，赵括中箭而死，四十万赵军也都做了俘虏。喻指空谈理论，不能解决实际问题而造成惨重的失败。

【书证】清·曹雪芹《红楼梦》第七十六回：“现有这样诗人在此，却天天去纸上谈兵。”清·曾朴《孽海花》第十四回：“论材宰相笼中物，杀贼书生纸上兵。”老舍《四世同堂》三十四：“书生只喜欢纸上谈兵，只说而不去实行。”

【考据】赵括（？—前260年）：战国时赵国人。赵奢之子，亦称马服子。熟读其父所传兵书，未解实际运用。赵孝成王六年，中秦反间计，以括代廉颇为将。赵括母和病笃中的蔺相如均进谏，不得起用赵括，王皆不听。括一反廉颇坚守战略，在长平大举出击，被秦将白起包围，括突围不成，被射死。长平之战秦军胜，赵军四十余万被俘，皆被坑杀。

抵掌而谈 zhǐ zhǎng ér tán
指掌而谭 zhǐ zhǎng ér tán

【典源】西汉·刘向《战国策·秦策一》：“（苏秦）见说赵王于华屋之下，抵掌而谈。赵王大悦，封为武安君。”

【注】抵掌：击掌。

【释义】苏秦游说于赵国，同赵

王于华屋之下打着手势谈话。赵王十分高兴，封苏秦为武安君。指打着手势谈话。喻谈话很投机。

【书证】三国·蜀·彭蒙《狱中与诸葛亮书》："会公来西，仆因法孝直自炫鬻，庞统斟酌其间，遂得诣公于葭萌，指掌而谭，论治世之务，讲霸王之义，建取益州之策。"清·褚人获《隋唐演义》第三十七回："两人意气相合，抵掌而谈者三日。"鲁迅《月界旅行》第十三回："善言论者抵掌而谈，问地球一切事。"柳亚子《〈燕子龛遗诗〉序》："君自南书谓：'……想诸公都在剑影光中抵掌而谈。'"

治国之君 zhì guó zhī jūn

【词源】战国·慎到《慎子·知忠》："亡国之君，非一人之罪也；治国之君，非一人之力也！"

【释义】亡国的君王，不是他一人的罪过；把国家治理得很好的君王也不是他一人的力量能够达到的。

治乱安危 zhì luàn ān wēi

【词源】战国·慎到《慎子·内篇·知忠》："廊庙之材，非一木之技；狐白之裘，非一狐之腋，治乱安危，存亡荣辱之施，非一人之力也。"

【注】治：安定治理。乱：祸乱，战乱。安：安全。危：危亡。

【释义】指国家的命运，治理得好则安定，治理得不好则会发生灾祸甚至灭亡。

【书证】元·邓牧《吏道》："废有司，去县令，听天下自为治乱安危。"明·方孝孺《逊志斋集》："故天下未尝好乱也，而乱常不绝于时，岂诚法制之未备欤？亦害其元气故也。夫人民者，天下之元气也。人君得之则治，失之则乱。顺其道则安，逆其道则危。其治乱安危之机，亦有出于法制之外者矣！"

治气养生 zhì qì yǎng shēng

【词源】战国·荀况《荀子·修身》："扁善之度，以治气养生，则身后彭祖；以修身自强，则名配尧、禹。"

【注】治气：修养气度。

【释义】使人无往而无不胜的是以礼为法度，用以调气养生，就能寿命仅次于彭祖。用以修身自强，就能使自己的名声和尧舜媲美。指修养精神，保养身体。

彘突败驾 zhì tū bài jià

【典源】战国·韩非《韩非子·外储说右下》："王子于期为赵简子取道争千里之表，其始发也，彘伏于沟中，王子于期齐辔策而进之，彘突出沟中，马惊败驾。"

【注】彘（zhì）：猪。辔（pèi）：驾驭牲口的绳索和嚼子。王于期：姓王名良，赵国善驾驭的能手。

【释义】王于期善驾驭，当其策马前进时，猪突然从路沟中跑出来，马受惊狂奔而挣脱缰绳，马车也毁坏散驾。喻指偶然意外的事故难以防范，为政者要时刻警惕，慎之又慎。

智勇双全 zhì yǒng shuāng quán

文武双全 wén wǔ shuāng quán

【典源】西汉·司马迁《史记·廉颇蔺相如列传》："太史公曰：知死必勇，非死者难也，处死者难。方蔺相如引璧睨柱，及叱秦王左右，势不过诛，然士或怯懦而不敢发。相如一奋其气，威信敌国，退而让颇，名重泰山，其处智勇，可谓兼之矣！"

【释义】智慧的人一定是勇敢的，关键时刻，不是想要赴死的人难，而是将要把他处死的人难。当蔺相如手拿玉璧靠柱而立，大声斥责秦王的左右最多不过杀头，一般的士兵怯懦而不敢如此。蔺相如一旦发威，足以威服敌国。回国以后又能谦让廉颇，名气重于泰山，他可谓重于泰山的人。"其处智勇，可谓兼之"又有智，又有勇。后为成语"智勇双全"。

【书证】元·关汉卿《五侯宴》第三折："某文通三略，武解六韬，智勇双全 。"明·罗贯中《三国演义》第九十三回："此人姓姜，名维，字伯约，天水冀人也；事母至孝，文武双全，智勇足备，真当世之英杰也。"

中饱私囊 zhōng bǎo sī náng

【词源】战国·韩非《韩非子·外储说右下》："薄疑谓赵简主曰：'君之国中饱。'简主欣然而喜曰：'何如焉？'对曰：'府库空虚于上，百姓贫饿于下，然而奸吏富矣！"'

【注】中饱：侵吞经手的财物。私囊：私人的腰包。

【释义】利用经手财物的机会从中贪污侵吞。

【书证】清·李绿园《歧路灯》第七回："小人贪利，事本平常，所可恨者，银两中饱私囊，不曾济国家之实用耳！"

忠臣孝子 zhōng chén xiào zǐ

【词源】战国·荀况《荀子·礼论》："使生死终始若一，一足以为人愿，是先王之道，忠臣孝子之极也！"

【释义】用这些来恭敬地妆饰死者，使他们生前死后都一样，这是古代圣王的原则，也是忠臣孝子的最高准则。忠臣孝子：对国家尽忠，对父母尽孝的人。

终始如一 zhōng shǐ rú yī

始终如一 shǐ zhōng rú yī

【词源】战国·荀况《荀子·议兵》："凡受命于主而行三军，三军既定，百官得序，群物皆正，则主不能喜，敌不能怒，夫是之谓至臣。虑必先事而申之以敬，慎终如始，终始如一，夫是之谓大吉。凡百事之成也必在敬之，其败也必在慢之，故敬胜怠则吉，怠胜敬则灭，计胜欲则从，欲胜计则凶。"

【释义】一定在战争之前深思熟虑，并告诫自己要慎重对待结束就像开始一样，这叫做最大的吉利。终始如一：从开始到结束都一样。形容能坚持到底。

【书证】唐·李百药《北齐书·封隆之传》："封公积德履仁，体通信达，自出纳军国，垂二十年，契阔艰虞，始终如一。"唐·杨炯《中书令汾阴公薛振行状》："况乎辅佐明主，宁济天下，生死无二，始终若一。"宋·王安石《本朝百年无事札子》："而忠恕诚悫，终始如一，未尝妄行一役。"唐·令狐德棻《周书·于瑾传》："故功臣之中，特见委信，始终若一。"

众人国士 zhòng rén guó shì

【词源】西汉·刘向《战国策·赵策一》："豫让曰：'臣事范中行氏，范中行氏以众人遇臣，臣故众人报之；知伯以国士遇臣，臣故国士报之。'"

【注】众人：普通人。国士：国中杰出的人物。

【释义】豫让说，我侍奉范中行氏，范中行氏用对待一般人的方式对待我，所以，我以一般人的方式来报答。意谓臣子根据当权者对待自己的态度采取不同的报答方式。

珠履三千 zhū lǚ sān qiān

【典源】西汉·司马迁《史记·春申君列传》："赵平原君使人于春申君，春申君舍之于上舍。赵使欲夸楚，为玳瑁簪，刀剑室以珠玉饰之，请命春申君客。春申君客三千余人，其上客皆蹑珠履以见赵使，赵使大惭。"

【释义】平原君赵胜派使者前往楚国拜谒春申君黄歇，赵使者想在楚人面前夸耀自己，以玳瑁做发簪，用珠玉装饰剑鞘。当他们去见春申君时，见其门下有食客三千之多，上客皆脚穿饰有明珠的鞋子，赵使顿感羞愧万分。"珠履三千"比喻豪门食客众多而做派奢侈豪华。

【书证】唐·李白《寄韦南陵》："堂上三千珠履客，瓮中百斛金陵春。"宋·柳永《玉蝴蝶》："三千履，十二金钗。"明·夏完淳《吴江夜哭》："有客扁舟泪成血，三千珠履音尘绝。"

诸侯之剑 zhū hóu zhī jiàn

【典源】战国·庄周《庄子·说剑》："诸侯之剑，以智勇士为锋，以清廉士为锷，以贤良士为脊，以忠圣士为镡，以豪杰士为夹。此剑，直之亦无前，举之亦无上，案之亦无下，运之亦无旁。上法圆天，以顺三光；下法方地，以顺四时；中和民意，以安四乡。此剑一用，如雷霆之震也，四封之内，无不宾服而听从君命者矣，此诸侯之剑也！"

【注】锷：剑刃。镡：剑柄上端与剑身连接处的两旁突出的部分，也称剑鼻、剑口、剑首、剑环。

【释义】庄周对赵惠文王说剑："诸侯之剑，拿智勇之士做剑尖，拿清廉之士做剑刃；对上效法于天而顺应日月星辰，对下取法于地而顺应四时序列，居中则顺和民意而安定四方。这种剑一旦使用，就好像雷霆震撼四境之内，没有不归服而听从国君号令的。这就是诸侯之剑。""诸侯之剑"也借指诸侯的才略。

【书证】唐·韩愈《石鼓歌》："张生手持石鼓文，劝我试作石鼓歌。少陵无人谪仙死，才薄将奈石鼓何。周纲凌迟四海沸，宣王愤起挥天戈。大开明堂受朝贺，诸侯剑佩鸣相磨。”

主父入秦 zhǔ fù rù qín

【典源】西汉·司马迁《史记·赵世家》：“王既传国子何，乃变服略地，欲从云中、九原直南袭秦，乃诈为使者入秦。秦昭王不知，已而怪其状甚伟，非人臣之度，使人逐之，而主父驰已脱关矣。审问之，乃主父也！秦人大惊。”

【释义】赵武灵王生前就把王位传给儿子赵何，自称主父。他想从云中、九原等地直接向南袭击秦国，便化装成赵国使者潜入秦国。秦昭王不知实情，后来对他伟岸的相貌有所怀疑，赶紧派人追赶。可是武灵王已经离开了秦的国界函谷关。经仔细调查了解，才知道确实是武灵王，秦国上下大吃一惊。意谓领导者冒险深入敌营了解情况。

助秦自攻 zhù qín zì gōng

【词源】西汉·司马迁《史记·平原君虞卿列传》：“秦既解邯郸围，而赵王入朝，使赵郝约事于秦，割六县而媾。虞卿谓赵王曰：‘秦之攻王也，倦而归乎？王以其力尚能进，爱王而弗攻乎？’王曰：‘秦之攻我也，不遗余力矣，必以倦而归也！’虞卿曰：‘秦以其力攻其所不能取，倦而归，王又以其力之所不能取以送之，是助秦自攻也。来年秦复攻王，王无救矣！’王以虞卿之言赵郝。赵郝曰：‘虞卿诚能尽秦力之所至乎？诚知秦力之所不能进？此弹丸之地弗予，令秦来年复攻王，王得无割其内而媾乎？’”

【释义】秦国对邯郸的包围解除，而赵王派赵郝联系秦国，准备割让六县而向秦国求和。虞卿说，秦国以他的全部力量来攻击我们，打累了才回去，大王又把秦国以自己的力量得不到的东西送给秦国，是帮助秦国攻打自己啊！明年秦国攻打大王，大王就没有办法自救了。帮助敌人攻打自己。

专心一志 zhuān xīn yī zhì
专志一心 zhuān zhì yī xīn

【词源】战国·荀况《荀子·性恶》：“今使涂之人伏术为学，专心一志，思索孰察、加日县久、积善而不息，则通于神明，参于天地矣。”

【注】涂之人：涂，通“途”，途之人即走在路上的随便什么人，这里指所有的人。伏术：伏，通“服”，伏术即信服道术。孰：通“熟”。加日：累日。县：通“悬”。

【释义】现在如果使路上的人信服道术进行学习，专心致志，思考探索，仔细审察，日复一日，持之以恒，积累善行而永不停息，那就能通于神明，与天地相并列了。“专心一志”喻一心一意，非常专心。

【书证】汉·陆贾《新语·怀虑》：“专心一意，身无境外之交，心无歒斜之虑。”清·江藩《汉学师承记·余古农》：“藩自心丧之后，遭家多故，不能专志一心，众事编辑。”林语堂《生活的艺术》：“有的安居乐业，专心一志地努力着，在工作中获得乐趣；有的没有固定的职业，到处浮沉着。”

转危为安 zhuǎn wēi wéi ān

【词源】战国·鬼谷子《鬼谷子·下·中经》：“圣药所贵道微妙者，诚以其可以转危为安，救亡使存也！”

【释义】局势、病情等由危急转为平安。

【书证】明·刘基《诚意伯文集·九·嘉兴路重修陆宣公书院碑铭》：“况公之言，德宗不尽用也，而仅用其一二，犹足以转危为安，易败为功。使其能举国以听公，周宣、汉光不难继矣！”

锥处囊中 zhuī chǔ náng zhōng

【典源】西汉·司马迁《史记·平原君虞卿列传》：秦之围邯郸，赵使平原君求救，合从于楚，约与食客门下有勇力文武备具者二十人偕。平原君曰：“使文能取胜，则善矣。文不能取胜，则歃血于华屋之下，必得定从而还。士不外索，取于食客门下足矣。”得十九人，余无可取者，无以满二十人。门下有毛遂者，前，自赞于平原君曰：“遂闻君将合从于楚，约与食客门下二十人偕，不外索。今少一人，愿君即以遂备员而行矣。”平原君曰：“先生处胜之门下几年于此矣？”毛遂曰：“三年于此矣。”平原君曰：“夫贤士之处世也，譬若锥之处囊中，其末立见。今先生处胜之门下三年于此矣，左右未有所称诵，胜未有所闻，是先生无所有也。先生不能，先生留。”毛遂曰：“臣乃今日请处囊中耳。使遂蚤得处囊中，乃颖脱而出，非特其末见而已。”平原君竟与毛遂偕。

【注】处：处于，放置在。囊：口袋。

【释义】锥处囊中意为锥子放在口袋里，锥尖马上会露出来。喻有才干的人很快会崭露头角。

【书证】三国·魏·曹植《野田黄雀行》：“譬如锥处囊中，大索露矣！”宋·黄公度《和邵观复见赠》：“锥处囊中颖立见，君欲名何可逃。”明·徐霞客《徐霞客游记五》：“无一土山相杂，此则如锥处囊中，犹觉有脱颖之异耳！”清·李修行《雪鸿泪史》：“致少年锐进之气，常如锥处囊中，闷不得出。”陈三立《次韵再答王义门》：“书传圮上此人去，锥处囊中相士谁？”

锱铢必较 zī zhū bì jiào

【词源】战国·荀况《荀子·富国》：“则国之锱铢以贿之，则割定而无厌。”

【注】锱铢：都是古代重量单位，六铢等于一锱，四锱等于一两。

【释义】用割让土地来贿赂他，割地之后他的欲望就没有止境。指对细微的事情也认真计较，不肯马虎；后多用来比喻过分看重钱财，对微小的利益都要计较。

【书证】北齐·颜之推《颜氏家训·治家》：“近世嫁娶，遂有卖女纳财，买妇输绢，比量父祖，计较锱铢，责多还少，市井无异。”宋·陈文蔚《陈克斋集·朱先生叙述》：“先生造理精微，见于处事，权衡轻重，锱铢必较。”明·凌濛初《二刻拍案惊奇》：“有个族侄王俊，家道富厚，气岸凌人，专一放债取利，行凶剥民。就是族中支派，不论亲疏，但与他财利交关，锱铢必较。一些情面也没有的。”清·李汝珍《镜花缘》第十一回：“些且银色小事，何必锱铢较量。”

自以为是 zì yǐ wéi shì

【词源】战国·荀况《荀子·荣辱》：“凡斗者，必自以为是而以人为非也。己诚是也，人诚非也。则是己君子而人小人也。以君子与小人相贼害也，忧以忘其身，内以忘其亲，上以忘其君，岂不过甚矣哉？”

【注】贼：伤害。以为：认为。是：正确，对。

【释义】自己认为所作所为都是正确的。指不虚心的自负态度。

【书证】清·李汝珍《镜花缘》第八十四回："世人往往自以为是，自夸其能，别人看着，口里虽然称赞，心里却是厌烦。"毛泽东《在陕甘宁边区参议会的演说》："共产党员决不可自以为是，盛气凌人，以为自己是什么都好，别人是什么都不好。"

纵横捭阖 zòng héng bǎi hé

【词源】战国·鬼谷子《鬼谷子·捭阖》："捭阖者，道之大化，说之变也。必豫审其变化。吉凶大命系焉。"

【注】道之大化：事物运行规律的最高境界。豫审：豫通"预"，预先详知，明悉。纵横：指"合纵"与"连横"。捭阖：开合。战国时，弱国联合对抗强国，称为合纵。强国联合弱国中的部分国家攻打消灭其他弱国，称为"连横"。当时秦国最强，合纵即指楚、齐、燕、韩、赵、魏六国联合抗秦。连横即指六国中的某几个国家受秦的诱惑恐吓随从秦去攻打其他国家。一说六国地连南北，南北为纵，故六国联合叫合纵。六国居东，秦居西，东西为横，故六国屈从秦国为连横。当时的策士说客常以纵横之说游说诸侯。

【释义】原指战国时的策士游说诸侯时的政治主张和策略。后用以表示在政治上、外交上施展策略，运用分化或联合的手段。

【书证】清末民初·章炳麟《复吴敬恒书》："吾于是知纵横捭阖之徒，心气粗浮，大言无实，虽日日在欧洲，犹不能得毫毛之益也。"毛泽东《论反对日本帝国主义的策略》："威胁利诱，纵横捭阖的手段，日本帝国主义和蒋介石是一定要多方使用的。"

坐言起行 zuò yán qǐ xíng

【词源】战国·荀况《荀子·性恶》："故善言古者，必有节于今；善言天者，必有征于人。凡论者，贵其有辩合，有符验。故坐而言之，起而可设，张而可施行。"

【注】辩合：分析综合。符验：对证，检验。设：布置。张：推广。

【释义】所以坐着讨论的事，站起来就安排布置，推而广之就能落实施行。指言行一致，言出必行。

【书证】清·欧阳兆熊《水窗春呓·罗忠节轶事》："所著不仅言礼之作，凡天文，舆地，律历，兵法……无不探其原委，可以坐言起行，为有用之学者。"清·王韬《淞隐漫录·眉绣二校书合传》："上万言书，慷慨激昂，悉中窥要，所论战守各策，皆可坐言起行，当道试之于用，咸有实效。"

秦汉时期

秦统一中国以后，分全国为36郡，邯郸城为邯郸郡郡治。汉代邯郸或为诸侯国或为郡，邯郸城为郡、国首邑，仍是富冠海内的天下名都，黄河以北的经济、文化中心之一。在这一历史时期里，秦始皇嬴政、汉高祖刘邦、汉光武帝刘秀都曾留驻邯郸，或平叛复仇，或安抚百姓。邯郸籍人士，如假冒刘子舆在邯郸称帝的王郎，篡汉自立的新朝皇帝魏郡元城（邯郸大名）人王莽及其姑孝元皇后王政君，忠直忧国的忠臣鄴城（邯郸临漳）人盖宽饶，还有祸秦的邯郸人赵高，殃汉的邯郸人江充等，这些人都是历史舞台上的重要人物，邯郸即是他们的舞台，他们的表演沉积了一幕幕话剧，许多情节和言辞已成为典故成语。更有西汉礼学家斥丘（今邯郸市成安县）人戴德、戴圣叔侄编著的《大戴礼记》和《小戴礼记》（即《礼记》）记载了先秦的礼制、礼意、仪礼和孔子与其弟子们的问答，论述了当时社会修身做人的准则，内容广博，涉及政治、法律、道德、哲学、历史、祭祀、文艺、立法、地理等方面，集中体现了先秦儒家的政治、哲学和伦理思想。其中许多要言警句都已成为人们熟知的成语。

A

哀乐相生 āi lè xiāng shēng

安危相易，福祸相生

ān wēi xiāng yì fú huò xiāng shēng

【词源】西汉·戴圣《礼记·孔子闲居》：“乐之所至，哀亦至焉，哀乐相生。”

【注】孔颖达疏：“凡物先生而后死，故先乐而后哀；哀极则生于乐，是亦乐生于哀。故云哀乐相生。”

【释义】指悲哀和喜乐可以互为因果。安定与危难可以互相转化，灾祸和幸福可以互为因果。

【书证】清末民初·章炳麟《菌说》：“安危相易，福祸相生，事之由妄想而成者，岂独胚胎然哉？”

【考据】《礼记》为西汉戴德、戴圣叔侄编纂整理。成安县志载，他们是汉魏郡斥丘（今邯郸市成安县东南）北乡义村人。

《中国历史地名大辞典》载，西汉时的魏郡斥丘县，治所在今河北成安县。

戴德、戴圣故里：位于邯郸市成安县东北二十里北乡义村。韩宝河先生在《大小戴故里考》（《赵文化》2007年第2期）一文中提出了三个依据：一、《新唐书·宰相世系表》谓，戴德、戴圣“世居斥丘”。二、明清《成安县志》均载：“戴氏春秋时子姓，宋戴公后裔，以祖谥为氏。传至戴德，世居魏郡斥丘乡义村。村西北曾有墓，后湮没于漳河冲积，但仍留有遗迹。”三、民国《成安县志》载：“二戴冢，在县东北二十里北乡义村，前神道数十丈，若断若续埋于土中。”该志还在“金石卷”中载：“城东北二十里北乡义村有汉大儒二戴碑，代远年湮，风霜剥蚀，字迹模糊，莫可辨识，惟中间云：汉大儒大小戴故里，村人为之建坊以资保护云。”故汉大儒大小戴故里在今河北省成安县北乡义村无疑。

爱人以德 ài rén yǐ dé

【词源】西汉·戴圣《礼记·檀弓上》：“君子爱人以德，小人爱人以姑息。”

【注】爱：爱护，帮助。德：品德。

【释义】按照道德的标准去爱护、帮助别人。不偏私，不姑息。

【书证】晋·陈寿《三国志·魏

书·荀彧传》:“董昭等谓太祖宜进爵国公,九锡备物、以彰殊勋,密以咨彧。彧以为太祖率本兴义兵以匡朝宁国,秉忠贞之诚,守退让之实,君子爱人以德,不宜如此。”孙中山《劝徐世昌退位书》:“即日引退,以谢国人,则国人必谅君之既往,且善君之能改过也,爱人以德,故为引言。”

傲不可长 ào bù kě zhǎng

【词源】西汉·戴圣《礼记·曲礼上》:“敖不可长,欲不可从,志不可满,乐不可极。”

【注】敖:通“傲”,傲慢。

【释义】傲慢之心不可以滋长,(欲望不可放纵,意志不可自满,欢乐不能过头)。

B

拔来报往 bá lái fù wǎng

【词源】西汉·戴圣《礼记·少仪》:“毋拔来,毋报往。”

【注】拔:猝,急速。报:通“赴”,疾速、迅速。

【释义】很快地来,很快地去。喻频繁地奔来奔去。

【书证】清·蒲松龄《聊斋志异·阿纤》:“少顷,以足床来,置上,促客坐;又入,携短足几至,拔来报往,蹀躞(dié xiè)甚劳。”清·吴趼人《情变》:“一众乡人,拔来报往地来领吃。”

拔刃张弩 bá rèn zhāng nǔ
剑拔弩张 jiàn bá nǔ zhāng

【词源】南朝·宋·范晔《后汉书·王莽传下》:“侍中王望传言大司马反,黄门持剑共格杀之。省中相惊传,勒兵至郎署,皆拔刃张弩。”

【注】刃:锋利的刀。弩:用机械发箭的弓。

【释义】形容战斗前的紧张气氛,也比喻气势逼人或形势紧张。

【书证】茅盾《幻灭·四》:“他不爱胡闹,也不爱做出剑拔弩张的志士的模样来。”老舍《四世同堂·四》:“他很自然,不露出剑拔弩张的样子。”

【考据】王莽(前45—后23):新朝皇帝,公元8—23年在位。字巨君,魏郡元城(今邯郸市大名县)人,元帝皇后侄。父早死,折节读书,谨事老母、寡嫂,以德行著称。西汉末,以伯父推荐,拜黄门郎，迁射声校尉。成帝永始元年，封新都侯，迁骑都尉、光禄大夫、侍中。绥和元年，代王根为大司马。哀帝立，免官就国。平帝立，元后以太皇太后临朝，召莽复任大司马，总揽朝政，进太傅，号安汉公，后加称宰衡。女为皇后，又加九锡。旋毒死平帝，立两岁的孺子婴，以摄政名义居天子位，朝会称假皇帝，改元居摄。初始元年，称帝，改国号为新。在位期间，托古改制。将全国民间土地称“王田”，奴婢改称“私属”，均不得买卖。又推行“五均六筦”，控制垄断工商业，增加税收。曾屡次改变币制，造成经济混乱。又更改官制，恢复五等爵。法令苛细，赋役繁重。天凤四年，全国各地爆发农民起义。地皇四年，绿林等入长安，莽逃至渐台，为商人杜吴所杀。新朝亡，在位 15 年。

元城县，汉置，属魏郡。治所在沙鹿旁（今邯郸市大名县东）。

张建华先生《大名“元城王氏（王莽家族）”解说》（载《赵文化》2005 年第 5 期）考证，元城是今大名县的属地。无论是汉置初期，还是东晋从元城分置贵乡县、隋开皇六年从元城划出一部分设马陵县、五代十国时期改元城县为兴唐县，直至宋置河北路大名府、金置大名路大名府、元明置中书省大名路、清置直隶行省大名府，迄至民国三十四年改元城县为元朝县（属大名市管辖）均为大名所属。可以说，两千多年来，元城县区域始终在大名境内，与大名县的地缘关系密不可分。

白水龙飞 bái shuǐ lóng fēi

【典源】南朝·宋·范晔《后汉书·光武帝纪》论曰：“及王莽篡位，忌恶刘氏，以钱文有金刀，故改为货泉。或以货泉字文为‘白水真人’。后望气者苏伯阿为王莽使至南阳，遥望见舂陵郭，唶曰：‘气佳哉！郁郁葱葱然。’及始起兵还舂陵，远望舍南，火光赫然属天，有顷不见。初，道士西门君惠、李守等亦云刘秀当为天子。其王者受命，信有符乎？不然，何以能乘时龙而御天哉！”

【注】“泉”字拆开为“白水”二字。刘秀起兵南阳白水乡，终于推翻王莽。

【释义】比喻帝王发迹之兆。

【书证】唐·韩愈《题广昌馆》：“白水龙飞已几春？偶逢遗迹问

耕人。”

白水真人 bái shuǐ zhēn rén

【典源】南朝·宋·范晔《后汉书·光武帝纪》:“及王莽篡位,忌恶刘氏,以钱文有金刀,故改为货泉。或以货泉字文为‘白水真人’。”

【注】“刘”字繁体偏旁为刀,笔画中含“金”字。“货”字繁体中含偏旁“人”字,剩余笔画近似“真”字。“泉”字拆开为“白水”二字。

【释义】王莽代汉称帝后,十分忌恶刘氏,因为钱字有“金刀”,而“刘”字繁体正是由“卯、金、刀”组成,便改称钱为“货泉”。泉字由白、水两字组成,故称白水真人。后人将此作为货币的别称。

【书证】宋·王应麟《困学纪闻》:“吕倚谢王岐公馈酒钱,用白水真人、青州从事。”

百万化鱼 bǎi wàn huà yú

百万为鱼 bǎi wàn wéi yú

万人为鱼 wàn rén wéi yú

【典源】南朝·宋·范晔《后汉书·光武帝纪》:“进至邯郸,故赵缪王子林说光武曰:‘赤眉今在河东,但决水灌之,百万之众可使为鱼。’光武不答,去之真定。”

【注】故赵缪王子林:已故赵缪王的儿子刘林。

【释义】刘林向刘秀献计,决黄河水可使居河东的百万赤眉军化为鱼虾。意为可不费一兵一卒,利用自然地利取得军事胜利。后也有称之为“百万为鱼”、“万人为鱼”,形容涂炭生灵、战争残酷。

【书证】唐·杜甫《潼关吏》:“哀哉桃林战,百万化为鱼。”元·郝经《居庸关铭》:“函谷一夫,百万为鱼,竟执歌舒兮。”

败军之将 bài jūn zhī jiàng

败军之将,不可言勇

bài jūn zhī jiàng bù kě yán yǒng

【典源】西汉·司马迁《史记·淮阴侯列传》:“于是信问广武君曰:‘仆欲北攻燕,东伐齐,何若而有功?’广武君辞谢曰:‘臣闻败军之将,不可以言勇,亡国之大夫,不可以图存。今臣败亡之虏,何足以权大事乎!’”

【释义】打了败仗的将军,不配谈论作战英勇的事情。亡国的大夫，不配谈论国家的存亡。自言“败军之将”，含有羞愧和谦卑退避之意。评论他人，则带讽刺挖苦的味道。

【书证】北宋·司马光《资治通鉴》卷二百二十四：“败军之将，不可复预议。”元·脱脱、阿鲁图等《宋史·列传三十三》：“而败军之将以所得之金赂权贵以自解，上天见变昭然。”

【考据】广武君：李左车，原赵国将领，井陉之战中被韩信俘获，降汉。

阪上走丸 bǎn shàng zǒu wán
下阪走丸 xià bǎn zǒu wán

【词源】东汉·班固《汉书·伍江息夫传·蒯通传》：臣（蒯通）因对（武信君）曰：“范阳令宜整顿其士卒以守战者也，怯而畏死，贪而好富贵，故欲以其城先下君。先下君而君不利之，则边地之城皆将相告曰：‘范阳令先降而身死’，必将婴城固守，皆为金城汤池，不可攻也。为君计者，莫若以黄屋朱轮迎范阳令，使驰骛于燕、赵之郊，则边城皆将相告曰：‘范阳令先下而身富贵’，必相率而降，犹如阪上走丸也！”

【注】阪：斜坡。丸：弹丸。走：跑，快速滚动。

【释义】在斜坡上向下滚弹丸，形容速度极快。喻形势发展迅速或工作进行顺利。

【书证】五代·王仁裕《开元天宝遗事走丸之辩》：“张九龄善谈论，每与宾客议论经旨，滔滔不竭，如下阪走丸也，时人服其俊辩。”

【考据】秦朝末年，楚汉争霸，原陈胜部将武臣占据邯郸，自号武信君。

板荡 bǎn dàng

【典源】汉·毛亨、毛苌《毛诗·大雅·板序》：“《板》，凡伯刺厉王也！”又，毛亨、毛苌《毛诗·大雅·荡序》：“《荡》，召穆公伤周室大坏也。厉王无道，天下荡荡，无纲纪文章，故作是诗也！”

【注】《板》、《荡》：《诗·大雅》中的两篇。《毛诗》：西汉毛亨、毛苌叔侄二人同为古文诗学“毛诗学”的开山鼻祖。所谓《毛诗》即毛氏对《诗经》的评论。

【释义】《板》、《荡》二诗所言均为讽刺周厉王无道。后比喻政局混乱，社会动荡。

【书证】南朝·梁·萧统等《昭明文选·谢灵运·拟魏太子邺中

诗》:“幽厉昔崩乱,桓灵今板荡。”

【考据】毛苌:“苌”,或作“长”,西汉赵人。汉初,鲁有毛亨,治诗,称大毛公,为《毛诗诂训传》。相传《毛诗》出自子夏,由荀况传亨。毛亨传于苌。毛苌称小毛公。曾任河间献王博士,授同郡贯长卿。时言《诗》有齐、韩、鲁三家,《毛诗》未得列于学官。平帝元始五年,《毛诗》置博士,列于学官。魏晋之后,三家诗均亡,唯《毛诗》独盛。

半途而废 bàn tú ér fèi

【词源】西汉·戴圣《礼记·中庸》:“君子遵道而行,半途而废,吾弗能已矣。”

【注】半:一半,中间。废:废止,停止。

【释义】路走了一半就停下来,形容有始无终,不能坚持到底。

【书证】唐·姚思廉《梁书·徐勉传》:“况夫立名宦成,半途而废者,亦焉可已已哉!”唐·韩愈《论淮西事宜状》:“陛下持之不坚,半途而罢,伤威损费,为弊必深。”钱钟书《围城·五》:“我鬼迷昏了头,却不过高松年的情面,吃了许多苦,还要半途而废,走回头路。”

北道主人 běi dào zhǔ rén

【典源】南朝·宋·范晔《后汉书·邓晨传》:“更始北都洛阳,以晨为常山太守。会王郎反,光武自蓟走信都,晨亦间行会于巨鹿下,自请从击邯郸。光武曰:‘伟卿以一从我,不如以一郡为我北道主人。’”

【注】伟卿:指邓晨。

【释义】刘秀说:邓晨,你一人跟着我去攻打邯郸,还不如在北道上的常山做主人,以一郡之力来支持我。“北道主人”义同“东道主”。

悖入悖出 bèi rù bèi chū

【词源】西汉·戴圣《礼记·大学》:“货悖而入者亦悖而出。”

【注】悖:违背,违反。这里指不正当的方法。

【释义】用不正当的方法得来的财物又被别人用不正当的方法拿去,或胡乱得来的钱财又胡乱花掉。

【书证】清·纪昀《阅微草堂笔记·槐西杂志四》:“生愤恚曰:‘何不诉于神?’曰:‘诉者多矣,神以为悖入悖出,自作之愆,杀人人杀，相酬之道，置不为理也。”

贲军之将 bēn jūn zhī jiàng

【词源】西汉·戴圣《礼记·射义》：“贲军之将，亡国之大夫。”

【注】贲：覆败。

【释义】打了败仗的将领。

【书证】清·龙之章《蠢子医》：“是脉理固军中之旗鼓也，守而勿失，断无贲军之将矣！”

本末始终 běn mò shǐ zhōng

【词源】西汉·戴圣《礼记·大学》：“物有本末，事有始终，知所先后，则近道矣！”

【释义】事物有本有末、有始有终（能够知晓始终，则接近事物的客观规律）。喻事物有本有末、有始有终的发展规律。

【书证】郑振铎《西谛书话》：“初不知本末始终，正是西游的大纲，取经之正旨，如何去得？”

比物丑类 bǐ wù chǒu lèi
比物连类 bǐ wù lián lèi

【词源】西汉·戴圣《礼记·学记》：“古之学者，比物丑类。”

【注】比：比较。物：事物。丑：比。连类：同类。

【释义】用同类的事物进行比较。

【书证】唐·李程《攻坚木赋》（《全唐文》）：“工之成功，志之所至，信念兹而在兹，因比物而丑类。”宋·宣和《宣和画谱·山水三》：“（僧巨然）每下笔，乃如文人才士就题，赋咏词源滚滚出于毫端，比物连类，激昂顿挫，无所不有。”

闭门却扫 bì mén què sǎo

【词源】东汉·应劭《风俗通义·十反》：“蜀郡太守颍川刘胜季陵去官在家，闭门却扫。”

【注】却：停止。却扫：不再清扫车迹。

【释义】关上大门，不再清扫车迹。意指谢客，不和外界来往。

【书证】唐·李世民、房玄龄等《晋书·葛洪传》：“为人木讷，不好荣利，闭门却扫，未尝交游。”唐·骆宾王《上兖州张司马启》：“方却闭门却扫，养拙以终年，幽遁凿坏，甘贫而卒岁。”南朝·梁·江淹《恨赋》：“至乃敬通见抵，罢归田里，闭门却扫，塞门不仕。”

宋·秦观《与鲜于学士书》："观以声闻遇情，深为同进所忌，闭门却扫，罪恶日闻。"

【考据】应劭，东汉汝南南顿人，字仲远。汉灵帝时举孝廉，拜泰山太守，后至邺城投袁绍，卒于邺。著《汉官仪》、《风俗通义》等。

闭门自守 bì mén zì shǒu
闭垒自守 bì lěi zì shǒu

【词源】东汉·班固《汉书·王莽传》："力作所得，不足以给贡税。闭门自守，又坐邻伍铸钱挟铜，奸吏因以愁民。"

【注】给：上缴。愁：扰乱。

【释义】闭门不出，洁身自保。引申为坚壁不出，严加防守之意。近代多指封锁关口，不与外国通商往来。

【书证】唐·吴兢《贞观政要·征伐》："朕若闭门自守，虏必纵兵大掠。"《宋史·列传第五十一》："关中震恐，自邠、泾以东，皆闭垒自守。"

壁上观 bì shàng guān

【典源】西汉·司马迁《史记·项羽本纪》："当是时，楚兵冠诸侯。诸侯军救巨鹿下者十余壁，莫敢纵兵。及楚击秦，诸将皆从壁上观。楚战士无不一以当十，楚兵呼声动天，诸侯军无不人人惴恐。于是已破秦军，项羽召见诸侯将，入辕门，无不膝行而前，莫敢仰视。项羽由是始为诸侯上将军，诸侯皆属焉。"

【注】当是时：当时。楚兵冠诸侯：楚国军人作战能力超过其他六国诸侯的军队。壁：军队扎下的营垒。

【释义】反秦的六国诸侯联军救援赵国时，扎下营垒十余座，没有敢出兵攻击秦军的。当楚军进攻秦军时，六国军队站在营垒上观望。"壁上观"亦作"作壁上观"，后多指置身事外，坐观成败。

【书证】清·杨蕴辉《吟香室诗草·甲申仲秋感事》："何曾姓字敌心寒，坐拥都城壁上观。"清·无名氏《文昌惜字功过律·吕师祖谕》："此关重开太平之机兆。移风易俗之先声。望尔诸生，身体力行，切勿再事悠忽，视同壁上观也。"

并行不悖 bìng xíng bù bèi

【词源】西汉·戴圣《礼记·中

庸》:“万物并育而不相害,道并行而不相悖,小德川流,大德敦化,此天地之所以为大也。”

【注】悖:冲突,抵触。《礼记·中庸》赞扬孔子的道德学问十分完备,如同天地相等。文章最后一节说:在整个自然界,万物并生,却彼此不相妨害,四时日月,来往于宇宙间,却彼此不会碰撞,这就是天地的道德。从小的德来看,只见它不害不悖,好像千万条江河在流淌;从大的德来看,只见它并育并行,变幻无穷。孔子的道德学问就如这天地一样,自古以来,没有一个人能超过他。

【释义】同时进行,彼此没有冲突。

【书证】南宋·朱熹《答张敬夫》:“全生之仁,禁非主义,并行不悖,乃先生制刑都奸之本意也。”鲁迅《准风月谈·扑空》:“《颜氏家训》一书……列举佛家与儒家有可以并行不悖之点。”

博学多闻 bó xué duō wén

【词源】西汉·戴圣《礼记·中庸》:“博学之,审问之,慎思之,明辨之,笃行之。”

【注】《礼记·中庸》里有一《哀公》章。其中讲了一个人做事必须有诚意,以及怎样求诚的道理。文章说:求诚的功夫,须经五个阶层,一步不到,就不能达到诚的境界。世间万物,各有其特点,必须广泛地学习,才能了解各自的特性。既经学了,又要详细询问,向别人请教,以解决自己心中的疑惑。有了这“学”和“问”二层,还要谨慎地思考,才不致失于高远的弊病,这是第三层。世间有些事物,往往似是而非,只有明白辨别,才可分清是非,择善而行。这是第四层。此外,还得笃实地实践,没有任何虚假。能够做到这五层,求诚的功夫才算是尽了。博:广博;闻:见闻。

【释义】学识渊博,见多识广。

【书证】明·瞿佑《剪灯新话·修文舍人传》:“博学多闻,性气英迈,幅巾布裘,游于东西两浙间。”

补天浴日 bǔ tiān yù rì

【典源】西汉·刘安《淮南子·览冥训》:“女娲炼五色石以补苍天。”又《山海经·大荒南经》:“义和之国,有女子名曰羲和,方日浴于甘渊。”

【注】上古时代，共工怒触不周山，把撑天的大柱撞断了，天坍塌了一大块。女娲就杀了一只大乌龟，斩下它的四脚，作为四根天柱，竖立在四方，把天撑住。又在江河里挑选了许多五彩的石子，把它们炼成溶液，用来补天。《山海经·大荒南经》里说，太阳女神羲和生了十个儿子，也就是十个太阳。羲和常常带着儿子们在东南海外的甘渊一块儿洗澡；甘渊的水，十分甘美，羲和把儿子们一个个都洗得干干净净，十分明亮。她让十个儿子，每天一个，轮流在天空值班。

【释义】比喻功勋极大，无可比拟。亦简作“补天”。

【书证】《旧唐书·音乐志一》：“高祖宿地补天。重张区宇。”《宋史·赵鼎传》：“（张）浚有补天浴日之功，陛下有砺山带河之誓。”

【考据】娲又作蜗、娃。又称女娲氏、灵娲、女希、女皇氏、女帝等，相传为风姓。传说中远古时代伏羲之妹，与伏羲兄妹为婚而生人类，为人类始祖。上古之时，四极废，九州裂，天不兼复，地不周载，大火不灭，大水不息，猛兽鸷鸟为害。乃炼五色石以补苍天，断鳌足以立四极，杀黑龙以济冀州，积芦灰以止淫水，民得安居，图像为人首蛇身。

邯郸市涉县城西北约 15 公里的索堡镇索堡村东唐王山有女娲祠（娲皇宫），相传为“女娲炼石补天的地方”。

不宝金玉 bù bǎo jīn yù

【词源】西汉·戴圣《礼记·儒行》：“儒有不宝金玉，而忠信以为宝，不祈土地，而仁义以为土地。”

【释义】不以金子和玉器为宝贵的财物，而讲求忠信为贵。喻不贪恋财物。

【书证】《明史》卷二百一十四：“故曰明君不宝金玉，而宝玉谷。伏惟圣明垂意。”明·莲池大师《答净土四十八问》：“又雅士性耽质素，不宝金玉，故抵璧投珠、挥玉焚金帛者，往往有之。”

不成器 bù chéng qì

【词源】西汉·戴圣《礼记·学记》：“玉不琢，不成器；人不学，不知道。”

【释义】不能成为有用的器物。

多用以指人气质平常，没有出息，或指人不学好，自甘堕落。也指事情没有好的结果，搞不出名堂。

【书证】《晋书·忠义传·稽绍》："沛国戴晞，少有才智，与绍子含相友善，时人许以远致，绍以为必不成器。"明·施耐庵《水浒全传》第十四回："这厮不成器，如何却在这里？"毛泽东《农业合作化的一场辩论和当前的阶级斗争》："他们认为合作化搞不成器，我们搞的这一套将来统统要翻。"

不丰不杀 bù fēng bù shā

【词源】西汉·戴圣《礼记·礼器》："礼不同，不丰不杀。"

【注】杀：减少，俭省。不丰：应少不可多。不杀：应多不可少。

【释义】不奢侈，也不吝啬，多少适中。后也表示数量不增不减。

【书证】高阳《胭脂井》："宫门费不丰不杀，按股匀分，倒也相安无事。"高阳，现代台湾作家。

不共戴天 bù gòng dài tiān

【词源】西汉·戴圣《礼记·曲礼上》："父之仇，弗与共戴天。"

【注】共：同。戴：顶。

【释义】不能在同一个天底下生活。喻仇恨极深。

【书证】南宋·辛弃疾《美芹十论》："每退食，辄与臣辈登高望远，指画山河，思极衅而起，以行君父所不同戴天之愤。"明·凌濛初《二刻拍案惊奇》卷三十一："父亲将死之时唤过吩咐道：'我为族子王俊殴死，此仇不可忘！'王世名痛哭道：'此不共戴天之仇，儿誓不与俱生人世。'"

不苟訾笑 bù gǒu zǐ xiào
不苟笑语 bù gǒu xiào yǔ
不苟言笑 bù gǒu yán xiào

【词源】西汉·戴圣《礼记·典礼上》："不登高，不临深，不苟訾，不苟笑。"

【注】苟：苟且，随便。訾：说别人的坏话。

【释义】不随便说笑，形容态度庄严稳重。

【书证】清·朱彝尊《姚氏族谱序》："其为人愿而谨，不苟訾笑。"清·汪琬《绥斋记》："吾友吏部郎王子底为人恬静少欲，不苟言笑。”梁启超《新中国未来记》：“且说这位郑伯才君，单名一个雄字，乃是湖南湘潭县人，向来是个讲宋学的，方领矩步，不苟言笑。”

不解衣带 bù jiě yī dài
衣不解带 yī bù jiě dài

【词源】东汉·班固《汉书·王莽传》：“阳朔中，世父大将军凤病，莽侍疾，亲尝药，乱首垢面，不解衣带连月。”

【注】解：脱下。

【释义】不脱下衣服睡眠，喻非常忙碌和辛劳，常用以形容辛劳地服侍病人。

【书证】《南史·昭明太子统传》：“七年十一月，贵嫔有疾，太子还永福省，朝夕侍疾，衣不解带。”明·冯梦龙《醒世恒言·钱秀才错占凤凰俦》：“若将此女归了生员，把生员三夜衣不解带之意全没了，宁可将此女别嫁，生员绝不敢冒此嫌疑。”《明史·列传一百八十五》：“余疾，谨奉汤药，不解衣带者数月。”《清史稿·儒林传·江声》：“遭父疾，晨夕侍床褥，不解衣带。”

【考据】王凤：西汉魏郡元城（今邯郸市大名县境内）人。成帝时为大司马，大将军，领尚书事。

不可测度 bù kě cè duó
不可测识 bù kě cè shí

【词源】西汉·戴圣《礼记·礼运》：“故欲恶者，心之大端也；人藏其心，不可测度也。”

【释义】指情况复杂微妙，难以摸到其中底细。

【书证】唐·李德裕《请于太原添兵备状》：“吐蕃变诈多端，不可测度。”清·李逊之《三朝野史》：“又或治乱有时，气数有定，不可测识耶！”清·刘大櫆《论文偶记》：“读古人文，于起灭转接之间，觉有不可测识处，便是奇气。”

不可终日 bù kě zhōng rì

【词源】西汉·戴圣《礼记·表记》：“君子庄敬日强，安肆日偷。君子不以一日使其躬儳焉，如不终日。”

【注】儳（chàn）：苟且，不严肃。终日：度过一天。

【释义】不能安稳地过一天。形容天天惶恐不安或情势危急。

【书证】清·文康《儿女英雄传》第三十九回："有岌岌焉不可终日势。"毛泽东《星星之火可以燎原》："就知道中国是处在怎样一种惶惶不可终日的局面下，处在怎样一种混乱状态之下。"

不胜其弊 bú shèng qí bì
不胜其苦 bú shèng qí kǔ

【词源】西汉·戴圣《礼记·表记》："虞夏之道，寡怨于民；殷周之道，不胜其敝。"

【注】敝：通"弊"。

【释义】某种事物所产生的弊端使人难以承受。

【书证】《隋书·炀帝纪下》："百姓愁苦，爰谁适从？境内哀惶，不胜其弊。"唐·白行简《李娃传》："乃徒行至曲江西杏园东，去其衣服，以马鞭鞭之数百，生不胜其苦。"

不食之地 bù shí zhī dì
不毛之地 bù máo zhī dì

【词源】西汉·戴圣《礼记·檀弓上》："我死则择不食之地而葬我焉。"

【注】不食：不生长庄稼。

【释义】没有耕种不生长庄稼的地方。指贫瘠、荒凉的地方。

【书证】汉·桓宽《盐铁论》："夫蛮貊之人，不食之地，何足以烦虑？"宋·司马光《资治通鉴·周记·赧王四十二年》："山林、溪谷，不食之地。"《南齐书·州郡志》："宁州、镇建宁郡，本益州南中，诸葛亮所谓不毛之地也。"

不同流俗 bù tóng liú sú

【词源】西汉·戴圣《礼记·射义》："幼壮孝悌，耆耋如礼，不从流俗。"

【注】流俗：流行的习俗。

【释义】与世俗习气不同。喻品德高尚。

【书证】清·吴敬梓《儒林外史》第三十四回："庄绍光见萧昊轩气宇轩昂，不同流俗，也就着实亲近。"

不知进退 bù zhī jìn tuì

【词源】东汉·荀悦《汉哀帝纪下》："恐陛下有过失之讥，贤有小人不知进退之祸。"

【释义】不知道应当前进还是应当后退。喻无决断。也喻言语行动没有分寸。

【书证】南宋·洪迈《容斋续笔》卷十一:"慕容绍宗挫败侯景,一时将帅皆莫及,而围攻颍川,不知进退,赴水而死。"清·曹雪芹《红楼梦》第四十五回:"他们已经多嫌着我呢! 如今我还不知进退,何苦叫他们咒我?"《新五代史·李琪传》:"(琪)为人少持重,不知进退,故数为当时所沮。"

不赀之驱 bù zī zhī qū
驱不赀 qū bù zī

【典源】东汉·班固《汉书·盖诸葛刘郑孙毋将何传·盖宽饶》:"方今用事之人皆明习法令,言足以饰君之辞,文足以成君之过,君不惟蘧氏之高踪,而慕子胥之末行,用不赀之躯,临不测之险,窃为君痛之。"

【注】赀:同资,财货。不赀,贵重之极。

【释义】不要用宝贵的生命冒风险去触怒权贵。谓劝人保重。

【书证】唐·韩愈《寄崔二十六立之》:"况又婴疹疾,宁保躯不赀。"

【考据】盖宽饶(? —前60):西汉魏郡人,字次公。宣帝时以孝廉为郎,举方正,累擢司隶校尉。刺举无所回避,劾奏众多,公卿贵戚莫敢犯禁。为人刚直公廉,好言事刺讥。上书言勿用刑法,勿任宦官,主张行儒术,被诬为意欲使帝禅位,下狱自杀。

《中国历史地名大辞典》载:"西汉时的魏郡,为汉高祖十二年(前195)置,治所在邺城(今邯郸市临漳县邺镇)。"辖境相当今邯郸市大名、磁县、涉县、武安、临漳、成安、肥乡、魏县、邱县、广平、馆陶等地。

布衣蔬食 bù yī shū shí

【词源】西汉·戴德《大戴礼记·曾子制言》:"故君子无悒悒于贫……布衣不完,疏食不饱。"

【注】疏:通"蔬"。蔬食:粗糙的食物。

【释义】穿土布衣,吃粗粮。形容生活俭朴。

【书证】东汉·班固《汉书·王吉传》:"去位居家亦布衣蔬食。"晋·常璩《华阳国志·广汉士女》:"初乘一马之官,布衣蔬食,俭以为教。"唐·房鲁《上节度使书》:"其愧非愧,布衣粝食,童饥蹇驴也,所以愧者,彼何人也,予何人也。"晋·陈寿《三国志·毛玠传》:"玠居显位，常布衣蔬食，抚育孤兄子甚笃。”

布在方策 bù zài fāng cè

【词源】西汉·戴圣《礼记·中庸》：“哀公问政，子曰：‘文武之政，布在方策。’郑玄：‘方，版也；策，简也！’”

【注】布：展示，陈列。方策：典籍。

【释义】谓一切都展示在典籍之上。

【书证】章太炎《文学总略》：“曾国藩又杂抄经史百家，经典成文，布在方策，不虞溃散，抄将何为？”

C

草菅人命 cǎo jiān rén mìng
草菅民命 cǎo jiān mín mìng

【词源】西汉·戴德《大戴礼记·保傅》：“其视杀人若芟草菅然。岂胡亥之性恶哉？”

【注】菅：茅。

【释义】他把杀人看得像割茅草一样。这难道不是胡亥的品性恶劣吗？指轻视人命，任意残杀。

【书证】明·凌濛初《初刻拍案惊奇》：“所以说为官做吏的人，千万不要草菅人命，视同儿戏。”清·李宝嘉《官场现形记》第四十七回：“因见首府如此行为，心上老大不以为然，背后常说：‘像某人这样做官，真正是草菅人命了。’”

恻怛之心 cè dá zhī xīn
恻隐之心 cè yǐn zhī xīn

【词源】西汉·戴圣《礼记·问丧》：“恻怛之心，痛疾之意。”

【注】恻怛：忧伤，悲伤。恻隐：悲伤、哀痛。

【释义】表示同情怜悯的心情。

【书证】前秦·苻朗《苻子》：“观刑曰乐，何无恻怛之心焉？”晋·熊远《广昌乡君丧废冬至小会表》：“君于卿大夫，此葬不食肉，此卒哭不举乐，恻隐之心。未忍行吉事故也。”

孱王 chán wáng

【典源】西汉·司马迁《史记·张耳陈余列传》：“高祖箕踞詈，

甚慢易之。赵相贯高、赵午等年六十余，故张耳客也。生平为气，乃怒曰：‘吾王孱王也！’”

【注】箕踞：古人席地而坐，伸开两腿坐着，形状如簸箕。詈(lì)：怒骂。孱：懦弱。

【释义】我们赵王是个懦弱的王。

车在马前 chē zài mǎ qián

【词源】西汉·戴圣《礼记·学记》：“始驾马者反之，车在马前。”

【释义】大马在前面拖车，马驹系在车后，可使小马慢慢地学会拉车。喻学习任何事物，只要有人指导，就容易学会。也喻刚刚学习某种技能。

【书证】《古公图书集成·博物汇编·禽虫典》：“始教则车在马前，任力则人能胜骥，赤兔乃比于周公，白额受兴于李氏……”

沉默寡言 chén mò guǎ yán

沉静寡言 chén jìng guǎ yán

【词源】西汉·戴圣《礼记·文王官人》：“顺与之弗为喜，非夺之弗为怒，沉静而寡言，多稽而俭貌，曰质静者也。”

【注】沉默：不说话。寡：少。

【释义】沉静，不爱多说话。

【书证】五代·后晋·刘昫《旧唐书·梁崇义传》：“梁崇义长安人，以升斗给役于市，有膂力，能卷金舒钩，后为御林射生，从来瑱于襄阳，沉默寡言，家人谓之痴。”《周书·王盟传》：“盟兄子显，幼而敏悟，沉静少言。”

称家有无 chèn jiā yǒu wú

【词源】西汉·戴圣《礼记·檀弓上》：“子游问丧具，夫子曰：‘称家之有亡。’”

【注】称：适合，相符。有亡：指家计的丰或薄。亡：同“无”。

【释义】指办理婚丧大事要与家庭经济情况相符。

【书证】宋·程颢《华阴侯墓志铭》：“巴人娶妇，必责财于女氏，贫人至有老不得嫁者。先生立为制度，称其家之有无，与之约曰：‘逾是者诛。’未阅岁，邑无过时之女，遂弃其俗。”明·赵弼《新繁胡大尹传》：“乃遗书喻其子曰：‘尔当管治丧具，称家有无。’”

成己成物 chéng jǐ chéng wù

【词源】西汉・戴圣《礼记・中庸》："诚者，非自成己而已也，所以成物也。成己，仁也；成物，知也。性之德也，合内外之道也。"

【注】诚：至诚，古代哲学术语，这里是指"圣人之性"。知：通"智"。

【释义】不但自身有所成就，也要使自身之外的一切有所成就。

【书证】明・刘若愚《酌中志・内臣执掌纪略》："盖治世法与出世法，即儒门成己成物，用行藏舍之道。"明・李贽《初谭记・君臣四・能臣》："一进见之顷，奏琴之间，而没者以慰，生者以荣，成己成物，道在兹也。"

成人之美 chéng rén zhī měi

【词源】西汉・戴德《大戴礼记・曾子立事》："不说人之过。成人之美。"

【注】成：成全。美：好事。

【释义】不说别人的过错，成全别人的好事。指帮助别人实现其美好的愿望。

【书证】南朝・宋・范晔《后汉书・李固传》："所交皆舍短求长，好成人之美。"唐・韩愈《张中丞传・后叙》："小人之好议论，不乐成人之美，如是哉！"

鸱目虎吻 chī mù hǔ wěn

【词源】东汉・班固《汉书・王莽传》："是时有用方技待诏黄门者，或问以莽形貌，待诏曰：'莽所谓鸱目虎吻豺狼之声也，故能食人，亦当为人所食。'"

【注】班固为王莽勾勒的形象是：王莽这个人，嘴巴大大的，下巴短短的，眼睛里露出一副凶相，声音虽大但却是破声。身长七尺五寸，喜欢穿高跟鞋子，戴高大帽子，穿衣裳也特别，里面用强硬弯曲的毛衬起来，使外面的衣服就张起来而显得宽大。胸部突出，眼睛向上看，对左右的人总是远看。正因为王莽是这种样子，所以有一个方技待诏就说："王莽是鹞鹰的眼睛，凶虎的唇皮，豺狼的声音，他可以吃人，但也很可能被人吃掉。"鸱：鹞鹰，一种凶猛的禽；吻：嘴唇皮。

【释义】鹞鹰般的眼睛，猛虎般的嘴唇。形容一个人的相貌令人害怕得很，是一副凶相。

【书证】北齐・颜之推《颜氏家

训·勉学》："王莽非直鸱虎吻，亦紫色蛙声。"

池鱼林木 chí yú lín mù

【词源】东汉·应劭《风俗通义·佚文·辨惑》："城门失火，殃及池中鱼。"

【注】殃：灾祸。池：护城河。

【释义】城门失火，人从护城河取水救火，河水干了给鱼虾带来灾祸。比喻无辜而受连累、遭祸害。

【书证】明·沈采《千金记·免死》："小人本非池鱼林木之罪。老爹体天自有好生之德，今日岂无救死之权。"清·李渔《义士李伦表传》："耿藩问罪之师，旦暮即至，池鱼林木之殃，在所难免。"

【考据】应劭：东汉汝南南顿人，字仲远，应奉子。灵帝时举孝廉，拜泰山太守，镇压黄巾军。后至冀州（治邺城）投袁绍，任军谋校尉。卒于邺。著《汉官仪》，又著《风俗通义》、《汉书集解意义》。

踌躇陌上郎

chóu chú mò shàng láng

【典源】汉·乐府集《陌上桑》"使君从南来，五马立踟蹰。使君遣吏往，问是谁家姝？"

【注】五马：五匹马拉的车。姝：美女。

【释义】使君坐着五匹马拉的车从南来，看到貌美的邯郸秦氏女罗敷，就勒马凝视，派随从吏员去问是谁家的美女。指钟情的男子。

【书证】唐·汪遵《采桑妇》："为报踌躇陌上郎，蚕饥日晚妾心忙。"

【考据】《陌上桑》：《辞海》（1999年版）释："一名《艳歌罗敷行》，汉乐府《相和曲》名。崔豹《古今注》述其本事曰：'邯郸有秦氏女名罗敷，夫王仁为赵王家令。罗敷出采桑，赵王见而欲强夺之，罗敷作《陌上桑》以自明。'"今邯郸县三陵乡姜窑村西有罗敷潭，即根据此事命名。相传罗敷是姜窑村美女，许配给赵王家令王仁为妻，罗敷外出采桑时被赵王看见，欲夺为己有，罗敷不从，弹筝作《陌上桑》，以自明有夫，后被赵王所逼，投潭而死。为了纪念罗敷，村民将村里的卧龙潭改名为罗敷潭。唐代诗人李白曾游罗敷潭并作诗："行歌入谷口，路尽无人跻。攀崖度绝壑，弄水寻回溪。云从石上起，客到花间迷。淹留未尽兴，日落群峰西。”

春诵夏弦 chūn sòng xià xián

【词源】西汉·戴圣《礼记·文王世子》：“凡学，世子及学士，必时……春诵夏弦，大师诏之。”

【注】诵、弦：古代学校里读诗，只口诵而不用乐器的叫“诵”，用琴、瑟等弦乐器配合歌唱的叫“弦”。

【释义】原指应根据不同季节采取相应的学习方式。后泛指读书、学习。

【书证】南朝·梁·路倕《为豫章王应太子出宫表》：“春诵夏弦，幼彰神度。”唐·刘禹锡《许州文宣王神新庙碑》：“入于门墙，如造阙里。春诵夏弦，载飏淑声。”（造：到。阙里：孔子居住并讲学之处，在今山东曲阜城内阙里街。）

春行秋令 chūn xíng qiū lìng

【词源】西汉·戴圣《礼记·月令》：“孟春行夏令，则雨水不时，草木蚤落，国时有恐；行秋令，则民大疫，猋风暴雨总至，藜莠蓬蒿并兴。”

【注】蚤：同“早”。

【释义】喻现象反常，或行为、政令、措施等悖谬。

【书证】清·袁枚《小仓山房尺牍·三·复似村》：“（似村）年甫三十，世受国恩，方将收揽人才，助吾师甄陶万类，为范纯仁、韩忠彦一流人物，方慰故人之望；切不可俯视群流，春行秋令，蹈高人名士习气。”

啜菽饮水 chuò shū yǐn shuǐ
饮水啜菽 yǐn shuǐ chuò shū

【词源】西汉·戴圣《礼记·檀弓下》：“子路曰：‘伤哉贫也，生无以为养，死无以为礼也！’孔子曰：‘啜菽饮水，尽其欢，斯之谓孝。’”

【注】啜：喝，也指吃。菽：豆类。

【释义】子路说，贫穷多么让人感伤啊，在世时不能赡养，死后无法成体面的葬礼。孔子说，吃豆类食物，喝清水，尽可能让老人快乐，这就是孝顺。喻生活清苦。

【书证】北宋·司马光《辞知制诰第七状》：“如此则臣生负大罪，死负余愧，虽进极荣显，不若啜菽饮水，长为布衣也！”清·西周生《醒世姻缘传》第九十回：“啜菽饮水，舞彩承欢。”梁启超

《国民筹还国债问题》："使举吾民啜菽饮水之资，而悉节减之以偿国债。"

次公醒狂 cì gōng xǐng kuáng
次公狂 cì gōng kuáng

【典源】东汉·班固《汉书·盖诸葛刘郑孙毋将何传·盖宽饶》："平恩侯许伯入第，丞相、御史、将军、中二千石皆贺，宽饶不行。许伯请之，乃往，从西阶上，东乡特坐。许伯自酌曰：'盖君后至。'宽饶曰：'无多酌我，我乃酒狂。'丞相魏侯笑曰：'次公醒而狂，何必酒也？'"

【注】盖宽饶：名宽饶，字次公。入第：始入新居。御史：指御史大夫。中二千石：汉时高秩，每月百八十斛。九卿秩皆中二千石。东乡特坐：乡，向。汉时以东向坐为尊。盖宽饶官职司隶校尉，故以上宾自居。

【释义】侯爷许伯入住新居，众高官都去祝贺。盖宽饶被请才往，许伯请其饮酒，他说不要让我多喝，我是酒狂。魏侯笑道，次公清醒时就很狂，何必喝酒？比喻蔑视权贵的一种情态。亦作"次公狂"、"次公醒"。

【书证】北宋·苏轼《赠孙莘老七绝》："时复中之徐邈圣，无多酌我次公狂。"宋·陆游《寄题徐载叔秀才东庄》："次公醒狂何必酒，直谅多闻惧可友。"

刺举无避 cì jǔ wú bì

【典源】东汉·班固《汉书·盖诸葛刘郑孙毋将何传·盖宽饶》："擢为司隶校尉，刺举无所回避，小大辄举，所劾奏众多，廷尉处其法，半用半不用，公卿贵戚及郡国吏繇使至长安，皆恐惧莫敢犯禁，京师为清。"

【注】司隶校尉：官名，汉武帝时始置，掌纠察京师百官。盖宽饶时任司隶校尉。刺举：侦察揭发。避：回避。

【释义】侦察揭发不法行为，不回避权势。形容敢于同坏人坏事作斗争。

【书证】宋·文同《诸葛丰》："元帝擢司隶，刺举无所避。"

丛台置酒 cóng tái zhì jiǔ

【典源】南朝·宋·范晔《后汉书·朱景王杜马刘傅坚马列传·马武》："更始立，以武为侍郎，与世祖破王寻等，拜为振威将军，与尚书令谢躬共攻王郎。及世祖拔邯郸，请躬及武等置酒高会，因欲以图躬，不克。既罢，独与武登丛台，从容谓武曰：'吾得渔阳、上谷突骑，欲令将军将之，何如？'武曰：'驽怯无方略。'世祖曰：'将军久将，习兵，岂与我掾史同哉！'武由是归心。"

【注】图：拉拢。谢躬、马武是更始帝的部下，光武帝想拉拢他们。归心：心属光武帝。

【释义】汉光武帝攻克邯郸后，曾同更始帝的振威将军马武登丛台饮酒。亦作"置酒丛台"。

【书证】清·吴伟业《永和宫词》："从此君王惨不乐，丛台置酒风萧索。"

D

达官贵人 dá guān guì rén
达官显贵 dá guān xiǎn guì
达官显宦 dá guān xiǎn huàn

【词源】西汉·戴圣《礼记·檀弓下》："诸达官之长杖。"

【注】达：显贵。宦：官。

【释义】公卿大夫等显贵者。

【书证】明·袁宏道《徐文长传》："当时所谓达官贵人、骚士墨客，文长皆叱而奴之，耻不与交。"章炳麟《箴新党论》："而今之以达官贵人为师者，则无不自称为门生。"鲁迅《且介亭杂文附集·女吊》："我所知道的是四十年前的绍兴，那里没有达官显宦，所以未闻有专门为堂会的演剧。"

大盗移国 dà dào yí guó
大盗窃国 dà dào qiè guó

【典源】南朝·宋·范晔《后汉书·光武帝纪》："赞曰：炎正中微，大盗移国。"

【注】大盗：指王莽。移国：谓王莽篡位。

【释义】喻指叛逆篡位。亦作"盗移"。

【书证】唐·张九龄《奉和圣制幸晋阳宫》："盗移未改命，历在终履端。"严复《辟韩篇》："秦以来之为君，正所谓大盗窃国者耳。"

大法小廉 dà fǎ xiǎo lián

【词源】西汉·戴圣《礼记·礼运》："大臣法，小臣廉，官职相序，君臣相正，国之肥也。"

【注】法：执法守法。廉，廉洁。

肥:利益(所在)。

【释义】大臣执法守法,小臣廉洁。

【书证】清·文康《儿女英雄传》第三十三回:"凡是国家利弊所在,彼此痛痒所关,大臣有个闻见,便训诫属官;末吏有个知识,便规谏上宪,一堂和气,大法小廉。"清·章学诚《文史通义·古文十弊》:"彼时居官,大法小廉,殆成风俗,贪冒之徒,莫不望月革面,时势然也。"

大羹不和 dà gēng bù hé

【词源】西汉·戴圣《礼记·礼器》:"大圭不琢,大羹不和。"

【注】大,同"太";羹:肉汁。不和:不与五味调和。

【释义】古代祭祀用的不加调味的肉汁。喻保持原有的风味或者本质。

【书证】三国·魏·嵇康《声无哀乐论》:"捐窈窕之声,使乐而不淫,犹大羹不和。"

大功毕成 dà gōng bì chéng

大工告成 dà gōng gào chéng

【词源】东汉·班固《汉书·王莽传》:"公以八月载生魄庚子奉使,朝用书临赋营筑,越若翊辛丑,诸生、庶民大和会,十万众并集,平作二旬,大功毕成。"

【注】毕:彻底,完全。

【释义】指大工程或大任务宣告完成。同"大功告成"。

【书证】明·沈德符《万历野获编·贾鲁河故道》:"计其功费,用银不过二三万,用夫不过三万余名,而大工告成矣。"清·文康《儿女英雄传》第三十三回:"这件事可就算大功告成了。"

大名鼎鼎 dà míng dǐng dǐng

鼎鼎大名 dǐng dǐng dà míng

盛名鼎鼎 shèng míng dǐng dǐng

【词源】西汉·戴圣《礼记·檀弓上》:"故骚骚尔则野,鼎鼎尔则小人,君子盖犹犹尔。"

【注】名:名声。鼎鼎:原指张扬夸大,发迹得势,也表示盛大的样子。

【释义】指名气很大。

【书证】清·李宝嘉《官场现形记》:"你一到京,打听人家,像他这样大名鼎鼎,还怕有不晓得的?"清·曾朴《孽海花》:"这便是你从前的乡邻,现在的房客,大名鼎鼎的傅彩云。”朱自清《三家书店》：“展览会由鼎鼎大名的斯密兹将军开幕。”范长江《塞上行·从嘉峪关说到山海关》：“鼎鼎大名的班超、张骞，其经营西域，皆以玉门关为据点。”梁启超《新民说》第十八节：“彼见夫盛名鼎鼎之先辈，明目张胆以为乡党自好者所不为之事……”

大同境域 dà tóng jìng yù

【词源】西汉·戴圣《礼记·礼运》：“大道之行也，天下为公，选贤与能，讲信修睦。故人不独亲其亲，不独子其子。使老有所终，壮有所用，幼有所长，鳏寡孤独废疾者，皆有所养，男有分，女有归。货恶其弃于地也，不必藏于己；力恶其不出于身也，不必为己。是故谋闭而不兴，盗窃乱贼而不作，故外户而不闭，是谓大同。”

【释义】人人为公的理想社会。

【书证】毛泽东《论人民民主专政》：“使人类进到大同境域。”

倒载干戈 dào zài gān gē

倒戢干戈 dǎo jí gān gē

【词源】西汉·戴圣《礼记·乐记》：“倒载干戈，包之以虎皮，将帅之士，使之为诸侯，名之曰‘建櫜’，然后天下知武王之不得用兵也！”

【注】倒：把锋刃向里倒插着。载：陈设，放置。干戈：古代的两种兵器，泛指武器。

【释义】把武器倒着放起来，喻没有战争，天下太平。

【书证】东汉·荀悦《汉纪·高祖纪二》：“偃革为轩，倒戢干戈，示不复用武。”宋·王禹偁《单州成武县行宫上梁文》：“一戎而倒载干戈，万国而混同文轨。”

道不拾遗，夜不闭户

dào bù shí yí yè bù bì hù

夜不闭户，道不拾遗

yè bù bì hù dào bù shí yí

【词源】西汉·戴圣《礼记·礼运》：“盗窃乱贼而不作，故外户而不闭。”

【注】遗：遗失。户：门。

【释义】东西丢在路上没有人拾为己有，夜里不关门也没有人来偷盗。古时多用来形容民风淳厚，对统治者的政绩加以颂扬。现在也用来形容社会风尚和道德良好。

【书证】明·罗贯中《三国演

义》第八十七回："两川之民，忻乐太平，夜不闭户，路不拾遗。"毛泽东《湖南农民运动考察报告》："农会势盛，地方牌赌禁绝，盗匪潜踪。有些地方真个是道不拾遗，夜不闭户。"

德言容功 dé yán róng gōng

【词源】西汉·戴圣《礼记·昏义》："是以古者妇人先嫁三月……教以妇德、妇言、妇容、妇功。"

【注】郑玄："妇德，贞顺也；妇言，辞令也；妇容，婉娩也；妇功，丝麻也。德：品德。言：言辞。容：仪容。功：女红。

【释义】封建礼教要求妇女具备的四种德行。

【书证】明·李昌祺《剪灯余话·琼奴传》："年十四，雅善歌辞，兼通音律，德言容功，四者咸备。"明·凌濛初《二刻拍案惊奇》卷十一："那朱氏女生长宦门，模样又是著名出色的，真是德言容功无不具足。"

登高必自卑，行远必自迩

dēng gāo bì zì bēi xíng yuǎn bì zì ěr

陟遐自迩 zhì xiá zì ěr

登高自卑 dēng gāo zì bēi

【词源】西汉·戴圣《礼记·中庸》："君子之道，辟如行远必自迩，辟如登高必自卑。"

【注】自：从。卑：低。迩：近。

【释义】要登高山必须从低处开始，要行远路必须从最近一步开始。喻做事要扎扎实实，循序渐进。

【书证】《北齐书·魏收传》："跬步无已，至于千里。覆一篑进，及于万仞。故云行远自迩，登高自卑。"唐·王勃《平台秘略论·幼俊八》："岂非积微成大，陟遐自迩。"苏雪林《玉溪诗谜·引论》："那些夤缘的人，巴结不上公主，就先交欢于她们手底下的徒子徒孙。这也是'登高必自卑，行远必自迩'的意思。"李劼人《六十年的变迁》第八章："'登高必自卑，行远必自迩'，先搞好自己的县也是好的。"

涤地无类 dí dì wú lèi

【词源】南朝·宋·范晔《后汉书·隗嚣传》："（王莽）使四境之外，并入为害，缘边之郡，江海之濒，涤地无类。"

【注】涤：扫除。无类：无一幸免。

【释义】荡涤无遗。形容清除得彻底。

【书证】清·蒲松龄《聊斋志

异·菱角》:“先是乱后,湖南百里,涂地无类。”

砥砺廉隅 dǐ lì lián yú
砥砺名节 dǐ lì míng jié

【词源】西汉·戴圣《礼记·儒行》:“近文章,砥砺廉隅。”

【注】孔颖达疏:“言儒者习近文章以自磨砺,使成己廉隅也。”砥砺:磨刀石,引申为磨炼、锻炼。砺也作“厉”。廉隅:棱角,引申为方正,有节气。

【释义】原意为磨出棱角,喻磨炼自己的品行。

【书证】宋·苏轼《除苗授特授武泰军节度使制》:“砥砺廉隅,得士君子之概。”宋·智圆《送庶几序》:“若汝年齿且壮,苟于斯道加鞭不止,无使俗谓大好,无令心有大惭,然后砥砺名节,不混庸类,则吾将期若于圣贤之域也。”梁启超《中国古代思潮》第三章:“儒学本有名教之目,故砥砺廉隅,崇尚名节,以是为一切公德私德之本。”

吊死问疾 diào sǐ wèn jí
吊丧问疾 diào sāng wèn jí

【词源】西汉·戴圣《礼记·杂记下》:“免丧之外行于道路,见似目瞿,闻名心瞿,吊死而问疾,颜色戚容,必有以异于人也。”

【注】瞿(jù):惊动的样子。吊:吊祭。问:问候,慰问。

【释义】向有丧事者和患病者进行慰问。

【书证】西汉·刘安《淮南子·修务训》:“布德施惠,以振困穷,吊死问疾,以养孤孀。”宋·沈括《梦溪笔谈·书画》:“晋宋人墨迹,多是吊死问疾书简。”明·罗贯中《三国演义》第二十三回:“荀彧可使吊丧问疾,荀攸可使看坟守墓。”

东方千骑 dōng fāng qiān jì

【典源】东汉·乐府《陌上桑》:“东方千余骑,夫婿居上头。”

【释义】东方骑马的人。喻女子找得贵婿,十分荣耀。亦作“东方骑”。

【书证】南朝·梁·简文帝《采菊篇》:“东方千骑从骊驹,岂不下山逢故夫。”唐·褚亮《烛花》:“言是东方骑,来寻南陌车。”

东食西宿 dōng shí xī sù

【词源】东汉·应劭《风俗通义·两祖》:“俗说齐人有女,二人求之。东家子丑而富,西家子好而贫。父母疑不能决，问其女，定所欲适。‘难指斥言者，偏袒，令我知之。’女便两袒，怪问其故。云‘欲东家食，西家宿’。”

【释义】在东家吃饭，往西家住宿。喻贪利的人企图兼得两利。

【书证】清·钱谦益《康文初六十序》：“有人于此，视诸公之乘辕而反之，朝秦而暮楚，东食而西宿，曰：余曷不至于公卿？”清·蒲松龄《聊斋志异·黄英》：“黄英笑曰：‘东食西宿，廉者当不如是。’”

东西南北人 dōng xī nán běi rén

【词源】西汉·戴圣《礼记·檀弓上》：“今丘也，东西南北之人也，不可以弗识也！”

【注】丘：孔丘。东西南北：言居无常处。

【释义】这里指四处漂泊、行踪不定的人。

【书证】唐·高适《人日寄杜二拾遗》：“一卧东山三十春，岂知书剑老风尘。龙钟还忝二千石，愧尔东西南北人。”宋·吴聿《观林诗话》：“元亮（李光禄）作《吊项羽赋》，追古作者。世称其诗有‘可怜三万六千日，长做东西南北人’之句。”

冬温夏凊 dōng wēn xià qìng

【词源】西汉·戴圣《礼记·曲礼上》：“凡为人子之礼，冬温而夏凊，昏定而晨省。”

【注】凊：凉。

【释义】原意指子女侍奉父母，冬天温被褥使之暖和，夏天扇席使之凉爽。后多指儿女侍奉父母无微不至。也指冬暖夏凉之意。

【书证】北魏《张猛龙碑》：“冬温夏凊，晓夕承奉。”陈毅《蝶恋花·访问亚洲三国》：“宫阙常年观白浪，冬温夏凊真佳况。”

洞见肺肝 dòng jiàn fèi gān
洞见肝鬲 dòng jiàn gān gé

【词源】西汉·戴圣《礼记·大学》：“人之视己，如见其肺肝焉。”

【释义】原意是自己的内心，别人看得很清楚无法掩饰。喻襟怀坦白，待人以诚。

【书证】宋·陈亮《陈亮集·八·酌古论四·李愬》：“愬复能待以厚礼，示之赤诚，言笑无间，洞见肺腑。”宋·苏轼《苏东坡集·后集一八·故龙图阁学士滕公墓志铭》：“而公性疏达不疑，在帝前论事，如家人父子，言无文饰，洞见肝鬲。”

断裳 duàn shang

【典源】东汉·班固《汉书·盖诸葛刘郑孙毋将何传·盖宽饶》：“宽饶初拜为司马，未出殿门，断其禅衣，令短离地，冠大冠，带长剑，躬案行士卒庐室，视其饮食居处，有疾病者身自抚循临问，加致医药，遇之甚有恩。”

【注】禅衣：单衣。躬案行：亲自巡行。

【释义】比喻官吏清简躬行。

【书证】南朝·齐·王融《三月三日曲水诗序》（见《文选》卷四十六）：“蹇帷断裳，危冠空履之吏；储摇武猛，扛鼎揭旗之士。”

【考据】盖宽饶，字次公，汉魏郡（今邯郸市魏县）人，拜谏大夫，因劾奏侍中张彭祖不实，被贬为卫司马（文官改为武将），于是，马上将身上长衣裁短，身佩长剑，行自己职守之事。

多文为富 duō wén wéi fù
多闻为富 duō wén wéi fù

【词源】西汉·戴圣《礼记·儒行》：“儒有不宝金玉，而忠信以为宝；不祈土地，立义以为土地；不祈多积，多文以为富；难得而易禄也，易禄而难畜也。”

【注】文：学识，掌握技艺、本领。富：财富。

【释义】以学识为财富。

【书证】宋·徐铉《驾部郎中冯延巳兼起居郎、屯田郎中闫居常兼起居舍人制》：“某官冯延巳，君子之儒，多闻为富。”

E

迩言必察 ěr yán bì chá

【词源】西汉·戴圣《礼记·中庸》：“舜其大知也与！舜好问而好察迩言。”

【注】迩言：迩，近处，身边的人。这里指左右亲近的人的意见。

【释义】对左右亲近之人的话一定要明察。既不轻信，也不疏忽。

【书证】清·袁枚《小仓山房文集·公生明论》：“彼无私者，非圣人邪？然而圣人不自知其无私，故迩言必察，昌言则拜，舍己从人，以求其明。”清·陈康祺《郎潜纪闻三笔·宣宗临御初年之谨小慎微》：“时宣宗临御甫匝月，其谨小慎微，迩言必察，殆睿性天成也。”

二姓之好 èr xìng zhī hǎo

【词源】西汉・戴圣《礼记・昏义》："昏礼者，将合二姓之好，上以事宗庙，而下以济后世也。"

【注】昏：同"婚"。二姓：指结婚的男女两家。

【释义】男女两家结为姻亲。

【书证】唐・白行简《李娃传》："明日，命媒氏通两姓之好，备六礼以迎之。"清・俞樾《春在堂随笔》卷二："太夫人行年三十有五矣，犹然待字。时封公为其地巡检司，适丧偶。县令为作合，遂成二姓之好。"

F

发号出令 fā hào chū lìng
发号施令 fā hào shī lìng

【词源】西汉・戴圣《礼记・经解》："发号出令而民说谓之和，上下相亲谓之仁。"

【注】说：通"悦"。和：和谐。号：号令。

【释义】发出命令。

【书证】明・李东阳《重建成都府学记》："且令之为政者，必有堂宇为发号出令之地。"

发扬蹈厉 fā yáng dǎo lì

【词源】西汉・戴圣《礼记・乐记》："发扬蹈厉，大公之志也。"

【注】发扬：奋发，昂扬。蹈厉，猛烈踏地顿足。大：同"太"。

【释义】原意是形容周朝《武》乐的舞蹈动作。象征太公望辅助武王伐纣时奋勇向前。后多借以比喻奋发有为，意气昂扬。

【书证】清・朱彝尊《放胆诗序》："六朝代降，志微涤滥之音作，而发扬蹈厉之志寡矣！"清・康有为《大同书》丙部："于是中国之俗，阶级尽扫，人人皆为平民，人人皆可由白屋而为王侯、卿相、师儒，人人皆可奋志青云，发扬蹈厉，无阶级之害。"清・沈德潜《说诗晬语》卷下："宋初台阁倡和，多尊义山，名西昆体，梅圣俞、苏子美起而矫之，尽翻科臼，蹈厉发扬，才力体制，非不高于前人，而渊涵渟滀之趣，无复存矣！"

伐冰之家 fá bīng zhī jiā

【词源】西汉・戴圣《礼记・大学》："伐冰之家，不畜牛羊。"

【注】伐冰：凿取冰块。古时，只有卿大夫以上的贵族丧祭可以用冰。

【释义】贵族豪门。

【书证】《梁书·武帝纪上》："珍馐百品，用伐冰之家。"

伐枳之咏 fá zhǐ zhī yǒng

伐枳 fá zhǐ

【典源】南朝·宋·范晔《后汉书·冯岑贾列传·岑彭》附《岑熙》："迁魏郡太守，招聘隐逸，与参政事，无为而化。视事二年，舆人歌之曰：'我有枳棘，岑君伐之。我有蟊贼，岑君遏之。狗吠不惊，足下生氂。含哺鼓腹，焉知凶灾？我喜我生，独丁斯时。美矣岑君，于戏休兹！'"

【注】枳和棘，两种多刺的灌木。比喻人民所遭受的艰难困苦。东汉魏郡太守岑熙为官，常为民众排忧解难，惩治贪官，故受到人们爱戴和歌颂。

【释义】简作"伐枳"。谓颂扬官吏有善政。

【书证】唐·张说《相州冬日早衙》："除苛囹圄息，伐枳吏人宽。"清·董诰等《全唐文》卷九百八十六、陆心源辑《唐文续拾·卷二·大唐故礼部尚书张府君之碑》："教陈□□，政设韦弦，威肃秋霜，惠沾春露，轻浮载革，敬让爰兴，聊遵置薤之言，俄喧伐枳之咏。"（按：因是唐碑，清人陆心源整理时碑文已残缺不全）。又《唐文续拾》卷十四《大唐司空开府仪同三司扬州荆州二大都督并州大总管上柱国襄邑恭王之碑铭》："照以秋阳，流之冬爱，坐棠所以垂咏，伐枳于是兴谣。"

【考据】岑熙：后汉大将岑彭后人，曾任魏郡太守。魏郡：汉高祖十二年（195）置。治邺县（今邯郸市临漳县邺镇），辖今邯郸市大名、磁县、涉县、武安、临漳、肥乡、邱县、魏县、成安、广平、馆陶等县。

凡事预则立，不预则废

fán shì yù zé lì bù yù zé fèi

【典源】西汉·戴圣《礼记·中庸》："凡为天下国家有九经，所以行之者一也。凡事预则立，不预则废。"

【注】鲁国的哀公，向孔子问为政的方法。哀公问道："治理国家靠什么？实行方法怎样？"孔子回答说："治理国家应靠九经。大凡九经的实行方法，不外一个'诚'字。凡事只要能做到诚实，就一定会有实效。但诚实办事，绝非一朝一夕所能奏效的。凡事都须预先下功夫，功到自然成。如果平日不预先下功夫，就

难免失败。这就如同发言一样，必须在没有发言前就打好腹稿，到发言时才不至于说错了话。心里想做一件事，必须事先做好准备，然后着手去进行，才能不走或少走弯路。心里想实行一种主张，必须事先好好研究，然后努力推行，才不至于后悔。总之，说话、办事、行政都必须预先潜心考虑，才有成功的希望。”

【释义】做任何事，预先做好准备就能成功，不预先做好准备就会失败。

【书证】毛泽东《论持久战》：“凡事预则立，不预则废，没有事先的计划和准备，就不能获得战争的胜利。”

反侧自安 fǎn cè zì ān

反侧获安 fǎn cè huò ān

反侧自消 fǎn cè zì xiāo

【典源】南朝·宋·范晔《后汉书·光武帝纪》：“四月，进围邯郸，连战破之。五月甲辰，拔其城，诛王郎。收文书，得吏人与郎交关谤毁者数千章。光武不省，会诸将军烧之，曰：‘令反侧子自安。’”

【注】反侧：翻来覆去难以入睡，心神不安的样子。反侧子：指心怀鬼胎、疑惧不安的人。

【释义】汉光武刘秀攻下邯郸后，在搜查王郎宫殿时，发现在他过去几次与王郎交战失利时，其部下毁谤他愿归附王郎的信件。刘秀让人当众销毁。让那些心神不安的人自然而然地安下心来。表示安抚人心的措施很奏效。亦作“反侧获安”。

【书证】唐·陆贽《奉天遣使宣慰诸道诏》：“昨者改元施令，悔往布新，将反侧获安，则干戈日弭。”后晋·张昭远等《旧唐书》：“臣闻持大国者不可以小道，理事广者不可以细分。人主恢弘，不拘常法，罪之则众情恐惧，恕之则反侧自安。”清·汪琬《文林郎岑溪知县刘公墓表》：“此皆良百姓受贼耳，若株连者众，何以令反侧子自安乎？”

反躬自省 fǎn gōng zì xǐng

反躬自责 fǎn gōng zì zé

反躬自问 fǎn gōng zì wèn

抚躬自问 fǔ gōng zì wèn

【词源】西汉·戴圣《礼记·乐记》：“好恶无节于内，知诱于外，不能反躬，天理灭矣！”

【注】躬：自身。省：检查。

【释义】反过来检查自己。

【书证】茅盾《温故以知新》：“一部作品问世了，如果社会上没有反响，那么，这位作家真该反躬自省。”鲁迅《无花的蔷薇之二》：“假如当局者稍有良心，应如何反躬自责，激发一点天良。”姚雪垠《李自成》第一卷第十五章：“特别是潼关南原战败之后，这种反躬自责的心情更甚。”张杨《第二次握手》：“我几十次几百次地反躬自问：我是不是做了违反人们道德准则的事？”蔡东藩、许廑父《民国通俗演义・第二十九回尾批》：“段总理试抚躬自问，其故为启南方之龃龉耶？”

方伯连帅 fāng bó lián shuài

【词源】西汉・戴圣《礼记・王制》：“千里之外设方伯，五国以为属，属有长：十国以为连，连有帅。”

【注】方伯：殷周时代一方诸侯之长。连帅：十国诸侯之长。

【释义】邦国诸侯的首领。后泛指地方长官。

【书证】唐・韩愈《代张籍与李浙东书》：“方今居方伯连帅之职，坐一方，得专制于境内者，惟阁下心事荦荦，与俗辈不同。”清・恽敬《三代因革论・二》：“其才皆可任方伯连帅。”

方以类聚，物以群分

fāng yǐ lèi jù wù yǐ qún fēn

类聚群分 lèi jù qún fēn

物以类聚 wù yǐ lèi jù

【词源】西汉・戴圣《礼记・乐记》：“方以类聚，物以群分，则性命不同矣！”

【注】方：方术，治道的方法。

【释义】各种方术因种类相同而聚合，各种事物因类别不同而区分。

【书证】唐・杨炯《浑天赋并序》：“干坤阖辟，天地成矣；动静有常，阴阳行矣。方以类聚，物以群分，吉凶生矣。”宋・普济《五灯会元・三九・温州护国钦禅师》：“如藤倚树，物以类聚。”明・冯梦龙《醒世恒言》：“自古道：‘物以类聚。过迁性喜游荡，就有一班浮浪子弟引诱打合。’”明・周楫《西湖二集》：“从来道：‘诗有诗友，酒有酒友，嫖有嫖友，赌有赌友，’真是物以类聚。”

放饭流歠 fàng fàn liú chuò

【词源】西汉・戴圣《礼记・曲礼上》：“毋放饭，毋流歠，毋咤食，毋啮骨。”

【注】放：放恣。流：像水流一样。歠：喝，同“啜”。

【释义】大口地吃饭喝汤。

【书证】清·袁枚《小仓山房文集·答友人论文第三书》:“譬如待病者见其沉疴未痊,必疑其药眩耶,某食哽耶;若果平美,必听其放饭流歠而不问矣!”

放之四海而皆准

fàng zhī sì hǎi ér jiē zhǔn

【词源】西汉·戴圣《礼记·祭义》:“曾子曰:夫孝,置之而塞乎天地,溥之而横乎四海,施诸后世而无朝夕,推而放诸东海而准,推而放诸西海而准,推而放诸南海而准,推而放诸北海而准。”

【注】放:放置。准:准确,对。

【释义】无论在什么地方都是人们奉行的准则。指具有普遍性的真理,无论用在什么地方都是正确的,可以作为准则。

【书证】毛泽东《中国共产党在民族战争中的地位》:“马克思、恩格斯、列宁、斯大林的理论,是放之四海而皆准的理论。”施向东《义理·考据和辞章》:“教条主义者以为他们既已从书本上接受了放之四海而皆准的普遍真理,他们就可以用简单的推理来获得关于任何问题的正确观点。”秦牧《艺海拾贝》:“这说明‘千里之行、始于足下’这个道理是放之四海而皆准的。”

愤愤不平 fèn fèn bù píng
忿忿不平 fèn fèn bù píng
愤不能平 fèn bù néng píng
恨恨不平 hèn hèn bù píng

【词源】南朝·宋·范晔《后汉书·刘绩传》:“自王莽篡汉,常愤愤,怀复社稷之虑。”

【注】愤愤:生气的样子。

【释义】喻对认为不公正的事心怀不满,非常气愤。

【书证】《晋书·桓秘传》:“秘亦免官,居于宛陵,每愤愤有不平之色。”唐·许嵩《建康实录》:“敦怒,上疏陈之;自尔愤愤不平,每酒后辄咏魏武帝乐府。”明·归有光《昆山县倭寇始末书》:“仪部王主政,不忍官民罹此荼毒,仗义执言,乃至暴没,皆愤愤不平之所致也。”朱自清《三家书店》:“剑桥师生老早不乐意他们抬价钱,这一来更愤愤不平。”《北洋军阀统治时期史话》:“他们忿忿不平地说:‘我们出死力保全唐氏的江山,而现在已到了兔死狗烹的时候了。’”

孚尹旁达 fú yǐn páng dá

【词源】西汉·戴圣《礼记·聘

义》："昔者君子比德于玉焉。……孚尹旁达，信也。"

【注】郑玄："孚，读为浮；尹，读如竹箭之筠。浮筠，玉采色也。采色旁达，不相隐翳，似信也。"孚尹：玉德色泽。旁达：四射。

【释义】原意指玉的色彩晶莹四射，多用以形容人的品德高尚纯洁。

【书证】三国·魏·王肃《孔子家语·问玉》："君子比德于玉……瑕不掩瑜，忠也；孚尹旁达，信也。"

腐草为萤 fǔ cǎo wéi yíng

【词源】西汉·戴圣《礼记·月令》："温风始至，蟋蟀居壁，鹰乃学习，腐草为萤。"

【释义】古人认为萤火虫是由腐草演变而来。后指具备一定条件时，腐朽可以变为神奇。

【书证】唐·钱起《初黄绶赴蓝田县作》："萤火起腐草，云翼腾沉鲲。"清·李渔《闲情偶记》："窗栏之制，日升月新，皆从成法中变出，腐草为萤，实且至理，如此则造物生人，不枉付心胸一片。"明·吴承恩《西游记》第九十二回："展翅星流光灿，古云腐草为萤，神通变化不非轻，自有徘徊之情。"

父慈子孝 fù cí zǐ xiào

【词源】西汉·戴圣《礼记·礼运》："何谓人义？父慈，子孝，兄良，弟悌，夫义，妇听，长惠，幼顺，君仁，臣忠。十者谓之人义。"

【注】父：兼指父母。子：兼指子女。

【释义】父母对子女慈爱，子女对父母孝敬。

【书证】西汉·司马迁《史记·范雎蔡泽列传》："蔡泽曰：'主圣臣贤，天下之盛福也；君明臣直，国之福也；父慈子孝，夫信妻贞，家之福也。'"《元曲选·〈赵氏孤儿〉第四折》："可不道马壮人强，父慈子孝，怕什么主忧臣辱。"

负薪之忧 fù xīn zhī yōu
采薪之忧 cǎi xīn zhī yōu

【词源】西汉·戴圣《礼记·曲礼上》："君使士射，不能，则辞以疾，言曰：'某有负薪之忧。'"

【注】负薪：背柴。

【释义】原意为背柴劳累，体力还未恢复。多用来代称"有病"。

【书证】唐·刘禹锡《论中》："刘子闲居，有负薪之忧，食精良弗知其旨，血气交诊，炀然焚如。"元·王实甫《西厢记》第二本第二折："奈何至河中府普救寺，忽致采薪之忧，不及径造。"

富而好礼 fù ér hào lǐ

【词源】西汉·戴圣《礼记·坊记》："子云：贫而好乐，富而好礼，众而以宁者，天下其几矣。"

【注】礼：我国奴隶社会、封建社会贵族等级制的社会规范，道德标准。

【释义】富有钱财而又遵守礼法。指道德高尚。

【书证】清·曹雪芹《红楼梦》第二回："谁知他家那等荣贵，却是个富而好礼之家。"

富贵无常 fù guì wú cháng

【词源】东汉·班固《汉书·盖诸葛刘郑孙毋将何传·盖宽饶》："宽饶不说，卬视屋而叹曰：'美哉！然富贵无常，忽则易人，此如传舍，所阅多矣。唯谨慎为得久，君侯可不戒哉！'"

【注】卬(áng)：同昂，仰。

【释义】功名利禄变幻无常。比喻世事变化。

【书证】南宋·陆游《登慧照寺小阁》："少年富贵已悠悠，老大功名定有不？岁月消磨阅亭传，山川辽邈弊衣裘。"明·汤显祖《紫钗记·春日言怀》："富贵无常，才情有种。"

G

改恶为善 gǎi è wéi shàn
改恶从善 gǎi è cóng shàn
改恶行善 gǎi è xíng shàn

【词源】西汉·戴圣《礼记·中庸》："明则动，动则变。"

【注】汉·郑玄："动，动人心也；变：改恶为善也！"孔颖达疏："言恶人全化为善人，无复为恶也！"

【释义】指改掉邪恶，向好的方面发展。

【书证】明·王守仁《告谕安义等县渔户》："务益兴行礼让，讲信修睦，以为改恶从善者之倡。"北宋·张君房《云笈七签》卷九十一："夫欲修学，熟寻此文，改恶行善，速等神仙。"清·张南庄《何典》第八回："既肯改恶从善，也不与你一般见识。"

改柯易叶 gǎi kē yì yè
改柯易节 gǎi kē yì jié
易叶改柯 yì yè gǎi kē

【词源】西汉·戴圣《礼记·礼

器》:“其在人也,如竹箭之有筠也,如松柏之有心也;二者居天下之大端矣,故贯四时而不改柯易叶。”

【注】柯:树枝。

【释义】枝叶凋败。喻改变操守、气节,人品蜕变。

【书证】唐·于邵《送赵晏归江东序》:“大寒之岁,众木皆死,相彼松柏,虽复小凋,而贞心劲节,不改柯易叶,实君子之大端也!”清·周亮工《尺牍新钞·李盘(与李仲休)》:“凡立身行己,利物济人,皆吾本分内事,即使磨蝎终身,必不改柯易节。”

干木富义 gān mù fù yì

【典源】西汉·刘安《淮南子·修务训》:“段干木辞禄而处家,魏文侯过其闾而轼之。其仆曰:‘君何为轼?’文侯曰:‘段干木在,是以轼。’其仆曰:‘段干木布衣之士,君轼其闾,不已甚乎?’文侯曰:‘段干木不趋势利,怀君子之道,隐处穷巷,声施千里,寡人敢勿轼乎!段干木光于德,寡人光于势;段干木富于义,寡人富于财。势不若德尊,财不若义高。干木虽以己易寡人不为。吾日悠悠惭于影,子何以轻之哉!’其后秦将起兵伐魏,司马庾谏曰:‘段干木贤者,其君礼之,天下莫不知,诸侯莫不闻,举兵伐之,无乃妨于义乎!’于是秦乃偃兵,辍不攻魏。”

【释义】魏文侯访问贤者不遇,与段干木的仆人对话,表达了自己与贤者的差距以及对贤者的思慕之情。后秦将伐魏,司马庾劝阻说,魏王礼贤下士,伐之不义。于是罢兵。喻贤人。

【书证】唐·李翰《蒙求》:“干木富义,于陵辞聘。”

【考据】段干木,战国时魏国名士,复姓段干,名木,今邯郸市邱县人,当时享有很高的清誉。

纲纪废弛 gāng jì fèi chí

【词源】东汉·班固《汉书·王莽传上》:“朝政崩坏,纲纪废弛,危亡之祸,不隧如发。”

【注】纲纪:方针、法纪。废弛:废弃懈怠。隧(zhuì):通“坠”。

【释义】王莽时,朝政崩坏,法令废弃,国家危亡,悬于一发。指国家的法制不能实施。

【书证】明·朱鼎《玉镜台记·石勒称王》:“刘曜耽嗜曲蘖,纲纪废弛,虽据关中,济得甚事!”明·兰陵笑笑生《金瓶梅词话》:“数年以来,招灾致异,丧本伤元,役重赋烦,生民离散,盗贼猖獗，夷虏犯顺，天下之膏腴已尽，国家之纲纪废弛，虽擢发不足以数京等之罪也。”

膏明自消 gāo míng zì xiāo
膏明自煎 gāo míng zì jiān

【词源】东汉·班固《汉书·龚胜传》：“（王）莽遣使者即拜胜为讲学祭酒，胜称疾不应征。后二年，莽复遣使者奉玺书，太子师友祭酒印绶，安车驷马迎胜……胜自知不见听，即谓晖等：‘吾受汉家厚恩，亡以报。今年老矣，旦暮入地，岂以一身事二姓，下见故主哉？……’语毕，遂不复开口饮食，积十四日死，死时七十九矣。……门人衰绖治丧者百数。有老父来吊，哭甚哀，既而曰：‘嗟乎！熏以香自烧，膏以明自销，龚生竟夭天年，非吾徒也！’遂趋而出，莫知其谁。”

【释义】谓薰草因有香气而招致焚烧，膏火因能照明而招致销毁。喻仁人才士身世不幸。后多以喻人因有所为而自招其祸。

【书证】唐·白居易《岁暮》：“膏明自爇缘多事，雁默先烹为不才。”唐·温庭筠《感旧陈情五十韵献淮南李仆射》：“木直终难怨，膏明只自煎。”唐·杜甫《遣兴》之三：“漆有用而割，膏以明自煎。”

歌功颂德 gē gōng sòng dé
讴功颂德 ōu gōng sòng dé
颂德歌功 sòng dé gē gōng

【词源】东汉·班固《汉书·王莽传上》：“风俗使者八人还，言天下风俗齐同，诈为郡国造歌谣，颂功德，凡三万言。”

【释义】歌颂功绩和恩德，多用于颂扬统治者或领导人。

【书证】宋·王灼《颐堂集·五·再次韵晁子兴（其三）》：“歌功颂德今时事，侧听诸公出正音。”清·姚鼐《古文辞类纂序目》：“碑志者，其体本于诗，歌功颂德，其用施于金石。”清·李渔《闲情偶记·选剧第一》：“方颂德歌功之不暇，而忍以矫制责之哉！”

格物致知 gé wù zhì zhī

【词源】西汉·戴圣《礼记·大学》：“致知在格物，格物而后知至。”

【注】致：获得。知：知识。格物：推究事物的道理。

【释义】推究事物的原理，获得知识。

【书证】宋·洪迈《客斋随笔旧序》:“因命纹梓,播之方舆,以弘博雅之君子,而凡志于格物致知者,资之亦可以穷天下之理云。”明·刘基《郁离子·论物理》:“观其着以知其微,察其显以而见隐,此格物致知之要也!”清·袁枚《小仓山房尺牍》:“他知《周易》所称君子多识前言往行,子贡所谓贤者识大,不贤者识小,皆可引以为格物致知之解。”严复《原强》:“顾彼西洋以格物致知为学问本始,中国非不尔云也……”

耕三余一 gēng sān yú yī

【词源】西汉·戴圣《礼记·王制》:“三年耕,必有一年之食;九年耕,必有三年之食。以三十年之通,虽有凶旱水溢,民无菜色。”

【释义】耕种三年,余一年之粮。

【书证】马可《夫妻识字》:“努力耕种,积草囤粮,耕三余一,防备灾荒。”

弓冶箕裘 gōng yě jī qiú
箕裘弓冶 jī qiú gōng yě

【词源】西汉·戴圣《礼记·学记》:“良冶之子,必学为裘;良弓之子,必学为箕。”

【释义】儿孙能够继承父辈、祖辈的事业。

【书证】清·文康《儿女英雄传》第三十四回:“无奈老爷执意不许,说必得用这一份,才合着弓冶箕裘的大义。”柳亚子《读史十首》:“莫漫生儿薄景升,箕裘弓冶苦难凭。”

功垂竹帛 gōng chuí zhú bó
功标青史 gōng biāo qīng shǐ
名垂竹帛 míng chuí zhú bó

【词源】南朝·宋·范晔《后汉书·邓寇列传·邓禹》:“及汉兵起,更始立,豪杰多荐举禹,禹不肯从。及闻光武安集河北,即杖策北渡,追及于邺。光武见之甚欢,谓曰:‘我得专封拜,生远来,宁欲仕乎?’禹曰:‘不愿也。’光武曰:‘即如是,何欲为?’禹曰:‘但愿明公威德加于四海,禹得效其尺寸,垂功名于竹帛耳。’”

【注】垂:流传。竹帛:古代写字用的竹简和白绢,借指典籍史册。

【释义】喻指建立伟大功勋,名载青史。

【书证】明·陈忱《水浒后传》第十四回:“今日朕家危难,又借卿等相救，真是功垂竹帛、百世流芳！”明·罗贯中《三国演义》第三十六回：“（徐庶）临别，又顾谓诸将曰：‘愿诸公善事使君，以图名垂竹帛，功标青史，切勿效庶之无始终也。’”清·刘鹗《老残游记》第十四回：“宫保若能行此上策，岂不是贾让二千年后得一知己？功垂竹帛，万世不朽！”

【考据】这是邓禹在邺城与刘秀的一段对话。王莽末年，邓禹听说刘秀在河北，他追至邺城，刘秀对他说：“你千里跋涉而来，是想当官吗？”禹回答说：“不是这个想法，您的威德加于四海，我能够出一点微薄之力，也就能名垂青史了。”

功德无量 gōng dé wú liàng

【词源】西汉·戴圣《礼记·王制》：“变礼易乐者为不从，不从者君流，革制度衣服者为畔，畔者君讨。有功德于民者，加地进律。”

【注】功德：原为佛教用语，功德指诵经、念佛、布施等，后用来泛指功业和德行。无量：没有限量。畔：通“叛”。律：古代爵命的等第。

【释义】称颂人的功业和德行非常大，难以计量。

【书证】东汉·班固《汉书·丙吉传》：“所以拥全神灵，成育圣躬，功德已无量矣。”宋·道原《景德传灯录·卷二十八·南阳慧忠国师》：“功德无量，非口所说，非意所陈。”《鲁迅书信集·致孟十还》：“现在先生既然得到原文，我的希望是给他们彻底地修改一下，虽然牺牲很大，然而功德无量。”

共牢而食 gòng láo ér shí

【词源】西汉·戴圣《礼记·昏义》：“婿揖妇以入，共牢而食……”

【注】孔颖达疏：“共牢而食者、在夫之寝，婿东面，妇西面，共一牲牢而同食，不异牲。”牢：祭祀用的供品。

【释义】古代婚礼时，夫妇共食一牢。后用以指夫妻共食。

【书证】清·陶贞怀《天雨花》第二十九回：“左公道：‘他每日自具美食，不与他人则可。在贤婿乃是夫妻，自必共牢而食。’”

狗猪不食其余 gǒu zhū bù shí qí yú

狗彘不食汝余 gǒu zhì bù shí rǔ yú

狗鼠不食汝余 gǒu shǔ bù shí rǔ yú

狗彘不食 gǒu zhì bù shí

【典源】东汉·班固《汉书·元

后传》："及（王）莽即位，请玺，太后不肯授莽。莽使安阳侯舜谕指。舜素谨敕，太后雅爱信之。舜既见，太后知其为莽求玺，怒骂之曰：'而属父子宗族蒙汉家力，富贵累世，既无以报，受人孤寄，乘便利时，夺取其国，不复顾恩义。人如此者，狗猪不食其余。天下岂有而兄弟邪！'"

【注】而：你。孤寄：以孤（指汉平帝，年9岁）寄托。

【释义】连猪狗都不吃他吃剩的东西。喻品德行为极其卑劣的人。

【书证】《明史·李任传》："汝为大将，不能杀贼，反为贼用，狗彘不食汝余。"南朝·宋·刘义庆《世说新语·贤媛》："魏武帝崩，文帝悉取武帝宫人自侍。及（文）帝病困，卞后（太后）出看疾。太后入户，见值侍并是昔日所爱幸者。……（太后）因不复前而叹曰：'狗鼠不食汝余，死故应尔。'至山陵（指文帝死），亦竟不临。"章炳麟《与上海国民党函》："谁无小疵，一有差违，便诋之至于狗彘不食。"方志敏《可爱的中国》："傀儡，卖国贼，狗彘不食的东西！"

【考据】这是王莽篡位时，其姑王太后（元后）斥责王莽一伙的话。元后，名王政君，今邯郸市大名县人。

孤陋寡闻 gū lòu guǎ wén

独学寡闻 dú xué guǎ wén

浅见寡闻 qiǎn jiàn guǎ wén

浅见薄识 qiǎn jiàn bó shí

浅见寡识 qiǎn jiàn guǎ shí

【词源】西汉·戴圣《礼记·学记》："独学而无友，则孤陋而寡闻。"

【注】陋：见识浅狭。孤：单独，引申为少。

【释义】独自学习而没有学友，就会学识少、见识浅。喻学识浮浅，见闻不广。

【书证】晋·葛洪《抱朴子·自叙》："年十六始读孝经、论语、诗、易，贫乏无以远寻师友，孤陋寡闻，明浅思短，大义多所不通，但贪广览，于众书无不暗诵精拣。"元·马致远《陈抟高卧》第二折："……枉笑杀凌烟阁上人，有这般疏庸愚钝，孤陋寡闻。"明·罗贯中《三国演义》第十回："某孤陋寡闻，不足当公之荐。"孙中山《上李鸿章书》："萃全国学者之能，日稽考于古人之所已知，推求乎今人之所不逮，翻陈出新……则士处其间，岂复有孤陋寡闻者哉？"宋·张孝祥《与池州守周尚书》："某独学寡闻，涉道甚浅。"《史记·五帝本纪·赞》："非好学识思，心知其意，故难为浅见寡闻道也。”清·全祖望《移诘宁守卫魏某帖子》：“是又荐绅士大夫浅见薄识，求其故而不可得者也。”鲁迅《〈阿Q正传〉的成因》：“在这事实发生之前，以我的浅见寡识是万万想不到的。”

姑息养奸 gū xī yǎng jiān

【词源】西汉·戴圣《礼记·檀弓上》：“细人之爱人也以姑息。”

【注】姑息：一味迁就或无原则地宽容。养：助长。奸：坏人坏事。

【释义】无原则地宽容，只会助长坏人作恶。

【书证】清·郑燮《郑板桥全集·集外诗文·范县署中寄四弟墨》：“（余）累积些阴功，所以治盗主捕而不主杀，问供亦不尚严刑。岂知姑息养奸，翻供愈多。”《清史稿·隆克多传》：“孰知朕视为一德，彼竟有二心，招权纳贿，擅作威福，欺罔悖负，朕岂能姑息养奸耶？”蔡东藩《清史演义》：“然使姑息养奸，优柔贻患……”蔡东藩、许廑父《民国通俗演义》第三十三回：“为有勾结匪类，荡秩范围情事，尤为法律所不容，切勿姑息养奸，致贻隐患。”毛泽东《镇压反革命必须打得稳，打得准，打得狠》：“如果我们优柔寡断，姑息养奸，则将遗祸人民，脱离群众。”《暴风雨前》第一部分：“三老爷同太太却以为他过于姑息养奸了。”

鼓箧之徒 gǔ qiè zhī tú

【词源】西汉·戴圣《礼记·学记》：“入学鼓箧，孙其业也！”

【注】孙：同“逊”，敬重。鼓箧：击鼓召集学生们，令其集中精力。

【释义】击鼓警众，让大家打开书箱取书，以授业和攻读。指在校或从师受业的学生。

【书证】唐代宗《准太学生徒支给厨米敕》（《全唐文》）：“顷年已来，戎车屡驾，天下转输，公私匮竭，带甲之士，所务赢粮，鼓箧之徒，未能仰给，由是诸生辍讲，经诵蔑闻。”唐·权德舆《太中大夫……韩公行状》：“抠衣鼓箧之徒，溢于国庠，讲诵之声，如在洙泗。”

故步自封 gù bù zì fēng
固步自封 gù bù zì fēng

【词源】东汉·班固《汉书·叙传上》：“昔有学步于邯郸者，曾未得其仿佛，又复失其故步，遂匍匐而归耳。”

【注】故步：原来的步伐。封：封闭。

【释义】比喻守着老一套，不求进步。亦作“固步自封”。

【书证】清·梁启超《饮冰室文集·三·爱国论》：“妇人缠足十载，解其缚而犹不能行，故步自封，少见多怪，曾不知天地间有所谓‘民权’二字。”郭沫若《屈原》第一幕：“你不随波逐流，也不故步自封。”《塞上行·从嘉峪关到山海关》：“明代自划嘉峪关自守之后，无异故步自封，渐渐养成了依赖长城歧视关外的思想。”冯玉祥《我的生活》第二十二章：“始知老段当政，只是陈陈相因，固步自封，丝毫没有求改革、求进步的意思。”

寡二少双 guǎ èr shǎo shuāng

【词源】东汉·班固《汉书·吾丘寿王传》：“（诏赐寿王玺书曰）子在朕前之时，知略辐辏，以为天下少双，海内寡二。”

【注】寡：少。双：两，一对。知略：智谋才略。辐辏：像车辐一样聚合在轴承上。吾丘：复姓，也写作“虞丘”。

【释义】（皇帝下诏书赐吾丘寿王说：）很少有第二个能与寿王相匹敌的。喻非常突出。

【书证】清·曹雪芹《红楼梦》第九十七回：“要兼那容貌才情，真是寡二少双，惟有青女、素娥可以仿佛一二。”《官场维新记》第九回：“这个宽小姐，既有这般的门第，又有那样的才华，显见得是个寡二少双的人物。”清·陈康祺《郎潜纪闻初笔·叔侄同科》：“德清蔡氏，叔侄相继魁天下……制科盛事，咸以为寡二少双矣！”

【考据】吾丘寿王：字子赣，赵人。西汉大臣。

观者如堵墙 guān zhě rú dǔ qiáng

观者如墙 guān zhě rú qiáng

观者如市 guān zhě rú shì

观者如堵 guān zhě rú dǔ

【词源】西汉·戴圣《礼记·射义》：“孔子射于矍相之圃，盖观者如堵墙。”

【注】堵：墙壁。矍：jué

【释义】孔子在矍相花园射猎，观看的人好像墙围着一样。指观看的人非常多。

【书证】南朝·宋·刘义庆《世说新语·容止》：“卫玠从豫章至下都，人久闻其名，盖观者如堵墙。”南朝·梁元帝《金楼子·杂记上》:"人马器甲,震耀京辇,百姓观看者如堵墙焉!"唐·杨炯《从甥梁锜墓志铭》:"历诸侯而说剑,直之无前;引司马而操弓,观者如堵。"清·钱谦益《甲午仲冬六日·吴门舟中饮罢放歌》:"时时排场恣调笑,往往借面装俳优。观者如墙敢发口,梨园子弟归相尤。"宋·张君房《云笈七签》卷一百一十三:"罗方远,江夏人也,刺史春致设,观者如市。"唐·杜甫《观公孙大娘弟子舞剑器行》:"昔有佳人公孙氏,一舞剑器动四方,观者如山色沮丧,天地为之久低昂。"

圭璋特达 guī zhāng tè dá

【词源】西汉·戴圣《礼记·聘义》:"夫昔者君子比德于玉焉;温润而泽,仁也……圭璋特达,德也!"

【注】孔颖达疏:"德者,得也。万物皆得,故无所不通达,不更须待外物而自成也。以聘享之礼,有圭璋璧琮,璧琮则有束帛加之乃得达;圭璋则不用束帛,故云特达。"圭璋:古代祭祀用的礼器。特达:特殊。

【释义】原指古代贵族的玉制礼器。后用以喻人品格高贵。

【书证】南朝·宋·刘义庆《世说新语·言语》:"顾司空(和)未知名,诣王丞相(导)。丞相小极,对之疲睡。顾思所以叩会之……丞相因觉,谓顾曰:'此子圭璋特达,机警有锋。'"唐·颜真卿《鲜于公神道碑铭》:"非夫五圭璋特达,圣贤相遭,则何以凌历况浮,若斯之速。"

国将不国 guó jiāng bù guó
国已不国 guó yǐ bù guó

【词源】西汉·戴圣《礼记》:"国无九年之蓄,曰不足;无六年之蓄,曰急;无三年之蓄,曰国非其国也!"

【释义】一个国家没有九年物资的储备,说明国库已不足;没有六年物资的储备,说明国库已告急;没有三年物资的储备,国家已不成其为国家。指国家局势很糟,面临危亡。

【书证】清·曾朴《孽海花》:"政府竟密电翁养鱼使臣,通款英廷……不特破坏垂成的和局,而且丧失大信,国将不国.这才是糊涂到底呢!"鲁迅《"友邦惊诧"论》:"可是'友邦人士'一惊诧,我们的国府就怕了,'长此以往,国将不国'了。"老舍《赵子曰》第十九:"可是,我看国家衰弱到这步田地,设若国已不国,就是有情人成了眷属，也不过是一对会恋爱的亡国奴。”

国无二君 guó wú èr jūn

【词源】西汉・戴圣《礼记・丧服四制》：“天无二日，土无二王，国无二君，家无二尊。”

【释义】一个国家不能有两个国君，喻不能政出多门。

【书证】宋・司马光《资治通鉴》卷六十三：“今陛下亲为仁宗之子以承大业，《传》曰：‘国无二君，家无二尊……’”

国玺危皇后 guó xǐ wēi huáng hòu

【典源】东汉・班固《汉书・元后传》：“初，汉高祖入咸阳至霸上，秦王子婴降于轵道，奉上始皇玺。及高祖诛项籍，即天子位，因御服其玺，世世传受，号曰汉传国玺，以孺子未立，玺藏长乐宫。及莽即位，请玺，太后不肯授莽。莽使安阳侯舜谕指。舜素谨敕，太后雅爱信之。舜既见，太后知其为莽求玺，怒骂之曰：‘而属父子宗族蒙汉家力，富贵累世，既无以报，受人孤寄，乘便利时，夺取其国，不复顾恩义。人如此者，狗猪不食其余，天下岂有而兄弟邪！且若自以金匮符命为新皇帝，变更正朔服制，亦当自更做玺，传之万世，何用此亡国不详玺为，而欲求之?！我汉家老寡妇，旦暮且死，欲与此玺俱葬，终不可得！’太后因涕泣而言，旁侧长御以下皆垂涕。舜亦悲不能自止，良久乃仰谓太后：‘臣等已无可言者。莽必欲得传国玺，太后宁能终不与邪！’太后闻舜语切，恐莽欲胁之，乃出汉传国玺，投之地以授舜，曰：‘我老已死，如而兄弟，今族灭也！’舜既得传国玺，奏之，莽大说，乃为太后置酒未央宫渐台，大纵众乐。”

【注】长乐宫：太后所居之地。胁：威胁。

【释义】王莽篡汉，向汉元帝皇后要汉传国玺。皇后无奈，只好交出。

【书证】唐・韩偓《八月六日作四首》之第二首：“御衣空惜侍中血，国玺几危皇后身。”

【考据】孝元皇后王政君，魏郡元城（今邯郸市大名县）人，王莽之姑。

国之将亡，必有妖孽 guó zhī jiāng wáng bì yǒu yāo niè

【词源】西汉・戴圣《礼记・中庸》：“国家将兴，必有祯祥；国家将亡，必有妖孽。见乎蓍龟，动乎四体。”

【注】祯祥：吉兆。妖孽：古代指物类反常现象。蓍龟：即蓍草和龟甲，古人用以占卜吉凶。

【释义】国家将要灭亡时，一定会有物类反常现象出现。指旧时迷信，认为国家兴盛或衰亡，自然都会有某种征兆。

【书证】明·罗贯中《三国演义·司马懿破公孙渊》：“‘国家将兴，必有祯祥；国家将亡，必有妖孽。’主公当避凶就吉，今若背反，必丧身矣！”

H

邯郸道 hán dān dào
邯郸路 hán dān lù

【典源】东汉·班固《汉书·张冯汲郑传·张释之》：“从行至霸陵，上居外临侧。时慎夫人从，上指视慎夫人新丰道，曰：‘此走邯郸道也。’”

【释义】汉文帝刘恒指新丰道，告之慎夫人这是通往邯郸之道。指官道。后比喻求取功名之道路。

【书证】唐·杜甫《柳司马至》：“设备邯郸道，和亲逻些城。”唐·岑参《邯郸客舍歌》：“客从长安来，驰马邯郸道；伤心丛台下，一旦生蔓草。客舍门临漳水边，垂杨下系钓鱼船。邯郸女儿夜沽酒，对客挑灯夸数钱。酩酊醉时月正午，一曲长歌垆上眠。”元·卢势《梧叶儿》曲：“邯郸道，不再游，豪气傲王侯。”

【考据】慎夫人，邯郸人。汉文帝刘恒的宠妾。

罕譬而喻 hǎn pì ér yù

【词源】西汉·戴圣《礼记·学记》：“其言也约而达。微而臧，罕譬而喻，可谓继志矣！”

【注】罕：少，不多。譬：喻，比方。喻：明白，懂得。

【释义】比喻不多，但让人都明白。喻言辞简明清楚。

【书证】近代·钱穆《论语新解》：“此章罕譬而喻，神思绵邈，引人入胜。”钱钟书《槐聚诗存·剥啄行》：“我闻谢客蹶然起，罕譬而喻申吾怀。”

汉失中策 hàn shī zhōng cè

【典源】东汉·班固《汉书·匈奴传》：“臣闻匈奴为害，所从来久矣，未闻上世有必征之者也。后世三家周、秦、汉征之，然皆未有得上策者也。周得中策，汉得下策，秦无策焉。当周宣王时，猃狁内侵，至于泾阳，命将征之，尽境而还。其视戎狄之侵，譬犹蚊虻之螫，驱之而已。故天下称明，是为中策。汉武帝选将练兵，约赍轻粮，深入远戍，虽有克获之功，胡辄报之，兵连祸结三十余年，中国罢耗，匈奴亦创艾，而天下称武，是为下策。”

【注】猃(xiǎn)狁(yǔn)：古代少数民族。

【释义】汉失中策，喻指民族政策失当。

【书证】唐·陈子昂《答韩使同在边》："汉家失中策，胡马屡南驱。”

【考据】此为王莽当政时大将严尤谏征伐匈奴策略事。严尤认为：讨伐匈奴，征服是为上策，但自周朝、秦朝、汉朝以来从没有过。周宣王对入侵的猃狁视为蚊虫叮了一下，驱逐出境而已，是中策。汉武帝派兵远征，虽有克敌斩获之功，但是匈奴经常回头继续侵略，相互战争三十多年。中国消耗很大，匈奴也受重创，而天下并不太平，战争不断。这是下策。

汉主思李牧 hàn zhǔ sī lǐ mù

【典源】西汉·司马迁《史记·张释之冯唐列传》："上既闻廉颇、李牧为人，良说，而搏髀曰：'嗟乎！吾独不得廉颇、李牧时为吾将，吾岂忧匈奴哉！'唐曰：'主臣！陛下虽得廉颇、李牧，弗能用也。'”

【注】上：汉文帝。良说：非常高兴。说通“悦”。搏髀：拍着大腿。大腿的外侧称为髀。时：清人王念孙解释为“而”。主臣：恐慌之词，犹言“死罪”。是当时的俗语。

【释义】文帝听了廉颇、李牧的为人行事，非常高兴，拍着大腿说：“可惜我得不到廉颇、李牧这样的人做我的将领，若有这样的人，我哪里还会担忧匈奴的入侵呢！”冯唐说：“恕我死罪。陛下您纵然得到廉颇、李牧这样的人才，也不会任用他们。”喻指无将可用，亦指有将不用。

【书证】唐·雍陶《罢还边将》："汉主岂劳思李牧，赵王犹是用廉颇。”

扞格不入 hàn gé bú rù

【词源】西汉·戴圣《礼记·学记》："发然后禁，则扞格而不胜。”

【注】扞：坚不可入之貌。格：坚硬。扞格：相互抵触，格格不入。

【释义】过于坚硬而难以深入。喻彼此意见完全不合。

【书证】近代·梁启超《佛典之翻译》:“虽若扞格不入,而于二三百年之间,凡有志修明者,莫不奉为圭臬。”

合卺同牢 hé jǐn tóng láo

【词源】西汉·戴圣《礼记·昏义》:“妇至,婿揖妇以入,共牢而食,合卺而酳,所以合体,同尊卑,以亲之也!”

【注】卺:古代婚礼用的酒器。酳(xǔ):美酒。

【释义】古代婚礼仪式,成婚时新郎新娘共食一牲,交换喝两个杯里的酒,以示亲密为一体。泛指举行婚礼,结为伉俪。

【书证】南宋·廖行之《点绛唇(其七)》(《全宋词》):“玉树芝兰,冰清况有闺房秀……合卺同牢,二姓欢佳偶。”

何武劾腐儒 hé wǔ hé fǔ rú

【典源】东汉·班固《汉书·何武王嘉师丹传·何武》:“九江太守戴圣,《礼经》号小戴者也,行治多不法,前刺史以其大儒,优容之。及武为刺史,行部录囚徒,有所举以属郡。圣曰:‘后进生何知,乃欲乱人治!’皆无所决。武使从事廉得其罪,圣惧,自免,后为博士,毁武于朝廷。武闻之,终不扬其恶。而圣子宾客为群盗,得,系庐江,圣自以子必死。武平心决之,卒得不死。自是后,圣惭服。武每奏事至京师,圣未尝不造门谢恩。”

【释义】汉宣帝时,九江太守戴圣屡办违法的事,以前的刺史因他是《小戴礼记》的开创者,是大儒,总是优待宽容他。新任刺史何武敢于纠举弹劾他,使其自请免官。喻指清官执法如山。

【书证】唐·刘禹锡《送湘阳熊判官孺登府罢归钟陵因寄呈江西裴中丞二十三兄》:“何武劾腐儒,陈蕃礼高士。”

【考据】戴圣,汉魏郡斥丘(今邯郸市成安县)人。

厚往薄来 hòu wǎng bó lái

【词源】西汉·戴圣《礼记·中庸》:“厚往而薄来,所以怀诸侯也!”

【注】厚:优待,优厚。薄:轻微。怀:安抚。

【释义】喻在交往中给予别人的东西优厚,而从别人那里得来的却很菲薄。

【书证】明·陈子龙《用夷目

兵》："不利其土地，不劳其人民，厚往薄来，羁縻而已。"

狐死首丘 hú sǐ shǒu qiū

【词源】西汉·戴圣《礼记·檀弓上》："古之人有言曰：'狐死正丘首，仁也！'"

【注】狐：狐狸。首：头。丘：狐穴所在的土丘。

【释义】狐狸死的时候头总要朝着狐穴所在的山丘。喻不忘根本或对故土的怀念。

【书证】汉·刘安《淮南子·说林训》："鸟飞返乡，兔走归窟，狐死首丘。"南朝·宋·范晔《后汉书·寇荣传》："不胜狐死首丘之情，营魂识路之怀。"《晋书·苻登载记》："臣兄襄从陕北渡假路求西，狐死首丘，欲暂见乡里。"

化民成俗 huà mín chéng sú

【词源】西汉·戴圣《礼记·学记》："君子如欲化民成俗，其必由学乎？"

【注】化：教育感化。俗：风俗。

【释义】教育感化人民形成良好的风俗习惯。

【书证】清·朱彝尊《送汤潜庵先生巡抚江南序》："将以劝惩其下，化民成俗，则必有道焉！"孙中山《兴中会章程》："切实讲求富国强兵之学，化民成俗之经。"

坏法乱纪 huài fǎ luàn jì
违法乱纪 wéi fǎ luàn jì
败法乱纪 bài fǎ luàn jì

【词源】西汉·戴圣《礼记·礼运》："故天子适诸侯，必舍其祖庙，而不以礼籍入，是谓天子坏法乱纪。"

【释义】指败坏礼法制度，扰乱人与人之间道德关系的准则。今多作"违法乱纪"，指违犯法令，破坏规章制度。

【书证】三国·魏·陈琳《为袁绍檄豫州》："（曹）操便放志专行胁迁，当御省禁，卑侮王室，败法乱纪，坐领三台，专制朝政。"毛泽东《反对官僚主义、命令主义和违法乱纪》。

环堵之室 huán dǔ zhī shì
环堵萧然 huán dǔ xiāo rán

【词源】西汉·戴圣《礼记·儒行》："儒有一亩之宫，环堵之室。"

【注】高诱："堵长一丈，高一丈。面环一堵，为方一丈，故曰环堵，言其小也！"

【释义】喻居室狭小简陋。

【书证】西汉·刘安《淮南子·原道训》："环堵之室，茨之以生茅。"《初学记》卷十八引《苻子》："楚之交子，鲁之周子，齐之狂子，相与居乎泰山之阳，处乎环堵之室。"晋·陶潜《五柳先生传》："环堵萧然，不蔽风日。"宋·苏轼《方山子传》："呼余宿其家，环堵萧然，而妻子奴婢，皆有自得之意。"

患难相死 huàn nàn xiāng sǐ
患难相恤 huàn nàn xiāng xù
患难相救 huàn nàn xiāng jiù

【词源】西汉·戴圣《礼记·儒行》："儒有闻善以相告也，见善以相示也，爵位相先也，患难相死也，久相待也，远相致也：其任举有如此者。"

【释义】喻在不利的处境中共同承担灾祸，渡过难关。

【书证】宋·程颐《明道先生行状》："度乡村远近为伍保，使之力役相助，患难相恤，而奸伪无所容。"孙中山《同盟会宣言》："休戚与共，患难相救，同心同德，以卫国保种自任。"

黄钟大吕 huáng zhōng dà lǚ

【词源】西汉·戴圣《礼记·乐记》："乐者，非谓黄钟大吕弦歌干扬也，乐之末节也，故童者舞之。"

【注】黄钟：古代韵分十二律，阴阳各六，黄钟为阳律第一律。大吕：阴律第四律。

【释义】形容音律或文辞精妙，格调庄严，气势宏大。

【书证】宋·刘克庄《后村全集·瓜圃集序》："言意深浅，存入胸怀，不系体格，若气象广大，虽唐律不害为黄钟大吕。"宋《陆九渊集·语录下》："先生文如黄钟大吕，发达九地，真启洙、泗、邹、鲁之秘，其可不传耶？"

惶恐不安 huáng kǒng bù ān
惶惶不安 huáng huáng bù ān
惶悚不安 huáng sǒng bù ān

【词源】东汉·班固《汉书·王莽传》："人民正营，无所措手足。"

【注】正营，惶恐不安之意。

【释义】内心害怕，十分不安。亦作"惶惶不安"、"惶悚不安"。

【书证】明·罗贯中《三国演义》第三回："董卓屯兵城外，每日带铁甲马军入城，横行街市，百姓惶惶不安。"明·许仲琳《封神演义》第五十四回："相父今又如此受苦，使孤日夜惶悚不安!"

毁不危身 huǐ bù wēi shēn

【词源】西汉·戴圣《礼记·檀弓下》:"丧不虑居,毁不危身。丧不虑居,为无庙也;毁不危身,为无后也!"

【注】毁:哀毁,指居丧时因过度悲伤而损害健康。

【释义】儒家丧制,居丧时不能过度哀伤而失去本性。

毁方瓦合 huǐ fāng wǎ hé

【词源】西汉·戴圣《礼记·儒行》:"举贤而容众,毁方而瓦合。"

【注】方:方正,方正则有棱角锋芒。瓦合:瓦器破而相合。

【释义】毁去棱角,与瓦砾相合。喻行道能与众人相合。后多指毁弃自己的原则,迎合世俗。

【书证】宋·俞文豹《吹剑录》:"故《儒行》欲毁方瓦合,《老子》欲和光同尘。"章太炎《太炎文录初编·别录》:"往者士人多以借权为良策,吾尝斥之,以为执守未坚,而沦没于富贵之中,则鲜不毁方瓦合矣!"

昏定晨省 hūn dìng chén xǐng
晨昏定省 chén hūn dìng xǐng

【词源】西汉·戴圣《礼记·曲礼上》:"凡为人子之礼,冬温而夏凊,昏定而晨省。"

【注】凊:扇席。昏定:晚上铺好床,服侍父母就寝。省:探望,问候。

【释义】凡做儿子对父母的礼仪,要使父母冬天感到温暖,夏天感到凉快,晚上要服侍他们就寝,早起要向他们请安。指旧时子女对父母的礼仪。

【书证】唐·崔融《为温给事请致仕归侍表》:"加以门衰祚薄,长兄早世,昏定晨省,惟臣一身。"宋·陆游《上殿札子》:"所谓悦亲之道,非荐旨甘、奉轻暖也,非晨昏定省、冬夏温凊也!"明·施耐庵《水浒传》第四十二回:"因老爷生育之恩难报……一去家中搬取老父上山,昏定晨省,以尽孝道。"清·朱彝尊《孙逸人寿序》:"晨昏定省,先后扶持之节,子职不能无违。"清·曹雪芹《红楼梦》第三十六回:"不但将亲戚朋友一概杜绝了,而且连家庭中晨昏定省,一发都随他的便了……"

J

积而能散 jī ér néng sàn

【词源】西汉·戴圣《礼记·曲记上》："爱而知其恶，憎而知其善，积而能散，安安而能迁。"

【注】积：储蓄。散：分散。

【释义】把自己的积蓄赈济给穷苦的人。

积中发外 jī zhōng fā wài
发外积中 fā wài jī zhōng

【词源】西汉·戴圣《礼记·乐记》："是故情深而文明，气盛而化神，和顺积中，而英华发外，唯乐不可以为伪。"

【释义】指郁结于心中的情感通过言语、文字、音乐、绘画等形式迸发出来。

【书证】清·夏光普《重刻夏节愍集跋》："言为心声，发于言者瑰玮宏肆。必其至性至情，积中发外，而不容以伪托。"张随《无弦琴赋》："孰若动精华以发外，合恬和而积中，传雅操于心手，播德音乎丝桐。"

及笄年华 jí jī nián huá

【词源】西汉·戴圣《礼记·内则》："女子十有五年笄。"

【注】笄：古代盘头发用的簪子。古代女子已订婚者十五而笄；未订婚者二十而笄。

【释义】指少女到了可以出嫁的年龄。

极天蟠地 jí tiān pán dì
极天际地 jí tiān jì dì
际地极天 jì dì jí tiān

【词源】西汉·戴圣《礼记·乐记》："及夫礼乐之极乎天而蟠乎地，行乎阴阳而通乎鬼神。"

【注】蟠：周遍，充塞。

【释义】（礼乐之道）上可顶到天，下可遍及地，没有达不到的地方。喻充满天地，其伟大无可比拟。

【书证】张随《无弦琴赋》："伊德音之所感，与神化而相参，固以极天而蟠地，岂惟自北而徂南。"《古今小说》："据卿之功，极天际地，无可比者。"清·朱之瑜《朱舜水集·二〇·谕安东守约规》："儒者之道，振古由今，极天际地，仲尼日月，无得而逾。"

疾风劲草 jí fēng jìng cǎo

【词源】东汉·刘珍等《东观汉记·王霸传》："颍川从我者皆逝，而子独留，始验疾风知劲草。"

【释义】在猛烈的大风中，只有坚韧的草才不会被吹倒。比喻只有经过严峻考验，才知道谁真正坚强。

【书证】唐·李世民《赠萧瑀》："疾风知劲草，板荡识诚臣。勇夫安知义，智者必怀仁。"唐·令狐德棻等《周书·裴宽传》："被坚执锐，或有其人，疾风劲草，岁寒方验。"

【考据】这是刘秀在邯郸和王郎作战时对部将王霸说的一段话。当时军事行动遭到重大挫折，形势危急，好多跟随刘秀的人都悄悄溜走了，只剩下王霸。刘秀说："在颍阳投奔我的人现在都走了，只剩下你一人留下来，真是疾风知劲草啊！"

疾风甚雨 jí fēng shèn yǔ

急风暴雨 jí fēng bào yǔ

【词源】西汉·戴圣《礼记·玉藻》："君子之居恒当户，寝恒东首，若有疾风、迅雷、甚雨，则必变，虽夜必兴，衣服冠而坐。"

【注】疾：急速，猛烈。甚：厉害，严重。

【释义】又猛又急的风雨。喻声势浩大，来势凶猛。

【书证】宋·吴曾《能改斋漫录·寒食疾风甚雨》："荆楚岁时记'去冬至一百五十日，即有疾风甚雨，谓之寒食'。王君玉诗：'疾风甚雨青春老，瘦马疲牛绿野深。'"毛泽东《湖南农民运动考察报告》："这个攻击的形势，简直是急风暴雨，顺之则好，违之则灭。"

记问之学 jì wèn zhī xué

【词源】西汉·戴圣《礼记·学记》："记问之学，不足以为人师，必也其听语乎？"

【注】郑玄："记问，谓预诵杂难杂说，至讲时为学者论之……必待其问乃说之。"

【释义】只是记述答问而没有自己见解的学问。指死记硬背得到的书本知识不能融会贯通，形成体系。

【书证】明·冯梦龙《警世通言·俞伯牙摔琴知音》："伯牙见他对答如流，犹恐是记问之学。"清·王浚卿《冷眼观》第十二回："我不过记问之学，实在不是个里手。"

继长增高 jì zhǎng zēng gāo

【词源】西汉·戴圣《礼记·月令·孟夏之月》："是月也，继长增高。毋有壤堕。"

【释义】原意是植物自然生长繁殖。后多泛指不断培养、积累、提高，使之成熟完善。

【书证】唐·杜牧《李珏册赠司空制》："（李珏）立德行道，继长增高，贵而益修，老而弥笃。"清·丁日昌《抚吴公牍·批苏藩司附详震泽劝办义仓积谷》："鄙意每年遇青黄不接时，谷价必昂，则出谷平粜，略取一分之息以为盈余。俟秋收谷贱时，再行买补归仓。如此办理，则继长增高，年年必有裨益，凶岁便可无虞。"

继志述事 jì zhì shù shì

【词源】西汉·戴圣《礼记·中庸》："武王周公，其达孝矣乎？夫孝者，善继人之志，善述人之事者也！"

【释义】指继承先人之志，修治并发扬前人的业绩。

【书证】宋·徐梦莘《三朝北盟会编·三九·靖康元年二月十八日甲寅》："太师蔡京四任宰相，前后二十年，挟继志述事之名，建蠹国害民之政。"金·张行信《孔氏祖庭广记序》："资政公尝以书示予。予敛衽观之，既钦仰其世德，又嘉公之用心，得继志述事之义。"

加人一等 jiā rén yī děng

【词源】西汉·戴圣《礼记·檀弓上》："献子加于人一等矣！"

【注】加：超过。等：等级。献子：孟献子。

【释义】指学问才能胜于常人，高出一筹。

【书证】唐·杨炯《隰州县令李公墓志铭》："寻丁外艰，哀毁逾制，加人一等。"清·纪昀《阅微草堂笔记·滦阳续录三》："生平亦无大过，但务欲其加人一等，故不觉至是耳，可不戒哉？"

家天下 jiā tiān xià

【词源】西汉·戴圣《礼记·礼运》："今大道既隐，天下为家。"

【注】"隐，犹去也；传位于子。"

【释义】一家一姓作为帝王世代相传，统治天下。指君主把国家视为一家的私有财产，专制独裁，世代承继相传。

【书证】唐·陆龟蒙《算山》："何如今日家天下，闾阖门临万国开。”宋·王应麟《三字经》：“夏传子，家天下。”

家无二主 jiā wú èr zhǔ
家有千口，主事一人 jiā yǒu qiān kǒu zhǔ shì yī rén

【词源】西汉·戴圣《礼记·坊记》：“天无二日，土无二王，家无二主，尊无二上。”

【注】家：家庭。

【释义】天上没有两个太阳，一国没有两个皇帝，一家没有两个家长。

【书证】赵树理《李家庄的变迁》：“小毛道：‘家有千口，主事一人。有你男人在场，叫你做什么？走吧走吧！’说着就向外推她。”

假名托姓 jiǎ míng tuō xìng
诡名托姓 guǐ míng tuō xìng

【词源】南朝·宋·范晔《后汉书·任李万邳刘耿列传·邳彤》：“又卜者王郎，假名因势，驱集乌合之众，遂震燕、赵之地。”

【注】假：假托。

【释义】冒充别人姓名。

【书证】元·关汉卿《诈妮子调风月》第三折：“燕燕怎敢假名托姓？”明·施耐庵《水浒传》第七十三回：“俺哥哥不是这般的人，多有依草附木、假名托姓的在外头胡做。”

【考据】王郎：一名王昌，赵国邯郸人，以相卜为生计。王莽篡汉后，王郎诈称汉成帝之子子舆，得到赵国大富豪李育、张参及赵缪王子刘林等人的支持，在邯郸城自立称帝，派遣将帅，占据幽冀等州郡。后与刘秀交战，战败被杀。今邯郸市复兴区有王郎城遗址，有王郎村。

间不容发 jiān bù róng fà

【词源】西汉·戴德《大戴礼记·卷五·曾子天圆》：“律居阴而治阳，历居阳而治阴，律历迭相治也，其间不容发。”

【注】间：中间。不容：容纳不下，放不下。发：头发。

【释义】中间放不下一根头发。形容距离近，空间狭小，也用于比喻时间紧迫，情势危急。也比喻诗文严谨，语言精粹。

【书证】汉·枚乘《上书谏吴王》：“坠入深渊，难以复出，其出不出，间不容发。”宋·叶梦得《石林诗话》：“荆公晚年诗律尤谨严，造句用字，间不容发。”

减膳彻悬 jiǎn shàn chè xuán

【词源】西汉·戴圣《礼记·曲

礼下》:“君无故玉不去身,大夫无故不彻县,士无故不彻琴瑟。”

【注】郑玄:“故,谓灾患丧病。”县:悬的本字。悬:古代悬挂钟、磬等乐器的架子,借指乐器。彻悬:同“彻乐”,撤去悬挂的乐器,表示暂停娱乐。减膳:原作“彻膳”,去掉精美的食物。是古代掌管皇室饮食的官吏对帝王所犯过失的一种进谏方式。彻:通“撤”,除去;取消。

【释义】表示帝王节减肴馔、暂停娱乐,以示自责。古时遇到凶年饥岁或天象变异,以为是上违天和所致。帝王因此而自我节制靡费,冀求得人心,消天谴。

【书证】《魏书·世宗纪》(并见《北史·魏纪四》):“(五月)辛丑,帝以旱故,减膳彻悬,禁断屠杀。”清·谈迁《国榷·崇祯十七年四月乙丑》:“先帝减膳撤悬,布衣蔬食,铜锡器具,尽归军输。”

蹇人上天 jiǎn rén shàng tiān

【词源】南朝·宋·范晔《后汉书·五行志一》:“王莽末,天水童谣曰:‘出吴门,望缇群,见一蹇人,言欲上天。今天可上,地上安得民。’时隗嚣初起兵于天水,后意稍广,欲为天子。嚣少病蹇。吴门,冀郭门名也。缇群,山名也。”

【注】王莽篡夺汉朝政权后,各地就起来反对,隗嚣也在陇西起兵,参加到反王莽的行列中去。起初投降更始,后又谋劫更始归光武帝刘秀。虽然刘秀对他特别敬重,然而他有野心,而且野心越来越大,又叛刘秀归公孙述,接着又想自立为王做皇帝。这时候,天水地方流传着一首童谣,内容说:走出吴门,望着了缇群山,看见一个跛子,他说要上天去。像这样的人还可以上天,那么地上就不会有一个人了。

【释义】跛子想到天上去。蹇人:跛子。比喻绝对不可以实现的事情。

【书证】《梁书·武帝纪上》:“安欲为赵伦,形迹已见,蹇人上天,信无此理。且性甚猜狭,徒取乱机。”

间不容息 jiàn bù róng xī

【词源】西汉·司马迁《史记·张耳陈余列传》:“‘且陈王听谗,还报,恐不脱于祸。又不如立其兄弟;不,即立赵后。将军毋失时,时间不容息。’武臣乃听之,遂立为赵王。”

【注】间:空隙。息:喘息。

【释义】喻情势危急到了极点。

【书证】《旧唐书·陆贽传》："夫两境相接，两军相持，事机之来，间不容息，蓄谋而俟，犹恐失之，临时始谋，固已疏矣！"宋·朱熹《答张敬夫》："盖此非细事，其安危成败，间不容息，岂可以坐縻虚礼，逡巡闵默，以误国计。"《淮南子·原道》："时之反侧，间不容息，先之则太过，后之则不逮。"

【考据】这是张耳、陈余在邯郸劝武臣自立为王的一段话。

江充巫蛊 jiāng chōng wū gǔ
巫蛊之狱 wū gǔ zhī yù

【典源】东汉·班固《汉书·蒯伍江息夫传·江充》："后上幸甘泉，疾病，充见上年老，恐晏驾后为太子所诛，因是为奸，奏言上疾祟在巫蛊。于是上以充为使者治巫蛊。充将胡巫掘地求偶人，捕蛊及夜祠，视鬼，染污令有处，辄收捕验治，烧铁钳灼，强服之。民转相诬以巫蛊，吏辄劾以大逆亡道，坐而死者前后数万人。是时，上春秋高，疑左右皆为蛊祝诅，有与亡，莫敢讼其冤者。充既知上意，因言宫中有蛊气，先治后宫希幸夫人，以次及皇后，遂掘蛊于太子宫，得桐木人。太子惧，不能自明，收充，自临斩之。骂曰：'赵虏！乱乃国王父子不足邪！乃复乱吾父子也！'太子繇是遂败。语在《戾园传》。后武帝知充有诈，夷充三族。"

【注】上：指汉武帝。晏驾：皇帝病逝。

【释义】江充因与太子刘琚有矛盾，恐怕汉武帝死后为太子不容，适逢汉武帝患病，乘机上奏说是巫蛊作祟。汉武帝命以江充为首治理巫蛊。江充倒行逆施，因巫蛊受牵连者前后死数万人。汉武帝因年老多疑，甚至怀疑身边左右的人。江充揣测出皇帝的心思，开始在宫中治理巫蛊，并诬陷太子，被太子矫诏所杀。太子被迫起兵，事败自杀。后来，汉武帝知道江充的恶意，灭他三族。喻指奸佞倒行逆施、大兴冤案。

【书证】唐·白居易《思子台有感二首》其二："但使武皇心似烛，江充不敢作江充。"

【考据】江充：赵国邯郸人，汉武帝宠臣。

讲信修睦 jiǎng xìn xiū mù

【词源】西汉·戴圣《礼记·礼运》："选贤与能，讲信修睦，谓之人利；争夺相杀，谓之人患。”

【注】讲信：讲究信用。修：建立。睦：和睦。

【释义】相互之间讲究信用，建立和睦关系。

【书证】唐·于邵《与郭令公书》：“伏惟戡乱定祸，勋载王府，致君行已，德冠当时。讲信修睦，敦叙旧好，悉为古今第一。”明·张煌言《张苍水集·答赵安抚书》：“在清人既能开诚布公，指弃地已收人心；在海上亦何惜讲信修睦，且休兵以待天命。”《元史·日本传》：“朕惟自古小国之君，境土相接，尚务讲信修睦。”

降尊就卑 jiàng zūn jiù bēi
降尊临卑 jiàng zūn lín bēi

【词源】西汉·戴圣《礼记·效特性》：“大飨，君三重席而酢焉；三献之介，君专习而酢焉。此降尊以就卑也！”

【注】大飨：古代诸侯到朝廷，君主宴请诸侯谓之“大飨”。三献：诸侯遣大夫到朝廷。临：来到，到达。

【释义】降低自己尊贵的身份来到地位卑贱者之中。指降低身份与卑贱者交往。

【书证】元·关汉卿《单刀会》第四折：“猥劳君侯屈高就下，降尊临卑。”《元曲选·石子章·竹坞听琴》：“多谢也降尊临卑，屈高就下。”

矫枉过正 jiǎo wǎng guò zhèng
矫枉过直 jiǎo wǎng guò zhí
矫枉过中 jiǎo wǎng guò zhōng

【词源】东汉·班固《汉书·王莽传》：“勤身极思，忧劳未绥，故国奢则视之以俭，矫枉者过其正，而朕不身帅，将谓天下何？”

【注】矫：纠正。枉：弯曲。正：直。

【释义】把弯的东西扳正，又歪到另一边。比喻纠正错误超过应有的限度。

【书证】东汉·袁康《越绝书》：“至诚感天，矫枉过直。”唐·李大师、李延寿《南史·列传第十三·王坤》：“而避讳过甚，父名怿，母名恭心，并不得犯焉，时咸谓矫枉过正。”《宋史·列传第一百·王存·孙固·赵瞻·傅尧俞》：“论曰：存、固、瞻、尧俞，初皆善王安石；及其秉政，未尝受所诱饵，与论新法，终不诡随。及元佑区别正邪，其论蔡确诗谤之罪恐为已甚，将启朋党之祸，岂非先知之明乎？他有更张，随事谏止，不少循默。然无矫枉过中之失，故能不亟不徐，进退有道，在元佑诸臣中，身名俱全，亦难矣哉。”

教学相长 jiào xué xiāng zhǎng

【词源】西汉·戴圣《礼记·学记》：“是故学然后知不足，教然后知困。知不足，然后能自反也；知困，然后能自强也。故曰教学相长也！”

【注】相：互相，彼此。长：长进，促进。

【释义】教的和学的互相促进，共同提高。学生获得进步，老师的学识也提高了。

【书证】《曾国藩全集·家书·政澄弟季弟》：“澄弟在家教科一、厚七、旺十习字极好，不特学生有益，亦可教学相长。”梁启超《“知不可为而为”主义与“为而不有”主义》：“再如教员天天堂上给大家讲，不特不能减其所有，反而得教学相长的益处。”

嗟来之食 jiē lái zhī shí

【词源】西汉·戴圣《礼记·檀弓下》：“齐大饥。黔敖为食与路，以待饿者而食之。有饿者蒙袂辑履，贸贸然来。黔敖左奉食，右执饮，曰：‘嗟！来食！’扬其目而视之，曰：‘予唯不食嗟来之食以至于斯也！’从而谢焉，终不食而死。”

【注】嗟：文言叹词，这里指不礼貌的招呼声。

【释义】指带有侮辱性的施舍。

【书证】唐·杨炯《康右将军魏哲神道碑》：“军井未建，如临盗水之源，军灶未炊，似对嗟来之食。”明·张岱《琅文集·五异人传》：“瑞阳伯祖，贪好黔娄，嗟来之食，尚不能着口。”毛泽东《别了，司徒雷登》：“美国人在北平，在天津，在上海，都撒了些救济粉，看一看什么人愿意弯腰拾起来。太公钓鱼，愿者上钩，嗟来之食，吃下去要肚子疼的。”

节哀顺变 jié āi shùn biàn

【词源】西汉·戴圣《礼记·檀弓下》：“丧礼，哀戚之至也。节哀，顺变也，君子念始之者也。”

【注】节：节制。顺：顺应。变：突然发生的事件。始：生。

【释义】节制哀痛，顺应变故。对遇有丧事者表示慰问的话。

【书证】明·周楫《西湖二集·酒雪堂巧结良缘》：“吾兄节哀顺变，保全金玉之躯。”毛泽东《致杨开智》：“得电惊悉杨老夫人逝世，十分哀痛……望你节哀顺变。”

金城汤池 jīn chéng tāng chí

【词源】东汉·班固《汉书·蒯通传》："……(范阳令)欲以其城先下君。先下君而君不利，则边地之城皆将相告曰'范阳令先降而身死'，必将婴城固守，皆为金城汤池，不可攻也。为君计者，莫若以黄屋朱轮迎范阳令，使驰骛于燕、赵之郊，则边城皆将相告曰'范阳令先下而身富贵'。必相率而降，犹如阪上走丸也！"

【注】金城：金属铸造的城墙。汤池：开水翻滚的护城河。

【释义】比喻坚固无比、防守严密的城市或工事。

【书证】《隋书·列传第四十·儒林·辛彦之》："吴兴沉重名为硕学，高祖尝令彦之与重论议，重不能抗，于是避席而谢曰：'辛君所谓金城汤池，无可攻之势。'"太平天国·陈阳生《建天京于金陵论》："建邦设都，必取至善之地，非第曰金城汤池已也。"中国近代史资料丛刊《辛亥革命·武昌起义清方档案·清吏条陈》："臣诚不解盛宣怀欲图一己之私利，遂不惜我祖宗社稷金城汤池之固，默陷于皇基累卵之地位。"

【考据】这是蒯通劝告武信君武臣的一段话。当时，武臣已略定赵地，占据邯郸，准备攻打范阳。

金石丝竹 jīn shí sī zhú

【词源】西汉·戴圣《礼记·乐记》："德者，性之端也；乐者，德之华也；金石丝竹，乐之器也！"

【注】金石：指钟、磬之类的打击乐器。丝竹：指琴、瑟之类的弦乐器。金石丝竹与匏(笙竽之类)、土(埙之类)、革(鼓之类)、木(柷之类)乐器合称八音，为中国古代乐器之统称。

【释义】泛指各种乐器及音乐。

【书证】《文选·左思〈魏都赋〉》："金石丝竹之恒韵，匏土革木之常调。"汉·刘向《说苑·敬慎》："吊死问疾，七年不饮酒，不食肉。外金石丝竹之声，远妇女之色。"魏·阮籍《乐论》："夫金石丝竹、钟鼓管弦之音，干戚舞旄、进退俯仰之容，有之何益于政，无之何损于化？"晋·王嘉《拾遗记·洞庭山》："洞庭山浮于水上，其下有金堂数百间，玉女居之。四时闻金石丝竹之声，彻于山顶。"晋·葛洪《抱朴子·博喻》："丝竹金石，五声诡韵，而快耳不异。"唐·李朝威《柳毅传》："复有金石丝竹，罗绮珠翠，舞千女于其左。"

金张许史 jīn zhāng xǔ shǐ

【典源】东汉·班固《汉书·盖诸葛刘郑孙毋将何传·盖宽饶》:“(郑昌)上书颂宽饶曰:‘……司隶校尉宽饶居不求安,食不求饱,进有忧国之心,退有死节之义,上无许史之属,下无金张之托,职在司察,直道而行,多仇少与。’”

【注】应劭:“许伯,宣帝皇后父。史高,宣帝外家也。金,金日磾也。张,张安世。”汉时,金日磾(dī)、张安世并为显宦。许广汉为宣帝许皇后之父。史:史恭及其长子史高。恭为宣帝祖母史良娣之兄。宣帝即位,恭已死,封高为乐陵侯。许、史两家皆极宠贵。

【释义】后因以此四姓并称,借指权门贵族。

【书证】汉·扬雄《解嘲》:“有谈范蔡之说于金张许史之间,则狂矣。”唐·丘丹《忆长安·四月》:“芳草落花无限,金张许史相随。”唐·李益《汉宫少年行》:“金张许史伺颜色,王侯将相莫敢论。”前蜀·韦庄《咸通》:“咸通时代物情奢,欢杀金张许史家。”宋·陈人杰《沁园春》:“金张许史浑闲。未必有功名久后看。”清·吴伟业《行路难》:“对此抚几长叹息,金张许史皆徒然。”

矜愚嘉善 jīn yú jiā shàn
矜愚爱能 jīn yú ài néng
嘉善矜愚 jiā shàn jīn yú

【词源】西汉·戴圣《礼记·中庸》:“送往迎来,嘉善而矜不能,所以柔远人也!”

【注】嘉:褒,夸奖。矜:怜悯。

【释义】赞扬鼓励贤能的人,同情可怜无能的人。表示对贤愚、巧拙不等的人都采取尊重宽厚的态度。

【书证】《北齐书·王纮传》:“(纮上言)‘伏愿陛下哀忠念旧,爱孤恤寡,矜愚嘉善,舍过记功,敦骨肉之情,广宽仁之路。’”

谨言慎行 jǐn yán shèn xíng

【词源】西汉·戴圣《礼记·缁衣》:“君子道人以言,而禁人以行,故言必虑其所终,而行必稽其所敝,则民谨于言而慎于行。”

【注】道:教诲。禁:谨饬。敝:通“蔽”。谨:谨慎。慎:小心。

【释义】说话行动都很谨慎、小心。

【书证】《宋史·李穆传》:“质厚忠恪,谨言慎行,所为纯至,无有矫饰。”艾芜《活着的像一个勇敢的战士》：“他只有清醒地，谨言慎行地，走着‘著书都为稻粱谋’这条小心的窄路。”

进人若将加诸膝，退人若将坠诸渊

jìn rén ruò jiāng jiā zhū xī tuì rén ruò jiāng zhuì zhū yuān

爱则加诸膝，恶则坠诸渊 ài zé jiā zhū xī wù zé zhuì zhū yuān

加膝坠渊 jiā xī zhuì yuān

【词源】西汉·戴圣《礼记·檀弓下》：“今之君子。进人若将加诸膝，退人若将队诸渊。”

【注】队渊：推下深渊。队：通“坠”。诸：“之于”二字连用。加诸膝：把他放在膝上。

【释义】对要任用的人就抬举，像把他放在自己膝上一样地爱护；对不用的人就排挤，像把他推到深水潭一样地憎恶。喻用人或待人有厚有薄，爱憎任凭私意。

【书证】唐·杜牧《张直方授左骁卫将军制》：“加膝坠渊，予常自慎。”《北洋军阀统治时期史话》第六十三章：“昔日爱则加诸膝，今天恶则坠诸渊，今后还有何人愿意替你奔走卖力？”清·钱谦益《王季木墓表》：“世之惜季木者，以谓意气太盛，肺肠太热，善善恶恶，或溢而为加膝坠渊，以贻小人口实。”清·梁绍壬《两般秋雨庵随笔》卷三：“恶其人，并恶其姓，真退人坠渊心性。”

进退有度 jìn tuì yǒu dù

进退可度 jìn tuì kě dù

【词源】西汉·戴圣《礼记·曲礼上》：“进退有度，左右有局，各司其局。”

【注】度：法度。

【释义】指前进和后退都符合法度。

【书证】清·福格《听雨丛谈·赞礼郎》：“然对越谨严，进退有度，天颜咫尺，举动从容。”

近悦远来 jìn yuè yuǎn lái

【词源】西汉·戴圣《礼记·学记》：“夫然后足以化民易俗，近者说服，而远者怀之，此大学之道也！”

【注】郑玄：“怀，来也，安也。”说：音同“悦”。近：指境内。远：指境外。

【释义】指境内的人受仁政之惠而心悦诚服，境外的人就会闻风而前来归附。后用来喻施行仁政所产生的影响极为深远。

【书证】《白居易集·卷五十五·除李夷简西川节度使制》："专奉诏条，削去弊政；均谷籍不一之赋，罢舟车无名之征。近悦远来，归如流水。"李征古《庐江宴集记》(《全唐文》)："筑大防以壅才俊，张宏网以罟英贤，近悦远来，云附影从。"

经纶天下 jīng lún tiān xià
经纶济世 jīng lún jì shì

【词源】西汉·戴圣《礼记·中庸》："唯天下至诚，为能经纶天下之大经，立天地之大本，知天地之化育。"

【注】经纶：原意整理蚕丝。比喻治理国家。天下：古代多指全国。

【释义】处理国家大事，治理国家。

【书证】《北齐书·清河王岳传》："初，岳与高祖经纶天下，家有私兵，并蓄戎器。"清·方苞《读〈周官〉》："世变虽殊，其经纶天下之大体，卒不可易也！"明·罗贯中《三国演义》："若孙干，糜竺辈，乃白面书生，非经纶济世之才也！"

敬上爱下 jìng shàng ài xià

【词源】东汉·班固《汉书·王莽传》："(莽曰)保成师友祭酒唐林，故谏议祭酒琅琊纪逡，孝弟忠恕，敬上爱下，博通旧闻，德行醇备，至于黄发，靡有愆失。"

【注】弟：通"悌"。敬：尊敬。爱：爱护。黄发：老的代称，意谓白发落尽又生黄发。

【释义】尊敬在己之上者，爱护在己之下者。形容待人谦恭有礼。

【书证】隋·高僧"智者大师"智颢(yǐ)《法华玄义·卷第八上》："若周孔经籍，治法、礼法、兵法、医法、天文、地理、八卦、五行，世间坟典，孝以治家，忠以治国，各亲其亲，各子其子，敬上爱下，仁义揖让，安于百姓，霸立社稷。"隋唐·民间童蒙读物《太公家书》："敬上爱下，泛爱尊贤，孤儿寡妇，特可矜怜。"

敬业乐群 jìng yè lè qún

【词源】西汉·戴圣《礼记·学记》："一年视离经辨志，三年视敬业乐群。"

【注】敬：重。业：学业。乐：喜爱。群：指同学或朋友。

【释义】喻专心致力于学业，和朋友愉快相处并汲取教益。

敬终慎始 jìng zhōng shèn shǐ

【词源】西汉·戴圣《礼记·表记》："事君慎始而敬终。"

【注】敬：戒慎，敬肃。慎：谨慎，当心。

【释义】同君主共事要始终谨慎、敬肃。喻为人处世始终谨慎小心。

【书证】南朝·梁·慧皎《高僧传·义解·康法朗》："敬终慎始，研核微章。"

九年之蓄 jiǔ nián zhī xù
九年之储 jiǔ nián zhī chǔ

【词源】西汉·戴圣《礼记·王制》："国无九年之蓄，曰不足；无六年之蓄，曰急；无三年之蓄，曰国非其国也！"

【注】蓄：积聚，储藏。

【释义】一个国家没有九年的物资储备，说明国库还不足；没有六年的物资储备，说明国库已告急；没有三年的物资储备，说明已是国将不国了。指国家平时有所积蓄，以备非常之用。

【书证】《淮南子·主术训》："十八年而有六年之积，二十七年而有九年之储。"

九州幅裂 jiǔ zhōu fú liè

【词源】东汉·应劭《〈风俗通义〉序》："今王室大坏，九州幅裂。"

【注】九州：古中国分九州，后泛指中国。幅：古制一幅为二尺二寸。今为布帛宽度的通称。

【释义】比喻国家分裂。

【书证】晋·陈寿《三国志·吴主传》："天降丧乱，皇纲失叙，逆臣乘衅，劫夺国柄，始于董卓，终于曹操，穷凶极恶，以覆四海，至令九州幅裂，普天无统，民神痛怨，靡所戾止。"《全唐文·卷一·遣淮安王神通安抚山东诏》："隋德下衰，政荒民散。九州幅裂，四海瓜分。"

【考据】应劭：东汉汝南南顿人，字仲远，应奉子。灵帝时举孝廉，拜泰山太守，镇压黄巾军。后至冀州（治邺城）投袁绍，任军谋校尉。卒于邺。著《汉官仪》，又著《风俗通义》、《汉书集解音义》。

举国若狂 jǔ guó ruò kuáng

【词源】西汉·戴圣《礼记·杂记下》："子贡观于蜡。孔子曰：'赐也，乐乎？'对曰：'一国之人皆若狂，赐未知其乐也！'"

【注】子贡：孔子的学生，春秋末卫国人，姓端木，名赐，善于言辞。蜡（zhà）：古代年终祭祀。举：全。

【释义】全国上下情绪激动，像发了狂一样。后常用以喻全国上下纵情欢乐的情景。

【书证】明·刘若愚《酌中志·黑头爰立纪略》：“吁！以如此之人而处揆席，又何怪乎举国若狂也哉？”清·赵翼《瓯北诗钞·绝句二·水阁看龙舟竞渡》：“水嬉金翠活龙鳞，游舫千艘沸水滨。举国若狂吾亦颇，屡丰年岁耄期身。”清·刘鹗《老残游记》第二回：“为甚一纸招贴，便举国若狂如此？”冰心《樱花赞》：“这首歌写尽了日本人春天看樱花举国若狂的盛况。”

举贤使能 jǔ xián shǐ néng
举贤任能 jǔ xián rèn néng

【词源】西汉·戴圣《礼记·大传》：“三曰举贤，四曰使能。”

【注】举：推举，举荐。贤：品德好。能：才能，才干。

【释义】推荐任用品德好，有能力的人。

【书证】晋·陈寿《三国志·吴志·孙策传》：“举贤任能，使各尽其心以保江东，我不如卿。”

军法从事 jūn fǎ cóng shì

【词源】东汉·班固《汉书·王莽传》：“毕北巡狩之礼，即于土中居洛阳之都焉。敢有趋欢犯法，辄以军法从事。”

【注】趋：快跑。欢（huān）：通“喧”，喧哗的意思。从事：处理。

【释义】按照军法严办。

【书证】晋·陈寿《三国志·吴书·孙坚传》卷四十六：“南阳太守稽停义兵，使贼不时讨，请收出案军法从事。”《晋书·齐王冏传》：“有不顺命，军法从事。”《明史·项忠传》：“士卒畏敌不畏将，是以战无成功，宜许以军法从事。”

【考据】这是天凤元年王莽出巡时对官员们所讲的一段话。

君子之接 jūn zǐ zhī jiē
君子之交 jūn zǐ zhī jiāo

【词源】西汉·戴圣《礼记·表记》：“故君子之接如水，小人之接如醴；君子淡以成，小人甘以坏。”

【释义】指建立在道义基础上的友谊。

【书证】《南史·柳世隆传》：“（世隆）与张绪、王延之、沈琰为君子之交。”南宋·辛弃疾《洞仙歌·丁卯八月病中作》(《全宋词》):“味甘终易坏,岁晚还知,君子之交淡如水。”

K

苛政猛于虎

kē zhèng měng yú hǔ

【典源】西汉·戴圣《礼记·檀弓下》:“夫子曰:‘小子识之,苛政猛于虎也。’”

【注】这是孔子教育学生的一句名言。有一天,孔子带着学生从泰山旁经过,看见有个妇人坐在坟前很伤心地痛哭。孔子见到这种情景,十分同情,便叫子路前去问那妇人为什么这样恸哭。子路走到妇人跟前轻声问道:“你哭得这样伤心,好像有很大的忧伤似的,是这样吗?”那妇人抽抽搭搭地回答说:“是的,我公公被老虎咬死了,后来丈夫也被老虎咬死了,而今我的儿子又被老虎咬死了。”孔子听到这里,忍不住问:“这儿常有老虎伤人,你为什么不离开这儿呢?”那妇人回答道:“这儿没有残酷剥削和压迫人的暴政。用不着给官家当差、缴税。”孔子叹了一口气回头对学生们说:“小子识之,苛政猛于虎也。”

【释义】苛重的政令和赋税比老虎还要凶猛可怕。形容暴政伤民。

【书证】清·刘鹗《老残游记》第六回:“因天时尚早,复到街上访问本府政绩,竟是一口同声说好,不过都带有惨淡颜色,不觉暗暗点头,深服古人‘苛政猛于虎’真是不错。”

克绍箕裘 kè shào jī qiú

【词源】西汉·戴圣《礼记·学记》:“良冶之子,必学为裘;良弓之子,必学为箕。”

【注】克:能够。绍:继续,接续。良冶:善于冶铸的人。良弓:善于制弓的人。箕、裘:簸箕和皮袍。

【释义】指儿孙能够继承祖业。

【书证】李劼人《死水微澜》第二部分之二:“他父亲虽是病得发昏,也知道这儿子是个克绍箕裘的佳儿,不由不放心大胆,一言不发,含笑而逝。”《上饶集中营·卑劣的统治群》:“他克绍箕裘,继续做他屠杀革命志士的工作。”

克胜之功 kè shèng zhī gōng

【词源】汉·吾丘寿王《骠骑论

功论》："骠骑将军霍去病，征匈奴，立克胜之功。"

【释义】打败敌人，取得胜利的功勋。

【考据】东汉·班固《汉书·卷六十四上·吾丘寿王传》："吾丘寿王，字子赣，赵人也。"

抠衣趋隅 kōu yī qū yú

【源于】西汉·戴圣《礼记·曲礼上》："毋践屦，毋踖席，抠衣趋隅，必慎唯诺。"

【注】屦(jù)：鞋子。踖(jí)：践踏。抠：提。隅：角落。

【释义】提起衣裳的下摆，小步走向一个角落坐在适当的位置上。古代后生晚辈在尊长面前应有的礼貌。后用来喻毕恭毕敬地谒见尊长。

【书证】清·袁枚《小仓山房尺牍·五·答梁瑶峰司农》："可见后生小子，瞻仰大贤，亦是秉彝公好，遂古皆然。枚故嘉其意而弗敢阑也。望退食之余，许其抠衣趋隅，进而教之。"

口腹之欲 kǒu fù zhī yù

【词源】西汉·戴圣《礼记·乐记》："先王之制礼乐也，非以极口腹耳目之欲也！"

【释义】指人对饮食的追求和享受。

【书证】宋·苏轼《与李公择书》："口腹之欲，何穷之有？"

口惠而实不至

kǒu huì ér shí bú zhì

【词源】西汉·戴圣《礼记·表记》："口惠而实不至，怨灾及其身。"

【注】口惠：口头上的许诺。

【释义】口头上说得好听，而实际上并未给别人好处。

【书证】清·纪昀《阅微草堂笔记·滦阳消夏录》："每遇机缘，辄无成就；干祈于人，率口惠而实不至。"清·郑廉《豫变纪略·崇祯十四年九月壬辰》："朝廷有哀痛之诏……夫口惠而实不至，犹不足以挽颓波，况乎监门图绘，百姓叩闻，而皆留中不报也！"郭沫若《甲申三百年祭》："虽然屡次在下《罪诏书》，申说爱民，但都是口惠而实不至。"

窥间伺隙 kuī jiàn sì xì

窥伺间隙 kuī sì jiàn xì

【词源】汉·吾丘寿王《骠骑论功论》："内用商鞅、李斯之谋，外用白起、王翦之兵，窥间伺隙，既并海内之后，以威力为至道，以权诈为要术。”

【注】窥：暗中观察。伺：守候，等待机会。

【释义】暗中观察，准备伺机采取行动。

【书证】《宋史·列传第八十八·王陶》：“臣恐海内民庶，谓陛下始者顺天意民心命之，今者听左右姑息之言而疑之，使远近奸邪得以窥间伺隙，可不惜哉！”

蒉桴土鼓 kuì fú tǔ gǔ

【词源】西汉·戴圣《礼记·礼运》：“夫礼之初，始诸饮食，其燔黍捭豚，污尊而杯饮，蒉桴而土鼓，犹若可以致其敬于鬼神。”

【释义】土块捏成的鼓槌。黏土筑成的鼓。本为古代祭祀所用的原始礼品。后用来泛指简陋而有开创性的事物。

【书证】《张耒集·三十五·论法下》：“夫污尊而杯饮，蒉桴而土鼓，天下之人苟未厌其为礼乐也！”清·江顺诒《词学集成·凡例》（《词话丛编》）：“以是稿就正（宗山）……易其名曰《词学集成》。蒉桴土鼓，俨若金声而玉振矣，岂只参订云尔哉？”

困知勉行 kùn zhī miǎn xíng
困勉下学 kùn miǎn xià xué

【词源】西汉·戴圣《礼记·中庸》：“或生而知之，或学而知之，或困而知之，乃其知之一也；或安而行之，或利而行之，或勉强而行之，乃其成功一也！”

【注】困知：遇到困难而求知。勉行：尽力实行。

【释义】遇困而求知，勉励而实行。指人遇到困惑，应努力学习知识，并勉力实行。

【书证】宋·朱熹《四书章句集注·中庸章句第二十章》：“以其等而言，则生知安行者，知（智）也；学知利行者，仁也；困知勉行者，勇也！”《曾国藩全集·家书·谕纪泽、纪鸿》：“为一身计，则必操习技艺，磨炼筋骨，困知勉行，操心危虑，而后可以增智能而长才识。”邹韬奋《经历·社会的信用》：“十几年来在舆论界困知勉行的我，时刻感念的是许多指导我的师友，许多赞助我的同人，无数量的同情我的读者好友。”

L

来鸿去燕 lái hóng qù yàn

【词源】西汉·戴圣《礼记·月令》："东风解冻，蛰虫始振，鱼上冰，獭祭鱼，鸿雁来。"

【释义】随着季节变更而迁徙的大雁、燕子。喻行止无定、四处流动的人，也指互相间的信件来往。

【书证】宋·陈允平《玉楼春(其五)》(《全宋词》)："柳丝挽得秋光住，肠断驿亭离别处……来鸿去燕知何数，欲问归期朝复暮。"清·黄景仁《两当轩集·稚存从新安归，而余方自武陵来新安，相失于道，作此寄之》："来鸿去燕江干路，露宿风飞各朝暮。多时相失万重云，忽又相逢不相顾。"恽代英书信选《来鸿去燕集》。

揽辔澄清 lǎn pèi chéng qīng

【词源】南朝·宋·范晔《后汉书·党锢传·范滂》："时冀州饥荒，盗贼群起，乃以滂为清诏使，案察之。滂登车揽辔，慨然有澄清天下之志。"

【注】揽辔：拉住马缰。澄清：平治天下。

【释义】谓在乱世有革新政治，安定天下的抱负。也比喻人在负责一件工作之始，即立志要刷新做好这件工作。

【书证】唐·韦建《黔州刺史薛舒神道碑》："驻车决遗，揽辔澄清。"宋·柳永《一寸金》："仗汉节、揽辔澄清，高掩武侯勋业，文翁风化。"

【考据】冀州：辖今河北中南部、山东西南部及河南北部地区。汉末治所在邺，即今邯郸市临漳县。当时，邺城连年饥荒，盗贼群起，皇帝委范滂为清诏使，赴邺城就职。

锒铛入狱 láng dāng rù yù

【词源】东汉·班固《汉书·王莽传》："民犯铸钱……以铁锁锒铛其颈，传旨钟官。"

【注】锒铛：铁索链相撞击的声音。

【释义】用铁链将犯人锁起来，投入监狱。

【书证】邹韬奋《患难余生记》第二章："打破饭碗算是轻描淡写，其较重者由特务老爷赐予一绑，锒铛入狱，或一命呜呼！"

老有所终 lǎo yǒu suǒ zhōng

【词源】西汉·戴圣《礼记·礼运》:"故人不独亲其亲,不独子其子,使老有所终,壮有所用,幼有所长,矜寡孤独废疾者,皆有所养。"

【注】终:归宿。

【释义】年老的人有所归宿。

【书证】唐·白居易《养老》:"善养着,非家至户见,衣而食之,盖能为其立田里之制,以安其业,导树蓄之产,以厚其生。使生有所养,老有所终,死有所送也。"

乐不可极 lè bù kě jí

【词源】西汉·戴圣《礼记·曲礼上》:"志不可满,乐不可极。"

【注】极:极端,顶点。

【释义】行乐不可过分,不可达到极端。

【书证】《晋书·东海王越》:"然而临祸忘忧,逞心纵欲,曾不知乐不可极,盈难久持。"明·天然痴叟《石点头·贪婪汉六院卖风流》:"至第七日,心中暗想,仇不可深,乐不可极。此番报复,已堪雪恨,我该去矣!"

乐极则忧 lè jí zé yōu
乐极生悲 lè jí shēng bēi

【词源】西汉·戴圣《礼记·乐记》:"乐极则忧,礼粗则偏矣!"

【注】乐:喜悦,快乐。忧:忧患。

【释义】乐过度,就会招致忧伤。

【书证】《元曲选·秦简夫〈赵礼让肥〉》:"我又不曾乐极生悲,哪里是苦尽甘来?"明·冯梦龙《警世通言·钝秀才一朝交泰》:"谁知乐极生悲,一朝触犯了朝廷,阖门待勘,未知生死。"

乐事劝功 lè shì quàn gōng

【词源】西汉·戴圣《礼记·王制》:"无旷土,无游民,食节事时,民咸安其居,乐事劝功。"

【注】劝:勉力。

【释义】乐于从事自己的事业,努力获得成效。

【书证】汉·桓宽《盐铁论·水旱》:"器用便利,则用力少而得作多,农夫乐事劝功。"

雷同一律 léi tóng yī lǜ
雷同一词 léi tóng yī cí
雷同相从 léi tóng xiāng cóng

【词源】西汉·戴圣《礼记·曲礼上》:"毋剿说,毋雷同。"《淮南子·说林训》(《诸子集成》):"异音者不可听以一律，异形者不可合于一体。”

【注】雷同：声音大致一样，说法大致相同，随声附和。

【释义】后来四字成文，多指诗文套用一种形式，毫无变化。

【书证】清·王夫之《姜斋诗话·夕堂永日绪论内编》：“建立门庭，自建安始。曹子建铺排整饰……伸纸挥毫，雷同一律。”

离经辨志 lí jīng biàn zhì

离经断句 lí jīng duàn jù

【词源】西汉·戴圣《礼记·学记》：“比年入学，中年考校，一年视离经辨志，三年视敬业乐群。”

【注】离经：点断经书的句读。离：点断。辨：明察。志：记，史书。比年：每年。中年：每隔一年。

【释义】解析经籍义理，分别章节，点断句读（dòu），辨别学习的志趣意向。指古代学校对学生考查的一个方面。

【书证】清·钱谦益《牧斋初学集·太常寺少卿鹿公墓志铭》：“里居教授，生徒以与数。摄齐升堂，离经辨志，江村之上，有河汾、濂洛之风。”

离群索居 lí qún suǒ jū

【典源】西汉·戴圣《礼记·檀弓上》：“吾离群而索居，亦已久矣。”

【注】孔子的学生子夏，因为儿子死掉把眼睛都哭瞎了。曾子去安慰他，他哭哭啼啼地对曾子说：“我为什么要受到这样严重的惩罚呢？天哪！我究竟有多大的过错啊？”此时，子夏已离开了孔子，在家里生活。曾子说：“你有三个过错，一是你退居西河，只知道炫耀自己，西河的老百姓只知道你有学问才干，可不晓得你的老师孔子；二是你死了父亲却一声不响，不告诉我们，大家也就不知道你的境遇；三是现在你儿子死了，你把眼睛都哭瞎了，前后对比，情况完全两样。你不尊师，不孝父母，却偏疼爱儿子，这三个过错还算小吗？”子夏听了，忙向曾子跪拜说：“我离开你们单独生活很长时间了，听不到你们的规劝，放松自己的修养了。”索：孤单。群：这里指同门朋友。

【释义】离开群体，孤独地生活。

【书证】唐·无名氏《灵应传》：“父母怒其刚烈，遂遣屏居于兹土之别邑。音问不通，于今三纪。虽慈颜未复，温情久违，离群索居，甚为得志。”徐迟《祁连山下》：“自从年轻的画家们来到以后，他不再是离群索居的了，他的议论也有了听众。”杨纤如《伞》：“但是现在生活环境完全变了，同学们个个都把革命活动放在第一位，自己怎么好离群索居呢？”

藜藿不采 lí huò bù cǎi

【典源】东汉·班固《汉书·盖宽饶传》：“盖宽饶忠直忧国，因言事不当而被文吏诋毁下狱，谏议大夫郑昌上书颂扬宽饶曰：‘臣闻山有猛兽，藜藿为之不采；国有忠臣，奸邪为之不起。’”

【注】藜藿：草本植物。

【释义】人们畏惧猛兽，因而不敢上山采撷藜草、蓬藿。比喻国家有忠臣，奸邪也不敢兴风作浪。

【书证】宋·楼钥《林和叔侍郎龟潭庄》：“代言批敕节弥励，藜藿不采非公谁。”明·黄宗羲《明夷待访录·方镇》：“外有强兵，中朝自然顾忌，山有虎豹，藜藿不采，五也。”

礼尚往来 lǐ shàng wǎng lái

【词源】西汉·戴圣《礼记·曲礼上》：“往而不来，非礼也；来而不往，亦非礼也。”

【注】礼：礼貌，礼节。尚：尊崇，注重。往来：指相互之间有往有来。

【释义】礼节上相互来往，后也用作别人施以怎样的行为，即以相应的行为回报。

【书证】明·冯梦龙《东周列国志》第九十六回：“蔺相如亦请于秦王曰：‘礼尚往来，赵既进十五城于秦，秦不可不报，亦愿以秦之咸阳为赵王寿。’”清·徐震《后七国志》：“今燕于赵为唇齿，亦已复国，宜礼尚往来，相与保守。”

礼乐刑政 lǐ yuè xíng zhèng

【词源】西汉·戴圣《礼记·乐记》：“礼乐刑政，四达而不悖。”

【注】礼：礼法。乐：乐教，指统治者用音乐来教化人民。刑：刑罚。政：政令。

【释义】礼法、乐教、刑罚以及政令，指旧时政权为推行其统治而采取的几方面重大措施。

【书证】唐·韩愈《后二十九日复上宰相书》：“天下之所谓礼乐刑政教化之具，皆已修理。”宋·王安石《上皇帝万言书》：“朝廷礼乐刑政之事，未尝在于学。学者亦漠然自以为礼乐刑政为有司之事，而非所当知也！”宋·陈亮《廷对》：“臣愿陛下尽君道以宰天下，礼乐刑政并出而用之。”

廉而不刿 lián ér bù guì

【词源】西汉·戴圣《礼记·聘义》：“君子比德于玉焉，温润而泽……君子宽而不侵，廉而不刿，义也！”

【注】廉：廉隅，本意指棱角，常用来比喻品行方正。刿：割；刺伤。

【释义】棱角锐利，但不伤物。喻为人廉直方正能坚持原则，待人则宽容、温存，不简单粗暴。

【书证】晋·夏侯湛《昆弟诰》：“厥乃口无择言，柔惠且直，廉而不刿，肃而不厉，厥其成予哉！”

炼石补天 liàn shí bǔ tiān

女娲补天 nǚ wā bǔ tiān

【典源】西汉·刘安《淮南子·卷六·览冥训》：“往古之时，四极废，九州裂，天下兼覆，地不周载，火爁炎而不灭，水浩洋而不息，猛兽食颛民，鸷鸟攫老弱，于是女娲炼五色石以补苍天，断鳌足以立四极。”

【注】爁（làn）：燃烧。炼：用加热的方法使物质纯净或坚韧。

【释义】比喻施展才能和手段，弥补国家以及政治上的失误。也指竭力挽回颓势，弥补缺陷。

【书证】唐·李贺《李凭箜篌引》：“女娲炼石补天处，石破天惊逗秋雨。”宋·苏轼《十二琴铭》：“炼石补天之年，截匏比竹之音，虽不可得见，吾知古之犹今。”宋·李清臣《钦圣宪肃皇后哀册文》：“譬如娲皇，神工妙力，炼石补天。”明·何景明《赠吕子迁左给事中》：“衔沙填海志，炼石补天情。”

良弓无改 liáng gōng wú gǎi

【典源】西汉·戴圣《礼记·学记》：“良冶之子，必学为裘；良弓之子，必学为箕；始驾者反之，车在马前。君子察于此三者，可以有志于学矣。”

【注】这里说了三个生活小故事：有经验的冶铁工人给儿子传授冶铁手艺，总是先教他学会用皮革制成鼓风裘。为了增高炉温，就要加强鼓风设备；鼓风袋是用皮革做的。不会做鼓风裘，怎么冶铁呢？有经验的造弓工人给儿子传授造弓手艺，总是先教他学会用柳条编成箭袋子。造了弓，要有箭袋子装，“为箕”

是造弓的基本功。训练小马驾车，总是先用大马来带，小马跟在车的后面跑。

【释义】优良的造弓技艺没有丢掉。比喻继承父辈的优良传统和事业。

【书证】唐·刘知几《史通·书事》："其有开国承家，世禄不坠，积仁累德，良弓无改……略书于传可也。"

良贾深藏 liáng gǔ shēn cáng

【词源】西汉·戴德《大戴礼记·曾子制言上》："良贾深藏如虚，君子有盛教如无。"

【释义】会做买卖的人把贵重的东西深深收藏起来。喻有学识的人不在人前显露。

【书证】宋·陆游《剑南诗稿·五四·示儿》："得道如良贾，深藏要若无。"元·曹伯启《西江月》(《全金元词》)："世间良贾会深藏，胜我追寻影响。"清·夏敬渠《野叟曝言》："大奶奶叩问璇姑：'历算之外，还精何技术？'璇姑谦说：'百无一能。'大奶奶认是良贾深藏。"

良玉不雕 liáng yù bù diāo
良玉不琢 liáng yù bù zhuó

【词源】西汉·戴圣《礼记·礼器》："(礼)有以素为贵者……大圭不琢，大羹不和。"

【注】圭(guī)：上尖下方的玉器，帝王诸侯举行礼仪时所用，大圭长三尺，不用过多雕琢。琢：雕刻玉石。

【释义】优良的玉器不需雕刻。后喻本质美好的事物不需凭借外表的修饰。

【书证】汉·扬雄《法言·寡见》："良玉不雕，美言不文。"明·陆采《怀香记·六·绣阁怀春》："(《西江月》词云)良玉不雕世宝，灵根非种天成。"

量材录用 liàng cái lù yòng
量才录用 liàng cái lù yòng

【词源】西汉·戴圣《礼记·王制》："凡官民材，必先论之。论辨然后使之，任事然后爵之，位定然后禄之。"

【注】量：估量、衡量。论：考评其行艺之详也。任事：能胜任他的位子。

【释义】不管是官府、民间的人才，必须首先考评他的能力。根据考评然后任用，能够胜任后给他封爵位，封爵后给他相应的俸禄。衡量才能大小，任命合适职务。

【书证】宋·苏轼《苏东坡集·

奏议集九·乞擢用程遵彦状》："伏望圣慈特赐采察，量才录用，非独广搜贤之路，亦以敦厉孝悌，激扬风俗。"毛泽东《中国人民解放军布告》："凡愿继续服务者，在人民政府接管后，准予量才录用，不使流离失所。"

量入为出 liàng rù wéi chū
量出为入 liàng chū wéi rù

【词源】西汉·戴圣《礼记·王制》："冢宰制国用，必于岁之杪，五谷皆入，然后制国用，用地大小，视年之丰耗，以三十年之通制国和，量入以为出。"

【注】冢宰：古代官名，相当后来的宰相。量：估量。杪（miǎo）：末端。

【释义】：指根据收入的情形来定开支的限度。形容有计划地支出。

【书证】晋·陈寿《三国志·魏书·卫觊（jì）传》："当今之务，宜君臣上下，并用筹策，计较府库。量入为出。"汉·桓宽《盐铁论·贫富》："车马衣服之用，妻子仆养之费，量入为出，俭节以居之……积浸以致富成业。"明·余继登《典故纪闻》卷三："自今应量入为出，裁省妄费，宁使有余，勿令不足。"朱东润《张居正大传》第十三章："量出为入，正是居正在财政方面的作风。"

邻凶不杵 lín xiōng bù chǔ

【词源】西汉·戴圣《礼记·曲礼上》："邻有丧，舂不相。里有殡，不巷歌。"

【释义】邻居有丧事，舂谷之时便停止唱号子，在街巷里不唱歌，以表示邻居致哀而不相扰之意。喻邻里和睦。

【书证】唐·李贺《昌谷》诗："邻凶不相杵，疫病无邪祀。"

临难毋苟免 lín nàn wú gǒu miǎn
临难不苟 lín nàn bù gǒu

【词源】西汉·戴圣《礼记·曲礼上》："临财毋苟得，临难毋苟免。很，毋求胜；分，毋求多。"

【注】毋：亦作"无"，不要。难：危难。很：争斗。

【释义】面对财物，不要见利忘义；面对危难，不要苟且偷生。

【书证】蔡东藩、许廑父《民国通俗演义》第一百三十七回夹注："先贤云：'临难毋苟免。'能励行此语者其惟中山乎？"方志敏《死》："脖子伸硬些，挨它一刀！临难无苟免！"清·陈康祺《郎潜纪闻》卷一:“至于贼踪所及,直省驻防各营临难不苟,忠节如林。”《旧唐书·忠义传序》:“有若仲田之结缨,钼麑之触树,纪信之蹈火,豫让之斩衣,此所谓杀身成仁,临难不苟者也!”罗广斌、杨益言《红岩》第二十七章:“‘共产党常常夸耀他们的干部临危不惧、临难不苟。’严醉说道。”

临文不讳 lín wén bù huì

【词源】西汉·戴圣《礼记·曲礼上》:“诗书不讳,临文不讳,庙中不讳。”

【注】临:及。讳:避讳。封建社会,对君主或尊长名字不直接说出或写出,以示尊敬。

【释义】指作文时不用避讳。

【书证】宋·胡仔《苕溪渔隐丛话·李长吉》:“老杜家讳‘闲’……介甫刊作‘闲’字,岂非临文不讳之义乎?”清·平步清《霞外捃屑》卷五:“古人临文不讳,或谓史迁讳谈为同,然《滑稽列传》有‘谈言解纷’语,恐此说未确。”

麟凤龟龙 lín fèng guī lóng
龟龙鳞凤 guī lóng lín fèng

【典源】西汉·戴圣《礼记·礼运》:“麟、凤、龟、龙,谓之四灵。”

【注】麟:麒麟,古代传说中的灵兽。凤:凤凰,古代传说中的鸟王。龟:指古代传说中的神龟。龙:古代传说中能升天布雨的神异动物。这四种动物都是古代象征吉祥、高贵和长寿的神奇动物。

【释义】喻指稀有珍贵的东西。也喻品格高尚、出类拔萃的人。

【书证】元·王冕《竹斋诗集·秋夜雨》:“秋夜雨,赤县神州皆斥卤。长蛇封豕恣纵横,麟凤龟龙失其所。麟凤龟龙,谓之四灵。”清·李汝珍《镜花缘》第一回:“这四位仙长,乃麟、凤、龟、龙四灵之主。”南朝·宋·范晔《后汉书·翟方进传》:“太皇太后临政,有龟、龙、麟、凤之位。”唐·陈子昂《谏政理书》:“风雨以时,草木不落,龟龙麟凤在郊薮矣。”

流言蜚语 liú yán fēi yǔ
流言飞文 liú yán fēi wén

【词源】西汉·戴圣《礼记·儒行》:“久不相见,闻流言不信。”《史记·魏其武安侯列传》:“乃有蜚语,为恶言闻上。”

【注】流言:没有根据的话。蜚:通“飞”,义同“流言”。

【释义】后来四字成文，指背后散布的带有诬蔑、诽谤性的话。

【书证】《明史·马孟祯传》："（孟祯言）臣子分流别户，入主出奴，爱憎由心，雌黄信口，流言蜚语，腾人禁庭，此士习可虑也！"明·文秉《先拨志始·下·天启六年十月》："乃尚有等未尽奸徒，怙恶不悛，密弄线索，或巧布流言蜚语，或写匿名文书，害正党邪，淆乱视听。"清·和邦额《夜谭随录·四·修鳞》："（修鳞曰）流言飞语，何足凭信？"杨朔《渔笛》："村里人传开了流言蜚语，说什么夏家的寡妇不正派，伤风败俗。"

漏泉之泽 lòu quán zhī zé

【词源】东汉·班固《汉书·严朱吾丘主父徐严终王贾传·第三十四·吾丘寿王》："寿王对曰：'臣闻周德始乎后稷，长于公刘，大于大王，成于文、武，显于周公，德泽上昭，天下漏泉，无所不通。'"

【释义】喻指帝王对臣民的恩泽。

【书证】《全唐文·武宗（三）·加尊号后郊天赦文》："俾奉高堂之荣，用沾漏泉之泽。"五代·后晋·刘昫《旧唐书·卷一百八十七·列传一百三十七·高沐》："式表漏泉之泽，且彰劲草之节。"《宋史·卷四百八十三·列传二百四十二·陈洪进》："祖父荷漏泉之泽，子弟享列土之荣。"《苏轼集·卷三十九·万石君罗文传》："卿久居荒土，得被漏泉之泽，涵濡浸渍久矣，不自枯槁也"

【考据】《吾丘寿王传》："吾丘寿王，字子赣，赵人也。"

禄足代耕 lù zú dài gēng
禄不代耕 lù bú dài gēng

【词源】西汉·戴圣《礼记·王制》："诸侯之下士视上农夫，禄足以代其耕也！"

【注】禄：俸禄。

【释义】禄足代耕是指俸禄足能抵偿耕田种地的收入，表示薪水不低。禄不代耕则意为薪水过低，不如农夫耕田种地。

【书证】《晋书·简文帝纪》："然退食在朝，而禄不代耕，非经通之制。今资储渐丰，可筹量增俸。"

旅进旅退 lǚ jìn lǚ tuì
进旅退旅 jìn lǚ tuì lǚ

【词源】西汉·戴圣《礼记·乐记》："今夫古乐，进旅退旅，和正以广。”

【注】郑玄:“旅,犹俱也,俱进俱退。言其齐一也!”旅:众人,引申为共同。

【释义】谓与大家共同进退。也喻随班进退,毫无建树。

【书证】宋·王禹偁《待漏院记》:“复有无毁无誉,旅进旅退,窃位而苟禄,备员而全身者,亦无所取焉。”清·纪昀《阅微草堂笔记·滦阳消夏录三》:“然旅进旅退,坐食俸钱,而每责童婢不事事,毋乃亦腹诽矣乎?”《宋史·乐志七》:“进旅退旅,万舞有奕。”章炳麟《论教育的根本要从自国自心发出来》:“难道中国的教育家也跟着他旅进旅退吗?”

乱首垢面 luàn shǒu gòu miàn
蓬首垢面 péng shǒu gòu miàn

【典源】东汉·班固《汉书·王莽传》:“阳朔中,世父大将军凤病,莽侍疾,亲尝药,乱首垢面,不解衣带连月。”

【注】垢:污秽、肮脏。形容不注意整洁和修饰。

【释义】如同囚犯一样,蓬乱的头发和肮脏的脸。

【书证】宋·苏洵《辨奸论》:“衣臣虏之衣,食犬彘之食,囚首丧面而谈诗书,此岂其情也哉!”明·冯梦龙《古今小说》卷四十:“大娘自到孟家去,奴家情愿蓬首垢面,一路伏侍官人前行。”

【考据】这是记述王莽侍奉患病伯父王凤情形的一段文字。在西汉和东汉之间,有一个历时十六年的新朝,代汉称帝而建立新朝的是王莽。王莽,是汉元帝皇后王政君的侄子。王政君当了皇后后,满门都封侯,辅佐皇帝。王莽的父亲早死,没有捞到封侯,王莽因而家境也较贫困。但他年轻时能勤奋学习,孝顺母亲,对寡嫂及孤侄都能很好地照料。后来,他伯父、当时辅佐朝政的大将军王凤患病,他谨慎侍奉,亲自尝汤药,忙碌得头发蓬乱,脸上很肮脏,一连几个月都没有解开衣带,好好休息一下。因此王凤死时,竭力向太后及皇帝推荐王莽,不久,即被拜为黄门郎。从此,王莽逐步受到皇帝的宠信。

略无忌惮 lüè wú jì dàn
肆无忌惮 sì wú jì dàn

【词源】西汉·戴圣《礼记·中庸》:“小人之反中庸也,小人而无忌惮也!”

【注】略:稍微。略无:没有一

点儿。忌惮：顾忌、畏惧。

【释义】喻任意妄为，没有一点畏惧。

【书证】明·罗贯中《三国演义》第三回："(董卓)出入宫廷，略无忌惮。"《元史·卢世荣传》："世荣居中书数月，恃委任之专，肆无忌惮，任所欲为。"章炳麟《致江西统一党支部函一》："造言者明知法庭诉讼，不能引总统、总理以为证人，是以肆无忌惮。"

罗敷有夫 luó fū yǒu fū

【典源】汉·东府集《陌上桑》："使君自有妇，罗敷自有夫。"

【释义】旧指女子已有丈夫。

【书证】清·纪昀《阅微草堂笔记》卷三："鸳鸯梦好两欢娱，记否罗敷自有夫?"

M

美轮美奂 měi lún měi huàn

【词源】西汉·戴圣《礼记·檀弓下》："晋献文子成室，晋大夫发焉。张老曰：'美哉轮焉，美哉奂焉！'"

【注】轮：指轮囷(qūn)，古代圆形谷仓，高大的样子。奂：众多。

【释义】华丽的房屋高大众多。

【书证】邹韬奋《萍踪寄语》："我们经过一个美轮美奂的宏丽华厦的区域，开车的告诉我们说这是西人和本地富翁的住宅区域。"

蒙袂辑屦 méng mèi jí jù

【词源】西汉·戴圣《礼记·檀弓下》："有饿者蒙袂辑屦，贸贸然来。"

【注】袂：袖子。屦：麻鞋。贸贸：眼睛昏花。

【释义】有个饥饿困顿的人，用衣袖遮着脸，拖着鞋子，昏花着眼睛走过来。喻非常饥饿困顿的样子。

【书证】唐·段成式《酉阳杂俎·支诺皋上》："方之蒙袂辑屦，有愤于黔敖……见称于杨子，差不同耳!"清·沈起凤《谐铎·车前数典》："(范恒)己丑礼部试归，路过景州界。一人蒙袂辑屦，贸贸然来，诣车前乞银数锭。"

灭绝天理 miè jué tiān lǐ
灭绝人性 miè jué rén xìng

【词源】西汉·戴圣《礼记·乐

记》："夫物之感人无穷，而人之好恶无节，则是物至而人化物也。人化物也者，灭天理而穷人欲者也！"

【注】灭绝：丧失干净。

【释义】完全丧失了与生俱来的本性。喻全无人性，极端残忍。

【书证】《快心编》下编："今此贼灭绝天理，同于禽兽。"《白蛇传(越剧)》第十场："霎时间浑身照金光，妖僧你灭绝人性丧天良。"

民不聊生 mín bù liáo shēng
人不聊生 rén bù liáo shēng

【词源】西汉·司马迁《史记·张耳陈余列传》："陈王以故所善陈人武臣(后为赵王)为将军，邵骚为护军，以张耳、陈余为左右校尉，予卒三千人，北略赵地。武臣等从白马渡河，至诸县说其豪杰曰：'秦为乱政虐刑以残贼天下，数十年矣。北有长城之役，南有五岭之戍，外内骚动，百姓罢敝，头会箕敛，以供军费，财匮力尽，民不聊生。'"

【注】聊：依赖，依靠。

【释义】喻人民生活困苦之极，无法生活下去。

【书证】唐·苏师道《司空山记》："下车按治未期月，适时有旱之灾，民不聊生，死者相枕。"明·冯梦龙《警世通言·范鳅儿双镜团圆》："话中单说建州饥荒，斗米千钱，民不聊生。"孙中山《临时大总统就职宣言》："借立宪之名，行敛财之实，杂捐苛细，民不聊生。"明·余继登《典故纪闻》："(袁琦)在外凌辱官员，毒虐军民，恣意贪残，脏秽狼藉，金银以千万计，人不聊生。"

名山大川 míng shān dà chuān
名山大泽 míng shān dà zé
名山胜川 míng shān shèng chuān

【词源】西汉·戴圣《礼记·王制》："天子祭名山大川……诸侯祭名山大川之在其地者。"

【释义】指主要的、为人所熟悉的山岳和河流。

【书证】宋·苏辙《栾城集·上枢密韩太尉书》："太史公(司马迁)行天下，周览四海名山大川。与燕、赵间豪俊交游，故其文疏荡，颇有奇气。"

明并日月 míng bìng rì yuè

【词源】西汉·戴圣《礼记·经解》："天子者，与天地参，故德配天地，兼利万物，与日月并明，明照四海而不遗微小。”

【注】明：光明，明亮。并：齐。

【释义】光辉可与日月相比。多用于称颂君王。

【书证】晋·刘琨《劝进表》：“陛下明并日月，无幽不烛；深谋远虑，出自胸怀。”

没世不忘 mò shì bù wàng
没齿不忘 mò chǐ bù wàng
没齿难忘 mò chǐ nán wàng

【词源】西汉·戴圣《礼记·大学》：“道盛德至善，民之不能忘也。《诗》云：‘于戏前王不忘！’君子贤其贤而亲其亲，小人乐其乐而利其利。此以没世不忘也。”

【注】没世：至死。没齿：没了牙齿，指“直到老”。

【释义】喻一辈子也不会忘记，永远牢记。

【书证】唐·李商隐《为汝南公华州贺赦表》：“司马谈阙陪盛礼，没齿难忘。”宋·陈亮《众祭孙冲季文》：“尔友咸在，尔魂茫茫。尔不能饮，饮尔以浆。各以意接，言不能详。失声而号，痛裂肺肠。何以慰子？没身不忘。”明·吴承恩《西游记》第七十回：“长老，你果是救得我回朝，没齿不忘大恩。”

N

男女有别 nán nǚ yǒu bié

【词源】西汉·戴圣《礼记·昏义》：“敬慎重正而后亲之，礼之大体，而所以成男女之别，而立夫妇之义也。男女有别，而后夫妇有义。”

【释义】指男女之间应有严格区别。

【书证】《隋书·柳彧传》：“非法不服，非道不行。道路不同，男女有别，防其邪僻，纳诸轨度。”《好逑传》第十三回：“只因男女有别，不得时时相亲，深以为恨耳。”清·曹雪芹《红楼梦》第九十五回：“那知探春……日日愁闷，那有心肠去劝宝玉，况兄妹们男女有别，只好过来一两次，宝玉又终是懒懒的，所以也不大常来。”

难乎为继 nán hū wéi jì

【词源】西汉·戴圣《礼记·檀弓上》：“弁人有其母死，而孺子泣者。孔子曰：‘哀则哀矣，而难为继也!'"

【释义】指后人不能承继效法。后也泛指因劳累或生病等而难以支撑延续。或指经济上支绌,供应接续不上。

【书证】清·陈廷焯《白雨斋词话五·飞卿词独绝千古》:"飞卿(温庭筠)短古,深得屈子之妙,词亦从楚骚来。所以独绝千古,难乎为继。"清·王夫之《读通鉴论·汉元帝三》:"赵充国持重以破羌,功莫盛矣,二十余年而羌人复反,吾故曰:难乎为继也!"毛泽东《井冈山的斗争》:"现在则相反,除粮食外,每人每天只有五分大洋的油盐柴菜钱,还是难乎为继。"

拟人必于其伦 nǐ rén bì yú qí lún

拟非其伦 nǐ fēi qí lún

【词源】西汉·戴圣《礼记·曲礼下》:"拟人必于其伦。"

【注】拟:比拟,也作"儗"。伦:同类、同等。

【释义】用来作比拟的人或事应该属于同一类的人或事物。拟非其伦则意为比喻不当,两者毫不相干,不能相提并论。

【书证】唐·刘知几《史通·叙事》:"洎(jì)乎中代,其体稍殊或拟人必以其伦,或述事多比于古。"唐·张九龄《答严给事书》(《全唐文》):"昔贾谊才偕管、晏,言则霸王,名重汉廷,官止梁傅,班固犹云未为不遇,况仆拟非其伦,遇已过彼,顾多惭色,岂敢怨而更求欤?"

年谷不登 nián gǔ bù dēng

【词源】西汉·戴圣《礼记·曲礼下》:"岁凶,年谷不登。"

【注】年谷:一年所种谷物。登:成熟。

【释义】指灾荒年,庄稼歉收。

【书证】《晋书·贾充传》:"天下劳扰,年谷不登,兴军致讨,惧非其时。"北宋·司马光《资治通鉴·梁简文帝大宝元年》:"时江南饥,江、扬弥甚,旱蝗相系,年谷不登,百姓流亡。"

弩张剑拔 nǔ zhāng jiàn bá

拔刃张弩 bá rèn zhāng nǔ

【词源】东汉·班固《汉书·王莽传》:"省中相惊传,勒兵至郎署,皆拔刃张弩。"

【注】弩:古代兵器,利用机械力量射出的弓。

【释义】弓张开,剑出鞘。形容形势紧张,后也比喻书法矫健。

【书证】明·丰道生《真赏斋赋》:"昔者周穆巡狩,至乎坛山,吉日癸巳,亲题材石间,弩张剑拔,虎跳龙盘。"清·江顺诒《词学集成》卷八:"无波不回,无露不垂。得缩字诀,是谓之词。弩张剑拔,雨骤风驰。雄而且健,窃恐非宜。用我五色,组彼千丝。但求羚角,莫画燕支。"

P

彭祖绝客 péng zǔ jué kè

【典源】西汉·司马迁《史记·五宗世家第二十九》:"彭祖不好治宫室、禨祥,好为吏事。上书愿督国中盗贼。常夜从走卒行徼邯郸中。诸使过客以彭祖险陂,莫敢留邯郸。"

【注】彭祖:即赵敬肃王刘彭祖,汉景帝之子,前151年改封赵王,建都邯郸。禨:禨祥,求福;列子云"荆人鬼,越人禨",意为楚人信鬼神而越人信禨祥。徼:郊外之路;巡徼即伺察境界。险陂:地形险恶;比喻为人阴险。

【释义】指主人阴鸷险恶,无人愿意登门做客。

【考据】刘彭祖(? —92):西汉宗室,景帝第八子,景帝前元二年(前155)为广州王,后徙赵王。巧佞刻深,好法律,持诡辩以中伤人。相二千石至,奉汉法以治,多被中伤,以故二千石莫敢治赵。卒谥敬肃。汉景帝前元五年(前152),分邯郸郡复置赵国,时刘彭祖被封为赵王。

蓬户瓮牖 péng hù wèng yǒu
蓬户桑枢 péng hù sāng shū

【词源】西汉·戴圣《礼记·儒行》:"儒有一亩之宫,环堵之室,荜门圭窬,蓬户瓮牖。"

【注】蓬户:蓬草编的门。瓮牖:破瓮做的窗子。

【释义】喻贫苦人家的居室。

【书证】北宋·司马光《资治通鉴·唐高祖·武德九年》:"(尉迟)敬德辞曰:'敬德,蓬户瓮牖之人,遭隋末乱离,久沦逆地。'"宋·苏辙《黄州快哉亭记》:"将蓬户瓮牖,无所不快。"南朝·梁·江淹《诣建平王上书》:"下官本蓬户桑枢之人,布衣韦带之士。"

迫不得已 pò bù dé yǐ

【词源】东汉·班固《汉书·王莽传上》:"为皇帝定立妃后,有司上名，公女为首，公深辞让，迫不得已，然后受诏。”

【释义】喻迫于无奈，不得不那样做。

【书证】明·归有光《震川别集》：“今一月两致书，有所迫不得已也！”梁启超《意大利建国三杰传·结论》：“吾之言爱国也，得毋为名乎？得毋为利乎？得毋为事势之迫不得已乎？”郭沫若《蔡文姬》第一幕：“曹丞相爱兵如命，视民如伤……他在国内虽然年年打仗，但都是迫不得已。”

破釜沉舟 pò fǔ chén zhōu

沉舟破釜 chén zhōu pò fǔ

【词源】西汉·司马迁《史记·项羽本纪》：“项羽乃悉引兵渡河，皆沉船，破釜甑，烧庐舍，持三日粮，以示士卒必死，无一还心。”

【注】釜：锅。甑（zèng）：古代蒸饭用的一种瓦器，底部有许多透蒸气的孔格，置于鬲上蒸煮，如同现代的蒸锅 。

【释义】比喻下决心不顾一切地干到底。

【书证】明·史可法《请出师讨贼赋》：“合方州之物力，破釜沉舟，尚恐无救于事。”清·蒲松龄之座右铭：“有志者，事竟成，破釜沉舟，百二秦关终属楚；苦心人，天不负，卧薪尝胆，三千越甲可吞吴。”

【考据】项羽引兵渡河，指古漳河。其具体地点：从今河南省内黄楚旺镇北渡，到古曲周（今邯郸市邱县古城营）上岸。

濮上之音 pú shàng zhī yīn

【词源】西汉·戴圣《礼记·乐记》：“桑间濮上之音，亡国之音也！”

【注】濮上：春秋时卫国地名，为青年男女歌舞幽会的地方。

【释义】后用“濮上之音”作为靡靡之音的代称。

【书证】晋·陈寿《三国志·魏书·高堂隆传》：“作靡靡之乐，安濮上之音。”

Q

七情六欲 qī qíng liù yù

【词源】西汉·戴圣《礼记·礼运》：“何谓人情？喜、怒、哀、惧、爱、恶、欲，七者弗学而能。”《吕氏春秋·贵生》：“所谓全生者，六欲皆得其宜也!”

【注】高诱:“六欲,生、死、耳、目、口、鼻也!”佛家以色欲、形貌欲、威仪姿态欲、言语音声欲、细滑欲、人想欲为六欲。

【释义】泛指人的各种感情和欲望。

【书证】明·兰陵笑笑生《金瓶梅词话》第一回(张竹坡批本):“单道世上人,营营逐逐,急急巴巴,跳不出七情六欲关头,打不破酒色财气圈子。”清·和邦额《夜谭随录·九·宋秀才》:“(道士曰)大凡人寿皆可至百年,而以七情六欲,伐根竭源,颠倒方寸,顷刻万变,神倦思怠,难全天和。”

期颐之寿 qī yí zhī shòu

【词源】西汉·戴圣《礼记·曲礼上》:“八十九十曰耄……百年曰期颐。”

【注】寿:寿命。期颐:百年,高寿的意思。郑玄:“期,犹要也,颐,养也。”孙希旦集解:“百年者饮食、居住、动作,无所不待于养。方氏悫曰:‘人生以百年为期,故百年以期名之。’”

【释义】喻享有百岁的寿命。

【书证】《南史·褚照传》:“使渊作中书郎而死,不当是一名士邪!名德不昌,遂令有期颐之寿。”清·蒲松龄《聊斋志异·席方平》:“今送汝归,予以千金之产,期颐之寿,于愿足乎?”

气如白虹 qì rú bái hóng
气贯长虹 qì guàn cháng hóng

【词源】西汉·戴圣《礼记·聘义》:“气如白虹,天也;精神见于山川,地也。”

【注】气:气势,气概。贯:穿。白虹:白色长虹,一种大气光学现象。古人认为白虹穿日而过,人间便会有不平凡的事情发生。

【释义】气势如长虹一般。形容气势壮盛,贯达天宇。

【书证】明·施耐庵《水浒全传》第七十六回:“右手那一个,绿纱巾、皂罗衫,气贯长虹、心如秋水,乃是梁山泊掌史事的豪杰铁面孔目裴宣。”老舍《老张的哲学》:“酒菜上来,先猜拳行令,迎面一拳,声如狮吼,入口三杯,气贯长虹。”

千里之任 qiān lǐ zhī rèn

【词源】西汉·戴德《大戴礼记》:“刑之尚可降位,若夫千里之任，不能充于郡，而县邑之功废，惜矣哉！”

【注】任：责任。

【释义】指远行千里的重任。喻重任。

【书证】南朝·梁·萧绎《金楼子·卷六·杂记篇十三上》：“是以效之齐秦之路，以逆千里之任。”三国·魏·吴质《答东阿王书》：“今处此而求大功，犹绊良骥之足，而责以千里之任。”

前古未闻 qián gǔ wèi wén
前所未闻 qián suǒ wèi wén

【词源】西汉·戴圣《礼记·檀弓上》：“狄仪有同母异父之昆弟死，问于子夏。子夏曰：‘我未之前闻也！’”

【释义】以前从来没有听说过。

【书证】南朝·宋·范晔《后汉书·西域传赞》：“西域风土之载，前古未闻也！”清·纪昀《阅微草堂笔记·滦阳续录一》：“案相人之法，见于《左传》，其书《汉志》亦着录，惟太素脉、揣骨二家，前古未闻。”宋·周密《齐东野语·黄婆》：“此事前所未闻，是知穷荒绝徼，天奇地怪，亦何所不有，未可以见闻所未及，遂以为诞也！”

强弩之末 qiáng nǔ zhī mò
强弩末矢 qiáng nǔ mò shǐ

【词源】西汉·司马迁《史记·韩安国列传》：“强弩之极，矢不能穿鲁缟。”《汉书·韩安国传》：“且臣闻之，冲风之衰，不能起毛羽；强弩之末，力不能入鲁缟。”

【释义】强弩所发的矢，飞行已达末程。比喻强大的力量已经衰弱，起不了什么作用。

【书证】《旧唐书·列传第三·李密》：“又强弩之末，理无穿于鲁缟；冲风余力，讵能动于鸿毛。”

【考据】韩安国：邯郸市成安县人。

樵苏不爨 qiáo sū bú cuàn
樵苏失爨 qiáo sū shī cuàn

【词源】西汉·司马迁《史记·淮阴侯列传》：“广武君李左车说成安君陈余曰：‘臣闻千里馈粮，士有饥色，樵苏后爨，师不宿饱。’”

【注】樵苏：打柴。爨：煮饭。

【释义】打来柴草却做不成饭。比喻贫困。亦作“樵苏失爨”。

【书证】三国·魏·应璩《与侍郎曹长思书》：“幸有袁生，时步玉趾，樵苏不爨，清谈而已，有似周党之过闵子。”唐·卢鸿一《嵩山十志·十首·樾馆》：“粤有宾兮时戾止，樵苏不爨兮清谈已，永岁终朝兮常若此。”明·宋濂《桑仁卿传》：“仁卿固安贫，终日樵苏不爨，项无纤介见于容容。”清·吴伟业《偶成》之十二：“冠栉懒施高枕，樵苏失爨清谈。”

【考据】李左车：秦汉之际人。初仕赵王歇，封广武君。韩信率汉兵击赵，李左车说主将陈余深沟高垒勿战而出奇兵绝汉军粮道。陈余不听。韩信败赵兵，杀陈余，俘李左车，以礼相待。李归附韩信，为谋士。

巧为奏 qiáo wéi zòu

【典源】东汉·班固《汉书·王莽传》：“封嘉为师礼侯，嘉子七人皆赐爵关内侯。后又封为淑德侯。长安为之语曰：‘欲求封，过张伯松；力战斗，不如巧为奏。’”

【释义】讥讽人巧言媚上，谋取官职。

【书证】明·顾炎武《淄川行》：“张伯松，巧为奏，大纛（dào）高牙拥前后。罢将印，归里中，东国有兵鼓逢逢。”

【考据】王莽专权以后，汉安众侯刘崇与相张绍率众反，败。张绍从弟张竦（字伯松）、刘崇族父刘嘉惧，主动上书，称颂王莽，斥挞刘崇张绍。王莽高兴，不仅赦免了他们，而且封刘嘉为帅礼侯，嘉七子皆赐爵关内侯。后又封张竦为淑德侯。长安人为此流传说：若要求封，去找张伯松；拼命战斗，不如巧为奏。

秦氏髻 qín shì jì

【典源】西汉·乐府集《陌上桑》：“秦氏有好女，自名为罗敷。”“头上倭堕髻，耳中明月珠。”

【注】倭堕髻：汉代流行的一种女子发型。明月珠：夜明珠。

【释义】指美女发式。

【书证】唐·韦庄《晚春》：“娥娥秦氏髻，皎皎洛川神，月月应相笑，年年醉病身。”

秦氏楼 qín shì lóu

【典源】西汉·乐府集《陌上桑》：“日出东南隅，照我秦氏楼。”

【释义】喻指美女的住所。亦作“秦楼”。

【书证】唐·长孙佐辅《关山月》：“忽忆秦楼妇，流光应共有。”宋·胡仲弓《秦氏楼》：“秦氏楼中双飞燕，楼前柳絮沾人衣。"

秦氏女 qín shì nǚ

【典源】西汉·乐府集《陌上桑》："秦氏有好女，自名为罗敷。"

【释义】比喻美女。

【书证】隋·薛道衡《昔昔盐》："垂柳覆金堤，蘼芜叶复齐。水溢芙蓉沼，花飞桃李蹊。采桑秦氏女，织锦窦家妻。关山别荡子，风月守空闺。恒敛千金笑，长垂双玉啼。盘龙随镜隐，彩凤逐帷低。飞魂同夜鹊，倦寝忆晨鸡。暗牖悬蛛网，空梁落燕泥。前年过代北，今岁往辽西。一去无消息，那能惜马蹄。"唐·岑参《敷水歌送窦渐入京》："罗敷昔时秦氏女，千载无人空处所。"唐·权德舆《薄命篇》："丽质全胜秦氏女，藁砧宁用专城居。"

寝苫枕干 qǐn shān zhěn gàn
寝苫枕戈 qǐn shān zhěn gē

【词源】西汉·戴圣《礼记·檀弓上》："子夏问与孔子曰：'居父母之仇如之何？'孔子曰：'寝苫枕干不仕，弗与共天下也！'"

【注】苫：用草编成的盖东西或垫东西的器物。干：盾牌。

【释义】睡在草苫上，枕着盾牌。喻时刻不忘报仇。

【书证】明·刘基《春秋明经·考仲子之宫筑王姬之馆于外》："以大义言之，则公也方当寝苫枕戈之时，而与仇人主婚姻之礼，不亦悖乎！"

轻财重义 qīng cái zhòng yì
轻财好义 qīng cái hào yì
轻财贵义 qīng cái guì yì

【词源】西汉·元王皇后《赐公孙弘子孙当为后者爵诏》："维汉兴以来，股肱宰臣身行俭约，轻财重义，较然着明。"

【释义】指轻视财利而看重道义。

【书证】《魏书·恩幸传·王超》："超爱好人物，轻财重义。"唐·周昙《三国门·鲁肃》："轻财重义见英奇，圣主贤臣是所依。"明·何景明《杏林曲》："轻财重义世罕比，起死回生不自论。"

【考据】元王皇后即西汉元帝皇后王政君，王莽之姑，史称"元后"。魏郡元城人，即今邯郸大名县人。

倾耳而听 qīng ěr ér tīng

【词源】西汉·戴圣《礼记·孔

子闲居》:"倾耳而听之,不可得而闻也!"

【释义】侧着耳朵来听。指注意听取。

【书证】晋·陈寿《三国志·魏书·卷十七》:"而言于太祖曰:'二袁未破,诸城未下者倾耳而听,今日灭易阳,明日皆以死守,恐河北无定时也!'"

清明在躬 qīng míng zài gōng

【词源】晋·陈寿《礼记·孔子闲居》:"清明在躬,气志如神,嗜欲将至,有开必先。"孔颖达疏:"清明在躬者,清谓清静,明谓显着,言圣人清静光明之德在于躬身。"

【释义】本指清明之德在身。后用来指人处于精力充沛、神志清晰的最佳状态。

【书证】唐·张元晏《皇第十一男祯封雅王第十二男祥封琼王制》:"第十一男祯,忠肃挺秀,清明在躬,孝敬本于生知,端粹资乎神授。"梁启超《饮冰室文集·二·万木草堂小学学记·养心》:"学者初学多属伏案之时,遇事盖少,但能每日静坐一二小时,求其放心,常使清明在躬,志气如神,梦剧不乱,宠辱不惊,他日一切成就,皆基于此。"

情见势屈 qíng xiàn shì qū

【词源】西汉·司马迁《史记·淮阴侯列传》:"今将军欲举倦罢(疲)之兵,顿之燕坚城之下,欲战恐久,力不能拔,情见势屈,旷日粮竭,而弱燕不服,齐必距境以自强也。"

【注】情:实情。见:通"现",暴露、显出。势:威势。屈:挫减。

【释义】真情暴露了,原来的威势就会受到挫减。

【书证】晋·陈寿《三国志·魏志·荀彧传》:"公以十分居一之众,画地而守之,扼其喉而不得进,已半年矣!情见势竭,必将有变,此用奇之时,不可失也。"

【考据】这是赵广武君李左车对韩信所讲的一番话(当时李左车已降韩信)。广武君道:"您韩将军一举破赵,诛统帅成安君,擒赵王歇,名闻海内,威震天下,这是将军之所长。然而您的士卒倦疲了,接着兴师动众,去攻打坚守城池的燕国,恐怕费时久而不能克。这样,您军队的实际情况暴露出来了,兵势也就受到挫减;时间一拖长,军粮就短缺。如此,弱小的燕国都征服不了,齐国也就必然抗拒了。"

情有可原 qíng yǒu kě yuán

情有可矜 qíng yǒu kě jīn

【词源】南朝·宋·范晔《后汉书·霍胥传》："光之所坐，情既可原，守阙连年，而终不见理。"

【释义】按情理，有可原谅的地方。

【书证】唐·吴兢《贞观政要·刑罚》："比来有司断狱，多据律文，虽情有可矜而不敢违法，守文定罪，或恐有冤。"宋·李涛《续资治通鉴·宋纪三十六》："远民无知犯法，终身不得还乡里，岂朕意乎！察其情有可矜者，听遣还。"明·冯惟敏杂剧《僧尼共犯》："成就二人，是情有可矜。"

【考据】霍谞为东汉魏郡邺人，即邺县人。《中国历史地名大辞典》载，东汉时的邺县，治所在邺，即今邯郸市临漳县邺镇。

庆吊不行 qìng diào bù xíng

庆吊不通 qìng diào bù tōng

【词源】南朝·宋·范晔《后汉书·荀爽传》："爽遂耽思经书，庆吊不行，征命不应。"

【注】庆：贺喜。吊：吊丧。

【释义】不向人贺喜，不向人吊丧。喻不相往来。也指关系疏远。

【书证】章太炎《平等论》："是（此）四类者，庆吊不通，婚媾不遂，载在册府，世世无有移易。"

穷达有命 qióng dá yǒu mìng

穷通皆命 qióng tōng jiē mìng

【词源】东汉·荀悦《汉纪·平帝纪》："是故穷达有命，吉凶由人。"

【注】穷：不得志。达：通达，顺利。

【释义】得志和不得志都是命中注定的，祸福是由人决定的。喻贫困和显贵都是命中注定的，人力无法改变，是一种宿命论。

【书证】《宋书·沉攸之传》："攸之晚好读书，手不释卷，《史》、《风》事多所谙忆，常叹曰：'早知穷达有命，恨不十年读书。'"清·赵翼《璞函落第后入直军机诗以调之》："丈夫穷达会有命，不如读书饱胸臆。"

穷凶极恶 qióng xiōng jí è

【词源】东汉·班固《汉书·王莽传》："及其（王莽）窃位南面，处非所居，颠覆之势险于桀纣，而莽晏然自以为黄、虞复出也。乃始恣睢，奋其威诈，滔天虐民，穷凶极恶，毒流诸夏，乱延蛮貉，犹未足逞其欲焉。”

【注】穷：极端。

【释义】形容极端残暴凶恶。亦作“穷凶极虐”等。

【书证】晋·陈寿《三国志·卷四十七·吴书·吴主权传》：“始于董卓，终于曹操，穷凶极恶，以覆四海。”

穷源竟委 qióng yuán jìng wěi

【词源】西汉·戴圣《礼记·学记》：“三王之祭川也，皆先河而后海，或源也，或委也，此之谓务本。”

【注】穷：尽。委：末端。

【释义】穷究水的源头和水流的末尾，探寻查清河道的源流。指探求事物的源流始末。

【书证】清·章学诚《文史通义·永清县志舆地图序列》：“昔司马氏（迁）创定百三十篇，但知本周谱而作表，不知溯夏鼎而为图。呜呼！马班以来，二千年矣，曾无创其例者，此则穷源竟委，深为百三十篇惜矣！”清《唐才常集·辨惑上》：“况乃造物日新之理，显储一电化无穷之学，供他日大同之取用。然则生兹世界，虽不能穷源竟委，亦宜稍引端绪，为后人遵循之的。”

秋毫帝力 qiū háo dì lì

【词源】东汉·班固《汉书·卷三十二·张耳陈余传第二》：“七年，高祖从平城过赵，赵王旦暮自上食，体甚卑，有子婿礼。高祖箕踞骂詈，甚慢之。赵相贯高、赵午年六十余，故耳客也，怒曰：‘吾王孱王也！’说敖曰：‘天下豪桀并起，能者先立，今王事皇帝甚恭，皇帝遇王无礼，请为王杀之。’敖啮其指出血，曰：‘君何言之误！且先王亡国，赖皇帝得复国，德流子孙，秋毫皆帝力也。愿君无复出口。’”

【注】赵王：张耳之子张敖。张敖死后，他嗣立为王，尚高祖长女鲁元公主。

【释义】全都是皇帝给予的。指对君王感恩戴德。

【书证】宋·宋祁《再入翰林》：“况自秋毫皆帝力，何言旧物是吾家。”宋·苏颂《七弟示诗后又改缘字为川字因再次韵》：“秋毫知帝力，清白自家传。”元·安南国·陈益稷《大明殿侍宴》：“孤孽秋毫皆帝力，愿殚忠赤报深恩。”明·汤显祖《内弟吴继文诉家口绝谷有叹》：“秋毫自帝力，害气吾人召。”

【考据】前200年，刘邦过赵，赵王张敖以子婿礼相待。刘邦态度傲慢。赵相贯高、赵午建议杀刘邦，张敖认为自己的一切都是刘邦给予的，拒绝了他们。

趋利避害 qū lì bì hài

【词源】东汉·霍谞《奏记大将军梁商》："至于趋利避害，畏死乐生，亦复均也。"

【注】趋：奔向。

【释义】奔向有利的一面，而避开有害的一面。

【书证】《明史·徐学诗传》："而精悍警敏，揣摩其中，足以趋利避害。"

【考据】霍谞为东汉魏郡邺人，即邺县人。《中国历史地名大辞典》载，东汉时的邺县，治所在邺，即今邯郸市临漳县邺镇。

全受全归 quán shòu quán guī

【词源】西汉·戴圣《礼记·祭义》："父母全而生之，子全而归之，可谓孝矣。不亏其体，不辱其身，可谓全矣！"

【释义】封建礼教认为人的身体来自父母，应当以完整无损的身体还给父母。喻完好无亏地接受，完美无亏地归还。

【书证】太平天国·洪仁玕《英杰归真》："只闻古有孝子曾参，全受全归，发肤无有毁伤者。"胡适《读〈吕氏春秋〉一》："孝的宗教教人尊重父母的遗体，要人全受全归，要人不敢毁伤身体发肤，要人不敢以父母之遗体行殆，这里也有一种全生贵己的意思。"

权宜之计 quán yí zhī jì

【词源】西汉·司马迁《史记·张耳陈余列传》："耳、余说武臣曰：'王王赵，非楚意，特以计贺王。'"

【注】颜师古："言力不能制，且事安抚为权宜之计。"权：姑且。宜：适应。

【释义】指为暂时应对某种情况而采取的变通方法。

【书证】南朝·宋·范晔《后汉书·王允传》："及在际会，每乏温润之色，仗正持重，不循权宜之计，是以群下不甚附之。"明·冯梦龙《醒世恒言》："我叫你去，不过权宜之计，如何却做出这般没天理事体？"姚雪垠《李自成》第二卷第十五章："自成心中认为成立娘子军只是一时权宜之计，往后怎么个办法，他还没有想妥当。"

拳拳服膺 quán quán fú yīng

【源于】西汉·戴圣《礼记·中庸》:“回之为人也,择乎中庸,得一善,则拳拳服膺而弗失之矣!”

【注】拳拳:诚恳的样子。服膺:谨记在心。回:颜回。

【释义】诚恳信服,铭记在心。

【书证】元·王恽《题杜氏近仁堂(其六)》:“颜子拳拳善服膺,岂徒归美重名称。”梁启超《新民说》第十八节:“其拳拳服膺者,始终仍此一义,更无他也。”李大钊《真理之权威》:“故吾人执笔以临社会,其当拳拳服膺,严矢勿失者,一在查事之情,二在推论之正。”

犬足生牦 quǎn zú shēng máo

【典源】南朝·宋·范晔《后汉书·冯岑贾传》附《岑熙》:“(岑熙)尚安帝妹涅阳长公主,少为侍中,虎贲中郎将,朝廷多称其能。迁魏郡太守,招聘隐逸,与参政事,无为而化。视事二年,舆人歌之曰:‘我有枳棘,岑君伐之。我有蟊贼,岑君遏之。狗吠不惊,足下生牦。含哺鼓腹,焉知凶灾。我喜我生,独丁斯时。美矣岑君,于戏休兹。’”

【释义】东汉岑熙在魏郡当太守时,颇有政绩。群众感激他对民众的恩情。社会安定,天下太平,犬无追吠,足下都生了毛。喻太平盛世。

【书证】北宋·苏轼《于潜令刁同年野翁亭》:“我来观政问风谣,皆云吠犬足生牦。”

【考据】魏郡,治所在邺县,今邯郸市临漳县。

R

人存政举 rén cún zhèng jǔ
政举人存 zhèng jǔ rén cún
人亡政息 rén wáng zhèng xī

【词源】西汉·戴圣《礼记·中庸》:“哀公问政,子曰:‘文(王)武(王)之政,布在方策,其人存,则其政举;其人亡,则其政息。’”

【释义】原意是为政决定于人,得其人则政行,不得其人则政废。后指执政的人在,他的施政方略就能推行。其死后,他生前所施行的政治措施便随之废弃。

【书证】唐·于邵《全唐文·京兆府司录加秩记》:“政之小大,自我褒贬,若网之在纲,犹衣之有领,会人存政举,所益者多。”唐·杜牧《韦有翼除御史中丞制》:“昔贞观、开元之为理也……纲目皆振，法令必行，祖宗在天，方册在地，人存政举，行之非艰。”明·张居正《张文忠公全集·书牍八·答河道吴自湖言蠲积逋疏海口》：“以此知天下事无不可为之事，人存政举，非虚语也！”清·魏秀仁《花月痕》第四十六回：“只这议论，都是认真担当天下事的文字，人存政举，便自易易。”

人浮于食 rén fú yú shí

人浮于事 rén fú yú shì

【词源】西汉·戴圣《礼记·坊记》：“故君子与其使食浮于人也，宁使人浮于食。”

【注】郑玄：“食，谓禄也，在上曰浮。禄胜己则近贪，己胜禄则近廉。”浮：超过，多余。

【释义】原意是个人的贡献大于所得到的俸禄。后用以形容人多事少，超过需要。

【书证】唐·权德舆《尚书度支郎中赠尚书左仆射正平节公裴公神道碑铭序》：“惟正平节公以恺悌文敏为二千石尚书郎，人浮于食，位不配德。”清·张春帆《宦海》第九回：“老兄还没晓得这里的情形，实在人浮于事，安插不来。”罗广斌、杨益言《红岩》第二十五章：“不管台湾如何人浮于事，他仍然可以成为保密局的台柱。”

人亡政息 rén wáng zhèng xī

【词源】西汉·戴圣《礼记·中庸》：“文武之政，布在方策。其人存，则其政举。其人亡，则其政息。孔颖达疏：‘其人，谓贤人……若得其人，道德存在，则能兴行政教。若位无贤臣，政所以灭绝也！’”

【注】息：停止。

【释义】为政在于人，贤哲不在位，好的政治就会废止。

【书证】宋·徐铉《翰林学士江简公集序》：“成天下务者，存乎事业；通万物之情者，存乎文辞。然则日月不亡知，人亡政息，瞻之则渺然在羲轩之上，蹈之则肃然若旦暮之间。”

人心难测 rén xīn nán cè

人心莫测 rén xīn mò cè

【词源】西汉·司马迁《史记·淮阴侯列传》：“始常山王、成安君为布衣时，相与为刎颈之交……此二人相与，天下至欢也。然而卒相禽者，何也？患生于多欲，而人心难测也。”

【释义】喻指人的心思难以揣

测。亦做“人心莫测”。

【书证】明·凌濛初《二刻拍案惊奇》卷二十：“看官你道赚去商家物事的，和是那个？真个是人心难测，海水难量。原来就是贾廉访。”明·李汝珍《镜花缘》第二十五回：“宫娥面前，凡有言谈，亦须仔细。诚恐人心难测，性命不保。”

【考据】常山王张耳后为赵王。曾与成安君陈余为刎颈之交。后两人反目为仇。

人一己百 rén yī jǐ bǎi
人一己十 rén yī jǐ shí

【词源】西汉·戴圣《礼记·中庸》：“人一能之，己百之；人十能之，己千之。果能此道矣，虽愚必明，虽柔必强。”

【释义】别人花一份力气，自己需要百倍的力气。指不甘落后，以顽强的努力赶上别人。

【书证】宋·朱熹《朱子语类》卷六十四：“或问人一己百，人十己千，曰：‘此是言下功夫，人做得一分，自己做百分。’”

人欲横流 rén yù héng liú

【词源】西汉·戴圣《礼记·乐记》：“夫物之感人无穷，而人之好恶无节，则是：物至而人化物也。人化物也者，灭天理而穷人欲者也！”

【注】郑玄：“穷人欲，言无所不为。”人欲：人的欲望，嗜好。横流：泛滥，放纵。

【释义】指社会风气败坏，人们情欲放纵，无所不为。

【书证】宋·朱熹《朱子语类》：“世衰道微，人欲横流，若不是刚介有脚跟底人，定立不住。”元·赵孟頫《松雪斋集·外集·御集百本经序》：“以因因而证果果，由本本以达原原，警人欲之横流，契佛心之正觉。”

仁至义尽 rén zhì yì jìn

【词源】西汉·戴圣《礼记·郊特牲》：“蜡之祭，仁之至，义之尽也。”

【注】仁：同情、友爱的思想感情。至：极。义：正确的道理或举动，泛指道德规范或合乎道德规范的行为。尽：到头了。

【释义】对人的规劝和帮助已达到最大限度。多指对走上迷途的人的规劝尽了最大的努力。

【书证】宋·陆游《剑南诗稿·卷七十七·秋思》：“虚极静笃道乃见，仁至义尽余何忧。”茅盾《蚀·动摇》：“他相信自己并没错而且亦已仁至义尽。”

日不移晷 rì bù yí guǐ

【词源】东汉·班固《汉书·王莽传》：“人不还踵，日不移晷。霍然四除，更为宁朝。”

【注】晷：日影，引申为时光。

【释义】日影没有移动。比喻只一刹那，形容时间极短。

【书证】晋·张载《平吴颂》：“日不移晷，群丑率从。”宋·洪适《隶释·汉巴郡太守张纳碑》：“日不移晷，收功献捷。”

日新月异 rì xīn yuè yì
日异月新 rì yì yuè xīn

【词源】西汉·戴圣《礼记·大学》：“汤之盘铭曰：‘苟日新，日日新，又日新。’”

【注】新：更新。异：不同。

【释义】天天更新，月月不同。喻发展进步快，新事物、新气象不断出现。

【书证】明·沈德符《万历野获编补遗·畿辅·元夕放灯》：“恰已一百九十九年，四海承平日久，辇下繁富百倍，外方灯市之盛，日新月异，诸司堂属，俱放假邀游。”清·李渔《闲情偶记·结构第一》：“岂非闺阃以内，便有日异月新之事乎？”清·吴趼人《痛史·叙》：“教科之书，日新月异。”孙中山《上李鸿章书》：“此泰西各种学问所以日新月异而岁不同者，有此鼓励之方也。”

日省月试 rì xǐng yuè shì
日省月课 rì xǐng yuè kè

【词源】西汉·戴圣《礼记·中庸》：“日省月试，既廪称事，所以劝百工也！”

【注】省：检查。试：考试，检验。既：“饩”（xì）的假借字，谷物。既廪：饮食粮廪。

【释义】每日每月有考察。指经常进行检验考核。

【书证】唐·贾悚《赞皇公李德裕碑》：“至夫铄金割革之程制，耳目声之容饰，日省月试，莫匪躬亲，于是师徒威悦，人百其武，而正成于戎族矣！”宋·赞宁《宋亭僧传·唐蕲州东山弘忍传》：“信（禅师）每渐之旨，日省月试之。”《魏书·李彪传》：“日省月课，实劳神虑。”

如见肺肝 rú jiàn fèi gān

【词源】西汉·戴圣《礼记·大学》：“人之视己，如见其肺肝然，则何益矣？此谓诚于中，形于外，故君子必慎其独也。”

【注】《礼记·大学》有一章书的内容是解释圣经所讲“诚意”两字的含义。文章认为一个人如真有诚意，就必须慎独。文章说：不慎独的小人，当着闲居独处的时候，以为别人看不见自己，放大了胆，做那不正当的事，甚至无恶不作。等到见了诚意的君子以后，就想去遮掩自己的罪行劣迹，表白自己的善行。殊不知在人家看来，就像看见他的肝脏、肺脏一般，万万遮盖不过的。这样做有什么益处呢？这正像古人所说的那样，一个人如有作恶的事实在心中，一定会显出某些迹象来。所以说，诚意的君子一定要慎独。

【释义】如同看透肺肝一般。肺肝：指人体内脏。比喻心里想些什么，人们看得一清二楚。多用于贬义。

【书证】阿英《晚清文学丛钞·大马扁·第四回》：“奈畲成各视他如见肺肝，任他说得天花乱坠，总如充耳不闻。”

入境问禁 rù jìng wèn jìn

入境问俗 rù jìng wèn sú

【词源】西汉·戴圣《礼记·曲礼上》：“入竟而问禁，入国而问俗，入门而问讳。”

【注】竟：通“境”。入国：进入别的国家。

【释义】到别的国家去，先要了解那里的风俗习惯。

【书证】北宋·苏轼《密州诉上表》：“入境问俗，又复过于所期。”沈从文《雪晴》：“我因为记得一句俗话‘入境问俗’，单经人提及过，可绝想不到自己参加了这一角。”

入门问讳 rù mén wèn huì

【词源】西汉·戴圣《礼记·曲礼下》：“入竟（境）而问禁，入国而问俗，入门而问讳。”

【注】讳：避讳。竟：通“境”。

【释义】到别人家中拜访，先要了解主人家的避讳，免得犯讳。

【书证】清·文康《儿女英雄传》：“嘱咐他见了姑娘，千万莫问她有人家没人家的这句话，是个入门问讳的意思。”

弱冠之年 ruò guān zhī nián

【词源】西汉·戴圣《礼记·曲礼上》：“二十曰弱冠。”

【注】孔颖达疏：“二十成人初加冠，体犹未壮，故曰弱也！”弱冠：古代的一种礼仪，男子 20 岁

举行冠礼，表示已经成年。

【释义】指男子 20 岁左右的年龄。

【书证】明·周朝俊《红梅记·泛湖》：“小生姓裴名禹……将及弱冠之年，尚迟毕姻之约。”清·吴骞《拜经楼诗话》卷四：“吴修龄（乔）论七子云：‘所谓才子者，须是王子安（勃）若冠之年，学问文章，如江如海，乃可称之。’”

S

三从四德 sān cóng sì dé
四德三从 sì dé sān cóng

【词源】西汉·戴德《大戴礼记·本命》：“妇人，伏于人也。是故无专制之义，有三从之道，在家从父，适人从夫，夫死从子……孝，德之始也；悌，德之序也；信，德之厚也；忠，德之正也！”

【释义】指封建礼教束缚妇女的道德标准。

【书证】《敦煌词·云谣集杂曲子·凤归云（其二）》（《全唐五代词·七》）：“训习礼仪足，三从四德，针指分明。”无名氏《两军师隔江斗智》第二折（《元曲选》）：“从来不出闺门里，羞答答怎便将男儿细窥？则我这三从四德幼闲习，既嫁鸡须逐他鸡。”闻一多《妇女解放问题》：“从历史上看中国的女性，就是奴性的同义词，三从四德就是奴性的内容。”元·王实甫《西厢记》第五本第四折：“娶了个四德三从宰相女。”

三谏之义 sān jiàn zhī yì

【典源】西汉·戴圣《礼记·曲礼下》：“为人臣之礼，不显谏，三谏而不听，则逃之。”

【释义】如果臣子谏君连续多次而不听，应停止进谏，并离开君王。古人认为这是尽了为臣的大义和正道。喻指臣谏君要适可而止。

【书证】唐·窦常《谒三闾庙》诗：“君非三谏寤，礼许一身逃。”

桑间濮上 sāng jiān pú shàng

【词源】西汉·戴圣《礼记·乐记》：“桑间濮上之音，亡国之音也！”

【注】桑间：春秋时卫国地名，在濮水之上。郑玄注：“濮水之上，地有桑间者，亡国之音于此之水出也。昔殷纣使师延作靡靡之乐，已而自沉于濮水。后师涓过焉，夜闻而写之，为晋平公鼓之，是之谓也。桑间在濮

阳南。”

【释义】指男女幽会的场所。也指流行淫邪音乐的地方。

【书证】东汉·班固《汉书·地理志下》:“卫地有桑间濮上之阻,男女亦亟聚会,声色生焉。”鲁迅《随感录六十二·恨恨而死》:“桑间濮上如何情形,自由恋爱怎样态度?”郭沫若《蔡文姬·第四幕》第三场:“我弹的不是靡靡之音,我唱的也不是桑间濮上之辞,我所弹的唱的就是我自己作的《胡笳十八拍》,是诉述自己的悲哀。”

山节藻棁 shān jié zǎo zhuō

【词源】西汉·戴圣《礼记·明堂位》:“山节藻棁……天子之庙饰也!”

【注】山节:刻成山形的斗拱。藻棁:梁上有彩画的短柱。古代帝王的庙饰。

【释义】后用以喻居处豪华奢侈,越等僭礼。

【书证】钱钟书《谈艺录·李长吉诗》:“故李宾之《怀麓堂诗话》谓其有山节藻棁,而无梁栋。”

善颂善祷 shàn sòng shàn dǎo

【词源】西汉·戴圣《礼记·檀弓下》:“晋献文子成室,晋大夫发焉。张老曰:‘美哉轮焉!美哉奂焉!歌于斯,哭于斯,聚国族于斯。’文子曰:‘武也,得歌于斯,哭于斯,聚国族于斯,是全要领以从先大夫于九京(原)也!’北面再拜稽首。君子谓之善颂善祷。”

【注】颂:颂扬。祷:祝告。孔颖达疏:“晋大夫发焉者,发礼也。……张老因美而讥之,故为善颂;文子闻过即服而拜,故为善祷。”

【释义】善于颂扬,善于祝颂。喻赞美能在颂扬中隐寓规讽。

【书证】《宋史·东志十四》:“善颂善祷,三加弥尊。”宋·张扩《东窗集·宰执贺彪形大汉启》:“虽莫陪旅进旅退之俦,窃私怀善颂善祷之诗。”

上好下甚 shàng hào xià shèn

【词源】西汉·戴圣《礼记·缁衣》:“上好是物,下必有甚者矣。故上之所好恶,不可不慎也!”

【注】好:喜爱。甚:超过,胜过。

【释义】在上的人爱好什么,在下的人一定群起效法,而且会有人表现得更为严重。指处于领导地位的人其爱好所产生的负面影响极大。

【书证】南朝·宋·范晔《后汉书·党锢传序》:“夫上好则下必甚,矫枉故直必过,其理然矣!”清·计六奇《明季北略·陈启新疏三大病根》:“上好下甚,日趋日极,今天下危矣!”

少成若性 shào chéng ruò xìng

【词源】西汉·戴德《大戴礼记·保傅》:“孔子曰:‘少成若性,习贯之为常。’”

【注】性:本性,天性。

【释义】年少时养成的习惯,就像天性一样。

【书证】明·黄宗羲《蕺山学案》:“故曰少成若性,其性而为习焉。习不可慎乎?”清·西泠野樵《绘芳录》第二十七回:“即其少以忆其时,不早鉴夫少成若性也哉?”

设身处地 shè shēn chǔ dì

【词源】西汉·戴圣《礼记·中庸》:“体群臣也。”

【注】朱熹:“体,谓设以身处其地而察其心也。”这是孔子答鲁哀公关于治国之道的一段话。春秋时,鲁哀公知道孔子通晓治国之道,常常向他请教治国的方法。孔子对哀公说:“治理国家是一件不容易的事,大凡国君行政,要注意这样九个问题:一要自觉修身养性;二要尊重贤德之人;三要亲密王公贵族;四要敬重在朝辅助的大臣;五要设身处地体察官员的苦衷;六要爱护老百姓;七要能吸引住各种手艺人;八要体恤从远方来的生意人;九要对诸侯实行怀柔政策。这九个问题,当国君的万万不可不注意。”

【释义】设想自己处在那种境地该怎么办。设:设想,常指为他人考虑。

【书证】清·李渔《闲情偶寄·宾白第四》:“若非梦往神游,何谓设身处地。”老舍《四世同堂·二十三》:“就是丧事,他也还是‘争先恐后’的去呢,去看,去消遣。他不便设身处地的去想丧生的悲苦;那么一来,他就会‘自讨没趣’。”巴金《新声集》:“任何一个知识分子,只要设身处地跟老丘比一下,他一定会看出自己的毛病来。”

社稷之臣 shè jì zhī chén

【词源】西汉·戴圣《礼记·檀弓下》:“有臣柳庄也者,非寡人之臣,社稷之臣也!”

【注】社稷：古代帝王、诸侯所祭的土地神和谷神，代称国家。

【释义】春秋时对做大国附庸的小国的称谓，后多指辅佐君王安邦治国的栋梁之臣。

【书证】宋·秦观《拟郡学试近世社稷之臣论》："古之所谓社稷之臣者至矣，忠足以竭才性之分，敏足以应事物之变。"元·李文蔚《蒋神灵应》第二折："若论此子，乃社稷之臣，栋梁之材。"《元曲选外编·无名氏〈射柳棰丸〉第一折》："临大节，决大事，垂绅正笏，不动声色，而措天下如泰山之安，谓之社稷之臣。"

身体力行 shēn tǐ lì xíng

【词源】西汉·戴圣《礼记·中庸》："好学近乎知，力行近乎仁，知耻近乎勇。知斯三者，则知所以修身；知所以修身，则知所以治人；知所以治人，则知所以治天下国家矣。"

【注】身：亲身。体：体验，实践。力：努力，尽力。行：做。

【释义】亲身实践，努力去做。

【书证】明·章懋《枫山章先生集·卷三·答东阳徐子仁书》："但不能身体力行，则虽有所见，亦无所用。"清·文康《儿女英雄传》第三十六回："门生父亲，平日却是认定一片性情，一团忠恕，身体力行。"郭沫若《甲申三百年祭》："自成自己更很能够身体力行，他不好色，不饮酒，不贪财利，而且十分朴素。"

深藏若虚 shēn cáng ruò xū

【词源】西汉·戴德《大戴礼记·曾子制言上》："良贾深藏如虚，君子有盛教如无。"

【注】司马贞索隐："良贾谓善货卖之人。贾音古。深藏谓隐其宝货，不令人见，故云'若虚'。而君子之人，身有盛德，其容貌谦退有若愚之人然。"

【释义】把宝货隐藏得很深，表面上好像空无所有。后用来喻有修养有造诣的人，外表总是谦虚退让。

【书证】宋·赞宁《宋高僧传·四·唐太原崇福寺浮丘传》："然讷于宣剖，敏于通解，深藏若虚，庸庸品类多所不知。"《五色石》："少年有才的往往浮露，今宗生深藏若虚，恂恂如不能语，却也难得。"明·卢象升《疏牍·决策待战疏》："彼怯我而逡巡以去则已，若愤我而突如其来，即选奇兵出塞，指授机宜，张疑暗击，其余强兵壮马深藏若虚，不露情形。"

慎独 shèn dú

【词源】西汉·戴圣《礼记·中庸》："道也者，不可须臾离也，可离非道也。是故君子戒慎乎其所不睹，恐惧乎其所不闻。莫见乎隐，莫显乎微。故君子慎其独也！"

【注】郑玄："慎独者，慎其闲居之所为。"慎：谨慎。独：独自。见（xiàn）：显现，明显。乎：于，在这里有比较的意思。

【释义】在别人见闻不及之处，自己的行为仍然谨慎不苟。

【书证】刘少奇《论共产党员的修养》："即使在他个人独立工作、无人监督、有做各种坏事的可能的时候，他能够'慎独'，不做任何坏事。"

生财有道 shēng cái yǒu dào

【词源】西汉·戴圣《礼记·大学》："是故生财有大道。生之者众，食之者寡，为之者疾，用之者舒，则财恒足矣。"

【注】生财：增加财富。道：路，引申为方法，办法。

【释义】有增加收入、创造财富的方法。

【书证】宋·章定《名贤氏族言行类稿》："勋曰：'生财有道，理财有义，用财有法。'"元·钱霖《哨遍》套曲："干生受，生财有道，受用无由。"

生知安行 shēng zhī ān xíng

【词源】西汉·戴圣《礼记·中庸》："或生而知之，或学而知之，或困而知之；及其知之，一也。或安而行之，或利而行之，或勉而行之；及其成功，一也！"

【释义】指生来就知道天下通行的大道并能从容安然地实行。

【书证】明·王守仁《传习录》卷上："尽心知性知天，是生知安行事。"中国近代史资料丛刊《太平天国·行军总要》："东王具生知安行之资……功烈迈平前人，恩威超乎后世。"

生众食寡 shēng zhòng shí guǎ

【词源】西汉·戴圣《礼记·大学》："生财有大道。生之者众，食之者寡，为之者疾，用之者舒，则财恒足矣！"

【注】寡：少。

【释义】喻生产的多，消费的少。

【书证】《清史稿·食货志一》："道、咸以降，新政繁兴，孽孽谋利，而于古先圣王生众食寡，为疾用舒之道，昧焉不讲。"

失之毫厘，差之千里
shī zhī háo lí chà zhī qiān lǐ

差以毫厘，谬以千里
chà yǐ háo lí miù yǐ qiān lǐ

差之毫厘，谬以千里
chà zhī háo lí miù yǐ qiān lǐ

【词源】西汉·戴德《大戴礼记·保傅》："正其本，万物理；失之毫厘，差之千里；故君子慎始也！"

【注】失：错失。毫、厘：极小的长度单位。

【释义】形容极细微的差错，会造成严重的后果。

【书证】唐·冯用之《机论上》："语不相时则殆辱，薛冶谏其君也；默不相时则受谤，子家从，其贼也。所以失之毫厘，差之千里。"东汉·班固《汉书·司马迁传》："故易曰：'差以毫厘，谬以千里。'"《二程全书·遗书卷十五》："杨子为我亦是义，墨子兼爱则是仁，惟差之毫厘，谬以千里，直至无父无君。"

师出无名 shī chū wú míng

【词源】西汉·戴圣《礼记·檀弓下》："君王讨敝邑之罪，又矜而赦之，师与，有无名乎？"

【注】师：军队。名：名义，引申为理由。

【释义】谓出兵没有正当理由。

【书证】南朝·陈·徐陵《为陈武帝作相时与北齐广陵城主书》："辱告，承上党殿下及匹娄领军应来江右，师出无名，此是何义？"清·李渔《玉搔头·逆气》："所虑者师出无名，难以号令天下。"

师道尊严 shī dào zūn yán

【词源】西汉·戴圣《礼记·学记》："凡学之道，严师为难。师严然后道尊，道尊然后民知敬学。"

【注】师道：为师之道。严：尊敬。

【释义】师应该受到尊敬，他所传授的知识、道理才能得到尊重。后多指为师之道尊贵、庄严。

【书证】宋·韩淲《涧泉日记》："郑康成事马融，二年不得见，乃使高业弟子传授于玄……汉之师道尊严如此。"《元史·刘因传》："家居教授，师道尊严，弟子造其门者，随材器教之，皆有成就。"明·冯惟敏《海浮山堂词稿·二下·朝天子六首》："师道尊严，门墙清要，爱庐江风景好。"

十目所视，十手所指

shí mù suǒ shì shí shǒu suǒ zhǐ

十目所视 shí mù suǒ shì

【词源】西汉·戴圣《礼记·大学》："十目所视，十手所指，其严乎？"

【注】十：指数目众多。孔颖达疏："言所指视者众也！"

【释义】指人们的言行受很多人的注意，不可不谨慎。

【书证】宋·陆九渊《与严泰伯三首》之一："古人戒慎乎其所不睹，恐惧乎其所不闻，十目所视，十手所指，庸敢有戏论乎？"宋·洪迈《夷坚志补·临安武将》："妇人与生曰：'我日日自下而升，十目所视，终为人所疑。君若从而求就，以两便也！'"清·李绿园《歧路灯》第二十一回："这谭绍闻也觉得今日十目所视，十手所指，心中老大的不安。"《太平广记》卷二百七十四引《闽川名士传·欧阳詹》："既而南辕，妓请同行，生曰：'十目所视，不可不畏。'辞焉。"

士可杀不可辱

shì kě shā bù kě rǔ

【词源】西汉·戴圣《礼记·儒行》："儒有可亲而不可劫也，可近而不可迫也，可杀而不可辱也！"

【释义】士可以遭受杀害，而不可遭受侮辱。喻士大夫维护尊严、宁死不屈的气节。

【书证】《明史·王鏊传》："鏊谓谨曰：'士可杀不可辱。今辱且杀之，吾尚何颜居此？'"《痛史》第十八回："我并未投降，便是个客，如何叫我拜他来！士可杀不可辱……下拜是万万不能的！"

市无二价 shì wú èr jià

市不二价 shì bú èr jià

【词源】东汉·班固《汉书·王莽传》："又奏为市无二价，官无狱讼，邑无盗贼，野无饥民，道不拾遗，男女异路之制。"

【注】买卖没有两种价钱，买卖公道，不欺骗人。

【释义】形容社会风气好。

【书证】南朝·宋·范晔《后汉书·西域传第七十八》："其人质直，市无二价。"宋·苏轼《御试制科策》："古者天子取诸侯之土以为国均，则市无二价，四民常均。"

事必躬亲 shì bì gōng qīn

【词源】西汉·戴圣《礼记·月

令》:“王命布农事,命田舍东郊,皆修封疆,审端经术;善相丘陵、阪险、原隰、土地所宜,五谷所殖,以教道民,必躬亲之。”

【注】隰(xí):新开垦的田地。阪(bǎn):高低不平而又贫瘠的土地。殖:通“植”,栽种。躬亲:亲自。

【释义】凡事都是自己亲自去做。比喻做事认真,不懈怠。

【书证】清・李宝嘉《官场现形记》第五十九回:“甄学忠有这位老母舅照料,自然诸事一概靠托,乐得自己不问。于舅太爷却勤勤恳恳,事必躬亲,于这位外甥的事格外当心。”梁实秋《西雅图杂技・福德故居》:“福德是一个喜欢自己动手的人,所谓事必躬亲。”

势利之交 shì lì zhī jiāo

【词源】西汉・司马迁《史记・张耳陈余传赞》:“势利之交,古人羞之。”

【注】势:权势。利:利益。交:交往,交谊。

【释义】为权势利益而进行的交往,古人引以为耻。指趋炎附势的交情。

【书证】隋・王通《文中子・礼乐》:“以势交者,势倾则绝,以利交者,利穷则败,君子不与也!”

手舞足蹈 shǒu wǔ zú dǎo

【词源】西汉・戴圣《礼记・乐记》:“长言之不足,故嗟叹之;嗟叹之不足,故不知手之舞之,足之蹈之也!”

【注】蹈:顿足,踏地。

【释义】喻高兴到极点的样子。

【书证】宋・朱熹《近思录》卷之一:“天地万物之理,无独必有对,皆自然而然,非有安排也。每中夜以思,不知手之舞之,足之蹈之。”南朝・宋明帝《白纻篇大雅》(《乐府诗集》):“手舞足蹈欣泰时,移风易俗王化基。”明・施耐庵《水浒传》:“宋江写罢……不觉欢喜,自狂荡起来,手舞足蹈,又拿起笔来,去那《西江月》后再写下四句诗。”明・冯梦龙《醒世恒言》:“那些奴仆,因家主得了官,一个个手舞足蹈,好不兴头!”

手足无措 shǒu zú wú cuò

手足失措 shǒu zú shī cuò

【词源】西汉・戴圣《礼记・仲尼燕居》:“若无礼,则手足无所错,耳目无所加,进退揖让无所制。”

【注】措:置放。错:通“措”。

【释义】手足无处安放。喻临事慌张，不知如何才好。

【书证】《陈书·后主纪》："自画冠既息，刻更斯起，法令滋章，手足无措。"《红楼梦》第八十三回："只听薛姨妈忽然叫道，左肋疼得很！说着便向炕上躺下，唬得宝钗、香菱二人手足无措。"靳以《下场》："就是那和他一样的龙套，也有不少觉得手足失措。可是他，他看惯了也听惯了，全然无动于衷地站立在那里。"

寿事期颐 shòu shì qī yí
寿享期颐 shòu xiǎng qī yí
寿越期颐 shòu yuè qī yí

【词源】西汉·戴圣《礼记·曲礼上》："八十九十曰耄……百年曰期颐。"

【注】期颐：指人寿百岁。满一百年为期，是人生存年数之极；保养为颐，谓百岁老人的起居生活全靠人服侍护理。

【释义】后来用"寿享期颐"，指人活到百岁高寿。

【书证】唐·王仲舒《祭权少监文》（《全唐文》五百四十五）："呜呼！公之德也，公之器也，寿享期颐，犹谓之夭，况相远乎！"晋·陈寿《三国志·魏书·管宁传》注引晋·皇甫谧《高士传》："舍足于不损之地，居身于独立之处，延年历百，寿越期颐。"清·俞樾《右台仙馆笔记》："（妹婉宜）得遂养亲之志。是以力阻正名之议，安心在家侍奉，满冀双亲寿享期颐，永叙天伦之乐。"

寿王议鼎 shòu wáng yì dǐng

【典源】东汉·班固《汉书·吾丘寿王传》："及汾阴得宝鼎，武帝嘉之，荐见宗庙，藏于甘泉宫。群臣皆上寿贺曰：'陛下得周鼎。'寿王独曰非周鼎。上闻之，召而问之，曰：'今朕得周鼎，群臣皆以为然，寿王独以为非，何也？有说则可，无说则死。'寿王对曰：'臣安敢无说！臣闻周德始于后稷，长于公刘，大于大王，成于文武，显于周公。德泽上昭，天下漏泉，无所不通。上天报应，鼎为周出，故名曰周鼎。今汉自高祖继周，亦昭德显行，布恩施惠，六合和同。至于陛下，恢廓祖业，功德愈盛，天瑞并至，珍祥毕见。昔秦始皇亲出鼎于彭城而不能得，天祚有德而宝鼎自出，此天之所以与汉，乃汉宝，非周宝也。'上曰：'善。'群臣皆称万岁。"

【释义】意谓弘扬帝王之德。

【书证】唐·李翰《蒙求》："寿王议鼎，杜林驳尧。西施捧心，孙寿折腰。”

殊途同归 shū tú tóng guī
同归殊途 tóng guī shū tú

【典源】东汉·班固《汉书·王莽传》：“昔秦燔《诗》、《书》，以立私议，莽诵《六艺》以文奸言，同归殊途，俱用灭亡。皆炕龙绝气，非命之运，紫色蛙声，余分闰位，圣王之驱除云尔。”

【注】六艺：即六经，《诗》、《书》、《礼》、《易》、《春秋》、《乐经》。炕龙：即亢龙，《易》经有“亢龙有悔”之言，这里指王莽无德而居君位。

【释义】采取不同的方法而结果不同。

【书证】宋·范仲淹《尧舜率天下以仁赋》：“殊途同归，皆得其垂衣而治，上行下效，终闻乎比屋可封。”

菽水承欢 shū shuǐ chéng huān
菽水成欢 shū shuǐ chéng huān
菽水奉亲 shū shuǐ fèng qīn
菽水之养 shū shuǐ zhī yǎng

【词源】西汉·戴圣《礼记·檀弓下》：“啜菽饮水尽其欢，斯之谓孝。”

【注】菽：豆类的总称。菽水，指普通的饮食。

【释义】用豆粥和白水来侍奉父母，博取其欢心，表示尽心孝养父母。多指贫寒人家的子弟能尽孝道。也省作“菽水”。

【书证】唐·韩愈《祭韩氏老姑文》：“作赋之官，弓裘望袭，菽水承欢，福善余基。”《群音类选·〈祝发记·分食寄姑〉》：“慈帏恩爱成抛闪，怎能彀菽水承欢。”清·吴敬梓《儒林外史》第八回：“晚生只愿家君早归田里，得以菽水承欢，这是人生至乐之事。”清·褚人获《隋唐演义》第三十三回：“况家有老母，正宜菽水承欢，何苦恋这微名，亏了子职。”

束蒲为脯 shù pú wéi fǔ

【词源】东汉·应劭《风俗通义》：“秦相赵高指鹿为马，束蒲为脯，二世不觉。”

【释义】将捆束的蒲柳说成肉脯。谓有意颠倒黑白，混淆是非。

【书证】明·瞿汝稷集《水月斋指月录》卷十四：“传会欺众，何异束蒲为脯。”

霜露之感 shuāng lù zhī gǎn
霜露之思 shuāng lù zhī sī
霜露之悲 shuāng lù zhī bēi

【词源】西汉·戴圣《礼记·祭

义》:“霜露既降,君子履之,必有凄怆之心,非其寒之谓也!”

【注】郑玄:“感时念亲也!”感:感伤。

【释义】霜露在秋天时节降落,君子在此时必定怀有凄怆之情,这并不是自身寒冷所引起的,是感时念亲的缘故。后因此以“霜露之感”指对父母或祖先的怀念。

【书证】唐·王勃《为原州赵长史请为亡父度人表》:“臣霜露之感,瞻彼岸而神销;乌鸟之诚,俯寒泉而思咽。”宋·曾巩《中大夫尚书左丞蒲宗孟父师道赠太子少师别》:“所以称其显亲之心,慰其霜露之感。”明·高则诚《琵琶记·一门旌奖》:“霜露之思既极,宜沾雨露恩。”清·俞樾《春在堂随笔》卷七:“青浦县北数里,有地名孔宅。隋大业中,孔子裔孙名桢者,流寓于此。因孔林远隔,靡寄霜露之思,乃依葬衣冠之例,瘗孔子所遗宝玉六事:璧三、环二、簪一而祀之。”

水至清则无鱼

shuǐ zhì qīng zé wú yú

水清无鱼 shuǐ qīng wú yú

【词源】西汉·戴德《大戴礼记·子张问入官》:“故水至清则无鱼,人至察则无徒。”

【注】至:极,最。则:就。

【释义】水太清澈了就没有鱼了。比喻人过分明察了就很难容人,也就没有朋友了。

【书证】《晋书·郭璞传》:“故水至清则无鱼,政至察则众乖,此自然之势也!”南朝·宋·范晔《后汉书·班超传》:“今君性严急,水清无大鱼,察政不得下和。宜荡佚简易,宽小过,总大纲而已。”

厮养卒 sī yǎng zú

养卒说燕 yǎng zú shuì yān

【典源】西汉·司马迁《史记·张耳陈余列传》:“赵王武臣遣韩广至燕,燕人因立广为燕王。赵王与张耳、陈余北略地至燕界。赵王间出,为燕军所得,燕将囚之,欲与分赵地半,乃归王。使者十辈,往辄见杀,张耳,陈余患之。有厮养卒,谢其舍中曰:‘吾为公说燕,与王载归。’舍中皆笑,养卒走燕壁,问燕将曰:‘知臣何欲?’燕将曰:‘若欲得赵王耳。’曰:‘君知张耳、陈余何如人?’燕将曰:‘贤人也。’曰:‘知其志何欲?’曰:‘欲得王。’养卒笑曰:‘君未知此两人所欲也。夫武臣,张耳、陈余,杖马棰下赵数十城，此亦各欲南面而王，岂欲为卿相终已耶？夫臣与主，岂可同日而道哉！顾其势初定，未敢参分而王；且以少长，先王武臣，以持赵心。今赵地已服，此两人亦欲分赵而王，时未可耳。今乃囚赵王，此两人名为求赵王，实欲燕杀之，此两人分赵自立，夫以一赵尚易燕，况以两贤王左提右挈，而责杀王之罪，灭燕必矣。'燕将以为然，乃归赵王。养卒为御而归。"

【注】厮：掌马。养：造食。

【释义】掌马做饭的下层士兵也能建立奇功。后多用于指身世低位的贤才。

【书证】《宋史·列传一百八十四·谢枋得》："二十五年，福建行省参政管如德将旨如江南求人材，尚书留梦炎以枋得荐，枋得遗书梦炎曰：'江南无人材，求一瑕吕饴甥、程婴、杵臼厮养卒，不可得也。'"明·李贽《续焚书·卷二·序汇》："以余观之，古唯厮养卒，今仅有杨善耳。"清·郑燮《邯郸道上二首(之一)》："铜台西北又丛台，泱漭尘沙泜水回。笑武灵王无末路，爱厮养卒有英才。青山易老人长在，白发无权志不灰。最是耳余堪借鉴，千秋刎颈有疑猜。"

四海九州 sì hǎi jiǔ zhōu

【词源】西汉·戴圣《礼记·礼器》："三牲鱼腊，四海九州之美味也！"

【注】四海：古人以为中国四面环海，以"四海"指全国。九州：古代分中国为九个州。

【释义】泛指全中国。

【书证】宋·范仲淹《上执政书》："四海九州，必有壮士，宜设武举，以收其遗。"北宋·王安石《上宋相书》："伏惟阁下以直道相先帝，虽已不在政事之地，然纯德至行，九州四海所共矜式，朝廷大议，在所谋谟。"《天地会诗歌选·五剪插草歌》："四海九州皆兄弟，去杀清朝一扫空。"

四郊多垒 sì jiāo duō lěi

【词源】西汉·戴圣《礼记·曲礼上》："四郊多垒，此卿大夫之辱也！"

【注】郑玄："垒，军壁也。数见侵伐则多垒。"郊：邑外为郊，周制以离都城五十里为近郊，百里为远郊。后泛指城外，野外。垒：营垒。

【释义】四郊筑有好多敌人的营垒。指敌军屡次侵逼四郊，形势紧迫。

【书证】南朝·宋·刘义庆《世说新语·言语》:“今四郊多垒,宜人人自效。”清·侯方域《谢安论》:“夫安岂不知四郊多垒,所当布置而经营目不暇给也哉?”鲁迅《牺牲谟》:“如果都像他们似的定要吃饭,在这四郊多垒时候,哪里来这许多饭?”

肆无忌惮 sì wú jì dàn

【词源】西汉·戴圣《礼记·中庸》:“仲尼曰:‘君子中庸,小人反中庸。君子之中庸也,君子而时中。小人之反中庸也,小人而无忌惮也。’”

【注】肆:任性,放肆。忌:指顾忌。惮:畏惧。孔子主张行中庸之道,所谓中庸之道就是待人处事不偏不倚,恰到好处。后来有人提出了这样的问题:中庸的道理,唯有君子能坚持做到,而小人却往往违背中庸的道理,这是什么缘故呢?孔子的门徒子思有一次谈了这个问题。子思引用孔子的话说:“我祖孔子常说,中庸之道按天性是人人都应该做到的。但事实上,只有德行高的君子才能达到,而无德行的小人总是违背了中庸之道。这是什么原因呢?因为有德行的君子,静能修身养性,动能省察检点,时时谨慎行事。而无德行的小人,则静不能修身养性,动不能省察检点,常常任性妄为,肆无忌惮。”

【释义】任意胡作非为,没有一点顾忌。

【书证】《新编五代史平话·周史·卷上》:“惟知怨望朝廷,不知己有何功,而敢如此肆无忌惮,恐于尔辈不便!”清·李宝嘉《官场现形记》第二十四回:“这里归他一人独办,更可以肆无忌惮,任所欲为。”郭沫若《黄河与扬子江对话》:“她们都是横冲直撞,真真是肆无忌惮。”

送往迎来 sòng wǎng yíng lái
送往劳来 sòng wǎng láo lái
送去迎来 sòng qù yíng lái

【词源】西汉·戴圣《礼记·中庸》:“送往迎来,嘉善而矜不能,所以柔远人也。”

【释义】指送走离去的人,欢迎进来的人。

【书证】西汉·晁错《说文帝令民入粟爵》:“四时之间亡日休息。又私自送往迎来,吊死问疾,养孤长幼在其中。”南宋·杨万里《儿侄子新亭相迎》:“百年事业何为者,送往迎来过一生。”东汉·班固《汉书·薛宣传》:“饮食周急之厚弥衰，送往劳来之礼不行。”

夙夜不懈 sù yè bù xiè

夙夜匪懈 sù yè fěi xiè

【词源】西汉·戴圣《礼记·祭统》：“作率庆士，躬恤卫国，其勤公家，夙夜不懈。”

【注】夙夜：早晚。懈：懈怠。匪：不。

【释义】日夜勤奋操持，从不懈怠。

【书证】东汉·荀悦《汉纪·昭帝纪》：“忠顺不失，夙夜匪懈，顺理处和，以辅上德，是谓良臣。”晋·陈寿《三国志·吴志·孙皓传》裴松之注引《吴录》：“其读书夙夜不懈，肃奇之。”

T

泰山梁木 tài shān liáng mù

【词源】西汉·戴圣《礼记·檀弓上》：“孔子蚤作，负手曳杖，消摇于门，歌曰：‘泰山其颓乎！梁木其坏乎，哲人其萎乎！’”

【注】这是记述孔子临死前一个星期的情况：“一大早，孔子就起床了，他拄着手杖，在门前自由自在地踱着步，大声高喊道：‘泰山就要崩塌了！梁木就要毁坏了！明达而有了才智的人就将与世长辞了！’其后，孔子卧病在床，不到一星期就死了。”

【释义】如同泰山倒塌、梁木毁坏一般。比喻杰出的人死了。

【书证】蔡东藩、许廑父《民国通俗演义》第二十二回：“当此国基未固，人才消乏之秋，逝者如斯，将谁与支撑危局；泰山梁木，同人等悲不自胜。”

特立独行 tè lì dú xíng

独行特立 dú xíng tè lì

【词源】西汉·戴圣《礼记·儒行》：“世治不轻，世乱不沮，同弗与，异弗非也，其特立独行有如此者。”

【注】特：独，突出不凡。行：指立身行事。

【释义】自恃有操守有见识，不随波逐流。喻志行高洁，不苟时俗。

【书证】唐·韩愈《伯夷颂》：“士之特立独行，适于义而已”《梁书·武帝纪下》：“可班下远近，博采英异，或德茂州间，道行乡邑，或特立独行，不求闻达，咸使言上，以时招聘。”宋·王明清《挥麈录·第三录》：“式观史氏，眇觌昔人，特立独行以自著者甚众。”宋·马令《南唐书·党与传上论》：“自非特立独行之士，安能知其妄伪哉！”

天覆地载 tiān fù dì zài

【词源】西汉·戴圣《礼记·中庸》：“是以声名洋溢乎中国，施及蛮貊，舟车所至，人力所通，天之所覆，地之所载，日月所照，霜露所队，凡有血气者，莫不尊亲，故曰配天。”

【释义】指天地广大，无所不包。也泛指覆载万物的天地。后以“天覆地载”，喻恩泽普遍。多泛指帝王的恩德。

【书证】北宋·司马光《传家集·示道人》：“天覆地载如洪炉，万物死生同一途。”姚雪垠《李自成》第二卷第二十一章：“方能报陛下天覆地载之恩，也不负本督师一片厚望。”

天高地下 tiān gāo dì xià

【词源】西汉·戴圣《礼记·乐记》：“天高地下，万物散殊，而礼制行矣！”

【释义】喻尊卑有别，也指各种情势。

【书证】明·兰陵笑笑生《金瓶梅词话》第四十回：“那西门庆吃了一夜酒的人，倒去头，哪顾天高地下，鼾睡如雷。”

天理人欲 tiān lǐ rén yù

【词源】西汉·戴圣《礼记·乐记》：“灭天理而穷人欲者也！”

【注】天理，自然之理，上天主持的公理。人欲，指人们的生活欲望。

【释义】天生具有的品性和人的生活欲望。

【书证】宋·朱熹《朱子语类·卷十三·学七》：“人只有个天理人欲，此胜则彼退，彼胜则此退，无中立不进退之理，凡人不进则退也！”

天下太平 tiān xià tài píng

【词源】西汉·戴圣《礼记·仲尼燕居》：“言而履之，礼也；行而乐之，乐也。君子力此二者，以南面而立，夫是以天下太平也！”

【释义】全国没有动乱，到处都很安定。现也指在某一环境里，大家和谐相处。

【书证】《元曲选外编·无名氏〈独角牛〉第三折》：“方今圣人在位，天下太平，八方宁静，黎庶安康。”明·冯梦龙《喻世明言》第十二卷：“那时天下太平，凡一才一艺之士，无不录用。”鲁迅《且介亭杂文末编·我要骗人》：“走远一点，到电影院里散闷去。一到那里，可真是天下太平了。”《邓析子·转辞篇》：“圣人寂然无鞭扑之形，莫然无叱咤之声，而家给人足，天下太平。”

天下为公 tiān xià wéi gōng

【词源】西汉·戴圣《礼记·礼运》：“大道之行也，天下为公。”

【释义】原意是不把君位当做一家的私有物。后多指一种政治理想。建立为人民所共有、非少数人私有的民主政治，是一种美好的社会制度。

【书证】唐·张蕴古《大宝箴》：“使人以心，应言以行，包括治体，抑扬词令，天下为公，一人有庆。”宋·陈亮《问答上》：“取舜禹于无所闻之人而历试以事，以与天下共之，然后举而加诸天下之上。彼其心固以天下为公，而其道终不可长也。”

天下为家 tiān xià wéi jiā

【词源】西汉·戴圣《礼记·礼运》：“今大道既隐，天下为家。”

【释义】原意是把国家政权当做私有财产。后多指把国当做家，意即抱着主人翁态度。也指天下处处可以安家。

【书证】南朝·宋·刘义庆《世说新语》：“（晋）元帝始过江，顾谓骠骑曰：‘寄人国土，心常怀惭。’荣跪对曰：‘臣闻王者以天下为家，是以耿，亳无定处，九鼎迁洛邑，愿陛下勿以迁都为念。’”《魏书·韩麒麟传》：“君人者以天下为家，不得有所私也！”明·李贽《焚书·何心隐论》：“孔子之道，其难在以天下为家而不有其家，以群贤为命而不以田宅为命，故能为出类拔萃之人，首出庶物之人……”

天下一家 tiān xià yī jiā

【词源】西汉·戴圣《礼记·礼运》：“故圣人耐以天下为一家，以中国为一人者，非意之也！”

【注】耐：能，这里是主观想象的意思。

【释义】指天下之人和睦相处，犹如一家，也指国家统一。有时也指天下只有此一家，没有第二家。

【书证】汉·荀悦《汉纪·景帝纪》：“吴王太子入朝，与上博，争道无礼于上，上以博局掷之而亡。送葬至吴，吴王怒曰：‘天下一家，何必来葬！’复遣返长安。”《晋书·刘弘传》：“天下一家，彼此无异。”唐·李肇《国史补》卷上：“杨氏自杨震号为关西孔子，葬于潼亭，至今七百年，子孙犹在阌乡故宅，天下一家而已。”唐·独孤及《赵郡李华中集序》：“当斯时，唐兴百三十余年，天下一家，朝廷尚文。”

田甲辱安国

tián jiǎ rǔ ān guó

田甲嗔 tián jiǎ chēn

【典源】西汉·司马迁《史记·韩长儒列传》：“其后安国坐法抵罪，蒙狱吏田甲辱安国。安国曰：‘死灰独不复然乎？’田甲曰：‘然即溺之。’居无何，梁内史缺，汉使使者拜安国为梁内史，起徒中为二千石。田甲亡走。安国曰：‘甲不就官，我灭而宗。’甲因肉袒谢。安国笑曰：‘可溺矣！公等足与治乎？’卒善遇之。”

【注】然：同“燃”。

【释义】意谓势利小人虐待忠良。

【书证】宋·岳珂《病虎行》：“范睢折胁西入秦，内史长叹田甲嗔。”

【考据】韩安国（？—前127）：西汉梁国成安（今邯郸市成安县）人，字长孺。尝从田生受《韩子》杂说，事梁孝王为中大夫。吴楚反，安国击败吴兵，以此知名。武帝时，以北地都尉迁大农令。建元六年官御史大夫，为人忠厚，有智略，而贪嗜财利，然所推举皆廉士。后为中尉，迁卫尉。元朔元年匈奴大举进攻，安国以材官将军屯渔阳，兵败，徙屯右北平，不乐，呕血死。

听而不闻 tīng ér bù wén

【词源】西汉·戴圣《礼记·大学》：“心不在焉，视而不见，听而不闻，食而不知其味。”

【注】这是孔子教育学生的一段话。有一次，孔子与学生讨论正心修身的问题。有个学生问道：“老师，为什么修身必须先正心呢？”孔子说：“因为身子的主脑是心，如果当用心的时候，有偏于发怒的方面，那心就为怒所累，不能正了；有偏于害怕方面，那心就为害怕所累，不能正了；有偏于快乐方面，那心就为快乐所累，不能正了；有偏于忧愁方面，那心就为忧愁所累，不能正了；心的用既已不正，心的本体哪里会正呢？”接着，孔子进一步阐述了正心与修身的关系。他说：“心既不正，这身子虽在此，那心已向别处去了。所以虽有两眼看着，而颜色怎样，却不见

得；两耳虽听着，而声音怎样，却不闻得；口虽吃着，而滋味怎样，却不辨得。色声味三项，是最容易考察的事物，而心不在，尚且不能够辨别；那最精细的义理，当然也不能辨别了。所以，求修身的人，岂可不先求正心吗？”

【释义】耳朵听着但心思不在。形容不放在心上。

【书证】清·李汝珍《镜花缘》第九十回：“就只再芳姐姐一心只想学课，只怕是听而不闻。”

投阁 tóu gé

【典源】东汉·班固《汉书·扬雄传》：“王莽时，刘歆、甄丰皆为上公，莽既以符命自立，即位之后，欲绝其原以神前事，而丰子寻、歆子棻复献之。莽诛丰父子，投棻四裔，辞所连及，便收不请。时，雄校书天禄阁上，治狱使者来，欲收雄，雄恐不能自免，乃从阁上自投下，几死。莽闻之曰：‘雄素不与事，何故在此？’间请问其故，乃刘棻尝从雄学作奇字，雄不知情，有诏勿问。然京师为之语曰：‘惟寂寞，自投阁。爱清静，作符命。’”

【注】扬雄所作《解朝》中言：“知玄知默。守道之极。爱清爱静，游神之廷，惟寂惟寞，守德之宅。”但祸从天降，还是寂寞清静不成，几乎投阁而死。所以，时人略变《解朝》中的文字，编成歌谣加以讥讽。

【释义】喻无辜受牵连而获罪，走投无路。也指文士不甘寂寞而遭祸殃。

【书证】唐·李白《古风》：“投阁良可叹，但为此辈嗤。”唐·杜甫《秋日荆南送石首薛明府辞满告别奉寄薛尚书颂德叙怀斐然之作三十韵》：“扬子淹投阁，邹生惜曳裾。”唐·张继《送邹判官往陈留》：“投阁嗤扬子，飞书代鲁连。”

抟土作人 tuán tǔ zuò rén

【词源】东汉·应劭《风俗通义》：“天地开辟，未有人民。女娲抟黄土作人，剧务，力不暇供，乃引绳于絙泥中，举以为人。”

【注】抟：用手捏塑。应劭时任东郡太守，《风俗通义》乃其任上所作。

【释义】神话传说：女娲用黄土捏塑成人。

推心置腹 tuī xīn zhì fù

【典源】南朝·宋·范晔《后汉书·光武帝纪上》：“萧王推赤心置人腹中，安得不投死乎？”

【释义】把自己的心交给别人。置：放，交。形容真心待人。

【书证】宋·王禹偁《请撰大行皇帝实录表》："故得百万之师，如臂使指，亿兆之众，推心致腹。"清·张贵胜《遣愁集·卷七·弘度》："帝曰：'朕本推心置腹，安有此事？'"鲁迅《致萧军》信："上海实在不是好地方，固然不必把人们都看成虎狼，但也不可一下子就推心置腹。"姚雪垠《李自成》第一卷第二十六章："由于他平素对朝廷不满，又感于尚炯的推心置腹，就把他平日不轻对人谈的话都谈了出来。"

【考据】这句话是形容刘秀攻占邯郸、打败王郎等部以后，对战败投降过来的义军所持的态度。西汉末年，全国农民起义风起云涌，纷纷起来反对王莽的新朝。汉朝宗室的刘玄、刘秀也起兵反对王莽。在河南昆阳一战，刘秀大败王莽的军队。起义军攻克长安，杀了王莽，拥刘玄为帝。刘玄命刘秀经略河北，攻邯郸，杀掉自称天子的王郎。刘玄见刘秀接连立了大功，便封他为萧王。刘秀为了扩充势力，又乘胜进军打了多次胜仗。刘秀还把战败的起义军收编为自己的军队。被收编的官兵心中很不安定，怕将来会被刘秀消灭。刘秀知道这一情况后，便命令不必放下武器，备归备营，不用改编。而刘秀只带少数随从前往巡视、指挥。来降者见刘秀对他们一点不戒备，就毫无疑惧了。大家说："萧王把自己的心都交给我们了，怎可不以死相报呢？"刘秀用这种做法稳定了军心。

屯毛不分 tún máo bù fēn
屯毛不辨 tún máo bù biàn

【典源】东汉·班固《汉书·沟洫志》："河复北决于馆陶，分为屯氏河。"

【注】唐·颜师古："而隋室分析州县，误以为毛氏河，乃置毛州，失之甚矣。"隋朝设州时，误把馆陶附近的屯氏河当成毛氏河，所以设置毛州。

【释义】比喻不能分辨相近或相似的事物。亦作"屯毛不辨"。

【书证】清·赵翼《廿二史札记·明人说部》："盖全某系德佑母全太后之兄弟耳，而讹为渊圣，可谓屯毛不辨。"

W

污尊抔饮 wā zūn póu yǐn

【词源】西汉·戴圣《礼记·礼

运》："夫礼之初，始诸饮食，其燔黍捭豚，污尊而抔饮，蒉桴而土鼓，犹若可以致其敬于鬼神。"

【注】污（wā）：下陷，这里是挖地使之下陷的意思。尊：酒器，后也作"樽、罇"。抔：以手捧，掬。

【释义】在石地上凿成坑当做酒器，蓄上酒后，用手捧着喝。是古代一种简朴的礼仪。也指极其简陋的原始器用。

【书证】晋·袁宏《后汉纪·一三·和帝纪上》："古者民人淳朴，制礼至简，污樽抔饮，可以尽欢于君亲；蒉桴土鼓，可以致敬于鬼神。"清·曹寅《楝亭诗钞·四·寄题顾书宣编修》："君今好同百不异，剥落苔藓含糟醨。污尊抔饮学上古，脱略冠带当嵚崟。"

外户不闭 wài hù bú bì

【词源】西汉·戴圣《礼记·礼运》："是故谋闭而不兴，盗窃乱贼而不作，故外户而不闭，是谓大同。"

【注】外户：大门。

【释义】喻社会安定，秩序良好。

【书证】汉·蔡邕《彭城姜肱碑》："安静守约，恩及婴儿。恬荡之固，至操动俗。邑中化之，外户不闭，冶臧无隐。"《隋书·高祖纪上》："武以威物，文以怀远，群盗自奔，外户不闭。"北宋·司马光《资治通鉴·唐高祖武德九年》："自是数年之后，海内升平，路不拾遗，外户不闭，商旅野宿焉。"清·张问陶《居无门》："独游太古世，欲存外户不闭之高情。"

亡国之音 wáng guó zhī yīn

亡国之声 wáng guó zhī shēng

桑间濮上 sāng jiān pú shàng

【词源】西汉·戴圣《礼记·乐记》："亡国之音哀以思，其民困。"

【释义】国家将灭亡时人民困苦不堪，音乐多悲哀愁苦，也指淫邪、轻浮、败坏风气的音乐。

【书证】《北史·隋纪上·文帝》："又设亡陈女乐，谓公卿等曰：'此声似啼，朕闻之甚不喜，故与公等一听亡国之音，俱为永鉴焉。'"清·黄宗羲《李因传》："亡国之音与鼓吹之曲，同留天壤。"清·蒲松龄《聊斋志异·二·林四娘》："（公）再强之，（女）乃俯首击节，唱伊、凉之调，其声哀婉。歌已，泣下。公亦为酸恻，抱而慰之曰：'卿勿为亡国之音，使人悒悒。’”

王莽谦恭

wáng mǎng qiān gōng

【典源】东汉·班固《汉书·王莽传》：“莽群兄弟皆将军五侯子，乘时侈靡，以舆马声色佚游相高，莽独孤贫，因折节为恭俭。”

【注】王莽年轻时家贫，因此为人谦恭。后篡位，人们将其年轻时的谦恭指责为伪善。

【释义】喻以伪善骗取信任。

【书证】唐·白居易《放言五首》之三：“周公恐惧流言日，王莽谦恭未篡时，向使当时身便死，一生真伪复谁知？”

望夷之祸 wàng yí zhī huò

【典源】东汉·班固《汉书》卷四十七：“二世委任赵高，专权自恣，壅蔽大臣，终有阎乐望夷之祸，秦遂以亡。”

【注】阎乐：赵高的女婿。

【释义】臣下发动叛乱逼死君主。

【书证】南朝·梁·萧衍《敕贺琛》：“是故古人云：‘专听生奸，独任成乱。’呼鹿为马，卒有阎乐望夷之祸，王莽亦终移汉鼎。”北宋·司马光《资治通鉴》第一百九十二卷：“（魏征）对曰……秦二世偏信赵高，以成望夷之祸；梁武帝偏信朱异，以取台城之辱；……是故人君兼听广纳，则贵臣不得拥蔽，而下情得以上通也！”

【考据】赵高在秦二世时专权，蒙蔽皇帝胡亥，后刘邦、项羽等起兵，二世责备赵高，赵高于是犯上作乱，派阎乐带兵在望夷宫包围胡亥，并逼其自杀。赵高是赵人。

未可厚非 wèi kě hòu fēi

【词源】东汉·班固《汉书·王莽传》：“莽怒，免英官。后颇觉悟，曰：‘英亦未可厚非。’”

【注】厚非：过分责难、责备。

【释义】指说话做事虽有缺点，但还有可取之处，不能过分责备，应予谅解。

【书证】宋·吕祖谦《左氏忽辞婚》：“然则忽之辞婚，固亦未可厚非也。”清·蒋士铨《临川梦·花庆》：“叶梦熊杀降一事，亦未可厚非也。”

未始知音 wèi shǐ zhī yīn

【典源】西汉·刘安《淮南子·修务训》：“邯郸师有出新曲者，托之李奇，诸人皆争学之。后知其非也，而皆弃其曲。此未始知音者也!”

【注】李奇:赵之善乐者。邯郸乐师有人写出新的曲子,多托李奇的名字,人们往往跟风学习,后来知道不是这样,都放弃了这支曲子,这就是没有从开始找到知音。

【释义】喻盲目跟风、迷信名人的现象。

未之前闻 wèi zhī qián wén

【词源】西汉·戴圣《礼记·檀弓下》:“我未之前闻也!”

【释义】以前不曾听说过此事。

【书证】三国·魏·陈琳《为曹洪与魏文帝书》:“老夫不敏,未之前闻。”晋·葛洪《抱朴子·尚博》:“文章之与德行,犹十尺之于一丈,谓之余事,未之前闻。”南朝·梁·刘勰《文心雕龙·神思》:“若学浅而空迟,才疏而德速,以斯成器,未之前闻。”宋·洪迈《夷坚志异·王兰玉童》:“余记《逸史》所载卢叔伦女,《续玄怪录》党氏女事,大略相似。但同时生于两处,为男,为女,乃未之前闻。”

温柔敦厚 wēn róu dūn hòu
优柔敦厚 yōu róu dūn hòu
敦厚温柔 dūn hòu wēn róu

【词源】西汉·戴圣《礼记·经解》:“其为人也温柔敦厚,而不愚,则深于《诗》者也。”

【注】温柔:性情柔和。敦厚:宽厚。

【释义】温和柔顺,诚恳宽厚。指待人温和宽厚。

【书证】南朝·宋·范晔《后汉书·方术传序》:“夫扬之所偏,未能无蔽……如令温柔敦厚而不愚,斯深于《诗》者也!”宋·扬时《龟山集·二·荆州所闻》:“为文要有温柔敦厚之气。”清·黄宗羲《万贞一诗序》:“人之喜怒哀乐,必喜乐乃为温柔敦厚。”柳亚子《西湖谒曼殊墓有作》:“从残破烂都收拾,敦厚温柔足品评。”

文武之道,一张一弛
wén wǔ zhī dào yī zhāng yī chí

【词源】西汉·戴圣《礼记·杂记下》:“张而不弛,文武弗能也;弛而不张,文武弗为也。一张一弛,文武之道也。”

【注】这是孔子教育学生的一段话。子贡是孔子的学生。有一次,子贡去观看年底群众的祭祀活动。回来后,子贡兴致勃勃地问孔子:“那些人可高兴了,喝得醉醺醺的,又是叫,又是跳,简直像发了狂!我真不明白他们

为何如此欢乐?”孔子告诉他说:“其中的道理你是应该知道的,老百姓终年劳累,难得有这么一天娱乐。如果让老百姓只干活不休息,即使贤君周文王和周武王也是办不到的;当然,让老百姓只休息不劳动,周文王和周武王绝不会那样做。周文王和周武王治国的根本方法是让老百姓有劳有逸啊!”子贡听后情不自禁地说:“周文王、周武王真了不起,他们治国真有方啊!”

【释义】原指周文王、周武王的治国之道是让老百姓有劳有逸、宽严相济。比喻生活或工作应该松紧得当,有节奏地进行。

【书证】毛泽东《对晋绥日报编辑人员的谈话》:“你们的缺点主要是把弓弦拉得太紧了。拉得太紧,弓弦就会断。古人说:‘文武之道,一张一弛。’”

文治武功 wén zhì wǔ gōng

文治武力 wén zhì wǔ lì

【词源】西汉·戴圣《礼记·祭法》:“文王以文治,武王以武功,去民之灾,此皆有功烈于民者也!”

【注】文:论道讲理。治:治理。武:军事。功:功劳、成就。

【释义】以礼乐治理国家,以武力禁暴御侮。形容治理国家保卫疆土卓有功勋,过去常用于对帝王或重臣的颂词。

【书证】章树之《忆往昔》:“对内压迫,对外屈膝,政治腐败,人心丧尽,就是以文治武功著称的文王、武王再世怕也无回天之力了。”鲁迅《呐喊·一件小事》:“几年来的文治武力,在我早如幼小时候读过的‘子曰诗云’一般,背不上半句了。”

我行我素 wǒ xíng wǒ sù

【词源】西汉·戴圣《礼记·中庸》:“君子素其位而行,不愿乎其外。”

【注】行:做。素:平素、原来。

【释义】按平素的老样子去做,不管别人怎么看怎么说。比喻固执己见,自以为是。也指不受外界影响,按照自己的思路去做事。

【书证】清·李宝嘉《官场现形记》第五十六回:“这件事外头已当新闻,他夫妇二人还是毫无闻见,依旧是我行我素。”柔石《二月》十:“(陶岚)冷笑地答:‘笑骂由人笑骂,我行我素而已。’”

乌合之众 wū hé zhī zhòng

【词源】南朝·宋·范晔《后汉

书·耿弇传》:"弇按剑曰:'……我至长安,与国家陈渔阳、上谷兵马之用,还出太原、代郡,反复数十日,归发突骑以辚乌合之众,如摧枯折腐耳。'"

【释义】像一群暂时聚集起来的乌鸦。比喻临时纠集起来的一群人,毫无组织纪律。

【书证】南朝·宋·范晔《后汉书·邳彤传》:"卜者王郎,假名因执,驱乌合之众,遂震燕赵之地。"明·罗贯中《三国演义》第四十三回:"曹操收袁绍蚁聚之兵,劫刘表乌合之众,虽数百万不足惧也。"清·东鲁古狂生《醉醒石》第十二回:"外边虽有些人,也是乌合之众,不相统摄。"鲁迅《二心集·上海文艺之一瞥》:"至于官办的,或对官场去凑趣的杂志呢,作者又都是乌合之众,共同的目的只在捞几文稿费。"

【考据】这是耿弇对在邯郸起兵的王郎部属的评议。西汉末年,刘玄击败王莽后称帝。耿弇跟随父亲耿况前去投奔了刘玄。过了不多久,王郎在邯郸起兵,诈称是汉成帝的儿子子舆。耿弇手下的孙仓、卫包等人就劝耿弇背离刘玄去投靠子舆。耿弇听了勃然大怒,说:"子舆这个逆贼,日后必将俘虏。让我到京师请求皇上调动渔阳、上谷的兵马,从太原、代郡出兵,来回只需几十天时间,便可以轻骑击溃那些'乌合之众'。如果不识大局,贸然去投奔子舆,必将遭到灭族杀身之祸。"

无出其右 wú chū qí yòu
无出其上 wú chū qí shàng
无居其右 wú jū qí yòu

【词源】东汉·班固《汉书·高帝纪》:"贤赵臣田叔、孟舒等十人,如见与语,汉廷臣无能出其右者。"

【注】出:超出;右:上,古代以右为尊。

【释义】指在某个方面处于领先地位。

【书证】唐·高彦休《阙史·卷下·卢左丞赴陕郊诗》:"卢左丞渥冠裳之盛,近代无出其右者,伯仲四人咸居清显。"清·褚人获《隋唐演义》第十七回:"团圆情无出其右,绰号金凤舞、彩霞飞。"清·李汝珍《镜花缘》第三十回:"此二方专治一切肿毒,初起者速服速消,已溃者亦能败毒收口,大约古人痈疽各方,无出其右了。"

无方之民 wú fāng zhī mín

【词源】西汉·戴圣《礼记·经

解》："是故隆礼由礼，谓之有方之士；不隆礼，不由礼，谓之无方之民。"

【注】方：方位，准则。

【释义】不重视礼，不遵循礼，就是不懂得道理的人。指不遵守道德准则的人。

【书证】西汉·司马迁《史记·礼书》："然而不法礼者不足礼，谓之无方之民。"

无如之何 wú rú zhī hé

【词源】西汉·戴圣《礼记·大学》："灾害并至，虽有善者，亦无如之何矣！"

【释义】指没有任何办法。

【书证】《新五代志·姚顗传》："至顗与卢文纪为相，复奏分诠为三……顗等无如之何，废帝为下诏书禁止。"明·冯梦龙《东周列国志》第四十八回："楚势甚盛，若不乞降，早晚打破城池，虽晋亦无如之何矣！"明·冯梦龙《警世通言》第四十卷："我若不去收了他如意杵宝贝，许逊纵有法力，无如之何？"

无所不为 wú suǒ bù wéi

【词源】西汉·戴圣《礼记·乐记》："灭天理而穷人欲者也！"

【注】汉·郑玄："穷人欲，言无所不为。"

【释义】没有什么事不干。多用于贬义。

【书证】晋·葛洪《神仙传·张道陵》："于是百姓斩草除溷，无所不为，皆出其意。"明·余继登《典故纪闻》卷十七："今士风与此殊异，一登仕宦之途，即存侥幸之念，谄谀贿赂，无所不为。"鲁迅《谚语》："专制者的反面就是奴才，有权时无所不为，失势时即奴性十足。"

无所不用其极

wú suǒ bù yòng qí jí

【词源】西汉·戴圣《礼记·大学》："汤之盘铭曰：'苟日新，日日新，又日新。'《诗》曰：'周虽旧邦，其命维新。'是故君子无所不用其极。"

【注】在上古经文中有一句关于"新民"的话，人们都说这句话是孔子独创的。孔子的学生曾子引用古训，释解说明这句话不是孔子独创的，指出古代的圣人早就已经说过了。首先，商汤的浴盆上刻着这样几句话：我们清洗心灵同洗澡一样，如果能一天洗掉积垢，奋然自新，那就应该天天去洗，使得干净了更干净。

只要振作起来，持之以恒。从不间断，就一定能彻底除去私欲杂念。其次，周书上记载，武王曾经对康叔说过：商朝的人民，虽染上了旧习，也有自新趋势，当政的人，一定要想尽一切办法，鼓动、奖励这些染有旧习的人去自新。再次，《诗经》的《大雅·文王》篇里有这样一句话：我们周朝，从后稷传到现在，虽然是一个古老的国家，但文王能自新新民，所以天老爷让文王做天子。从上述三处，我们不难想见，凡是有自新新民责任的人，无不用尽心力。

【释义】处处都竭尽心力。极：穷尽。现指无处不用极端手段。形容什么坏事都干得出来，极其残暴。

【书证】毛泽东《中共中央毛泽东主席关于时局的声明》：“……杀戮人民，奸淫妇女，焚毁村庄，掠夺财物，无所不用其极。”老舍《四世同堂·六十九》：“蓝东阳有了丰富的诗料，他无所不用其极的嘲弄、笑骂、攻击大赤包。”

无以复加 wú yǐ fù jiā

【词源】东汉·班固《汉书·王莽传下》：“德胜者文缛，宜崇其制度，宜视海内，且令万世之后无以复加也。”

【释义】不可能再增加，指程度达到了极点。

【书证】北宋·司马光《资治通鉴·武后神功元年》：“今知微擅与之袍带，使朝廷无以复加。宜令反初服以俟朝恩。”清·王韬《瀛壖杂志》：“其便捷之法，殆无以复加。”

无征不信 wú zhēng bù xìn

【词源】西汉·戴圣《礼记·中庸》：“上焉者，虽善无征，无征不信，不信民弗从；下焉者，虽善不尊，不尊不信，不信民弗从。”

【注】征：证据，验证。

【释义】没有证验的事情或话不可信。

【书证】明·李贽《焚书·复宋太守》：“旦无征不信久矣，苟不取陈语以相证，恐听者益以骇愕，故凡论说，必据经引传，亦不得已焉耳。”清·袁枚《小仓山房诗集·三十六·送方认庵观察》：“惟公甫下车，恩威竟赫然。无征人不信，听我歌一篇。”郭沫若《十批判书·孔墨的批判二》：“所谓夏礼、殷礼都已文献无征，‘无征不信’，故他所重视的是‘郁郁乎文哉’的周礼。”

X

席上之珍 xí shàng zhī zhēn

【词源】西汉·戴圣《礼记·儒行》:“儒有席上之珍以待聘。”

【注】席:筵席。

【释义】陈列在筵席上的珍品。喻十分美善的道理和德才兼备的人才。

【书证】清·曹雪芹《红楼梦》第一百一十五回:“世兄是锦衣玉食,无不遂心的,必是文章经济高出人上,所以老伯钟爱,将为席上之珍。”

喜怒哀乐 xǐ nù āi lè

喜怒哀惧 xǐ nù āi jù

【词源】西汉·戴圣《礼记·中庸》:“故君子慎其独也,喜怒哀乐之未发谓之中,发而皆中节谓之和。”

【释义】泛指人的各种感情、情绪。

【书证】宋·陈亮《与吕伯恭正字·二》:“今而后知克己之动,喜怒哀乐之中节,要非圣人不能为也。”清·夏敬渠《野叟曝言·凡例》:“艺之兵诗医算,情之喜怒哀惧……无一不臻顶壁一层。”鲁迅《二心集·“硬译”与“文学的阶级性”》:“‘喜怒哀乐,人之情也’,然而穷人决无开交易所折本的懊恼,煤油大王哪会知道捡煤渣老婆子身受的辛酸……”

瑕不掩瑜 xiá bù yǎn yú

瑕瑜不掩 xiá yú bù yǎn

【词源】西汉·戴圣《礼记·聘义》:“夫昔者君子比德于玉焉……瑕不掩瑜,瑜不掩瑕,忠也!”

【注】瑕:玉上的斑点。掩:掩盖,遮蔽。瑜:玉发出的光泽。

【释义】玉的疵点掩盖不住它固有的光泽。喻人或事物所有的缺点毛病无损于其整体固有的完美。

【书证】宋·邵博《闻见后录》卷四:“惜哉仲淹,寿不永乎,非不废是,瑕不掩瑜,虽未至于圣,其圣人之徒欤?”清·陶曾佑《中国文学之概观》:“柳之文长于记,特惜瑕不掩瑜,恶敢与泰山北斗并驾齐驱?”清·袁枚《随园诗话》:“诚斋(杨万里),一代作手,谈何容易,后人嫌太雕刻,往往轻之。不知其天才清妙,绝类太白,瑕瑜不掩,正是此公真处。"《四库全书总目·四十六·旧唐书》:"(刘)昫掌领修之任,曾未能钩稽本末,使首尾贯通,舛漏之讥,亦无以自解。平心而论,盖瑕瑜不掩之作。"

下车伊始 xià chē yī shǐ

【典源】西汉·戴圣《礼记·乐记》:"武王克殷反商,未及下车而封黄帝之后于蓟,封帝尧之后于祝,封帝舜之后于陈。下车而封夏后氏之后于杞。"

【注】下车:指新官到任。伊始:开始。

【释义】指新官刚刚上任,或带着使命刚到一地。

【书证】《隋书·刘行本传》:"然臣下车伊始,与其如约。此吏故违,请加徙一年。"清·淮阴百一居士《壶天录》卷上:"宁波宗太守湘文,当下车伊始,即自撰一联,悬于门首。"毛泽东《〈农村调查〉的序言和跋》:"有许多人,下车伊始,就哇喇哇喇地发议论。"

下气怡声 xià qì yí shēng

低声下气 dī shēng xià qì

【词源】西汉·戴圣《礼记·内则》:"及所,下气怡声,问衣燠寒,疾痛苛痒,而敬仰搔之。"

【注】怡声:声音和悦。燠:暖,热。

【释义】恭顺小心,不敢大声说话的样子。

【书证】宋·朱熹《童蒙须知·言语步趣》:"凡为人子弟,须是常低声下气,语言详缓,不可高言喧闹,浮言戏笑。"明·冯梦龙《醒世恒言·卖油郎独占花魁》:"若有短处,曲意替他遮护,更兼低声下气,送暖偷寒,逢其所喜,避其所嫌。"韦君宜《似水流年·乘公路汽车旅行记》:"我走上前去,下气怡声提出我的要求,说明我的情况,恳求他们帮忙,能带一带我。"

先河后海 xiān hé hòu hǎi

【词源】西汉·戴圣《礼记·学记》:"三王之祭川也,皆先河而后海,或源也,或委也,此之谓务本。"

【注】先河:指本源。后海:指水流所聚的结果。

【释义】原意是先祭河神后祭海神,喻治学要弄清源流。

【书证】清·陈康祺《郎潜纪闻》卷九:"大毛公之诗其源出于子夏,郑康成本之而为笺,孔颖达因之而为正义,乃文庙从祀有小毛公苌而无大毛公亨，非先河而后海之义，宜增入者。”清·翁方纲《诗法论》：“夫惟法之立本者，不自我始之，则先河后海，或原或委，以求诸古人也。”清·顾炎武《与陆桴亭札》：“及乎年齿渐大，闻见益增，始知后海先河。”

先人后己 xiān rén hòu jǐ

【词源】西汉·戴圣《礼记·坊记》：“君子贵人而贱己，先人而后己，则民作让。”

【释义】先为别人着想，后为自己考虑。

【书证】南朝·宋·范晔《后汉书·曹世叔妻传》：“谦让恭敬，先人后己，有善莫名，有恶莫辞，忍辱含垢，常若畏惧，是谓卑弱下人也！”晋·陈寿《三国志·蜀志·许靖传》：“自流宕(dàng)已(以)来，与群士相随，每有患急，常先人后己。”柳青《创业史》第一部第七章：“我说你先把自己的稻种舀出再分，你说不好，要先人后己。这阵好，看弄得自家不够了吧！”

先声后实 xiān shēng hòu shí

【词源】西汉·司马迁《史记·淮阴侯列传》：“兵固有先声而后实者，此之谓也。”

【注】声：声势。实：实力。

【释义】以声势慑服敌人为先着，然后凭着实力将敌制服。

【书证】明·罗贯中《三国演义》第一百一十八回：“臣艾谓兵有先声而后实者，今因平蜀之势以乘吴，此席卷之时也。”

【考据】这是赵广武君李左车对韩信所说的一段话。前204年，刘邦的大将韩信攻破魏、代两地，又继而攻破了赵，俘虏了赵王歇以后，就准备乘这个有利形势，北攻燕，东攻齐。这时，有一个破赵而俘来的谋士广武君李左车，对韩信这个打算提出意见。他说：“不要急于攻打这两个地方，而应在刚占领的赵地实行安抚政策。这时，你率领大军装着要攻打的样子，同时派一个能言善辩的人拿着你的书信到燕国去，陈述利害，燕王眼看大军压境，他不敢不投降，燕王归顺了，再派一个人到齐国去，要齐王归顺。即使齐王身边有智谋之士，也很难为齐王拿出更好的办法来。兵书上说的，先用声势瓦解敌人的士气，然后再用大军显示实力，就是这个意思。”

先意承志 xiān yì chéng zhì
先意承旨 xiān yì chéng zhǐ

【词源】西汉·戴圣《礼记·祭义》："君子之所为孝者，先意承志，谕父母于道。"

【注】先意：事先意识到别人的意愿。承：顺承。

【释义】善于体会别人的心意，并能按照其心意办事。

【书证】清·西周生《醒世姻缘传》第六十二回："天下那不怕天不怕地的汉子，朝廷的法度丢在脑后边……惟独一个二不棱登的妇人，制服得你狗鬼听提，先意承旨。"郭沫若《历史人物·论曹植》："他又和杨修勾结，阴伺他父亲的意旨，以便先意承志，被他父亲怀疑而泄露了，终至弄巧成拙。"

弦外遗音 xián wài yí yīn
弦外之音 xián wài zhī yīn

【词源】西汉·戴圣《礼记·乐记》："清庙之瑟，朱弦而疏越，一倡而三叹，有遗音声矣！"

【注】弦：乐器上用以发音的丝线、铜丝或钢丝。遗：余。

【释义】弦乐的余音。喻言外之意。

【书证】南宋·陆游《雨后殊有秋意》诗："只叹鼻端无妙斫，岂知弦外有遗音。"闻一多《时代的鼓手》："这里没有'弦外之音'，没有'绕梁三日'的余韵。"老舍《四世同堂·三》："老太太马上听出来那弦外之音：'怎么？你不愿意听我们说话，把耳朵堵上就是了！'"

险以侥幸 xiǎn yǐ jiǎo xìng
行险侥幸 xíng xiǎn jiǎo xìng

【词源】西汉·戴圣《礼记·中庸》："君子素其位而行，不愿乎其外。素富贵，行乎富贵；素贫贱，行乎贫贱；素夷狄，行乎夷狄；索患难，行乎患难。君子无入而不自得焉。在上位，不凌下；在下位，不援上。正己而不求于人，则无怨；上不怨天，下不尤人。故君子居易以俟命，小人行险以侥幸。"

【注】子思劝人们要正确对待自己所处的社会生活地位，不要做越出地位的事。君子身处富贵，就按富贵生活；身处贫贱，就照贫贱行事。不管在什么地位，都是安然自得的。地位高，不欺压地位低的人；地位低，也不要攀附地位高的人。所以君子不管在什么情况下都是心中平易，所处坦然，而小人正相反；专做

危险的事情，希望得到他不应得到的幸福。行险：做险事，走险路。

【释义】冒着危险去干不应干的事，是出于一种侥幸心理。

【书证】章炳麟《箴新党论》："若夫夸者死权，行险侥幸，以求一官一秩，则自古而有之。"宋·苏轼《张文定公墓志铭》："近岁边臣建开拓之议，皆行险侥幸之人，欲以天下安危试之一掷，事成则身蒙其利，不成则陛下任其患，不可听也。"明·孙若愚《酌中志·内府衙门职掌》："彼草野寒士，或迫于家贫亲老。行险侥幸，世有闻者，罪不致死。"唐·柳宗元《与杨诲之第二书》："今子又以行险为车之罪，夫车之为道，岂乐于行险耶，度不得已而至于险，期勿败而已耳。"

相须而成 xiāng xū ér chéng
相须而行 xiāng xū ér xíng

【词源】西汉·戴圣《礼记·昏义》："故天子之与后，犹日之与月，阴之与阳，相须而后成者也！"

【注】须：依靠。

【释义】互相依靠，互相配合，以促使事情成功。

【书证】晋·李秉《家诫》："清慎之道，相须而成。必不得已，慎乃为大。夫清者不必慎，慎者必自清。"三国·魏·桓范《世要论·治本》："夫治国之本有二：刑也德也。二者相须而行，相待而成矣！"

蟹匡蝉绥 xiè kuāng chán ruí

【词源】西汉·戴圣《礼记·檀弓下》："成人有其兄死而不为衰者，闻子皋将为成宰，遂为衰。成人曰：'蚕则绩而蟹有匡，范则冠而蝉有绥；兄则死而子皋为之衰。'"

【注】匡：背壳。绥：蝉的针喙。范：蜂。

【释义】原指蚕绩（蚕茧）与蟹匡、范冠（蜂头顶上的触角）与蝉绥两类东西外形相近，实际各不相干。后用以喻名是实非，两不相干，强拉关系。

【书证】北宋·苏轼《东坡志林》卷二："蔡延庆所生母亡，不为服久矣，闻李定不服所生母，为台所弹，乃乞追服。乃知蟹匡蝉绥，不独成人之弟也！"

心不在焉 xīn bù zài yān

【词源】西汉·戴圣《礼记·大学》："所谓修身，在正其心者。

心者有所忿怒，则不得其正；有所恐惧，则不得其正；有所好乐，则不得其正；有所忧患，则不得其正。心不在焉，视而不见，听而不闻，食而不知其味。此谓修身，在正其心。”

【注】心：思想，意念。焉：文言虚词，相当于“于此”。

【释义】谓思想不集中。

【书证】清·李绿园《歧路灯》第五十九回：“上得楼来，王氏问道：‘在谁家坐了这大半日？’谭绍闻心不在焉，竟是未曾听着。”叶圣陶《校长》：“上课以前总不肯早来一刻，而上课时又总是一种心不在焉的神气。”柔石《二月》：“讲话时作腔作势，而又带着心不在焉的样子，这似乎都是纨绔子弟的特征，普遍而一律的。”老舍《四世同堂·八十》：“在瑞宣心不在焉的时节，猛然看见她，他仿佛不大认识她了。”

心广体胖 xīn guǎng tǐ pán

【词源】西汉·戴圣《礼记·大学》：“富润屋，德润身，心广体胖，故君子必诚其意。”

【注】孔颖达疏：“心广体胖，言内心宽广，则外体胖大。”广：宽阔。胖：安适舒泰。

【释义】本指胸襟开阔，身体自然安适舒泰。后多指心情开朗或无所用心，则身体肥胖。

【书证】元·汪元亨《朝天子·归隐》曲：“喜情欢量宽，乐心广体胖，生与死由天断。”老舍《赵子曰》：“莫大年是心广体胖，心里有什么，嘴里就说什么。”

心满意足 xīn mǎn yì zú

【词源】东汉·班固《汉书·王莽传》：“丰等爵位已盛，心意既满，又实畏汉宗室，天下豪杰。”

【释义】形容心中非常满意。

【书证】宋·吕祖谦《晋论》：“君臣上下，自以为江东之业为万世之安，心满意足。”明·施耐庵《水浒传》第三十一回：“武松道：‘我方才心满意足，走了罢休！’”

行远自迩 xíng yuǎn zì ěr

【词源】西汉·戴圣《礼记·中庸》：“君子之道，辟如行远必自迩，辟如登高必自卑。”

【注】自：从。迩：近。

【释义】走远路必须从最近处开始。喻学习和做事要由浅入深，循序渐进。

【书证】《北齐书·魏收传》：“跬步无已，至于千里；覆一篑进，及于万仞。故云行远自迩，登高自卑，可大可久，与世推移。”清·章学诚《文史通义·永清县志士族表席例》：“正史既存大体，而部府州县之志以渐加详焉。所谓行远自迩，登高自卑，州县博收，乃所以备正史之约取也！”孙中山《社会建设（民权初步）·自序》：“语曰：‘行远自迩，登高自卑’……则行第一步之功夫，万不可忽略也。”李部人《六十年的变迁》第八章：“他一向做事很坚持，原来的幻想，就是‘行远自迩’。”

修身齐家治国平天下

xiū shēn qí jiā zhì guó píng tiān xià

修身齐家 xiū shēn qí jiā

治国齐家 zhì guó qí jiā

【词源】西汉·戴圣《礼记·大学》：“身修而后家齐，家齐而后国治，国治而后天下平。”

【注】齐：整治，治理。

【释义】旧指按照孔孟之道，修养自身品德，管理好家庭，治理好所在地区（诸侯国），最后使全中国（天下）安宁太平。

【书证】元·王子一《误入桃源》第一折：“我和你韬光晦迹老山中，煞强于齐家治国平天下。”明·冯惟敏《仙吕点绛唇·改官谢恩》：“君臣父子全忠孝，齐家治国谙经略。”《元曲选外编·无名氏〈九世同居〉第一折》：“父亲，有什么修身齐家的事，训教你儿者。”明·汤显祖《牡丹亭·训女》：“你看俺治国齐家，也则是数卷书。”冯玉祥《我的生活》第八章：“我是一个行武出身的人……学识不足，而且所读的书，又都是修身齐家治国平天下的一套旧东西。”

盱衡厉色 xū héng lì sè

【词源】东汉·班固《汉书·王莽传》：“当此之时，公运独见之明，奋亡前之威，盱衡厉色，振扬武怒，乘其未坚，厌其未发，震起机动，敌人摧折，虽有贲育不及持刺，虽有樗里不及回知，虽有鬼符不及造次，是故董贤丧其魂魄，遂自绞杀。”

【注】盱衡：举眉扬目。衡：眉毛上面的地方，这里指眉毛张开，眼睛自然就瞪着。厉：严厉，严峻。色：脸色。

【释义】瞪起眼睛，面色严厉。形容极其威严令人胆寒的样子。

【书证】章炳麟《变法箴言》：“今也，骏特俶党之士，丁时未至，盱衡厉色，悍然而为之，志固不遂，且危其身矣。”

【考据】这是说的汉代王莽迫使董贤自杀的事。董贤为汉哀帝的亲信，22岁就拜为大司马。哀帝一死，王莽就收了董贤的大司马的印绶。因为这时王莽控制了朝廷的政权、军权。董贤见四周都是王莽的势力，明知敌不过王莽，因而就在收印绶的当天自杀了。当时有个陈崇，就上书汉平帝，吹捧王莽，说王莽的功德盖天。谈到诛董贤这件事，说王莽有独见之明，而且十分威严，只要扬一扬眉毛，说一句话，都使董贤吓得魂不附体。

选贤与能 xuǎn xián yǔ néng
选贤任能 xuǎn xián rèn néng

【词源】西汉·戴圣《礼记·礼运》："大道之行也，天下为公，选贤与能，讲信修睦。"

【注】与：通"举"，推举的意思。

【释义】选拔、推荐有德有才的人。

【书证】晋·袁宏《后汉纪·献帝纪》："大道之行、天下为公、选贤与能，故唐尧不私于厥子，而名播于无穷。"《旧唐书·食货志上》："设官分职、选贤任能，得其人则有益于国家，非其才则贻患于黎庶。"

学然后知不足
xué rán hòu zhī bù zú

【词源】西汉·戴圣《礼记·学记》："是故学然后知不足，教然后知困；知不足，然后能自反也。知困，然后能自强也！"

【注】困：贫乏。自反：检查自己。自强：努力加强自己的学习。

【释义】只有经过学习，才会发现自己的不足之处。

【书证】谢觉哉《读学风文件题记》："学，然后知不足；教，然后知困；做，然后知不行。有书本知识的人回到实际工作中去，那就会感到世界很大，自己很小，不谦虚也得谦虚起来。"江泽民《在党外人士迎春座谈会上的讲话》："不知，就要学习，学而后知不足。"

Y

燕赵女 yān zhào nǚ

【典源】《古诗十九首·东城高且长》其十二："燕赵多佳人，美者颜如玉。"

【释义】指美女或舞女歌姬。

【书证】南北朝·沈约《四时白纻歌·夜白纻》:"秦筝齐瑟燕赵女,一朝得意心相许。"唐·曹邺《四望楼》:"无限燕赵女,吹笙上金梯。"明·钱谦益《有学集》:"多情莫学野鸳鸯,玉勒金丸傍苑墙。十五胡姬燕赵女,何人不愿嫁王倡。"明·汪广洋《拟铜雀伎》:"燕赵女如玉,轻盈掌上身。"

阳九之厄 yáng jiǔ zhī è
阳九之会 yáng jiǔ zhī huì

【词源】东汉·班固《汉书·王莽传》:"予受命遭阳九之厄,百六之会,府帑空虚,百姓匮乏,宗庙未修,且袷祭于明堂太庙,夙夜永念,非敢宁息。"

【注】阳九:古代术数家认为,四千六百一十七岁为元,初入元一百零六岁中,旱灾之岁有九,称为阳九;次三百七十四岁中,水灾之岁有九,称为阴九;再次四百八十岁中,旱灾之岁又有九,亦称阳九。其余尚有阳七、阴七、阳三、阴三等。会:遭遇。

【释义】指灾难之年或厄运。

【书证】《文选》卷二十八:"《音义》曰:易传所谓阳九之厄,百六之会者也。"晋·陈寿《三国志·司马朗传》:"明公以高世之德,遭阳九之会,清除群秽,广举贤士,此诚虚心垂虑,将兴至治也。"《北史·高佑传》:"尧汤之运,不能去阳九之会。"宋·吴自牧《梦粱录》卷五:"今世人以菊花、茱萸,浮于酒饮之,盖茱萸名'辟邪翁',菊花为'延寿客',故假此两物服之,以消阳九之厄。"

仰屋窃叹 yǎng wū qiè tàn
仰屋浩叹 yǎng wū hào tàn

【词源】东汉·班固《汉书·盖诸葛刘郑孙毋将何传·盖宽饶》:"宽饶不悦,仰视屋而叹曰:'美哉!然富贵无常,忽则易人,此如传舍,所阅多矣!'"

【注】窃:私自。仰望屋顶,私自叹息。

【释义】形容处于困境,无可奈何。

【书证】唐·杜佑《通典·刑法七·卷第一百六十九》:"及其归舍,仰屋窃叹甚多冤。臣今所陈,诚死无悔。"唐·李绛《奏事上怒旋激赏事》:"陛下不以臣愚昧,使处腹心之地,岂可见事亏圣德,致损清时,而惜身不言,仰屋窃叹,是臣负陛下也。"北宋·司马光《资治通鉴·汉纪·明帝永平十四年》:"及其归舍,口虽不言而仰屋窃叹，莫不知其多冤，无敢牾陛下言者。”

一成不变 yī chéng bù biàn

【词源】西汉·戴圣《礼记·王制》：“刑者侀也，侀者成也，一成而不可变。”

【注】一：一旦，一经。成：形成。

【释义】原指刑法一旦形成就不可改变，后多用来形容守旧不变，固守老章法。

【书证】唐·白居易《太湖石记》：“然而自一成不变以来，不知几千万年，或委海隅，或沦湖底。”宋·叶適《水心文集上韩提刑》：“自顷尘于仕借，久叨领于书林，忽被郡除，莫知事本。惟法令制时之要，而经术饰治之余，二者之间，久焉难居，一成不变，无乃过中。”

一孔之见 yī kǒng zhī jiàn

【词源】西汉·戴圣《礼记·中庸》：“愚而好自用，贱而好自专；生乎今之世，反古之道。”

【注】郑玄：“反古之道，谓晓一孔之人，不知今王之新政可从。”孔颖达疏：“孔为孔穴，孔穴所出，事有多途。今惟晓一孔之人，不知余孔通达，惟守此一处，故云晓一孔之人。”孔：小洞，窟窿。

【释义】从一个小洞中所看见的。喻狭小片面的见解。

【书证】毛泽东《中国革命战争的战略问题》第一章第一节：“有一种人，抱着一技之长和一孔之见，再也没有进步。”老舍《四世同堂》：“他对国际事务的知识很欠缺，然而又自有他的一孔之见。”

一元大武 yī yuán dà wǔ

【词源】西汉·戴圣《礼记·曲礼下》：“凡祭宗庙之礼，牛曰一元大武。”

【注】郑玄：“元，头也。武，迹也！”孔颖达疏：“牛若肥则脚大，脚大则迹痕大，故云一元大武也！”元：头。武：足迹。

【释义】一头肥大的牛。

【书证】南朝·宋·范晔《后汉书·祭祀志下》刘昭注补引丁孚《汉仪》：“敢用洁牲一元大武，柔毛刚鬣……事于恭怀皇后，尚飨。”唐·陆贽《告谢肃宗庙文》：“谨以一元大武，柔毛刚鬣，明粢芗萁，嘉荐嘉蔬，醴齐备物，洁郊聿申，告谢尚飨。”（粢：zī。明粢：古代祭祀所用的谷物。芗：xiāng，五谷的香气。萁：语助词。）

一张一弛 yī zhāng yī chí
一弛一张 yī chí yī zhāng

【词源】西汉·戴圣《礼记·杂记下》："张而不弛，文武弗能也；弛而不张，文武弗为也。一张一弛，文武之道也！"

【注】文、武：指周文王和周武王。张：紧张，拉紧弓弦。弛：松弛，放松弓弦。

【释义】一时拉紧弓弦，一时放松弓弦。喻一段时间内紧张劳碌，一段时间内松弛安闲；指工作、生活上要劳逸结合。也喻一时须严厉，一时须宽纵；指施政管理上要宽柔相济。

【书证】汉·王充《论衡·儒增》："故张而不弛，文王不为。弛而不张，文王不行。一弛一张，文王以为当。"宋·范成大《石湖诗集·二二·寄题王仲显读书楼》："一张复一弛，酿秫助歌啸。"《曾国藩全集·家书·二百七十九·致沅弟》："弟病后虽体弱，然回家养息两月，尽可复元。一张一弛，精神自可提振得起。"

依瑟高歌 yī sè gāo gē
高歌依瑟 gāo gē yī sè

【典源】西汉·司马迁《史记·张释之冯唐列传》："从行至霸陵，居北临厕。是时慎夫人从，上指示慎夫人新丰道，曰：'此走邯郸道也。'使慎夫人鼓瑟，上自倚瑟而歌，意惨凄悲怀。"

【注】鼓瑟：弹奏瑟，瑟为古乐器。慎夫人：邯郸人。

【释义】意谓感伤。

【书证】唐·鲍溶《依瑟行》："一言出口堪生死，高歌依瑟扬清悲。"

移山填海 yí shān tián hǎi
举山填海 jǔ shān tián hǎi
投石填海 tóu shí tián hǎi

【词源】西汉·吾丘寿王《骠骑论功论》："君臣若兹，何虑而不成，何征而不克，虽拔泰山填沧海可也！"

【释义】改变山的位置，填平大海。喻改造自然、改造社会、战胜困难的力量和气魄非常伟大。也指事业异常艰巨，难以完成。

【书证】三国·魏·阮籍《阮嗣宗集·上·达庄论》："逾阻攻险者，赵氏之人也；举山填海者，燕、楚之人也！"唐·韦应物《难言》(《韦江州集》、《全唐诗》)："掬土移山望山尽，投石填海望海满。"清·尤侗《百末词·满庭芳·偶语》(《清名家词》)："蛮争触斗，割据几山川。多少移山填海，凭意气、不肯由天。下场头、总堪一笑，鼓罢戏文完。”邓雅声《述怀·寄李子芬》：“移山填海多宏愿，一任悠悠笑若愚。”柳亚子《香凝夫人嘱题画集·再赋两律》：“补天捧日心原壮，填海移山事已非。”

以貌取人 yǐ mào qǔ rén
以貌取士 yǐ mào qǔ shì

【词源】西汉·戴德《大戴礼记·五帝德》：“吾欲以颜色取人，于灭明邪改之……吾欲以容貌取人，于师邪改之。”

【注】师：颛孙师，字子张。

【释义】指根据外表来判断人的优劣或决定对待的态度。

【书证】《旧唐书·封常清传》：“(常清怒，倨谓仙芝曰)：‘常清慕公高义，愿事鞭辔，所以无媒而前，何见拒之深乎？公若方圆取人，则士大夫所望；若以貌取人，恐失之子羽矣！’”

以意为之 yǐ yì wéi zhī

【词源】西汉·戴圣《礼记·礼运》：“故圣人乃以天下为一家，以中国为一人者，非意之也，必知其情，辟于其义，明于其利，达于其患。然后能为之。”

【注】意：心愿，意志。为：做。

【释义】只凭自己的主观想法去做。

【书证】鲁迅《二心集·“硬译”与“文学的阶级性”》：“那不消说，是他和梁先生一样地对于无产阶级文学的理论，未免有‘以意为之’的错误。”鲁迅《书信集·致李桦》：“假使以意为之，那就决不能真切、深刻，也就不成为艺术。”

以怨报德 yǐ yuàn bào dé

【词源】西汉·戴圣《礼记·表记》：“以德报怨，则宽身之仁也；以怨报德，则刑戮之民也！”

【注】以：用。怨：仇怨，怨恨。报：报答，回报。德：恩惠，情义，帮助。

【释义】用怨恨来报答曾给过自己帮助和恩惠的人。

【书证】唐·李德裕《小人论》：“世所谓小人者，便辟巧佞，翻覆难信，此小人常态，不足惧也。以怨报德，以其甚者也。”茅盾《子夜》第十九：“他是向来公道，从没待亏了谁，可是人家‘以怨报德’！不必说姓韩姓刘的了，就是自己的嫡亲妹子四小姐也不谅解。”

义愤填膺 yì fèn tián yīng

义愤填胸 yì fèn tián xiōng

【词源】南朝·宋·范晔《后汉书·逸民传序》："汉室中微，王莽篡位，士之蕴藉义愤甚矣！"南朝·梁·江淹《恨赋》："置酒欲饮，悲来填膺。"

【注】义愤：对违反正义的事情所产生的愤怒。膺：胸。

【释义】发于正义的愤懑充满胸中。

【书证】清·曾朴《孽海花》第二十五回："珏斋不禁义愤填膺，自己办了个长电奏，力请宣战。"清·文康《儿女英雄传》第五回："把白脸儿狼、傻狗二人商量的伤天害理的这段阴谋听了个仔细，登时义愤填胸。"

易衣而出，并日而食

yì yī ér chū bìng rì ér shí

并日而食 bìng rì ér shí

【词源】西汉·戴圣《礼记·儒行》："儒有一亩之宫，环堵之室，荜门圭窬，蓬户瓮牖，易衣而出，并日而食。"

【注】易：更，换。并日：两天合并成一天。

【释义】一件衣服，谁外出谁穿，一天的饭分成两天吃。喻生活穷困。

【书证】三国·蜀·诸葛亮《后出师表》："思惟北征，宜先入南，故五月渡泸，深入不毛，并日而食，臣非不自惜也，顾王业不可偏安于蜀都。"清·朱彝尊《钱教谕忘忧草序》："弟子载贽者少，则并日而食。"唐·徐坚等《初学记》卷十七："李充兄弟六人，贫无担石之储，易衣而出，并日而食。"

音与政通 yīn yǔ zhèng tōng

【词源】西汉·戴圣《礼记·乐记》："治世之音安以乐，其政和；乱世之音怨以怒，其政乖；亡国之音哀以思，其民困。声音之道，与政通矣！"

【释义】音乐与政治相关联。

【书证】唐·刘禹锡《唐故尚书礼部员外郎柳君集纪》："音与政通，而文章与时高下。"

殷殷田田 yīn yīn tián tián

【词源】西汉·戴圣《礼记·问丧》："妇人不宜袒，故发胸，击心，爵踊，殷殷田田，如坏墙然，悲哀痛疾之至也！"

【注】殷殷：震动声。田田：喻宏大的声音。

【释义】喻声音宏大震响。

【书证】清·袁枚《新齐谐·夏太史说三事》:"是夜,阅卷灯下,闻哭声自西来,殷殷田田,群响杂沓。"

饮食男女 yǐn shí nán nǚ

【词源】西汉·戴圣《礼记·礼运》:"饮食男女,人之大欲存焉;死亡贫苦,人之大恶存焉。故欲、恶者,心之大端也!"

【释义】想吃食物的欲望、男女之间性的欲望。指人的食欲和性欲等天生欲望。

【书证】清·叶燮《原诗·内篇上》:"自开辟以来,天地之大,古今之变,万汇之赜,日星河岳,赋物象形,兵刑礼乐,饮食男女,于以发为文章,形为诗赋。"

饮血茹毛 yǐn xuè rú máo

茹毛饮血 rú máo yǐn xuè

【词源】西汉·戴圣《礼记·礼运》:"昔者先王未有宫室,冬则居营窟,夏则居橧巢。未有火化,食草木之实,鸟兽之肉,饮其血,茹其毛。"

【注】茹:吃。

【释义】喝动物的血,吃带毛的动物。喻远古时期人类的生活状况。

【书证】汉·班固《白虎通义·卷一》:"饥即求食,饱即弃余,茹毛饮血而衣皮苇。"明·袁崇道《白苏斋类集·卷二十·论文上》:"今之五味煎熬,所以学古人之茹毛饮血也。"鲁迅《华盖集续编·马上支日记》:"宛如文明烂熟的社会里,忽然分明现出茹毛饮血的蛮风来。"三国·魏·嵇康《难自然好学论》附张叔辽《自然好学论》:"腥臊未化,饮血茹毛,以充其虚,食之始也!"北宋·张君房《云笈七签》第五十六卷:"三王之代,然乃裁革结莎,巢橧营窟,多食草木之实,啖鸟兽之肉,饮血茹毛,蠢然无闷。"

饮鸩止渴 yǐn zhèn zhǐ kě

【典源】南朝·宋·范晔《后汉书·霍谞传》:"譬犹疗饥于附子,止渴于酖(鸩)毒,未入肠胃,已绝咽喉。"

【注】鸩:传说中的毒鸟,用它的羽毛浸酒喝了能毒死人。

【释义】喝毒酒解渴。比喻采取有害的办法救急,不顾严重后果。

【书证】晋·葛洪《抱朴子·外篇卷一·嘉遁》:"酣鸩酒以止渴也。"《晚清文学丛钞·扫迷帚·第十四回》:"若虑迷信一破,道德堕落，必以保存为得计，此又何异欲止渴而饮鸩，治疗疮而剜肉？”巴金《谈〈憩园〉》：“他们里面也有抽鸦片烟的，年纪大一点的轿夫多数抽大烟，因为他们的体力不够，不得不用这种兴奋剂来刺激，明知这是饮鸩止渴，但是也无其他办法。”

【考据】东汉魏郡邺（今邯郸临漳县）人霍谞，他为人忠厚，少通经书。霍谞15岁那年，有人诬告他舅父宋光妄改法令。汉大将梁商接到诬告状后，就派人捉拿宋光。宋光蒙冤入狱，受尽折磨。霍谞深感不平，便上书梁商，为他舅父宋光申冤。他说他舅父一贯奉公守法，绝不敢妄改法令，即使对法令有疑难之处，也从未妄加解释。他绝不会为法令问题而触犯皇上。他还打了一个比喻说：“我舅父如果那样做了，‘就像用有毒的附子充饥，用有毒的鸩酒止渴’。我们知道，当附子、鸩酒进入肠胃，人就要断气，难道我舅父能不顾后患做出这样不明智的事来吗？”由于查无实据，后来梁商便把宋光释放了。

隐恶扬善 yǐn è yáng shàn

【词源】西汉·戴圣《礼记·中庸》：“子曰：‘舜其大知也与。舜好问而好察迩言，隐恶而扬善。执其两端，用其中于民。其斯以为舜乎！’”

【注】隐：隐藏、隐匿。扬：宣扬，传播。

【释义】把恶言隐匿起来，把善言宣扬开去。后指隐瞒他人的劣迹，宣传他人的好处。

【书证】宋·朱熹《朱子语类·卷六十三·中庸第十章》：“好察迩言，隐恶扬善。”明·施耐庵《水浒全传》第三十三回：“他和你是同僚官，虽有些过失，你可隐恶而扬善。”

英华发外 yīng huá fā wài

【词源】西汉·戴圣《礼记·乐记》：“是故情深而文明，气盛而化神，和顺积中而英华发外，惟乐不可以伪。”

【释义】英伟的才华显现于外。

【书证】唐·梁肃《送前长安裴少府归海陵序》：“裴侯温粹在中，英华发外。”

壅蔽 yōng bì
雍蔽 yōng bì
拥蔽 yōng bì

【词源】东汉·班固《汉书·刘

向传》："赵高专权自恣，壅蔽大臣。"

【注】壅：阻塞，蒙蔽。蔽：摭挡，遮蔽，蒙蔽。

【释义】喻隔绝和蒙蔽，用不正当手段隔绝人的视听，使人不明真相。

【书证】唐·魏征《谏太宗十思疏》："虑壅蔽则思虚心以纳下，惧谗邪则思正身以黜恶。"唐·白居易《采诗官》："欲开壅蔽达人情，先向歌诗求讽刺。"

油然而生 yóu rán ér shēng

【词源】西汉·戴圣《礼记·乐记》："礼乐不可斯须去身，致乐以治心，则易直子谅之心油然生矣，易直子谅之心生则乐，乐则安，安则久……"

【注】油然：自然而然。

【释义】（人不能片刻离开礼乐，研究乐教之理来陶冶身心，于是和易、正直、慈爱、诚信的心理）自然而然产生了。指某种情感自然而然地产生出来。

【书证】唐·权德舆《送徐咨议假满东归序》（《全唐文》）："每耳闻水国，如话乡党……江海之思，油然而生。"宋·苏洵《苏氏祖谱》："呜呼，观吾之谱者，孝悌之心可以油然而生矣！"清·无名氏《五虎平西前传序》："俾阅者好善恶恶之念，油然而生，是传奇亦足以导善而戒奸也！"林语堂《生活的艺术》第六章："这种言论，使人油然而生一种好像是在快要沉没的船上的感觉。一种万事全休、大家只在想逃生方法的感觉。"

有害无利 yǒu hài wú lì

【词源】东汉·班固《汉书·严朱吾丘主父徐严终王贾传第三十四·吾丘寿王》："以众吏捕寡贼，其势必得。盗贼有害无利，且莫犯法，刑错之道也。"

【释义】只有坏处没有好处。

【书证】宋·朱熹《申免移军治状》："不知今日民力凋敝，州县空竭之际，如何计置得上件钱物给此支用，而劳民动众，为此有害无利之举。"明·许仲琳《封神演义》第十七回："子牙曰：'尚占运命，主今日不好，有害无利，有凶无吉。'"

瑜不掩瑕 yú bù yǎn xiá

【词源】西汉·戴圣《礼记·聘义》："夫昔者君子比德于玉焉……瑕不掩瑜，瑜不掩瑕，忠也！"

【注】瑜：美玉，指优点。瑕：玉

上的斑点，指缺点。

【释义】优点掩盖不了缺点。

【书证】五代·王定保《唐摭言·进士归礼部》："然古人云：瑜不掩瑕，忠也。其有词或不典，将与众评之若何？"茅盾《自序》："选在这本集子里的八九篇小说都是'瑕瑜互见'及至'瑜不掩瑕'的东西。"

虞芮息讼 yú ruì xī sòng

【典源】《诗经·毛苌传》："虞、芮之君相与争田，久而不平，乃相谓曰：'西伯仁人也，盍往质焉？乃相与朝周。入其境，则耕者让畔，行者让路；入其邑，男女异路，班白不提挈；入其朝，士让为大夫，大夫让为卿。'二国君感而相谓曰：'我等小人，不可以履君子之庭。'乃相让以其所争田为闲原。至今尚在。"

【注】质：质断。

【释义】喻仁德感化而息讼。

【书证】晋·潘岳《西征赋》："苏张喜而诈骋，虞芮愧而息讼。"

【考据】毛苌，著名诗学家，西汉赵人。他与同时代较早的毛亨同为古文诗学《毛诗学》的开山鼻祖。亨称大毛公，苌称小毛公。他曾做过河间献王刘德（汉景帝之子）的博士。所谓《毛诗》即毛氏《诗经》。

愚者千虑，必有一得

yú zhě qiān lǜ bì yǒu yī dé

【词源】西汉·司马迁《史记·淮阴侯列传》："臣闻智者千虑，必有一失；愚者千虑，必有一得。故曰'狂夫之言，圣人择焉'。"

【释义】愚笨的人考虑许多次，总会有一点好意见的。常表示自己的见解不多的客气话。

【书证】《南史·虞寄传》："千虑一得，请陈愚算。"

【考据】这是赵国被俘的广武君李左车对韩信说的一段话。在楚汉争霸中，韩信率兵攻破了赵国，活捉了谋士广武君。韩信以为广武君是个难得的人才，不但不杀他，还特别尊重他，再三向他请教用兵之策。广武君见韩信如此器重自己，谦逊地说："我听说，智者千虑，必有一失；愚者千虑，必有一得。所以俗话说：'狂人的话，圣贤也可以选择。'只恐怕我的计策不值得你采用，但我愿意献出愚忠，为你效劳。"接着，广武君分析了当时形势，建议韩信在赵国按兵不动，安定秩序，抚恤赵国阵亡将士的遗孤。这样做，人们就会拥护你，方圆百里之内，就会天天有人送来牛酒，犒劳将士。到那时，燕国、齐国都会像草随风倒那样，很快归降，何愁不能夺取天下呢！于是，韩信就采用了广武君的计策，形势果然越来越好。

玉不琢不成器

yù bù zhuó bù chéng qì

【词源】西汉·戴圣《礼记·学记》："玉不琢，不成器；人不学，不知道。"

【注】琢：雕刻。道：道理，事物的规律。

【释义】玉石不雕刻，不能成为器物。比喻人不经过教育，不能成为有用的人才。

【书证】《元曲选外篇·史九敬先〈庄周梦〉第二折》："本是个神仙老子非凡体，待得来玉不琢不成器。"清·钱彩《说岳全传》第四回："但无一个名师点拨，这叫做'玉不琢不成器'。"

玉棺 yù guān

【典源】南朝·宋·范晔《后汉书·方术列传第七十二·王乔》："每当朝时，叶门下鼓不击自鸣，闻于京师。后天下玉棺于堂前，吏人推排，终不摇动。乔曰：'天帝独召我邪？'乃沐浴服饰寝其中，盖便立覆。宿昔葬于城东，土自成坟。"

【注】玉棺：传说中玉制的棺材。

【释义】用以悼亡。

【书证】唐·杜甫《昔游》："玉棺已上天，白日亦寂寞。"宋·苏轼《和蔡景繁海州石室》："何年霹雳起神物，玉棺飞出王乔墓。"

【考据】王乔：《邯郸县志》记载，邯郸县西紫山有王乔洞，是其修道成仙处。

玉灭瘢 yù miè bān

【典源】东汉·班固《汉书·王莽传》："始莽就国，南阳太守以莽贵重，选门下掾宛孔休守新都相。休谒见莽，莽尽礼自纳，休亦闻其名，与相答。后莽疾，休候之，莽缘恩意，进其玉具宝剑，欲以为好。休不肯受，莽因曰：'诚见君面有瘢，美玉可以灭瘢，欲献其瑑耳。'即解其瑑，休复辞让。莽曰：'君嫌其贾邪？'遂椎碎之，自裹以进休，休乃受。"

【注】瘢，创痕。瑑（zhuàn）：玉器上雕刻的凸起的花纹，指美玉。

【释义】美玉可以去掉瘢痕。

【书证】南宋·辛弃疾《浣溪沙·赵景山席上用偶赋溪台和

韵》:“台倚崩崖玉灭瘢,青山却作捧心颦,远林烟火几家村。”

欲不可纵 yù bù kě zòng

【词源】西汉·戴圣《礼记·曲礼上》:“敖不可长,欲不可纵,志不可满,乐不可极。”

【注】欲:欲望。纵:放纵。

【释义】欲望不可放纵。

【书证】北齐·颜之推《颜氏家训·止足》:“欲不可纵,志不可满,宇宙可臻其极,情性不知其穷。”

御灾捍患 yù zāi hàn huàn

【词源】西汉·戴圣《礼记·祭法》:“夫圣王之制祭祀也,法施于民则祀之,以死勤事则祀之,以劳定国则祀之,能御大灾则祀之,能捍大患则祀之。”

【注】御:控制,捍:抵御。

【释义】控制灾害,抵御祸患。

【书证】清·方苞《与陈占成书》:“又其次则御灾捍患,实德及民。若碌碌奉其官,耻莫大焉。”

爰盎却坐 yuán àng què zuò

【典源】东汉·班固《汉书·爰盎传》:“上幸上林,皇后、慎夫人从。其在禁中,常同坐。及坐,郎署长布席,盎引却慎夫人坐。慎夫人怒,不肯坐。上亦怒,起。盎因前说曰:‘臣闻尊卑有序则上下和,今陛下既以立后,慎夫人乃妾,妾主岂可以同坐哉?且陛下幸之,则厚赐之。陛下所以为慎夫人,适所以祸之也。独不见人豕乎?’于是上乃说,入语慎夫人。慎夫人赐盎金五十斤。”

【注】爰盎:汉文帝、景帝时大臣。上:指汉文帝。郎署:上林苑中禁卫的官署。盎时为中郎将,天子到上林苑。故预设供帐迎接。却:退后。人豕:指吕后在汉高祖死后,将其宠妾戚夫人斩去手足,去眼熏耳,饮喑药,置厕中,称“人豕”。

【释义】汉文帝宠幸慎夫人,常与皇后同坐,中郎将爰盎极力讽谏。谓指讽谏以正尊卑。

【考据】慎夫人:邯郸人。

怨天尤人 yuàn tiān yóu rén

【词源】西汉·戴圣《礼记·中庸》:“正己而不求于人,则无怨,上不怨天,下不尤人。”

【注】尤:怨恨,指责,归咎。

【释义】抱怨上天,归咎别人。指对不如意的事情一味强调客观原因，不能正确对待。

【书证】晋·张华《博物志·四·药论》："夫命之所以延，性之所以利，痛之所以止，当其药应以痛也。违其药，失其应，即怨天尤人，没鬼神矣！"唐·李师政《内德论·通命二》（《全唐文》一五七）："佛之所云业也，儒之所谓命也，盖言殊而理会，可得而同论焉。命系于业，业起于人，人禀命以穷通，命随业而厚薄，厚薄之命，莫非由己，怨天尤人，不亦谬乎？"唐·韩愈《昌黎集·十六·答侯继书》："仆虽庸愚，每读书，辄用自愧。今幸不为时所用，无朝夕役役之劳，将试学焉。力不足而后止，犹将愈于汲汲于时俗之所争，既不得而怨天尤人者：此吾今之志也！"

Z

凿穴为居 záo xué wéi jū

【词源】南朝·宋·范晔《后汉书·逸民列传第七十三·台佟》："台佟字孝威，魏郡邺人也。隐于武安山，凿穴为居，采药自业。"

【注】凿：打孔，挖洞。开凿山洞用作居住的地方。

【释义】比喻隐士生活。

【书证】隋·虞世南《北堂书钞·卷第一百五十八·地部二·穴篇十三》："又曰：台佟隐于武安山，凿穴为居，林乐自业。"

澡身浴德 zǎo shēn yù dé

【词源】西汉·戴圣《礼记·儒行》："儒有澡身而浴德。"孔颖达疏："澡身，谓能澡洁其身不染浊也；浴德，谓沐浴于德，以德自清也！"

【注】澡：冲洗。浴：淋浴。

【释义】指磨炼意志，修养品德，使身心纯洁。

【书证】晋·陈寿《三国志·魏书·管宁传》："日逝月除，时已方过，澡身浴德，将以曷为？"南朝·梁·沈约《谢齐竟陵王教撰高士传启》："贤者避世，声焕《典》《坟》，岂徒激贪勉竞，澡身浴德而已。"

择善固执 zé shàn gù zhí

【词源】西汉·戴圣《礼记·中庸》："择善而固执之也！"

【释义】选择好的，并加以坚持。

【书证】上官鼎《阳关三叠》第二十九章："择善固执，未始不是一件好事!”

诈谋奇计 zhà móu qí jì

【词源】西汉·司马迁《史记·淮阴侯列传》:“成安君,儒者也,常称义兵不用诈谋奇计。”

【注】诈:狡诈。奇:诡谲。

【释义】狡诈的谋划,出人意料的计策。

【书证】宋·王楙《野客丛书·韩信之幸》:“有报成安君不用诈谋奇计,而广武君之说不行,信于是欣然大喜。”宋·洪迈《容斋随笔·卷八·诸葛公》:“公真所谓义兵不用诈谋奇计,方以数十万之众,据正道而临有罪,建旗鸣鼓,直指魏都,固将飞书告之,择日合战,岂复翳行窃步,事一旦之谲以规咸阳哉!”

【考据】成安君:赵国大将陈余,时为成安君。另邯郸市有成安县。

斩成安 zhǎn chéng ān

【典源】西汉·司马迁《史记·淮阴侯列传》:“于是汉兵夹击,大破虏赵军,斩成安君泜水上,擒赵王歇。”

【注】泜(音迟)水:河流,在今河北元氏县,为北泜水。河北临城县有泜水,为南泜水。斩:表示砍伐、断截,古代主要指砍头、杀头的刑罚。

【释义】在泜水汉军斩杀成安君。

【书证】唐·王涯《从军词三首》:“戈甲从军久,风云识阵难。今朝拜韩信,计日斩成安。”唐·赵蕤《长短经·霸图第十七·(《反经》)卷四》:“韩信所以斩成安,子房所以降秦也。”

彰善瘅恶 zhāng shàn dàn è

【词源】西汉·戴圣《礼记·缁衣》:“有国家者章善瘅恶,以示民厚,则民情不贰。”

【注】章:通“彰”。瘅:憎恶(wù)。

【释义】喻表扬做好事的人,憎恨做坏事的人。

【书证】唐·刘知几《史通·曲笔》:“盖史之为用也,记功司过,彰善瘅恶,得失一朝,荣辱千载。”明·归有光《与嘉定诸友书》:“今日彰善瘅恶,固有司之事,而发扬之以助有司之不及者,亦诸君子之责也。”清《戴名世集·四·史论》:“夫史者,所以纪政治典章因革损益之故,与夫事之成败得失,人之邪正,用以彰善瘅恶,而为法戒于万世。”

杖节把钺 zhàng jié bǎ yuè

【词源】东汉·班固《汉书·王莽传》："以太保甄邯为大将军，受钺高庙，领天下兵，左杖节，右把钺，屯城外。"

【注】杖节：古代大臣出使或大将出征时，皇帝授予的权杖。钺：古兵器。

【释义】既有皇帝授予的符节，又有极大的兵权。形容权力很大。

朝过夕改 zhāo guò xī gǎi
朝闻夕改 zhāo wén xī gǎi

【词源】西汉·戴圣《礼记·曾子立事》："不说人之过，成人之美，存往者，在来者，朝有过夕改则与之，夕有过朝改则与之。"

【注】朝：清晨，早上。夕：晚上。

【释义】早上听到别人指出自己的过失，晚上就能改正。比喻能虚心听取别人的意见，而且知过就能改正。

【书证】汉·班固《汉书·东平思王刘宇传》："今闻王改行自新，尊修经术，亲近仁人，非法之求，不以奸吏，朕甚嘉焉。传不云乎，朝过夕改，君子与之，其复前所削县如故。"唐·房玄龄《晋书·周处传》："古人贵朝闻夕改，君前途尚可，且患志之不立，何忧名之不彰！"

赵高乱秦 zhào gāo luàn qín

【典源】西汉·司马迁《史记·秦始皇本纪》："……（赵）高乃与公子胡亥、丞相斯阴谋破去始皇所封书赐公子扶苏者，而更诈为丞相斯受始皇遗诏沙丘，立子胡亥为太子。更为书赐公子扶苏、蒙恬，数以罪……赵高欲为乱，恐群臣不听，乃先设验，持鹿献于二世，曰：'马也！'二世笑曰：'丞相误邪？谓鹿为马。'问左右，左右或默，或言马以阿顺赵高，或言鹿，高因阴中诸言鹿者以法。后群臣皆畏高。"

【释义】战国时赵高（赵人）本为秦国宦官。秦始皇死后，高与丞相李斯合谋假传遗诏，赐始皇长子扶苏死，立胡亥为秦二世皇帝。后高又谋杀李斯，自立丞相，专揽大权。时赵高欲为乱，又"指鹿为马"，把持朝政。喻奸臣大权独揽、犯上作乱。

【书证】明·王世贞《过长平作平行》："郭开卖赵赵高出，秦玺忽送乐诸侯。"

蛰虫昭苏 zhé chóng zhāo sū

【词源】西汉·戴圣《礼记·乐

记》："是故大人举礼乐，则天地将为昭焉。天地䜣合，阴阳相得，煦妪覆育万物，然后草木茂，区萌达，羽翼奋，角觡生，蛰虫昭苏，羽者妪伏，毛者孕鬻，胎生者不殰，而卵生者不殈，则乐之道归焉耳！"

【注】唐·孔颖达疏："昭，晓也。苏，息也。言蛰伏之虫皆得昭晓苏息也！"䜣合：融洽。

【释义】蛰伏过冬之虫，到了春天纷纷醒来。喻指春天的来临。

【书证】唐·白居易《鸦九剑》："不如持我决浮云，无令漫漫蔽白日。为君使无私之光及万物，蛰虫昭苏萌草出。"

真实无妄 zhēn shí wú wàng

【词源】西汉·戴圣《礼记·中庸》："诚者天之道也"，朱熹章句："诚者，真实无妄之谓，天理之本然也。"

【注】妄：荒诞、荒谬。

【释义】喻真实可靠，绝无虚妄。

赈穷济乏 zhèn qióng jì fá
扶危济困 fú wēi jì kùn

【词源】西汉·戴圣《礼记·月令》："天子布德行惠，命有司发仓廪，赐贫穷，赈乏绝。"

【注】孔颖达疏："无财曰贫，无亲曰穷，暂无曰乏，不续曰绝。"

【释义】救济无依无靠的穷人和暂时遇到灾荒、生活无着的饥民。

【书证】晋·鲁褒《钱神论》(《艺文类聚》)："钱能转祸为福，因败为成……达穷开塞，赈贫济乏，天不如钱。"《旧唐书·李轨传》："有机辩，颇窥书籍，家富于财，赈穷济乏，人亦称之。"《隋史遗文》："如今不若……先轻兵夺了他洛口仓；不惟绝东都之饷，我又得此资蓄，赈穷济乏，饥民穷盗不招自来。"

正心诚意 zhèng xīn chéng yì

【词源】西汉·戴圣《礼记·大学》："欲正其心者，先诚其意。"

【注】正：纯正。诚：真心实意。

【释义】有诚恳的心愿才能端正心态。

【释义】元·王玠《百字令·儒宗》："圣人传道，执其中，妙在惟精惟一。放则周流弥六合，卷则退藏于密。格物致知，正心诚意，静里包皇极。"清·朱彝尊《朱文公文钞序》："今世之儒士，自以为得正心诚意之学者，皆风痹不知痛痒之人也！"

芝兰之室 zhī lán zhī shì
兰芷之室 lán zhǐ zhī shì

【词源】西汉·戴德《大戴礼记》："与君子游，苾乎如入兰芷之室，久而不闻，则与之化矣！"

【注】苾(bì)：芳香。

【释义】喻良好的环境。

【书证】唐·陈子昂《薛大夫山亭宴序》："名流不杂，既入芙蓉之地，君子有邻，还得芝兰之室。"

执两用中 zhí liǎng yòng zhōng

【词源】西汉·戴圣《礼记·中庸》："执其两端，用其中于民。"

【注】执：掌握。两：指过与不及的两端。

【释义】指做事要根据不同情况，采取适宜的办法。

【书证】《四库全书总目提要》卷十二："盖即一训诂之学，而圣人执两用中之道，大公至正之心，悉可以仰窥焉。"

直而不挺 zhí ér bù tǐng

【词源】东汉·班固《汉书·盖诸葛刘郑孙毋将和传·盖宽饶》："夫君子直而不挺，曲而不诎。"

【注】直：正直。挺：挺拔。诎(qū)：弯。

【释义】指做事情正直但不出格，能有变通。

【书证】《长短经·臣行第十·卷二》："司马迁曰：夫量主而进，前哲所韪，叔孙生希世度务，制礼进退，与时变化，卒为汉家儒宗，古之君子，直而不挺，曲而不挠，大直若诎，道同委蛇，盖谓是也。"

【考据】盖宽饶，邯郸市魏县人。

直情径行 zhí qíng jìng xíng

【词源】西汉·戴圣《礼记·檀弓下》："子游曰：'礼有微情者，有以故兴物者，有直情而径行者，戎狄之道也……'"

【注】孔颖达疏："谓直肆己情而径行之也！"直情：任意，随着心意。径：直。

【释义】任着自己的性情径直去做。形容自以为是。

【书证】宋·陈亮《谢罗尚书启》："直情径行，视毁誉如风而不恤。"清·龚自珍《春秋决事比答问第五》："其次致曲，加王心也；直情径行，比兽禽也！"

咫尺之书 zhǐ chǐ zhī shū

【词源】西汉·司马迁《史记·淮阴侯列传》:“广武君对曰:‘方今为将军计,莫若按甲休兵,振赵抚其孤……北首燕路,而遣辨士奉咫尺之书于燕,暴其所长,燕必不敢不听从。’”

【注】咫:中国古代长度单位,周代八寸为咫,十寸为尺。古代书写用木简,信札之简长盈尺,故称咫尺。

【释义】犹书信。亦省作“咫尺书”。

【书证】东汉·孔融《与曹操论盛孝章书》:“公诚能驰一介之使,加咫尺之书,则孝章可致,友道可弘矣。”南朝·齐·萧子显《南齐书·列传第二十八·王融》:“若试驰咫尺之书,具甄戎旅之卒,徇其堕城,纳其降虏,可弗劳弦镞,无待干戈。”唐·孙揆若《太平广记卷·第四百九十二·杂传记九·灵应传》:“以遣一介之使,飞咫尺之书,告彭蠡洞庭,召陵水罗水,率维扬之轻锐,征八水之鹰扬。”北宋·苏洵《上欧阳内翰书》:“欲徒手奉咫尺之书,自托于执事,将使执事何从而知之,何从而信之哉?”

旨酒佳肴 zhǐ jiǔ jiā yáo

嘉肴旨酒 jiā yáo zhǐ jiǔ

【词源】西汉·戴圣《礼记·投壶》:“(宾曰)子有旨酒嘉肴,某既赐矣,又重以乐,敢辞!”

【注】旨:味美。嘉,佳:好,美。肴:荤菜。

【释义】美酒好菜。

【书证】晋·钮滔母《与从弟孝征书》:“夫嘉肴旨酒,非不美也,夏禹盛以陶豆,殷纣贮以玉杯,而此圣以兴,彼愚以灭。”唐·王勃《梓潼南江泛舟记》:“于是间以投壶,酬以妙论,亦有嘉肴旨酒,鸣弦朗笛,以补寻幽之致焉。”金·元好问《张仲经诗集序》:“诸公借草而坐,嘉肴旨酒,啸咏弥日。”

指鹿为马 zhǐ lù wéi mǎ

马鹿易形 mǎ lù yì xíng

【典源】西汉·司马迁《史记·秦始皇本纪》:“赵高欲为乱,恐群臣不听,乃先设验,持鹿献于二世,曰:‘马也!’二世笑曰:‘丞相误邪?谓鹿为马。’问左右,左右或默,或言马以阿顺赵高,或言鹿,高因阴中诸言鹿者以法。后群臣皆畏高。”

【注】赵高想作乱犯上,担心群臣不听,便先作试探,将鹿献给胡亥,说是马。二世近臣,有的

默不作声，有的逢迎赵高说是马，有的说是鹿。凡说鹿的人后来都遭陷害。从此群臣都害怕赵高。

【释义】比喻有意颠倒是非，混淆黑白。

【书证】北宋·王安石《桃源行》："望夷宫中鹿为马，秦人半死长城下。"北宋·司马光《资治通鉴》卷二百三十五："昔赵高指鹿为马，臣谓鹿之与马，物类犹同，岂若延龄掩有为无，指无为有。"南朝·宋·范晔《后汉书·崔琦传》："不能结纳贞良，以救祸败，反复欲钳塞士口，杜蔽主听，将欲使玄黄改色，马鹿易形乎？"

指天射鱼 zhǐ tiān shè yú

【词源】西汉·刘向《说苑·尊贤》："秦用赵高，而天下知其亡也。非其人而欲有功，譬其若夏至之日而欲夜之长也，射鱼指天而欲发之当也！"

【释义】向着天空去射河里的鱼。喻办事一定落空。

至敬无文 zhì jìng wú wén

【词源】西汉·戴圣《礼记·礼器》："有以素为贵者，至敬无文，父党无容。"

【注】至敬：最高的敬意。文：文饰，装饰。

【释义】最高的敬意是不用文饰的。喻最好的敬意表达方式是不讲客套。

智者千虑，必有一失

zhì zhě qiān lǜ bì yǒu yī shī

【词源】西汉·司马迁《史记·淮阴侯列传》："臣闻智者千虑，必有一失；愚者千虑，必有一得。"

【注】智者：有智能的人。千：泛指多次。

【释义】有智能的人在很多次的考虑中，也一定会出现个别错误。

【书证】元·王晔《桃花女》第一折："我闻古人有言：智者千虑，必有一失。"《旧唐书·宇文融传》："臣闻智者千虑，必有一失；愚夫千计，亦有一得。"

中立不倚 zhōng lì bù yǐ

【词源】西汉·戴圣《礼记·中庸》："故君子和而不流，强哉矫；中立而不倚，强哉矫。"

【注】孔颖达疏："中正独立，而不偏倚。"中立：正直。倚：偏斜一边。

【释义】正直，不偏斜。

【书证】唐·白居易《除裴度中书舍人制》："况中立不倚，道直气平，介然风规，有光近侍。"《宋史·曹彬传》："初，太祖典禁旅，彬中立不倚，非公事未尝造门，群居宴会，亦所罕预，由是器重焉。"

中正无邪 zhōng zhèng wú xié

【词源】西汉·戴圣《礼记·乐记》："中正无邪，礼之质也；庄敬恭顺，礼之制也。"

【注】中正：端庄正直。邪：邪僻、不正派。

【释义】端庄正直，没有偏邪。

终身之忧 zhōng shēn zhī yōu

【词源】西汉·戴圣《礼记·檀弓上》："君子有终身之忧，而无一朝之患。故忌日不乐。"

【释义】一生的忧虑。

【书证】《旧唐书·礼仪》："君子有终身之忧，霜露之感，岂止一二周之服哉？"清·王阳明《传习录》："且君子之心常存戒惧，是盖终身之忧也，恶得乐？"

周规折矩 zhōu guī zhé jǔ

【词源】西汉·戴圣《礼记·玉藻》："周还中规，折还中矩。"

【注】矩：校正圆形和方形的工具。喻礼法、准则。

【释义】原指行礼时步趋合乎规矩。后引申为拘泥于成法、准则。

【书证】清·冯桂芬《复庄卫生书》："以彼其文，岂不周规折矩，尺步绳趋？"

粥粥无能 zhōu zhōu wú néng

【词源】西汉·戴圣《礼记·儒行》："其难进而易退也，粥粥若无能也！"

【注】粥粥：谦卑的样子。

【释义】指谦卑无能。

【书证】清·方望溪《尹元孚墓志铭》："自服官日，取汉唐以来代不数见之人以自律，故自视粥粥无能者。"

朱轮华毂 zhū lún huá gǔ

【词源】西汉·司马迁《史记·张耳陈余列传》："令范阳令乘朱轮华毂，使驱驰燕、赵郊。"

【注】毂：车轮中心的圆木。汉制，史俸二千石者马车两轮涂朱，千石至六百石者朱左轮，饰华毂。

【释义】红漆的车轮，彩绘的车

毂。古代王侯贵族所乘的车子。比喻显贵。

【书证】东汉·班固《汉书·楚元王传》："王氏一姓，乘朱轮华毂者二十三人。"《全梁文》卷五十六："昔因机变化，遭遇明主，立功展事，开国称飞，朱轮华毂，拥旄千里，何其壮也！"清·冯景《题转庵上人小影》："朱轮华毂逊徒步，芒鞋藤杖高垂绅。"

诛意之论 zhū yì zhī lùn
诛心之论 zhū xīn zhī lùn
诛心之律 zhū xīn zhī lǜ

【词源】南朝·宋·范晔《后汉书·霍谞传》："谞闻《春秋》之义，原情定过，赦事诛意，故许止虽弑君而不罪，赵盾以纵贼而见书。"

【注】诛心：推究别人动机。

【释义】指不问实际行动而只指责别人动机的论断，也指揭穿别人动机的批评或深刻的议论。

【书证】清·李汝珍《镜花缘》第九十回："那时他虽满嘴只说未将剪子带来，其实只想以手代剪。这个'撕'字乃诛心之论，如何不切？"瞿秋白《文艺论辑·马克思文艺论底断篇后记》："用不着埋怨什么'诛心之论'，马克思、恩格斯对于拉萨尔的'诛心'的批评，的确预言了拉萨尔的政治命运，他终于走上了同俾士麦联合的道路。"鲁迅《忽然想到》："心的反抗，那时还不算什么犯罪，似乎诛心之律，倒不及现在之严。"

专城 zhuān chéng

【典源】西汉·乐府集《陌上桑》："三十侍中郎，四十专城居。"

【注】专城：专，独占，主宰。主宰一城的地方长官。

【释义】特指州郡长官。

【书证】汉·王充《论衡·辨祟》："居位食禄，专城长邑以千万数，其迁徙日未必逢吉时也。"唐·白居易《忠州刺史谢上表》："岂意天慈，忽加诏命，特从佐郡，宠授专城。"唐·皇甫曾《送商州杜中丞赴任》："安康地理接商于，帝命专城总赋舆。"清·刘大櫆《窦祠记》："彼其受专城之寄，百里之命，君父之恩至深且渥也。"

琢玉成器 zhuó yù chéng qì
玉不琢，不成器 yù bù zhuó bù chéng qì

【词源】西汉·戴圣《礼记·学

记》："玉不琢，不成器。"

【注】琢：雕琢。

【释义】喻经过修磨锻炼，方能成器成才。

【书证】《旧唐书·经籍志上》："琢玉成器，观古知今，历代哲王，莫不崇尚。"

紫色蛙声 zǐ sè wā shēng
蛙声紫色 wā shēng zǐ sè

【词源】东汉·班固《汉书·王莽传赞》："昔秦燔《诗》、《书》以立私议，莽诵《六艺》以文奸言，同归殊途，俱用灭亡，皆炕龙绝气，非命之运，紫色蛙声，余分闰位，圣王之驱除云尔！"

【注】应劭曰："紫，间色；蛙，邪音也。"服虔曰："言莽不得正王之命，如岁月之余分为闰也！"苏林曰："圣王，光武也。为光武驱除也。"

【释义】不正之色，淫邪之声。喻以假乱真，或者不是正统。

【书证】晁良贞《应文可经邦科对策》(《全唐文》)："汉代崩离……权、备割据于岷、吴，瞒、丕纂图于冀、兖。火行土德，则有攸归，紫色蛙声，岂无兼峙？"清《戴名世集·三·方百川稿序》："已又悲世有佳文，使之沉沦里巷之中，略不知惜，而紫色蛙声，世相与尊崇推奉，使之志满气得，以为当然，良可叹也！"清·乾隆《读项羽纪》："鹿走荒郊壮士追，蛙声紫色总男儿。拔山扛鼎兴何暴，齿剑辞骓志不移。天下不闻歌楚些，帐中唯见叹虞兮！"

自食其力 zì shí qí lì

【词源】西汉·戴圣《礼记·礼器》："食力无数。"陈澔集说："食力，自食其力之人，农工商贾庶人之属也！"

【释义】依靠自己的劳动维持生计。

【书证】明·李昌祺《剪灯余话·泰山御史传》："居贫，自食其力，隐田里间，以教授为业，非义不为，人敬惮之。"清·朱彝尊《屠东蒙诗集序》："躬耕于郊野，自食其力，口不言贫。"

罪不容诛 zuì bù róng zhū

【词源】东汉·班固《汉书·王莽传》："兴兵动众，欲危宗庙，恶不忍闻，罪不容诛。"

【注】诛：把罪人杀死。

【释义】罪人被杀也不抵所犯罪恶。形容罪大恶极。

【书证】元·秦简夫《东堂老·

第三折》:"这断若论着五刑发落,可便罪不容诛。"明·孙高亮《于少保萃忠全传》:"本身所犯,罪不容诛,但留些阴骘与你们,子孙好承袭。"明·罗贯中《三国演义》第十四回:"吾奉天子诏,以讨不臣。汝今敢来相拒,罪不容诛!"清·毕沅《续资治通鉴·宋纪八十三·卷第八十三》:"至如章惇悖慢无礼,吕惠卿奸回害物,蔡确毁谤不敬,李定不持母丧,张诚一盗父墓中物,宋用臣掊敛过当,李宪、王中正邀功生事,皆是积恶已久,罪不容诛。"

尊卑有序 zūn bēi yǒu xù
尊卑有伦 zūn bēi yǒu lún

【词源】西汉·戴圣《礼记·乐记下》:"所以示后世有尊卑长幼之序也!"

【注】尊:地位或辈分高,与"卑"相对。序:次第。

【释义】指尊卑之间有严格的顺序。

【书证】《元曲选外编·无名氏〈九世同居〉第一折》:"尊卑有序,俺一团和气霭门闾。"《旧唐书·礼仪志一》:"制礼定名,合从事实,使名实相副,则尊卑有伦。"

尊卑长幼 zūn bēi zhǎng yòu
长幼尊卑 zhǎng yòu zūn bēi

【词源】西汉·戴圣《礼记·乐记下》:"所以示后世有尊卑长幼之序也!"

【释义】指人的辈分、年龄的大小和地位的高低。

【书证】明·凌濛初《二刻拍案惊奇·痴公子狠使噪脾钱》:"那些老小人们看见银子落地,大家来抢,也顾不得尊卑长幼,扯扯拽拽,磕磕撞撞。"元·王子一《误入桃源》第三折:"那些个吐虹霓三千丈英雄气,全不管长幼尊卑。"清·章学诚《文史通义·原道上》:"三人居室,恐交委而互争焉,则必推年之长者持其平,而长幼尊卑之别形矣!"

尊师重道 zūn shī zhòng dào
尊师贵道 zūn shī guì dào

【词源】西汉·戴圣《礼记·学记》:"凡学之道,严师为难。师严然后道尊;道尊然后民知敬学。"

【注】汉·郑玄:"严,尊敬也。尊师重道焉,不使处臣位也!"

【释义】尊敬师长,尊重其所传授的道理和知识技能。

【书证】南朝·宋·范晔《后汉书·孔僖传》："臣闻明王圣主莫不尊师贵道。"郭沫若《洪波曲》第十一章："中国社会是尊师重道的，每家的祖先堂上都供有'天地君亲师'的香牌位。"

左车良谋 zuǒ chē liáng móu

【典源】西汉·司马迁《史记·淮阴侯列传》："信与张耳以兵数万，欲东下井陉击赵。赵王、成安君陈余闻汉且袭之也，聚兵井陉口，号称二十万。广武君李左车说成安君曰：'闻汉将韩信涉西河，虏魏王，擒夏说，新喋血阏与，今乃辅以张耳，议欲下赵，此乘胜而去国远斗，其锋不可当。……愿足下假臣奇兵三万人，从闲道绝其辎重；足下深沟高垒，坚营勿与战。彼前不得斗，退不得还，吾奇兵绝其后，使野无所掠，不至十日，而两将之头可致于戏下。愿君留意臣之计。否，必为二子所禽矣！'成安君，儒者也……不听广武君策。"

【释义】韩信率汉军通过井陉击赵。李左车分析汉军来势凶猛，劝陈余派兵从后面绝汉军粮道，而令赵军坚守不战，使汉军进退不得，久困必败。成安君陈余没有采纳他的建议，终于战败。喻克敌制胜之良策。

【书证】清·赵执信《进陉道歌》："嗟乎绝险天所没，左车当日真良谋。"

左道旁门 zuǒ dào páng méng

【词源】西汉·戴圣《礼记·王制》："执左道以乱政，杀。"

【注】郑玄："左道，若巫蛊及俗禁。"

【释义】原指不正派的宗教派别，也借指学术等方面不正派的派别。

【书证】明·许仲琳《封神演义》第七十三回："他骂吾教是左道旁门。"《晚清文学丛钞·扫迷帚·第十三回》："这又不过是左道旁门，借书符念咒惑众骗钱罢了。"

左提右挈 zuǒ tí yòu qiè

【词源】西汉·司马迁《史记·张耳陈余列传》："夫以一赵尚易燕，况以两贤王左提右挈，而责杀王之罪，灭燕易矣。"

【注】挈：提举出来。秦朝末年，各地纷纷起义，原来的六国后裔亦相继扩充实力。有一次，赵王派韩广西略燕地。韩广一到燕，就被燕人拥立为燕王。赵王很不

满，即和张耳、陈余一起侵犯燕国北部的边境。后来赵王被燕军俘获，燕国提出要赵国分一半土地给燕，才放还赵王。赵国派使交涉多次，没有成功。这时，有个养马人主动提出请求去劝说燕将。养马人对燕将说："张耳、陈余两人日夜想的是分赵称王，只是时候未到而已。如今你们囚杀赵王，这正是他们所急切希望的。你们对付一个赵国都不容易，若是张耳、陈余两贤做了两国的王，他们一左一右，互相配合支持，共同责备燕国杀赵王之罪，那燕的被消灭就指日可待了！"燕将听了很以为然，于是放回了赵王。

【释义】左提右挈。形容互相扶持、配合，也形容父母百般照顾子女。

【书证】北齐·颜之推《颜氏家训·兄弟》："方其幼也，父母左提右挈，前襟后裾。"宋·苏轼《东坡续集·拟孙权答曹操书》："仆之有张昭，正如备（刘备）之孔明，左提右挈，以就大事。"蔡东藩、许廑父《民国通俗演义》第七十七回："思与诸公左提右挈，宏济艰难，推诚以结邦交。"

魏晋南北朝时期

东汉末年，距邯郸城东南20公里的邺城（位于今邯郸市临漳县境内）开始崛起，并逐渐发展成为中国北方的政治、经济、文化中心。邺近临漳河，早在战国时期，西门豹治邺，破迷信，兴修水利，邺地渐富，至汉末，邺为冀州牧治所。204年，曹操占领邺以后，曹操、曹丕、曹植父子在运筹帷幄、逐鹿中原、经营天下的同时，与建安七子等在邺创立了建安文学，既继承和发扬了汉乐府民歌反映社会动乱、人民疾苦的特点，又表现了作者渴望建功立业的雄心壮志。其中许多诗词中的精句广为流传。之后，邺又成为后赵、冉魏、前燕、东魏、北齐的国都。石虎、慕容垂、冉闵、高欢、高纬、高澄、高洋等都在邺留驻，他们或建功立业，或作威作福，或征战杀戮，都有或喜或悲、或恶或好的故事流传，有的也形成了典故成语。

A

哀感顽艳 āi gǎn wán yàn
哀恸顽艳 āi tòng wán yàn

【词源】三国·魏·繁钦《与魏文帝笺》:“咏北狄之遐征,奏胡马之长思,凄入肝脾,哀感顽艳。”

【注】顽:愚笨。艳:慧美。

【释义】原形容悲痛的曲调,使愚笨无知的人和聪慧俊美的人都受到感动。后多形容文艺作品具备哀怨、感伤、古拙、绮丽之特色。

【书证】清·袁枚《随园诗话·卷六》:“凡作诗,写景易,言情难。情从心出,非有一种芬芳悱恻之怀,便不能哀感顽艳。”清·黄遵宪《山歌·题记》:“钱塘梁应来孝廉作《秋雨庵随笔》,录民粤歌十数篇,如‘月子弯弯照九州’等,皆哀感顽艳,绝妙好词。”鲁迅《中国小说史略·清之狭邪小说》:“符兆纶评之云:‘词赋名家,却非说部当行,其淋漓尽致处,亦是从词赋发泄出来,哀感顽艳。’”清·朱彝尊《竹妛诗话·闺门·毛珏》:“句如‘桃花暮雨烟中阁……’读之哀恸顽艳。”

【考据】东汉末年曹操集团占据邺城时期,文学歌舞十分繁盛。曹丕曾有《答繁钦书》,描写美人舞乐,辞极绮丽,近于辞赋。繁钦的《与魏文帝笺》就是在邺城时写给曹丕的一封回信,文中向曹丕推荐了一个歌伎,描述了她歌声优美。

繁钦(? —218):三国·魏末颍川人,字休伯。有文才,善论辩,名闻于汝颍间。擅长书记,尤擅诗赋。其所与曹丕书启悉意和谐,辞藻雅丽。为丞相府主簿。有集十卷,今存《繁休伯集》辑一本一卷。繁钦据邺期间,为邺下文人集团的主要成员之一。

B

八斗之才 bā dǒu zhī cái

【词源】《南史·谢灵运传》:“天下才共一石(dàn),曹子建独得八斗,我得一斗,自古及今共用一斗。”

【注】谢灵运(385—433):南朝

宋陈郡阳夏人，工诗文，诗开山水诗一派。才：才华。曹子建：曹植。

【释义】比喻人极有才华。

【书证】唐·李商隐《可叹》："宓妃愁坐芝田馆，用尽陈王（即曹植）八斗才。"清·梁启超《饮冰室诗话·二四》："（邱宗华）乃归来及一月，竟溘然长逝，年仅愈弱冠耳。怀八斗之才，饮万斛之恨。"宋·无名氏《释常谈》卷中："文章多，谓之八斗之才。谢灵运尝云：'天下才有一石，曹子建独占八斗，我得一斗，天下共分一斗。'"唐浩明《曾国藩》："左宗棠这人虽然八斗之才，器量却不开阔。"

【考据】曹植（192—232）：三国·魏沛国谯人，字子建。曹操子。夙慧，有文才。早年为操所宠，汉献帝建安十六年（211）封平原侯，十九年徙封临淄侯，一度为太子人选，但因任性而行失宠。魏黄初三年（222）封鄄城王，四年徙封雍丘王，备受猜忌。明帝太和三年（229）徙封东阿王，又改封陈王。每冀试用，终不能得。十一年中三徙都，郁郁而终。谥思。世称陈思王。文才富艳，善诗工文，与曹操、曹丕合称"三曹"。所作经后人辑为《曹子建集》。据《三国志·魏书·陈思王传》载，曹植随父于204年入邺，时年仅12岁，曹植的成长全部在曹操据邺的16年间。

八米卢郎 bā mǐ lú láng
八采卢郎 bā cǎi lú láng

【词源】《北史·卢思道传》："……文宣帝崩，当朝文士各作挽歌十首，择其善者而用之。魏收、阳休之、祖孝征等不过得一二首，唯思道独得八首。故时人称为'八米卢郎'。"

【注】文宣帝：指北齐皇帝高洋。魏收、阳休之、祖孝征，皆北齐时人。祖孝征，即祖珽。

【释义】形容人文采出众。

【书证】唐·李商隐《樊南文集·卷三·献侍郎巨鹿公启》："闻郢中之《白雪》，愧列千人，比齐日之黄门，惭非八米。"唐·王锴《赠禅月大师》诗："神通力遍恒沙外，诗句名高八米前。"唐·元微之《酬乐天》："八采诗成未伏卢。"唐·张祜《寄卢载诗》："少见双鱼信，多闻八采诗。"宋·黄庭坚《与高子勉》诗："尊前八米句，窗下十年书。"

【考据】卢思道（约531—582，

一作535—586)：范阳人，字子行，小字释怒。聪明俊逸。初仕北齐，历北齐诸帝，以文才著。后历北周、隋，52岁时卒于长安。“八米卢郎”的称号是他在北齐文宣帝高洋去世时因作挽歌八首而得。

“八米卢郎”与“八采卢郎”同词源。“八米”与“八采”之争，至今不得定论。“八米”之说，释义为谷穗的出米率以“八米”、“七米”、“六米”分成色高下，故以“八米”意指“卢郎”高才。而“八采”意指采用“卢郎”八首，远高于他人，同样意指其高才。台湾《中文大辞典》[八采]义项(二)：“称卢思道也。误作八米。”明确赞成“八采”之说。《辞源》、《汉语大词典》则较为谨慎，两说并录，不加裁断。

拔山超海 bá shān chāo hǎi

【词源】北齐·魏收《为侯景叛移梁朝文》：“持秋霜夏震之威，以拔山超海之力，顾指则风云总至，回眸而山岳削平，虽复旗鼓所临，有征无战。”

【注】顾指：回头所指。回眸：目光所到之处。

【释义】拔起高山，超越大海。比喻力量极大。

【书证】北周·庾信《拟连珠》：“经天纬地之才，拔山超海之力。”唐·杨炯《唐右将军魏哲神道碑》：“天经地纬之帝，求制礼乐之才；拨乱反正之君，资拔山超海之力。”

【考据】魏收(506—572)：北齐巨鹿下曲阳人，字伯起，小字佛助。为高欢丞相府属。高欢死后，河南大行台侯景叛乱投靠南梁，魏收受命起草《为侯景叛移梁朝文》，对侯景进行了抨击。东魏孝静帝武定二年(544)随高澄入朝为仕，至武平三年(572)卒。

把玩无厌 bǎ wán wú yàn

【词源】三国·魏·陈琳《为曹洪与世子书》：“得九月二十日书，读之喜笑，把玩无厌。”

【注】曹洪：曹操的从弟。世子：指曹丕。曹丕在建安二十二年(217)被曹操立为王世子。把：手握。玩：玩赏。

【释义】拿着赏玩，不觉厌倦。

【书证】唐玄宗《墨诏批答》：“寻绎研味，把玩无厌。所谓文苑菁华、词场警策也！”

【考据】陈琳《为曹洪与世子

书》作于217年。陈琳(160—217):东汉末广陵人,字孔璋。为建安七子之一。初为何进主簿,后依袁绍,绍败,归曹操,拜司空军谋祭酒,管记室。军国檄书,多出其手,尤擅章表书记。陈琳早在197年即在邺城,汉献帝建安九年(204)归降曹操,建安二十二年(217)在邺城一场大疫中卒,在邺20年。

白骨露野 bái gú lù yě

【词源】三国·魏·曹操《蒿里行》诗:“关东有义士,兴兵讨群凶。初期会盟津,乃心在咸阳。军合力不齐,踌躇而雁行。势利使人争,嗣还自相戕。淮南弟子号,刻玺于北方。铠甲生虮虱,万姓以死亡。白骨露于野,千里无鸡鸣。生民百遗一,念之断人肠。”

【注】蒿里行:汉代一种诗歌文体,一般用于对死者的追悼。义士:这里指袁绍。盟津:即孟津。咸阳:指当时汉献帝被挟持逃离洛阳后暂居的西都长安。淮南:这里指袁绍的表弟袁术在淮南一带企图称帝一事。刻玺:指袁绍在北方暗中打算称帝事。

【释义】死人的白骨暴露在野外。形容战争或灾难所造成的悲惨景象。

【书证】郝雍《落雁雕龙赋·流星羽蝶·第二十二回》:“城池荒废,郊野草长,盗贼乘机四起,或虏民财,或伤民命,横行无阻,民畏之如豺狼虎豹,哀号无助。白骨露野,千里不闻鸡鸣之声。”

【考据】曹操(155—220):即魏武帝,东汉末沛国谯(今安徽亳州市)人,杰出的政治家、军事家和文学家。建安五年(200)曹操与盘踞邺城的袁绍集团进行了官渡决战并取得了胜利,袁绍两年后惭愤病死。建安九年(204)曹操攻下邺城后,专程到城外袁绍的墓地上祭奠他,此诗即写于这个时候。《蒿里行》是曹操对袁绍的挽歌,它总结了袁绍的一生,还揭露了袁绍割据以来给国家和人民带来的灾难。

百举百全 bǎi jǔ bǎi quán

【词源】晋·陈寿《三国志·魏书·郭嘉传》:“夫智者审于量主,百举百全,而功名可立也。”

【注】此语为郭嘉初次投奔袁绍时与袁绍部下谋臣的交谈之语。百:形容多。举:行动。全:完成。

【释义】每次行动都能完成其事，形容事事得心应手，都能取得好的效果。

【书证】《晋书·慕容德载记》："圣会相对而动，百举百全。"

【考据】郭嘉（170—207）：字奉孝，颍川阳翟人。少有远量。本词源的背景就是郭嘉第一次北上邺城见到袁绍后，对袁绍的谋臣辛评、郭图等人所谈的关于袁绍的印象："夫智者审于量主，故百举百全而功名可立也。袁公徒欲效周公之下士，而未知用人之机。多端寡要，好谋无决，欲与共济天下大难，定霸王之业，难矣！"郭嘉因此离开了袁绍，后被推荐给曹操。曹操召见时，郭嘉论天下事，指出袁绍有十败而公有十胜，曹操认为："使孤成大业者，必此人也。"

败法乱纪 bài fǎ luàn jì

违法乱纪 wéi fǎ luàn jì

【词源】南朝·宋·范晔《后汉书·袁绍传》："便放志专行，威劫省禁，卑侮王僚，败法乱纪，坐召三台，专制朝政。"

【注】《后汉书》：南朝·宋·范晔所著。败：毁坏，摧残。乱纪：破坏法纪。

【释义】败坏法令，扰乱纪律。

【书证】毛泽东《反对官僚主义、命令主义和违法乱纪》："请你们在一九五三年结合整党建党及其他工作，从处理人民来信入手，检查一次官僚主义、命令主义、违法乱纪分子的情况，并向他们展开坚决的斗争。"

【考据】词源所述实际上是陈琳为袁绍起草的声讨曹操的檄文，又作《为袁绍檄豫州书》，时间约在198年（建安三年）。此时袁绍盘踞邺城，领有冀、青、幽、并四州，号称百万大军，准备南下与曹操争锋。

拜恩私室 bài ēn sī shì

【词源】《北史·王晞传》："（常山）王复录尚书事。新除官者必诣王谢职，去必辞。晞言于王曰：'受爵天朝，拜恩私第，自古以为干纪。朝廷文武，出入辞谢，宜一约绝。主上颙颙，赖殿下扶翼。'王深纳焉。"

【注】《北史》：唐李延寿所撰，一百卷。记述北朝从386年到618年，魏、齐（包括东魏北齐）、周（包括西魏）、隋四个封建政权共233年的历史。王：此指高演，北齐常山王。后为北齐孝昭

皇帝。颙颙：昏聩的样子。扶翼：辅佐，帮助。

【释义】受到推荐提拔后却到私家府上表示感谢。现指感谢有权势的人的推荐提拔。

【书证】高阳《胭脂井》："你说得不错，于今'受职公堂，拜恩私室'者，比比皆是。"

【考据】王晞（511—581）：北齐北海剧人，字叔朗，小名沙弥。王猛六世孙。魏末，官府征召，皆不就。后随高欢，为中外府功曹参军。为常山王高演友，甚得器重。高洋死，废帝高殷立，杨愔等执朝政。高演在鲜卑贵族支持下，杀杨愔等，夺帝位，晞实为主谋。孝昭帝高演立，除散骑常侍，兼吏部郎中。后拜太子太傅。后主高纬武平初迁大鸿胪。齐亡，周武帝以为太子谏仪大夫。据《北齐书·王晞传》，王晞于北齐文宣帝天保初年（550）为北齐太原郡事，后在邺至齐亡，为周武帝太子谏议大夫。

包藏奸心 bāo cáng jiān xīn

【词源】晋·陈寿《三国志·魏书·武帝纪》裴松之注引《魏武故事》内曹操《让县自明本志令》文："刘表自以为宗室，包藏奸心，乍前乍却，以观世事。"

【注】刘表：东汉末年割据南方的军阀，汉代宗室。包：藏。

【释义】隐藏害人之心。

【考据】词源《武帝纪》所引曹操《让县自明本志令》是曹操建安十五年（210）发布的反映曹操思想和经历的一篇带有自传性质的重要文章。那年，曹操56岁。于时，他已完成统一北方，继而想统一全国；但是孙权、刘备两大军事势力除在军事上联盟抗曹外，在政治上则抨击曹操"托名汉相，实为汉贼"，"欲废汉自立"（《三国志·吴书·周瑜传》）。在这种政治形势下，曹操发布了这篇令文，借退还皇帝加封三县之名反击朝野谤议。文中概述了曹操统一中国北部的过程，表达了作者以平定天下、恢复统一为己任的政治抱负。写得坦白直率，气势磅礴，充满豪气，表现出政治家的气度和见识。

饱以老拳 bǎo yǐ lǎo quán

【词源】《晋书·石勒载记下》："孤往日厌卿老拳，卿亦饱孤毒手。"

【注】孤：孤家，古代皇帝常作

自称。这里指石勒。老拳：非常厉害的拳头。饱：充分。

【释义】用拳头狠打，尽情地揍。后谓以重拳打人。

【书证】李欣《从“男女有别”谈起》：“饱以老拳是把男女生理上的共性消除不了的。”

【考据】石勒(274—333)：十六国时后赵建立者，上党武乡人。晋怀帝永嘉元年(307)，与牧马帅汲桑聚众反晋，始以石为姓。失败投前赵刘渊，转战冀、并、幽地区，渐成势力。前赵光初二年(东晋大兴二年，319年)自称赵王，建立政权，都于襄国(今邢台市西南)，史称后赵。太和二年(329)灭前赵，占有冀、并、幽、司、豫、兖、青、徐、雍、秦十州之地。为十六国中最强盛之国。建平四年(333)卒。

报束长生 bào shù cháng shēng

【典源】《晋书・束皙传》：“太康中，郡界大旱，皙为邑人请雨，三日而雨注，众谓皙诚感，为作歌曰：‘束先生，通神明，请天三日甘雨零。我黍以育，我稷以生。何以酬之？报束长生。”

【注】太康：西晋的第三个年号。晋咸宁六年四月，晋武帝司马炎消灭孙吴政权，统一中国，改元太康。共计10年(280—289)。郡界：束皙的家乡阳平元城，据《中国历史地名大辞典》，时阳平郡辖境相当于今河北馆陶、大名县东部，山东冠县、莘县等地。元城治所在沙鹿旁，今河北大名县东。零：下雨，落下。

【释义】比喻因祈雨有验而被人祝福。也指做善事而得到祝福。

【书证】唐・李商隐《所居永乐县久旱县宰祈祷得雨因赋诗》：“只怪闾闫喧鼓吹，邑人同报束长生。”宋・宋祁《出城所见赋五题》：“迴湿风头冷，微含日脚明。居然嘉应在，谁是束长生？”

【考据】束皙(约261—约300)：西晋阳平元城(今大名县)人，字广微，博学多闻。张华召为掾，寻为贼曹属，转佐著作郎、博士。撰《晋书・帝纪・十志》，官至尚书郎。赵王司马伦为相国，请为记室。皙疾辞归，教授门徒。武帝太康时，汲郡人盗发战国时魏襄王墓(一说安釐王墓)，得竹书数十车。束皙时再著作，参与考订论证，整理成75篇，内有《竹书纪年》、《穆天子传》等。另著《五经通论》、《发蒙记》等。

抱令守律 bào lìng shǒu lü

【词源】北齐·颜之推《颜氏家训·勉学》："但知抱令守律，早刑时舍，便云我能平狱。不知同辕观罪，分敛追财，假言而奸露，不问而情得之察也！"

【注】抱：守住不放松。律：法则。平狱：平反冤狱。

【释义】死守着律令，不知变通。

【考据】颜之推（530或531—591）：北齐琅邪临沂人，字子介。颜勰子。生于江陵，幼受家业。博览群书，词情典丽。梁简文帝大宝元年，侯景陷郢州，被俘，囚送建康。景平，还江陵，梁元帝以为散骑侍郎。西魏破江陵，被俘北去，后携家奔北齐，文宣帝高洋引于内馆，使侍从左右。武成帝高湛时，掌文林馆，主编《修文殿御览》。后主高纬时，除黄门侍郎。齐亡入北周，周末为御史上士。隋文帝开皇中，太子召为学士。有《颜氏家训》等著作。据《北齐书·颜之推列传》载，颜之推奔北齐后，在邺城滞留18年，历北齐三帝，均赏识其才。所著《颜氏家训》多以邺都人文为掌故。

抱玉握珠 bào yù wò zhū

【词源】三国·魏·曹植《与杨德祖书》："当此之时，人人自谓握灵蛇之珠，家家自谓抱荆山之玉。"

【注】灵蛇之珠：即隋珠，也叫隋侯之珠，战国时期的著名珍宝。原指无价之宝，后也比喻非凡的才能。荆山之玉：荆山，山名，位于湖北境内，产宝玉，据传和氏璧就出自此山。荆山之玉比喻极珍贵的东西。

【释义】手里拿着荆山之玉和灵蛇之珠。比喻手中有优美的诗文作品。指满腹经纶，富有才学。

【书证】清·陈瑞生《再生缘》第十一回："抱玉握珠真博学，经天纬地实奇英。"

【考据】杨德祖（175—219）：即杨修字德祖，弘农（今河南灵宝东北）人，是活动在邺的建安作家，好学有俊才。汉献帝建安五年（200）举孝廉，除郎中，为丞相署仓曹属主簿。杨修智谋过人，后为曹操忌，建安二十四年（219）被曹操借故杀之。据《三国志·魏书·杨修传》载，杨修自建安九年（204）随曹操入邺，以后15年中多随其往还于此。著文共15篇。

曹植，东汉末年建安时期邺下文人集团的代表人物之一，与曹操、曹丕合称“三曹”。其主要文学活动是在邺城进行的。《与杨德祖书》是建安二十一年临淄侯曹植写给在邺城的好友杨修的一封信。

抱子弄孙 bào zǐ nòng sūn

【词源】《晋书·石季龙载记下》：“自非天崩地陷，当复何愁，但抱子弄孙，日为乐耳。”

【注】弄：逗弄。

【释义】怀抱着孩子，与子孙们一起戏耍，比喻每天享受快乐的生活。

【书证】清·董诰《全唐文·第七部·卷六百四十七》：“抱子弄孙之荣，贵贱之大情也！”

【考据】石季龙(295—349)：即石虎，十六国时后赵国君，字季龙。石勒侄。性残忍，好驰猎，游逸无度。善骑射，勇力冠当时。石勒称帝后，石虎为太尉，封中山王。石勒卒，石虎便擅杀光禄大夫程遐、中书令徐光，胁勒子石弘继位，而自为丞相，总揽朝政。旋废杀弘，自立为大赵天王，迁都于邺。在位期间，穷兵黩武，大营宫室，刑政苛暴，酷虐荒淫。太守元年(东晋穆帝永和五年)卒。死后诸子争权，互相残杀，后赵亡。石虎自后赵建平四年(333)便长期镇守邺城，至后赵太宁元年(349)卒，在邺16年，居后赵天王位15年。

悲从中来 bēi cóng zhōng lái

【词源】三国·魏·曹操《短歌行》：“悲从中来，不可断绝。”

【注】中：内心。

【释义】悲伤的感情从内心发出来。

【书证】蔡东藩、许廑父《民国通俗演义》第二十回：“大家闻了此事，益觉悲从中来，泣不可抑。”严秀《哀吴晗》：“我看了吴晗教授的那一段事迹，不禁……悲从中来。”

【考据】曹操：即魏武帝，东汉沛国谯(今安徽亳州市)人，东汉末年邺下建安文学的主要代表人物之一。他的诗歌复兴了四言诗，此《短歌行》是其中的一篇。据《三国志·魏书·武帝纪》载，曹操自204年攻占邺城始，直至元康元年(220)卒于洛阳，归葬邺城，在邺生活了16年。

闭门读书 bì mén dú shū
闭户读书 bì hù dú shū

【词源】北齐·颜之推《颜氏家训·勉学》:“盖须切磋相起明也。见闭门读书,师心自是。稠人广坐,谬误差失者多矣。”

【释义】关起门来在家里读书。形容专心埋头苦读。

【书证】《元史》卷一百八十六:“翥一旦翻然改曰:‘大人勿忧,今请易业矣。’乃谢客,闭门读书,昼夜不暂辍……”《隋书·卢思道传》:“思道读之,多所不解,于是感激,闭户读书,师事河间邢才子。”

【考据】颜之推,见“抱令守律”。

避李嫌瓜 bì lǐ xián guā

【词源】三国·魏·曹植《君子行》:“君子防未然,不处嫌疑间。瓜田不纳履,李下不整冠。”

【释义】指避免嫌疑。君子要防止不必要的事情发生,不让别人对自己生疑,所以在瓜田里不要纳鞋,在李树下不要整理帽子。

【书证】清·杨潮观《信陵君义葬金钗》:“他正气邪难犯,咱贞魂死不差。还只为守节宫完闱,避李嫌瓜。”

【考据】曹植,见“八斗之才”。

避暑之饮 bì shǔ zhī yǐn

【典源】唐·徐坚等《初学记》卷三引三国·魏·曹丕《典略》:“使光禄大夫刘松北镇袁绍军,与绍子弟日共宴饮,常以三伏之际,昼夜酣饮,极醉,至于无知。云以避一时之暑,故河朔有避暑饮。”

【注】刘松,东汉末年为光禄大夫。河朔:在中国古代泛指黄河以北的地区,大体包括今山西、河北和山东部分地区。

【释义】比喻酒饮消夏的节令风俗。

【书证】南宋·陆游《剑南诗稿》:“安用更为逃暑饮,虚堂三夏自萧森。”

【考据】曹丕,即魏文帝。建安时,邺下文人集团代表人物之一,与曹操、曹植合称“三曹”。其主要文学活动是在邺城进行的,《典论·论文》是这时期少有的文学理论著述,也是其代表作。据《三国志·魏书·文帝纪》,曹丕于204年随父攻取邺城,并在邺纳甄氏为妻。曹操以邺为大本营外出征战时,曹丕多以世子身份镇守邺城。曹丕先后居邺16年。

避太行 bì tài háng

【典源】三国·魏·曹操《苦寒行》:"北上太行山,艰哉何巍巍!羊肠坂诘屈,车轮为之摧。树木何萧瑟,北风声正悲。"

【注】太行山:北起北京西山,南达豫北黄河北崖,西接山西高原,东临华北平原,绵延400余公里,为山西东部、东南部与河北、河南两省的天然界山。羊肠坂:太行山被称作羊肠坂的地方有多处,此羊肠坂一般认为在山西省壶关县东南100公里。《汉书·地理志》:坂长三里,盘曲如羊肠,故名。

【释义】比喻行路艰难或比喻仕途艰辛。

【书证】宋·孔平仲《和经父寄张绩二首》之一:"解纵袅鸱啄凤皇,天心似此亦难详。但知斩马凭孤剑,岂为摧车避太行。得者折腰犹下列,失之垂翅合南翔。"

【考据】羊肠坂曾是古代中原与上党翻越太行交往的一条必经的险道,曹操于建安十年率兵攻打盘踞于上党壶关的高干,途经此地,曾赋诗《苦寒行》。今山顶上有曹公垒遗迹,传说是当年曹操西进上党时攻下的最后一座堡垒。

变化如神 biàn huà rú shén

【词源】晋·陈寿《三国志·魏书·武帝纪》裴松之注引《魏书》:"太祖自统御海内,芟夷群丑,其行军用师,大较依孙、吴之法,而因事设奇,变化如神。"

【注】太祖:此指曹操。孙吴之法:孙,指孙武;吴,指吴起,均为春秋末期的军事家。孙吴之法即他们的兵法。神:神奇。

【释义】形容变化迅速而神奇。

【书证】宋·陈亮《酌古论二·邓禹》:"出奇制胜,变化如神。兵锋所加,敌人授首。"

【考据】曹操,见"变化无方"。

变化无方 biàn huà wú fāng

【词源】晋·陈寿《三国志·魏书·袁绍传》:"曹公善用兵,变化无方,众虽少,未可轻也,不如以久持之。"

【注】方:方位,引申为准则。轻:轻视。

【释义】变化多种多样,没有一

定的规则。

【书证】北齐·魏收《魏书·列传第三十一》："天道攸远，变化无方，卿宁知今日在此不在彼乎？"明·谢谠《四喜记》："帐下张鸾卜吉，他二人变化无方，瘸师左黜，神通不测。"

【考据】曹操（155—220）：即魏武帝。东汉末沛国谯（今安徽亳州市）人，杰出的政治家、军事家和文学家。年二十举孝廉为郎，迁顿丘令。拜骑都尉，参与镇压黄巾军，迁济南相。献帝初平三年（192），任兖州牧，分化诱降黄巾军，编其精锐为青州兵。建安元年（196），迎献帝都许。先后破吕布、袁术、袁绍。于汉献帝建安九年（204）攻下邺城，以邺为根据地，先后据邺16年，逐渐统一北方。建安十三年（208）进位丞相，后封魏王，以邺为都。汉延康元年去世，卒谥武，葬邺城西西门豹祠西原。魏文帝黄初时追尊武帝，庙号太祖。曹操精通兵法，著《孙子略解》、《兵书接要》等。也善诗文，多抒发政治抱负，反映东汉末人民苦难。

冰消瓦解 bīng xiāo wǎ jiě

【词源】三国·魏·陈琳《檄吴将校部曲文》："则七国之军，瓦解冰消。"

【注】陈琳：东汉末年人，初在袁绍手下，后归曹操。校：即校事，是充当皇帝或执政大臣耳目的官吏。东汉末年设，以后魏、吴都设置此职，唯蜀汉政权未设。部曲：指以军事编制部勒所属的宗族、宾客、子弟等所组成的武装力量。部曲在汉代本是军队编制的名称，大将军营有五部，部下有曲。连称泛指某人统率下的军队。七国：原指西汉时期参加"七国之乱"的诸侯国，这里代指以孙权为首的东吴。瓦解：瓦片碎裂。

【释义】就像冰凌一样的消融，如同瓦片一样的分解。比喻很快消失或迅速崩溃。

【书证】晋·成公绥《云赋》："于是玄气仰散，归云四聚；冰消瓦解，奕奕翩翩。"明·冯梦龙《醒世恒言》卷十三："韩夫人喜不自胜，将一天的愁闷，已冰消瓦解了。"

【考据】陈琳是东汉末年邺下文人集团的重要代表人物，"建安七子"之一。陈琳善书檄文，此《檄吴将校部曲文》是为讨伐江南孙权所发布的檄文。

兵不厌诈 bīng bú yàn zhà

【词源】《北齐书·卷十八·司马子如传》:"尔朱荣之诛,子如知有变,自宫内突出,至荣宅,弃家随荣妻子与尔朱世隆等走出京城。世隆便欲还北,子如曰:'事贵应机,兵不厌诈,天下恟恟,唯强是视,于此际会,不可以弱示人。若必走北,即恐变故随起,不如分兵守河桥,回军向京,出其不意,或可离溃。假不如心,犹足示有余力,使天下观听,惧我威强。'"

【注】尔朱荣:北魏末年的大丞相、大师、天柱大将军。530年九月被孝庄帝诛杀。子如:司马子如。尔朱世隆:尔朱荣的堂弟。兵:指军事。厌:嫌恶。诈:欺骗。

【释义】作战时尽可以用假象迷惑敌人以取得胜利。

【书证】元·王实甫《西厢记》第三本第二折金圣叹批:"若说兵不厌诈,诸葛亦无如此之阵图,若说幻不厌深,偃师亦无如此之机械。"明·罗贯中《三国演义》第五十九回:"兵不厌诈,可伪许之;然后用反间计,令韩、马相疑,则一鼓可破之。"

【考据】司马子如:东魏河内温人,字遵业。初为怀朔镇省事,与高欢结交甚深。魏孝明帝孝昌中,北州陷落,南奔肆州,为尔朱荣所礼遇,仕魏官兼尚书右仆射。高欢入洛,以为大行台尚书,参知军国。东魏孝静帝天平初,除左仆射,与高岳、孙腾共知朝政。高澄辅政,以赃赂削官。未几起行冀州事。北齐建,以功除司空,坐事免。官至太尉。据《北齐书·司马子如传》,司马子如于东魏孝静帝天平初(534)与高岳、孙腾共执朝政,至北齐初(550)坐事被免,在邺从政前后16年。

兵贵神速 bīng guì shén sù

【词源】晋·陈寿《三国志·魏书·郭嘉传》:"太祖将征袁尚及三郡乌丸……嘉言曰:'兵贵神速。今千里袭人,辎重多,难以趣利,且彼闻之,必为备;不如留辎重,轻兵兼道以出,掩其不意。'"

【注】太祖:指曹操。袁尚:袁绍第三子,袁绍死后接继冀州牧。204年曹操占领邺城,袁尚逃往幽州。神速:特别迅速。辎重:古代原指箱包行李等,因载于辎车,故称。后常泛指装载于

车运输的军用物资，如军械、粮草、被服等。轻兵：装束简单、行军迅速的部队。兼道：指小道、近道或比较隐蔽的道路。

【释义】用兵贵在行动特别迅速。

【书证】清·陈忱《水浒后传》第七回："兵贵神速，今夜分四路去劫大寨，杀得他只轮不返。"

【考据】曹操(155—220)：即魏武帝。东汉末沛国谯(今安徽亳州市)人，杰出的政治家、军事家和文学家。建安元年(196)，迎献帝都许，用献帝名义发号施令。先后破吕布、袁术、袁绍，于汉献帝建安九年(204)攻下邺城，便以邺为根据地，逐渐统一北方。建安十三年(208)进位丞相，后封魏王，以邺为都。征袁尚事是曹操打下邺城之后消灭袁氏残余势力的重要战争。郭嘉，见"百举百全"。

兵书战策 bīng shū zhàn cè

【词源】三国·魏·曹操《〈孙子〉序》："吾观兵书战策多矣，孙吴所著深矣！"

【注】战策：进行战争的计策。孙吴：指孙武和吴起，均为春秋战国之际的著名军事家。

【释义】泛指一切兵书。

【书证】金·董解元《西厢记诸宫调》卷三："楚项籍、蜀关羽、秦白起、吴孙武，若比这个将军，兵书战策，索拜做师父。"明·施耐庵《水浒传》第八十五回："第一员上将，十八般武艺，无有不通；兵书战策，尽皆熟闲。"

【考据】曹操，见"变化无方"。

并威偶势 bìng wēi ǒu shì

【词源】晋·陈寿《三国志·魏书·袁绍传》："谓为将军心合意同，混齐一体，必当并威偶势，御冠宁家。"

【注】将军：此指袁绍。并：合并，联结。偶：二人为偶，即联合在一起。御冠：抵抗敌人。宁家：安定后方(家乡)。

【释义】指聚集声威势力。

【考据】袁绍(？—202)：字本初，汝南汝阳(今河南周口西南)人，东汉末年群雄之一，官至大将军、太尉，封邺侯。自曾祖父起四代有五人位居三公。少折节下士，知名当世，文武双全，英气勃发。灵帝死，与大将军何进合谋诛宦官，事泄，何进被杀，袁绍率军尽诛宦官，主持朝政。董卓专权，袁绍政见不同，逃奔冀州,董卓拜其为勃海太守。初平元年(190),关东州郡牧守联合起兵以讨董卓,袁绍被推为关东军盟主。董卓逃往西安后,盟军分裂,袁绍夺取冀州,自领冀州牧。建安四年(199)消灭幽州公孙瓒。不久袁绍被册封为大将军、太尉,总督冀、幽、并、青四州。建安五年(200)与曹操决战于官渡,大败。两年后惭愤病死,诸子亦败灭,所据之地尽并于曹操。

病卧清漳 bìng wò qīng zhāng

【典源】三国·魏·刘桢《赠五官中郎将四首》:“余婴沉痼疾,窜身清漳滨。自夏涉玄冬,弥旷十余旬。常恐游岱宗,不复见故人。”

【注】五官中郎将:汉代官名。这里指曹植。曹植曾被封五官中郎将。岱宗:即泰山。古人的思想意识中,认为泰山也是管辖鬼魂的地方。《后汉书·乌桓传》说:“其俗谓人死,则神游赤山,如中国人死者魂归岱山。”这里代指阴间。

【释义】比喻卧病他乡或寂寞窘迫。

【书证】唐·李商隐《梓州罢吟寄同舍》:“楚雨情皆有托,漳滨卧病竟无聊。”

【考据】刘桢(? —217):东汉末东平宁阳(今山东东平县)人,字公干。汉献帝建安十三年(208),为曹操辟为丞相掾属。为建安七子之一,善为诗,负盛名。此《赠五官中郎将四首》之一就是建安二十二年(217)邺城大疫时他叙述自己染病后的情景。不久他即死于瘟疫之中。

伯仲之间 bó zhòng zhī jiān

【词源】三国·魏·曹丕《典论·论文》:“傅毅之于班固,伯仲之间耳!”

【注】伯仲:兄弟排行的次第,伯是老大,仲是老二。傅毅:东汉文学家,汉章帝时为兰台令史,与班固同校内府藏书。班固:东汉史学家、文学家,《汉书》的主要作者。

【释义】喻指名次相差不多,水平相当。

【书证】唐·杜甫《咏怀古迹》:“伯仲之间见伊吕,指挥若定失萧曹。”

【考据】曹丕,见“避暑之饮”。

勃然奋励 bó rán fèn lì

【词源】北齐·颜之推《颜氏家训·勉学》:“勃然奋励,不可恐慑也。”

【注】勃然:奋发的样子。奋:奋发。励:激励。

【释义】奋发起来,激励自己。

【考据】颜之推,见“抱令守律”。

博识君子 bó shí jūn zǐ

【词源】三国·魏·刘劭《人物志》:“是以敢依圣训,志序人物,庶以补缀遗忘,惟博识君子,裁览其义焉。”

【释义】比喻见识广博的人。

【书证】唐·陆羽《论徐颜二家书》:“有博识君子曰:‘盖以徐得右军皮肤眼鼻也,所以似之……’”

【考据】刘劭(?—242):三国时文学家。字孔才。邯郸人。建安年间曾为管理地方户赋的计吏,因学识渊博而升任秘书郎,并得到荀彧的赏识。后来一直在魏朝做官,干出很好的成绩。《三国志·王卫二刘傅传》中记载他多次提出中肯的建议,文才也是很出色,曹叡曾叫他写《许都赋》与《洛都赋》,陈寿也说他“该览学籍,文质周洽”。入曹魏后任尚书郎、散骑侍郎、陈留太守,赐爵关内侯。编撰有《皇览》、《新律》,著《律略论》。所著《人物志》是我国研究人事制度的早期著作。所作《赵都赋》、《许都赋》、《洛都赋》等,史称“三都赋”,名传后世,受到推崇。

博士买驴 bó shì mǎi lǘ

【词源】北齐·颜之推《颜氏家训·勉学》:“问一言辄酬数百,责其指归,或无要会。邺下谚云:‘博士买驴,书券三纸,未有驴字。’”

【注】酬:还。博士:古时官名。邺:指邺城。下,城下,指民间。

【释义】讥博士买了一头驴子,写了三纸契约,没有一个“驴”字。讽刺写文章长篇累牍却说不到点子上。也形容讲话不得要领。

【书证】清·黄遵宪《杂感》:“狗曲出何经,驴券书博士,所用非所习,只以丛骂詈。”

【考据】颜之推(530或531—591):北齐琅邪临沂人,字子介。生于江陵,幼受家业。博览群书,词情典丽。历南梁、西魏、北齐、北周、隋，有《颜氏家训》等著作。据《北齐书·颜之推列传》载，颜之推奔北齐后，在邺城滞留18年，历北齐三帝，均赏识其才。文宣帝高洋引于内馆，使侍从左右。武成帝高湛时，掌文林馆，主编《修文殿御览》。所著《颜氏家训》多以邺都人文为掌故。

博闻多识 bó wén duō shí

【词源】《魏书·李业兴传》："通直散骑常侍李业兴，硕学通儒，博闻多识，万门千户，所宜访询。今求就之披图案记，考订是非，参古杂今，折中为制。"

【注】博：广博。闻：见闻。识：学识。

【释义】知识丰富，见闻广博。

【书证】明·冯梦龙《东周列国志》第三十五回："公子生长中原，博闻多识，必知此兽之名。"

【考据】李业兴（483—549）：上党长子（今山西长子县）人，北魏、东魏时著名学者。李业兴自幼耿介好学。曾负笈求师，学识渊博，通览古今群书，擅长作文造句。诸子百家、图纬、风角、天文、占候无不精通，尤其擅长天文历算。在北魏时历任著作郎等职位。东魏初因起部郎中辛术推荐，被任命为镇南将军、侍读，与尚书右仆射、营构大匠高隆之一起负责设计邺南城建设及制定五礼。还曾出使南梁，与梁散骑常侍朱异以及梁武帝萧衍等对答如流，不辱使命。东魏孝静帝兴和元年（539），李业兴制成《甲子元历》，还参与议定《麟趾新制》。武定元年（543）任国子祭酒，三年任太原太守。高欢每出征讨，"时有顾访"。引为中外府咨议参军。后因坐事监禁，东魏武定七年（549）死于狱中，年66岁。

薄技在身 bó jì zài shēn

【词源】北齐·颜之推《颜氏家训·勉学》："积财千万，不如薄技在身。"

【注】薄：微小。

【释义】指自己掌握了微小的技能。

【考据】颜之推，见"抱令守律"。

不辨真伪 bú biàn zhēn wěi

【词源】三国·魏·曹植《当墙欲高行》："谗言三至，慈母不亲；

愦愦俗间，不辨真伪。”

【注】谗言：挑拨离间的言语。愦愦（kuì）：糊涂。辨：辨别。伪：假。

【释义】分辨不出真假。

【书证】明·冯梦龙《东周列国志》第九十三回：“晋文公先年过曹，曹人多有识得的，其夜仓卒，不辨真伪。”明·罗贯中《三国演义》第九十三回：“因火光之中，不辨真伪。”连横《台湾通史·下》：“姓氏互异，不辨真伪，二也！”

【考据】曹植，见“八斗之才”。

不测之诛 bù cè zhī zhū

【词源】北齐·颜之推《颜氏家训》：“初获不赀之赏，终陷不测之诛。”

【注】不赀：无从计量，表示多或贵重（多用于财物）。测：估计。诛：惩罚。

【释义】比喻预想不到的惩处后果。

【书证】北宋·司马光《资治通鉴》卷第一百四十一：“（王）翘涕泣执手谓曰：‘君能已至尊之疾，当获意外之赏；不然，有不测之诛。’”唐·韩愈《上宰相书》：“不知所为，乃复敢自纳于不测之诛，以求毕其说，而请命于左右。”

【考据】颜之推，见“抱令守律”。

不瞅不睬 bù chǒu bù cǎi

【词源】《北齐书》卷九：“后主皇后穆氏，名邪利，本斛律后从婢也。母名轻霄……女侍中陆太姬知其宠，养以为女，荐为弘德夫人。武平元年六月，生皇子恒。……陆以国姓之重，穆、陆相对，又奏赐姓穆氏。……遂立为皇后。……后既以陆为母，提婆为家，更不采轻霄。”

【注】陆太姬：陆令萱，北齐后期的女宠臣之一。武平：北齐后主高纬时所用年号之一。采：通“睬”，理睬。提婆：穆提婆，北齐后期的宠臣之一。

【释义】不看也不答理。比喻待人态度冷淡。

【书证】宋·无名氏《宦门子弟错立身》：“猜，缘何在花街，供人欢爱？说又不瞅，骂又不佯不睬。”清·吴敬梓《儒林外史·第六回》：“姑奶奶平日只敬重的王家哥儿两个，把我们不瞅不睬，我们没来由今日为他得罪严老大。”明·兰陵笑笑生《金瓶梅词话》："那妇人只顾饶舌，又见常二不瞅不睬，自家也有几分惭愧了。"

【考据】后主穆皇后（？—577）：北齐皇帝高纬的皇后。名邪利，小字黄花，后字舍利。本斛律后从俾，有幸于后主高纬，宫中称"舍利太监"。以生皇子高恒，赐姓穆，立为皇后。后主自是荒淫无度。幼主立，尊为太上皇后。北齐亡，为北周师所擒，赐死。

不毁之制 bù huǐ zhī zhì

【词源】晋·陈寿《三国志·魏书·武宣卞皇后纪》："而未著不毁之制，惧论报德之义，万世或阙焉，非所以昭孝示后世也。"

【注】毁：毁坏。制：制度。

【释义】不可破坏的制度。指经久不变的制度。

【考据】卞皇后（160—230）：卞氏，名玲珑。曹操的妻子，曹丕、曹彰、曹植、曹熊的母亲。建安初年丁夫人被废，卞夫人成为曹操的正妻。曹丕继位后尊其为皇太后，曹叡继位后尊其为太皇太后。魏太和四年（230）五月卒，与曹操合葬于邺城高陵。

不济事 bú jì shì

【词源】《北齐书·高昂传》："高都督纯将汉儿，恐不济事。"

【注】高都督：指高昂。济：成功。

【释义】比喻不管用、不顶事，或指生命垂危。

【书证】清·吴敬梓《儒林外史》第一回："一日，母亲吩咐王冕道：'我眼见得不济事了。'"

【考据】高昂（501—538）：东魏勃海修人，字敖曹。高干弟。少有勇力，专事驰骋。北魏末，与兄弟共在乡里招集部曲起兵。后随高欢讨尔朱荣，屡立战功，官至侍中、司徒。后为西南道大都督。复为军司大都督，统七十六都督，是鲜卑权贵所惮服的唯一汉将。东魏孝静帝元象元年，封京兆郡公。邙山之役，为西魏宇文泰援军所杀。据《北齐书·高昂传》，高昂于东魏孝静帝天平元年（534）为侍中，由司空转司徒，为三公之一，元象元年（538）为京城（邺城）最高长官——京兆郡公（同年阵亡），其间主要是坐镇邺城，与高欢共掌东魏的朝政。

不失一字 bú shī yī zì

【词源】晋·陈寿《三国志·魏书·王粲传》:"初,粲与人共行,读道边碑,人问曰:'卿能暗诵乎?'曰:'能。'因使背而诵之,不失一字。"

【注】暗诵:即背诵。不失:不丢失,不遗漏。

【释义】不错一个字。比喻记忆力极好。

【书证】《旧唐书·列传第九十九》:"即于御前口诵,以补其缺,不失一字。"

【考据】王粲(177—217):东汉末山阳高平(今山东邹县)人,字仲宣。建安十三年(208)归附曹操,辟丞相椽,赐爵关内侯。十六年,迁军谋祭酒,十八年(213),魏国既建,官侍中。博学多识,善属文,有诗名。著诗、赋、论、议达60篇。有《王侍中集》辑本。所作《七哀诗》、《登楼赋》颇著名。在"建安七子"中,粲为其首。据《三国志·魏书·王粲传》,王粲于汉献帝建安十三年(208)归曹,在邺近十年,建安二十二年(217)春,跟随曹操征吴,卒于道中。

不世之臣 bú shì zhī chén

【词源】晋·陈寿《三国志·魏书·陈思王植传》:"有不世之君,必能用不世之臣;用不世之臣,必能立不世之功。"

【注】不世:杰出的,不是每代都有的。

【释义】指忠贞能干的大臣。

【书证】明·罗贯中《隋唐野史·第四十六回》:"盖闻天生不世之君,必有不世之臣。"

【考据】曹植,见"八斗之才"。

不世之功 bú shì zhī gōng
不世之勋 bú shì zhī xūn

【词源】三国·魏·曹植《上疏陈审举之义》:"有不世之君,必能用不世之臣,用不世之臣,必能立不世之功。殷、周二王是矣!"

【释义】当代少有的功勋,言功劳极大。

【书证】《晋书·王弥传》:"以将军有不世之功,超时之德,故有此迎耳!"清·洪昇《长生殿》:"宗庙重新,干坤在造,真不世之功也!"《长生殿·收京》:"今仗之帅洪威,重收宫阙,真乃不世之勋也。"唐·房玄龄等《晋书·谢鲲传》:"公大存社稷，建不世之勋。”

【考据】曹植，见“八斗之才”。

不修边幅 bù xiū biān fú

【词源】《北齐书》卷四十五：“颜之推，字介，琅邪临沂人也。……好饮酒，多任纵，不修边幅，时论以此少之。”

【注】边幅：衣服的边缘，指人的仪容、衣着。修：修饰。

【释义】形容人的衣着、容貌不作休整，生活习性懒散随意。常指不拘小节。

【书证】《旧唐书·元稹传》：“稹既放意娱游，稍不修边幅，以渎货闻于时。”清·吴敬梓《儒林外史》第五十五回：“他又不修边幅，穿着一件稀烂的直裰，靸着一双破不过的蒲鞋。”

【考据】颜之推，见“抱令守律”。

不赀之禄 bù zī zhī lù

【词源】三国·魏·陈琳《檄吴将校部曲文》：“故乃建丘山之功，享不赀之禄。”

【注】赀：计算，估量。禄：古代官吏的薪俸。

【释义】不可计量的薪俸。比喻待遇极高。

【考据】陈琳，见“冰消瓦解”。

不足为虑 bù zú wéi lǜ

【词源】晋·陈寿《三国志·魏书·卫臻传》：“且合肥城固，不足为虑。”

【释义】不值得忧虑和担心。

【书证】明·李贽《焚书·答陆思山》：“承教方知西事，然倭奴水寇，不足为虑，盖此辈舍舟无能为也！”

【考据】卫臻：字公振，陈留襄邑（今河南睢县）人。卫臻因其父随曹操战死而受到曹操器重，初为黄门侍郎，转任丞相府户曹掾，加封关内侯。魏文帝继位之后，晋封安国亭侯，任尚书、侍中、吏部尚书。魏明帝时，出任尚书右仆射，晋封康乡侯。抗击诸葛亮期间出任征南将军。后来历任光禄大夫、司空、司徒、晋封长垣侯。死后追封太尉，谥号敬侯。

步虚声 bù xū shēng

【典源】南朝·宋·刘敬叔《异苑》：“陈思王游山，忽闻空里诵经声。清远遒亮，解音者则而写之，为神仙声。道士效之，作步虚声也！”

【注】陈思王：指曹植。曹植一生曾被迁封过多次，最后的封地在陈郡，去世后谥思，故后人称之为“陈王”或“陈思王”。虚：天空。步虚：在天空中行走的步子。比喻优美至极。

【释义】传说中神仙于空中的诵经声。后指道士诵经礼赞的腔调。

【书证】唐・施肩吾《闻山中步虚声》：“何人步虚南峰顶，鹤唳九天霜月冷。仙词偶逐东风来，误飘数声落尘镜。”

【考据】此南朝・宋・刘敬叔《异苑》所记述曹植的一段逸事。

C

才高八斗 cái gāo bā dǒu

【词源】《南史・谢灵运传》：“天下才共一石(dàn)，曹子建独得八斗，我得一斗，自古及今共用一斗。”

【注】谢灵运：南朝刘宋时期的著名诗人，我国山水诗派的开创者，主要成就在山水诗。曹子建：即曹植，子建是其字。

【释义】比喻人极有才华。

【书证】明・陈汝元《金莲记・偕计》：“不佞姓苏，名轼，字子瞻，眉州眉山人也。学富五车，才高八斗。”

【考据】见“八斗之才”。

才略过人 cái lüè guò rén

【词源】三国・魏・刘劭《人物志・流业》：“胆力绝众，才略过人，是谓骁雄。”

【注】胆力：即胆识。骁雄：一般指勇猛雄武的人物或比喻勇猛威武。

【释义】比喻才能谋略超过一般人。

【书证】唐・马总《南海举给事中穆质自代状》：“才略过人，清贞出众，早居省闼，郁有政声。”北宋・司马光《资治通鉴》卷一百三十三：“沈攸之自以才略过人，自至夏口以来，阴蓄异志。”《元史》卷一百二十九：“阿塔海魁伟有大度，才略过人。”

【考据】刘劭，见“博识君子”。

才藻艳逸 cái zǎo yàn yì

【词源】晋・陈寿《三国志・魏书・王粲传》：“才籍才藻艳逸，而倜傥放荡。”

【注】才藻：才情和文才、才华。艳：华美。逸：超逸。

【释义】比喻才情华美超逸。

【考据】王粲，见“不失一字”。

采兰 cǎi lán

【典源】《文选》卷十九晋·束广微《补亡诗六首》其一《南陔》：“循彼南陔，言采其兰。”唐·李善[注]：“采兰，以自芬香也。循陔以采香草者，将以供养父母。喻人求珍异以归。”

【注】束广微：束晳。南陔：《诗经》中“有义无辞”的六篇之一。后人多有所补。

【释义】比喻思亲。

【考据】束晳，见“报束长生”。《南陔》是他作的一首补亡诗。《诗经》中的《南陔》等六篇有题无诗，历来补诗的很多。实际上成为一种抒发情感的题材。

残杯冷炙 cán bēi lěng zhì

【词源】北齐·颜之推《颜氏家训·杂艺》：“唯不可令有称誉，见役勋贵，处之下坐，以取残杯冷炙之辱。”

【注】残：剩余。杯：指酒。炙：烤肉。

【释义】指吃剩的饭菜。也比喻别人施舍的东西。

【书证】元·乔吉《卖花声·世情》：“尖风薄雪，残杯冷炙，掩青灯竹林茅舍。”明·汤显祖《还魂记·寻梦》：“受用余杯冷炙，胜如剩粉残膏。”清·曾朴《孽海花》第二十回：“雯兄不嫌残杯冷炙，就请入坐。”

【考据】颜之推，见“抱令守律”。

仓卒之际 cāng cù zhī jì

【词源】晋·陈寿《三国志·魏志·王粲传》裴松之注引《文士传》：“天下大乱，豪杰并起，在仓卒之际，强弱未分。”

【注】仓卒：仓促，匆忙。强弱未分：是强大还是弱小还没有表现出来。

【释义】指匆忙之间。

【书证】元·白朴《梧桐雨》第二折：“恨无穷，愁无限。争奈仓促之际，避不得蓦岭登山。”

【考据】王粲，见“不失一字”。

操翰成章 cāo hàn chéng zhāng

【词源】晋·陈寿《三国志·魏

书·徐干传》:“干为司空军谋祭酒掾属,五宫将文学。”裴松之注引《先贤行状》:“干清玄体道,六行修备,聪识洽闻,操翰成章。”

【注】操:持,拿。翰:鸟毛,借指毛笔。

【释义】拿起笔来就写成文章,形容文思敏捷。

【考据】徐干(171—217):东汉末北海郡(今山东潍坊市)人,字伟长。博学有文采。为司空军谋祭酒掾属,五官中郎将文学。恬淡自守。与孔融、陈琳等同为“建安七子”。著《中论》20余篇,又善辞赋、能诗。有《徐伟长集》辑本。徐干于汉献帝建安十二年(207)归属曹操,建安二十二年(217)卒于邺城疫中,追随曹操居邺约10年。

曹冲称象

cáo chōng chēng xiàng

【典源】晋·陈寿《三国志·魏书·曹冲传》:“邓哀王冲,字仓舒,少聪察岐嶷,生五六岁,智意所及,有若成人之智。时孙权曾致巨象,太祖欲知其斤重,访之群下,咸莫能出其理。冲曰:‘置象大船之上,而刻其水痕所至,称物以载之,则校可知矣!’太祖大悦,即施行焉。”

【注】巨象:大象。生于南方。太祖:曹操的庙号,这里指曹操。出其理:找出适当的办法。

【释义】比喻少而聪慧。

【书证】唐·王维《恭懿太子挽歌五首》:“射熊今梦帝,称象问几人。”

【考据】曹冲(196—208):三国·魏沛国谯人,字仓舒,曹操子,早慧。时孙权赠大象,操欲知其重量,遍访群下,莫能出其理。冲谓置象船中,刻水痕所至,更载他物称之,可知其重。曹操大加赞赏。13岁早夭,追封邓哀王。曹冲称象的故事,据考发生在邺城。

曹冲救库吏

cáo chōng jiù kù lì

【典源】晋·陈寿《三国志》卷二十:“太祖马鞍在库,而为鼠所啮,库吏惧必死,议欲面缚首罪,犹惧不免。冲谓曰:‘待三日中,然后自归。’冲于是以刀穿单衣,如鼠啮者,谬为失意,貌有愁色。太祖问之,冲对曰:‘世俗以为鼠啮衣者,其主者不吉。今单衣见啮,是以忧戚。’太祖曰:‘此妄言耳,无所苦也!’俄而库吏以啮鞍闻，太祖笑曰：‘儿衣在侧尚啮，况鞍县柱乎？’一无所问。”

【注】库吏：管理仓库的官吏。太祖：指曹操。俄而：一会儿。县：通悬，空挂之意。

【释义】比喻儿童机智聪明、仗义救人。

【考据】曹冲：曹操子，幼年在邺城生活。详见“曹冲称象”。

曹刘 cáo liú

【典源】南朝·梁·钟嵘《诗品·总论》：“昔曹刘殆文章之圣，陆谢为体贰之才。”

【注】曹刘：指曹植、刘桢。陆谢：指晋陆机和南朝·宋谢灵运。

【释义】借指对诗人的美称。

【书证】南朝·梁·刘勰《文心雕龙》：“至于扬班之论，曹刘以下，图状山川，影写云物，莫不纤综‘比’义，以敷其华，惊听回视，资此效绩。”

【考据】曹植：东汉末年建安时期邺下文人集团的代表人物之一，与曹操、曹丕合称“三曹”。其主要文学活动是在邺城进行的。详见“八斗之才”

刘桢（？—217）：东汉末东平宁阳（今山东东平县）人，字公干。汉献帝建安十三年（208），为曹操辟为丞相掾属。博学有文才，为建安七子之一，善为诗，负盛名。建安二十二年（217）卒于邺城疫中。

策无遗算 cè wú yí suàn

【词源】《北齐书》卷八：“帝幼而令善，及长，颇学缀文……遂自以策无遗算，乃益骄纵。盛为无愁之曲，帝自弹胡琵琶而唱之，侍和之者以百数。人间谓之无愁天子。”

【注】帝：此指北齐后主高纬。策：计策，计谋。遗：遗漏。算：筹谋。无愁之曲：北齐后主自作的名为《无愁》的曲子。

【释义】所作的谋略周密准确，无遗漏失算之处。

【考据】高纬，北齐后主。详见“春黄糜（著布配春）”。

豺狼野心 chái láng yě xīn

【词源】三国·魏·陈琳《为袁绍檄豫州文》：“而操豺狼野心，潜包祸谋。”

【注】檄：檄文。豫州：指刘备。曹操曾奏请封刘备为豫州牧，故

人称刘备为“刘豫州”。操：此指曹操。

【释义】比喻坏人的狠毒用心。

【书证】《南齐书·谢超宗传》：“寻超宗植性险戾，为禀性凶诐，豺狼野心，久暴遐迩。”

【考据】这是198年(建安三年)陈琳为盘踞在邺城的袁绍起草的与曹操准备战争而给刘备的檄文。此时袁绍盘踞邺城，领有冀、青、幽、并四州，号称百万大军，准备南下与曹操争锋。陈琳此时在袁绍手下，军中文书多出其手。最著名的即是此《为袁绍檄豫州文》(因文首有“左将军领豫州刺史郡国相守”语，故称)。文中历数曹操的罪状，诋斥及其父祖，极富煽动力。建安五年(200)官渡一战袁绍大败，陈琳为曹军俘获。曹操爱其才而不咎，署为司空军师祭酒，使管记室。后又徙为丞相门下督。建安二十二年(217)，与刘桢、应玚、徐干等同染疫疾而亡。

长驱径入 cháng qū jìng rù
长驱深入 cháng qū shēn rù
长驱直入 cháng qū zhí rù

【词源】三国·魏·曹操《劳徐晃令》：“吾用兵三十余年，及所闻古之善用兵者，未有长驱径入敌围者也。”

【注】徐晃：曹操的主要将领。长驱：策马向很远的目的地走。径入：直入，一往直前。

【释义】指长距离不停顿地快速行进。形容进军迅猛，不可阻挡。

【书证】《隋书·杨谅传》：“王所部将吏家属，尽在关西，若用此等，即宜长驱深入，直掳京都，所谓疾雷不及掩耳！”明·冯梦龙《醒世恒言》第十九卷：“未到汉口，传说元将兀良哈歹统领精兵，长驱直入，势如破竹。”宋·叶适《上孝宗皇帝札子》：“且靖康之事，未闻我有一城一邑敢为叛命，而坐视胡虏长驱深入，惕息待死屠戮之惨，与五代何异！”

【考据】曹操，见“变化无方”。

肠肥脑满 cháng féi nǎo mǎn

【词源】《北齐书·琅邪王俨传》：“帝驻马桥上，遥呼之，俨犹立不进。(斛律)光就谓曰：‘天子弟杀一汉，何所苦。’执其手，强引以前。请帝曰：‘琅邪王年少，肠肥脑满，轻为举措，长大自不复然，愿宽其罪。’”

【注】帝:此指北齐废帝高殷。俨:北齐琅邪王高俨,高殷的异母弟弟。肠肥:指身驱肥胖。脑满:指肥头大耳。

【释义】意指只图享乐,头脑简单。

【书证】叶圣陶《书的夜话》:"有的又阔又矮,使你想起那些肠肥脑满的商人。"

【考据】斛律光(515—572):北齐朔州敕勒部人,字明月。斛律金长子。工骑射,初为侯景部下,后事高欢。称"射雕督都"。高澄为世子时,光为亲信督都。北齐时历位太子太保尚书令,败周师尉迟迥于芒山、破宇文桀于宜阳。周人惧惮之,国人称为齐之"藩篱"。以功拜左丞相。后因谗被杀。斛律光自高澄为世子时入仕在邺,历东魏、北齐两朝,为北齐重臣。

斛律光庄园位于临漳县习文乡胡连庄。明嘉靖《彰德府志·邺城宫室志》载:"齐左丞相咸阳王斛律明月宅在城北,其所居之地为南、北斛律二村……清乾隆以来皆为胡连庄。"

车过腹痛 chē guò fù tòng

【典源】晋·陈寿《三国志·武帝纪》裴松之注引《褒赏令》:"士死知己,怀此无忘。又承从容约誓之言:'殂逝之后,路有经由,不以斗酒只鸡过相沃酹,车过三步,腹痛勿怪!'虽临时戏笑之言,非至亲之笃好,胡肯为此辞乎?"

【注】斗酒只鸡:一杯酒,一只鸡,比喻很少的东西。沃酹:把水洒在地上,把酒敬献给故人。表示怀念的意思。

【释义】原指经过朋友的坟墓如不祭奠,走过去肚子会痛起来。用来表示对亡友的悼念。

【书证】明·张岱《琅嬛文集·三·普同塔碑》:"逢人说鬼,非坡老之姑使妄言;望垄消魂,致曹公之车过腹痛。"清·姚元之《竹叶亭杂记·五·扬州朱素人》:"今夫子骑箕天上,素人埋骨青山。抚今思昔,能不慨然辄书数言,不胜车过腹痛之感。"

【考据】这是曹操南征时经过桥玄的坟墓为他所撰的哀悼文章,感激他的鼓励。桥玄历任高官,虽性格刚直急躁,但是谦虚勤俭,名声很好。曹操官职低微时曾拜访他。桥玄见到他感到惊异,认为他能担负天下重任。此后曹操常常感叹桥玄是自己的知己。

彻底澄清 chè dǐ chéng qīng

【词源】《北史》卷二十六:"宋世良……后拜清河太守。……及代至,倾城祖道。有老人丁金刚者,泣而前谢曰:'老人年九十,记三十五政。府君非唯善政,清亦彻底。今失贤者,人何以济?'莫不攀辕涕泣。"

【注】彻底:全部。澄:水清。攀辕涕泣:扒住(长官坐的)车子流涕哭泣,形容不舍得。

【释义】原比喻为官十分廉洁、清白。现多指毫无隐匿的,把有所怀疑的事项彻查明白。

【书证】元·高明《琵琶记·牛氏规奴》:"今后,方信你彻底澄清,我好没来由。"清·夏纶《杏花村·代狩》:"着即巡按浙江等处地方,克期赴任,务期彻底澄清,以昭平允。"

【考据】宋世良:字元友,东魏、北齐时广平(在今永年县)人。善于治狱。曾拜清河太守。郡东南有曲堤,成公一姓阻而居之,群盗多萃于此。世良施八条之制,盗奔他境。齐天保初,大赦,郡无一囚,率群吏拜诏而已。狱内稽生,桃树蓬蒿亦满。每日衙门虚寂,无复诉讼者,谓之神门。离任时百姓攀辕涕泣。

沉簿领 chén bù lǐng

【典源】三国·魏·刘桢《杂诗》:"沉迷簿领书,回回自昏乱。"

【注】簿领,谓文簿而记录之。

【释义】缠身于文簿。比喻公务劳顿。

【书证】唐·耿沣《早春宴高陵滑少府》:"且宽沈簿领,应赖酒如渑。春夜霜犹下,东城月未升。清言饶醉客,乱舞避寒灯。名字书仙籍,诸生病未能。"

【考据】刘桢,见"曹刘"。

沉静机密 chén jìng jī mì

【词源】三国·魏·刘劭《人物志》:"沉静机密,精在玄微,失在迟缓。"

【释义】能深沉宁静,做事周详,其精妙之处在于能高深莫测,其失误在于迟钝缓慢。

【考据】刘劭,见"博识君子"。

沉李浮瓜 chén lǐ fú guā

【词源】三国·魏·曹丕《与朝歌令吴质书》:"浮甘瓜于清泉,沉朱李于寒水。"

【释义】吃在冷水里浸过的瓜果。形容暑天消夏的生活。

【书证】元・马致远《新水令・题西湖》:“恁般楼台正宜夏,却输他沉李浮瓜。”

【考据】此典出自曹丕第一次《与吴质书》,时在建安二十二年(217)。时吴质为朝歌长,曹操西征,曹丕留守邺中,与吴质文书往还。

沉吟不决 chén yín bù jué

沉吟未决 chén yín wèi jué

【词源】三国・魏・曹操《秋胡行》:“沉吟不决,遂上升天。”

【注】沉吟:深思吟咏,引申为犹豫。决:决断。

【释义】比喻人遇到难题时,低声自语,难以决断。

【书证】《魏书・傅永传》:“英沉吟未决,永曰:‘机者如神,难遇易失,今日不往,明朝必为贼有,虽悔无及。’”唐・白居易《问友》:“兰亦未能溉,艾亦未能除。沉吟意不决,问君合何如?”

【考据】曹操,见“变化无方”。

陈琳檄 chén lín xí

【典源】晋・陈寿《三国志・魏书・王粲传》附《陈琳传》:“东汉陈琳,字孔璋,‘建安七子’之一。初为何进主簿,后归袁绍,为袁绍作檄文,历数曹操罪状。袁绍败后归属曹操,曹操爱其才而不咎,任命陈琳为记室。魏军国书多出自陈琳之手。”

【释义】比喻文章分量很重。

【书证】唐・李白《江夏寄汉阳辅录事》:“君草陈琳檄,我书鲁连箭。”明・胡若思《吊华佗墓》:“后来枉却陈琳檄,到底西陵泪不干。”清・查慎行《送彭南陔赴长沙》:“郑侠图曾伤目击,陈琳檄可愈头风。”

【考据】陈琳《为曹洪与世子书》是建安二十二年(217)所作。陈琳,见“把玩无厌”。

称王称霸

chēng wáng chēng bà

【词源】三国・魏・曹操《让县自明本志令》:“设使国家无有孤,不知当几人称帝,几人称王。”

【注】王:帝王。霸:古代诸侯联盟的首领。

【释义】比喻凭借权势横行一方,或狂妄地以首脑自居。

【书证】宋・汪无量《读史》:“刘

项称王称霸，关张无命无功。”毛泽东《在陕甘宁边区参议会的演说》：“决不可把自己关在小屋子里，自吹自擂，称王称霸。”

【考据】曹操《让县自明本志令》是曹操建安十五年(210)发布的反映曹操思想和经历的一篇带有自传性质的重要文章，写于建安十五年(210)。那年，曹操56岁。于时，他已完成统一北方，继而想统一全国；但是孙权、刘备两大军事势力除在军事上联盟抗曹外，在政治上则抨击曹操“托名汉相，实为汉贼”，“欲废汉自立”(《三国志·吴书·周瑜传》)。在这种政治形势下，曹操发布了这篇令文，借退还皇帝加封三县之名反击朝野谤议。文中概述了曹操统一中国北方的过程，表达了作者以平定天下、恢复统一为己任的政治抱负。写得坦白直率，气势磅礴，充满豪气，表现出政治家的气度和见识。

乘胜追击 chéng shèng zhuī jī

【词源】《晋书·载记十三·苻坚》：“及日中，评众大败，俘斩五万有余，乘胜追击，又降斩十万，于是进师围邺。”

【注】苻坚：十六国时期的前秦皇帝。评：指前燕大将慕容评。乘：趁着。

【释义】趁着胜利的形势继续追击，扩大战果。

【书证】《新编五代史评话·梁史卷上》：“李思安跃马交斗，经二十余合，思安拽枪佯败，退去。单可及乘胜追击。”

【考据】前燕后期，把持朝政的慕容评腐朽无能，在邺城以西的前线与前秦大将王猛的作战中一败涂地，先后丧师15万人。前秦皇帝苻坚得知后，亲自率领大军乘胜进攻邺城，前燕因此灭亡。

乘虚而入 chéng xū ér rù

【词源】晋·陈寿《三国志·袁绍传》：“(田丰说诏曰)分为奇兵，乘虚迭出，以扰河南。”

【注】田丰：东汉末年袁绍的部下谋士。虚：空隙。河南：指曹操控制的黄河以南之地。

【释义】趁着空隙或无人防范而进入。

【书证】宋·张君房《云笈七签》第一百二十回：“将至所居，自后垣乘虚而入，径及庭中。”清·李汝珍《镜花缘》第七十四回：“若各存意见，不能和睦，是自己先孤了，别人安得不乘虚而入。”

【考据】袁绍,见“并威偶势”。

乘舆播越 chéng yú bō yuè

乘舆播迁 chéng yú bō qiān

【典源】《晋书·苻丕载记》:“慕容垂为封豕于关东,泓、冲继凶于京邑,致乘舆播越,宗社沦倾。”

【注】乘舆:帝王坐的车。播越:离散,流亡。

【释义】喻指帝王流亡在外。

【书证】《周书》卷二十六:“权臣擅命,乘舆播越,战争方始,当何所依。”《明史·王弘传》:“向使乘舆播迁,奸党犹在,国之安危殆未可知,臣等以为不足问。”

【考据】慕容垂(326—396):十六国时后燕国君,鲜卑族,昌黎棘城人,慕容皝第五子。前燕时封吴王。曾在枋头大败东晋桓温。以声名大振而为慕容评所忌,惧祸奔前秦苻坚。淝水之战,苻坚为东晋所败,慕容垂遂趁机恢复燕政权,东晋孝武帝太元十一年称帝于中山,年号建兴,史称后燕。在位13年间,因战事三赴邺城。永康元年卒。谥成武皇帝,庙号世祖。

鸱衔腐鼠 chī xián fǔ shǔ

【典源】宋·李昉《太平广记·卷第一百九十一·骁勇一》:“魏任城王章,武帝子也。……四方闻其神勇,皆寝兵自固。帝曰:‘以王权武吞并吴、蜀,如鸱衔腐鼠耳。’”

【注】帝:指魏武帝曹操。权武:凭借着武力。鸱:指鹞鹰,是一种凶猛的鸟。

【释义】鹞鹰衔一只死鼠。比喻敌我双方实力悬殊,胜者极易得手。

【考据】曹章,曹操之子。

持衡拥璇 chí héng yōng xuán

【词源】《北齐书·文宣帝纪》:“昔放勋驰世,沉璧属子;重华握历,持衡拥璇。”

【注】持:掌握。衡、璇:北斗七星中的两颗星名。

【释义】比喻掌握国家政权。

【考据】文宣帝:高洋,550年在邺城代东魏建立北齐,称帝。

持满戒盈 chí mǎn jiè yíng

【词源】三国·魏·曹操《善哉

行》之三："持满如不盈，有德者能卒。"

【释义】持盛满之水，应注意其外溢。比喻居高位应谦虚谨慎。

【书证】南朝·梁·萧子显《南齐书·豫章文献王传论》："蕃辅贵盛，地实高危，持满戒盈，鲜能全德。"清·蔡东藩《前汉演义·第六十七回》："反且以黯为贤，优待有加，青其深知持满戒盈之道乎？"

【考据】曹操，见"变化无方"。

尺蚓穿堤，能漂一邑 chǐ yǐn chuān dī néng piāo yī yì

【词源】北齐·刘昼《新论·慎隙》："尺蚓穿堤，能漂一邑；寸烟汇穴，致毁千室。"

【释义】蚯蚓虽小，但它把堤岸穿透了，就能把整个城市淹没。比喻不注意小的事故，就会引起大祸。

【考据】刘昼，北齐勃海阜城人，字孔昭。司《三礼》、《春秋》，俱通大义。举秀才，考策不第，乃恨不学属文。制《六合赋》以呈魏收，收谓其愚。又撰《高才不遇传》。孝昭帝时，自谓"董仲舒、公孙弘可以出矣"，频上书，多非世要，终不见采。后主天统中卒，年五十二，有《金箱璧言》集，已佚。

冲锋陷阵 chōng fēng xiàn zhèn

【词源】《北齐书》卷三十："高祖握暹（xiān）手而劳之曰：'往前朝廷岂无法官？而天下贪婪，莫肯纠劾。中尉尽心为国，不避豪强，遂使远迩肃清，群公奉法。冲锋陷阵，大有其人，当官正色，今始见之。'"

【注】高祖：指东魏大丞相高欢，北齐建立后被追赠为神武皇帝，庙号高祖。暹：崔暹，东魏时被封为御史中尉，权倾一时。陷：攻破，深入。阵：阵地。

【释义】不顾一切，攻入敌人阵地。多用于形容战场上表现勇猛的将士。也指勇猛、果断地去做某一件事。

【书证】《周书·李檦传》："檦跨马运矛，冲锋陷阵，隐身鞍甲之中。敌人见之，皆曰：'避此小儿。'"《梁书·曹景宗传》："景宗为偏将，每冲坚陷阵，辄有斩获、以勋除游击将军。"

【考据】高欢（496—547）：一名贺六浑，河北景县人，北朝东魏权臣。永熙三年（534），逼走孝武帝西奔长安依宇文泰，高欢另立孝静帝并迁都邺城。因邺城残破，他令仆射高隆之负责新建邺南城。高欢专擅东魏朝政16年，死后，其子高洋代东魏称齐帝，追尊高欢为神武帝。

舂黄糜 chōng huáng mí

著布配舂 zhù bù pèi chōng

【典源】《北史》卷十四："及帝（北齐后主无上皇高纬）遇害，以（冯）淑妃赐代王达，甚嬖之。淑妃弹琵琶，因弦断，作诗曰：'虽蒙今日宠，犹忆昔时怜。欲知心断绝，应看胶上弦。'达妃为淑妃所谮，几致于死。隋文帝将赐达妃兄李询，令著布裙配舂。询母逼令自杀。"

【注】著布：穿布衣裙。配：发配，惩罚之意。舂：用杵臼捣谷类。

【释义】冯淑妃落魄潦倒后的凄惨下场。

【考据】冯淑妃，即冯小怜。北齐后主高纬的宠妃。北齐灭亡后被迁往长安。

重迹屏气 chóng jì bǐng qì

重足屏气 chóng zú bǐng qì

重足屏息 chóng zú bǐng xī

【词源】《北齐书》卷四十七："卢斐，字子章，范阳涿人也。……天保中，稍迁尚书左丞，别典京畿诏狱，酷滥非人情所为。无问事之大小，拷掠过度，于大棒车辐下死者非一。或严冬至寒，置囚于冰雪之上；或盛夏酷热，暴之日下。枉陷人致死者，前后百数。又伺察官人罪失，动即奏闻，朝士见之，莫不重迹屏气，皆目之为'卢校事'。"

【注】天保：北齐文宣皇帝高洋的年号。重：重叠。迹：脚印。屏气：抑制呼吸，不敢出声。卢校事：校事，官名，三国时魏、吴均置，其职是侦察纠举百官。卢斐"伺察官人罪失，动即奏闻"，有似魏吴的校事，故有此号。

【释义】吓得不敢迈步，不敢出声。

【书证】《宋书》卷七十七："世祖严暴异常，元景虽荷宠遇，恒虑及祸。太宰江夏王义恭及诸大臣，莫不重足屏气，未尝敢私往来。世祖崩，义恭、元景等并相谓曰：'今日始免横死。'义恭与义阳等诸王，元景与颜师伯等，常相驰逐，声乐酣酒，以夜继昼。"宋·叶适《法度总论·二》："魏武虽严科条，审律令，以重足屏气操制群下，而截然是人各得自尽以行其职守者犹在也！"

【考据】卢斐：北齐范涿人，字子章。卢同子。性残忍，以强断之名。东魏时，大将军高澄曾引为相府刑狱参军。北齐文宣帝天保中，迁尚书左丞，别典京畿诏狱。治狱严酷，枉陷人死，前后百数。后以讼《魏书》不平，系狱死。据《北齐书·卢斐传》，卢斐于东魏、北齐历官数职，均在邺城。

抽薪止沸 chōu xīn zhǐ fèi

【词源】北齐·魏收《为侯景叛移梁朝文》："抽薪止沸，剪草除根。"

【注】侯景：原为东魏河南大行台，镇守河南，东魏末年叛乱投往南梁。梁：南梁（502—557），南朝第三个朝代，由萧衍代齐称帝，都建康（今江苏南京），国号梁。因为皇帝姓萧，又称萧梁。薪：柴火。沸：沸腾。

【释义】抽掉锅底下正燃烧的柴火，使锅里的水不再沸腾。比喻从根本上解决问题。

【考据】魏收，详见"拔山超海"。魏收《为侯景叛移梁朝文》是东魏末年（548）侯景叛乱后，所发布的讨伐侯景给南梁武帝的檄文。

丑舍人 chǒu shè rén

【典源】《北齐书》卷四十五："荀士逊，广平人也。好学有思理，为文清典，见赏知音。……状貌甚丑，以文辞见用。曾有事须奏，值世祖在后庭，因左右传通者不得士逊姓名，乃云丑舍人。世祖曰：'必士逊也。'看封题果是，内人莫不忻笑。"

【注】世祖：北齐武成帝高湛。舍人：官名。内人：内庭之人，这里指高湛的左右。

【释义】比喻相貌虽丑陋但很有文采的人。

【考据】荀士逊，北齐广平（今邯郸永年、广平一带）人，东魏武定末年举为司州秀才，直到北齐皇建中，经马敬德荐方为主书。世祖时转中书舍人。武成帝时转中书舍人，虽长相丑陋，但以文辞见重。后主时官中书侍郎。与李若等撰《典言》。

出将入相 chū jiàng rù xiàng

【词源】《北齐书》卷十三《清河王高岳传》："史臣曰：……清河属经纶之会，自致青云，出将入相，翊成鸿业，虽汉朝刘贾，魏室曹洪，俱未足论其高下。”

【注】清河：指高岳，封清河王。出将：带兵征讨能为将帅。入相：进入内阁可任丞相。刘贾：汉高祖刘邦的堂兄，曾南征北战多次立功。虽是皇戚，却是因战功被封为荆王的。曹洪：魏武帝曹操的从弟，是三国时期的名将，随军征伐多有功劳，曹魏建立后，先后被封为野王侯、乐城侯。

【释义】指兼有文武才能的人，也指官高爵显。这里说北齐的高岳和汉朝的刘贾、东汉末年的曹洪一样，封王封侯不单是靠自己是皇亲国戚，本身也是能征善战的将领。

【书证】《旧唐书·王珪传》：“孜孜奉国，知无不为，臣不如房玄龄。才兼文武，出将入相，臣不如李靖。”宋·徐铉《张居咏制》：“昔在先王，任贤尚齿。出将入相，所以任贤也；尊师重传，所以尚齿也。”

【考据】高岳(？—555)：东魏、北齐人，高洋的堂叔。功勋卓越，北齐时封清河王。555年，高归彦向高洋进谗，引起高洋忘恨，不久高岳自杀。562年，高湛追赠高岳为太师。

出言不逊 chū yán bú xùn

【词源】晋·陈寿《三国志·魏书·张郃传》：“图惭，又更谮郃曰：‘郃快军败，出言不逊。’郃惧，乃归太祖(曹操)。”

【注】图：指郭图。东汉末年袁绍的谋士，官渡之战时主张以重兵直接攻击曹军的大营。逊：谦让，有礼貌。

【释义】说话粗暴无礼。

【书证】明·冯梦龙《喻世明言》卷三十一：“八岁纵笔成文，本郡举他神童，起送至京。因出言不逊，冲突了试官，打落下去。”

【考据】郃：指张郃，原为袁绍的手下大将，官渡之战时因受到郭图的诬陷，愤惧而降曹操，导致袁军溃败。

除残去秽 chú cán qù huì

【词源】三国·魏·曹操《让县自明本志令》：“故在济南，始除残去秽，平心选举，违忤诸常待。”

【注】残：残暴。秽：污秽，比喻恶势力。

【释义】比喻清除社会上的残暴、腐朽势力。

【书证】元·无名氏《黄鹤楼》第三折："若非除残去秽，今日个焉能坐视江陵？"

【考据】《让县自明本志令》是曹操建安十五年(210)发布的反映曹操思想和经历的一篇带有自传性质的重要文章。那年，曹操56岁。这时，他已完成统一北方，继而想统一全国；但是孙权、刘备两大军事势力除在军事上联盟抗曹外，在政治上则抨击曹操"托名汉相，实为汉贼"，"欲废汉自立"(《三国志·吴书·周瑜传》)。在这种政治形势下，曹操发布了这篇令文，借退还皇帝加封三县之名反击朝野谤议。文中概述了曹操统一中国北部的过程，表达了作者以平定天下、恢复统一为己任的政治抱负。写得坦白直率，气势磅礴，充满豪气，表现出政治家的气度和见识。

除患兴利 chú huàn xīng lì

【词源】晋·陈寿《三国志·魏书·陈思王植传》："夫君之宠臣，欲以除患兴利。"

【释义】消除祸患，兴办有利的事业。

【考据】曹植，见"八斗之才"。

揣骨听声 chuāi gǔ tīng shēng

【词源】《北齐书》卷四十九："皇甫玉，不知何许人。善相人，常游王侯家。……显祖既即位，试玉相术，故以帛巾袜其眼，而使历摸诸人。……世宗时有吴士，双盲而妙于声相，世宗历试之。闻刘桃枝之声，曰：'有所系属，然当大富贵，王侯将多死其手……。'闻太原公之声，曰：'当为人主。'闻世宗之声，不动，崔暹私掐之，乃谬言：'亦国主也。'"

【注】揣骨：用手摸骨。听声：听人话语声。显祖：指高洋，东魏时封太原公，北齐建立后的第一个皇帝。世宗：指高澄，高欢的长子，曾长期在邺城掌握东魏的朝政大权，末年被刺杀，北齐建立后被追尊世宗。刘桃枝：北齐时的大力士，曾多次惨杀文武大臣、王侯。崔暹：东魏时曾为御史中尉，深受高澄的信任。

【释义】原指旧时相法的一种。凭摸人骨骼，听人说话声音，以判人之富贵、贫贱及命运。后用以比喻牵强附会，妄加评判。

【书证】宋·彭乘《墨客挥犀》卷一："又有观画而以手摸之，相传以谓色不隐指者为佳画。此又耳鉴之下，谓之揣骨听声。”清·纪昀《〈沈氏四声考〉后序》：“因吾书而考见今韵之由来，不至揣骨听声，自生妄见。”

【考据】皇甫玉：北齐阴阳学家，著名相术士，常游王侯家。560年春在邺城为孝昭帝高演相寿，言其“寿不过二（年）”，被高演怒而斩杀。

穿锤 chuān chuí

【典源】《北史》卷五十四：“人谓干不知书，署名为干字，逆上画之，时人谓之‘穿锤’。”

【注】干：即厍狄干。署名：签字。逆上：从下往上。

【释义】这里指厍狄干签名时只签一个干字，而又不懂笔顺。比喻不识字。

【考据】厍狄干，北齐善无人。梗直少言，有武艺。北魏孝明帝正光初，授将军，宿卫于内。孝昌元年，以军主随尔朱荣入洛，后从高欢起兵，破四胡于韩陵，以军功累官定州刺史，为政清约。北齐文宣帝天宝初，以元勋佐命，封章武郡王，转太宰。尚高欢妹乐陵公主，威望甚重。卒谥景烈。

床上施床

chuáng shàng shī chuáng

床上安床

chuáng shàng ān chuáng

【词源】北齐·颜之推《颜氏家训·序致》：“魏晋已来所著诸子，理重事复，递相模斅，犹屋下架屋，床上施床耳！”

【注】施：放置。

【释义】比喻不必要的重复。

【书证】唐·刘知几《史通·断限》：“如班书《地理志》，自遂全写《禹贡》一篇。降为后书，持续前史。盖以水济水，床上施床，徒有其烦，竟无其用，岂非惑乎？”南朝·陈·姚最《续画品·毛棱》：“善于布置，略不烦草。若比方诸父，则床上安床。”

【考据】颜之推，见“抱令守律”。

垂头塌翼 chuí tóu tā yì

垂头塌翅 chuí tóu tā chì

【词源】三国·魏·陈琳《为袁绍檄豫州文》：“方今汉室陵迟，纲维驰绝，圣朝无一介之辅，股肱无折冲之势，方畿之内，简练之臣，皆垂头塌翼，莫所凭持。”

【注】豫州：指刘备。刘备一度投靠曹操，曾被曹操奏表为豫州牧。垂头：耷拉着脑袋。塌：垂着。翼：翅膀。

【释义】耷拉着脑袋，下垂着翅膀。比喻情绪低落而精神不振的神态。

【书证】《新唐书·萧遘传》：“君臣报国极矣，尚能垂头塌翅求生于黄门哉？”

【考据】陈琳：见“豺狼野心”。

春华秋实 chūn huá qiū shí

【词源】晋·陈寿《三国志·魏志·邢颙传》：（刘桢写信给曹植说）“（君侯）采庶子之春华，忘家丞之秋实。”

【注】华：同“花”。

【释义】春天开花，秋天结果。比喻人的文采和德行。也比喻事物的因果关系。

【书证】峻青《秋色赋》：“春华秋实，没有那浩荡的春风，又哪里会有这满野秋色和大好的收成呢？”

【考据】刘桢，见“曹刘”。

邢颙：东汉末年人。曹操占领邺城后，邢颙被曹操辟为冀州从事，又除广宗长，更辟司空掾，除行唐令，劝民农桑，风化大行。入为丞相门下督，迁左冯翊，病，去官。太祖以颙渊深法度，为平原侯植家丞。后参丞相军事，转东曹掾。太祖问颙定太子事，以为太子少傅，迁太傅。魏文帝时，为侍中尚书仆射，赐爵关内侯，出为司隶校尉，徙太常。黄初四年薨。

辞无所假 cí wú suǒ jiǎ

【词源】三国·魏·曹丕《典论·论文》：“斯七子者，于学无所遗，于辞无所假。”

【注】辞：文辞、语言。假：假借、因袭。

【释义】写文章时语言有所创新，没有因袭前人。指文章自成一家，有自己的风格、特色。

【考据】曹丕，见“避暑之饮”。

此而可忍，孰不可忍 cǐ ér kě rěn shú bù kě rěn

是可忍，孰不可忍 shì kě rěn shú bù kě rěn

【词源】《晋书·解系传》：“（司马伦）怒曰：‘我于水中见蟹且恶之，况此人兄弟轻我邪！此而可忍，孰不可忍？’”

【注】孰：哪个。

【释义】这个如果能容忍，还有什么不能容忍呢？

【书证】《南齐书·张敬儿传》："履霜于开运之辰，坚冰于嗣业之世，此而可忍，孰不可容？"杨沫《青春之歌》第二部第二十三章："小小三岛之国，如此欺辱我有五千年文明历史的中华古国，是可忍，孰不可忍。"

【考据】司马伦（？—301）：西晋河内温人，司马懿子。司马炎称帝，封琅邪郡王，后改封赵王。惠帝元康初，迁征西将军，镇关中。刑赏失中，氐羌人反，征还京师，为太子太傅，谄事贾后。惠帝永康初，用亲信孙秀计，待贾后杀太子遹，废杀贾后，并杀大臣张华、裴頠等。自任大将军、相国，执朝政。明年正月，幽惠帝于金墉城，僭即帝位。三月，齐王冏等起兵讨之，兵败，被杀。司马伦于晋武帝咸宁三年（277），由瑯邪王改封赵王，至晋惠帝永宁元年（301），遭到成都王司马颖、长沙王司马乂等讨伐兵败而卒，前后督邺城守事25年。

从军乐 cóng jūn lè

【典源】三国·魏·王粲《从军诗五首》其一："从军有苦乐，但闻所从谁。所从神且武，焉得久劳师。相公征关右，赫怒震天威。一举灭獯虏，再举服羌夷。"

【注】相公：指曹操，曹操曾位居汉丞相。关右：函谷关以西。獯：獯鬻，我国古代北方少数民族，战国后称匈奴。羌：我国古代西部的民族。

【释义】比喻从军建立战功的欢乐心情。

【书证】唐·白居易《寄王质夫》："方含去国愁，且羡从军乐。旧游疑是梦，往事思职昨。"宋·柳永《满江红》："平生况有云泉约，归去来，一曲仲宣吟，从军乐。"

【考据】王粲，见"不失一字"。

崔琰清议 cuī yǎn qīng yì

【典源】晋·陈寿《三国志·魏书·崔琰传》："魏国初建，拜尚书……朝士瞻望，而太祖亦敬惮焉。"裴松之注引《先贤行状》："琰清忠高亮，雅识经远，推方直道，正色于朝。魏代初载，委受铨衡，总齐清议，十有余年。文武群才，多所明拔。朝廷归高，天下称平。"

【释义】比喻选拔人才的高层

官员评人论事公正清廉。

【书证】唐·张九龄《和姚令公哭李尚书义》："人思崔琰议，朝掩祭遵公。"

【考据】崔琰：字季珪，东汉末清河东武城(今河北武城东北)人。少好击剑，尚武事。及长，诵论语、韩诗。结公孙方等，师从郑玄。袁绍辟之。曹操破袁氏，辟琰为别驾从事。曹操征并州时，留琰傅曹丕于邺。曹操建魏国，拜尚书。崔琰支持曹丕为太子。建安二十一年，因反对曹操加魏王，被罚为隶，后赐死。

蹉跎自误 cuō tuó zì wù

【词源】北魏·贾思勰《齐民要术·种胡荽》："春雨难期，必须借泽，蹉跎失机，则不得矣！"

【注】蹉跎：时间白白地消耗掉。

【释义】人生虚度年华，耽误了自己的前程。

【书证】清·吴敬梓《儒林外史》："(郭孝子对萧云仙道)我自幼空学了一身武艺……而今老了，眼见得不中用了。长兄年力鼎盛，万不可蹉跎自误。"

【考据】贾思勰：北魏齐郡益都人，后属东魏。官高阳太守，所撰《齐民要术》，成书于东魏孝静帝元象初，为我国最早的农学专著，在种植、栽培、林果、畜禽、酿造、手工加工等领域对前人的成果进行了科学总结，给后人留下了极为宝贵的农耕技艺财富。

D

大显身手 dà xiǎn shēn shǒu

【词源】北齐·颜之推《颜氏家训·诫兵》："顷世乱离，衣冠之士，虽无身手，或聚徒众，违弃素业，侥幸战功。"

【注】显：表露，表现。身手：指本领。

【释义】充分显示出本领和才能。

【书证】赵树理《三里湾·七》："这两个人默默不语在这座房子里大显身手。"茹志鹃《高高的白杨树》："爱唱的人，就在舞台上痛痛快快唱吧！爱种棉花的，就在连成片的土地上大显身手吧！"

【考据】颜之推，见"抱令守律"。

大雅君子 dà yǎ jūn zǐ

【词源】三国·魏·陈琳《檄吴将校部曲文》:"是以大雅君子,于安思危,以远咎悔;小人临祸怀佚,以待死亡。二者之量,不亦殊乎?"

【释义】指才德高尚的人。

【书证】《旧唐书·郭子仪传论》:"不幸危而邀君父,不挟撼以报仇雠,晏然效忠,有死无二,诚大雅君子,社稷纯臣。"

【考据】陈琳,见"冰消瓦解"。

大有裨益 dà yǒu bì yì

【词源】《北齐书》卷四十:"(唐)邕性识明敏,通解时事,齐氏一代,典执兵机。凡是九州军士、四方勇募,强弱多少,番代往还,及器械精粗、粮储虚实,精心勤事,莫不谙知。自大宁以来,奢侈靡费,比及武平之末,府藏渐虚。邕度支取舍,大有裨益。"

【注】大宁:北齐武成帝高湛第一个年号,大宁元年为561年。武平:北齐后主高纬的年号(570—576)。裨益:益处、好处。

【释义】形容益处很大。

【书证】明·焦竑《玉堂丛语·文学》:"其间卓然自得者,于圣经贤传,大有裨益。"

【考据】唐邕:北齐重臣,曾经任中书舍人、黄门侍郎、大司农卿等职,书法家。

代笔捉刀 dài bǐ zhuō dāo

【词源】南朝·宋·刘义庆《世说新语·容止》:"魏武将见匈奴使。自以形陋不足雄远国,使崔季珪代,帝自捉刀立床头。既毕,令间谍问曰:'魏王何如?'匈奴使答曰:'魏王雅望非常,然床头捉刀人,此乃英雄也!'"

【注】魏武:魏武帝,曹操。崔季珪:即崔琰,字季珪。曹植的岳父,曾受曹操的指派辅佐曹丕。

【释义】原是说曹操叫人代替自己接见匈奴使者,自己却持刀站立床头。后泛指代人做事,多指写文章。

【书证】徐兴业《金瓯缺》第二十一章:"他随军出发之前,早就未雨绸缪地托人代笔捉刀,预先拟好一篇收复全燕的告捷书。"

【考据】曹操,见"变化无方"。

单步负笈 dān bù fù jí

【词源】晋·陈寿《三国志·魏书·邴原传》注引《原别传》:"单步负笈,苦身持力。"

【注】单步:徒步。笈:书箱。

【释义】背着书箱,徒步外出求学。形容不怕吃苦,勤奋求学。

【考据】邴原:字根矩,东汉北海朱虚(山东临朐东南)人。年幼丧父,家贫,好学不倦,与管宁皆称高士。曹操曾经辟邴原为祭酒,甚是敬重。时曹丕为五官中郎将,天下倾慕,宾客如云,原独守道持常,非公事不与交往,以节操自持。后徙置丞相征事,代凉茂为五官将长史。曹操征吴,邴原从行,卒于军中。

淡泊寡欲 dàn bó guǎ yù

【词源】三国·魏·曹植《蝉赋》:"实淡泊而寡欲兮,独怡乐而长吟。"

【注】淡泊:恬淡。寡:少。欲:欲望。

【释义】形容心情恬淡,不图名利。

【考据】曹植,见"八斗之才"。

当今之务 dāng jīn zhī wù

【词源】晋·陈寿《三国志·魏书·卫觊传》:"当今之务,宜君臣上下,并用筹策,计划府库,量入为出。"

【注】务:事情,要务。

【释义】当前最紧急的任务。

【书证】《魏书·阳固传》:"当今之务,宜正东储,立师傅以保护,立官司以防卫,以系苍生之心。"

【考据】卫觊:三国·魏河东安邑人,字伯儒,少以才学称。在邺城被曹操辟为司空掾属。曹操的魏国建立后拜侍中,与王粲并典制度,后为尚书。曹丕称帝,复为尚书。魏明帝时封阌乡侯。受诏典著作,撰《魏官仪》。善书法,精鸟篆、隶、草,以文章显。

刀环筑口 dāo huán zhù kǒu

【词源】《北齐书》卷三十九《祖珽传》:"帝大怒,执珽……以刀环筑口,鞭杖乱下,将扑杀之。"

【注】珽:祖珽。刀环:刀上的环。筑:塞,堵。

【释义】用刀环塞堵嘴,令人不

能讲话。意指威胁人。

【书证】唐·王维《为薛使君谢婺州刺史表》:“当贼逼温、洛,兵接河、潼,拜臣陕州,催臣上道,驱马才至,长围已合,未暇施力,旋复陷城,戟枝叉头,刀环筑口,身关木索,缚就虎狼。”

【考据】祖珽:北齐范阳道人,字孝征。一生主要活动在邺城。有文才,善音律,解鲜卑语。起家秘书郎。历事诸帝,屡以贪赃被高欢、高澄杖笞免官。武成帝河清四年,与和世开说帝禅位与太子纬,任秘书监,加仪同三司。谋宰相位,诬奏和士开罪状,后主高纬怒,徙光州,囚于地牢而失明。后主天统四年,复被起用为秘书监,累迁侍中,尚书左仆射。迁领军,专主机衡。后主武平四年,被韩长鸾等所谮,解侍中、仆射,出为北徐州刺史。卒于州。

蹈机握杼 dǎo jī wò zhù

【词源】三国·魏·徐干《中论·爵禄》:“位也者,立德之机也;势也者,行义之杼也。圣人蹈机握杼,织成天地之化,使万物顺焉,人伦正焉,六合之内,各充其愿,其为大宝,不亦宜乎!”

【注】蹈:踩。机:织布机。杼:织布用的梭子。六合:指天下、宇内。

【释义】脚踩布机,手握梭子。比喻掌握着事物发展变化的关键。

【书证】《汉魏晋南北朝墓志汇编·北齐·公讳荣墓志》文:“嘱神武皇帝跃潜渊之鳞,应出震之录,蹈机握杼,将织八纮。”

【考据】徐干,见“操翰成章”。

盗狗 dào gǒu

【典源】晋·陈寿《三国志·魏书·曹爽传》:“于是收爽、羲、训、晏、飏、谧、轨、胜、范、当等,皆伏诛,夷三族。”裴松之注引《魏略》:“太祖以斐乡里,特饶爱之。……顾谓左右曰:‘东曹毛椽数白此家,欲令我重治,我非不知此人不清,良有以也。我之有斐,譬如人家有盗狗而善捕鼠,盗虽有小损,而完我囊贮。’”

【释义】本来指偷东西的狗,后指贪鄙之人。

【书证】清·文康《儿女英雄传》第十一回:“既做绿林大盗,便与那偷猫狗的不同,也断不肯悄悄儿地下来。”

【考据】斐:丁斐,字文侯,兖州

沛国谯县人。性好货，数请求犯法，辄得原宥。太祖：即曹操。曹操去世后，曹丕称帝，追尊他为武帝，庙号太祖。

盗食致饱 dào shí zhì bǎo

【词源】北齐·颜之推《颜氏家训·省事》："或有劫持宰相瑕疵而获酬谢，或有喧聒时人视听求见发遣，以此得官谓之才力，何异盗食致饱、窃衣取温哉！"

【注】盗：偷窃或劫掠。致：达到，求得。

【释义】比喻以不正当手段获益。

【考据】颜之推，见"抱令守律"。

道合志同 dào hé zhì tóng

志同道合 zhì tóng dào hé

【词源】晋·陈寿《三国志·魏书·陈思王植传》："昔伊尹之为媵臣，至贱也；吕尚之处屠钓，至陋也，及其见举于汤武、周文，诚道合志同，玄谟神通，岂复假近习之荐，因左右之介哉！"

【注】伊尹：殷商武丁时期的大臣，原为罪徒，后为武丁发现，重用为相。吕尚：即姜子牙，原为民间隐士，遇周文王而被拜为师。道：道德标准。合：符合。

【释义】有共同的理想和志向。指理想、志趣一致。

【书证】北宋·司马光《又谢庞参政启》："尝托僚寀，获友高明，道同志合，出处如一。"清·王源《刘处士墓表》："予以修《明史》，亦馆于徐，与处士道同志合，日讨论天地阴阳之变，伯王大略……"宋·陈亮《与吕伯恭正字书之二》："天下事常出于人意料之外，志同道合，便能引其类。"

【考据】陈思王，即曹植。见"八斗之才"。

道远知骥，世伪知贤

dào yuǎn zhī jì shì wěi zhī xián

道远知骥 dào yuǎn zhī jì

路遥知马力，日久见人心

lù yáo zhī mǎ lì rì jiǔ jiàn rén xīn

【词源】三国·魏·曹植《矫志》："道远知骥，世伪知贤。"

【注】骥：良马。

【释义】路途遥远才可以辨别良马，世间的虚伪狡诈才能鉴别贤才。比喻经过长久的磨炼，才能看出人的优劣。

【书证】宋·陈元靓《事林广记》卷九："路遥知马力，事久见人心。"元·无名氏《争报恩》第一折："徐宁云：'恰才姐姐救了我的性命……则愿得姐姐长命富贵，若有些儿好歹，我少不得报答姐姐之恩，可不道'路遥知马力，日久见人心？'"

【考据】曹植，见"八斗之才"。

砥砺清节 dǐ lì qīng jié

【词源】三国·魏·陈琳《檄吴将校部曲文》："虞文绣砥砺清节，耽学好古。"

【注】虞文绣：即虞歆，字文绣，一作文肃。会稽大族，东汉末年曾做日南太守。砥砺：磨砺。清：清纯。

【释义】磨炼自己，以保持清廉名节。

【考据】陈琳善书檄文，此《檄吴将校部曲文》是为讨伐江南的孙权所发布的檄文。见"冰消瓦解"。

电光石火 diàn guāng shí huǒ

【词源】北齐·刘昼《新论·惜时》："人之短生犹如石火，炯然以过。"

【注】电光：闪电的光；石火：燧石的火。

【释义】原为佛家语，比喻事物瞬息即逝。现多形容事物像闪电和石火一样一瞬间就消逝。

【书证】宋·释普济《五灯会元·雪峰存禅师法嗣·保福从展禅师》："此事如击石火，似闪电光，构得构不得，未免丧身失命。"

【考据】刘昼：北齐勃海阜城人，字孔昭。司《三礼》、《春秋》，俱通大义。举秀才，考策不第，乃恨不学属文。制《六合赋》以呈魏收，收谓其愚，又撰《高才不遇传》。孝昭帝时，自谓"董仲舒、公孙弘可以出矣"，频上书，多非世要，终不见采。后主天统中卒，年五十二，有《金箱璧言》集，已逸。据《北齐书·刘昼传》，刘昼系世之散才。北齐武成帝河清三年(564)，49岁举秀才。后主天统三年(567)卒，在邺数年。

雕不增文 diāo bù zēng wén

【词源】《水经·谷水注》引《文士传》曰："文帝之在东宫也，宴诸文学，酒酣，命甄后出拜，坐者咸伏，唯刘桢平视之。太祖以为不敬，送徒录簿。后太祖乘步辇车，乘城降，阅簿作，诸徒咸敬，而桢拒坐，磨石不动。太祖曰：‘此非刘桢也，石如何性？’桢曰：‘石出荆山玄岩之下，外炳五色之章，内秉坚贞之志，雕之不增文，磨之不加莹。禀气贞正，禀性自然。’太祖曰：‘名岂虚哉！’复为文学。”

【注】文帝：指曹丕。此时在太子位，在邺城，尚未称帝。甄后：曹丕在邺城时的妻子。曹丕称帝后立为后。刘桢：曹丕的好友，“建安七子”之一。太祖：指曹操。

【释义】雕刻不能增加花纹，比喻禀性自然，不可更改。

【考据】水经注所引此文，叙述建安七子之一的刘桢在邺城与曹操的一段故事。刘桢（？—217）：东汉末东平宁阳（今山东东平县）人，字公干。汉献帝建安十三年（208），为曹操辟为丞相掾属。博学有文才，使随侍曹丕。

叠床架屋 dié chuáng jià wū

【词源】北齐·颜之推《颜氏家训·序致》：“魏晋已来，所著诸子，理重事复，递相模斅，犹屋下架屋，床上施床耳。”

【释义】床上搁床，屋上架屋。比喻重复、累赘；也比喻反复强调。

【书证】宋·陆九渊《与朱元晦书》：“上面如加无极字，正是叠床上之床；下面著真体字，正是架屋下之屋。”

【考据】颜之推，见“抱令守律”。

东怒西怨 dōng nù xī yuàn

【词源】北齐·颜之推《颜氏家训·省事》：“厉色正声，东怒西怨。”

【注】怒：生气。怨：怨恨。

【释义】比喻迁怒于人。

【考据】颜之推，见“抱令守律”。

斗转参横 dǒu zhuǎn shēn héng

【词源】三国·魏·曹操《善哉行》：“月没参横，北斗阑干。”

【注】斗：北斗星。参：星名，二十八宿之一。

【释义】北斗转向，参星打横。

指天快亮的时候。

【书证】《宋史·乐志十六》："斗转参横将旦，天开地辟如春。"宋·韩元吉《水龙吟·题三峰阁咏英华女子》词："斗转参横，半帘花影，一溪寒水。"清·吴趼人《痛史》第十回："二人坐了许久，看看斗转参横，大约已是半夜光景。"

【考据】曹操，见"变化无方"。

斗鸡开府 dòu jī kāi fǔ
齐鸡开府 qí jī kāi fǔ

【典源】《北齐书·幼主纪》："斗鸡亦号开府，犬马鸡鹰多食县干。"

【注】开府：北齐官名，开府仪同三司的简称。开府意为建公府，自选僚属。曹魏景初三年(239)，任黄权为车骑将军、开府仪同三司，官名始此。县干：干指干俸，俸禄。古代封邑有国、郡、县、乡，县干即一县的俸禄。

【释义】比喻生活极度奢侈或指滥封官爵。

【书证】明·王志坚《表异录·职官》："齐鸡开府，卫鹤乘轩，言滥爵也！"

【释义】原指齐幼主高恒不理国事，荒淫无度，斗鸡犬马也被封官食禄。泛指重用小人，亦指吏治腐败。

【考据】北齐(550—576)，都邺(今邯郸市临漳县西南)。《北齐书》即记述北齐一代历史的史书，作者李百药。

斗霹雳 dòu pī lì

【典源】《北史》卷五十三："神武尝阅马于北牧，道逢暴雨，大雷震地，火烧浮图。神武(高欢)令延视之。延案槊直前，大呼绕浮图走，火遂灭。延还，须及马鬃尾皆焦。神武叹其勇决，曰：'延乃能与霹雳斗！'"

【注】霹雳：也说霹雷。

【释义】神武：指高欢。东魏大丞相，北齐建立后被追尊神武皇帝。浮图：也作浮屠，佛教寺院。延：薛孤延，北魏末年到东魏人。少骁果，从神武起兵，以功累加仪同三司。

【考据】此典出于东魏时期。东魏(534—549)，都邺(今邯郸市临漳县西南)。

毒手尊拳 dú shǒu zūn quán

【词源】《晋书·石勒载记下》：

“孤往日厌卿老拳，卿亦饱孤毒手。”

【释义】泛指无情的打击。

【书证】《新五代史·唐臣传·李袭吉》：“至于毒手尊拳，交相于暮夜；金戈铁马，蹂践于明村。”宋·梁栋《隆吉集·哀毗陵》：“短兵相接逾四旬，毒手尊拳日攻讨。”

【考据】石勒，后赵君主。详参“饱以老拳”。

睹著知微 dǔ zhù zhī wēi

【词源】三国·魏·王粲《赠文叔良》：“探情以华，睹著知微。”

【注】睹：见。著：显明。

【释义】从明显的表象，可以测知隐微的内情。

【考据】王粲，见“不失一字”。

对酒当歌 duì jiǔ dāng gē

【词源】三国·魏·曹操《短歌行》：“对酒当歌，人生几何！譬如朝露，去日苦多。”

【注】当：应该。歌：作歌。

【释义】对着酒应该放声高唱。原意是人生时间有限，应该有所作为。后也用来指及时行乐。

【书证】元·杨显之《酷寒亭》第三折：“尽都是把手为话，对酒当歌，郑州浪汉委实多。”宋·欧阳修《蝶恋花》：“也拟疏狂图一醉。对酒当歌，强饮还无味。”

【考据】曹操，见“变化无方”。

敦厉风俗 dūn lì fēng sú

【词源】北齐·颜之推《颜氏家训·勉学》：“夫明六经之指，涉百家之书，纵不能增益德行，敦厉风俗，犹为一艺，得以自资。”

【注】六经：指经过孔子整理而传授的六部先秦古籍《诗经》、《尚书》、《仪礼》、《乐经》、《周易》、《春秋》。敦：促成。厉：激励。

【释义】促进社会风俗好转起来。

【书证】《旧唐书·宋兴贵传》：“弘长名教，敦厉风俗，宜加褒显，以劝将来。”

【考据】颜之推，见“抱令守律”。

钝学累功 dùn xué lěi gōng

【词源】北齐·颜之推《颜氏家训·文章》：“钝学累功，不妨精熟。”

【注】钝：迟钝，笨拙。累：积聚。

【释义】愚笨的人只要刻苦学习，也能取得成就。

【考据】颜之推，见“抱令守律”。

遁世幽居 dùn shì yōu jū

【词源】北齐·刘昼《新论·遇不遇》：“齐之华士，栖志丘壑，而太公诛之；魏之干木，遁世幽居，而文侯敬之。”

【注】华士：西周初期齐国的隐士。“义不臣天子，不友诸侯，人称其贤。”为姜太公子牙所杀。干木：即段干木，战国时期魏国名士。为魏文侯所尊敬，拜为师。

【释义】指避世深居而不做官。

【书证】元·耶律楚材《西域和王君玉》之十六：“杜门宴坐无伤道，遁世幽居也是贤。”

【考据】刘昼，见“电光石火”。

多端寡要 duō duān guǎ yào

【词源】晋·陈寿《三国志·魏书·郭嘉传》：“袁公徒欲效周公之下士，而未知用人之机，多端寡要，好谋无决。欲与共济天下大难，定霸王之业，难矣！”

【注】袁公：指袁绍。周公：西周文王之子，武王之弟。端：头绪。寡：少。要：要领。

【释义】头绪太多，不得要领。指人优柔寡断，不知择要行事。

【考据】郭嘉：东汉末年最初投袁绍部下，但认为袁绍不可追随，后改投曹操。此语为郭嘉初投袁绍时在邺城与其部下的谈话。

多须滥死 duō xū làn sǐ

【典源】《类对群书事苑》：“冉闵为石鉴大将军，闵因鉴令赵人曰：‘斩一胡人者，进位一级。’一日之中，斩首万数，闵躬牵赵人诛诸胡羯死者二十余万，于时高鼻多须有滥死者。”

【注】石鉴：后赵末年的皇帝，石虎的第三子。

【释义】比喻滥杀无辜。

【考据】冉闵（？—352）：十六国时魏国建立者，魏郡内黄人，字永曾，小字棘奴。父冉瞻，为石虎养子，改姓石氏。拜建节将军，迁游击将军。穆帝永和五年（350）石虎死，闵利用石氏内乱，号召汉人杀诸羯胡，夺取后赵政权，改国号为魏，史称“冉魏”。后为前燕所败，被俘而死。冉闵在邺为帝三年。

咄嗟之间 duō jiē zhī jiān

【词源】《北齐书·李浑传》：“乌合之众，易可崩离。若简练骁勇，衔枚夜袭，径趋营下，出其不意，咄嗟之间，便可擒殄。”

【注】衔枚：古代士卒秘密行军时在口中衔着东西以防出声。枚，一种器具，形如筷子。咄嗟：一呼一诺之间。

【释义】形容时间短。

【书证】郭沫若《苏联纪行·八月十一日》：“我在咄嗟之间就我认为值得介绍的从古代一直到近代，开了一通。”

【考据】李浑，北齐赵郡伯人。齐文宣帝天保初除太子少保，参与审定《麟趾格》。寻除海州刺史，坐妾郭氏干政纳货，免官。

E

扼喉抚背 è hóu fǔ bèi

【词源】北齐·卢思道《为北齐檄陈文》：“世舰高舻，顺流东指江都、寿春之域；扼喉抚背之兵，飞龙赤马，绝水南越。”

【注】抚：按，捺。

【释义】按住脊背，掐住咽喉。比喻控制敌方的要害，使其丧失反抗的能力。

【考据】卢思道，见“八米卢郎”。

恶积祸盈 è jī huò yíng

【词源】《晋书·慕容暐载记》：“逆氐僭据关陇，号同王者，恶积祸盈，自相疑戮，衅起萧墙，势分四国，投诚请援，旬日相寻，岂非凶运将终，数归有道。”

【注】氐：氐族，古代少数民族之一，十六国时期曾在关中建立前秦政权，后分裂。关陇：关中、甘肃一带。恶：坏事，罪恶。

【释义】罪恶成堆，祸害满贯。形容罪大恶极。这是前燕讨伐前秦时谴责前秦统治者的言辞。

【书证】南朝·梁·丘迟《与陈伯之书》：“北虏僭盗中原，多历年所，恶积祸盈，理至燋烂。”

【考据】慕容暐(350—384)：前燕最后一个皇帝，鲜卑族，昌黎棘城人，字景茂，慕容俊第三子。继皇帝位后，改元建熙，都城在郯。国亡被俘后被迁置关中，封新兴侯。淝水之战前秦失败后企图响应反秦复国，被杀。

耳闻目见 ěr wén mù jiàn
耳闻目睹 ěr wén mù dǔ

【词源】北齐·颜之推《颜氏家训》："夫信谤之征，有如影响；耳闻目见，其事已多。"

【注】闻：听见。睹：看见。

【释义】亲耳听到，亲眼看见。

【书证】鲁迅《呐喊·一件小事》："其间耳闻目睹的所谓国家大事，算起来也很不少。"

【考据】颜之推，见"抱令守律"。

F

反朴还淳 fǎn pǔ huán chún
还淳返朴 huán chún fǎn pǔ

【词源】北齐·文宣帝《禁浮华诏》："今运属维新，思蠲往弊。反朴还淳，纳民轨物。可量事具立条式，使俭面获中。"

【注】蠲：免除。条式：指制度和规矩。

【释义】回复到人本来的淳厚、朴实的状态或本性。

【书证】明·王守仁《传习录·卷上》："先生曰：'子以明道者，使其反朴还淳，而见诸行事之实乎；抑将美其言辞，而谗谗于世也？'"唐·崔融《则天大圣皇后哀册文》："制礼作乐，还淳返朴。"

【考据】《禁浮华诏》是北齐天保年间文宣帝高洋所发布的诏书。

反胃曹植 fǎn wèi cáo zhí

【典源】南朝·梁元帝《金楼子·立言》："扬雄作赋，有梦肠之谈；曹植为文，有反胃之论。"

【注】梁元帝：萧绎（508—554）：字世诚，小字七符，自号金楼子，梁武帝萧衍第七子。扬雄：西汉末年的著名文学家，善于作赋。曹植：东汉末年到三国时期的著名文学家，诗文俱佳。

【释义】曹植精心思考著书，得了反胃病。

【书证】《太平御览》卷三百七十六引《魏略》："陈思王（曹植）精意著作，饮食损减，得反胃病也。"

【考据】曹植，见"八斗之才"。

返我初服 fǎn wǒ chū fú

【词源】三国·魏·曹植《七启》:“愿返初服,从子而归。”

【注】返:归还。初服:未做官时的衣服。

【释义】比喻辞官归隐。

【书证】蔡东藩《民国演义》第九十二回:“俾秩序渐复旧观,苍赤稍苏喘息,国璋即当返我初服,以谢国人。”

【考据】曹植,见“八斗之才”。

饭囊酒瓮 fàn náng jiǔ wèng

【词源】北齐·颜之推《颜氏家训·诫兵》:“今世士大夫,但不读书,即称武夫儿,乃饭囊酒瓮也!”

【注】囊:口袋。瓮:一种陶制的盛器。

【释义】只懂得喝酒吃饭。比喻不会做事情的无用之人。

【书证】南宋·陆游《效蜀人煎茶戏作长句》:“饭囊酒瓮纷纷是,谁赏蒙山紫笋香。”

【考据】颜之推,见“抱令守律”。

方底圆盖 fāng dǐ yuán gài

【词源】北齐·颜之推《颜氏家训·兄弟》:“今使疏薄之人,而节量亲厚之恩,犹方底而圆盖,必不合矣!”

【释义】方底器皿,圆形盖子。比喻事物不相合。

【考据】颜之推,见“抱令守律”。

芳尘 fāng chén

【典源】晋·王嘉《拾遗记》卷九:“石虎于太极殿前起楼,高四十丈……春杂宝异香为屑,使数百人于楼上吹散之,名曰‘芳尘’。”

【释义】原意指芳香的尘土,后比喻名人留下的遗迹。

【书证】清·曹雪芹《临江仙》:“几曾随逝水,岂必委芳尘?万缕丝终不改,任他随聚随分。”

【考据】石虎,见“抱子弄孙”。

飞遁离俗 fēi dùn lí sú

飞遁鸣高 fēi dùn míng gāo

【词源】三国·魏·曹植《七启》:“隐居大荒之庭,飞遁离俗,澄神定灵。”

【注】大荒:荒远的地方;边远地区。《山海经·大荒东经》:

"东海之外，大荒之中，有山名曰大言，日月所出。"飞遁：指隐退。

【释义】比喻隐退而远离尘世。

【书证】清·刘鹗《老残游记》第六回："（申东造道）昨儿听先生鄙薄那飞遁鸣高的人，说道：'天地生才有限，不宜妄自菲薄。'"

【考据】曹植，见"八斗之才"。

飞蓬随风 fēi péng suí fēng

【词源】三国·魏·王朗《谏行役夜表》："臣闻飞蓬随风，集于正梁之衡。"

【注】正梁：屋顶的大梁。

【释义】枯蓬随风飞。比喻人没有主见，态度随着情势而转变。

【书证】南朝·宋·范晔《后汉书·明帝纪》："昔应门失守，《关雎》刺世；飞蓬随风，微子所叹。"

【考据】王朗（？—228）：本名严，三国魏东海郯人，字景兴。初以通经科郎中。徐州刺史陶谦举为茂才，为谦之治中。后归曹操，拜谏议大夫，参司空军事，累迁大理。魏文帝即位，任司空，封乐平乡侯。魏明帝时封兰陵侯，迁司徒。尝为《易》、《春秋》、《孝经》、《周礼》作传。王朗于魏初以军谋祭酒领魏郡太守，治所在邺（今河北临漳西南）。

飞扬跋扈 fēi yáng bá hù

【词源】《北齐书》卷二："景先与神武约得书，书背微点，乃来。书至，无点，景不至。又闻神武疾，遂拥兵自固。神武谓世子曰：'我虽疾，尔面更有余忧色，何也？'世子未对。又问曰：'岂非忧侯景叛耶？'曰：'然。'神武曰：'景专制河南十四年矣，常有飞扬跋扈志，顾我能养，岂为汝驾驭也！'"

【注】景：即侯景，东魏末年为河南大行台，高欢死后叛乱投南梁。神武：指高欢，神武是北齐时所追尊的帝号。世子：指高欢的长子高澄。飞扬：放纵。跋扈：蛮横。

【释义】意谓举止狂妄，横行无羁。

【书证】唐·杜甫《赠李白》诗："痛饮狂歌空度日，飞扬跋扈为谁雄？"北宋·王安石《辞拜相表》："百姓以安平无事之时，而未免流离饿莩；四夷以衰弱仅存之势，而犹能跋扈飞扬。"宋·汪莘《沁园春·自题方壶》："叹谪仙才气，飞扬跋扈，渊明何事，慷慨欷歔。”郭沫若《论曹植》：“曹植的飞扬跋扈、不守纪律，真是足以惊人。”秦牧《艺海拾贝·〈爱友·诤友〉》：“他们对于飞扬跋扈、意气骄横、傲视一切、鄙薄群伦那一套花样缺乏兴趣。”

【考据】此为东魏大丞相高欢548年临终时与长子高澄的对话。

废寝忘食 fèi qǐn wàng shí
废寝忘餐 fèi qǐn wàng cān

【词源】北齐·颜之推《颜氏家训·勉学》：“元帝在江荆间，复所爱习，召置学生，亲为教授，废寝忘食，以夜继朝。”

【注】元帝：指南朝梁元帝。是梁武帝萧衍的第七子，552—554年在位。废：停止。寝：睡觉。

【释义】顾不得睡觉，忘记了吃饭。形容专心努力。

【书证】梁实秋《学问与趣味》：“一个人在学问上果能感觉到趣味。有时真会像是着临魔一般，真能废寝忘食，真能不知老之将至……”南朝·齐·王融《曲水诗序》：“犹且具明废寝，昃晷忘餐。”

【考据】颜之推，见“抱令守律”。

粉镜自玩 fěn jìng zì wán

【词源】《北史·齐后妃传》：“至洪洞戍，淑妃方以粉镜自玩，后声乱唱贼至，于是复走。”

【注】洪洞：地名，在山西中部。淑妃：即北齐后主的宠妃冯小怜，淑妃是其封号。唱：大声呼喊。贼：此指追击北齐军的后周部队。

【释义】只顾玩乐，置国家安危于不顾。

【书证】清·王士禛《读史杂感》诗：“不愁粉镜匆匆去，更语官家杀一围。”

【考据】粉镜自玩系北齐时的后主宠妃冯小怜的故事。北齐建都邺城，是北朝时期的主要国家之一。此语反映了北齐灭亡前夕君主沉耽淫乐覆亡在即的深刻教训。冯小怜(?—580或581)：北齐后主高纬封为淑妃，慧黠，工歌舞，善弹琵琶。穆后爱衰，以五月五日进之，号曰“续命”。将立为左皇后，与帝高纬并为北周师所获，西迁至长安。及后主被害，沦落，被逼自杀。

丰乐祝酒 fēng lè zhù jiǔ
丰乐不谄 fēng lè bù chǎn

【典源】宋·李昉《太平广记》

引《谈薮》："北齐高祖尝宴群臣。酒酣，各令歌乐。武卫斛斯丰乐歌曰：'朝亦饮酒醉，暮亦饮酒醉。日日饮酒醉，国计无取次。'上曰：'丰乐不谄，是好人也！'"

【注】高祖：指高欢。他儿子高洋建立北齐后，追尊他为高祖（庙号）。斛斯丰乐：即斛律羡，北齐大将，是斛律金的儿子，字丰乐。

【释义】丰乐借祝酒歌劝高欢多关注国事，不要贪酒误事。喻巧言劝谏。

【考据】北齐高祖指东魏大丞相高欢，高欢在世时，尚属东魏时期，从此《太平广记》所述来看，"北齐高祖"和"上曰"不符合高欢的真实身份，似应是后人的追述。

风流云散 fēng liú yún sàn

【词源】三国·魏·王粲《赠蔡子笃》诗："风流云散，一别如雨。"

【释义】像风和云那样流动散开。比喻在一起的人分散到四面八方。

【书证】清·沈复《浮生六记·闲情记趣》："今则天各一方，风流云散，兼之玉碎香埋，不堪回首矣。"

【考据】王粲，见"不失一字"。

风流蕴借 fēng liú yùn jiè

【词源】《北齐书》卷三十一："（王）昕母清河崔氏，学识有风训，生九子，并风流蕴借，世号王氏九龙。"

【注】清河崔氏：北朝的清河崔氏是有名的望族。王昕的母亲即是出自此家族。风流：有才华的；杰出的。蕴借：含蓄不露。

【释义】形容人风雅洒脱，含蓄有致。

【书证】《隋书·元善传》："善之通博，在何妥之下，然以风流蕴借，俯仰可观，音韵清朗，听者忘倦，由是为后进所归。"宋·邓牧《伯牙琴·鉴湖修褉序》："天运无情，忽其千年，晋人风流酝借，庸可复见。"《聊斋志异·念秧》："少年风流蕴借，遂与吴大相爱悦。饮间，辄目示吴作觞弊，罚黄，强使釂，鼓掌作笑。吴益悦之。"

【考据】王昕：北齐北海剧人，字元景。北魏汝南王元悦辟为骑兵参军，迁常侍。北齐时，杨愔重其德业，以为人之师表，迁秘书监。北齐天保末，以帝酗酒残暴，屠杀文武官员，比干殷纣，被谮，斩于御前，投尸漳水。

风流罪过 fēng liú zuì guò

罪过风流 zuì guò fēng liú

【词源】《北齐书》卷四十六："（郎）基性清慎，无所营求，曾语人云：'任官之所，木枕亦不须作，况重于此事。唯颇令写书。'潘子仪曾遗之书曰：'在官写书，亦是风流罪过。'基答书曰：'观过知仁，斯亦可矣。'"

【注】潘子仪：北齐人，时为散骑常侍。风流：有文采而不受礼法约束。罪过：过失、错误。

【释义】这里指在官写书被说成一种错误。现多指非法的两性关系。

【书证】北宋·黄庭坚《满庭芳》词："又须得，樽前席上成双。些子风流罪过，都说与，明月空床。"明·罗贯中《三国演义》第四十六回："公瑾教我十日办完，工匠料物，都不应手，将这一件风流罪过，明白要杀我。"

【考据】郎基，字世业，北齐中山新市人，主要生活、为官在北齐天保、皇建年间。

风俗流宕 fēng sú liú dàng

【词源】北齐·文宣帝《禁浮华诏》："顷者风俗流宕，浮竞日滋。家有吉凶，务求胜异。"

【注】流宕：放荡，不受约束。

【释义】世俗的风气不受约束。

【考据】《禁浮华诏》是北齐文宣帝高洋在齐天保年间所发布的一道诏令。

锋芒毕露 fēng máng bì lù

【词源】三国·魏·陈琳《为袁绍檄豫州文》："会其行人发露，瓒亦枭夷。故使锋芒挫缩，厥图不果。"

【注】锋：刀锋。芒：枪头，矛尖。毕：都，完全，全部。露：暴露。

【释义】形容人锐气才华全都显露出来。也比喻人爱逞强显能，好表现自己。

【书证】南朝·宋·范晔《后汉书·袁绍传》："瓒示枭夷，故使锋芒挫缩，厥图不果。"华而实《汉衣冠·二》："黄熙胤奉承地解释，想借着师友渊源、故旧情谊来笼络这位锋芒毕露的身居要位的武将。"

【考据】陈琳《为袁绍檄豫州

文》是198年(建安三年)陈琳为盘踞在邺城的袁绍起草的与曹操准备战争而给刘备的檄文。此时袁绍盘踞邺城,领有冀、青、幽、并四州,号称百万大军,准备南下与曹操争锋。陈琳此时在袁绍手下。袁绍被消灭后为曹操所收,为记室。

凤叹虎视 fèng tàn hǔ shì

【词源】三国·魏·曹植《与吴季重书》:"足下鹰扬其体,凤叹虎视,谓萧曹不足俦,卫霍不足侔也。"

【注】吴季重,即吴质。凤叹:凤凰的叹息声。虎视:像虎一样雄视。萧曹:指西汉初年的两位丞相萧何与曹参。卫霍:指汉武帝时期的两个著名武将卫青与霍去病。

【释义】像凤歌唱,如虎雄视。形容谈吐文雅,器宇轩昂。

【考据】曹植《与吴季重书》,是曹植在邺城时与吴质的书信往还。吴质(? —230):字季重,济阴(今山东定陶西北)人。建安文人之一,才学通博,受到曹氏父子礼爱,并交游于邺下。为五官将出为朝歌长,迁元城令。文帝时,官至振威将军、假节都督河北诸军事,封列侯。魏明帝太和四年,入为侍中。卒谥丑,后改谥威。

凤诏 fèng zhào
五色诏 wǔ sè zhào

【典源】晋·陆翙《邺中记》:"石季龙与皇后在观上为诏书,五色彩凤著口中,凤既衔诏,侍人放数百丈绯绳,辘轳回转,凤凰飞下,谓之'凤诏'。凤凰以木作之,五色漆画,脚皆用金。"

【注】石季龙:即石虎,后赵君主。

【释义】后指称皇帝颁发诏书。

【书证】唐·王维《早朝大明宫》诗:"朝罢须裁五色诏,佩声归到凤池头。"

【考据】石虎时期的后赵,追求奢靡浮华,在邺城大建宫室,《邺中记》记述了这时期的邺都后赵的逸事。

拂矢贾坚 fú shǐ jiǎ jiān

【典源】《春秋燕语》:"贾坚弯弓三石余,烈祖取一牛百步外,曰:'能中乎?'坚曰:'少壮之时,能令不中,今年老,正可中之。'

发一矢拂脊，再一矢磨腹，皆附肤落毛。恪曰：'复能中之乎？'坚说：'所贵者不中耳，中之何难？'"

【注】贾坚：十六国时期前燕人。烈祖：前燕皇帝慕容儁，烈祖是其庙号，在位时间348—360年。恪：慕容恪，十六国时前燕人，慕容皝第四子。前燕定都邺城后，他先后辅佐前燕慕容儁、慕容暐二帝，封太原王，累迁太宰、录尚书事，总摄朝政。366年，慕容恪病死，前燕王朝走向衰落。

【释义】比喻射术精良。

【书证】明·萧良有《龙文鞭影》卷三："捉刀曹操，拂矢贾坚。"

【考据】前燕，十六国之一。鲜卑贵族慕容皝所建。建国初都龙城（今辽宁朝阳），后迁蓟（今北京西南），357年迁都邺城（今邯郸市临漳县西南）。盛时有今河北、山东和山西、河南、安徽、江苏、辽宁的一部分，西接前秦，南与东晋以淮水为界。历三主，共三十四年（337—370）。前燕定都邺城后，先后历慕容儁、慕容暐二帝。

抚掌击节 fǔ zhǎng jī jié

【词源】三国·魏·王朗《答太祖遗咨孙权称臣》："承旨之日，抚掌击节，情之蓄者，辞不能宣。"

【注】太祖：指曹操，太祖是曹丕称帝后对曹操追尊的庙号。孙权：东汉末年人，割据江南一带，222年称帝建立吴国。抚掌：拍手。击节：打拍子。

【释义】拍手为乐曲打拍子。也用来表示非常赞赏。

【书证】《晋书·谢尚传》："便着衣帻而舞，导令坐者抚掌击节。"

【考据】王朗，东汉末年人，曾在徐州刺史陶谦手下为会稽太守。曾被孙策俘虏，后辗转回到曹操阵营，拜汉谏议大夫，参司空军事。曹操封魏王，王朗以军祭酒领魏郡太守，迁少府、奉常、大理。建安二十二年（217）春，孙权派都尉徐详诣曹操请降，两家暂时和解。曹操曾就孙权称臣事征求王朗的看法，《答太祖遗咨孙权称臣》就是王朗回复曹操的书函。

傅粉施朱 fù fěn shī zhū

【词源】北齐·颜之推《颜氏家训·勉学》："贵游子弟，多无学术……无不薰衣剃面，傅粉施朱。"

【注】薰衣：以香草熏衣。傅：敷，搽。朱：红色，这里指胭脂。

【释义】搽粉抹胭脂。指打扮得很妖艳。

【书证】明·施耐庵《水浒传》第十四回："金鸡三唱，唤家人傅粉施朱；宝马频嘶，摧行客争名竞利。"

【考据】颜之推，见"抱令守律"。

覆毡草书 fù zhān cǎo shū

【词源】《北史·陈元康传》："神武之伐刘蠡升，天寒雪深，使人举毡，元康于毡下作军书，飒飒运笔，笔不及冻，俄倾数纸。"

【注】神武：指高欢。东魏大丞相。北齐建立后被追尊为神武皇帝。刘蠡升：北魏末年割据北方云阳谷一带的政权首领。东魏初被高欢消灭。覆：遮盖，掩蔽。

【释义】原指在天寒地冻的原野，掩蔽在毛毡下写军书，不待毛笔冻结就很快写成了。比喻才思敏捷。

【书证】南宋·陆游《投梁参政》："复毡草军书，不畏寒堕指。"

【考据】"神武之伐刘蠡升"。在东魏初年。北魏孝昌元年(525)，汾州(治今山西汾阳市)稽胡首领刘蠡升在云阳谷(在今山西右玉县东北云阳堡)聚众举兵，自称天子，年号"神嘉"，建立起地方政权。东魏建立的第二年(535)正月，东魏丞相高欢发兵袭击刘蠡升，其部将斩下刘蠡升的首级，投降了高欢。建立十年之久的稽胡政权从此灭亡。

陈元康，东魏人，字长猷，颇有才干，是高欢的重要助手。

G

干啼湿哭 gān tí shī kū

【词源】《北齐书》卷十五："(尉)景妻常山君，神武之姊也。……先是，景有果下马，文襄求之，景不与，曰：'土相扶为墙，人相扶为王。一马亦不得畜而索也。'神武对景及常山君责文襄而杖之。常山君泣救之。景曰：'小儿惯去，放使作心腹，何须干啼湿哭不听打耶！'寻授青州刺史，操行颇改，百姓安之。"

【注】常山君：高欢的姐姐，尉景的妻子，封常山郡君。文襄：

高欢的长子高澄，文襄是其死后被追封的谥号。干啼：只哭号而无眼泪。湿哭：声泪齐下。

【释义】哭叫不停。

【书证】《敦煌变文集·搜神记》：“你不许干啼湿哭，我明日共姐妹三人，更去游戏。”清·袁枚《小仓山房诗集·游四明山作》：“早知此老游山清福尚好许，何必前年干啼湿哭广征生挽诗？”清·黄宗羲《南雷文案·黄孚先诗序》：“情随事转，事因世变，干啼湿哭，总为肤受，即其父母兄弟亦败梗飞絮，适相遭于江湖之上。”

【考据】尉景，东魏人，高欢的姐夫。自魏孝昌中，北镇反，与高欢一起入杜洛周军中。532年，从高欢起兵信都。高欢入洛阳辅政，留尉景镇守邺城。先后为冀州刺史、青州刺史，病死于青州任上。

甘冒虎口 gān mào hǔ kǒu

【词源】晋·陈寿《三国志·魏书·袁绍传》：“（袁绍曰）吾不用田丰言，果为所笑。”裴松之注引孙盛曰：“丰知绍将败，败则己必死，甘冒虎口以尽忠规，烈士之于所事，虑不存己。”

【注】田丰：东汉末年人，在邺城曾为袁绍的部下谋士。甘：情愿，乐意。虎口：比喻危险。

【释义】比喻甘愿不顾危险。

【考据】建安四年（199），曹操东征刘备，田丰说占据邺城的袁绍趁机攻打曹操的后方，绍辞以三子袁尚有病而不许，田丰举杖击地，说：“夫遭难遇之机，而以婴儿之病失其会，惜哉！”建安五年（200），袁绍准备南下进攻曹操，这时曹操已经打败刘备，田丰又对袁绍建议：“曹公善用兵，变化无方。觽虽少，未可轻也。不如以久持之。……今释庙胜之策，而决成败于一战，若不如志，悔无及也。”袁绍不听，反而把田丰关进牢中。官渡之战既败，袁绍感到惭愧，有人对田丰说：“君必见重。”田丰回答：“若军有利，吾必全，今军败，吾其死矣。”袁绍还，对左右说：“吾不用田丰言，果为所笑。”遂杀之。

感慨系之 gǎn kǎi xì zhī

【词源】三国·魏·刘桢《赠五官中郎将》诗：“秋日多悲怀，感慨以长叹。”

【注】感：感触。慨：慨叹。系：联结。

【释义】有所感触，慨叹不已。

【书证】晋·王羲之《兰亭集序》："及其所之既倦，情随事迁，感慨系之矣！"鲁迅《在酒楼上》："就弄得他神经过敏，以为北方女子太死板而南方女子太活泼，不禁感慨系之矣了。"

【考据】刘桢，见"曹刘"。

纲目不疏 gāng mù bù shū

【词源】南朝·宋·刘义庆《世说新雨·言语》："刘公干以失敬罹罪。文帝问曰：'卿何以不谨于文宪？'桢答曰：'臣诚庸短，亦由陛下纲目不疏。'"

【注】刘公干：刘桢，字公干，东汉末年人，为"建安七子"之一。文帝：指曹丕。文宪：法令条文、礼法。

【释义】比喻法令细密。

【考据】刘桢自汉献帝建安十三年（208）为曹操辟为丞相掾属。博学有文才，使随侍曹丕。据《水经·谷水注》引《文士传》曰："文帝之在东宫也，宴诸文学，酒酣命甄后出拜，坐者咸伏，唯刘桢平视之。太祖以为不敬，送徒录簿。后太祖乘步辇车，乘城降，阅簿作，诸徒咸敬，而桢坐磨石不动。太祖曰：'此非刘桢也，石如何性？'桢曰：'石出荆山玄岩之下，外炳五色之章，内乘坚贞之志，雕之不增文，磨之不加莹。禀气贞正，禀性自然。'太祖曰：'名岂虚哉！'复为文学。"此即事后曹丕与刘桢的对话。

高步通衢 gāo bù tōng qú
高步云衢 gāo bù yún qú

【词源】《晋书·石季龙载记上》："时豪戚侵恣，贿托公行，季龙患之，擢殿中御史李矩为御史中丞，特亲任之。自此百僚震慑，州郡肃然。季龙曰：'朕闻良臣如猛兽，高步通衢而豺狼避路，信矣哉！'"

【注】石季龙：石虎，十六国时期后赵君主。步：行走。衢：大路。云衢：云中大路，比喻显位。

【释义】原指官居显位。后也指秒举登第。

【书证】《晋书·郤（xì）诜传论》："郤诜工韫价州里，裒（póu）然应召，对扬天问，高步云衢，求之前哲，亦足称矣。"唐·耿讳《许下书情寄张韩二舍人》："故人高步云衢上，肯念前程杳无期。"

【考据】后赵由石勒建立，初都襄国，石虎时期迁都邺城。

高居深视 gāo jū shēn shì

【词源】《北齐郊庙祭神歌辞》:"高居深视,当扆正殿。旦暮之期今一见。"

【注】居:处在。深:深远。扆:古代一种屏风。

【释义】比喻站高望远。

【书证】唐·王维《与魏居士书》:"仆见足下裂裳毁冕,二十余年,山栖谷饮,高居深视……"

【考据】北齐,高洋建立的北朝政权之一,550—577 年存在,都城在邺(今邯郸市临漳县西南)。

高垒深壁 gāo lěi shēn bì
高壁深垒 gāo bì shēn lěi

【词源】晋·陈寿《三国志·魏书·武帝纪》:"皆高垒深壁,勿与战,益为疑兵,示天下形势,以顺诛逆,可立定也!"

【注】垒:军营的墙壁或工事。

【释义】修筑起高深的壁垒。形容加强防御。

【书证】晋·陈寿《三国志·魏书·陈泰传》:"姜维提轻兵深入,正欲我争峰原野,求一战之利。王经当高壁深垒,挫其锐气。"

【考据】曹操,见"变化无方"。

高纬乐事 gāo wěi lè shì

【典源】北宋·司马光《资治通鉴》第一百七十一卷:"齐定州刺史南阳王绰,喜为残虐,尝出行,见妇人抱儿,夺以饲狗。妇人号哭,绰怒,以儿血涂妇人,纵狗使食之。常云:'我学文宣伯之为人。'齐主闻之,锁诣行在,至而宥之。问:'在州何事最乐?'对曰:'多聚蝎于器,置狙其中,观之极乐。'帝即命夜索蝎一斗,比晓,得三二升,置浴斛,使人裸卧斛中,号叫宛转。帝与绰临观,喜噱不已。因让绰曰:'如此乐事,何不早驰驿奏闻!'由是有宠,拜大将军,朝夕同戏。"

【注】齐主:北齐后主高纬。乐事:高兴的事情。

【释义】比喻封建昏庸帝王的残忍暴虐。

【考据】高绰:北齐(550—577)武成王高湛的长子,初任定州刺史,封南阳王。至邺,为大将军。为人残忍好杀。

各以所长,相轻所短

gè yǐ suǒ cháng
xiāng qīng suǒ duǎn

【词源】三国·魏·曹丕《典论·

论文》："夫人善于自见，而文非一体，鲜能备善，是以各以所长，相轻所短。"

【注】长：长处；轻：轻视；短：不足。

【释义】各自以自己的长处，轻视别人的不足之处。

【书证】鲁迅《"文人相轻"》："但吾们现在所处的并非汉魏之际，也不必恰如那时的文人，一定要'各以所长，相轻所短'。"

【考据】曹丕，见"避暑之饮"。

各有所好 gè yǒu suǒ hào

【词源】三国·魏·曹植《与杨德祖书》："人各有所好尚，兰茝荪蕙之芳，众人之所好，而海畔有逐臭之夫。"

【注】好：爱好。杨德祖：即杨修。

【释义】各人有各人的爱好。指人的爱好出自人的本性，应听其自然。

【书证】唐·白居易《鹤》："人各有所好，物固无常宜。"唐·萧颖士《仰答韦司业垂访五首》："缅怀云岩路，欲往无由缘；物各有所好，违之伤自然。"

【考据】曹植，见"八斗之才"。《与杨德祖书》是建安二十一年(216)临淄侯曹植写给在邺城的好友杨修的一封信。

根深叶茂 gēn shēn yè mào

【词源】三国·魏·徐干《中论·上·贵验》："事著明则有目者莫不见也，有耳者莫不闻也，其可诬哉！故根深而枝叶茂，行久而名誉远。"

【注】茂：繁茂。

【释义】根扎得深，叶子就茂盛。比喻基础牢固，就会兴旺发展。

【书证】唐·张说《起义堂颂》："若夫修德以降命，奉命以造邦，源浚者流长，根深者叶茂，天人报应，岂相远哉。"

【考据】徐干，见"操翰成章"。

绠縻 gěng mí

【典源】三国·魏·王粲《咏史》诗："临穴呼苍天，涕下如绠縻。"

【注】绠縻：绳索。

【释义】比喻眼泪等连绵不断。

【书证】唐·刘禹锡《和河南裴尹侍郎宿斋天平寺诣九龙祠祈雨二十》："炎空忽凄紧，高溜悬绠縻。生物已滂沛，湿云稍离披。”

【考据】王粲，见“不失一字”。

更杀一围 gèng shā yī wéi 纵猎 zòng liè

【典源】《北史·后妃传下》：“冯淑妃名小怜……慧黠能弹琵琶，工歌舞。后主惑之，坐则同席，出则并马，愿得生死一处……周师之取平阳，帝猎于三堆，晋州亟告急，帝将还，淑妃请更杀一围，帝从其言。”

【注】后主：北齐后主高纬。周师：北周的军队。平阳：北齐的西境军事重地，晋州所在，今山西省临汾市。帝：指北齐后主高纬。围：围猎。

【释义】指只顾纵情围猎，不顾国家安危。

【书证】唐·李商隐《北齐二首》：“巧笑知堪敌万机，倾城最在著戎衣。晋阳已陷休回顾，更请君王猎一围。”宋·陆游《剑南诗稿·卷二十·岁晚感怀》诗：“听歌莫惜终三叠，纵猎何妨更一围。”

【考据】北齐后主高纬时期，宠爱淑妃冯小怜，追求奢侈，政以奢废。576年十月，北周再次出兵伐齐。周武帝亲自率部直攻晋州，抵平阳城下，北齐晋州刺史崔景嵩等投降。此时北齐后主高纬正同冯小怜在太原附近游乐。

北齐建都邺城，是北朝时期的主要国家之一。“纵猎”反映了北齐灭亡前夕君主沉耽淫乐覆亡在即的深刻教训。冯小怜（？—580或581）：北齐后主高纬封为淑妃。慧黠，工歌舞，善弹琵琶。穆后爱衰，以五月五日进之，号曰“续命”。将立为左皇后，与帝高纬并为北周师所获，西迁至长安。及后主被害，沦落，被逼自杀。

公诸同好 gōng zhū tóng hào

【词源】三国·魏·曹植《与杨德祖书》：“定仁义之度，成一家之言，虽未能藏之于名山，将以传之于同好。”

【注】杨德祖：即杨修。公：公开。诸：之于。同好：爱好相同的人。

【释义】指把自己所收藏的珍爱的东西拿出来，使有相同爱好的人都能欣赏。

【书证】清·胡凤丹《〈龙川文集〉辨伪考异跋》：“虽经同人研

究再三，余心犹耿耿，未敢公诸同好。”

【考据】曹植，见“八斗之才”。

功小德薄 gōng xiǎo dé bó

【词源】三国·魏·曹操《让九锡表》：“臣功小德薄，忝宠已过，进爵益土，非臣所宜。九锡大礼，臣所不称，惶悸怔营，心如炎灼，归情写真，冀蒙听省。”

【释义】形容功劳小而德行不足。

【考据】建安十八年(213)，汉献帝下诏封曹操为魏国公，赐九锡。这是极为特殊的礼遇和恩庞。曹操表示推辞，先后写了《让九锡表》和《辞九锡令》。

共少 gòng shǎo

【典源】《北齐书·兰陵王孝瓘传》：“长恭貌柔心壮，音容兼美。为将躬勤细事，每得甘美，虽一瓜数果，必与将士共之。”

【注】长恭：即高肃。高肃一名孝瓘，字长恭，封兰陵王。

【释义】比喻将帅爱护士卒无微不至。

【书证】唐·杜甫《园人送瓜》诗：“食新先战士，共少及溪老。”

【考据】高肃，北齐宗室，文襄帝高澄子，封兰陵郡王。累迁并州刺史，在突厥入晋阳、北周发兵围洛阳等战役中多次建功。以战功为太尉。今磁县城南5公里的刘庄村东有兰陵王墓。

狗脚朕 gǒu jiǎo zhèn

【典源】《魏书·帝纪第十二·孝静纪》：“文襄尝侍饮，大举觞曰：‘臣澄劝陛下酒。’帝不悦，曰：‘自古无不亡之国，朕亦何用此活！’文襄怒曰：‘朕！朕！狗脚朕！’文襄使季舒殴帝三拳，奋衣而出。”

【注】文襄：即高澄，文襄是北齐建立后对他追谥的帝号。帝：此指东魏孝静帝元善见。狗脚：骂人的话。朕：古时皇帝的自称。季舒：崔季舒，东魏人，任参军、黄门侍郎，高澄的亲信。

【释义】高澄丝毫不把孝静帝放在眼里，骂他是狗脚皇帝。意为傀儡皇帝。

【书证】宋·洪迈《容斋续笔·铜雀观砚》：“魏元之东，狗脚于邺。”

【考据】高澄(521—549)：高欢的长子。东魏孝静帝时，一直在都城邺城执掌大权并监督孝静帝元善见。这是他在一次与孝静帝饮酒之时所发生的一段故事，时间在武定年间。

狗尾续貂 gǒu wěi xù diāo

【词源】《晋书·赵王伦传》："奴卒厮役亦加以爵位。每朝会，貂蝉盈坐，时人为之谚曰：'貂不足，狗尾续。'"

【注】貂蝉：指用动物皮毛等装饰的帽子。续：连接。貂：晋代皇帝的侍从官员用作帽子的装饰。

【释义】比喻拿不好的东西补接在好的东西后面，前后两部分非常不相称。

【书证】宋·孙光宪《北梦琐言》第十八卷："乱离以来，官爵过滥，封王作辅，狗尾续貂。"

【考据】西晋时，司马伦被封赵王，驻魏郡（今河北邯郸临漳一带）。

古今一揆 gǔ jīn yī kuí

【词源】三国·魏·吴质《在元城与魏太子笺》："古今一揆，先后不贸。"

【注】魏太子：指曹丕，时曹丕已经被曹操立为魏国太子。揆：道理，准则。

【释义】指从古至今道理相同。

【书证】章太炎《驳神我宪政论》："汉有马良，清有马良，协穆二家，亦复古今一揆。"

【考据】吴质《在元城与魏太子笺》，是吴质与太子曹丕往还的书信之一。时曹操西征，曹丕奉命留守邺中，吴质在元城。吴质先任朝歌长（建安十六年，211年），建安二十年（215）五月后由朝歌长迁元城令。迁官经过邺下时，吴质曾向曹丕道别，到任后即给曹丕写信，即《在元城与魏太子笺》。

骨寒毛竖 gǔ hán máo shù

【词源】北齐·颜之推《颜氏家训·名实》："后人书之，留传万代，可谓骨寒毛竖也。"

【注】寒：冷。竖：直立。

【释义】形容十分害怕。

【考据】颜之推，见"抱令守律"。

顾影自怜 gù yǐng zì lián

【词源】晋·束皙《贫家赋》：

"债家至而相敦，乃取东而偿西；行乞贷而无处，退顾影以自怜；炫卖业而难售，遂前至于饥年。"

【注】顾：看。怜：怜惜。

【释义】回头看看自己的影子，怜惜起自己来。形容孤独失意的样子，也指自我欣赏。

【书证】清·张潮《虞初新志·板桥杂记》："科亦顾影自怜，矜其容色，高其声价，不屑一切。"

【考据】束皙，见"报束长生"。

瓜田李下 guā tián lǐ xià

【词源】三国·魏·曹植《相和歌辞·平调曲·君子行》："君子防未然，不处嫌疑间。瓜田不纳履，李下不正冠。"

【释义】在李子树下不整冠，在瓜田中不提鞋，以防被人怀疑。比喻容易引起嫌疑的场合。

【书证】晋·干宝《搜神记》第十五卷："遇日暮，惧获瓜田李下之讥。"《北史·袁翻传》："瓜田李下，古人所慎。"清·李绿园《歧路灯》第五十一回："但瓜田李下，嫌疑难辩，万一已拘者畏法混供，也甚怕堂讯之下，玉石不分。"

【考据】曹植，见"八斗之才"。

观瞻所系 guān zhān suǒ xì

【词源】三国·魏·曹丕《又与吴质书》："吾德虽不及之（光武帝），年与之齐矣。以犬羊之质，服虎豹之文，无众星之明，假日月之光，动见观瞻，何时易邪？"

【注】光武帝：即刘秀，东汉第一个皇帝。年：年龄。观瞻：外观以及对外的反应。

【释义】指人或具体物件的外观与人们的印象有很大的关系。

【书证】邹韬奋《患难余生记》第二章："后来自己也觉得在战时首都，国际观瞻所系，究竟不大方便。"

【考据】《又与吴质书》是留守邺城的曹丕写给好友吴质的一封信，时在东汉建安二十三年(218)。详见"怀文抱质"。

光明磊落 guāng míng lěi luò

【词源】三国·魏·阮瑀《筝赋》："不疾不徐，迟速合度，君子之衢也；慷慨磊落，卓砾盘纡，壮士之节也！"

【注】磊落：心地光明坦白。

【释义】胸怀坦白，正大光明。

【书证】《晋书·石勒载记下》：

"大丈夫行事,当磊磊落落,如日月皎然。"宋·朱熹《朱子语类》第七十四卷:"譬如人光明磊落底便是好人,昏昧迷暗底便不是好人。"清·蒲松龄《聊斋志异·聂小倩》:"公子光明磊落,为天人所钦瞩。"

【考据】阮瑀(165—212):字元瑜,陈留尉氏(今河南开封)人,是活动在邺的建安作家,《为曹公作书与孙权》是他的名作。汉献帝建安中,曹操以为司空军谋祭酒,管记室。官至仓曹掾属。好文学,尤善章表书记,为建安七子之一。后人辑有《阮元瑜集》。阮瑀于汉献帝建安九年(204)在邺归属曹操,建安十七年(212)卒,居邺8年。

龟龄鹤算 guī líng hè suàn

【词源】三国·魏·曹操《步出夏门行》(其四):"神龟虽寿,犹有竟时;腾蛇乘雾,终为土灰。"

【注】传说龟、鹤都能活一千年。龟、鹤,指长寿的象征。

【释义】高龄长寿。祝人长寿的颂词。

【书证】宋·侯寘《水调歌头·为郑子礼提刑寿》:"坐享龟龄鹤算,稳佩金鱼玉带,常近赫黄袍。"金·王丹桂《瑶台第一层·崔大师生辰》:"表长年,傲龟龄鹤算,永劫绵绵。"

【考据】曹操,见"变化无方"。

规行矩步 guī xíng jǔ bù

【词源】北齐·颜之推《颜氏家训·致序》:"规行矩步,安辞定色,锵锵翼翼,若朝严君焉。"

【注】规、矩:圆规和角尺,引申为准则。步:用脚走。

【释义】指严格按照规矩办事,毫不苟且。也指办事死板,不灵活。

【书证】《晋书·张载传》:"今士循常习故,规行矩步,积阶级,累阀阅,碌碌然以取世资。"

【考据】颜之推,见"抱令守律"。

轨物范世 guǐ wù fàn shì

轨物垂范 guǐ wù chuí fàn

【词源】北齐·颜之推《颜氏家训·序致》:"吾今所以复为此者,非敢轨物范世也。"

【释义】指做事物的规范、世人的榜样。

【书证】唐·玄奘《谢敕送大慈

恩寺碑文表》:"圣人能事,毕见于兹,将以轨物垂范。随时立训。"

【考据】颜之推,见"抱令守律"。

贵远贱近 guì yuǎn jiàn jìn

【词源】三国·魏·曹丕《典论·论文》:"常人贵远贱近,向声背实。"

【注】贵:重视。贱:轻视。

【释义】以为与当世相隔久远的就珍贵,相隔近的就低贱。

【书证】晋·葛洪《抱朴子·钧世》:"其于古人所作为神,今世所著为浅,贵远贱近,有自来矣!"

【考据】曹丕,见"避暑之饮"。

国富民康 guó fù mín kāng
国富民丰 guó fù mín fēng

【词源】三国·魏·曹植《七启》:"散乐移风,国富民康。"

【释义】国家富有,民众富裕。

【书证】明·罗贯中《三国演义》第六十回:"田肥地茂,岁无水旱之忧;国富民丰,时有管弦之乐。"

【考据】曹植,见"八斗之才"。

H

含毫吮墨 hán háo shǔn mò

【词源】《晋书》卷五十一:"束晳闲居,门人并侍。方下帷深谭,隐几而咍,含毫散藻,考撰同异。"

【注】毫:毛笔的笔尖。含毫:将笔尖含在口中,指以口润笔。吮墨:以口吸吮墨汁。

【释义】形容构思作品或准备写作。也指凝神遐想,进行写作。

【书证】晋·陆机《文赋》:"或操觚以率尔,或含毫而邈然。"《梁书·刘孝绰传》:"由此而谈,又何容易,故韬翰吮墨,多历寒暑。"

【考据】束晳,见"报束长生"。

邯郸奇弄 hán dān qí nòng

【词源】南北朝·沈约《江南弄·赵瑟曲》:"邯郸奇弄出文梓。萦弦急调切流征。玄鹤徘徊白云起。白云起。白云起,郁披香。离复合,曲未央。"

【注】奇弄:美妙的乐曲。文

梓：有花纹的梓木，代指赵瑟。郁：一种香草。披：散发。

【释义】比喻非常美妙的乐曲。

【考据】《江南弄·赵瑟曲》为南朝人沈约所作的以战国时期赵国邯郸为题的诗歌，其中描述了当初邯郸歌舞盛行的场面。

邯郸曲 hán dān qǔ

【典源】《乐府诗集·杂曲歌辞十六》录南朝·齐·陆厥《邯郸行》一首，郭茂倩解题引《乐府广题》："《邯郸》，舞曲也。"

【释义】古赵邯郸流行的舞曲。比喻美妙的舞曲。

【书证】清·姚鼐《秦宫辞》："秦皇爱听《邯郸曲》，不及丛台夜宴声。"

【考据】邯郸，古赵国国都。

邯郸才舞 hán dān cái wǔ

【词源】三国·魏·刘劭《赵都赋》："尔乃进中山名倡，襄国妖女，狄鞮妙音，邯郸才舞，六八骈罗。并奏迭举，体凌浮云，声哀激楚。"

【注】才舞：善于歌舞的女子。狄鞮：地名，在黄河之北，传说此地妇女善于歌舞。骈：对偶。罗：排列，此处指秩序井然。激楚：高亢凄凉。

【释义】指邯郸善于歌舞的女子。

【书证】近代·蒯伯赞《登大青山访赵长城遗址》："邯郸歌舞终消歇，河曲风光旧莽苍。"

【考据】刘劭，见"博识君子"。

函牛之鼎不可以烹鸡

hán niú zhī dǐng bù kě yǐ pēng jī

【典源】三国·魏·刘劭《人物志》："或曰，人材有能大而不能小，犹函牛之鼎不可以烹鸡。愚以为此非名也！"

【注】函：包含，盛得下。

【释义】比喻大才不可以小用。

【考据】刘劭，见"博识君子"。

寒木春华 hán mù chūn huá

【词源】北齐·颜之推《颜氏家训·文章》："齐世有辛毗者，清干之士，官至行台尚书。嗤鄙文学，嘲刘逖云：'君辈辞藻，譬若荣华，须臾之玩，非宏才也！岂比吾徒，千丈松树，常有风霜，不可凋悴矣！'刘应之曰：'既有寒木，又发春华，何如也?'辛笑曰：'可矣！'"

【注】辛毗：南北朝时南齐人，官至行台尚书。刘逖：南北朝时北齐诗人，留心文藻，颇工诗咏，先后奉命出使南朝梁、陈等。寒木：指松柏。春华：春天的花。

【释义】寒木不凋，春华吐艳。比喻各具特色。

【考据】颜之推，见"抱令守律"。

好乱乐祸 hào luàn lè huò

【词源】三国·魏·陈琳《为袁绍檄豫州文》："操赘阉遗丑，本无懿德，漂狡锋协，好乱乐祸。"

【注】豫州：代指刘备。刘备曾为豫州牧。操：指曹操。好、乐：喜欢，喜爱。祸：祸害。

【释义】喜欢捣乱和闯祸。

【考据】陈琳《为袁绍檄豫州文》是建安三年(198)陈琳为盘踞在邺城的袁绍起草的与曹操准备战争而给刘备的檄文。此时袁绍盘踞邺城，领有冀、青、幽、并四州，号称百万大军，准备南下与曹操争锋。陈琳，此时在袁绍手下。袁绍被消灭后为曹操所收，为记室。

好谋少决 hào móu shǎo jué

【词源】晋·陈寿《三国志·魏书·杨阜传》："袁公宽而不断，好谋而少决，不断则无威，少决则失后事，今虽强，终不能成大业。"

【注】袁公：袁绍。好：喜爱，善于。

【释义】善于谋划但缺少决断。

【书证】《晋书·宣帝纪》："帝弟孚书问军事，帝(司马懿)复书曰：'(诸葛)亮志大而不见机，多谋而少决，好兵而无权，虽提卒十万，已堕吾画中，破之必矣！'"

【考据】杨阜：东汉末年天水冀人。曾以州从事的身份，受凉州牧韦端的指派诣许，后拜为安定长史。杨阜回到凉州后，关右诸将询问他对袁绍与曹操胜败孰在的看法，他说了这段话。

何氏之庐 hé shì zhī lú

【典源】南朝·宋·刘义庆《世说新语》残卷注引《魏氏春秋》："何晏七岁，明慧若神，魏武奇爱之，以晏在宫内，因欲以为子。晏乃画地令方，自处其中。人问其故，答曰：'何氏之庐也！'魏武知之，即遣还外。”

【注】《魏氏春秋》：史学家孙盛所著的史书，早逸，只在裴松之注《三国志》、《全晋文》中有片断保留。魏武：指曹操。

【释义】比喻儿童早慧。

【考据】何晏（？—249）：三国·魏玄学家，字平叔，南阳宛县（今河南南阳）人。汉大将军何进之孙（一说是何进弟何苗之孙）。由于父早逝，曹操纳晏母尹氏为妾，因被收养，为操所宠爱。以才秀知名，好老、庄言。传闻他“美姿仪而色白”，犹如敷粉，“行步顾影”，人称“傅粉何郎”。魏正始年间（240—248）为司马懿所杀。

何物小子 hé wù xiǎo zǐ

【典源】《北齐书·魏收传》载：魏收奉命著《魏书》时曾声称：“何物小子，敢共魏收作色？举之则使上天，按之当使入地。”书成之后，众口喧嚷，指为“秽史”。

【注】小子：代指人。秽史：污秽的史书。魏收的《魏书》初稿有“秽史”之讥。

【释义】什么样的人物。表示看不起。

【考据】魏收（507—572）：东魏、北齐年间人，历仕北魏、东魏、北齐三朝。北魏末年即入史馆。东魏时继续兼任史职，负责修史。北齐天保二年（551），他正式受命撰魏史，三易其稿，方成定本。魏收机警能文，与温子升、邢子才时称“北地三才”，但生性轻薄，人称“惊蛱蝶”。

《魏书》记载了鲜卑拓跋部早期至550年东魏被北齐取代这一阶段的历史。共124卷，包括本纪12卷，列传92卷，志20卷，因有些纪、列传和志篇幅过长，又分为上、下或上、中、下三卷，实共130卷。魏收前后只用了三年多的时间就撰成《魏书》，自认为是“勒成一代大典”的盛事。

阖门却扫 hé mén què sǎo

【词源】三国·魏·王粲《寡妇赋》：“阖门兮却扫，幽处兮高堂。”

【注】阖：关闭。却扫：不再打扫。

【释义】关上大门，不再扫地迎客，而幽居高堂。

【考据】王粲，见“不识一字”。

鹤立企伫 hè lì qǐ zhù

【词源】晋·陈寿《三国志·魏书·陈思王植传》:“窃所独守,实怀鹤立企伫之心。”

【注】陈思王植:即曹植。曾封为陈王,去世后谥思。企:踮起脚后跟。伫:久立而等待。

【释义】像鹤一样伸长脖子,踮起脚跟,长时间地站立等待。形容急切地盼望等待。

【考据】曹植,东汉末年到曹魏时期人,著名文学家、诗人,与曹操、曹丕合称“三曹”。主要文学活动在邺。

鹘入鸦群 hú rù yā qún

【词源】《北史·列传第六》:“思宗弟思好,本浩氏子也。思宗养以为弟,遇之甚薄,少以骑射事文襄。及文宣受命,为左卫大将军。本名思孝,天保五年,讨蠕蠕,文宣悦其骁勇,谓曰:‘尔击贼如鹘入鸦群,宜思好事。’故改名焉。”

【注】思宗:高思宗,东魏大丞相高欢的堂侄,曾封上洛王。思好:本名思孝,是高思宗的养弟。文襄:指高欢的长子高澄。文宣:指高欢的次子高洋。天保:北齐皇帝高洋的年号。鹘:同“隼”,一种凶猛的大鸟。

【释义】比喻战将骁勇无敌。

【书证】唐·韩翃《寄哥舒仆射》诗:“左盘右射红尘中,鹘入鸦群有谁敌。”

【考据】此语为北齐天保五年(554),文宣帝高洋对高思好的赞许之词。北齐,都邺(在今邯郸临漳一带)。

虎超龙骧 hǔ chāo lóng xiāng
虎跃龙骧 hǔ yuè lóng xiāng

【词源】三国·魏·曹植《汉二祖优劣论》:“当此时也,九州鼎沸,四海渊涌,言帝者二三,称王者四五,咸鸱视狼顾,虎超龙骧。”

【注】九州:代指国家。传古时中国共分九州。超:跃登,跳过。骧:上举。

【释义】比喻群雄奋起,竞相角逐。

【书证】明·方孝孺《尚友五赞·诸葛武侯》:“惟忠武公,千载一人。综核万变,以义而动。虎跃龙骧,天下震恐。”

【考据】曹植,见“八斗之才”。

互相残杀 hù xiāng cán shā

【词源】晋·陈寿《三国志·魏书·文帝纪》:"丧乱以来,兵革未戢,天下之人,互相残杀。"

【注】丧乱以来:指东汉末年黄巾起义以后国家遭受的残破离乱。残:毁坏,伤害。

【释义】彼此之间相互残害,各不相容。

【书证】鲁迅《忽然想到·六》:"老大的国民尽钻在僵硬人的传统里,不肯变革,衰朽到毫无精力了,还要互相残杀。"

【考据】此处所指的丧乱时期,正是曹氏建立魏国之前的崛起时期。

怀德畏威 huái dé wèi wēi

【词源】《北齐书》卷四:"群蛮跋扈,世绝南疆,摇荡边垂,亟为尘梗,怀德畏威,向风请顺,倾陬(zōu)尽落,其至如云,此又王之功也。"

【注】怀德:心中怀有感恩戴德之情。畏:惧怕。

【释义】指对君王或上司既感激而又惧怕其威严。

【书证】《全唐文·卷十一·唐高宗〈大唐纪功颂〉》:"生擒建德,徇于城下,靦(tiǎn)颜流汗,曾无解杨之言,怀德畏威,翻有蒯通之说。"宋·邵伯温《邵氏闻见录·王内翰禹偁》:"自唐末至五代,藩方节制皆不禀朝命,上践阼,豁达大度,推赤心以待之,由是诸路节将怀德畏威,不敢跋扈。"

【考据】此典出自《北齐书·帝纪第四》,即北齐文宣皇帝高洋的帝纪。北齐,都邺(今邯郸临漳一带)。

怀文抱质 huái wén bào zhì

【词源】三国·魏·曹丕《与吴质书》:"观古今文人,类不护细行,鲜能以名节自立。而伟长独怀文抱质,恬淡寡欲,有箕山之志,可谓彬彬君子矣!"

【注】吴质:字季重,东汉末年人,博学多智,官至振威将军,封列侯,与曹丕友善。伟长:即徐干,字伟长,建安七子之一。文:文才。质:品质,亦指名节。

【释义】怀抱文采的质朴。指人具有优异的才华和高尚的情操品德。也指作品具有优美的形式和丰富的内涵。

【书证】《全唐文·卷四百二十常衮·赞大夫李君墓志铭》:"卓

哉济阴，广前修兮，怀文抱质，能刚柔兮。”

【考据】现存曹丕文集中，曹丕与吴质书有两次，一次是在建安二十二年(217)有《与吴质书》。第二次是在建安二十三年(218)。《三国志·魏志·吴质传》注引《魏略》云：“(建安)二十三年，太子又与吴质书。”本典所出即为建安二十三年的与吴质书。在此信中，曹丕回忆与建安诸子流连诗酒的欢快情景，简评他们的文学成就，流露出怀念之情和对岁月的迁逝之悲。情真意切，平易晓畅。

怀文耀武 huái wén yào wǔ

【词源】《北齐书》卷四：“逖矣炎方，逋违正朔，怀文耀武，授略申规，淮楚连城，灌然桑落，此又王之功也。”

【注】逖：通“剔”。炎方：泛指南方炎热地区。逋违：不守法令。正朔：一年的第一天。灌然：泪垂貌。桑落：像桑叶凋零。

【释义】内修文治，外扬武力。亦指文武双全，有驾驭社稷的才能。

【考据】词源在《北齐书》文宣帝高洋帝纪内。北齐，都邺，在今邯郸临漳县境内。

黄须儿 huáng xū ér

【典源】晋·陈寿《三国志·魏书·任城威王彰传》：“任城威王(曹)彰，字子文。少善射御，膂力过人，手格猛兽，不避险阻……二十三年，代郡乌丸反，以彰为北中郎将，行骁骑将军……时鲜卑大人轲比能将数万骑观望强弱，见彰力战，所向皆破，乃请服……太祖喜，持彰须曰：‘黄须儿竟大奇也！’”

【注】彰：曹彰，曹操之子。黄须：黄毛胡须。胡须还是黄色的，意为年轻。

【释义】比喻年轻骁勇的将领。

【书证】唐·王维《老将行》诗：“少年十五二十时，赤膊夺得胡马骑。射杀中山白额虎，肯数邺下黄须儿。”

【考据】此典所出，是建安二十三年(218)曹操的儿子曹彰奉命出征平定代郡乌丸的鲜卑乱事。由于曹彰的英勇善战，曹操大加赞赏。南朝·宋·裴松之注引《魏略》：“彰须黄，故以呼之。”

回天倒日 huí tiān dǎo rì

【词源】晋·陆机《吊魏武帝

文》："夫以回天倒日之力，而不能振形骸之内。"

【注】陆机：西晋文学家。魏武帝：即曹操，魏武是曹丕称帝后对他追尊的帝号。

【释义】比喻扭转大局，彻底改变局面。

【书证】《北史》卷四十八："宗属分方，作威跋扈，废帝立主，回天倒日。"

【考据】陆机《吊魏武帝文》是晋元康八年(298)陆机以台郎出补著作郎后，在秘阁翻阅旧时文献，有一次读到魏武帝曹操的遗令，心有所感而写的这篇吊文。文章充分肯定了曹操一生巨大的业绩和宏伟的气魄，但又对他过分牵挂身后的琐事提出批评，认为这不是一个通达的人所应持的态度。本文辞藻华丽，却又很有情韵，是一篇佳作。

回天之力 huí tiān zhī lì

【词源】晋·陈寿《三国志·魏书·帝纪》："佞阉处当轴之权，婢媪擅回天之力，卖官鬻狱，乱政淫刑。"

【注】佞阉：指宫中皇帝身边的小人与宦官。婢媪：指皇帝宠爱的后宫嫔妃与侍女。

【释义】原比喻言论正确，极有力量，影响深远。现多比喻能挽回严重局势的能量。

【书证】《新唐书·张玄素传》："张公论事，有回天之力。"高阳《玉座珠帘》上册："回天之力，全寄托在这个奏折上，所以曹毓英笔下虽快，却是握管踌躇。"宋·文天祥《缴奏藁上中书札子》："尚赖先生徇通国之心，出回天之力，以措世道于清夷光晏之喻。"明·孙梅锡《琴心记·长门望月》："有成都人司马相如，皇上所爱，若能求得此人作赋讽谏，或者有回天之力。"

【考据】此典所出在《三国志·魏书·帝纪》篇末的总论，陈寿主要评述了曹氏家族在东汉末年平定离乱致力统一的功绩。

悔其少作 huǐ qí shào zuò

【词源】晋·陈寿《三国志·魏书·陈思王植传》及杨修《答临侯笺》："修家子云，老不晓事，强著一书，悔其少作。"

【注】陈思王：指曹植。临侯：指曹植，曹植曾被封临淄侯。修：杨修，曹操的部下，曹植的好友。

【释义】指不满年轻时未成熟

的作品。

【书证】清·张廷玉等《明史·文苑传二·徐祯卿》:"(祯卿)既登第,与李梦阳、何景明游,悔其少作,改而趋汉、魏、盛唐,然故习就众。"鲁迅《集外集·序》:"中国的作家都是大抵'悔其少作'的,他在自定集子的时候,就将少年时代的作品尽力删除,或者简直全部删掉。"

【考据】曹植,见"八斗之才"。

豁然雾解 huò rán wù jiě

【词源】北齐·颜之推《颜氏家训·勉学》:"积年凝滞,豁然雾解。"

【注】豁然:开阔敞亮的样子;解:消散。

【释义】多年积累的疑虑一下子消失了。指就像雾消散一样,心中的疑团一下子消失了。

【考据】颜之推,见"抱令守律"。

货赂公行 huò lù gōng xíng
货贿公行 huò huì gōng xíng

【词源】晋·陈寿《三国志·魏书·武帝纪》裴松之注引《魏书》曰:"三公倾邪,皆希世见用,货赂公行。强者为怨,不见举奏,弱者守道,多被陷毁。"

【注】三公:中国古代朝廷中最尊显的三个官职的合称。汉制三公指太师、太傅、太保。这里泛指一切官吏。货赂:用财货进行贿赂。公行:公开做。

【释义】比喻公开以财货行贿受贿。

【书证】唐·魏征等《隋书·卫玄传》:"时盗贼蜂起,百姓饥馑,玄竟不能救恤,而官方坏乱,货贿公行。"宋·苏轼《议学校贡举状》:"唐之通榜,故是弊法,虽有以名取人、厌伏众论之美,亦有货赂公行权要请托之害。"

【考据】此典故是曹操在东汉末年揭露朝政混乱之语。曹操,204—220年以邺城为根据地,进行统一国家的事业。

惑世盗名 huò shì dào míng

【词源】三国·魏·徐干《中论·考伪》:"于是惑世盗名之徒,因夫民之离圣教日久也,生邪端,造异术,假先王之遗训以缘饰之。"

【注】惑:欺骗,蒙骗。惑世:迷惑世人。盗名:窃取名誉。

【释义】欺骗世人，窃取名誉。

【书证】明·佚名《杌闲评》第二十四回："所谓惑世盗名充满仁义者，莫此为甚。"

【考据】徐干，见"操翰成章"。

J

击辕之歌 jī yuán zhī gē

【词源】三国·魏·曹植《与杨德祖书》："夫街谈巷说，必有可采；击辕之声，有礼风雅，匹夫之思未易轻弃也。"

【注】杨德祖：即杨修。德祖是其字。击：敲，打。辕：车前驾牲口的长木。

【释义】敲着车辕时所唱的歌。后指劳动人民自己创作并演唱的歌曲。

【考据】曹植，见"八斗之才"。

饥不遑食 jī bù huáng shí
饥不暇食 jī bù xiá shí

【词源】晋·陈寿《三国志·魏书·陈思王植传》："虽有粮，饥不遑食。"

【注】饥：饥饿。遑：闲暇，空闲。

【释义】饿了也没有空吃饭。形容专心致志地忙于事务。

【书证】晋·葛洪《神仙传》："名山之侧，寒不遑衣，饥不暇食，思不敢归，劳不敢息。"宋·李觏《强兵策·八》："日不为暑，风不为寒，渴不暇饮，饥不暇食。"

【考据】曹植，见"八斗之才"。

饥附饱扬 jī fù bǎo yáng

【词源】晋·陈寿《三国志·吕布传》：(陈登)徐对之曰："登见曹公言：'待将军譬如养虎，当饱其肉，不饱则将噬人。'公曰：'不如卿言也。譬如养鹰，饥则为用，饱则飏(扬)去。'其言如此。"

【注】登：陈登。曹公：曹操。将军：指吕布。附：依附，归附。扬：飞扬。

【释义】饥寒窘困时便来依附，饱暖时便远走高飞。比喻为人贪婪势利，忘恩负义。

【书证】唐·房玄龄等《晋书·慕容垂载记》："且垂犹鹰也，饥则附人，饱便飏(扬)；遇风尘之会，必有凌霄之志。"《孙中山全书》附录《孙大总统广州蒙难记》："如陈炯明者，饥附饱扬，外强中干，诿过推罪，嫁祸贻患。”

【考据】此典故出自陈登父子出卖吕布后对吕布转述陈登见曹操时的对话。吕布（？—198）：字奉先，东汉末年名将，汉末群雄之一，曾割据徐州。建安三年（198）被曹操击败并处死。

积德兼仁 jī dé jiān rén
积德累仁 jī dé lěi rén

【词源】三国·魏·曹操《善哉行（三首其一）》：“伯夷叔齐，古之遗贤。让国不用，饿殂首山。智哉山甫，相彼宣王。……晏子平仲，积德兼仁。与世沈德，未必思命。仲尼之世，主国为君。随制饮酒，扬波使官。”

【注】伯夷叔齐：是上古时期的贤人。不肯食周粟，饿死首阳山。山甫：仲山甫，一作仲山父。周太王古公亶父的后裔，早年务农经商，周宣王元年（前827），受举荐入王室，任卿士，位居百官之首。宣王：周宣王。晏子平仲：晏婴（前578—前500），字仲，谥平，习称平仲，又称晏子。历任齐灵公、庄公、景公三朝，辅政长达50余年。仲尼：孔子，名丘，字仲尼，春秋末期鲁国人。古代教育家。

【释义】德和仁都具备。比喻人的才能和操守都很出色。

【书证】南朝·宋·范晔《后汉书·李固传》：“李氏灭矣。自太公以来，积德累仁，何以遇此？”

【考据】曹操，见“变化无方”。《善哉行》共三首，此为一，是曹操所作的诗篇之一。

积年累月 jī nián lěi yuè
长年累月 cháng nián lěi yuè

【词源】北齐·颜之推《颜氏家训·后娶》：“况夫妇之义，晓夕移之；婢仆求容，助相说引。积年累月，安有孝子乎！”

【注】积年：多年。长年：整年。累月：连月。

【释义】指经过的时间长。

【书证】宋·苏舜钦《上集贤文相书》：“盖有所待，积年累月，得遭其实，不忍自弃。”高缨《云崖初暖》：“她连一眼也不看那长年累月死尸般坐在火塘边的阿侯蛤蟆。”

【考据】颜之推，见“抱令守律”。

嵇康羡王烈
jī kāng xiàn wáng liè

【典源】晋·葛洪《神仙传·王

烈》:“王烈者,字长休,邯郸人也。常服黄精及铅。年三百三十八岁,犹有少容。登山历险,行步如飞……中散大夫谯国嵇叔夜甚敬爱之,数数就学。”

【注】嵇叔夜:嵇康,字叔夜,曾在魏为中散大夫。

【释义】比喻无缘得道。亦用以借指朋友间交往馈赠。

【书证】明·袁宏道《代青溪道士见招》:“朝浸角里芝,暮烹王烈髓。”

【考据】王烈,邯郸人,字长休。以修炼道术闻名。相传年338岁犹有少容,后入太行山中,不知所终。

嵇康(223—262或224—263),是三国时魏末文学家、思想家与音乐家,魏晋玄学的代表人物之一。20岁时娶曹操儿子曹休的女儿长乐公主,不久就做了郎中,后来又为中散大夫。嵇康因不愿屈服于司马氏集团,离家躲避到河东,曾投王烈的门下为学,从王烈入太行山寻找仙丹。

箕山之志 jī shān zhī zhì

【词源】三国·魏·曹丕《与吴质书》:“观古今文人,类不护细行,鲜能以名节自立。而伟长独怀文抱质,恬淡寡欲,有箕山之志,可谓彬彬君子矣!”

【注】伟长:徐干,字伟长,“建安七子”之一。箕山:地名,古代传说唐尧时隐士许由、巢父曾隐居于此。志:志向,志愿。

【释义】指隐居不仕以保全节操。

【书证】《晋书·向秀传》:“文帝问曰:‘闻有箕山之志,何以在此?’秀曰:‘以为巢许狷介之士,未达尧心,岂足多慕。’帝甚悦。”

【考据】曹丕与吴质书有两次,分别在建安二十二年(217)和二十三年(218)。此书是在建安二十三年作。在文中,曹丕回忆与建安诸子流连诗酒的欢快情景,简评他们的文学成就,流露出怀念之情和对岁月的迁逝之悲。

激浊扬清 jī zhuó yáng qīng

【词源】三国·魏·刘劭《人物志·利害》:“其功足以激浊扬清,师范僚友。”

【注】激:冲去。浊:脏水。清:清水。

【释义】冲去污水,让清水上来。比喻清除坏的,发扬好的。

【书证】《尸子·君治》:“沐浴

群生，流通万物，仁也；扬清激浊，荡去滓秽，义也。”元·无名氏《陈州粜米》第二折：“待制为官，尽忠报国，激浊扬清。”

【考据】刘劭，见“才多识寡”。

吉祥如意 jí xiáng rú yì

【词源】北朝·张成《造像题字》：“为亡父母敬造观音像一区，合家大小八口人等供奉，吉祥如意。”

【注】造像：指佛造像，盛行于南北朝时期的一种佛教文化表现方式，多为石造像。吉祥，梵语 sri，音译作室利、师利，又称为吉祥。据说释尊成道时即坐于吉祥草上，系由吉祥童子刈割并敷陈于释尊的座位上。如意：为说法及法会之际讲师手持的器具(此物原为印度古时之爪杖，系由骨、角、竹木等所制，柄长三尺，形状如云，或如手形，乃搔背止痒所用，而搔抓如意，故称为如意)。

【释义】如意称心。本为佛教用语，后一般多用作祝福之词。祝颂他人美满称心。

【书证】元·无名氏《赚蒯通》第二折：“再休想吉祥如意，多管是你恶限临逼。”

【考据】张成，生卒年代不详，多注为北齐人。《造像题字》即在佛造像上题写的文字。

汲冢详蠹 jí zhǒng xiáng dù

【典源】《晋书·束皙传》：“太康二年，汲郡人不准盗发魏襄王墓，或言安厘王冢，得竹书数十车……武帝以其书付秘书校缀次第，寻考指归，而以今文写之。皙在著作中，得观竹书，随疑分释，皆有义证。”

【注】太康：西晋武帝年号。不准：人名，西晋时汲郡(今河南汲县附近)人。魏襄王：战国魏王(前 318—前 296 年在位)。武帝：指晋武帝司马炎(236—290)，265—290 年在位。秘书：指西晋的秘书监。皙：束皙。

【释义】比喻考证古籍。

【书证】唐·独孤及《奉和中书常舍人晚秋集贤院即事寄赠徐薛二侍御》诗：“汲冢同刊谬，蓬山共补亡。”

【考据】束皙，见“报束长生”。

棘生殿 jí shēng diàn

【典源】《晋书·艺术传·佛图

澄传》："季龙大享群臣于太武前殿，澄吟曰：'殿乎！殿乎！棘子成林，将坏人衣。'季龙令殿石下视之，有棘生焉。冉闵小字棘奴。"

【注】 季龙：石季龙，即石虎。后赵君主。澄：指佛图澄，后赵时的著名佛教国师，天竺人。本姓帛氏。少学道，妙通玄术。殿：宫殿。这里所指是太武殿，后赵邺都内的用于议政国事的主要建筑。冉闵：石虎的养子，汉族，石虎死后，冉闵夺取后赵，建立了魏国，史称冉魏。

【释义】喻指王朝将亡。

【书证】唐·李白《对酒》："棘生石虎殿，鹿走姑苏台。"

【考据】石虎，见"抱子弄孙"。

集如风雨 jí rú fēng yǔ

【词源】三国·魏·阮瑀《公宴》诗（《初学记》）："上堂相娱乐，中外奉时珍。五味风雨集，杯酌若浮云。"

【释义】事物的到来如同刮风下雨一样。比喻来势神速。多指笔头儿极快。

【书证】明·张岱《琅嬛文集·一·雁字诗小序》："余少而学诗，迨壮迨老，三十年以前，下笔千言，集如风雨。"

【考据】阮瑀：东汉末年人，追随曹操在邺城生活，是建安七子之一，曹氏邺下文人集团的重要成员之一。《公宴》诗是建安文人在邺城时较多见的一种往来唱和的诗。

掎摭利病 jǐ zhí lì bìng

【词源】三国·魏·曹植《与杨德祖书》："刘季绪才不能逮于作者，而好诋呵文章，掎摭利病。"

【注】杨德祖：杨修，东汉末年曹操的部下。有文采，与曹植等人来往密切。刘季绪：东汉末年时人，刘表的儿子，官至乐安太守。曾著诗、颂、赋六篇。掎摭：指摘。利病：好坏。

【释义】形容品评善恶、好坏、利弊。

【书证】余嘉锡《四库提要辨证·序录》："余之略知学问门径。实受《提要》之赐，逮至用力之久，遂掎摭利病而为书，习惯使然，无足怪者。"

【考据】曹植，见"八斗之才"。曹植与杨修的书信往还较多，《与杨德祖书》是建安二十一年（216）临淄侯曹植写给在邺城的好友杨修的一封信。

计功受爵 jì gōng shòu jué

【词源】三国·魏·曹操《让九锡表》:“量能处位,计功受爵,苟所不堪,有殒无从。”

【注】计:考订,核查。受:通“授”,授予。爵:爵位。

【释义】根据功绩核查情况授予爵位。

【考据】建安十八年(213),汉献帝下诏封曹操为魏国公,赐九锡。这是极为特殊的礼遇和恩宠。曹操表示推辞,先后写了《让九锡表》和《辞九锡令》。

计较锱铢 jì jiào zī zhū

【词源】北齐·颜之推《颜氏家训·治家》:“近世嫁娶,遂有卖女纳财,买妇输绢,比量父祖,计较锱铢,责多还少,市井无异。”

【注】计较:较量,争辩。锱铢:锱、铢都是古代很小的重量单位。

【释义】比喻为争取财利而斤斤计较,连微小的数量也不放过。

【书证】清·曾国藩《曾国藩家书·致诸弟·咸丰五年十二月初一日南康舟中》:“国藩出仕二十年,督师于外,落有时名,无自置私田之理。内子女流不明大义,全仗诸弟教训,引入正大一路;若引之八部私一路,则将来计较锱铢,局量日窄,难可挽回。”

【考据】颜之推,见“抱令守律”。

季重旧游 jì chóng jiù yóu

【典源】三国·魏·曹丕《与吴质书》:“昔年疾疫,亲故多离其灾。徐、陈、应、刘,一时俱逝,痛可言邪!昔日游处,行则连舆,止则接席,何曾须臾相失……谓百年已分,可长共相保。保图数年之间,零落略尽,言之伤心。”

【注】徐、陈、应、刘:指徐干、陈琳、应玚、刘桢,均为“建安七子”中的人物。须臾:一会儿。比喻时间很快。

【释义】比喻怀念故友旧情。

【书证】唐·韩偓《乱后春日途经野塘》:“季重旧游多丧逝,子山新赋极悲哀。”

【考据】曹丕的《与吴质书》作于建安二十三年(218),此时邺城大疫刚过。信中回忆了建安七子中的徐干、陈琳、应玚、刘桢等文学密友在邺城大疫中丧生的情景。

季珪士首 jì guī shì shǒu

【典源】晋·陈寿《三国志·魏书·崔琰传》:“崔琰字季珪,清河东武城人也……琰声姿高畅,眉目疏朗,须长四尺,甚有威重,朝士瞻望,而太祖亦敬惮焉。”南朝·宋·裴松之注引《魏略》曰:“明帝时,崔林尝与司空陈群共论冀州人士,称珪为首。”

【注】崔琰:字季珪,清河东武城人(今河北武城东北)。东汉末年曹操集团的重要人物之一,曹植的岳父。太祖:指曹操。太祖是其去世后由魏文帝追尊的帝号。冀州人士:指东汉末年集聚在邺城(冀州牧治所)的名士与豪杰。

【释义】崔琰为人清正,声望很高,曹操也敬畏三分,后被人们视为冀州士人之首。用以赞誉名士。

【书证】唐·李瀚《蒙求》:“季珪士首,长孺国器。”

【考据】据《崔琰传》:崔琰“甚有威重,少好击剑,尚武事。及长,诵论语、韩诗。结公孙方等,师从郑玄。袁绍辟之。曾谏阻绍出兵黎阳袭许都。官渡之败后不久,袁绍卒,二子交争,争欲得琰。琰称疾固辞,获罪,赖阴夔、陈琳救得免。太祖破袁氏,辟琰为别驾从事。曹操征并州,留琰傅曹丕于邺。曹操封魏公,拜崔琰为尚书。因力主曹丕为太子,曹操贵其公亮,迁中尉。建安二十一年,曹操加魏王,崔琰反对,被赐死”。

济人利物 jì rén lì wù

【词源】北齐·颜之推《颜氏家训·归心》:“又君子处世,贵能克己复礼,济时益物。”

【注】物:指众人及人所处的外界环境。

【释义】指救济世人,有益公众。

【书证】南宋·朱熹《朱文公集·外大父祝公遗事》:“其他济人利物之事不胜计,虽倾资竭力无吝色。”

【考据】颜之推,见“抱令守律”。

寂若无人 jì ruò wú rén

【词源】晋·陈寿《三国志·魏书·陈登传》裴松之注引《先贤

行状》曰："乃闭门自守，示弱不与战，将士衔声，寂若无人。"

【注】寂：寂静。

【释义】寂静得就像没有人一样。

【书证】《晋书·石勒载记下》："勒驿敕敬退屯樊城，戒之使偃藏旗帜，寂若无人。"南朝·宋·刘义庆《世说笺本·德行下》："经其户寂若无人，披其帷，其人斯在。岂得非名贤。"

【考据】陈登(163—201)，字元龙，东汉下邳淮浦(今江苏省涟水县)人。曹操任他担任广陵太守期间政绩斐然，名望极高，后来曹操任他为东城太守。

坚壁清野 jiān bì qīng yě

【词源】晋·陈寿《三国志·魏志·荀彧传》："今东方皆已收麦，必坚壁清野以待敌军，将军攻之不拔，路之无获，不出十日，则十万之众未战而自困耳。"

【注】坚壁：坚固壁垒。清野：清除郊野。

【释义】坚守和加固据点，转移周围地区的居民及粮食、牲畜等物资，使敌人抢不到物资。

【书证】清·陈忱《水浒后传》第二十一回："不许出战，只是坚壁清野，待这干贼寇粮尽力弛，方可追他。"

【考据】荀彧(163—212)，东汉颍川颍阴人，字文若。少有才名，被人认为有王佐之才。中平六年举孝廉，迁亢父令。董卓入京后辞官回乡迁到冀州。但认为袁绍终不能成大事，便去东郡投靠曹操，深受曹操的欣赏，把他比作张良并任他为司马，为主要谋士。官渡之战时，操粮尽欲还，荀彧说曹坚壁持之，以奇兵破绍。此典即出于官渡之战前荀彧对曹操的建议。

剪草除根 jiǎn cǎo chú gēn

斩草除根 zhǎn cǎo chú gēn

【词源】北齐·魏收《为侯景叛移梁朝文》："若抽薪止沸，剪草除根……返国奸于司败，归侵地于玄武，非人恶之在今，天道人事，实弃无礼。"

【注】侯景：原是东魏河南大行台、司徒，武定五年(547)正月，叛东魏投降梁朝。梁朝：指南北朝时的南梁。国奸：国家的奸臣。这里指侯景。

【释义】除草时要连根除掉，使草不能生长。比喻除去祸根，以免后患。

【书证】梁斌《播火记》："可是，要想剪草除根，灭绝赤色运动，倒是一件艰难的事情。"春秋·左丘明《左传·隐公六年》："为国家者，见恶，如农夫之务去草焉……绝其本根，勿使能殖。"

【考据】《为侯景叛移梁朝文》是东魏末年侯景叛乱后，东魏的魏收起草的宣布讨伐侯景移送给南梁武帝的公函。

见猎心喜 jiàn liè xīn xǐ

【词源】三国·魏文帝《〈典论〉自序》："和风扇物，弓燥手柔，草浅兽肥，见猎心喜。"

【注】自序：自己写的序言。草浅：青草还幼小的时节。

【释义】看到别人打猎，自己也感到高兴。比喻旧习难忘，一旦被触动，便跃跃欲试。

【书证】清·梁绍壬《两般秋雨庵随笔·陶篁村》："干隆甲寅，春田以新补弟子员入场。先生见猎心喜，意欲重携铅椠。"钱钟书《谈艺录·五十九》："（赵）瓯北虽讽（袁）子才收女弟子，而己亦见猎心喜，欲炙形色。"

【考据】《典论》是魏文帝在邺城为太子时所著的文学著作。

建安风骨 jiàn ān fēng gǔ

【典源】南朝·梁·刘勰《文心雕龙·时序》："观其时文，雅好慷慨，良由世积乱离，风衰俗怨，并志深而笔长，故梗概而多气。"

【注】《文心雕龙》：南北朝时期南梁刘勰所作的文学理论著作。

【释义】用为赞扬诗文有深意、有气势。

【考据】"三曹""七子"在邺下形成文学集团，诗文大都慷慨悲凉，雄浑有大气，具有鲜明的特色，后称这种文风为"建安风骨"，在我国文学史上占有重要地位。

建安七子 jiàn ān qī zǐ

【典源】三国·魏·曹丕《典论·论文》："今之文人：鲁国孔融文举、广陵陈琳孔璋、山阳王粲仲宣、北海徐干伟长、陈留阮瑀元瑜、汝南应玚得琏、东平刘桢公干，斯七子者，于学无所遗，于辞无所假，咸自以骋骥于千里，仰齐足而并驰。以此相服，亦良难矣！盖君子审己以度人，故能免于斯累，而作论文。"

【注】鲁国孔融文举、广陵陈琳孔璋、山阳王粲仲宣、北海徐干

伟长、陈留阮瑀元瑜、汝南应玚得琏、东平刘桢公干，此七人即“建安七子”。其中除了孔融，其余的人都长期在邺城进行过文学创作活动。

【释义】指东汉末年建安时代孔融、陈琳、王粲、徐干、阮瑀、应玚、刘桢七位文士。代称出色的文学才士。

【书证】唐·曹邺《寄监察从兄》：“空留建安作，传说七子名。”唐·皮日休《奉送浙东德师侍御罢府西归》：“建安才子太微仙，暂上金台许二年。”

【考据】《典论》是魏文帝在邺城为太子时所著的文学著作。

建安作 jiàn ān zuò
建安吟 jiàn ān yín
建安体 jiàn ān tǐ

【典源】南朝·梁·刘勰《文心雕龙·明诗》：“暨建安之初，五言腾踊，文帝、陈思，纵辔以骋节；王、徐、应、刘，望路而争驱。并怜风月，狎池苑，述恩荣，叙酣宴；慷慨以任气，磊落以使才。营怀指事，不求纤密之巧；驱词逐貌，唯取昭晰之能。此其所同也！”

【注】建安：东汉末年汉献帝的年号(196—220)。文帝：指曹丕。陈思：指曹植。王、徐、应、刘：指王粲、徐干、应玚、刘桢，均为“建安七子”中的代表人物。

【释义】称颂诗才或优秀诗作。

【书证】唐·孟郊《赠竟陵卢使君虔别》：“归人忆平坦，别路多岖嵚。赖得竟陵守，时闻建安吟。赠别折楚芳，楚芳摇衣襟。”

【考据】见“建安风骨”。

践律蹈礼 jiàn lǜ dǎo lǐ

【词源】《北齐书·文宣帝纪》：“以王践律蹈礼，轨物苍生。”

【注】践：踏。律：法则，规章。蹈：履行，实行。轨物：作为事物的规范。

【释义】指遵行礼法和规章。

【考据】文宣帝即北齐皇帝高洋。北齐存在于550—577年，都邺(今邯郸市临漳县西南)。

匠门弃材 jiàng mén qì cái

【词源】三国·魏·曹植《当欲游南山行》：“大匠无弃才，船车用不均。”

【释义】能工巧匠废弃的材料。

比喻无用的人。

【书证】清·冯桂芬《林文忠公祠记》:“桂芬受公知最早,所以期之甚厚。公驰驱绝域,犹手笺酬答无间。匠门弃材,累公之明。”

【考据】曹植,见“八斗之才”。

矫情自饰 jiǎo qíng zì shì

【词源】晋·陈寿《三国志·魏书·陈思王植传》:“文帝御之以术,矫情自饰,宫人左右,并为之说,故遂定为嗣。”

【注】文帝:指魏文帝曹丕。矫情:故意克制情感。饰:掩饰。

【释义】形容故意掩饰真情,粉饰自己。

【书证】北宋·司马光《资治通鉴·卷一百四十九》:“其始执政之时,矫情自饰,以谦勤接物,时事得失,颇以关怀。”

【考据】此成语出自魏文帝曹丕在邺城被立为太子之前事。曹丕与曹植都曾是曹操立太子的人选。建安二十二年(217),曹丕运用各种计谋,在司马懿、吴质等大臣帮助下,战胜了弟弟曹植,被立为世子,成为曹操的继承人。

教妇初来,教儿婴孩

jiào fù chū lái jiào ér yīng hái

【词源】北齐·颜之推《颜氏家训·教子》:“俗谚曰:‘教妇初来,教儿婴孩。’诚哉斯语!”

【释义】指对一个人施加教育应该及时及早。

【书证】元·陈元靓《事林广记·幼学类》:“人俗谚所谓教子婴孩,教妇初来。亦云少成若天性。”

【考据】颜之推,见“抱令守律”。

矜夸凌上 jīn kuā líng shàng

【词源】北齐·颜之推《颜氏家训·文章》:“孙楚矜夸凌上,陆机犯顺履险。”

【注】孙楚:西晋诗人(约218—293)。矜夸:夸耀自己的长处。陆机:西晋文学家、书法家(261—303),与其弟陆云合称“二陆”。凌:欺凌,侵犯。

【释义】比喻好夸耀自己的长处,欺凌上司。

【考据】颜之推,见“抱令守律”。

经国大业 jīng guó dà yè

【词源】三国·魏·曹丕《典论·论文》："盖文章经国之大业，不朽之盛事。"

【注】经国：经营、治理。大业：伟大的事业。

【释义】指治理国家的重大事业。

【考据】曹丕，见"避暑之饮"。

荆山之玉 jīng shān zhī yù

【词源】三国·魏·曹植《与杨德祖书》："当此之时，人人自谓握灵蛇之珠，家家自谓抱荆山之玉。"

【注】灵蛇之珠：即隋珠，也叫隋侯之珠，战国时期的著名珍宝。原指无价之宝，后也比喻非凡的才能。荆山之玉：荆山，山名，位于湖北境内，产宝玉，据传和氏璧就出自此山。荆山之玉比喻极珍贵的东西。

【释义】荆山出产的美玉。指世间少有的珍宝。

【书证】明·沈鲸《双珠记·风鉴通神》："盖闻荆山之玉，无翼而飞；郁浦之珠，不胫而走。"

【考据】曹植，见"八斗之才"。

荆室蓬户 jīng shì péng hù

【词源】三国·魏·曹植《说疫气》："夫罹此者，悉被褐茹藿之子、荆室蓬户之人耳！若夫殿处鼎食之家、重貂累蓐之门，若是者鲜焉！"

【注】荆：荆条。蓬：蓬草。殿处鼎食之家：指贵族或名门望族。

【释义】指用荆条、蓬草围成的房子。比喻居处简陋的穷苦人家。

【考据】曹植，见"八斗之才"。《说疫气》是在建安二十二年（217）邺城发生大瘟疫之后所作。

惊惶失措 jīng huáng shī cuò
惊慌失措 jīng huāng shī cuò

【词源】《北齐书·卷二十八·元晖业传》："天保二年，从驾至晋阳，(元晖业)于宫门外骂元韶曰：'尔不及一老妪，背负玺与人，何不打碎之？我出此言，即知死也，然尔亦讵得几时！'文宣闻而杀之，亦斩临淮公孝友。孝友临刑，惊惶失措，晖业神色自若。"

【注】天保：北齐皇帝高洋的年

号。元韶：北魏皇族，孝宣皇帝时曾袭彭城王封号，入北齐后降爵为县公。文宣：即北齐文宣帝高洋。孝友：元孝友，北魏皇室，因兄临淮王彧无子，孝友袭爵，入北齐降为临淮公。失措：失去常态。

【释义】由于惊慌，一下子不知怎么办才好。

【书证】宋·曾肇《谢史成受朝奉郎表》："养拙藏愚。久已逃于常宪。"明·冯梦龙《东周列国志》第十四回："遂造寝室，告于襄公，襄公惊惶无措。"明·凌濛初《二刻拍案惊奇》卷十一："少卿虚心病，元有些怕见他。亦且出于不意，不觉惊慌失措。"

【考据】元晖业是魏景穆帝的玄孙。高洋废东魏孝静帝后，晖业见到随高洋到晋阳的元韶，大骂他自动把东魏的玉玺送给高家的行为是"不如一妇人"，被高洋闻言而杀。同时被杀的还有东魏皇室元孝友。

惊涛骇浪 jīng tāo hài làng

【词源】三国·魏·王粲《浮淮赋》："凌惊波以高骛，驰骇浪而赴质。"

【释义】汹涌吓人的浪涛。比喻险恶的环境或尖锐激烈的斗争。

【书证】唐·田颖《玉山常文集·海云楼记》："人当既静之时，每思及前此所经履之惊涛骇浪，未尝不惕然。"叶圣陶《地动》："又觉得身体动荡，仿佛在惊涛骇浪的小船里。"

【考据】王粲，见"不失一字"。

精贯白日 jīng guàn bái rì

【词源】晋·陈寿《三国志·魏书·武帝纪》："君执大节，精贯白日，奋其武怒，运其神策。"

【注】精：精神，精力。贯：用绳子穿起来。

【释义】精诚之气上通天日。形容极端忠诚。

【书证】《新唐书·李翰》："张巡城陷见执，卒无桡词，慢叱凶徒，精贯白日，虽古忠烈无以加焉！"

【考据】武帝，即魏武帝曹操。这是《三国志》中赞扬曹操的话。

迥然独秀 jiǒng rán dú xiù

一枝独秀 yī zhī dú xiù

【词源】《北齐书》卷六："帝（孝

昭帝高演）聪敏有识度，深沉能断，不可窥测。身长八尺，腰带十围，仪望风表，迥然独秀。自居台省，留心政术，闲明簿领，吏所不逮。”

【注】 迥：差别明显。台省：汉代“尚书”属少府，在宫禁台阁之中。当时称宫禁中为省中，故尚书省又有台省之称。这里代指高演所居的大丞相等官职。

【释义】 原形容高演仪表风姿出众。泛指一切事物在同类中出类拔萃，卓然不群。

【书证】 清·严元照《柯家山馆词·疏影·题咏梅小影》：“亭亭玉立，看一枝独秀，江左谁匹？”清·陈球《燕山外史》：“桐乃孤生，萱还早萎，幸一枝之独秀，承五柱之流芳。”

【考据】 高演（534—561），即北齐孝昭帝，高欢第六子。北齐乾明元年（560），高演发动政变，杀杨愔等人，自任大丞相、都督中外诸军、录尚书事，掌握军国大政。

九衢交错 jiǔ qú jiāo cuò

【词源】 三国·魏·刘劭《赵都赋》：“尔乃都城万雉，百里周回，九衢交错，三门旁开，层楼疏阁，连栋结阶。”

【注】 雉：古代计算城墙面积的单位，长三丈、高一丈为一雉。万雉：比喻城池高大。九衢：四通八达的道路。九，极言其多，非确指。

【释义】 道路纵横交错、四通八达。

【考据】 刘劭，见“才多识寡”。

酒酣耳热 jiǔ hān ěr rè

【词源】 三国·魏·曹丕《与吴质书》：“每至觞酌流行，丝竹并奏，酒酣耳热，仰而赋诗，当此之时，忽然不自知乐也。”

【注】 酒酣：酒喝得很痛快。

【释义】 形容喝酒喝得正高兴的时候。

【书证】 清·张潮《虞初新志·王翠翘传》：“酒酣耳热，攘袂持杯。”

【考据】 曹丕的这封《与吴质书》，应为《又与吴质书》，时在建安二十三年（218）。《三国志·魏志·吴质传》注引《魏略》云：“（建安）二十三年，太子又与吴质书。”本典所出即为建安二十三年的与吴质书。在此信中，曹丕回忆与建安诸子流连诗酒的欢快情景，简评他们的文学成就，流露出怀念之情和对岁月的迁逝之悲。

救寒莫如重裘

jiù hán mò rú chóng qiú

【词源】三国·魏·徐干《中论·虚道》："语称：'救寒莫如重裘，止谤莫如修身，疗暑莫如亲冰。'信矣哉！"

【注】救：止。重：重叠，多。裘：皮袍。

【释义】要消除寒冷不如多穿几件皮袍，要止传流言蜚语不如修身养性，要避暑不如亲冰，此言正确呀！比喻处事要敦本务实。

【书证】北宋·司马光《资治通鉴·魏明帝青龙四年》："谚曰：'救寒莫如重裘，止谤莫如修身。'斯言信矣！"

【考据】徐干，见"操翰成章"。

驹齿未落 jū chǐ wèi luò

【词源】《北史·杨愔传》："愔从父兄黄门侍郎昱特相器重，曾谓人曰：'此儿驹齿未落，已是我家龙文，更十岁后，当求之千里外。'"

【注】昱：杨昱，曾任北齐黄门侍郎，杨愔的侄子。驹齿：小马的牙齿。

【释义】小马的乳齿尚未更换。比喻人尚年幼。

【考据】杨愔（511—560），东魏到北齐人，字遵彦，小名秦王。北齐文宣帝时，尚太原长公主，任以国政，累官尚书令、骠骑大将军，封王开府。文宣帝死后，辅高洋的儿子高殷。乾明元年（560）二月，为高演、高湛合谋所杀。

鞠为茂草 jū wéi mào cǎo

【词源】《晋书·石勒载记》："（赵彭）曰：'臣往策名晋室，食其禄矣。犬马恋主，切不敢忘。诚知晋之宗庙鞠为茂草，亦犹洪川东逝，往而不还。'"

【注】鞠：尽，完全。

【释义】指杂草塞道。形容衰败荒芜的景象。

【书证】宋·张洎《上太宗乞罢榷山行放法》："年华渐久，残破益深，眷彼灵苗，鞠为茂草。"清·俞樾《春在堂随笔》卷四："余于戊午冬，移居石氏五柳园，有诗四章，一时和者颇多，今皆不存，惟先生诗尚存，而五柳园鞠为茂草矣!”

【考据】赵彭:原为西晋东莱太守,后赵石勒召他为魏郡太守,赵彭坚辞不做。这段话就是赵彭的推辞。

举鞭而成 jǔ biān ér chéng

【词源】《北史》卷六:“神武曰:‘方今天子愚弱,太后淫乱,孽擅命,朝政不行。以明公雄武,乘时奋发,讨伐郑俨、徐纥而清帝侧,霸业可举鞭而成。此贺六浑之意也!’”

【注】神武:指高欢。高欢为东魏大丞相,北齐建立后被追尊为神武皇帝。明公:指北魏末年的尔朱荣。贺六浑:高欢的小字。

【释义】办事容易,轻而易举。

【考据】此高欢北魏末年起事之初事。

举世闻名 jǔ shì wén míng

【词源】北齐·颜之推《颜氏家训·杂艺》:“王逸少风流才士,萧散名人。举世但知其书,翻以能自蔽也。”

【注】举:全。

【释义】全世界都知道。形容非常著名。

【书证】秦牧《高高翘起的象鼻子》:“中国的象牙雕刻是杰出的,北京的山水人物和广州的花卉动物牙雕,尤其举世闻名。”

【考据】颜之推,见“抱令守律”。

举无遗策 jǔ wú yí cè

【词源】晋·陈寿《三国志·魏书·荀攸贾诩传》:“用兵之道,先胜后战,量敌论将,故举无遗策。”

【注】举:提出。策:计谋、办法。

【释义】提出的计谋没有失算的。形容足智多谋。

【书证】宋·陈亮《邓禹》:“盖举无遗策,而天下皆知其不可当也。”

【考据】荀攸、贾诩,均是东汉末年曹操的手下,追随曹操南征北战。

踞炉炭上 jù lú tàn shàng

【词源】《晋书·宣帝纪》:“军还,权遣使乞降,上表称臣,陈说天命。魏武帝曰:‘此儿欲踞吾著炉炭上邪！’”

【注】宣帝：指司马懿。宣帝是司马炎称帝后追尊他的帝号。权：孙权。魏武帝：曹操。曹魏建立后被追尊为武帝。踞：蹲、坐。炉炭：炉火。

【释义】蹲在炉子的炭火之上。形容处境险恶，不堪忍受。

【考据】建安二十二年（217）春，孙权派都尉徐详诣曹操请降，并上表请求曹操称帝。曹操说，这是孙权想把我放在炭火上烤啊！

狷介之人 juàn jiè zhī rén
狷介之士 juàn jiè zhī shì

【词源】三国·魏·刘劭《人物志·体别》：“狷介之人，砭清激浊…… 是故可与守节，难以变通。”

【注】狷介：性情正直，洁身自好，不肯同流合污。

【释义】指能坚持节操，保持清白，不随流俗的人。

【书证】唐·房玄龄等《晋书·向秀传》：“以为巢许（巢父与许由，皆唐尧时的隐士）狷介之士，未达尧心，岂足多慕。”

【考据】刘劭，见“博识君子”。

绝妙好辞 jué miào hǎo cí
绝妙好词 jué miào hǎo cí

【词源】晋·裴启《语林》：“曹公至江南，读曹娥碑文，背上别有八字，其辞云：‘黄绢幼妇，外孙齑臼。’曹公见之不解，而谓德祖：‘卿知之不？’德祖曰：‘知之。’曹公曰：‘卿且勿言，待我思之。’行卅里，曹公始得，令祖先说。祖曰：‘黄绢色丝，绝字也，于字为绝；幼妇少女，妙字也；外孙女子，好字也；齑臼受辛，辞字也。谓绝妙好辞。’曹公笑曰：‘实如孤意。’俗云有智无智隔卅里，此之谓也！”

【注】曹公：指曹操。曹娥碑：汉孝女曹娥的碑。《后汉书·曹娥传》注引《会稽典录》：“曹娥碑为邯郸淳作文，蔡邕题八字暗语于碑背。”德祖：杨德祖，即杨修。辞：文辞，诗文。

【释义】指非常巧妙、美好的诗文或辞藻。

【书证】明·李贽《初潭记·夫妇》：“柳下惠妻诔其夫曰：‘夫子之谥，宜为惠兮。’评语：‘绝妙好辞。’”明·李昌祺《剪灯余话·田洙遇薛涛联句记》：“美人且读且笑曰：‘绝妙好词！’”清·李重华《贞一斋诗说·论诗答问·

二》:“绝妙好词,古人尚焉!”

【考据】曹娥碑是记述汉孝女曹娥事迹的碑。东汉汉安二年(143),14岁的曹娥因父亲曹盱被水溺而哀吟泽畔,旬有七日,遂自投江死,经五日抱父尸出。后来人们为了颂扬曹娥的美德和纪念她的孝行,特为她立石碑。汉元嘉元年(151),会稽上虞令度尚命弟子邯郸淳作碑文。蔡邕闻讯来观,手摸碑文而读,阅后书“黄绢幼妇,外孙齑臼”八字于碑阴,隐“绝妙好辞”四字。东汉末年,曹操在江南打仗时,读到此碑上蔡邕的八个字后,行了三十里才悟出,而陪同他的杨修见了却立即能解出,所以曹操说:“俗云有智无智隔卅里,此之谓也!”表示自己不如杨修。(上虞,县名,秦始皇二十五年置,古隶会稽郡。这个碑是在会稽,即现在的绍兴上虞。曹操一生没有到过江南,因此也有人推断这个事情纯粹虚构。)

郡无一囚 jùn wú yī qiú

【典源】《北史》卷二十六:“世良才识闲明,尤善政术。在郡未几,声问甚高。阳平郡移掩劫盗三十余人,世良讯其情状,唯送十二人,余皆放之。阳平太守魏明朗大怒云:‘辄放吾贼!’及推问,送者皆实,放者皆非。明朗大服。郡东南有曲堤,成公一姓阻而居之,群盗多萃于此。人为之语曰:‘宁度东吴会稽,不历成公曲堤。’世良施八条之制,盗奔他境。人又谣曰:‘曲堤虽险贼何益,但有宋公自屏迹。’齐天保初,大赦,郡无一囚,率群吏拜诏而已。狱内稆生,桃树蓬蒿亦满。每日牙门虚寂,无复诉讼者,谓之神门。”

【注】世良:宋世良,东魏到北齐时人,善治狱。郡:古代的行政区域。囚:囚犯。天保:北齐文宣帝高洋的年号。

【释义】郡内无一囚犯。意为地方治理有方。

【书证】杨天材《对韵全璧续编》:“诸葛观鱼筹善策,曹瞒煮酒论英雄。嬴氏虐民,房宫高啄;世良善政,狱草葱茏。”

【考据】宋世良,北齐广平列人人。东魏时累功迁殿中侍御史,出除清河太守,有治术,郡内清静。北齐文宣帝高洋登基后,宣布大赦,结果宋世良所在的郡内没有一个囚徒了。据《中国历史地名大辞典》:列人县,西汉置,属广平国。治所在今河北肥乡县东北十五里，东汉属巨鹿郡，北齐属广平郡，后废。

K

开雾睹天 kāi wù dǔ tiān

【词源】三国·魏·徐干《中论·审大臣》："文王之识也，灼然若披云而见日，霍然若开雾而观天。"

【注】开：拨开。睹：看。

【释义】拨开云雾，看见青天。比喻使人豁然开朗。

【书证】北周·庾信《〈庾信集〉序》："夜不离阁，无愧于黄香；开雾睹天，有同于乐广。"

【考据】徐干，见"操翰成章"。

慨当以慷 kǎi dāng yǐ kāng

【词源】三国·魏·曹操《短歌行》："慨当以慷，忧思难忘。何以解忧，唯有杜康。"

【注】与"慷慨"意思相同。"当以"无实际意义。

【释义】指充满正气，情绪激动。

【书证】清·侯方域《复倪玉纯书》："与知己别来十年，而此生遭际，慨当以慷，乃有出于契阔之外者。"

【考据】曹操，见"变化无方"。

空器馈 kōng qì kuì

【典源】晋·陈寿《三国志·魏书·荀彧传》裴松之注引《魏氏春秋》："太祖馈彧食，发之，乃空器也，于是饮药而卒。"

【注】太祖：指曹操。馈：馈赠，送。彧：即荀彧。

【释义】比喻迫令自裁。

【书证】南宋·陆游《剑南诗稿·卷六十四〈感遇〉》其二："大裁食亚夫，空器馈荀彧。"

【考据】荀彧(163—212)：东汉颍川颍阴人，字文若。少有才名，被人认为有王佐之才。荀彧自在东郡投靠曹操后，深受曹操的欣赏，曹操把他比作张良并任他为司马，为主要谋士。建安十七年(212)董昭等人劝曹操即公位，荀彧私下表示反对，因此遭到曹操的忌恨，并在征讨孙权时带他出征，在曹操的猜忌中病亡于寿春，一说受到曹操的暗示而自尽。

孔璋檄书 kǒng zhāng xí shū

【典源】晋·陈寿《三国志·魏

书·王粲传》附《陈琳传》:“琳避难冀州。袁绍使典文章。袁氏败,琳归太祖。太祖谓曰:‘卿昔为本初移书,但可罪状孤而已,恶止其身,何乃上及父祖邪?’琳谢罪。太祖爱其才而不咎。”

【注】琳:陈琳。字孔璋。袁绍:字本初。东汉末年割据北方的军阀,191—204年盘踞邺城,为冀州牧。太祖:指曹操。

【释义】多借喻军府中的幕僚。

【书证】唐·武元衡《河东赠别炼师》:“孔璋才素健,羽檄定纷纷。”

【考据】陈琳,见“把玩无厌”。

枯木发荣 kū mù fā róng
枯木生花 kū mù shēng huā

【词源】三国·魏·曹植《七启》:“夫辩言之艳,能使穷泽生流,枯木发荣。”

【注】枯:干枯。荣:草木开花或谷物结穗。

【释义】指枯萎的树木开始恢复生机。比喻衰亡的事物重获新生。

【书证】晋·陈寿《三国志·魏书·刘廙传》:“值时来之运,扬扬止沸,使不燋烂,起烟于寒灰之上,生花于已枯之木。”

【考据】曹植,见“八斗之才”。

枯树生花 kū shù shēng huā

【词源】晋·陈寿《三国志·魏书·刘廙传》:“廙上书谢曰:‘臣罪应倾宗,祸应覆族。遭乾坤之灵,值时来之运,扬扬止沸,使不焦烂;起烟于寒灰之上,生华于已枯之木。物不答施于天地,子不谢生于父母,可以死效,难用笔陈。’”

【注】刘廙:建安末年在邺城生活和从事文学活动的才子之一。

【释义】枯树开起花来。比喻在绝境中又找到了生路。

【书证】南宋·普济《五灯会元·风穴延沼禅师》:“枯木生花物外春。”明·沈爱先《三元记·完璧》:“一似枯木生花,阳春布泽。”

【考据】建安二十四年(219)九月,在魏国的首都邺城发生了魏讽谋反的事情。此时曹操大军西征汉中未回,魏讽勾结党羽,联络长乐卫尉陈祎阴谋攻占邺城。刘廙的弟弟刘伟也参与了魏讽造反事。后来陈祎中途告密于曹丕,于是魏讽被诛。刘廙之弟刘伟坐罪当诛,曹操下令赦免了他,并仍然让他做官。刘廙感恩,上书致谢。

快刀斩乱麻

kuài dāo zhǎn luàn má

【典源】《北齐书》卷四："帝曾与诸童共见之，历问禄位，至帝，举手再三指天而已，口无所言。见者异之。高祖尝试观诸子意识，各使治乱丝，帝独抽刀斩之，曰：'乱者须斩。'高祖是之。"

【注】帝：此指高洋。高祖：指高欢，高洋的父亲。

【释义】比喻做事果断，能采取坚决有效的措施，很快解决复杂的问题。

【书证】巴金《谈〈灭亡〉》："自己一直在两者之间不停地碰来撞去，而终于不能用快刀斩乱麻的办法一下子彻底解决。"郭沫若《抱箭集·第四集·百合与番茄》："要他早早替他兄弟和未婚的弟妻设法，要快刀斩乱麻。"

【考据】北齐显祖文宣皇帝高洋，是高欢的第二子，高澄的同母弟弟。这里叙述的是高洋小时候的一些异事，以表达高洋从小就具有做皇帝的征象。

旷大之度 kuàng dà zhī dù
旷达不羁 kuàng dá bù jī

【词源】晋·陈寿《三国志·魏书·文帝纪》："加之旷大之度，励以公平之诚。"

【注】旷大：广大，宽阔。度：度量。旷达：心胸开阔，想得开。不羁：不受束缚。

【释义】比喻广大宽阔的度量。

【书证】晋·陈寿《三国志·魏志·王卫二刘傅传》裴松之注引《魏氏春秋》："籍旷达不羁，不拘礼俗。"《北史·崔晞传》："贤弟弥郎，意识深远，旷达不羁。"唐·房玄龄等《晋书·张翰传》："翰任心自适，不求当世。或谓之曰：'卿乃可纵适一时，独不为身后名邪？'答曰：'使我有身后名，不如即时一杯酒。'时人贵其旷达。"

【考据】曹丕，见“避暑之饮”。

旷古绝伦 kuàng gǔ jué lún

【词源】《北史》卷五十五《赵彦深传》："（神武）每谓司徒孙腾曰：'彦深小心恭慎，旷古绝伦。'"

【注】神武：指高欢。神武是北齐建立后对他追尊的帝号。旷古：自古以来。绝伦：无与伦比。

【释义】古来未有，现时无双，无以匹敌。

【考据】赵彦深（507—576）：北

齐平原人，自云南阳宛人，本名隐，避齐讳，以小字行于世。东魏时曾为高欢大丞相府功曹参军，专掌机密。文翰多出其手。入北齐后，仍典机密。历事累朝，迁尚书左仆射、尚书令，封宜阳王。北齐后主武平四年以暴疾卒。赵彦深的大半生（约534—576）均在邺为官。

旷古未有 kuàng gǔ wèi yǒu
亘古未有 gèn gǔ wèi yěu

【词源】《北齐书》卷二十五《王纮传》："帝使燕子献反缚纮，长广王捉头，帝手刃将下，纮曰：'杨遵彦、崔季舒逃走避难，位至仆射、尚书，冒死效命之士，反见屠戮，旷古未有此事。'帝投刃于地曰：'王师罗不得杀。'遂舍之。"

【注】帝：此指文宣帝高洋。燕子献：北齐高洋时的大臣，侍中。纮：王纮，字师罗，天保初，加宁远将军。长广王：指高湛，高欢的第四子，时封长广王。杨遵彦：即杨愔，时为北齐右仆射。当初高洋的哥哥高澄被仆人刺杀时，杨遵彦先狼狈逃出。崔季舒：时为北齐侍中兼尚书、左仆射。高澄被仆人刺杀时，崔季舒躲进了厕所。旷古：自古以来。未：没有，不曾。师罗：王纮字师罗。

【释义】从古到今，从来不曾有过。

【书证】《旧唐书·颜真卿传》："如今日之事，旷古未有，虽李林甫、杨国忠尤不敢公然如此。"清·夏敬渠《野叟曝言》第八十八回："臣受殿下隆礼深恩，旷古未有，虽肝脑涂地，不能补报。"清·薛福成《强邻环伺谨陈愚计疏》："臣愚以为皇上值亘古未有之奇局，亦宜恢亘古未有之宏谟。"清·李汝珍《镜花缘》第五回："以上各花，皆为稀世之宝，今俱遵旨立时齐放，真是主上洪福齐天所致，可谓亘古未有盛事，亦是千秋一段佳话。"清·平步青《霞外捃屑》卷四："太青晚作《嘉莲》诗，七言今体至四百余首，亘古未有。"

【考据】王纮，北齐太安狄那人。高澄遇刺，王纮冑刃捍御，立有大功。北齐天保初，加宁远将军。高演为相，补中外府功曹参军。武成帝河清三年，以与征突厥功，加骠骑大将军。后主武平间聘于周，官至侍中。

东魏武定七年(549)，高澄正在谋划代魏建齐时，被仆人兰京刺杀而死，这就是东柏堂刺杀事件。在这个事件中，杨愔（杨遵彦）、崔季舒等先后狼狈逃出。有三人为救护高澄而奋力搏斗，其中纥奚舍乐当场死亡，陈元康也在伤重之后不久死去，王纮（高澄的王府属官）也拿着铠甲和刀为高澄抵挡，被砍伤未死，因此立有大功。北齐建立后，以忠节封平春县男，除晋阳令。有一次高洋在宫中宴会上忽然责问王纮："你与纥奚舍乐一起侍奉我的兄长，纥奚舍乐死了，你为什么没死？"王纮回答："君亡臣死，自是常节，只是刺客力量不重砍得太轻，所以我没死。"高洋立即让人把王纮绑了起来，亲自拿刀就要杀他。王纮喊道："杨愔、崔季舒当时都逃走避难，现在却是仆射、尚书，像我这样冒死效命的人反而会被杀，自古以来从没听说过这样的事情。"高洋听后，扔刀于地说："王纮不得杀。"

L

来者难诬 lái zhě nán wū

【词源】三国·魏文帝《与吴质书》："后生可畏，来者难诬，然恐吾与足下不及见也！"

【注】魏文帝：即曹丕。吴质：邺下文人之一，曹丕的好友。诬：轻蔑。

【释义】对后来的人不可轻视。

【书证】宋·徐铉《故唐卫尉卿保定君郡公墓志铭》："神道永谧，流光不已，来者难诬，斯文用纪。"

【考据】曹丕此《与吴质书》，应为《又与吴质书》，时间为建安二十三年（218）。在此信中，曹丕回忆与建安诸子流连诗酒的欢快情景，简评他们的文学成就，流露出怀念之情和对岁月的迁逝之悲。

赖有此耳 lài yǒu cǐ ěr

【词源】《晋书·卷一百五十·载记第五》："（石）勒亲临大小学，考诸学生经义，尤高者赏帛有差。勒雅好文学，虽在军旅，常令儒生读史书而听之，每以其意论古帝王善恶，朝贤儒士听者莫不归美焉。尝使人读《汉书》，闻郦食其劝立六国后，大惊曰：'此法当失，何得遂成天下？'至留侯谏，乃曰：'赖有此耳！'其天资英达如此。"

【注】石勒：后赵皇帝。郦食其：西汉初人，汉三年（前204）冬，楚、汉荥阳之战时，曾建议刘邦立六国之后为王。留侯：即张良，字子房，刘邦的谋士，以功封留侯。他“借箸谏阻分封”，反对郦食其立六国之后的主张。赖：依赖。

【释义】幸亏有这一着。表示松了一口气。

【考据】后赵石勒称帝后，非常重视自己的修养，听儒生讲《汉书》中有“郦食其劝立六国后”时，非常吃惊，接着听到张良“借箸谏阻”后，才放下心来。

兰陔 lán gāi

【典源】晋·束皙《补亡诗·南陔》：“循彼南陔，言采其兰。”

【注】陔：田埂。《南陔》：《诗经·小雅》中的篇名。

【释义】沿着南陇，去采摘香草，将以供养父母。比喻孝子养亲。

【书证】唐·刘禹锡《和州送钱侍御自宣州幕拜官便于华州觐省》：“春风旧关路，归去真多兴。兰陔行可采，莲府犹回瞪。”南唐·李中《依韵酬智谦上人见寄》：“莺谷期优负，兰陔养不违。”

【考据】束皙，见“报束长生”。

兰陵入阵 lán líng rù zhèn
兰陵王入阵曲 lán líng wáng rù zhèn qǔ

【典源】《北齐书》卷十一：“芒山之败，长恭为中军，率五百骑再入周军，遂至金墉之下，被围甚急，城上人弗识，长恭免胄示之面，乃下弩手救之，于是大捷。武士共歌谣之，为《兰陵王入阵曲》是也。”

【释义】兰陵王面对败局，勇入敌阵，力挽狂澜，反败为胜。这里有骁勇善战之意。

【考据】兰陵武王高长恭，一名孝瓘，文襄第四子（据兰陵王神道碑记载，实为“第三子”）。累迁并州刺史。作战勇猛，是北齐后期的大将。1962年，毛泽东主席在七千人大会上说：“南北朝的兰陵王，是高欢的孙子高孝瓘，也是个年轻人，他很能打仗，很勇敢。有个专门歌颂他的曲子，叫《兰陵王入阵曲》，据说这个曲子在日本还有。”1986年，邯郸学者赴日将该曲谱录回，使《兰陵王入阵曲》重回故里。

老博士 lǎo bó shì

【词源】《北齐书》卷二十一："昂不遵师训，专事驰骋，每言：'男儿当横行天下，自取富贵，谁能端坐读书做老博士也。'"

【注】昂：指高昂，北齐人。博：古有"大"、"广"、"通达，多闻"、"众多，丰富"等多意。

【释义】这里指死啃书本。也用于指饱学多识之士。

【考据】高昂，北齐人。北魏后期，曾参加高欢的起义，以后曾在北齐为官。本典是追述他年轻时不喜欢读书的故事。

老不晓事 lǎo bù xiǎo shì

【词源】晋·陈寿《三国志·魏书·陈思王植传》："修家子云：老不晓事，强著一书，悔其少作。"

【注】陈思王植：指曹植，曾封陈王，谥号思，后世多称陈思王。修：杨修，东汉末年人，曹操的属吏。

【释义】糊里糊涂，混过一生，不明事理。比喻年老昏昧。

【书证】唐·骆宾王《上吏部侍郎帝京篇启》："虽少好读书，无谢高风而老不晓事，有类扬雄。"

【考据】曹植，见"八斗之才"。

老骥伏枥 lǎo jì fú lì

【词源】三国·魏·曹操《步出夏门行》："老骥伏枥，志在千里。烈士暮年，壮心不已。"

【注】骥：良马，千里马。枥：马槽，养马的地方。

【释义】比喻有志向的人虽然年老，仍有雄心壮志。

【书证】南宋·陆游《老学庵笔记》卷一："用飞龙在天，对老骥伏枥。"

【考据】曹操，见"变化无方"。

磊磊落落 lěi lěi luò luò

【词源】《晋书·石勒载记下》："大丈夫行事，当礌礌落落，如日月皎然，终不能如曹孟德、司马仲达父子，欺他孤儿寡妇，狐媚以取天下也！"

【注】曹孟德：即曹操，孟德是其字。司马仲达：即司马懿，仲达是其字。礌：同"磊"。

【释义】一一分明的样子。也形容光明正大，胸怀坦荡。

【书证】元·左克明《古乐府·两头纤纤诗》："腷腷膊膊鸡初

鸣，磊磊落落向曙星。”

【考据】石勒，见“饱以老拳”。

泪如绠縻 lèi rú gěng mí

【词源】三国·魏·王粲《咏史》：“临穴呼苍天，涕下如绠縻。”

【注】绠縻：绳索。

【释义】眼泪像绳索一样，连续不断。比喻极度悲哀。

【书证】《梁书·王僧孺传》：“顾步高轩，悲如霰委；踯躅下席，泪职绠縻。”

【考据】王粲，见“不失一字”。

离本趣末 lí běn qū mò

【词源】三国·魏·徐干《中论·考伪》：“以此毒天下之民，莫不离本趣末，事以伪成。”

【注】趣：通“趋”，趋向。

【释义】丢掉根本，追逐末节。

【书证】《晋书·刑法志》：“然而律文烦广，事比众多，离本依末。”

【考据】徐干，见“操翰成章”。

理不胜词 lǐ bù shèng cí

【词源】三国·魏·曹丕《典论·论文》：“孔融体气高妙，有过人者，然不能持论，理不胜词；至于杂以嘲戏，及其所善，扬、班俦也！”

【注】孔融：东汉末年的著名文学家。

【释义】说理不能胜过文辞。指文章的用字遣词好，说理则不够畅达。

【书证】唐·权德舆《左开卫胄曹许君集序》：“建安之后，诗教日寝，重以齐梁之间，君臣相比，牵于景物，理不胜词。”

【考据】曹丕，见“避暑之饮”。

厉直刚毅 lì zhí gāng yì

【词源】三国·魏·刘劭《人物志》：“厉直刚毅，材在矫正，失在激讦。柔顺安恕，每在宽容，失在少决。”

【注】讦：攻击别人的短处或揭发别人的隐私。

【释义】严厉而直率，刚强而坚毅。

【考据】刘劭，见“才多识寡”。

良辰美景 liáng chén měi jǐng

【词源】南朝·宋·谢灵运《拟魏太子〈邺中集〉诗序》：“天下良辰、美景、赏心、乐事，四者难并，今昆弟友朋，二三诸尽之矣。”

【注】魏太子：指曹丕，曹操被封为魏国公后，以曹丕为世子，晋封魏王后，即以曹丕为太子。

【释义】美好的时光和景物。

【书证】《陈书·孙玚传》：“每良辰美景，宾僚并集，泛长江而置酒亦一时之胜赏焉！”明·汤显祖《牡丹亭·惊梦》：“原来姹紫嫣红开遍，似这般都付与断井颓垣。良辰美景奈何天，赏心乐事谁家园？”

【考据】曹丕在邺城为太子时，周围形成了一批文人，吟诗作赋，表达襟怀。《邺中集》是曹丕及其文人此时编辑的诗歌集。

两叶掩目 liǎng yè yǎn mù

【词源】北齐·刘昼《新论·传学》：“夫两叶掩目，则冥估无睹，双珠填耳，必寂寞无闻。”

【释义】如同两片树叶遮住了眼睛。比喻受到蒙蔽而对事物分辨不清楚。

【考据】刘昼，见“追风逐电”。

猎辇 liè niǎn

【典源】晋·陆翙《邺中记》：“石虎少好游猎，后体壮大，不复乘马。作猎辇，二十人担之，如今之步辇。上安徘徊曲盖，当坐处安转关床，若射鸟兽，直有所向关，随身而转。虎善射，矢不虚发。”

【注】石虎：后赵君主，以邺为都15年。辇：古代用人拉的车，后来多指皇帝、皇后坐的车。

【释义】比喻穷奢极欲。

【考据】后赵时期的石虎追求奢靡，晋陆翙的《邺中记》记述了这时期石虎在邺城的逸闻故事。

林木池鱼 lín mù chí yú

池鱼之殃 chí yú zhī yāng

【词源】北齐·杜弼《为东魏檄蜀文》：“但恐楚国亡猿，祸延林木；城门失火，殃及池鱼。”

【注】东魏：南北朝时534—549年占据北方以邺城为都的政权。蜀：应指萧纪（萧衍第八子）据益州（今四川成都）。

【释义】比喻因牵连而无端遭到的祸害。

【书证】清·李玉《一捧雪·出塞》：“林木池鱼累，必然蔓牵，争如我一死轻生真洒然！”明·瞿佑《剪灯新话·三山福地传》：“汝宜择地而居，否则恐预池鱼之殃。”

【考据】杜弼(491—559):北齐中山曲阳人。在魏以军功起家,由征虏府墨曹参军累迁大行台郎中。东魏孝静帝元象初,高欢引弼掌典机密,甚见信任。入北齐曾除胶州刺史,北齐天保十年(559)卒。

547年东魏大将侯景降梁,第二年侯景又起兵反梁,梁武帝萧衍被围而饿死。萧衍的诸多儿子分据各地反对侯景,其中萧纪(萧衍第八子)据益州(今四川成都)。《为东魏檄蜀文》应是这个时候东魏政权发给萧纪的文函。

临高守要 lín gāo shǒu yào

【词源】三国·魏·陈琳《为曹洪与世子书》:“彼有精兵数万,临高守要。一人挥戟,万夫不得进。”

【注】曹洪:曹操的从弟。世子:指曹丕。曹丕在建安二十二年(217)被曹操立为王世子。

【释义】占据高地,据守要冲。比喻居高临下。

【考据】陈琳《为曹洪与世子书》是建安二十二年(217)所作。陈琳(160—217):广陵人,字孔璋。为“建安七子”之一。见“把玩无厌”。

灵蛇之珠 líng shé zhī zhū

【词源】三国·魏·曹植《与杨德祖书》:“当此之时,人人自谓握灵蛇之珠,家家自谓抱荆山之玉。”

【注】灵蛇之珠:即隋珠,也叫隋侯之珠,战国时期的著名珍宝。荆山之玉:荆山,山名,位于湖北境内,产宝玉,据传和氏璧就出自此山。荆山之玉比喻极珍贵的东西。

【释义】有神灵的蛇衔来的珍珠。原比喻无价之宝,后也比喻非凡的才能。

【书证】唐·白居易《赋赋》:“客有自谓握灵蛇之珠者,岂可弃之而不收?”

【考据】曹植,见“八斗之才”。《与杨德祖书》是建安二十一年(216)临淄侯曹植写给在邺城的好友杨修的一封信。

囹圄空虚 líng yǔ kōng xū

【词源】三国·魏·曹操《对酒》:“对酒歌,太平时,吏不呼门。王者贤且明,宰相股肱皆忠良。咸礼让，地无所争讼。三年耕有九年储，仓谷满盈。斑白不负载。雨泽如此，百谷用成。却走马，以粪其土田。爵公侯伯子男，咸爱其民，以黜陟幽明。子养有若父与兄。犯礼法，轻重随其刑。路无拾遗之私。囹圄空虚，冬节不断。人耄耋，皆得以寿终。恩德广及草木昆虫。”

【注】囹圄：监狱。

【释义】监狱空虚。比喻施行仁政，政治清明，违法犯罪的人很少，百姓安康，社会秩序良好。

【书证】唐·李百药《北齐书·循吏传·房豹》：“豹阶庭简静，囹圄空虚。”

【考据】曹操，见“变化无方”。

刘桢沉痼 liú zhēn chén gù

【典源】晋·陈寿《三国志·魏书·王粲传》：“粲与……刘桢字公干并见友善。”南朝·宋·裴松之注引《先贤行状》：“干清玄体道，六行修备，聪识洽荣。建安中，太祖特加旌命，以疾休息。后除上艾长，又以疾不行。”

【注】王粲：东汉末年人，“建安七子”之一。刘桢：东汉末年人，字公干，“建安七子”之一。建安：东汉献帝年号（196—220）。太祖：指曹操。上艾：东汉末年的县名，地在今山西阳泉市平定县内。

【释义】比喻卧病。

【书证】唐·李端《卧病寄苗员外》诗：“因恨刘桢病，空园卧见秋。”

【考据】刘桢在曹操手下曾为司空军谋祭酒掾属，五官将文学。性格孤傲，曾因获罪而与曹操抵触。曹操两次命他出任，都以有病为托词辞之。见“曹刘”。

刘桢有气 liú zhēn yǒu qì

【典源】南朝·谢灵运《拟魏太子〈邺中集〉诗序》：“（刘桢）卓荦偏人，而文最有气，所得颇经奇。”

【注】气：气势。

【释义】谓称美诗才。

【书证】唐·张九龄《眉州康司马挽歌词》：“刘桢徒有气，管略独无年。”

【考据】刘桢，见“曹刘”。

龙眉豹颈 lóng méi bào jǐng

【词源】《北齐书》卷二十一：“（高）昂，字敖曹，干第三弟。幼稚时，便有壮气，长而俶傥，胆力过人，龙眉豹颈，姿体雄异。”

【注】干：高干，东魏大将、徐州刺史。高昂的兄长。

【释义】形容勇士凶猛威壮。

【考据】高敖曹(491—538)：即高昂，字敖曹，以字行，东魏勃海蓨(今河北景县东)人。其父高翼为其求得严师，并令其对高敖曹严加捶挞。可高敖曹却不遵师训，常说：“男儿当横行天下，自取富贵，谁能端坐读书做老博士也？”(《北齐书·高昂列传》)。后随高干四处劫掠，州县莫能治理。二人还倾尽家产，招聚剑客乡闾畏之。高翼常对人说：“此儿不灭我族，当大吾门，不直为州豪也。”(《北齐书·高昂列传》)

龙吟 lóng yín

【典源】《北齐书》卷二十九：“述祖能鼓琴，自造《龙吟十弄》，云尝梦人弹琴，寤而写得。当时以为绝妙。”

【注】吟：鸣、叫声。

【释义】形容笙箫笛类管乐器协奏声音的美妙响亮。亦指古代君王的诏令。

【书证】唐·卢同《风中琴》诗：“五音六律十三征，龙吟鹤响思庖义。”

【考据】郑述祖(485—565)，北齐荥阳开封人。东魏为释褐司空行参军。北齐天保初累迁太子少师、仪同三司、兖州刺史，迁光州刺史，所历皆有惠政。

镂骨铭心 lòu gǔ míng xīn
铭心镂骨 míng xīn lòu gǔ
铭心刻骨 míng xīn kè gǔ
刻骨铭心 kè gǔ míng xīn

【词源】北齐·颜之推《颜氏家训·序致》：“追思平昔之指，铭肌镂骨，非徒古书之诫，经目过耳也！”

【注】镂：镂刻。铭：镂记，记载。

【释义】铭刻在心灵深处。形容记忆深刻，永远不忘。

【书证】明·陆采《怀香记·夕阳亭议》：“真是镂骨铭心，没齿难泯。”明·李开先《林冲宝剑记》：“恩同海岳，铭心刻骨难忘。”唐·李白《上安州李长史书》：“深荷王公之德，铭刻心骨。”唐·柳宗元《谢除柳州刺史表》：“铭心镂骨，无报上天。”

【考据】颜之推，见“抱令守律”。

卢女 lú nǚ

卢姬 lú jī

【典源】《乐府诗集·杂曲歌辞·卢女曲》引《乐府解题》曰:"卢女者,魏武帝时宫人也,故将军阴升之姊。七岁入汉宫,善鼓琴。至明帝崩后,出嫁为尹更生妻。"

【注】魏武帝:曹操。阴升:东汉将军。明帝:魏明帝,即曹魏的第二任皇帝,是曹丕与甄夫人(甄宓)在邺城所生的儿子,在位时间226—239年。

【释义】泛指乐妓。

【书证】南朝·梁·简文帝《妾薄命》:"卢姬嫁日晚,非复少年时。"唐·皇甫冉《见诸姬学玉台体》诗:"艳唱召燕姬,清弦待卢女。"明·唐寅《落花诗》:"年长卢姬悲晚嫁,日高黄莺唤愁眠。"

【考据】卢女,卢氏之女,东汉末年到曹魏时期人,史失其名。据典源所述,她善于鼓琴,七岁即进入曹操的宫里为宫人。曹操建安十八年(213)封魏公、建魏国,建安二十一年(216)晋魏王,卢女应在此时入宫。曹魏建立后,又历经魏文帝(曹丕)、魏明帝(曹叡)两帝,明帝死后出宫嫁人,时已中年。

鹿死谁手 lù sǐ shuí shǒu

【词源】《晋书·石勒载记下》:"朕若逢高皇,当北面而事之,与韩、彭竞鞭而争先耳;朕遇光武,当并驱于中原,未知鹿死谁手。"

【注】朕:古代常用作皇帝的自称,这里指石勒。高皇:指汉高祖刘邦。韩、彭:韩信、彭蠡二人。均为西汉初随刘邦征战的将军。光武:东汉光武帝刘秀。鹿:代指猎取的对象,比喻政权。

【释义】原比喻不知政权会落在谁的手里。现在也泛指在竞赛中不知谁会取得最后的胜利。

【书证】姚雪垠《李自成》第二卷第四十七章:"古人把争天下比作'逐鹿中原'。也只有稳据中原,才能定鹿死谁手。"

【考据】石勒,见"饱以老拳"。

这是石勒称帝后所表达自己志向的一段话。

驴鸣送葬 lǘ míng sòng zàng

【典源】南朝·宋·刘义庆《世说新语·伤逝》:"王仲宣好驴鸣。既葬,文帝临其丧,顾与同游曰:'王好驴鸣,可各作一声以送之。'赴客皆一作驴鸣。"

【注】王仲宣：即王粲，字仲宣，东汉末年文学家、诗人，“建安七子”之一。文帝：即曹丕，在邺城时尚为太子。

【释义】王粲喜欢驴叫。他去世后，曹丕前来吊丧，对一起的人说：“王粲喜欢驴叫，我们可以喊一声送与他。”于是客人每人都作一声驴叫，以表示对亡友的追悼。

【书证】唐·刘言史《题王况故居》：“入巷萧条起悲绪，儿女犹居旧贫处。尘满空床屋见天，独作驴鸣一声去。”清·顾大申《闻驴鸣》诗：“夜台（指阴曹地府）王仲宣，能辨此声否？”南朝·宋·刘义庆《世说新语·伤逝》：“此可见一代风气，有开必先。虽一驴鸣之微，而魏、晋名士之嗜好，亦袭自后汉也！”南朝·宋·范晔《后汉书·戴良传》：“良字叔鸾，少诞节。母喜驴鸣，良常学之以娱乐焉。”

【考据】王粲为东汉末年人。初仕刘表，刘表死后归投曹操，被曹操辟为丞相掾，赐爵关内侯。建安二十二年（217）在邺城瘟疫中染病卒，年41岁。曹丕曾组织邺下文人专门为他送葬。

驴在汉代最初传入中国时，非常宝贵。《尔雅翼》记载：“始自汉灵帝于宫中西园驾四白驴，躬自操辔，驱驰周旋以为乐。于是公卿贵戚转相仿效，里乘辎軿，以为骑从。”《拾遗记》：“灵帝初平三年起，裸游，馆于西园，使内竖驴鸣于馆北。”

乱世奸雄 luàn shì jiān xióng

【词源】晋·陈寿《三国志·魏书·武帝纪》裴松之注引孙盛《异同杂语》：“（曹操）尝问许子将：‘我何如人？’子将不答。固问之，子将曰：‘子治世之能臣，乱世之奸雄。’”

【注】许子将：名劭，字子将，东汉末年汝南平舆人。东汉末年著名的人物评论家。据说他每月都要对当时人物进行一次品评，人称为“月旦评”。乱世：动乱的不安定的时代。

【释义】指时局混乱时的野心家。

【书证】清·陈恭尹《邺中诗》：“乱世奸雄空复尔，一家词赋最怜君。”

【考据】曹操幼时曾师从许子将学习武艺，他评价曹操为“治世之能臣，乱世之奸雄”。曹操（155—220），即魏武帝，东汉末沛国谯（今安徽亳州市）人，杰出的政治家、军事家和文学家。年二十举孝廉为郎，迁顿丘令。拜骑都尉，参与镇压黄巾军，迁济南相。献帝初平三年，任兖州牧，分化诱降黄巾军，编其精锐为青州兵。建安元年，迎献帝都许。先后破吕布、袁术、袁绍。于汉献帝建安九年(204)攻下邺城，以邺为根据地，逐渐统一北方。建安十三年进位丞相，后封魏王，以邺为都。汉延康元年去世，卒谥武，葬邺城西西门豹祠西原。魏文帝黄初时追尊武帝，庙号太祖。曹操精通兵法，著《孙子略解》、《兵书接要》等。也善诗文，多抒发政治抱负，反映东汉末人民的苦难。

罗敷采桑 luó fū cǎi sāng

【词源】晋·崔豹《古今注》："秦氏，邯郸人，有女名罗敷，为邑人千乘王仁妻……王仁为赵王家令。罗敷出，采桑陌上，赵王登台，见而悦之，因置酒，欲夺焉，罗敷乃弹筝，作《陌上桑》之歌以自照，赵王乃止。"

【释义】喻指坚贞的民间女子。

【考据】罗敷，相传为战国时赵国邯郸女子，姓秦，是赵王家令王仁之妻。罗敷采桑陌上，赵王登台，见其貌美而欲夺之，罗敷乃作《陌上桑》诗以明志，赵王乃止。

M

卖官鬻狱 mài guān yù yù

【词源】《北史·列传三十五》："珽因厉声曰：'……士开、文遥、彦深等专弄威权，控制朝廷，与吏部尚书尉瑾内外交通，共为表里，卖官鬻狱，政以贿成。天下歌谣："若为有识所知，安可闻于四裔？"陛下不以为意，臣恐大齐之业隳矣。'"

【注】珽：祖珽。士开、文遥、彦深，即和士开、元文遥、赵彦深三人，均为北齐大臣。鬻：卖。四裔：指和士开、元文遥、赵彦深和尉瑾四人。陛下：指北齐武成帝高湛。隳(huī)：毁坏。

【释义】指受贿卖官，枉法断狱。

【书证】南宋·朱熹《乙酉拟上封事》之七："而左右近习，皆得以窃弄权威，卖官鬻狱，使政体日乱，国势日卑。"《元史·耶律楚材传》："今任使非人，卖官鬻狱，囚系非辜者多。”

【考据】北齐武成帝高湛在位时，宠用和士开等人，委以朝权。565年，高湛听从祖珽的建议，传位太子高纬，自己做太上皇。祖珽为秘书监，加仪同三司，大被亲宠。不久，祖珽因有志于宰相，遂告赵彦深、元文遥、和士开等人罪状。事泄，高湛即问罪于祖珽。结果祖珽被鞭二百，配甲坊，置于一深坑内，夜中以芜菁子为烛，眼睛因此失明。

门不停客 mén bù tíng kè

门不停宾 mén bù tíng bīn

【词源】北齐·颜之推《颜氏家训》：“门不停客，古所贵也！”

【注】宾：宾客。

【释义】门外不停留客人。形容勤于待客。

【书证】《晋书·王浑传》：“浑抚循羁旅，虚怀绥纳，座无空席，门不停宾。于是江东之士莫不悦附。”

【考据】颜之推，见“抱令守律。”

梦想为劳 mèng xiǎng wéi láo

【词源】三国·魏·曹植《与杨德祖书》：“数日不见，思子为劳，想同之也！”

【注】杨德祖：即杨修，曹植在邺城的好友。劳：操心，竭虑。

【释义】梦中想念或思虑，以致耗费以血。比喻思念之深切。

【书证】明·孟称舜《花前一笑》第四折（《古本戏曲丛刊》四集）：“小生自见姐姐，梦想为劳，谁料得有今日。”

【考据】曹植，见“八斗之才”。《与杨德祖书》是建安二十一年（216）临淄侯曹植写给在邺城的好友杨修的一封信。

觅虱 mì shī

【典源】《北史·邢邵传》：“（邢邵）有斋不居，坐卧恒在一小屋。果饵之属，或置之梁上，宾至，下而共啖。天姿质素，特安异同，士无贤愚，皆能倾接，对客或解衣觅虱，且与剧谈。有书甚多，而不甚雠（chóu）校。”

【释义】当着客人脱衣觅虱子。比喻不拘小节。

【书证】清·李晖吉等《龙文鞭影二集》下卷：“子才觅虱，子瞻嗜蚝。”

【考据】邢邵（496—？）：北齐河间鄚人，一字子才。北魏末年即为官。尔朱荣入洛，邢邵与杨愔避于嵩山。后为高澄所征，与温子升共为侍谈。其后除骠骑、西兖州刺史。孝静帝迁都邺城后，他历中书令、太常卿兼中书监，摄国子祭酒，授特进。北齐文宣帝时累迁太常卿、中书监、摄国子祭酒。“邵顿居三职，并呈文学之首”，与魏收、温子升并称为“北地三才”。

邢邵有文名，藏书为北齐私家之冠，是北齐有名的才子，但为人不拘小节。“觅虱”一典即反映了他的性格。

免胄示面 miǎn zhòu shì miàn

【词源】《北齐书》卷十一：“芒山之败，长恭为中军，率五百骑再入周军，遂至金墉之下，被围甚急，城上人弗识，长恭免胄示之面，乃下弩手救之，于是大捷。”

【注】芒山：一作邙山，在洛阳城北。长恭：即高孝瓘，一名肃，高欢之孙，高澄之子，北齐封兰陵武王。周军：北周的军队。金墉：地名，在洛阳城外，是洛阳的拱卫城。胄：头盔。免：摘去。

【释义】兰陵王深入阵前，揭开面具，军士见到主帅，士气大振，一举扭转战局，反败为胜。意指兰陵王的威武英勇。

【考据】芒山之战是564年北齐与北周之间的一次著名战役。北齐兰陵武王高长恭在危急时刻突入敌营，为战争的胜利奠定了基础。他也因此成为北齐后期著名的战将。兰陵王“貌柔心壮，音容兼美”，为阵前威慑敌人，打仗时常于头盔前置一凶悍面具。

妙绝时人 miào jué shí rén

【词源】三国·魏·曹丕《与吴质书》：“公干有逸气，但未遒耳，其五言诗之善者，妙绝时人。”

【注】吴质：东汉末年人，邺下文人集团的主要人物之一，曹丕的好友。公干：刘桢。东汉末年建安七子之一，字公干。时人：当时的人。

【释义】指作品的精美，超过当时的人。

【书证】南朝·宋·范晔《后汉书·张超传》：“超又善于草书，妙绝时人，世共传之。”

【考据】本典所出为建安二十三年(218)的与吴质书。在此信中，曹丕回忆与建安诸子流连诗酒的欢快情景，简评他们的文学成就，流露出怀念之情和对岁月的迁逝之悲。

民劳下困 mín láo xià kùn

【词源】三国·魏·刘劭《人物志》："其功足以理纠邪。其蔽也，民劳而下困。其这业也，细而不泰，故为治之末也！"

【释义】使民众劳苦而属下困顿。

【考据】刘劭，见"博识君子"。

名实相副 míng shí xiāng fù

名副其实 míng fù qí shí

【词源】三国·魏·曹操《与王脩书》："君澡身浴德，流声本州，忠能成绩，为世美谈，名实相副，过人甚远。"

【注】名：名声，名誉。副：相称，符合。实：实际，实质。

【释义】好的名声和实际情况相符合。

【书证】宋·范祖禹《唐鉴·玄宗下·天宝八载》："（祖禹曰）故夫孝子慈孙之欲显其亲，莫若使名副其实而不浮，则天下心服之矣！"《旧唐书·礼仪志一》："制礼定名，合从事实，使名实相副，则尊卑有伦。"清·李绿园《歧路灯》第九十回："就是那礼部门口有名的，也要名副其实。"

【考据】王脩，字叔治，东汉末年人。初投青州的袁谭，辟为治中从事。曾劝袁谭、袁尚兄弟团结和睦。曹操占领邺城后，消灭了袁谭，修乞收葬谭尸。曹操嘉其义，听之。此《与王脩书》即写于此前后。王脩投曹操后，为督军粮官。魏国既建，为大司农郎中令，不久病卒。

明月西沉 míng yuè xī chén

【词源】《北齐书》卷十七："周将军韦孝宽忌光英勇，乃作谣言，令间谍漏其文于邺，曰'百升飞上天，明月照长安'……令小儿歌之于路。……（帝）于是下诏称光谋反，今已伏法，其余家口并不须问。寻而发诏，尽灭其族。"

【注】韦孝宽：北周大将，负责对北齐作战的主将。光：此指斛律光，北齐大将，字明月。百升："百升"即"斛"字。明月：隐指斛律光。

【释义】意为名将无辜遇害。

【书证】元·卢挚《双调·蟾宫曲·邺下怀古》："无愁梦断，明月西沉。”

【考据】北齐后主高纬诛杀大将斛律光事，在北齐武平三年(572)，斛律光时年58岁。北周灭北齐后，追赠斛律光为上柱国，崇国公。

命世之才 mìng shì zhī cái

【词源】晋·陈寿《三国志·魏书·武帝纪》：“玄谓太祖曰：‘天下将乱，非命世之才不能济也，能安之者，其在君乎？’”

【注】玄：指桥玄，东汉末年人(109—183)，汉灵帝时期曾任司空、司徒和太尉等。太祖：指曹操。

【释义】原指顺应天命而降世的人才。后多指名望才能为世人所重的杰出人才。

【考据】桥玄历任高官，虽性格刚直急躁，但谦虚勤俭，因此名声很好。曹操官职低微时曾拜访他。桥玄见到曹操感到惊异，对他说了以上的话。此后曹操常常感叹桥玄是他的知己。桥玄去世后，曹操南征北战，每次经过他的坟墓，都感到凄怆并祭祀他，还亲自为他撰文，感激他的夸奖激励。

摸金校尉 mō jīn xiào wèi

【典源】三国·魏·陈琳《为袁绍檄豫州文》：“而(曹)操帅将、吏、士，亲临发掘，破棺裸尸，掠取金宝……操又特置发丘中郎将、摸金校尉，所过隳突，无骸不露。”

【注】袁绍：东汉末年割据北方的军阀，时为冀州牧，盘踞邺城。豫州：指刘备。曹操曾奏请封刘备为豫州牧，故人称刘备为“刘豫州”。中郎将、校尉：均为古代军官的职称。

【释义】指掠夺财物的军官。后多指盗墓贼。

【书证】明·东鲁古狂生《醉醒石》第八回：“不啻摸金校尉，何殊发丘中郎。括尽前朝翰墨，搜穷历代彝章。”

【考据】陈琳《为袁绍檄豫州文》是198年(建安三年)陈琳为盘踞在邺城的袁绍起草的与曹操准备战争而给刘备的檄文。此时袁绍盘踞邺城，领有冀、青、幽、并四州，号称百万大军，准备南下与曹操争锋。陈琳此时在袁绍手下。袁绍被消灭后为曹操所收，为记室。

莫此为甚 mò cǐ wéi shèn

【词源】三国·魏·陈琳《檄吴将校部曲文》:“贼仁残义,莫此为甚。”

【注】莫:没有什么。甚:超过。

【释义】没有什么能超过这个的了。多指不良倾向或形势严重。

【书证】北宋·苏轼《扬州上吕相书》:“只如扬州税额已增不亏,而数小吏为虐不已,原其情,盖为有条许酒监管分请增剩赏钱,此元丰中一小人建议,羞污士风,莫此为甚。”明·朱国桢《涌幢小品·启圣祠》:“颠倒彝伦,莫此为甚。”

【考据】陈琳,见“冰消瓦解”。

木凤衔书 mù fèng xián shū

【典源】晋·陆翙《邺中记》:“石季龙与皇后在观上为诏书,五色彩凤著口中,凤既衔诏,侍人放数百丈绯绳,辘轳回转,凤凰飞下,谓之‘凤诏’。凤凰以木作之,五色漆画,脚皆用金。”

【注】石季龙:即石虎,后赵国君。

【释义】后指称美皇帝颁发诏书。

【书证】清·田从典《拟七德九功歌效乐天体》:“我皇恭已开明堂,木凤衔书下八方。”

【考据】石虎时期的后赵,追求奢靡浮华,在邺城大建宫室,《邺中记》记述了这时期的邺都后赵的逸事。见“凤诏”。

目不邪视 mù bù xié shì
目不斜视 mù bù xié shì

【词源】北齐·颜之推《颜氏家训·教子》:“古者圣王有胎教之法:怀子三月,出居别宫,目不邪视,耳不妄听,音声滋味,以礼节之。”

【注】邪:通“斜”。

【释义】眼睛不往旁边看。形容目光庄重,神情严肃。

【书证】明·罗贯中《三国演义》第十一回:“妇人请竺同载。竺上车端坐,目不邪视。”清·李汝珍《镜花缘》:“都是目不斜视,俯首而行。”

【考据】颜之推,见“抱令守律”。

N

男来女往 nán lái nǚ wǎng

【词源】北齐·王纮《上言备

边》:"突厥与宇文男来女往,必当相与影响。南北寇边,宜选九州劲勇强弩,多据要险之地。伏愿了陛下哀忠念旧,爱孤恤寡,矜愚嘉善,舍过记功,敦骨肉之情,广宽仁之路,思尧、舜之风,慕禹、汤之德,克己复礼,以成美化,天下幸甚。"

【注】突厥:南北朝时居于北方的少数民族。宇文:复姓,此指统治北周的宇文氏。尧、舜、禹、汤:均为古代的贤君。

【释义】指人来人往,交流非常频繁。

【书证】李法祥《陉城明清四合院》:"如遇婚丧嫁娶,穿堂洞开,四院一家,男来女往,凸显族人之旺。"

【考据】王纮:字师罗,北齐太安狄那人,武定末除晋阳令,天保初加宁远将军,河清中加骠骑大将军,天统初除经事黄门侍郎,后迁散骑常侍,武平初进开府仪同三司,迁侍中,有《鉴诫》24 篇。

南国佳人 nán guó jiā rén

【词源】三国・魏・曹植《杂诗》:"南国有佳人,荣华若桃李。"

【注】南国:南方。佳人:美丽的女子。

【释义】泛指美女。

【书证】五代・前蜀・韦庄《忆昔》:"西园公子名无忌,南国佳人号莫愁。"明・许自昌《水浒记・冥感》:"马嵬埋玉,珠楼坠粉,玉镜鸾空月影,莫愁敛恨,枉称南国佳人。"

【考据】曹植,见"八斗之才"。

南皮游 nán pí yóu

【典源】三国・魏・曹丕《与吴质书》:"每念昔日南皮之游,诚不可望。"

【注】南皮:地名。今属河北省,在沧州附近。

【释义】比喻朋友欢宴游。

【书证】北周・庾信《杨柳歌》:"昔日公子出南皮,何处相寻玄武陂。"唐・陈子昂《游侠篇》诗:"云影遥临盖,花气近熏衣。东郊斗鸡罢,南皮射雉归。日暮河桥上,扬鞭惜晚晖。"

【考据】曹丕《与吴质书》,在建安二十二年(217)。此时吴质为朝歌长,迁元城令,曹操西征,太子曹丕送行南至孟津小城,有《与吴质书》。"南皮之游"是指建安十年(205)曹丕随曹操攻打逃至南皮的袁谭时,曹丕与文友们在城外游猎的情景。

南台北省 nán tái běi shěng

【典源】《北史》卷三十四："文襄执请，乃以吏部郎中崔暹为御史中尉，以游道为尚书左丞。文襄谓暹、游道曰：'卿一人处南台，一人处北省，当使天下肃然。'"

【注】文襄：指高澄，高欢的长子，549 年在邺城被刺而死，北齐时追尊为文襄帝。崔暹：东魏时人，深受高澄的信任。游道：宋游道，东魏、北齐人，高澄的亲信。台：指御史台（也称宪台）。省：官署名称，此指尚书省。

【释义】用人得当，分工合理。

【考据】东魏武定（543 年正月—550 年五月）初，高澄为了加强吏治，提出崔暹担任御史中尉，而由宋游道担任尚书省左丞，并取得了高欢的支持。此后，东魏末年的贪污之风得到了一定的整肃。

囊底智 náng dǐ zhì

【典源】《晋书·慕容垂载记》："吾计决矣。且吾投老，扣囊底智，足以克之，不复留逆贼以累子孙也！"

【释义】比喻足智多谋。

【书证】元·李孝光《满江红》："富贵何须囊底智，功名无若杯中酒。"

【考据】这是后燕的皇帝慕容垂准备攻打西燕（西燕都长子，今山西省长治市）前同范阳王慕容德商议时的话。建兴九年（394），慕容垂大军在邺城西南集结，很快就消灭了西燕。

内阁犬吠 nèi gé quǎn fèi

【典源】明·冯梦龙《古今笑史》："北齐邢子才与妇甚疏，未尝内宿，尝昼入内阁，为犬所吠，因抚掌大笑。"

【注】内阁：内室。为犬所吠：自家的狗不认识自己，说明他久不入内室。

【释义】比喻夫妻关系不融洽。

【考据】邢子才（496—?）：名邵，字子才。仕北魏（含东魏）、北齐两朝，历官骠骑将军、西兖州刺史、中书令、国子祭酒、加特进等，与魏收、温子升时称"北地三才"。卒年不详。

内外交通 nèi wài jiāo tōng

【词源】《北史》列传三十五："(北齐高湛帝)执珽诘曰：'何故毁我士开？'珽因厉声曰：'臣由士开得进，本无心毁之。陛下今既问臣，臣不敢不以实对。士开、文遥、彦深等专弄威权，控制朝廷，与吏部尚书尉瑾内外交通，共为表里，卖官鬻狱，政以贿成。天下歌谣："若为有识所知，安可闻于四裔？"陛下不以为意，臣恐大齐之业隳矣。'"

【注】珽：祖珽。士开、文遥、彦深：即和士开、元文遥、赵彦深三人，均为北齐大臣。鬻：卖。四裔：指和士开、元文遥、赵彦深和尉瑾四人。交通：交往，勾结。陛下：指北齐武成帝高湛。隳(huī)：毁坏。

【释义】相互勾结，狼狈为奸。也可用于"里应外合"。

【书证】《明史》列传一百三十三："而又有巩辈蚁附蝇集，内外交通，驱除善类。"明·文秉《先拨志始》附《妖言十大说》："或传治罪珰过甚者，或称内外交通者，使闻风叹息之言，作此日不白之冤。"

【考据】北齐武成帝高湛在位时，宠用和士开等人，委以朝权。565年，高湛听从祖珽的建议，传位太子高纬，自己做太上皇。祖珽为秘书监，加仪同三司，大被亲宠。不久，祖珽因有志于宰相，遂告赵彦深、元文遥、和士开等人罪状。事泄，高湛即问罪于祖珽。结果祖珽被鞭二百，配甲坊，置于一深坑内，夜中以芜菁子为烛，眼睛因此失明。

辇毂之下 niǎn gū zhī xià

【词源】《北齐书》卷四十六："(路)去病明闲时务，性颇严毅，人不敢欺，然至廉平，为吏民叹服。擢为成安令。京城下有邺、临漳、成安三县，辇毂之下，旧号难治，重以政乱时难，纲维不立，功臣内戚，请嘱百端。"

【注】辇：帝王坐的车子。毂：原指车轮的圆心，这里指代车轮。

【释义】皇帝辇毂之下。指京城、帝都。

【书证】宋·苏舜钦《与欧阳公书》："辇毂之下尚尔，远民冤滥，孰肯更为辩之。"

【考据】路去病(？—约605)：历仕北齐、北周、隋朝。齐河清初，任殿中侍御使，弹劾不避贵戚，以正直闻名。再迁成安县令，任上拒绝请托，以律办事，权要不敢任意所为，因此成安大治。周代齐后被留任，周武帝曾下令褒扬。入隋，大业初年卒于冀氏县令任上。《北史》“循吏”中有传。

宁为玉碎，不为瓦全

nìng wéi yù suì bù wéi wǎ quán

【词源】唐·李百药《北齐书》卷四十一：“天保时，诸元帝室亲近者多被诛戮。疏宗如景安之徒议欲请姓高氏，景皓云：‘岂得弃本宗，逐他姓，大丈夫宁可玉碎，不能瓦全！’景安遂以此言白显祖，乃收景皓诛之，家属徙彭城。由是景安独赐姓高氏，自外听从本姓。”

【注】天保：北齐文宣帝高洋的年号，550 年五月—559 年十二月，历时 9 年余。景安：元景安，原东魏皇室疏族，时任定襄县令。景皓：元景皓，东魏皇室的远房宗族。显祖：即北齐文宣帝高洋，显祖是其庙号。

【释义】宁愿做玉器被打碎，不做瓦器而保全。比喻宁愿为正义牺牲，不愿丧失气节，苟且偷生。

【书证】林语堂《中国人之聪明》：“使糊涂的白种人处于同样境地，虽明知兵力不敌，亦必背城借一，‘宁为玉碎，不为瓦全’，与日人一战。”姚雪垠《李自成》第一卷第十二章：“咱们宁为玉碎，不为瓦全。能突围就突围，万一出不去，跟他们拼到底吧。”

【考据】550 年，高洋废掉了东魏的孝静帝，自己做了皇帝，建立了北齐。高洋为了巩固统治，就尽力削减和限制元氏贵族的势力，对元氏贵族大加杀害。一些元姓宗族为逃避被杀的厄运，想改成高姓，元景皓表示反对。

弩不为鼠发机

nǔ bù wèi shǔ fā jī

【典源】晋·陈寿《三国志·魏书·杜袭传》：“夫惟贤知贤，惟圣知圣。凡人安能知非凡人邪？方今豺狼当道而狐狸是先，人将谓殿下避强攻弱，进不为勇，退不为仁。臣闻千钧之弩不为鼷鼠发机，万石之钟不以莛撞起音，今区区之许攸，何足以劳神武哉？”

【注】弩：利用机械发箭的弓。

【释义】指应避弱攻强，抓住主要矛盾，不可感情用事，而导致策略失误。也指区区小事不须大动干戈。

【书证】南宋·陆游《怀昔》诗："业文仅与驴书券，学射才因鼠发机。"

【考据】杜袭，字子绪，颍川郡定陵县(今河南叶县)人，生卒年不详。建安初，曹操迎天子都许，以杜袭为西鄂长。后为丞相军谋祭酒。魏国既建，为侍中。后袭领丞相长史，随太祖到汉中讨张鲁。219 年杜袭为留府长吏，驻关中。时将军许攸拥部曲，不附曹操且有慢言，曹操准备讨伐他。杜袭坚持向曹操提出了这个以抚为主的建议，曹操称善，遂厚抚许攸，攸即归服。

女博士 nǚ bó shì

【典源】晋·陈寿《三国志·魏书五·后妃传》："(甄皇后)年九岁，喜书，视字辄识，数用诸兄笔砚，兄谓后言：'汝当习女工。用书为学，当作女博士邪?'后答言：'闻古者贤女，未有不学前世成败，以为己诫。不知书，何由见之?'"

【注】博士：古代学官名，源于战国。

【释义】比喻学问深的女子。

【书证】宋·黄庭坚《绿菜赞》："在吴则紫，在蜀则绿。其臭味同，远故不录。谁其发之，班我旨蓄。维女博士，史君炎玉。"宋·黄庭坚《赠李辅圣》："旧管新收几妆镜，流行坎止一虚舟。相看绝叹女博士，笔研管弦成古丘。"

【考据】甄氏(182—221)：又名甄洛，中山无极(今河北无极)人。父甄逸，官上蔡县令；母张氏，封广乐乡君。初嫁袁绍二儿子袁熙，204 年在邺城为曹操的长子曹丕所看中，娶为妻子，生子曹睿，即后来的魏明帝。明帝时被追谥为"文昭皇后"。

P

烹羊宰牛 pēng yáng zǎi niú

【词源】三国·魏·曹植《箜篌引》："置酒高殿上，亲友从我游。中厨办丰膳，烹羊宰肥牛。秦筝何慷慨，齐瑟和且柔。阳阿奏齐舞，京洛出名讴。乐饮过三爵，缓带倾庶羞。主称千金寿，宾奉万年酬。"

【释义】比喻宴会非常丰盛。

【书证】李白《将进酒》："千金

散尽还复来，烹羊宰牛且为乐，会须一饮三百杯，岑夫子，丹丘生，将进酒，君莫停。”

【考据】曹植，见“八斗之才”。

蓬头垢面 péng tóu gòu miàn

【词源】北齐·颜之推《颜氏家训·风操》：“梁世被系劾者……子则草屦粗衣，蓬头垢面。”

【注】梁世：指南北朝时的南梁时期。系劾者：被抓起来或被弹劾的（官员）。屦：草鞋。

【释义】头发蓬乱，脸上很脏。旧时形容贫苦人生活条件很坏的样子，也泛指没有修饰。

【书证】唐·李复言《续玄怪录·张老》：“后数年，（韦）恕念其女，以为蓬头垢面不可识也！令其男义方访之。”

【考据】颜之推，见“抱令守律”。

疲于奔命 pí yú bēn mìng

【词源】晋·陈寿《三国志·魏书·袁绍传》：“乘虚迭出，以扰河南，救右则击其左，救左则击其右，使敌疲于奔命。”

【注】疲：疲乏、劳累。奔命：奉命或被迫奔走。

【释义】原指因奉命奔走而筋疲力尽。后也指事情繁多，忙不过来。

【书证】毛泽东《论持久战》：“中国农民有很大的潜力，只要组织和指挥得当，能使日本军队一天忙碌二十四小时，使之疲于奔命。”

【考据】出于袁绍的谋士田丰的建议。建安五年（200），盘踞邺城的冀州牧袁绍准备南下与曹操争锋，谋士田丰反对，主张待以时日养兵蓄粮并出奇兵袭扰曹操的后方，但为袁绍拒绝。

贫士市瓜 pín shì shì guā

【词源】《北齐书》卷三十四：“（杨愔）典选二十余年，奖擢人伦，以为己任，然取士多以言貌，时致谤言，以为愔之用人，似贫士市瓜，取其大者。愔闻，不屑焉。”

【注】典选：官职，也称主持选拔人才的官吏。贫士：穷读书人。市：买。

【释义】穷读书人买瓜只捡大个挑捡，不顾内在质量好坏。比喻以貌取人，不论实际如何。

【考据】杨愔，字遵彦，小名秦

王，弘农华阴人。6 岁学史书，11 岁受《诗》、《易》，好《左氏春秋》。及长，能清言，美音制，风神俊悟，容止可观。人士见之，莫不敬异，有识者多以远大许之。永安初，18 岁即拜通直散骑侍郎。北魏末年乱，曾与友人河间邢邵隐于嵩山。后奔信都投高欢，深受重用，“于时霸图草创，军国务广，文檄教令，皆自愔及崔䴙出”。东魏武定末，超拜吏部尚书，加侍中、卫将军，侍学典选如故。入北齐也为高洋倚重，封开封王。济南王高殷嗣业，任遇益隆。乾明元年二月，为孝昭帝高演所诛，时年 50。

平淡无味 píng dàn wú wèi

【词源】三国·魏·刘劭《人物志·九征》：“凡人之质量，中和最贵矣。中和之质，必平淡无味，故能调成五材，变化应节。是故，观人察质，必先察其平淡，而后求其聪明。”

【释义】本意是性格平和。后多含贬义，指平庸没有才华。

【书证】梁羽生《联剑风云录》：“那两个老武师喜出望外，沐磷却反感到平淡无味。”

【考据】刘劭，见“博识君子”。

平视获罪 píng shì huò zuì

【典源】晋·陈寿《三国志·魏书·刘桢传》：“桢以不敬被刑，刑竟署吏。”裴松之注引《典略》曰：“其后太子（曹丕）尝请诸文学，酒酣坐欢，命夫人甄氏出拜。坐中众人咸伏，而桢独平视。太祖闻之，乃收桢，减死输作。”

【注】减死输作：减免死罪，罚做苦役。

【释义】比喻对女子或上级不敢公然相看，有时引申用为非罪之罪。

【考据】刘桢，见“病卧清漳”。

破胆丧魂 pò dǎn sàng hún

【词源】宋·李昉《太平广记·卷一百二十六·张和思》：“北齐张和思，断狱囚，无问善恶贵贱，必被枷锁杻械，困苦备极。囚徒见者，破胆丧魂，号生罗刹。”

【注】丧魂：丢失魂魄。罗刹：佛教中指恶鬼，常指食人肉之恶鬼。

【释义】极度恐惧。

【考据】张和思，北齐人，生卒年不详。因常使用酷刑殴打犯人，被人称作“生罗刹”，即“活魔鬼"。后以坐法杖死。

剖玄析微 pōu xuán xī wēi

【词源】北齐·颜之推《颜氏家训·勉学》:"直取其清谈雅论,剖玄析微,宾主往复,娱心悦耳,非济世成俗之要也!"

【注】玄:奥妙,奇妙。

【释义】指分析奥妙,剖辨细微。

【书证】宋神宗《御礼批陈景元进〈道德经〉注》:"剖玄析微,贯穿百氏,厥旨详备,诚可取也!"

【考据】颜之推,见"抱令守律"。

Q

七步八叉 qī bù bā chā

【典源】宋·李昉《太平御览》引《魏书》:"文帝尝欲害植,以其无罪,令其七步为诗,若不成,加军法。"宋·孙光宪《北梦琐言·温李齐名》:"(温庭筠)才思艳丽,工于小赋,每人试,押官韵作赋,凡八叉手而八韵成。"

【注】七步:曹植七步成诗。八叉:温庭筠作赋八次叉手即成。

【释义】形容文思敏捷,才华出众。

【书证】清·李绿园《歧路灯》:"娄朴写完,笑道:'屡次推敲未稳,恳二位老弟斧薪。'绍闻道:'七步八叉,浑如夙构。'"清·吴毓昌《三笑新编·书诉》:"夫人,若说那童儿,他是七步八叉采似海,从无思索用揣摩。"

【考据】文帝,指曹丕,见"避暑之饮"。

七步之才 qī bù zhī cái

【词源】南朝·宋·刘义庆《世说新语·文学》:"文帝尝令东阿王七步中作诗,不成者行大法,应声便为诗曰:'煮豆持作羹,漉豉以为汁;萁在釜下燃,豆在釜中泣;本自同根生,相煎何太急!'帝深有惭色。"

【注】文帝:指魏文王曹丕。东阿王:指曹植,首封东阿王。

【释义】形容才思敏捷。

【考据】见"八斗之才"。

凄入肝脾 qī rù gān pí

【词源】三国·魏·繁钦《与魏

文帝笺》:"咏北狄之遐征,奏胡马之长思,凄入肝脾,哀感顽艳。"

【注】魏文帝:即曹丕,此时曹丕尚在邺城为魏国王世子。凄:凄凉,悲伤。

【释义】形容极度悲伤。

【书证】清·吴趼人《二十年目睹之怪现状》第七十一回:"这封信却是骈四骈六的,足有三千多字,写得异常得凄入肝脾。"

【考据】繁钦(?—218):字休伯,东汉颍川(今河南禹县)人。曾任丞相曹操主簿,以善写诗、赋、文章知名于世。繁钦是邺下文人之一,他的《与魏文帝笺》写于邺城,篇名系后人所拟。

齐整如一 qí zhěng rú yī

【词源】晋·陈寿《三国志·魏志·郑浑传》:"入魏郡界,村落齐整如一,民得财足用饶。"

【注】魏郡:治所在今临漳县西南。

【释义】形容非常整齐。

【书证】清·汪庵《本草纲易读》:"每枝头细青绿色,复有小叶承之,齐整如一。"

【考据】郑浑,字文公,河南开封人。东汉末年先后投淮南袁术和豫章太守的好友华歆。后来为曹操征召为掾属,以后历有所迁。曹丕称帝后,郑浑历任山阳和魏郡太守,所在皆有治绩,深受百姓爱戴。曹睿即帝位后,下诏将他的治绩公告全国。

齐足并驰 qí zú bìng chí

齐足并驱 qí zú bìng qū

【词源】三国·魏·曹丕《典论·论文》:"咸以自骋骥騄于千里,仰齐足而并驰。"

【注】齐足:前进的速度相同。并驰:共同快跑。骥騄:骏马名。

【释义】比喻齐头并进,不分前后。

【书证】晋·陈寿《三国志·蜀书·彭羕传》:"卿才具秀拔,主公相待至重,谓卿当与孔明、孝直诸人齐足并驱。"

【考据】曹丕,见"避暑之饮"。

旗鼓伤心 qí gǔ shāng xīn

【典源】晋·陈寿《三国志·魏书·臧洪传》:"袁绍令洪邑人陈琳书与洪,洪答曰:'望主人之旗鼓,感故友之周旋。'"

【注】臧洪(160—195):徐州广

陵射阳（今江苏宝应东）人。陈琳：东汉末年人，此时在袁绍手下。旗鼓：本指军队号令全军的用具，此代将军。

【释义】比喻怀念旧友、故国。

【书证】《西昆酬唱集·卷上·泪二首》："江南满目新亭宴，旗鼓伤心故国春。"

【考据】袁绍自192年占据邺城后，曾先后推举臧洪为青州刺史和东郡太守。后因曹操进攻徐州太守张超，臧洪与张超是好友，请求袁绍救援，袁绍不肯，于是怨袁绍，断绝关系。195年，袁绍出兵包围了臧洪。袁绍让臧洪的同乡陈琳写信，希望他投降。臧洪不肯，回信说："看见主人的旗鼓，想念过去的朋友。"袁绍见此，知终不为己用，乃杀之。

绮罗粉黛 qǐ luó fěn dài

【词源】北齐·颜之推《颜氏家训·治家》："邺下风俗，专以妇持门户，争讼曲直，造请逢迎，车乘填街衢，绮罗盈府寺，代子求官，为夫诉屈。"

【注】粉黛：指美女。绮罗：衣着为华贵丝织品的人，多指贵妇人、美女。

【释义】指女子服饰华贵装扮艳丽。也指妆饰浮艳的女子。

【书证】明·徐复祚《红梨记·一十五·诉衷》："这妮子倒也有些好处，丰姿俊雅，可方洛女湘妃；德性温纯，不减少君德曜。绝无绮罗粉黛之态，岂是寻常庸碌之妻？"

【考据】颜之推，见"抱令守律"。

弃瑕取用 qì xiá qǔ yòng
弃瑕录用 qì xiá lù yòng

【词源】三国·魏·陈琳《为袁绍檄豫州文》："于是提剑挥鼓，发命东夏，收罗英雄，弃瑕取用。"

【注】豫州：指刘备。曹操曾奏请封刘备为豫州牧，故人称刘备为"刘豫州"。弃：舍弃。瑕：玉上的斑点。比喻人的过错。

【释义】原谅过去的过失，重新录用。

【书证】三国·吴·陆瑁《与暨艳书》："加今王业始建，将一大统，此乃汉高弃瑕录用之时也。"南朝·梁·丘迟《与陈伯之书》："圣朝赦罪责功，弃瑕录用。"

【考据】陈琳《为袁绍檄豫州文》是建安三年（198）陈琳为袁绍起草的与曹操准备战争而给

刘备的檄文。此时袁绍盘踞邺城，领有冀、青、幽、并四州，号称百万大军，准备南下与曹操争锋。陈琳此时在袁绍手下。

弃之度外 qì zhī dù wài

【词源】北齐·颜之推《颜氏家训·勉学》："何晏、王弼、祖述玄宗，递相夸尚……周孔之业，弃之度外。"

【注】弃：抛开。

【释义】比喻不放在心上。

【书证】《旧唐书·列传第三十九》："伏惟陛下弃之度外，无以绝域未平为念。"《宋史》卷九十七："县治民居，尽在其中，未可弃之度外。"

【考据】颜之推，见"抱令守律"。

弃之可惜 qì zhī kě xī

【词源】晋·陈寿《三国志·魏书·武帝纪》裴松之注引《九州春秋》："(杨修说)夫鸡肋，弃之如可惜，食之无所得，以比汉中，知王欲还也！"

【注】弃：舍去，抛开。王：指曹操。建安十八年(213)封曹操为魏王。

【释义】指留着无多大用处，扔掉又未免可惜。

【书证】《四库提要·卷六十六〈邺中记〉提要》："以石虎诸事为翙本书，其续入诸条，亦唐以前人所纪，弃之可惜，则殿居卷末。"鲁迅《准风月谈·后记》："因为这是一篇我们的'改悔的革命家'的标本作品，弃之可惜，谨录全文。"

【考据】建安二十年(215)，曹操亲征汉中张鲁。十一月，张鲁出降，汉中遂为曹操所有。建安二十四年(219)正月，刘备自阳平关南渡沔水(今汉水)，驻军于定军山(今陕西沔县东南)，曹操的大将夏侯渊被黄忠斩杀，曹军大败。之后，曹操亲率大军来夺汉中，与刘备军相峙数月，不利，遂放弃汉中。

器小易盈 qì xiǎo yì yíng

【词源】三国·魏·吴质《在元城与魏太子笺》："前蒙延纳，侍宴终日……小器易盈，先取沉顿。醒寤之后，不识所言。"

【释义】原指酒量小。后比喻器度不大，容易自满。

【书证】清·李汝珍《镜花缘》第十二回："如此谦恭和蔼，可谓脱尽仕途习气。若令器小易盈，妄自尊大，那些娇俗吏看见，真要愧死。”

【考据】建安二十二年(217)以后吴质迁元城(今河北大名东)令。曹丕为巩固太子地位，常与吴质商量对策，与吴质文书往还不断。《在元城与魏太子笺》即是吴质在此时给曹丕的书信。

牵经引礼 qiān jīng yǐn lǐ

【词源】《北齐书》卷二十四："相府法曹辛子炎咨事，云'须取署'，子炎读'署'为'树'。高祖大怒曰：'小人都不知避人家讳！'杖之于前。弼进曰：'礼，二名不偏讳。孔子言"征"不言"在"，言"在"不言"征"。子炎之罪，理或可恕。'高祖骂之曰：'眼看人嗔，乃复牵经引礼！'叱令出去。"

【注】树：高欢的父亲名树。高祖：指高欢。征在：孔子的母亲。孔子避母亲名讳，故说话时常常不使"征"、"在"二字同时出现。经：经典。礼：规范礼仪的典章。

【释义】与引经据典的意思相同。

【书证】南宋·陆游《醉吟》："牵经引礼人谁听，是非古今世共憎。何似对花倾绿酒，自歌一曲醉腾腾。"

【考据】此为东魏元象(538年一月—539年十一月，东魏孝静帝元善见的第二个年号)初事。时杜弼为大丞相府法曹行参军，他的部下相府法曹辛子炎不知避讳高欢的父亲名讳，杜弼引经据典地为他辩护，遭到高欢的斥责。

潜移暗化 qián yí àn huà
潜移默化 qián yí mò huà

【词源】北齐·颜之推《颜氏家训·慕贤》："人在少年，神情未定，所与款狎，熏渍陶染，言笑举动，无心于学，潜移暗化，自然似之。"

【注】潜：暗中，不见形迹。默：不说话，没有声音。

【释义】指人的思想或性格不知不觉受到感染、影响而发生了变化。

【书证】叶圣陶《给少年儿童写东西》："如果作者写的语言是正确的，健康的，美的，就能使少年儿童受到熏陶，潜移默化，养成良好的语言习惯。"

【考据】颜之推，见"抱令守律"。

倩人捉刀 qiàn rén zhuō dāo

【词源】晋·陈寿《三国志·魏书·陈思王植传》:"陈思王植字子建,年十余岁,诵读《诗》、《论》及辞赋数十万言,善属文。太祖尝视其文,谓植曰:'汝倩人邪?'植跪曰:'言出为论,下笔成章,顾当面试,奈何倩人?'时邺城铜雀台新成,太祖悉将诸子登台,使各为赋。植援笔立成,可观,太祖甚异之。"

【注】陈思王植:即曹植,字子建。晚年封陈王,去世后谥思,后人常称陈思王。太祖:指曹操。倩:请。捉刀:代人执笔作文。

【释义】请人代做文章。

【书证】南朝·宋·刘义庆《世说新语·容止》:"魏王雅望非常,然床头捉刀人,此乃英雄也。"

【考据】曹植,见"八斗之才"。

翘足引领 qiáo zú yǐn lǐng

【词源】三国·魏·陈琳《檄吴将校部曲文》:"是以立功之士,莫不翘足引领,望风响应。"

【释义】踮起脚,伸长脖子。形容盼望殷切。

【考据】陈琳,见"冰消瓦解"。

巧拙有素 qiǎo zhuō yǒu sù

【词源】三国·魏·曹丕《典论·论文》:"至于引气不齐,巧拙有素,虽在父兄,不能以移子弟。"

【注】巧:精巧。拙:笨拙。素:本来的。

【释义】比喻精巧和笨拙本来就有所不同,是天赋素养造成的。或指异曲有同工之妙。

【考据】曹丕,见"避暑之饮"。

窃衣取温 qiè yī qǔ wēn

【词源】北齐·颜之推《颜氏家训·省事》:"以此得官,谓为才力,何异盗食致饱,窃衣取温哉?"

【注】窃:偷取。

【释义】比喻用不当的手段谋取利益。

【考据】颜之推,见"抱令守律"。

亲当矢石 qīn dāng shǐ shí

【词源】《北齐书》卷四:"帝(文宣帝高洋)……每临行阵,亲当矢石，锋刃交接，唯恐前敌之不多，屡犯艰危，常致克捷。”

【注】当：面对，遮挡。矢：箭。

【释义】亲自阻挡敌人的箭、石，不怕牺牲。

【书证】《隋书·杨素传》：“公以凌威外讨，发奋于内，忘身殉义，亲当矢石。兵刃暂交，鱼溃鸟散，僵尸蔽野，积甲如山。”唐·白居易《赠阵亡军将等刺史札》：“王师问罪，至于淄青，尔等同执干戈，亲当矢石，忠而尽瘁，勇以亡身。”

【考据】北齐文宣帝高洋550年代东魏建立北齐政权后，仍然事必躬亲，每次打仗征伐都走在前面。后期沉湎酒色，朝政逐渐荒芜。

倾耳注目 qīng ěr zhù mù

【词源】晋·陈寿《三国志·魏书·陈思王植传》：“夫能使天下倾耳注目者，当权者是矣，故谋能移主，威能慑下。”

【注】倾耳：侧着耳朵，细心静听的样子。注目：集中视线注意看。

【释义】原形容权势极大，为众敬畏，后也形容注意力极其集中。

【书证】唐·元稹《论教本书》：“今陛下以上圣之资肇临海内，是天下之人倾耳注目之日也。”

【考据】曹植，见“八斗之才”。

情如兄弟 qíng rú xiōng dì

【词源】《北齐书》卷二：“王既以德见推，以义见举，一朝背德舍义，便是过有所归。本望君臣一体，若合符契，不图今日，分疏到此。古语云：‘越人射我，笑而道之；吾兄射我，泣而道之。’朕既亲王，情如兄弟，所以投笔拊膺，不觉歔欷。”

【注】王：指高欢。朕：皇帝的自称，此指北魏孝武帝。

【释义】感情如骨肉同胞。

【书证】明·无名氏《四贤记·嘱托》：“老中贵请起！我和你交厚年深，情如兄弟。今后相见，只许作揖。”

【考据】这是北魏末年534年六月被高欢拥立的魏孝武帝与高欢产生隔阂之后，逼迫舍人温子升草拟的回答高欢的一封诏书，表示过去亲如兄弟，现在只能为敌了。不久，孝武帝即逃离京都洛阳，投奔关中（长安）的宇文泰。

穷理尽微 qióng lǐ jìn wēi
穷理尽妙 qióng lǐ jìn miào
穷微入圣 qiómg wēi rù shèng

【词源】三国·魏·吴质《答魏太子笺》:“发言抗论,穷理尽微;摛藻下笔,鸾龙之文奋矣。”

【释义】指深入推究事物的道理,达到精深奥妙的境地。

【书证】晋·张协《文身刀铭》:“宝刀既成,穷理尽妙;繁文波回,流光电照。”《太平广记·二十七·王献之》引《书断》:“(献之)小真书可谓穷微八圣,筋骨紧密,不减于父。”

【考据】吴质,见“凤叹虎视”。

丘山之功 qiū shān zhī gōng

【词源】三国·魏·陈琳《檄吴将校部曲文》:“故乃建丘山之功,享不訾之禄。”

【释义】比喻功绩非常大。

【书证】汉·陆贾《陆贾新语·辨惑第五》:“然定公不觉悟,信季孙之计,背贞臣之策,以获拘弱之名,而丧丘山之功,不亦惑乎!”

【考据】陈琳及《檄吴将校部曲文》,见“冰消瓦解”。

秋风扫落叶
qiū fēng sǎo luò yè
秋风落叶 qiū fēng luò yè
秋风扫叶 qiū fēng sǎo yè

【词源】晋·陈寿《三国志·魏书·辛毗传》:“以明公之威,应困穷之敌,击疲弊之寇,无异迅风之振秋叶矣!”

【注】明公:指曹操。迅:疾,猛烈。

【释义】疾劲的秋风扫除了凋黄的树叶。比喻强大势力将衰败的、腐朽的事物一扫而光。

【书证】宋·洪迈《夷坚乙志·齐先生》:“诸公见其高门华屋……虽蹇驴亦无有矣,人言秋风落叶,此真是也。”明·冯梦龙《醒世恒言》第十九卷:“(程万里)每日间见元兵所过,残灭如秋风扫叶,心中暗暗悲痛,正是:宁为太平犬,莫做离乱人。”陈毅《哭叶军长希夷同志》:“秋风扫落叶,铁军声威立。”

【考据】辛毗,三国魏颍川阳翟人,字佐治。辛毗初随兄辛评从袁绍。202 年袁绍亡,次年(203)辛毗归降曹操。204 年,辛毗随曹攻取邺城,袁谭逃往南皮。这时曹操准备南下打击刘备，征求辛毗对战局的看法，辛毗认为袁谭不可能与袁尚联合，因此不足虑。

辛毗在曹操据邺期间，初为议郎，参与朝政，后迁丞相长史，主持丞相府幕诸事。

去危就安 qù wēi jiù ān

【词源】《北齐书·文襄帝纪》："去危就安，今归正朔；转祸为福，已脱网罗。"

【注】 去：离开。就：趋向。

【释义】离开危险，趋近安全。

【书证】《魏书·慕容白曜传》："白曜自瑕丘进攻历城。白曜乃为书以喻之曰：'天弃刘彧，祸难滋兴……然执守愚迷，不能自革。猥总戎旅，扫定北方。济黄河知十二之虚说，临齐境想一变之清风，踟蹰周览，依然何极？故先驰书，以喻成败。夫见机而动，周易所称；去危就安，人事常理。'"唐·李靖《天老神光经表》："其文省而易教，其理精而易通，固可以去危就安，转祸为福。"

【考据】文襄帝即高欢的长子高澄。高澄东魏末年(549)被刺杀，北齐建立后被高洋追尊为文襄帝。

鹊绕 què rào

乌鹊南飞 wū què nán fēi

【典源】三国·魏·曹操《短歌行》："月明星稀，乌鹊南飞。绕树三匝，何枝可依？"

【释义】月亮皎洁，星星稀少，乌鹊往南飞。在树上盘旋飞翔，哪个树枝才是我的栖身之所呢？谓客居无所投奔或依托。比喻无栖身之地。

【书证】唐·李吉甫《夏夜北园即事寄门下武相公》："鹊绕惊还止，虫吟思不喧。"唐·刘沧《八月十五日夜玩月》诗："中秋朗月静天河，乌鹊南飞客恨多。"

【考据】曹操，即魏武帝，东汉沛国谯(今安徽亳州市)人，东汉末年邺下建安文学的主要代表人物之一。他的诗歌复兴了四言诗。此首《短歌行》是建安十三年(208)他率军南征时所作，充分表达了诗人求贤若渴以及统一天下的壮志，是其有名的诗篇。据《三国志·魏·武帝纪》载，曹操自204年攻占邺城始，直至建安二十五年卒于洛阳，归葬邺城，在邺生活了16年。

R

攘袂而兴 rǎng mèi ér xīng
攘臂而起 rǎng bì ér qǐ

【词源】三国·魏·曹植《七启》："于是玄微子攘袂而兴……"

【注】玄微子：即鬼谷子，也称王禅老祖，姓王名诩（或利），号玄微子。传说鬼谷子本是道教的洞府真仙，位居第四座左位第十三人。被尊为玄微真人，又号玄微子。攘袂：撸起袖子。兴：站起。

【释义】比喻情绪激动。

【书证】《新五代史·皇甫遇传》："使遇奋然攘臂而起，杀（杜）重威于坐，虽不幸不免见而害，犹为得其死矣，其义烈岂不凛然哉！"鲁迅《中国地质略论·五》："（列强）将来工业之盛衰，几一系于占领支那之得失，遂攘臂而起，惧为人先。"

【考据】曹植，见"八斗之才"。

让礼一寸，得礼一尺 ràng lǐ yī cùn dé lǐ yī chǐ

【词源】三国·魏·曹操《礼让令》："里谚曰'让礼一寸，得礼一尺'，斯合经之要矣！"

【释义】以礼待人，人必以礼相报，可形成礼让之风，其所获益，高于自己所让。

【书证】宋·王楙《野客丛书·俗语有所自》："俗语皆有所自……谓'让一寸，绕一尺'，则曹氏令曰：'让礼一寸，得礼一尺。'"

【考据】曹操，见"变化无方"。

人各有志 rén gè yǒu zhì

【词源】三国·魏·王粲《咏史诗》："人生各有志，终不为此移。同知埋身剧，心亦有秘施。"

【注】志：志向。

【释义】每个人有每个人的志向。指各人的志向不同。

【书证】晋·陈寿《三国志·魏书·邴原传》裴松之："人各有志，所规不同，故乃有登山而采玉者，有入海而采珠者。"

【考据】王粲，见"不失一字"。

人生如寄 rén shēng rú jì

【词源】三国·魏·曹丕《善哉行》："人生如寄，多忧何为。"

【注】寄：寓居，暂住。

【释义】指人的生命短促，就像暂时寄居在人世间一样。

【书证】南朝·梁·萧统《古诗十九首·驱车上东门》："人生忽如寄，寿无金石固。"元·段成已《大江东去·赠答杨彦衡》："世故多虞，人生如寄，一榻容容安息。"

【考据】曹丕，见"避暑之饮"。

日东月西 rì dōng yuè xī

【词源】东汉·蔡琰《胡笳十八拍》："十六拍兮思茫茫，我与儿兮各一方。日东月西兮徒相望，不得相随兮空断肠。"

【释义】太阳在东方，月亮在西方。比喻远隔两地，不能相聚。

【书证】清·明教中人《好逑传》第十五回："不过冥冥若无作合，则日东月西，何缘相会？"

【考据】蔡琰，字文姬，陈留圉（今河南杞县）人。汉代著名学者蔡邕的女儿，16 岁嫁给了卫仲道，婚后不久，丈夫病逝。汉末董卓之乱时，被俘虏到南匈奴。在匈奴 12 年，生两子。曹操于汉献帝建安十二年(207)遣使持玉璧将其赎回至邺城。蔡文姬曾作《胡笳十八拍》。后再嫁董祀。曾根据记忆把流失的蔡邕藏书内容整理了 400 卷交给曹操。

肉山酒海 ròu shān jiǔ hǎi

【词源】三国·魏·曹植《与吴季重书》："当斯之时，愿举泰山以为肉，倾东海以为酒，伐云梦之竹以为笛，斩四滨之梓以为筝；食若填巨壑，饮若灌漏卮。如上言，其乐固难量，岂非大丈夫之乐哉？"

【注】吴季重：吴质。东汉末年在邺城，曹植的文学好友。

【释义】肉堆成的山，酒汇成的海。形容丰盛的酒席。

【书证】明·施耐庵《水浒传》第六十七回："连日杀牛宰马，大排筵宴……虽无泡凤烹龙，端的肉山酒海。"

【考据】此典出自曹植《与吴季重书》，是曹植在邺城时与吴质的书信往还。吴质（？—230）：字季重，济阴（今山东定陶西北）人，建安文人之一，才学通博，受到曹氏父子礼爱，并交游于邺下。

如箭在弦 rú jiàn zài xián

【词源】三国·魏·陈琳《为袁绍檄豫州文》:"琳谢罪曰:'矢在弦上,不可不发。'曹公爱其才而不责之。"

【注】豫州:指刘备。弦:弓上用以发箭的牛筋绳子。

【释义】箭已搭在弦上,比喻势在必行。

【书证】梁启超《匈加利爱国者噶苏士传》:"革命之机,如箭在弦矣!"

【考据】陈琳,见"把玩无厌"。

入铁主簿 rù tiě zhǔ bù

【典源】《北齐书·许淳传》:"淳清识敏速,达于从政,任司徒主簿,以能判断见知,时人号为入铁主簿。"

【注】主簿:官职。

【释义】比喻有才能有经验的官员。

【考据】许淳(惇)(?—572):北齐高阳新城人,字季良。仕东魏为司徒主簿,以明断称,时号"入铁主簿"。迁阳平太守,有治政。历魏尹、齐渠二州刺史,官至少师、尚书右仆射。以无学术不善谈而不为时流所重。

S

三崔两张,不如一陈元康

sān cuī liǎng zhāng bù rú yī chén yuán kāng

【典源】宋·李昉《太平广记》一百七十三卷:"北齐河阳陈元康,刀笔吏也,善暗书。尝雪夜,太祖命作军书,顷尔数十纸,笔不暇冻。太祖喜曰:'此人何如孔子?'自此信任焉。故时人谓之语曰:三崔两张,不如一陈元康。三崔:暹、季舒、昂也;两张:德微、纂也。"

【注】太祖:高欢,东魏大丞相。

【释义】泛指才能特别出众的人。

【考据】陈元康(?—549):字长猷,广崇(河北威县)人,高欢家族的重要幕僚。北魏年间参加李崇的军队,后担任司徒记室。高欢为丞相时,陈元康出任大丞相机要,深得高欢的信任。高欢死后,侯景叛乱,陈元康推荐慕容绍宗率军平叛。东魏武定七年(549)八月,高澄被刺杀时,陈元康为保护高澄负重伤,当晚去世。

三马同槽 sān mǎ tóng cáo

【典源】《晋书·高祖宣帝纪》:“(魏武帝曹操)尝梦三马同食一槽,甚恶焉。因谓太子丕曰:‘司马懿非人臣也,必预汝家事。’”

【注】高祖宣帝:即司马懿(179—251),字仲达,河内温(今河南温县)人。三国时期曾任曹魏的大都督,太尉,太傅。是辅佐了魏国三代的托孤辅政之重臣,后期掌控魏国朝政。死后谥号舞阳宣文侯,次子司马昭被封晋王后,追封懿为宣王,司马炎称帝后,追尊为宣帝。

【释义】指曹操梦见三马同食一槽的故事。后用来泛指阴谋篡权,或者外姓谋位。

【书证】北宋·欧阳修《答谢景山遗古瓦砚歌》:“得之以此失亦此,谁知三马食一槽。”明·罗贯中《三国演义》:“三马同槽事可疑,不知已植晋根基。”顾余《咏古四律》:“三马同槽终误国,二龙见井尚吟诗。”

【考据】文中“三马”隐指司马懿及其子司马师、司马昭三人。“槽”隐指曹氏。三国魏正始以后,司马懿父子揽朝政,排除异己,阴谋篡权。

三纸无驴 sān zhǐ wú lǘ

【词源】北齐·颜之推《颜氏家训·勉学》:“邺下谚曰:‘博士买驴,书券三纸,未有驴字。’”

【释义】形容写文章废话连篇,不得要领。

【书证】宋·陆游《读书》:“言辞博士书驴券,职事参军判马曹。”

【考据】颜之推,见“抱令守律”。

色丝文 sè sī wén

【典源】晋·裴启《语林》:“曹公至江南,读曹娥碑文,背上别有八字,其辞云:‘黄绢幼妇,外孙齑臼。’曹公见之不解,而谓德祖:‘卿知之不?’德祖曰:‘知之。’曹公曰:‘卿且勿言,待我思之。’行卅里,曹公始得,令祖先说。祖曰:‘黄绢色丝,绝字也,于字为绝;幼妇少女,妙字也;外孙女子,好字也;齑臼受辛,辞字也。谓绝妙好辞。’”曹公笑曰:‘实如孤意。’俗云有智无智隔卅里,此之谓也!”《后汉书·曹娥传》注引《会稽典录》:“曹娥碑为邯郸淳作文，蔡邕题八字暗语于碑背。”

【注】曹公：指曹操。曹娥碑：汉孝女曹娥的碑。《后汉书·曹娥传》注引《会稽典录》：“曹娥碑为邯郸淳作文，蔡邕题八字暗语于碑背。”德祖：杨德祖，即杨修。辞：文辞，诗文。

【释义】称赞文章文辞华美。

【书证】唐·赵瑕《题曹娥庙》：“文字在碑碑已堕，波涛辜负色丝文。”

【考据】见“绝妙好辞”。

山不厌高 shān bù yàn gāo

【词源】三国·魏·曹操《短歌行》：“山不厌高，水不厌深，周公吐哺，天下归心。”

【注】厌：满足。

【释义】山不满足于自己的高度，越高越好；水不满足于自己的深度，越深越好。比喻贤能之士，才艺越高越好，也比喻求贤若渴，不忌贤才。

【考据】曹操，见“变化无方”。

山鸡舞镜 shān jī wǔ jìng

山鸡映水 shān jī yìng shuǐ

【词源】南朝·宋·刘敬叔《异苑》：“山鸡爱其毛羽，映水则舞。魏武时，南方献之。帝欲其鸣舞而无由，公子苍舒令以大镜著其前，鸡鉴形而舞，不知止，遂乏死。”

【注】魏武：指曹操，曹魏建立后被追尊为魏武帝。公子仓舒：即曹冲，字仓舒，曹操的小儿子。

【释义】山鸡对镜起舞。比喻自我欣赏。

【书证】清·袁枚《小仓山房尺牍·四》：“而况枚之雕虫刻篆，忽遇垂青，敢不学齐女之自媒，山鸡之舞镜乎！”清·杜文澜《憩园词话·四·姚梅伯孝廉词》：“续编中称其跌宕新警，如山鸡舞镜，顾影自妍，能独树一帜，而不屑屑于模范，洵非虚誉。”

【考据】曹冲，见“曹冲称象”。

山陬海澨 shān zōu hǎi shì

【词源】晋·束皙《补亡诗六首（其二）》：“在陵之陬。”南朝·梁·江淹《江文通集·四·杂体诗·谢临川游山》：“且泛桂水潮，映月游海澨。”

【注】山陬：山脚。海澨：海滨。

【释义】形容遥远偏僻的地方。

【书证】清·戴名世集《樊川书院碑记》：“距今凡五六百年，而天下莫不奉之为宗师，即至遐荒僻壤、山陬海澨，非朱子之道不遵也，可谓盛矣！”

【考据】束皙，见“报束长生”。

赏不逾时 shǎng bù yú shí
赏不逾日 shǎng bù yú rì

【词源】三国·魏·王粲《爵论》：“司马法曰：‘赏不逾时，欲民速得为善之利也。罚不迁列，欲民速睹为不善之也！’”

【注】《司马法》：我国古代重要兵书之一，大约成书于战国初期。据《史记·司马穰苴列传》：“齐威王使大夫追论古者司马兵法而附穰苴于其中，因号曰《司马穰苴兵法》。”（也有传说为姜子牙所写，战国时散逸。）赏：赏赐，奖赏。逾：超过。

【释义】及时行赏。

【书证】《晋书·慕容垂载记》：“乱法者军有常刑，奉命者赏不逾日。”《晋书·祖逖传》：“其有微功，赏不逾日。”

【考据】王粲，见“不失一字”。

赏心乐事 shǎng xīn lè shì

【词源】南朝·宋·谢灵运《拟魏太子〈邺中集〉诗序》：“天下良辰、美景、赏心、乐事，四者难并，今昆弟友朋，二三诸尽之矣。”

【注】赏心：心情欢畅。

【释义】欢畅的心情，快乐的事情。

【书证】南宋·辛弃疾《声声慢》：“从今赏心乐事，剩安排，酒令诗筹。”明·汤显祖《牡丹亭》：“良辰美景奈何天，赏心乐事谁家园。”

【考据】魏太子：指曹丕。见“避暑之饮”。

上屏风 shàng píng fēng

【典源】《北史·文苑传·序》：“后主（高纬）虽溺于群小，然颇好咏诗，幼时尝读诗赋，语人云：‘终有解作此理不？’初因画屏风，敕通直郎萧放及晋陵王孝式，录古贤烈士及近代轻艳诸诗以充图画，帝弥重之。”

【注】后主：北齐后主高纬（565—577 年在位），北齐武成帝高湛的儿子。

【释义】把喜爱的诗赋书写在屏风上。比喻为受到帝王所器重。

【书证】唐·白居易《偶以拙诗数首寄呈裴少尹侍郎，蒙以盛制四篇》:“高兴独因秋日尽,清吟多与好风俱。银钩金错两殊重,宜上屏风张坐隅。”唐·刘禹锡《白舍人见酬拙诗因以寄谢》:“名姓也曾镌石柱,诗篇未得上屏风。”

【考据】高纬,北齐后主。详见“春黄糜(著布配春)。”

上下相安 shàng xià xiāng ān

【词源】《晋书·束皙传》:“今大晋熙隆,六合宁静……主无骄肆之志,臣无牦缨之请,上下相安,率礼从道。”

【注】上下:指尊卑、长幼,上级与上级。安:安稳,安定。

【释义】指上面和下面的人相处融洽,彼此无事。

【书证】明·吾邱瑞《运甓记·师阃宾贤》:“每吾兴发,只以书付守相,以故上下相安,人心感悦。”清·李宝嘉《文明小史》第一回:“过了半载,倒也上下相安,除睡觉吃饭之外,其余一无事事。”

【考据】束皙,见“报束长生”。

射雕手 shè diāo shǒu

【典源】《北齐书》卷十七(《斛律金传》附《斛律光》):“尝从世宗于洹桥校猎,见一大鸟,云表飞飏,光引弓射之,正中其颈。此鸟形如车轮,旋转而下,至地,乃大雕也。世宗取而观之,深壮异焉。丞相属邢子高见而叹曰:‘此射雕手也。’当时传号落雕都督。”

【注】世宗:指高澄,北齐时追尊庙号世宗。光:此指斛律光。斛律金之子。高欢时授都督,封永乐子。邢子高:即邢亢,字子高,北齐时人。颇有文学。东魏时高欢的丞相属。

【释义】指箭术高强,泛指技艺精湛。

【书证】唐·姚合《极玄集自序》:“此皆诗家射雕手也。”宋·李曾伯《水调歌头》:“楚尾吴头蜀口,三十载间陈迹,衮衮水之东。休说射雕手,且学钓鱼翁。奚为者,聊尔耳,此山中。”

【考据】斛律光,见“肠肥脑满”。

身首异处 shēn shǒu yì chù

【词源】《北齐书》卷三十二:“(王)琳故吏梁骠骑府仓曹参军朱玚致书陈尚书仆射徐陵求琳首曰:‘……梁故建宁公琳,洛滨余胄，沂州旧族，立功代邸，效绩中朝，当离乱之辰，总方伯之任。尔乃轻躬殉主，以身许国……至使身没九泉，头行万里。诚复马革裹死，遂其生平之志；原野暴骸，会彼人臣之节。然身首异处，有足悲者；封树靡卜，良可怆焉。'”

【注】徐陵：南北朝时著名文学家，与庾信齐名，世号“徐庾”。在梁为通直散骑常侍，陈受禅，为尚书仆射，加散骑常侍，曾经出使北齐。首：头。异：不同。

【释义】头和身躯不在一处。

【书证】唐·陈子昂《申宗人冤狱书》：“假使获罪于天，身首异处，盖如一蝼蚁尔，亦何足可称？”明·许仲琳《封神演义》第九回：“我自正位东宫，并无失德，纵有过恶，不过贬谪，也不致身首异处。”

【考据】王琳（526—573）：南朝梁末、北齐会稽山阴人，字子珩。出身兵家，少好武。为南梁广州刺史时，西魏攻江陵，元帝征陵赴援，至长沙，江陵已陷，元帝被杀，遂割据一方，求援北齐，立梁永嘉王萧庄为帝，与陈霸先抗衡。后为陈军所败，与萧庄奔齐。北齐以王琳为骠骑大将军、扬州刺史、特进侍中，进封巴陵郡王。陈宣帝太建五年（573），陈将吴明彻攻北齐，琳战败，被擒杀。

王琳于南梁敬帝初（约555）曾“出质于齐（在邺）”，北齐文宣帝高洋遣兵护送回国，梁册拜王琳为丞相、都督，中外军事、录尚书事。560年左右，与萧庄“同降邺都”。约在北齐十四年。

深忌杀士 shēn jì shā shì

【典源】《张横浦心传录》：“或问：‘曹操不忍杀祢衡，而杀荀文若，何也？’曰：‘自古英雄将以大有为者，深忌杀士。曹操奸凶有余，虽为祢衡慢侮，终畏杀士之名，而送之他人，以嫁其祸，其言：“孤杀之，如一狐鼠耳。然此人浪得其名，恐天下以为吾不能容。”此非其真情也？至其杀荀文若而卒见讥于世，何见于彼而不见于此耶？如衡之轻狂固无足道，虽杀之，议者必亦无议，而操犹畏之；至若文若之贤乃其所深忌，则其杀之也出于其本心，此又其自欺之奸，姑以欺人耳。人其可欺哉？'”

【注】《张横浦心传录》：书名。见《永乐大典》残卷内。

【释义】指因为嫉妒而杀害

人才。

【考据】祢衡，东汉末年名士。因反对曹操专权，被送往黄祖处，后被黄祖所杀。

荀文若，荀彧（163—212）：字文若，东汉末年曹操的首席谋臣。官至汉待中，守尚书令。建安十七年曾私下表示反对曹操做魏公，为曹操忌恨，征讨孙权时带他出征，病亡于寿春，一说受到曹操的暗示而自尽。

深文峻法 shēn wén jùn fǎ

【词源】《北齐书·卷四十三·李稚廉传》："显祖尝召见，问以治方，语及政刑宽猛，帝意深文峻法，稚廉固以为非，帝意不悦。"

【注】显祖：指北齐文宣帝高洋，庙号显祖。深文：制定和沿用苛责严厉的法典。峻法：严厉执行法令。帝：指高洋。

【释义】实行严酷的律令和刑罚。

【考据】李稚廉（508—574）：名或作幼廉，北齐赵郡高邑人，李义深弟。东魏孝静帝天平中，高欢擢为泰州开府长史。高澄除为济州仪同长史，迁瀛洲长史，常在澄第内，号为"馆客"。北齐高洋天保初，除安南将军、太原郡守。高纬天统间累官大理卿、南青州刺史，并省都官尚书。他自为东魏高澄的"馆客"始（约536），至后主高纬武平五年（574），历东魏、北齐两朝，在邺近40年。

神化无形 shén huà wú xíng

【词源】三国·魏·刘劭《瑞龙赋》："光睗奕以外照，水清景而内分。圣上观之无射，左右察之既精。聊假物以拟身，忽神化而无形。"

【释义】比喻出神人化而不见形迹。

【考据】刘劭，见"博识君子"。

神灭形消 shé miè xíng xiāo

【词源】北齐·颜之推《颜氏家训·名实》："夫神灭形消，遗声余价，亦犹蝉壳蛇皮，兽迒鸟迹耳！"

【注】神：精神。消：消灭，散失。迒：野兽留下的痕迹。

【释义】指死亡。

【书证】民国·还珠楼主《蜀山剑侠传》第三百零九回："酷刑

谁与受，为有负心孽报，神灭形消。”

【考据】颜之推，见“抱令守律”。

神武爱士 shén wǔ ài shì

【典源】《北史·齐本纪》：“神武仁恕爱士。始范阳卢景裕以明经称，卢郡韩毅以工书显，咸以谋逆见禽，并蒙恩置之第馆，教授诸子。其文武之士尽节所事，见获而不罪者甚多，故遐迩归心，皆思效力。”

【注】神武：指北齐神武帝高欢。仁：对人亲善，仁爱。恕：容忍、宽恕。谋逆：即谋反。禽：同“擒”。

【释义】指爱惜人才。

【考据】高欢（496—547）：一名贺六浑，河北景县人，北朝东魏权臣。永熙三年（534），逼走孝武帝，另立孝静帝并挟其迁都邺城。因邺城残破，他令仆射高隆之负责新建邺南城。高欢专擅东魏朝政16年，死后，其子高洋代东魏，追尊高欢为神武帝。

审己度人 shěn jǐ duó rén

【词源】三国·魏·曹丕《典论·论文》：“盖君子审己以度人，故能免于斯累。”

【注】审：详查。度：揣度。

【释义】先衡量自己，再去估量别人。

【书证】沈治民《盆景艺术的传承和创新》：“传承盆景贵在审己度人。”

【考据】曹丕，见“避暑之饮”。

声销迹灭 shēng xiāo jì miè

【词源】《北齐书·卷三十七·魏收传》：“收以子侄少年，申以戒厉，著《枕中篇》，其词曰：‘吾曾览管子之书，其言曰：“任之重者莫如身，途之畏者莫如口，期之远者莫如年。以重任行畏途，至远期，惟君子为能及矣。”追而味之，喟然长息。……于是乎骄奢仍作，危亡旋至。然则上知大贤，唯几唯哲，或出或处，不常其节。其舒也济世成务，其卷也声销迹灭。’”

【注】管子：管仲，春秋齐国人，曾为齐桓公相，佐齐桓公成霸业，著有《管子》一书。销：通“消”。

【释义】声音消匿，形迹不见。

【书证】唐·柳宗元《谢襄阳李夷简尚书委曲抚问启》：“某负罪

沦状，声销迹灭，故世俗之所弃，亲友之所遗。”《周作人遗书》：“吾死后即付火葬，或循例留骨灰，亦随便埋却，人死声销迹灭最是理想。”

【考据】魏收（507—572）：东魏、北齐年间人，历仕北魏、东魏、北齐三朝。魏收机警能文，与温子升、邢子才号称三才子。在北齐时期曾受命作《魏书》。至北齐武平三年（572）卒。这是魏收督促家族内少年刻苦读书的一段故事。

省役薄赋 shěng yì bó fù

【词源】三国·魏·曹植《汉景帝赞》：“省役薄赋，百姓殷昌。”

【注】省：减少。赋：税。

【释义】指减少徭役和赋税。比喻施行仁政。

【书证】晋·陈寿《三国志·诸葛瑾传》：“闻皆选用忠良，宽刑罚，布恩惠，薄赋省役，以悦民心，其患更深于操时。”

【考据】曹植，见“变化无方”。

失晨之鸡 shī chén zhī jī

【词源】三国·魏·曹操《选举令》：“谚曰：‘失晨之鸡，思补更鸣。’”

【注】失：耽误。

【释义】耽误了报晓的雄鸡。比喻失职或者错过好机会的人。

【书证】南朝·梁·刘潜《为安成王让江州表》：“臣闻失晨之鸡，虽不忘于改旦。”严复《再论俄人代守旅顺大连湾事》：“则失晨之鸡，固不必复奏其喔喔之音。”

【考据】曹操，见“变化无方”。

施号发令 shī hào fā lìng

【词源】《北齐书·杨愔传》：“每天子临轩，公卿拜授，施号发令，宣扬诏册，愔辞气温辩，神仪秀发，百僚观听，莫不悚动。”

【注】施：施行，发布。号：号令。

【释义】指发布号令。

【考据】杨愔，见“驹齿未落”。

十变五化 shí biàn wǔ huà

【词源】北齐·颜之推《颜氏家训·归心》：“世有祝师及诸幻术，犹能履火蹈刃，种瓜移井。倏忽之间，十变五化。”

【注】祝师：即巫师。变：变化。

【释义】谓变化多端。

【考据】颜之推，见“抱令守律”。

石髓空握 shí suǐ kōng wò

石髓 shí suǐ

【典源】《晋书·嵇康传》：“（嵇）康又遇王烈，共入山。烈尝得石髓如饴，即乍服半，余半与康，皆凝。呼康往取，辄不复见。（王）烈乃叹曰：‘叔夜志趣非常，而辄不遇，命也！’”

【考据】王烈，邯郸人，字长休。常服黄精并炼铅。相传年338岁犹有少容。入太行山中，不知所终。嵇康：字叔夜，三国时魏末文学家、思想家与音乐家，是魏晋玄学的代表人物之一。

【释义】比喻没有仙道之缘。

【书证】唐·陈子昂《酬田逸人游岩见寻不遇题隐居时壁》：“石髓空盈握，金经秘不开。还疑缝掖子，复似洛阳才。”唐·孟浩然《疾愈过龙泉寺精舍呈易业二公》：“入洞窥石髓，傍崖采蜂蜜。日暮辞远公，虎溪相送出。”

【考据】嵇康（223—262或224—263）：20岁时娶曹操儿子曹休的女儿长乐公主，不久就做了郎中，后来又做中散大夫。嵇康因不愿屈服于司马氏集团，后离家躲避到河东，仰慕修炼的王烈，曾投王烈的门下为学，从王烈入太行山寻找仙丹。

时清海晏 shí qīng hǎi yàn

【词源】三国·魏·刘廙（yì）《奏请受禅》：“故受命之期，时清海晏，曜灵施光，休气云蒸。”

【注】时：时局。晏：平静、太平。

【释义】时局清明，社会安定。

【书证】《敦煌曲子词·献忠心》：“时清海晏定风波，恩光六塞，瑞气遍山。”

【考据】刘廙《奏请受禅》是220年八月奏请曹丕称帝的奏表。曹丕还作《答刘廙等令》：“天下重器，王者正统，以圣德当之，犹有惧心，吾何人哉？且公卿未至乏主，斯岂小事，且宜以待固让之后，乃当更议其可耳。”表示推让。之后刘廙拒绝参加第二批劝进。黄初二年刘廙就郁郁去世，年仅40多岁。

刘廙（180—221）：字恭嗣，南阳安众人。刘表曾辟其兄刘望之为从事，廙与兄同居荆州。望之为刘表所杀，刘廙遂奔扬州，归曹操。曹操辟为丞相掾属，转五官将文学。曹丕即位，以廙为侍中，赐爵关内侯。廙著书属十篇，及于丁仪共论刑、礼，皆传于世。

识变从宜 shí biàn cóng yí

【词源】北齐·颜之推《颜氏家训·涉务》："五则使命之臣，取其识变从宜，不辱君命。"

【注】宜：批权宜。

【释义】认识事物的变化，灵活地处理问题。

【考据】颜之推，见"抱令守律"。

食为民天 shí wéi mín tiān

【词源】北齐·颜之推《颜氏家训·涉务》："夫食为民天，民非食不生矣，三日为粒，父子不能相存。"

【注】天：比喻赖以生存的最重要的东西。

【释义】粮食是人民赖以生存的重要东西。

【书证】清·冯桂芬《〈校分庐抗议〉自序》："食为民天，有食斯有民。"清·曾天养《晓谕四民放胆宽心以勤稼穑札谕》："民为邦本，食为民天，兹我天王合万亿之父，行仁义之师。"

【考据】颜之推，见"抱令守律"。

矢在弦上，不得不发

shǐ zài xián shàng bù dé bù fā

箭在弦上，不得不发

jiàn zài xián shàng bù dé bù fā

弦上箭 xián shàng jiàn

【词源】三国·魏·陈琳《为袁绍檄豫州文》李善注引《魏志》："矢在弦上，不可不发。"

【注】袁绍：东汉末年盘踞在邺城的割据势力。豫州：指刘备。时刘备投靠曹操，被表封为豫州牧。矢：通箭。

【释义】箭已搭在弦上。比喻为形势所迫，不得不采取行动。

【书证】唐·李贺《歌诗编·卷四·休洗红》："封侯早归来，莫作弦上箭。"清·缪荃孙《艺风堂友朋书札·李祥》："八月之初，为从弟所迫，至于送官，事出情理之外，箭在弦上，不得不发。"清·易宗夔《新世说·二·文学》："曹（雪芹）以婉转缠绵胜，思理精妙，神与物游，尤将军欲以巧胜人，盘马弯弓故不发之至。吴（敬梓）以精刻廉焊胜，穷形尽相，惟妙惟肖，有箭在弦上。不得不发之势。所谓各造其极也！"

【考据】陈琳，见"冰消瓦解"。

世良放囚 shì liáng fàng qiú

【词源】《北史》卷二十六："世良才识闲明，尤善政术。在郡未几，声问甚高。阳平郡移掩劫盗三十余人，世良讯其情状，唯送十二人，余皆放之。阳平太守魏明朗大怒云：'辄放吾贼！'及推问，送者皆实，放者皆非。明朗大服。"

【注】在郡：在（清河）郡任上。移掩：移交。推问：审讯。

【释义】理案清明，判案公正。

【书证】宋·郑克《折狱龟鉴》："宋世良放囚，苏琼推盗。"

【考据】宋世良，见"郡无一囚"。

手不释卷 shǒu bù shì juàn

手不辍卷 shǒu bù chuò juàn

【词源】三国·魏·曹丕《典论·自叙》："上雅好诗书文籍，虽在军旅，手不释卷。"

【注】上：此指曹操。释：放下。卷：指书籍。辍：停止。

【释义】手里的书舍不得放下。比喻读书勤奋。

【书证】晋·陈寿《三国志·鲁肃传》裴松之注引《吴书》："（肃）治军整顿，禁令必行，虽在军阵，手不释卷。"《三国志·吕蒙传》："光武当兵马之务，手不释卷。"唐·姚思廉《梁书·张缅传》："缅少勤学，自课读书，手不辍卷。"

【考据】曹丕，见"避暑之饮"。

守诚不贰 shǒu chéng bù èr

【词源】《北齐书》卷二："（魏）帝复录在京文武议意以答神武……子升乃为敕曰：'前持心血，远以示王，深冀彼此共相体悉，而不良之徒坐生间贰。……王虽启图西去，而四道俱进，或欲南度洛阳，或欲东临江左，言之者犹应自怪，闻之者宁能不疑？王守诚不贰，晏然居北，在此虽有百万之众，终无图彼之心。'"

【注】帝：指北魏孝武帝。神武：高欢，北齐建立后高欢被追尊为神武皇帝。子升：温子升（495—547），北魏末到东魏人。时任孝武帝的侍读兼中书舍人、镇南将军，金紫光禄大夫。王：此指高欢。魏普泰元年三月，节闵帝封高欢为渤海王。

【释义】忠诚守信，始终如一。

【考据】这是北魏末年534年六月被高欢拥立的魏孝武帝与

高欢产生隔阂之后，逼迫中书舍人温子升草拟的回答高欢的一封诏书，指责高欢陈兵进攻都城洛阳，表示过去亲如兄弟，现在只能为敌了。不久，孝武帝即逃离京都洛阳，投奔关中(长安)的宇文泰。

书不尽意 shū bù jìn yì

【词源】《北齐书》卷四十五："祖鸿勋，涿郡范阳人也。……后去官归乡里，与阳休之书曰：'阳生大弟：吾比以家贫亲老，时还故郡……兹自美耳，吾无取焉。尝试论之：夫昆峰积玉，光泽者前毁；瑶山丛桂，芳茂者先折。是以东都有挂冕之臣，南国见捐情之士。……今弟官位既达，声华已远，象由齿毙，膏用明煎……若能翻然清尚，解佩捐簪，则吾于兹……携酒登巘(yǎn)，舒席平山，道素志，论旧款，访丹法，语玄书，斯亦乐矣，何必富贵乎？去矣阳子，途乖趣别，缅寻此旨，杳若天汉。已矣哉，书不尽意。'"

【注】词源引文系祖鸿勋给阳休之的书信。阳休之：字子烈(509—582)，右北平无终人。时为北魏中书侍郎。尽：全部。

【释义】书信中表达不完全的意思。多作为写信的结束语，表示自己还有很多话未说，以示与对方的情意深重。

【考据】祖鸿勋(？—约550)：北齐涿郡范阳人。弱冠仕魏为州主簿。官至廷尉正，后去官归乡里。此文即回乡后给好友阳休之的信。文中劝他不要追求富贵，而应一起隐居。后高欢曾征祖鸿勋至并州(太原)，作《晋祠记》。北齐时，任高阳太守，为官清素，时议高之。善文辞，有《与阳休之书》等传世。

书记翩翩 shū jì piān piān

【词源】三国·魏·曹丕《与吴质书》："孔璋殊健，微为繁富。公干有逸气，但未遒耳；其五言诗之善妙绝时人。元瑜书记翩翩，致足乐也。仲宣独步自善于辞赋，惜其体弱，不足起其文……"

【注】书记：泛指文章。翩翩：比喻举止洒脱，风姿秀美。孔璋、公干、元瑜、仲宣：分别是陈琳、刘桢、阮瑀、王粲的表字。他们均为"建安七子"中的人物。文学成就斐然，是建安文学的主要代表。

【释义】比喻文采优美，文风尚雅。

【书证】南朝·梁·萧统《文选·魏文帝〈与吴质书〉》："元瑜书记翩翩，致足乐也。"

【考据】曹丕，见"避暑之饮"。

赎命物 shú mìng wù

【典源】《北齐书》卷五十："士开见人将加刑戮，多所营救，既得免罪，即命讽喻，责其珍宝，谓之赎命物。"

【注】赎：用财物换回人生自由或抵押品。

【释义】用来行贿以求解除死刑的贵重物品。用于喻讽或鞭挞官场司法腐败。

【考据】和士开（524—571）：北齐清都郡临漳人，字彦通。先世西域胡商，本姓素和氏。高湛为长广王时，辟为行府参军。善握槊，能弹琵琶，倾巧便辟，成为高湛的宠臣。高湛即帝位，迁黄门侍郎。曾劝高湛以国事付大臣而恣意作乐，又与祖珽说武成帝高湛禅位太子高纬（北齐后主）。封官侍中、尚书左仆射。武平元年封淮阳王，除尚书令、录尚书事，操持朝政。后为琅邪王高俨所杀。

黍稷盈畴 shǔ jì yíng chóu

【词源】三国·魏·王粲《登楼赋》："华实蔽野，黍稷盈畴，虽信美而非吾土兮，曾何足以少留？"

【释义】茂盛的庄稼铺满了田畴。比喻乡村丰年景色。

【书证】《宋史·志·郊祀》："大仪斡运，星纪环周。三时不害，黍稷盈畴。"清·凌豌豆《后续红楼》第七回："看这华实蔽野、黍稷盈畴，真不知胜过富贵荣华、高官厚禄多少倍？"

【考据】王粲，见"不失一字"。

黍麦低昂 shǔ mài dī áng

【典源】宋·李昉《太平广记》卷一百七十三引《谈薮》："王元景尝大醉，杨遵彦谓之曰：'何太低昂？'元景曰：'黍熟头低，麦熟头昂，黍麦俱有，所以低昂矣。'"

【注】王元景：东魏、北齐时人，有文才。杨遵彦：杨愔，东魏、北齐人，曾深受北齐文宣帝高洋的信任。

【释义】比喻饮酒过多。

【考据】东魏、北齐时期也是一个文学成就比较大的时期。王元景、杨遵彦等人都以文才显名。杨遵彦（杨愔）作《文德论》认为："古今辞人皆负才遗行，浇薄险忌，唯邢子才、王元景、温子升彬彬有德素。"

束晳祷雨 shù xī dǎo yǔ

【典源】《晋书·束晳传》："太康中，郡界大旱，晳为邑人请雨，三日而雨注，众谓晳诚，感为作歌曰：'束先生，通神明，请天三日甘雨零。我黍以育，我稷以生。何以酬之？报束长生。'"

【注】太康：西晋武帝年号。

【释义】比喻为百姓做好事。

【考据】束晳，见"报束长生"。

束晳竹简 shù xī zhú jiǎn

【典源】《晋书·束晳传》："时有人于嵩高山下得竹简一枚，上两行科斗（即蝌蚪）书，传以相示，莫有知者。司空张华以问晳，晳曰：'此汉明帝显节陵中策文也！'检验果然，时人伏其博识。"

【释义】比喻博学多识。

【书证】唐·李瀚《蒙求》："束晳竹简，曼倩三冬。"

【考据】束晳，见"报束长生"。

率土归心 shuài tǔ guī xīn

【词源】《北齐书·文宣帝纪》："魏帝以天人之望有归，丙辰，下诏曰：……迄相国齐王，纬文经武，统兹大业，尽睿穷几，研深测化，思随冥运，智与神行，恩比春天，威同夏日，坦至心于万物，被大道于八方，故百僚师师，朝无秕政，网疏泽洽，率土归心。"

【注】魏帝：指北魏孝静帝元善见。相国齐王：此指高洋。高洋为相国（即大丞相），封齐王。率土：四海之内。

【释义】指天下归心。

【书证】北宋·司马光《资治通鉴》卷一九一："今秦王已讨而诛之，秦王功盖宇宙，率土归心，陛下若处以不良，委以国务，无复事矣！"《元史·廉希宪传》："且殿下收召才杰，意从人望，子惠黎庶，率土归心。"

【考据】东魏武定七年(549)，高洋逼迫东魏皇帝元善见"仿魏晋故事"（魏元帝曹奂禅位晋武帝司马炎）禅位给他，这是东魏帝的禅让诏书。之后高洋改国号为齐，史称北齐。

率由旧则 shuài yóu jiù zé

率由旧章 shuài yóu jiù zhāng

【词源】晋·陈寿《三国志·魏书·曹植传》:“万邦既化,率由旧则;广命懿亲,以藩王国。”

【注】率由:遵循。

【释义】原意为典章制度取法前代,后指只遵循陈旧的规章而不加更新。

【书证】《魏书·礼志一》:“高祖稽古,率由旧则,斟酌前王,择其令典。”清·李宝嘉《文明小史》第一回:“等他果然听了姚老先生之言,诸事率由旧章,不敢聚行更动。”

【考据】曹植,见“八斗之才”。

思其烂熟 sī qí làn shú

【典源】宋·李昉《太平广记·第二百四十七回·诙谐三》引《谈薮》:“晞好文酒,乐山水,府寮呼为方外司马焉。及孝昭立,待遇弥隆。而晞每日自疏退,谓人曰:‘非不爱热官,但思其烂熟耳!’”

【注】晞:王晞,字叔朗,北海人,北齐时期深受高演的信任。方外司马:王晞曾任大丞相府司马,因喜山乐水及饮酒属文,表现超脱,故有此称。孝昭:北齐孝昭帝高演,北齐建立后曾被封为常山王,是高洋的弟弟。高洋死后他废掉了高洋的儿子高殷(北齐废帝),自己称帝。孝昭是高演去世后的谥号。

【释义】非常熟悉,了然于胸。

【考据】王晞(510—581):字叔朗。历仕北魏、北齐、北周、隋。好学不倦,文雅有气度。北齐孝昭帝时深受倚重,历拜太子太傅,武平初迁大鸿胪。隋开皇初卒。

思若涌泉 sī ruò yǒng quán

【词源】三国·魏·曹植《王仲宣诔》:“强记洽闻,幽赞微言;文若春华,思若涌泉。发言可咏,下笔成章。”

【注】王仲宣:王粲,东汉末年建安文学的主要代表人物,也是“建安七子”之一。思:思绪,文思。

【释义】才思犹如喷涌的泉水一样。

【书证】宋·庄季裕《鸡肋编》卷上:“思若涌泉名海内,从来苏李擅当时。”

【考据】王粲,见“不失一字”。

思子为劳 sī zǐ wéi láo

【词源】三国·魏·曹植《与杨德祖书》:“数日不见,思子为劳,想同之也!”

【注】杨德祖:杨修,德祖是他的表字。子:古代用作表示敬意的对称词。劳:焦心。

【释义】思念你让人劳瘁。

【书证】南朝·梁·王僧孺《与何炯书》:“近别之后,将隔暄寒,思子为劳,未能忘弭。”

【考据】《与杨德祖书》是建安二十一年临淄侯曹植写给在邺城的好友杨修的一封信。

死而复生 sǐ ér fù shēng

【词源】三国·魏·曹植《辩道论》:“方士有董仲君,有罪系狱,佯死数日,目陷虫出,死而复生,然后竟死。”

【注】复:又,再。

【释义】死去之后又重新生还。

【书证】郭沫若《棠棣之花》第一幕:“母亲死去已经三年,死而复生的只有这些乱草,和我们相依为命的母亲却永远不再回来。”

【考据】曹植,见“八斗之才”。

死无葬身之地 sǐ wú zàng shēn zhī dì

【词源】晋·陈寿《三国志·蜀书·马超传》裴松之注引《山阳公载记》三十六:“超计不得施。曹公闻之曰:‘马儿不死,吾无葬地也!’”

【注】山阳公:即汉献帝刘协。延康元年(220),汉献帝禅位曹丕,被封为山阳公,魏青龙二年(234)54岁时死,葬于禅陵(在今河南焦作)。超:马超。马超(176—222),三国时期蜀汉大将,为汉征西将军马腾的儿子。曹公:指曹操。马儿:指马超。马超因为是马腾的儿子,比起曹操是晚辈,故曹操称其为“马儿”。

【释义】死后没有地方埋葬。形容惨死,也比喻大难即将临头。

【书证】清·曹雪芹《红楼梦》第六十九回:“你如今既有许多银子,何必定要原人?若只管执定主意,岂不怕爷们一怒,寻出一个由头,你死无葬身之地!”明·王世贞《鸣凤记·写本》:“相公坚执如此,夫妇死无葬身之地矣!”

【考据】马超是马腾的儿子,曾联合韩遂结成联盟。211年七月，汉丞相曹操领军西征，在潼关之战时，马超凭着自己武艺高强，想突击活捉曹操，但曹操身旁的许褚嗔目瞪着他，所以没实现。曹操用了贾诩的谋划，离间马超和韩遂，击败了以马超为首的关中诸军。后来曹操感叹地说："马超要是不死，我就死无葬身之地了。"

四目两口 sì mù liǎng kǒu

【典源】晋·陈寿《三国志·魏书·武帝纪》注引《魏书》："贼将见公，悉于马上拜，秦、胡观者，前后重沓，公笑谓贼曰：'汝欲观曹公邪？亦犹人也，非有四目两口，但多智耳！'胡前后大观。"

【注】公：即曹操。

【释义】比喻长相特殊。

【书证】南宋·陆游《剑南诗稿·长歌行》："我无四目与两口，但在人间更事久。"

【考据】建安十六年(211)春，曹操为解决关西的马超、韩遂，留下曹丕守邺城，自己亲率大军进行了西征。潼关之战前，曹操用贾诩策，施离间马超和韩遂，与韩遂阵前叙谈。曹操与韩遂的父亲是同岁孝廉，又与韩遂在少年时期就有交往，于是二人交马而语，叙京都旧故，拊手欢笑。当时马超、韩遂的部队都围着曹操观看，前后重沓。曹操笑着对他们说："汝欲观曹公邪？亦犹人也，非有四目两口，但多智耳！"

宿构 sù gòu
夙构 sù gòu

【典源】晋·陈寿《三国志·魏书·王粲传》："善属文，举笔便成，无所改定，时人常以为宿构。"

【注】宿：通"夙"，早。构：构思。

【释义】比喻写文章非常迅速，像预先拟好的一样，有时指已写成的诗文。

【书证】《全唐诗·杨师道》："帝曰：'闻公每酣赏，捉笔赋诗，如宿构者，试为朕为之。'"明·冯梦龙《醒世恒言》第四十卷："问之再三，人皆不答。王勃乃拂纸如飞，有如宿构。"

【考据】王粲，见"不失一字"。

算无遗策 suàn wú yí cè

【词源】三国·魏·曹植《王仲宣诔》："与军行止，算无遗策，画无失理。”

【注】王仲宣:王粲,字仲宣。“建安七子”之一,邺下文人的代表人物,曹植的好友。算:计划。遗策:失算。

【释义】形容策划精密准确,从来没有失算。

【书证】《晋书·桓玄传》:“自谓经略指授,算无遗策。”《南史·梁简文帝纪论》:“自谓安若太山,算无遗策。”清·王夫之《读通鉴论·三国·十一》:“孟德智肯所穷,则荀彧、郭嘉、荀攸、高柔之徒左右之,以算无遗策。”

【考据】王粲文学成就突出,被称为“建安七子”中的“七子之冠冕”。建安二十二年(217)在邺城大疫中病逝。他是曹氏兄弟的好友,曹植为此作哀悼之文。

岁月如流 suì yuè rú liú

【词源】南朝·徐陵《与齐尚书仆射杨遵彦书》:“岁月如流,人生何几!”

【注】齐:指北齐,存在时间为550—577年。杨遵彦:杨愔,时为北齐文宣帝高洋的尚书仆射。

【释义】比喻时光消逝如流水之快。

【书证】清·刘鹗《老残游记》第十二回:“岁月如流,眼见斗杓又将东指了,人又要添一岁了。”

【考据】徐陵(507—583):南朝梁陈间的诗人,文学家,博涉史籍,有口才。南梁太清二年(548),徐陵曾兼通直散骑常侍,代表梁国到东魏都城邺来访问。549年东魏的叛将侯景攻陷了南梁的都城,徐陵的父亲徐摛先被围在城内,南北断绝信使往来,徐陵得不到消息,以为父亲遭遇了不幸,便“蔬食布衣,若居忧恤”。这时北齐受魏禅,梁元帝也在江陵称帝,复通使于齐。徐陵多次请求回南方,但一直被拘留不放,于是徐陵致书杨遵彦,请求他通融。

损物益己 sǔn wù yì jǐ

【词源】《北齐书》卷八:“(魏征曰)前王之御时也,沐雨栉风,拯其溺而救其焚,信赏必罚,安而利之,既与共其存亡,故得同其生死。后主则不然,以人从欲,损物益己。雕墙峻宇,甘酒嗜音,廛肆遍于宫园,禽色荒于外内,俾昼作夜,罔水行舟,所欲必成,所求必得。既不轨不物,又暗于听受,忠信不闻,萋斐必入，视人如草芥，从恶如顺流。……由此言之，齐氏之败亡，盖亦由人，匪唯天道也。”

【注】前王：指北齐的建立者文宣帝高洋。后主：指北齐后主高纬。物：存在于天，地间的万物。

【释义】为了一己私利，不惜损毁一切。

【考据】这是唐代名相魏征在《北齐书》北齐高纬帝纪之后所写的一段评述。魏征认为，高洋为帝时，总的说还是比较有为的；而后主高纬则腐败奢侈，朝政昏暗，因此北齐的灭亡不仅仅是天意，而且在人的作为。

缩屋称贞 suō wū chēng zhēn

【词源】《北齐书》卷五：“九年，文宣（高洋帝）在晋阳，太子（废帝高殷）监国，集诸儒讲《孝经》。令杨愔传旨，谓国子助教许散愁曰：‘先生在世何以自资？’对曰：‘散愁自少以来，不登娈童之床，不入季女之室，服膺简策，不知老之将至。平生素怀，若斯而已。’太子曰：‘颜子缩屋称贞，柳下妪而不乱，未若此翁白首不娶者也。’乃赉（lài）绢百匹。”

【注】文宣：指北齐文宣帝高洋。太子：指高洋的儿子高殷。杨愔：字遵彦，高洋所信任的大臣。颜子：颜回（前521—前481），春秋末鲁国人，孔子最得意的弟子，家境贫穷，居于陋巷之中。贞：坚定，有操守。柳下：柳下惠（前720—前621），春秋时期鲁国人，他“坐怀不乱”的故事中国历代广为传颂，被认为是遵守传统道德的典范。

【释义】颂扬男子在女性受到危难时不加侵犯的高尚品行。

【考据】时在北齐天保九年（558）。北齐的许散愁一生不娶妻子，不放纵情欲，受到太子高殷的称赞。

T

韬光俟奋 tāo guāng sì fèn

【词源】《晋书·慕容垂载记》：“但时来之运未至，故韬光俟奋耳！”

【注】韬光：把声名才华掩藏起来。俟：等待。

【释义】比喻掩藏才智，待机再起。

【考据】383年十一月，前秦的苻坚进攻东晋，在淝水大战中遭到失败。当时只有慕容垂率领的部队三万人比较齐整，苻坚率千余骑兵随慕容垂而归。到了洛阳，慕容宝劝慕容垂乘机杀死苻坚，恢复前燕政权。文中所引即慕容宝的劝言。但慕容垂不肯乘人之危，加以拒绝。

韬迹隐智 tāo jī yǐn zhì

【词源】北齐·刘昼《新论·韬光》："是以古之有德者，韬迹隐智，以密其外。"

【注】韬：掩藏。隐：藏。

【释义】指藏匿踪迹，不露才智。

【考据】刘昼，见"遁世幽居"。

韬形灭影 tāo xíng miè yǐng

【词源】北齐·刘昼《新论·韬光》："物之寓世，未尝不韬形灭影、隐质遐外以全性栖命者也！"

【释义】指藏匿踪迹，不露于世。

【考据】刘昼，见"遁世幽居"。

陶冶性灵 táo yě xìng líng

【词源】北齐·颜之推《颜氏家训·文章》："至于陶冶性灵，从容讽谏，入其滋味，亦乐事也！"

【注】性灵：性情。

【释义】娱情养性。

【书证】唐·杜甫《解闷》："陶冶性灵存底物，新诗改罢自长吟。"

【考据】颜之推，见"抱令守律"。

题门 tí mén

【典源】南朝·宋·刘义庆《世说新语·捷悟》："杨德祖为魏武主簿。时作相国门，始构榱桷，魏武自出看，使人题门作'活'字，便去。杨见，即令坏之。既意，曰：'门'中'活'，'阔'字。王正嫌门大也！"

【注】杨德祖：杨修，东汉末年曹操的部下。魏武：曹操，魏武是曹魏建立后追尊的帝号。主簿：掌管文书记事、起草文告的官吏。榱桷：屋椽屋桷的总称，桷指方形的椽子。

【释义】比喻颖悟出众。

【书证】《全唐诗·卷八百三十三·贯休〈题令宣和尚院〉》："轩窗领岚翠，师得世情忘。惟爱谈诸祖，曾经宿大荒。泉声淹卧榻，云片犯炉香。寄语题门者，看经在上方。"

【考据】曹操建安十三年(208)六月废三公,恢复丞相制度,并任汉朝丞相,丞相府即修于此时。

体气高妙 tǐ qì gāo miào

【词源】三国·魏·曹丕《典论·论文》:“孔融体气高妙,有过人者;然不能持论,理不胜辞,以至乎杂以嘲戏。及其所善,扬、班俦也!”

【释义】指文章风韵气度高雅超俗。

【书证】宋·苏轼《书子由〈超然台赋〉后》:“子由之文,词理精确,有不及吾;而体气高妙,吾所不及。虽各欲以此自勉,而天资所短,终莫能脱至于此。”

【考据】曹丕,见“避暑之饮”。

天人 tiān rén

【典源】晋·陈寿《三国志·魏书·王粲传》晋·裴松之注引《魏略》曰:“植初得淳,甚喜,延入坐……与淳评说混元造化之端,品物区别之意,然。后论羲皇以来贤圣名臣烈士优劣之差,次颂古今文章赋诔及当官政事宜所先后,又论用武行兵椅伏之势……及暮,淳归,对其所知叹植之材,谓之‘天人’。”

【注】植:曹植。淳:邯郸淳。羲皇:古代的三皇之一,即伏羲。

【释义】称赞人才不凡。

【书证】唐·杜甫《八哀诗·赠太子太师汝阳郡王进》:“汝阳让帝子,眉宇真天人。”

【考据】邯郸淳(约132—221):又名竺,字子叔,又字子礼,东汉时颍川阳翟(今禹州市)人,因著有《笑林》三卷、《艺经》一卷而著名,被称为“笑林始祖”。邯郸淳有才名,博学多艺。东汉元嘉元年(151),邯郸淳为曹娥写过一篇碑文,后来陈留蔡邕路过会稽,看到后称赞碑文为“绝妙好辞”。初平(190—193,汉献帝刘协的第三个年号)时,邯郸淳从三辅客居荆州。曹操久闻其名,平荆州后与他相见,深为器重。邯郸淳奉命拜见曹植,与曹植谈论颇深,赞叹同样多技艺的曹植为“天人”,屡次向曹操称赞曹植的才华,引起曹丕的不满。魏文帝皇初时,邯郸淳为博士给事中。

天上人间 tiān shàng rén jiān

【词源】宋·李昉《太平广记·

卷第二百·文章三》："（高敖曹）其弟季式为齐州刺史，敖曹发驿以劝酒。乃赠诗曰：'怜君忆君停欲死，天上人间无可比。走马海边射游鹿，偏坐石上弹鸣雉。昔时方伯愿三公，今日司徒羡刺史。'"

【注】高敖曹（491—538）：即高昂，字敖曹，以字行世，渤海蓨县（今河北景县东）人，东魏高欢手下的猛将，有当代"项羽"之称，后为司徒。高季式：高敖曹的弟弟。齐州刺史：应为济州刺史，史书误。

【释义】一个在天上，一个在人间。多比喻境遇完全不同。

【书证】唐·崔颢（hào）《七夕词》："仙裙玉佩空自知，天上人间不相见。"清·吴趼人《糊涂世界》："所以这些人除了到省见过一面，以后竟是天上人间了。"元·汤式《端正好·咏荆南佳丽》曲："真乃是天上人间全殊。"

【考据】东魏天平四年（537）正月，高敖曹渡河攻克上洛（今陕西商县）时，高敖曹为流矢所中，身受重伤，对部下说："吾以身许国，死无恨矣，所可叹息者，不见季式做刺史耳。"（《北齐书·高昂列传》）高欢闻讯后，即以高季式为济州刺史。

天下鼎沸 tiān xià dǐng fèi

【词源】三国·魏文帝《六代论》："是由天下鼎沸，奸雄并争，宗庙焚为灰烬，宫室变为蓁薮。"

【释义】比喻局势不安定，民心动荡。

【书证】唐·王方庆《魏郑公谏录》："至于隋末，天下鼎沸，百姓涂炭。"《旧唐书·列传一百四十·文苑》："隋道无主，天下鼎沸，衣冠礼乐，扫地无余。"《周书·梁御传》："魏室陵迟，天下鼎沸。"

【考据】魏文帝曹丕，建安文人集团代表人物之一，与曹操、曹植合称"三曹"。

天下归心 tiān xià guī xīn

【词源】三国·魏·曹操《短歌行》："山不厌高，水不厌深，周公吐哺，天下归心。"

【注】周公：周武王的弟弟姬旦，周文王的第四子。西周建立之初，辅佐武王的儿子成王。归心：心悦诚服而归附。

【释义】形容天下老百姓心悦诚服。

【书证】《隋书·郑译传》："以

公德望，天下归心，欲求多福，岂敢忘也！”

【考据】曹操，见“变化无方”。

天下雄国 tiān xià xióng guó

【词源】三国·魏·刘劭《赵都赋》：“且敝邑者，固灵州之敞宇，而天下之雄国也！”

【注】弊邑：称自己的家乡。灵州：传说中的神仙所居之处。《太平广记》卷三引《汉武帝内传》：“帝问东方朔：‘此何人？’朔曰：‘是西王母紫兰宫玉女，常传使命，往来扶桑，出入灵州，交关常阳，传言玄都 。’”雄国：强盛之国。

【释义】指天下强盛的国家。

【书证】《广平府祠庙考》：“三贤祠，在邯郸县旧马神庙，内祀蔺相 、廉颇、李牧。知县卢龙云建。《记》略曰：尝读《赵都赋》，知赵亦天下之雄也！”

【考据】刘劭，见“博识君子”。

田夫野老 tián fū yě lǎo

【词源】《北齐书》卷三十二：“（王）琳体貌闲雅，立发委地，喜怒不形于色。虽无学业，而强记内敏，军府佐吏千数，皆识其姓名。刑罚不滥，轻财爱士，得将卒之心。少任将帅，屡经丧乱，雅有忠义之节。虽本图不遂，邺人亦以此重之，待遇甚厚。及败，为陈军所执，吴明彻欲全之，而其下将领多琳故吏，争来致请，并相资给，明彻由此忌之，故及于难。当时田夫野老，知与不知，莫不为之歔欷流泣。”

【释义】邺人：邺都的人们。田夫野老：山野老人。泛指民间百姓。

【书证】《宋史·苏轼传》：“轼与田夫野老，相从溪山间。”明·焦竑《玉堂丛语·序》：“此为史职，非第如欧阳公所云夸于田夫野老而已者。”清·丁耀亢《续金瓶梅集序》：“田夫野老能与经史并传者，大抵皆情之所留也！”鲁迅《中国小说史略》：“至谓作者搜采异闻，乃设烟茗于门前，邀田夫野老，强之谈说以为粉本，则不过委巷之谈而已。”

【考据】王琳（526—573）：字子珩，会稽山阴人。本南梁大将，梁亡，出质于齐，请求北齐文宣帝高洋支持萧庄为梁主。文宣遣兵援送，拜琳为梁丞相、都督中外诸军、录尚书事，奉庄纂梁祚于郢州。后多次与陈霸先大将吴明彻作战。北齐武成帝时，王琳在寿阳为吴明彻包围，城陷被执，为吴明彻所杀。

恬淡寡欲 tán dàn guǎ yù

【词源】三国·魏·曹丕《与吴质书》："观古今文人，类不护细行，鲜能以名节自立。而伟长独怀文抱质，恬淡寡欲，有箕山之志，可谓彬彬君子矣！"

【注】伟长：徐干，字伟长，"建安七子"之一。恬淡：清静而无所为。

【释义】心境清静淡泊，没有世俗的欲望。

【书证】宋·朱熹《朱文公文集》："若乃孝友绝人而勉励如弗及，恬淡寡欲而持守不稍懈。"

【考据】本典所出即为建安二十三年(218)的与吴质书。在此信中，曹丕回忆与建安诸子流连诗酒的欢快情景，简评他们的文学成就，流露出怀念之情和对岁月的迁逝之悲。

铁石心肠 tiě shí xīn cháng

心如铁石 xīn rú tiě shí

【词源】三国·魏·曹操《敕王必领长史令》："领长史王必，是吾披荆棘时吏也。忠能勤事，心如铁石，国之良吏也！"

【释义】心肠硬得像铁和石头一样。形容心肠不为感情所动。

【书证】唐·皮日休《宋璟集序·桃花赋序》："宋广平刚态毅状，疑其铁石心肠，不解吐婉媚辞。"宋·苏轼《与李公择书》："虽兄之受我厚，然仆本以金铁石心肠待公。"闻一多《给臧克家先生》："如果再不给你回信，那简直是铁石心肠了。"

【考据】王必，东汉末年人，生卒不详。中平三年(192)，王必曾经奉曹操命出使长安看望汉献帝。建安二十三年(218)正月，少府耿纪、丞相司直韦晃、太医令吉本等欲挟天子以攻魏，南援刘备。甲子日，耿纪等起兵欲诛曹操，攻焚丞相长史王必营，不克。王必受伤，十余日后竟以创死。曹操闻王必死，盛怒，召汉百官诣邺，令救火者左，不救火者右。众人以为救火者必无罪，皆附左。曹操以为"不救火者非助乱，救火乃实贼也"，皆杀之，随后对王必进行了褒扬。

亭亭玉立 tíng tíng yù lì

【词源】《北齐书》卷三十三：

“之才医术最高，偏被命召。武成酒色过度，恍惚不恒，曾病发，自云初见空中有五色物，稍近，变成一美妇人，去地数丈，亭亭而立。食顷，变为观世音。之才云：‘此色欲多，大虚所致。’即处汤方，服一剂，便觉稍远，又服，还变成五色物，数剂汤，疾竟愈。”

【注】之才：徐之才，北齐大臣，有医术。武成：北齐武成帝高湛。亭亭：耸立的样子。

【释义】形容女子身材高挑秀美，也形容树木花卉形体挺拔。

【书证】元·乔吉《折桂令·七夕赠歌者》曲：“水洒不著春妆整整，风吹的倒玉立亭亭。”明·张岱《公祭祁夫人文》：“一女英迈出群，亭亭玉立。”清·羽衣女士《东欧女豪杰》第二回：“……生得杏脸蜂腰，秀美俊眼，亭亭玉立，顾盼神飞，正从梅花小径闪身出来。”

【考据】徐之才（492—572）：字士茂，医士世家，医术高明。其先祖徐熙，南朝丹阳人，人称“东海徐氏”。徐之才系徐文伯之孙，徐雄的第六子，人又称徐六，为北朝所俘而仕北魏，历东魏、北齐，官至西阳王，故有徐王之称。

停传常满

tíng chuán cháng mǎn

【词源】三国·魏·徐干《中论》：“俾夜作昼，星言夙驾，送往迎来，停传常满。”

【注】停传：馆舍。

【释义】馆舍经常住满客人。比喻交游宽广，应接不暇。

【考据】徐干，见“操翰成章”。

挺身独出 tǐng shēn dú chū

【词源】《北齐书》卷四十一：“突厥侵逼晋阳，敕猛将三百骑觇贼远近。行至城北十五里，遇贼前锋，以敌众多，遂渐退避。贼中有一骁将，超出来斗。猛遥见之，即亦挺身独出，与其相对。俯仰之间，刺贼落马，因即斩之。”

【注】突厥：北齐时居于北方的少数民族。晋阳：今山西太原市西南。猛：綦连猛，字武儿，北齐大将。觇：观察。

【释义】临对强敌，敢于只身面对。

【考据】突厥侵逼晋阳事，在河清二年（563）。河清（562年四月—565年四月）是北齐武成帝高湛的年号。东魏北齐时邺城为都，晋阳为陪都。

通权达理 tōng quán dá lǐ

【词源】三国·魏·王粲《弹棋赋》序："因行聘志，通权达理，六博是也！"

【注】通：晓。达：明白。

【释义】指通晓权宜与事理。

【考据】王粲，见"不失一字"。

通宵达旦 tōng xiāo dá dàn
通宵彻昼 tōng xiāo chè zhòu

【词源】《北齐书·卷四·帝纪第四》："帝六七年后，以功业自矜，遂留连耽湎，肆行淫暴。或躬自鼓舞，歌讴不息，从旦通宵，以夜继昼。"

【注】帝：指北齐文宣帝高洋。旦：早晨。宵：夜。

【释义】从夜间一直到天亮。

【书证】明·冯梦龙《醒世恒言》卷二十五："狮蛮社火，鼓乐笙箫，通宵达旦。"清·吴趼人《情变》第四回："乡下人家比不上上海，是通宵达旦，俾昼作夜的。"

【考据】北齐550年建立，第一位皇帝文宣帝高洋是高欢的次子。年号天保。

同胞共气 tóng bāo gòng qì

【词源】《北齐书·孝昭帝纪》："十一月甲辰，诏曰：'右丞相、长广王湛研机测化，体道居宗，人雄之望，海内瞻仰，同胞共气，家国所凭，可遣尚书左仆射、赵郡王睿喻旨征王，统兹同宗。'"

【注】湛：高湛，高欢的第九子。天保（高洋年号）初年，晋爵为长广王。高演继位后，进位为右丞相。同胞：同派同宗。睿：高睿。

【释义】比喻指亲兄弟。

【书证】宋·叶廷珪《海录碎事·人事上》："同胞共气，谓兄弟也！"

【考据】这是北齐孝昭帝高演（560—561年在位）临终前所下的传位于其弟高湛的诏书。皇建二年（561），高湛继位，改元太宁，是为武成帝。

同声相应

tóng shēng xiāng yìng

【词源】晋·陈寿《三国志·魏书·傅嘏传论》："昔文帝、陈王以公子遵，博好文采，同声相应，才士并出，惟粲等六人最见名目。”

【注】傅嘏（209—255）：曹魏大臣。文帝：曹丕。陈王：曹植。粲：王粲。东汉末年建安文学代表人物，“建安七子”之一。应：应和，呼应。

【释义】同类的事物相互感应。指志趣、意见相同的人互相响应，自然地结合在一起。

【书证】明·兰陵笑笑生《金瓶梅》第六十九回：“自古同声相应，同气相求，本乎天者亲上，本乎地者亲相，同他做伙计，亦是理之当然。”

【考据】指东汉末年曹丕、曹植等人在邺城组织一大批文人诗赋唱和的逸事。

铜盘重肉 tóng pán zhòng ròu

【词源】《北齐书》卷三十四：“愔一门四世同居，家甚隆盛，昆季就学者三十余人。学庭前有果树，实落地，群儿咸争之，愔颓然独坐。其季父玮适入学馆，见之大用嗟异，顾谓宾客曰：‘此儿恬裕，有我家风。’宅内有茂竹，遂为愔于林边别葺一室，命独处其中，常以铜盘具盛馔以饭之。因以督厉诸子曰：‘汝辈但如遵彦谨慎，自得竹林别室、铜盘重肉之食。’”

【注】愔：杨愔，字遵彦，东魏、北齐人，有文采，深受高欢、高洋父子的倚重。昆季：即兄弟，这里尤指家族兄弟。季父：叔叔。铜盘：贵重的食器。重肉：丰盛的饭菜。

【释义】比喻指特殊的待遇。

【书证】清·俞蛟《潮嘉风月记·佚事》：“此余家贤宅相，有北齐杨遵彦之风，真消受竹林别室铜盘重肉者也！”

【考据】北齐的杨愔，儿童时，口若不能言，但风度深敏，出入门闾从不嬉戏。他六岁学史书，十一受《诗》、《易》，好《左氏春秋》。杨愔自幼丧母，一次拜访他的舅舅源子恭，子恭问读何书，杨愔回答：“诵《诗》。”子恭说：“诵至《渭阳》未邪？”杨愔便号泣感噎，子恭亦对之歔欷，遂为之罢酒。《渭阳》是《诗经·秦风》中的一首：“我送舅氏，曰至渭阳。何以赠之？路车乘黄。我送舅氏，悠悠我思。何以赠之？琼瑰玉佩。”这首诗是写秦康公怀念母亲的。子恭后来对杨愔的父亲杨津说：“常谓秦王（杨愔的小字秦王）不甚察慧，从今(以)后,更欲刮目视之。"

铜雀分香 tóng què fēn xiāng

分香卖履 fēn xiāng mài lǚ

卖履分香 mài lǚ fēn xiāng

【词源】三国·魏·曹操《遗令》:"余香可分与诸夫人,不命祭。诸舍中无所为,可学作履组卖也。"晋·陆机《吊〈魏武帝文〉序》载:"曹操临终遗令曰:'我婕妤伎人,汝等可时时登铜雀台,望我西陵墓田。'又曰:'余香可与分诸夫人。'"

【注】余香:彩色的丝线。组履:鞋子。婕妤:指妃嫔。婕妤原为妃嫔的称号,汉武帝首置,为妃嫔之首。铜雀台:曹操在邺城所筑的高台,是当时有名的建筑。西陵:指曹操陵墓所在的地方,位于邺城之西。

【释义】指临终时对妻妾的怀念。

【书证】唐·杜牧《杜秋娘》:"咸池升日庆,铜雀分香悲。"晋·陆机《吊魏武帝文》序:"余香可分与诸夫人。诸舍中无为,学作组履卖也。"清·李慈铭《越缦堂诗话》卷下:"可怜同望西陵哭,不在分香卖履中。"

【考据】曹操自建安九年占领邺城后,即以此为根据地,晚年决意安葬在附近的西岗上。曹操于东汉延康元年(220)去世,《遗令》作于曹操临终前。

痛痒相关 tòng yǎng xiāng guān

【词源】三国·魏·徐干《中论·考伪》:"斯术之于斯民也,犹内关之疾也,非有痛痒烦苛于身,情志慧然,不觉疾之已深也!"

【释义】形容彼此关系密切。

【书证】宋·真德秀《真西山集·再守泉州劝谕文》:"人无兄弟,如无四肢;痛痒相关,实同一体。"明·杨士聪《玉堂荟记·下卷》:"外而督抚,内而各部,无一刻不痛痒相关,凡奏书所不能及者。"清·魏秀仁《花月痕》第三十八回:"相起稷如远别半载,荷生出师关外,客边痛痒相关的人,目前竟无一个。"

【考据】徐干,见"操翰成章"。

屠门大嚼 tú mén dà jiáo

【词源】三国·魏·曹植《与吴质书》:"过屠门而大嚼,虽不得肉，贵且快意。”

【注】屠门：肉店。

【释义】对着肉铺学着大嚼。比喻心里想而得不到手，只好用不切实际的办法来安慰自己。

【书证】蔡东藩《南北史演义》第九十三回：“外人越觉称奇，便来来往往，饮过了酒，又去重饮，吃过了饭，又去重吃，乐得屠门大嚼，快我朵颐。”

【考据】此典出自曹丕第一次《与吴质书》，时在建安二十二年(217)。时吴质为朝歌长，曹操西征，曹丕留守邺中，与吴质文书往还。

土扶成墙 tǔ fú chéng qiáng

【词源】《北史·尉景传》：“先是，景有果下马，文襄求之，景不与，曰：‘土相扶为墙，人相扶为王。一马亦不得畜而索也。’神武对景及常山君责文襄而杖之。常山君泣救之。景曰：‘小儿惯去，放使做心腹，何须干啼湿哭不听打耶！’”

【注】景：尉景，北魏末年到东魏人。北魏末年追随高欢起义。东魏时曾为冀州刺史，以贪污出名。文襄：指高澄，北齐建立后追尊为文襄帝。常山君：尉景的妻子，高欢的姐姐，后封常山郡君。

【释义】比喻人应该互相扶助，才能成就大业。

【书证】唐·李白《君道曲》：“土扶可成墙，积德为厚地。”

【考据】此是北魏末年高欢的长子高澄年幼时与尉景的一段逸事。

吞纸抱犬 tūn zhǐ bào quǎn

【词源】北齐·颜之推《颜氏家训·勉学》：“朱詹好学，家贫无资，累日不爨，乃时吞纸以实腹，寒无毡被，抱犬而卧。”

【注】朱詹：北朝义阳(在今天的信阳市)人。世居江陵，后出扬都。幼时家贫，但非常好学。爨：烧火做饭。实腹：填肚子。

【释义】吞纸充饥，抱犬御寒。比喻家贫好学。

【考据】颜之推，见“抱令守律”。

W

瓦解冰泮 wǎ jiě bīng pàn

【词源】三国·魏·陈琳《檄吴

将校部曲文》："则七国之军，瓦解冰泮。"

【注】七国：指西汉初期"七国之乱"的参加者。这里代指东汉末年各个割据势力。泮：融解。

【释义】瓦器破碎，冰块消融。比喻失败、崩溃或消失。

【书证】北周·庾信《哀江南赋》："于时瓦解冰泮，风飞电散，浑然千里，淄渑一乱，雪暗如沙，冰横如岸。"

【考据】陈琳，见"冰消瓦解"。

宛然在目 wǎn rán zài mù

【词源】北齐·颜之推《颜氏家训·文章》："尝有《秋诗》云：'芙蓉露下落，杨柳月中疏。'时人未之赏也。吾爱其萧散，宛然在目。"

【注】宛然：仿佛真切的样子。

【释义】好像就在眼前。有时也指真切地出现在眼前。

【考据】颜之推，见"抱令守律"。

万全之策 wàn quán zhī cè

【词源】晋·陈寿《三国志·魏书·刘表传》："故为将军计者，不若举州以附曹公，曹公必重德将军，长享福祚，垂之后嗣，此万全之策也！"

【注】将军：此指刘表，东汉末年割据荆州。曹公：曹操。全：完整不缺。策：策略，办法。

【释义】指周密、可靠的办法。比喻非常周到，没有任何漏洞的计谋。

【书证】《梁书·武帝纪上》："世治则竭诚本朝，时乱则为国剪暴，可得与时进退，此盖万全之策。如不早图，悔无及也！"

【考据】建安五年（200），曹操与袁绍相持于官渡，袁绍遣人到刘表处求助，刘表许之而不至，也不帮助曹操，打算自保于江、汉间，观天下变。此为他的部下从事中郎韩嵩、别驾刘先劝说刘表帮助曹操的说辞。

王烈成仙 wáng liè chéng xiān

【典源】晋·葛洪《神仙传》卷六："王烈者，字长休。邯郸人也。常服黄精及铅，年三百三十八岁，犹有少容，登山历险，行步如飞。……又《神仙经》云：'神山五百所辄开，其中石髓出，得而服之，寿与天相毕。'烈前得者必是也！"

【释义】比喻得道成仙。

【书证】唐·王绩《游仙四首》其一:"蔡经新学道,王烈归成仙。"

【考据】王烈,邯郸人,字长休,常服黄精并炼铅。相传年338岁犹有少容。入太行山中,不知所终。

王猛卖畚 wáng měng mài běn

【典源】《晋书·苻坚载记下》附《王猛》:"王猛字景略,北海剧人也,家于魏郡。少贫贱,以鬻畚为业。尝货畚于洛阳,乃有一人贵买其畚,而云无直,自言家去此无远,可随我取直。猛利其贵而从之,行不觉远,忽至深山。见一父老,须发皓然,踞胡床而坐,左右十许人,有一人引猛进拜之。父老曰:'王公何缘拜也!'乃十倍偿畚直,遣人送之。猛既出,环视,乃嵩高山也。"

【注】魏郡:治所在邺城,在今邯郸市临漳县一带。直:同"值",指钱币。嵩高山:即嵩山,在今河南省中部。货:卖。畚:簸箕。

【释义】比喻能臣良将出世前生活窘困。

【书证】唐·李白《留别王司马嵩》:"呼鹰过上蔡,卖畚向嵩岑。"清·王士禛《送戴务旃游华山》诗:"洛阳货畚无人识,五月骑驴入华山。"

【考据】十六国时期的王猛,是魏郡(今邯郸市临漳县附近)人,少年曾以卖簸箕为生。这是表现他少年时不同凡人的一段逸事。后来王猛到前秦苻坚处,为苻坚所重用,成为前秦的丞相,苻坚誉他为诸葛亮式的人物。

王者之师 wáng zhě zhī shī

【词源】三国·魏·陈琳《为曹洪与魏文帝书》:"虽云王者之师,有征无战,不义而强,古人常有。"

【注】师:军队。曹洪:魏文帝,即曹丕。

【释义】原指帝王的仁义之师,后也泛指正义的军队。

【书证】三国·魏·钟会《檄蜀文》:"古之行军,以仁为本,以义治之。王者之师,有征无战。"唐太宗《班师诏》:"王者之师曰义,是以网开三面。"陈云《随军西行闻见录》:"各处民众响应,北伐军势如破竹,正如王者之师。"

【考据】陈琳《为曹洪与魏文帝书》在217年。陈琳(160—217):

东汉末广陵人，字孔璋，为“建安七子”之一 。见“豺狼野心”。

网目不疏 wǎng mù bù shū

【词源】南朝·宋·刘义庆《世说新语·言语》：“刘公干（桢）以失敬罹罪。文帝问曰：‘卿何以不谨于文宪？’桢答曰：‘臣诚庸短，亦由陛下网目不疏。’”

【注】刘公干：刘桢，字公干，东汉末年人，是曹操的部下，与曹植相善。文帝：曹丕。文宪：法令制度。文宪：法纪。网目：网眼儿，喻指法令的条款。疏：稀疏不密。

【释义】法令条款非常周密。比喻法律严酷。

【考据】刘桢自汉献帝建安十三年（208）为曹操辟为丞相掾属。博学有文才，使随侍曹丕。据《水经·谷水注》引《文士传》曰：“文帝之在东宫也，宴诸文学，酒酣命甄后出拜，坐者咸伏，唯刘桢平视之。太祖以为不敬，送徒录簿。后太祖乘步辇车，乘城降，阅簿作，诸徒咸敬，而桢坐磨石不动。太祖曰：‘此非刘桢也？石如何性？’桢曰：‘石出荆山玄岩之下，外炳五色之章，内乘坚贞之志，雕之不增文，磨之不加莹。禀气贞正，禀性自然。’太祖曰：‘名岂虚哉！’复为文学。”此即事后曹丕与刘桢的对话。

妄下雌黄 wàng xià cí huáng

【词源】北齐·颜之推《颜氏家训》：“校订书籍，亦何容易？自扬雄、刘向方称此职尔。观天下书未遍，不得妄下雌黄。”

【注】扬雄（前53—后18）：字子云，西汉蜀郡成都（今四川成都郫县）人，西汉辞赋家、语言学家。刘向（约前77—前6）：原名更生，字子政，沛县（今属江苏）人，西汉经学家、目录学家、文学家。妄：胡乱。雌黄：古人抄书校书时涂改文字用的颜料。

【释义】比喻乱改文字或乱发议论。

【书证】清·曾朴《孽海花》第三回：“不是弟妄下雌黄，只怕唐史印行的《不息斋稿》，虽然风行一时，决不能望《五丁阁稿》的项背哩！”

【考据】颜之推，见“抱令守律”。

忘怀自深 wàng huái zì shēn

【词源】宋·李昉《太平广记·卷第一百七十三辩一》引《谈薮》："北齐顿丘李谐……作述身赋。其略曰：独浩然而任己，同虚舟而不系。既未识其所以来，岂知其所以逝。于是得丧同遣，忘怀自深。遇物栖息，触地山林。虽类西浮之迹，何异东都之心。"

【释义】荣辱得失彻底忘记。

【考据】李谐（396—544）：东魏顿丘人，字虔和，风流闲润，博学有文辩。北魏时期曾袭父爵为彭城侯，自太尉参军，累官金紫光禄大夫。东魏孝静帝初，官散骑常侍。奉使至梁，江南人称其才辩。还，除大司农，转秘书监。卒于东魏孝静帝武定二年。

望尘而拜 wàng chén ér bài

【词源】《晋书·石季龙载记上》："（申扁）于是权倾内外，刺史二千石多出其门，九卿已（以）下望尘而拜。"

【释义】指迎候有权势的人，看见车扬起的尘土就下拜。形容卑躬屈膝的神态。

【书证】《晋书·潘岳传》："岳性轻躁，趋势利，与石崇等谄事贾谧，每候其出，与崇辄望尘而拜。"唐·白居易《送王处士》："望尘而拜者，朝夕走碌碌。王生独拂衣，遐举如云鹄。"

【考据】申扁是后赵时期石虎的中书谒者令。石虎迁都邺城后，晚年朝政荒废，儿子石宣骄傲自负，纵酒纵欲，不可一世。另一个儿子石韬也沉湎于酒色。中书谒者令申扁受到石虎和石宣的宠爱，专综机要，权倾内外，刺史二千石封疆大吏大多出自申扁门下。侍中郑系、王谟、卢常侍等则不服申扁，与其分庭抗礼，朝廷一片混乱。

望风响应

wàng fēng xiǎng yìng

【词源】三国·魏·陈琳《檄吴将校部曲文》："是以立功之士，莫不翘足引领，望风响应。"

【释义】指因仰慕对方，而积极响应他的倡议或按照他的要求行事。

【考据】陈琳，见"冰消瓦解"。

望梅止渴 wàng méi zhǐ kě

【词源】南朝·宋·刘义庆《世

说新语·假谲》:"魏武行役失汲道,军皆渴,乃令曰:'前有大梅林,饶子,甘酸可以解渴。'士卒闻之,口皆出水,乘此得及前源。"

【注】魏武:指曹操。

【释义】原意是梅子酸,人想吃梅子就会流涎,因而止渴。后比喻愿望无法实现,用空想安慰自己。

【书证】清·李绿园《歧路灯》第八十五回:"一家吃穿,等着做官。这官是望梅止渴的。"

【考据】曹操,见"变化无方"。

葳蕤自守 wēi ruí zì shǒu

【词源】三国·魏·王粲《公宴诗》:"吴天降丰不泽,百卉挺葳蕤。"

【注】葳蕤:盛貌,草木初生貌。后用以转指幼嫩而美好的事物(多就未遭摧残、未经触动而言)。

【释义】多指妙龄女子保持自身的贞操。

【书证】清·蒲松龄《聊斋志异·胭脂》:"葳蕤自守,幸白璧之无瑕;缧绁苦争,喜锦衾之可覆。"

【考据】王粲,见"不失一字"。

为民除害 wèi mín chú hài

【词源】三国·魏·陈琳《檄吴将校部曲文》:"丞相衔奉国威,为民除害,元恶大憝,必当枭夷。"

【注】丞相:曹操。曹操建安十三年(208)废除三公,设丞相并出任此职。元恶:元,大。恶,很坏的行为。

【释义】替百姓除祸害。

【书证】晋·陈寿《三国志·蜀书·秦宓传》:"禹疏江决河,东注于海,为民除害,生民已来功莫先者。"清·刘鹗《老残游记》第七回:"东造道,自然以为民除害为主。"

【考据】陈琳,见"冰消瓦解"。

为民请命 wèi mín qǐng mìng

【词源】三国·魏·卫觊《公卿将军奏上尊号》:"当是之时,四海荡覆,天下分崩,武王亲衣甲而冠胄,沐雨而栉风,为民请命,则活万国;为世拨乱,则致升平。"

【注】武王:指曹操。曹操延康元年(220)一月去世,追谥武王。请命:代人请求保全性命或解除疾苦。

【释义】泛指有相当地位的人

代表百姓向当权者陈述困难，提出要求。

【书证】宋·郑樵《夹祭遗稿·涤愫十首》（其九）："金革久不息，遐方徒弹指。谁为民请命，皇天犹未喜。"

【考据】卫觊《公卿将军奏上尊号》是他220年八月与朝内公卿大臣们一起奏请魏王曹丕称帝的奏表。见《魏书·文帝纪》引《献帝传》。《古文苑》、闻人牟准《魏敬侯碑阴》言"群上尊号奏，卫觊撰，钟繇书"。

卫觊，见"当今之务"。

为群拜纪 wéi qún bài jì

【词源】晋·陈寿《三国志·魏书·陈群传》："陈群字长文，纪之子。时鲁国孔融高才倨傲，年在纪、群之间，先与纪友，后与群交，更为纪拜。"

【注】纪：陈纪，陈群的父亲。

【释义】因为陈群而参拜陈纪。指因为儿子的关系而尊敬其父。

【书证】《魏书·崔孝芬传》："李彪谓崔挺曰：'比见贤子谒帝，旨谕殊优。今当为群拜纪。'"

【考据】陈群，字长文，颍川许昌人，三国时曹魏名臣。其祖父陈寔、父陈纪皆望族名士。陈群为人清尚有仪，雅好结友，有知人之明。先为刘备所用，后刘备被吕布所袭，陈群与父避居徐州。及吕布亡，归曹操，历任司空西曹掾属、治书侍御史、御史中丞等职。后转为侍中，领丞相东西曹掾。曹丕继王位，封陈群为昌武亭侯，后迁为尚书。

为人师表 wéi rén shī biǎo

【词源】《北齐书》卷三十一："杨愔重其德业，以为人之师表。"

【注】表：仪表，表率。

【释义】在行为举止、人品学问等方面做别人的榜样。

【书证】宋·李昉《太平御览》卷五百四十二引《荀氏家传》："魏文帝在东宫，武帝曰：'荀公为人师表，汝当尽力敬之。'"明·焦竑《玉堂丛语·方正》："公曰：'敬宗忝为人师表，而求谒中贵，他日无以见诸生。'"

【考据】杨愔，见"驹齿未落"。

为魏公藏拙 wèi wèi gōng cáng zhuō

【典源】明·冯梦龙《古今笑

史》："梁徐陵使于齐。时魏收有文学，北朝之秀，录其文集以遗陵，命传之江左，陵还，济江而沉之，从者问故，曰：'吾与魏公藏拙。'"

【注】徐陵（507—583），南朝梁、陈间的诗人，博涉史籍，有口才。齐：北齐，存在时间为550—577年。魏收：东魏、北齐时人，以文学著称。北朝：指北齐，也泛指北方。江左：长江左岸，此特指南方长江下游地区，也叫江东。藏拙：掩藏短处。

【释义】比喻有意不让作品传播而说作品水平不高。

【考据】南梁太清二年（548），徐陵曾兼通直散骑常侍，代表梁武帝出使到东魏都邺城访问。

唯利是从 wéi lì shì cóng

【词源】北齐·魏收《孝静帝伐元神和等诏》："狡猾反覆，唯利是从，玷辱流辈，莫斯为甚。"

【注】唯：只有。从：追逐。

【释义】指一心逐利，别的什么都不管。

【书证】宋·司马光《资治通鉴》卷一百三十九："二人唯利是从，若啖以显职，无有不来。"

【考据】东魏武定五年（547），东魏河南大行台侯景叛乱，扬州刺史元神和、何悦、张庆寿、王黑丑、宫延和、王贵显、侯仙、刘崇信、张业等九人先后响应，这是魏收代孝静帝起草的讨伐他们的诏书。

味如鸡肋 wèi rú jī lèi

【词源】晋·陈寿《三国志·魏书·武帝纪》裴松之注引《九州春秋》曰："（杨修说）夫鸡肋，弃之如可惜，食之无所得，以比汉中，知王欲还也。"

【注】鸡肋：鸡的肋骨，没有肉。比喻无多大意味而又不忍舍弃的东西。汉中：位于陕西省西南部，北依秦岭，南屏巴山。王：指曹操，曹操建安十八（213）年封魏王。

【释义】比喻事情不做可惜，做起来没有多大好处。

【考据】建安二十年，曹操亲征汉中张鲁。十一月，张鲁出降，汉中遂为曹操所有。到建安二十四年正月，刘备自阳平关南渡沔水（今汉水），驻军于定军山（今陕西沔县东南），曹操的大将夏侯渊被黄忠斩杀，曹军大败。之后，曹操亲率大军来夺汉中，与刘备军相峙数月，无利，遂放弃汉中。

魏帝妇人饰

wèi dì fù rén shì

【典源】《北史·献文六王传·彭城王勰传》附《元韶传》："韶性行温裕，以高氏婿，颇受时宠。能自谦退，临人有惠政，好儒学，礼致才彦，爱林泉，修第宅华而不侈。文宣帝剃韶鬓须，加以粉黛，衣妇人服以自随。曰：'以彭城为嫔御。'讥元氏微弱，比之妇女。"

【注】韶：元韶。东魏皇族，封彭城王。北齐天保元年，降爵为县公。高氏婿：高氏的女婿。东魏迁都邺城后，高欢的女儿（皇后）没有随北魏孝武帝西奔，改嫁元韶为妻。文宣帝：北齐第一位皇帝高洋。

【释义】比喻指屈身受辱。

【书证】唐·李华《杂诗六首》其二："齐侯好紫衣，魏帝妇人饰。"

【考据】550年北齐建立后，原东魏的皇族都被降爵，元氏自此衰微。天保十年五月高洋滥杀元氏时，元韶被幽于京畿地牢，绝食，啖衣袖而死。

魏宫妆奁 wèi gōng zhuāng lián

【典源】南朝·宋·刘义庆《世说新语·巧艺》："弹棋始自魏宫内，用妆奁戏。"《太平御览》卷七百五十五引《〈弹棋经〉后序》："自后汉冲、质已（以）后，此艺中绝。至献帝建安中，曹公执政，禁阑幽密，至于博弈之具，皆不得妄置宫中，宫人因以金钗玉梳戏于妆奁之上，即取类于弹棋也。及魏文帝受禅，宫人所为，更习弹棋焉。"

【注】后汉冲、质：指东汉冲帝、质帝。冲帝刘炳2岁登基，在位仅半年（144年八月—145年正月）。继位的质帝刘缵（8岁）在位时间不到一年。献帝：汉献帝刘协。189年被董卓立为帝。196年曹操迎献帝于许，改年号为建安。曹公：指曹操。魏文帝：即曹丕。曹丕220年一月袭魏王爵，十月废汉称帝。受禅：接受禅让。

【释义】代指弹棋。

【书证】唐·柳宗元《龟背戏》："修门象棋不复贵，魏宫妆奁世所弃。"

【考据】魏宫，指三国曹魏的宫禁内。东汉末年，曹操迎汉献帝于许都，反对奢侈，因此宫中不能随便置放博弈的工具，弹棋也被禁止，宫人只好以类似的游戏代替。弹棋是西汉末年始流行的一种古代棋戏，最初主要在宫廷和士大夫中间盛行。弹棋起源，有西汉成帝说，有"始自魏宫"说（魏·邯郸淳《艺经·弹棋》），尚无一致结论，但大都认为是在汉代。曹丕非常喜好弹棋，所以到曹魏以后，宫内重新开始流行。

魏文手巾 wéi wén shǒu jīn

【典源】晋·陈寿《三国志·魏书·魏文帝纪》裴松之注引《博物志》曰："帝善弹棋，能用手巾角。时有一书生，又能低头以所冠著葛巾角撇棋。"

【注】帝：指魏文帝曹丕。弹棋：一种游戏器具，始行于汉代。

【释义】魏文帝善弹棋，并能用手巾角拂棋。比喻棋技高超。

【书证】唐·李颀《弹棋歌》："崔侯善弹棋，巧妙尽于此。蓝田美玉清如砥，白黑相分十二子。联翩百中皆造微，魏文手巾不足比。"

【考据】曹魏建立后，因魏文帝曹丕善弹棋，所以宫中盛行。参考"魏宫妆奁"。

文人相轻 wén rén xiāng qīng

【词源】三国·魏·曹丕《典论·论文》："文人相轻，自古而然。"

【注】轻：轻视，小看。

【释义】指文人相互看不起，彼此不服气。

【书证】《四库全书总目·二十八·左传属事》："（傅逊）又云：'元凯无汉人不能为集解，逊无元凯不能为此注。'其用心深至，推让古人，胜于文人相轻者多矣！"鲁迅《且介亭杂文二集·"题未定"草》："我在这里也犯'文人相轻'罪状，曰'吹毛求疵'。"

【考据】曹丕，见"避暑之饮"。

文如春华 wén rú chūn huá

【词源】三国·魏·曹植《王仲宣诔》："强记治闻，幽赞微言；文若春华，思若涌泉。发言可咏，下笔成章。"

【注】王仲宣：王粲，字仲宣，东汉末年建安文学的代表人物，"建安七子"之一。华：同"花"。涌泉：奔涌的泉水。

【释义】文章辞藻像春天盛开的花朵争奇斗胜。比喻文章词汇丰富华丽。

【考据】王粲，见“不失一字”。

握素披黄 wò sù pī huáng

【词源】北齐·颜之推《颜氏家训·勉学》：“握素披黄，吟道咏德，苦辛无益者如日蚀，逸乐名利者如秋荼。”

【注】素：白绢，古代用以书写。黄：雌黄，古代用以校点书籍。日蚀：太阳被一点点蚀去，比喻越来越少。秋荼：荼（一种植物）至秋则花叶繁密，比喻多。

【释义】指写作或校勘。

【考据】颜之推，见“抱令守律”。

无愁天子 wú chóu tiān zǐ

【词源】《北齐书·帝纪第八》：“盛为无愁之曲，帝自弹胡琵琶而唱之，侍和之者以百数，人间谓之无愁天子。”

【注】胡琵琶：一种乐器。公元五六世纪从中亚地区传入的一种曲项琵琶，当时称做“胡琵琶”。其形状为曲颈，梨形音箱，有四柱四弦，与现在阿拉伯国家常见的乌特琴（Oud 或 Ud）或古波斯的巴尔巴特琴（Barbat）相似。天子：此指北齐后主高纬。

【释义】面临绝境仍不知忧虑。

【书证】元·卢挚《小令·双调·蟾宫曲·邺下怀古》：“软动歌残，无愁梦断，明月西沉。……乔木空林，几度西风，憾慨登临。”蔡东藩《清史演义》第十四回：“广罗春方服媚药，尽情取乐，无愁天子，谁知春宵不永，好事多磨，霓裳之曲未终，鼙鼓之声已起。”

【考据】北齐末年，后主高纬荒淫无度，又自以为聪明，整日沉湎于歌舞升平，被称作“无愁天子”。577 年，北齐为北周所灭。高纬被俘至长安，几年后被杀。

无功自矜 wú gōng zì jīn

【词源】三国·魏·刘劭《人物志》：“是以越俗乘高，独行于三等之上。何谓三等？大无功而自矜，一等；有功而伐之，二等；功大而不伐，三等。”

【注】矜：自尊自大，自夸。

【释义】没有什么功劳却自命不凡。

【考据】刘劭，见“博识君子”。

无坚不摧 wú jiān bù cuī

【词源】三国·魏·曹操《表称乐进于禁张辽》:“每临战攻,常为率督,奋强突围,无坚不陷。”

【注】乐进、于禁、张辽:均为东汉末年曹操手下的大将。率督:统率或督战。坚:指(堡垒的)坚固。陷:攻陷。

【释义】形容力量非常强大,没有什么坚固的东西不能摧毁。

【书证】《旧唐书·孔巢文传》:“(田)悦酒酣,自矜其骑射之艺,拳略之勇,因曰:‘若蒙见用,无坚不摧。’”刘伯承《回顾长征》:“其神勇艰苦的精神,充分显示了共产主义运动顽强的生命力,表现了共产党领导的军队无坚不摧的战斗力量。”

【考据】曹操《表称乐进于禁张辽》是建安十一年(206)向汉献帝上的为乐进、于禁、张辽等战将请功的奏表。此时曹操已基本消灭了袁绍及其残余的势力,即将统一北方。

吾家龙文 wú jiā lóng wén

【典源】《北齐书·杨愔传》:“已是吾家龙文,十岁后,当求之千里外。”

【注】龙文:骏马名。

【释义】吾家龙文即对自己后代之优秀者的爱称。

【考据】杨愔(511—560):东魏到北齐人,字遵彦,小名秦王。北齐文宣帝时,尚太原长公主,任以国政,累官尚书令、骠骑大将军,封王开府。文宣帝死后,辅高洋的儿子高殷。乾明元年(560)二月,为高演、高湛合谋所杀。

物是人非 wù shì rén fēi

【词源】三国·魏·曹丕《与吴质书》:“节同时异,物是人非,我劳如何?”

【释义】东西还是原来的东西,可是人已不是原来的人了。多用于表达事过境迁,因而怀念故人。

【书证】宋·李清照《武陵春》词:“物是人非事事休,欲语泪先流。”

【考据】此典出自建安二十二年(217)曹丕第一次《与吴质书》,时吴质为朝歌长,曹操西征,曹丕留守邺中,与吴质文书往还。

X

希世之宝 xī shì zhī bǎo

【词源】三国·魏·曹丕《与钟繇书》："猥以蒙鄙之姿，得睹希世之宝。"

【注】蒙鄙：蒙昧粗俗。蒙，蒙昧。鄙，粗俗。睹：看。

【释义】世上极稀罕极难得的珍宝。

【书证】清·刘鹗《老残游记》第三回："此书世上久不见了，季沧苇、黄丕烈诸人俱未见过，要算希世之宝呢！"

【考据】曹丕《与钟繇书》应为《与钟繇谢玉玦书》。据《曹丕集》该文所序："太祖征汉中，太子在孟津，闻繇有玉玦，密使临淄侯因人说之，繇遂送焉，太子与繇书。"知时间在211年七月曹操出发征汉中时。当时曹丕留守邺中，送行至孟津（今河南孟津市），收到钟繇送来的宝玉玦，写了这封信表示感谢。

晞辞热官 xī cí rè guān

【词源】《北齐书》卷三十一："帝欲以晞为侍中，苦辞不受。或劝晞勿自疏，晞曰：'我少年以来，阅要人多矣，充诎少时，鲜不败绩。且性实疏缓，不堪时务，人主恩私，何由可保，万一披猖，求退无地。非不爱做热官，但思之烂熟耳。'"

【注】帝：指北齐孝昭帝高演。晞：王晞，北齐人，高演非常倚重的大臣。侍中：北齐官名。侍中掌机要，实际上相当于宰相。热官：有权势的官位。

【释义】辞授权势高官，以图清闲安逸。

【书证】宋·陆游《初春遣兴三首·始于志退休而终于倦倦许国之忠亦臣子大义也》诗："……烂熟思来怕热官，退飞心地喜轻安。"

【考据】王晞，见"拜恩私室"。

檄愈头风 xí yù tóu fēng

【典源】晋·陈寿《三国志·魏书·王粲传》附陈琳："军国书檄，多琳阮所作也！"注引《典略》："琳作诸书及檄，草成呈太祖，太祖先苦头风，是日疾发，卧读琳此作，翕然而起曰：'此愈我病。'"

【注】琳、阮：指陈琳、阮瑀。均

为东汉末年建安文学的代表人物。太祖：指曹操。

【释义】比喻檄文尖锐辛辣，见解独特。

【考据】陈琳，见“把玩无厌”。又见“豺狼野心”。

洗兵海岛 xǐ bīng hǎi dǎo

【典源】晋·左思《魏都赋》：“洗兵海岛，刷马江洲。振旅鞫鞫，反旆悠悠。”唐·吕相注：“谓战争将休兵，欲还师，乃洗刷兵马于海岛江洲也。兵还曰振旅。”

【注】洗兵：洗去兵器上的污秽。刷马：洗刷战马身上的污浊。

【释义】比喻凯旋还师。

【考据】左思（约 250—305 左右）：字太冲，西晋临淄（今山东淄博）人，著名文学家。左思自幼其貌不扬却才华出众。晋武帝时，举家迁居洛阳，任秘书郎。太安二年（303），因张方纵暴洛阳而移居冀州，不久病逝。左思是太康年间文学成就最高的作家之一。今仅存赋 2 篇，诗 14 首。《三都赋》与《咏史》诗是其代表作。《魏都赋》属《三都赋》之一。魏都，指曹魏五都之一邺城。

下笔不休 xià bǐ bù xiū

【词源】三国·魏·曹丕《典论·论文》：“傅毅之于班固，伯仲之间耳，而固小之，与弟超书曰：‘武仲以能属文为兰台令史，下笔不能自休。’”

【注】傅毅（？—约 90）：字武仲，东汉扶风茂陵人。学问渊博，汉章帝建初中，封为兰台令史，拜郎中，和班固、贾逵一起校勘禁中书籍。班固：东汉史学家、文学家。贯通群书，整理父亲的《史记后传》，并开始撰写《汉书》。东汉明帝召为兰台令史，迁为郎，典校秘书。至汉章帝建初七年（82）成《汉书》。伯仲：兄弟。兄为伯，弟为仲。超：班超，班固的弟弟。兰台令史：汉代官名，掌管奏章和文书。休：休止。

【释义】形容文思充沛如泉涌，不能自已停下来。比喻文思敏捷，有时也比喻行文拖沓冗长。

【书证】《旧唐书·李商隐传》：“博学强记，下笔不能自休。”唐·刘知几《史通·自序》：“尝以载削余暇，商榷史篇，下笔不休，遂盈筐箧。”宋·岳珂《宝真斋法书赞》第二卷：“维唐二臣，一唱一酬；节物感怀，下笔不休。”

【考据】曹丕，见“避暑之饮”。

下笔成篇 xià bǐ chéng piān
下笔成章 xià bǐ chéng zhāng

【词源】三国·魏·曹植《王仲宣诔》：“文若春华，思若涌泉，发言可咏，下笔成篇。”

【注】王仲宣：王粲，东汉末年建安文学的主要代表人物，也是“建安七子”之一。

【释义】一挥动笔就写成文章。形容写作文思敏捷。

【书证】晋·陈寿《三国志·魏书·陈思王植传》：“陈思王植字子建，年十余岁，诵读《诗》、《论》及辞赋数十万言，善属文。太祖尝视其文，谓植曰：‘汝倩人邪？’植跪曰：‘言出为论，下笔成章，顾当面试，奈何倩人？’时邺城铜雀台新成，太祖悉将诸子登台，使各为赋。植援笔立成，可观，太祖甚异之。”晋·左思《悼离赠妹诗二首》其二：“默识若记，下笔成篇。行显中闺，名播八蕃。”元·戴善夫《风光好》第一折：“少年文史足三冬，下笔成章气似虹。”

【考据】王粲，见“不失一字”。

仙姿玉质 xiān zī yù zhì

【词源】三国·魏·陈琳《神女赋》：“感诗人之攸叹，想神女之来游……答玉质于苕华，拟艳姿于舜荣。”

【注】答：当，对，合。

【释义】美玉一般的肌肤，明艳秀丽的姿容。常比喻女子或花卉姿容清秀明丽，美艳绝伦。

【书证】唐·苏鹗《杜阳杂编》上（《太平广记》卷二百三十七引）：“（元）载宠姬薛瑶英，攻诗书，善歌舞，仙姿玉质，肌香体轻。”

【考据】陈琳是东汉末年邺下文人集团的重要代表人物，“建安七子”之一。见“把玩无厌”。

纤毫无犯 xiān háo wú fàn

【词源】《北齐书》卷四十一：“时初筑长城，镇戍未立，突厥强盛，虑或侵边，仍诏景安与诸军缘塞以备守。督领既多，且所部军人富于财物，遂贿货公行。显祖闻之，遣使推检，同行诸人赃污狼藉，唯景安纤毫无犯。帝深嘉叹，乃诏有司以所聚敛赃绢伍百匹赐之，以彰清节。”

【注】景安：元景安，原东魏皇室疏族。显祖：指北齐文宣帝高洋。显祖是其庙号。纤毫：非常细微之物。无犯：不加侵犯。

【释义】形容军纪严明，丝毫不加侵犯。

【书证】唐·姚思廉《梁书·列传第三十》：“（孔休源）累居显职，纤毫无犯，性缜密，寡嗜好。”

【考据】此为北齐“元景安传”中所记高洋时期天保初年事。元景安，北魏末年到北周时河南洛阳人，北魏昭成皇帝之五世孙。曾随魏孝武帝西入关，天平末东归。北齐天保初，别封兴势伯，带定襄县令，赐姓高氏，累迁兼七兵尚书。天统四年（573），除豫州刺史，加开府仪同三司。武平三年，授行台尚书令，刺史如故。封历阳郡王。武平末，征拜领军大将军。入周，以大将军、义宁郡公讨稽胡，战殁。

贤才君子 xián cái jūn zǐ
贤人君子 xián rén jūn zǐ

【词源】晋·陈寿《三国志·魏书·陈思王植传》裴松之注引《魏略》曰：“当今天下之贤才君子，不问少长，皆愿从其游而为之死。”

【注】陈思王植：曹植，曾为陈王，谥思，以陈思王称。

【释义】有贤德有才能的人。

【书证】唐·陈子昂《明必得贤科》：“凡贤人君子，未尝不思效用，但无其类获进，所以堙没于时。”清·吴敬梓《儒林外史》第四十八回：“自从虞博士去了，这些贤人君子，风流云散。”

【考据】曹植，见“八斗之才”。

相为表里 xiāng wéi biǎo lǐ

【词源】晋·陈寿《三国志·魏书·荀彧传》：“彼惩往年之败，将惧而结亲，相为表里。”

【注】表里：外表和内里。

【释义】指内外相互配合，共为一体。

【书证】明·徐复祚《投梭记·渡江》：“况有亲兄王导，现为丞相。每事与大将军相为表里，眼见得大事可成。”

【考据】荀彧，见“坚壁清野”。

香火因缘 xiāng huǒ yīn yuán

【词源】《北史·陆法和传》：“法和是求佛之人，尚不希释梵天王坐处，岂窥王位？但于空王佛所与主上有香火因缘，且主上应有报至，故救援耳!”

【注】香火：供佛敬神时燃点的香和灯火。

【释义】香和灯火都是供佛的，因此佛教称彼此意志相投为“香火因缘”。指彼此契合。

【书证】唐·白居易《喜照密闲实四上人见过》诗：“紫袍朝士白髯翁，与俗乖疏与道通。官秩三回分洛下，交游一半在僧中。臭帑世界终须出，香火因缘久愿同。斋后将何充供养，西轩泉石北窗风。”

【考据】陆法和，北齐人。初隐于江陵百里洲，通佛道术数。南朝梁时，侯景为乱，助湘东王击败景军于江陵。后元帝任为督都，郢州刺史。北齐文宣帝天保六年(555)，举州降齐，为大督都十州诸军事。在朝不称臣，不称官爵，但云荆山居士。无疾而终。

翔凤将飞 xiáng fèng jiāng fēi

【词源】三国·魏·刘劭《赵都赋》：“峙华爵以表甍，若翔凤之将飞。”

【注】峙：耸峙。华：彩绘。爵：同“雀”，此处指屋脊上的禽鸟形状的饰物。表：标志。甍：屋栋。

【释义】像凤凰将要飞翔。比喻建筑物气势宏伟。

【考据】刘劭，见“博识君子”。

向声背实 xiàng shēng bèi shí

【词源】三国·魏·曹丕《典论·论文》：“常人贵远贱近，向声背实，又患暗于己见，谓己为贤。”

【注】声：声名，这里指虚名。背：违背。

【释义】只向往虚名，而不求实际，或指只重视传闻，而不顾事实。

【书证】唐·刘知几《史通·杂说中》：“士安撰《高士传》，具说箕山之迹；令升作《搜神记》，深信叶县之灵。此并向声背实，舍真从伪。”

【考据】曹丕，见“避暑之饮”。

骁勇彭乐 xiāo yǒng péng lè

【词源】宋·李昉《太平广记·卷一百九十一·骁勇一》：“北齐将领彭乐勇猛无双。时神武帝率乐等十余万人，于沙苑与宇文护战。时乐饮酒，乘醉深入，被刺得肝肚俱出，内之不尽，截去之，复入战。”

【注】骁：原指性烈矫健的好马。神武帝：指高欢，东魏大丞相，北齐建立后被追尊为神武皇帝。宇文护(513—572)：南北朝北周权臣，一名萨保，宇文泰之侄。

【释义】比喻勇猛无敌。

【考据】彭乐(？—551)：北齐安定人，字子兴。初随杜洛周，后降尔朱荣，为督都。后又投河北韩楼，封北平王。及魏大督都侯渊来攻，叛楼降渊。旋随高欢出山东。累有功，爵汩阳郡公，除肆州刺史。东魏孝静帝元象元年邙山大战中，乐以数千精骑冲入西魏军，宇文泰几落其手。齐文宣帝天保初，封陈留王，迁太尉。以谋反罪被杀。

消愁释愦 xiāo chóu shì kuì

【词源】北齐·颜之推《颜氏家训·杂艺》：“弹棋亦近世雅戏，消愁释愦，时可为之。”

【注】释：解除。愦：昏闷。

【释义】比喻消除烦闷，愉快身心。

【考据】颜之推，见“抱令守律”。

弹棋，是西汉末年始流行的一种古代棋戏，最初主要在宫廷和士大夫中间盛行。弹棋起源，有西汉成帝说，有“始自魏宫”说(魏·邯郸淳《艺经·弹棋》)，尚无一致结论，但大都认为是在汉代。曹魏以后重新开始流行。

小怜惑主 xiǎo lián huò zhǔ

【词源】《北史·冯淑妃传》：“冯淑妃名小怜……慧黠能弹琵琶，工歌舞。后主惑之，坐则同席，出则并马，愿得生死一处。命淑妃处隆基堂，淑妃恶曹昭仪所常居也，悉令反换其地。周师之取平阳，帝猎于三堆，晋州亟告急。帝将还，淑妃请更杀一围，帝从其言。识者以为后主名纬，杀围言非吉征。及帝至晋州，城已欲没矣。”

【注】后主：指北齐后主高纬。惑：迷惑，蛊惑。曹昭仪：北齐后主高纬曾经宠爱的嫔妃。周师：指北周的军队。平阳：北齐地名，在今山西省临汾市。帝：指北齐后主高纬。晋州：北齐地名，故治在今新绛县东南十里。围：围猎。

【释义】小怜以姿色迷惑后主高纬，使之弃国家危亡于不顾。常比喻惑主祸国之人或事。

【书证】唐·罗虬《比红儿》："陷却平阳为小怜，周师百万战长川。"

【考据】北齐后主高纬时期，宠爱淑妃冯小怜，追求奢侈，政以奢废。576年十月，北周再次出兵伐齐，不久北齐灭亡。

小器易盈 xiǎo qì yì yíng

【词源】三国·魏·吴质《在元城与魏太子笺》："前蒙延纳，侍宴终日，燿灵匿景，继以华灯。虽虞卿适赵，平原入秦，受赠千金，浮觞旬日，无以过也。小器易盈，先取沈顿；醒寤之后，不识所言。"

【注】虞卿：战国时客居赵国都城邯郸的游士，曾为赵相。平原：平原君，赵胜，战国赵国公子。盈：满。

【释义】比喻人的器量狭小，容易自满。

【书证】明·东鲁古狂生《醉醒石·假虎威古玩流殃》："若是这王臣安分知足，得顶纱帽，虽不为缙绅所齿，还可在京鬼混过日，总是小器易盈，贪得无厌，有此横事。"

【考据】吴质，见"凤叹虎视"。

《在元城与魏太子笺》是吴质在元城任上写给留守邺城的魏太子曹丕的信。

小巫见大巫

xiǎo wū jiàn dà wū

【词源】三国·魏·陈琳《答张纮书》："今景兴在此，足下与子布在彼，所谓小巫见大巫，神气尽矣！"

【注】张纮：东吴谋士，曾辅佐孙策、孙权。景兴：王朗，字景兴，汉末三国时期名士，仕于曹魏，官至司徒。足下：古人对别人的尊称，这里指张纮。子布：张昭，张纮的哥哥，字子布，彭城（今江苏徐州）人，三国时期吴国重臣，著名政治家。巫：旧时装神弄鬼替人祈祷为职业的人。

【释义】原意是小巫见到大巫，法术无可施展。后比喻相形之下，一个远远比不上另一个。也比喻人的能力才干相去甚远，无法相比。

【书证】茅盾《子夜》："仅仅十万人口的双桥镇何足以供回旋，比起目前这计划来，真是小巫见大巫。"

【考据】张纮和陈琳都是广陵人，都因才华出众而闻名。两个人互相倾慕对方才华，常以书信来往。有一次，张纮看到陈琳的《武库赋》和《应机赋》立意精巧，气势恢弘，读完后便马上写信给陈琳，对他的赋赞不绝口。陈琳回信谦虚地说："你对我的评价实在太高了，事实上，我所在的地方没有多少好文章，所以我写的赋才比较容易出名。现在，我这里有王朗，你和张昭又在南方，和你们比起来，我是不行的。"

陈琳《答张纮书》约写于建安十三年至建安十六年，为曹据邺时作。

晓以利害 xiǎo yǐ lì hài

【典源】《北齐书·薛修义传》："遂轻诣垒下，晓以利害。"

【注】晓，使人知道。

【释义】把事情的利害关系给人讲清楚。

【考据】薛修义，字公让，河东汾阴人。北魏末年跟随高欢，拜晋州刺史。后除齐州刺史。天保中，卒于太子太保，赠司空。

心不两用 xīn bù liǎng yòng
心无二用 xīn wú èr yòng

【词源】北齐·刘昼《新论·专学》："使左手画方，右手画圆，令一时具成，虽执规矩之心，回剟劂之手，而不能成者，由心不两用，则手不并运也。"

【释义】指做事要专心，注意力必须集中。

【书证】明·罗贯中《平妖传》第五回："……却不知酒壶已被瘸子在他手中取去，吃得罄尽了，真的是心无二用。"

【考据】刘昼，见"韬迹隐智"。

心醉魂迷 xīn zuì hún mí
心醉神迷 xīn zuì shén mí

【词源】北齐·颜之推《颜氏家训·慕贤》："所值名贤，未尝不心醉神迷，向慕之也。"

【释义】形容佩服爱慕到极点。

【书证】李亚平、吴国梁《九龙杯传奇》："施密特博士又一次将九龙杯从保险柜中取出，坐在小圆桌前心醉神迷地鉴赏起来。"

【考据】颜之推，见"抱令守律"。

星陈夙驾 xīng chén sù jià
星言夙驾 xīng yán sù jià

【词源】晋·陈寿《三国志·魏

书·陈思王植传》:“肃承明诏,应会皇都,星陈夙驾,秣马脂车。”

【注】陈:列。夙:早。

【释义】比喻星夜驾车行驶。

【书证】《文选·潘尼〈赠陆机〉》:“星陈夙驾,载脂载辖。”三国·魏·徐干《中论·谴交》:“自矜以下士,星言夙驾,送往迎来。”

【考据】曹植,见“八斗之才”。

星流影集 xīng liú yǐng jí

【词源】三国·魏·陈琳《为曹洪与魏文帝书》:“星流景集,飙雷霆击,长驱山河,朝至暮捷若今者也!”

【注】同“影”。集:聚集,会合。

【释义】像流星飞驰,影子汇聚。比喻行动迅速。

【考据】陈琳《为曹洪与魏文帝书》,一作《为曹洪与世子书》,在217年所写。见“把玩无厌”。

腥德发闻 xīng dé fā wén

【词源】三国·魏·徐干《中论·虚道》:“是以辜罪昭著,腥德发闻,百姓伤心,鬼神怨痛。”

【注】腥德:秽恶的行径。

【释义】丑恶的行径为人所憎恶。

【考据】徐干,见“操翰成章”。

行不履危 xíng bù lǚ wēi

【词源】《晋书·石季龙载记上》:“臣闻千金之子坐不垂堂,万乘之主行不履危。”

【注】石季龙:即石虎,后赵君主。履:踩,踏。

【释义】不走有危险的地方。

【考据】石虎,见“抱子弄孙”。

行则连舆,止则接席 xíng zé lián yú zhǐ zé jiē xí

【词源】三国·魏·曹丕《与吴质书》:“昔日游处,行则连舆,止则接席,何曾须臾相失。”

【注】舆:篷车或轿子。席:席位,座次。连舆:车子相接。接席:座次相连。

【释义】比喻形影不离,关系密切。

【考据】本典所出为建安二十三年(218)的与吴质书。在此信中,曹丕回忆与建安诸子流连诗酒的欢快情景,简评他们的文学成就，流露出怀念之情和对岁月的迁逝之悲。

幸灾乐祸 xìng zāi lè huò

【词源】北齐·颜之推《颜氏家训·诫兵》："若居承平之世，睥睨宫阃，幸灾乐祸，首为逆乱。"

【注】幸：高兴。

【释义】指人缺乏善意，在别人遇到灾祸时感到高兴。

【书证】唐·刘知几《思慎赋》："或幸灾乐祸，或甘死殉生。"

【考据】颜之推，见"抱令守律"。

兄弟参商 xiōng dì shēn shāng

【词源】三国·魏·曹植《与吴季重书》："面有逸景之速，别有参商之阔。"

【注】参、商：星名。二星此升彼没，两不相见。

【释义】比喻兄弟之间有隔阂，不和睦。

【书证】清·吴敬梓《移家赋》："兄弟参商，宗族诟谇。"

【考据】此典出自曹植《与吴季重书》，是曹植在邺城时与吴质的书信往还。吴质（？—230）：字季重，济阴（今山东定陶西北）人。建安文人之一，才学通博，受到曹氏父子礼爱，并交游于邺下。为五官将出为朝歌长，迁元城令。见"穷理尽微"。

雄心壮志 xióng xīn zhuàng zhì

【词源】晋·陆机《吊魏武帝文》："雄心摧于弱情，壮图终于哀志。"

【释义】远大的理想，宏伟的志向。

【书证】宋·欧阳修《欧阳文公集·外集七·苏才翁挽诗二首（其二）》："柳岸抚柩送归船，雄心壮志两峥嵘。"

【考据】陆机《吊魏武帝文》是晋元康八年（298）陆机刚刚以台郎出补著作郎后，在秘阁翻阅旧时文献，有一次读到魏武帝曹操的遗令，心有所感而写的这篇吊文。文章充分肯定了曹操一生巨大的业绩和宏伟的气魄，但又对他过分牵挂身后的琐事提出批评，认为这不是一个通达的人所应持的态度。本文辞藻华丽，却又很有情韵，是一篇佳作。

熊蹯豹胎 xióng fán bào tāi

【词源】三国·魏·徐干《七

喻》："大宛之牺，三江之鱼，云鸧小鹄，熊蹯豹胎。"

【释义】熊的足掌和豹子的胎儿。旧时指珍奇食品。

【书证】《晋书·并统传》："及到末世，以奢失之者，帝王则有瑶台琼室，玉杯象箸。肴膳之珍，则熊蹯豹胎，酒池肉林。"

【考据】徐干，见"操翰成章"。

熊据虎跱 xióng jù hǔ chóu

【词源】三国·魏东汉·陈琳《檄吴将校部曲文》："自董卓作乱，以迄于今，将三十载，其间豪桀纵横，熊据虎跱，强如二袁，勇如吕布，跨州连郡，有威有名，十有余辈。"

【注】董卓：东汉末年少帝、献帝时权臣。二袁：指袁绍、袁术。东汉末年分别割据南方和北方的军阀。吕布：字奉先，东汉末年名将，汉末群雄之一，曾先后为丁原、董卓的部将，后自成一方势力。建安三年(198)被曹操击败并处死。据：占据，盘踞。跱：同"峙"，耸立。

【释义】比喻群雄割据一方，相互对峙。

【考据】陈琳，见"冰消瓦解"。

休戚共之 xiū qī gòng zhī
休戚与共 xiū qī yǔ gòng

【词源】晋·陈寿《三国志·吴书·顾雍传》："公笑曰：'孤与将军一结婚姻，共辅汉室，义如一家，君何为道此？'徽曰：'正以明公与主将义固磐石，休戚共之，必欲知江表消息，是以及耳！'"

【注】与共：一起，共同。公：指曹操。徽：顾徽，顾雍的母弟。明公：此指曹操。主：指孙权。江表：即江东(江左)，指今天的江南一带。

【释义】忧喜、福祸彼此共同承担，形容关系密切，利害相同。

【书证】《周书·齐炀王宪传》："汝亲则同气，休戚共之，事不相涉，何烦致谢。"明·瞿共美《天南逸史·帝幸南宁府》："(瞿留守曰)：'臣与皇上患难相随，休戚与共，原自不同于诸臣，一切大政自得与闻。'"

【考据】顾雍(168—243)：字元叹，吴郡吴县(今江苏苏州)人。三国孙吴丞相、政治家。幼时拜蔡邕为师，学习弹琴和书法。他才思敏捷，心静专一，艺业日进，深受蔡邕喜爱，赠之以名，因此顾雍与老师蔡邕同名(同音)。又因受到老师称赞，所以字元叹。

雍母弟徽,字子叹,有才辩。200年孙权召署主簿,转东曹掾。当时或传曹操准备进攻江东,孙权于是派顾徽到北江与曹操相见。曹操想打探江东境内的消息,徽应对婉顺,因说江东大丰,山薮宿恶,皆慕化为善,义出作兵。曹操笑着说:“孤与孙将军一结婚姻,共辅汉室,义如一家,君何为道此?”顾徽说了此话。曹操于是公厚待遣还。孙权问顾徽事情如何,徽答:“敌国隐情,卒难探察。然徽潜采听,方与袁谭交争,未有他意。”于是孙权认为他做得不错,拜他为巴东太守。

虚襟爱士 xū jīn ài shì

【词源】《晋书·石勒载记》:“石弘,字大雅,勒之第二子也。勒僭位,立为太子,虚襟爱士,好为文咏。其所亲昵,莫非儒素。勒谓徐光曰:‘大雅殊不似将家子。’光曰:‘汉祖以马上取天下,孝文以玄默守之。圣人之后,必世胜残,天之道也!’勒大悦。”

【注】石弘:后赵石勒的太子。徐光:后赵石勒时的丞相。汉祖:指汉高祖刘邦,汉朝的建立者。孝文:指刘邦的儿子汉孝文帝刘恒,开创了“文景之治”。

【释义】心地谦虚,爱惜人才。

【考据】石勒,见“饱以老拳”。

悬帐 xuán zhàng

【典源】晋·卫恒《四体书势》:“魏武甚爱梁鹄书,尝悬著帐中,及以钉壁玩之。”

【注】魏武:魏武帝曹操。梁鹄:东汉书法家,以善八分书知名,灵帝时官至选部尚书。

【释义】比喻书法精妙,受人喜爱。

【书证】《晋书·王羲之传论》:“伯英临池之妙,无复余迹;师宜悬帐之奇,罕有遗迹。”

【考据】这是卫恒在关于书法的描述中所叙述的东汉末年曹操喜爱书法的一段逸事。说明曹操的书法也相当不错。

学如登山 xué rú dēng shān

【词源】三国·魏·徐干《中论·治学》:“夫听黄钟声,然后知击缶之细;视衮龙之文,然后知被褐之陋;涉庠序之教,然后知不学之困。故学者如登山焉,动而益高。"

【释义】学习像登山一样。比喻学习必须刻苦努力，才能逐步提高。

【考据】徐干，见"操翰成章"。

学无所遗 xué wú suǒ yí

【词源】三国·魏·曹丕《典论·论文》："斯七子者，于学无所遗，于辞无所假。"

【注】遗：遗漏。

【释义】比喻学识渊博，无所不知。

【书证】无名氏《拟题建安七子园》："学无所遗，辞无所假；风有其骨，月有其华。"

【考据】曹丕，见"避暑之饮"。

Y

睚眦之怨 yá zì zhī yuàn

睚眦之隙 yá zì zhī xì

睚眦之怒 yá zì zhī nù

睚眦之忿 yá zì zhī fèn

【词源】东汉·路粹《为曹公与孔融书》(《后汉书·孔融传》)："及至其敝，睚眦之怨必雠，一餐之惠必报。"

【注】睚眦：发怒时瞪眼睛，借指极小的怨恨。报：报复。雠：答，报。

【释义】形容极小的怨恨。

【书证】晋·陈寿《三国志·魏书·董卓传》："卓性残忍不仁，遂以严刑胁众，睚眦之隙必报，人不自保。"宋·周密《齐东野语·巴陵本末》："台谏李知孝莫泽奉承风旨，凡平日睚眦之怒，悉指以从伪，弹劾无虚日。朝野为之侧足。"南朝·宋·范晔《后汉书·党锢传序》："自此诸为怨隙者，因相陷害，睚眦之忿，滥入党中。"

【考据】路粹(？—214)：字文蔚，东汉陈留(今河南开封市东南)人，是活动在邺的建安作家。建安初拜尚书郎。曹操攻下邺城后，路粹随曹为军谋祭酒，典记室。孔融有过，曹操使路粹为奏，扳着指头数说孔融的罪过。孔融死后，后人读其奏文，嘉其材而畏其笔。建安十九年转秘书令，从大军至汉中，坐违禁，被杀。

言无不尽 yán wú bù jìn

【词源】唐·李百药《北齐书·

高德政传》:“德政与帝旧相昵爱,言无不尽。”

【注】帝:指北齐文宣帝高洋。

【释义】把内心的话说尽,毫不保留。

【书证】宋·司马光《乞改求谏诏书札子》:“故情无不通,言无不尽。”

【考据】高德政(?—559):北齐勃海蓨人,字士贞。初为太原公高洋的开府参军,甚相亲狎。高德政言无不尽,高洋则言听计从。高澄死后,高德政力劝高洋行禅代之事。及高洋代魏称帝,除侍中,封蓝田公。迁尚书右仆射兼侍中。文宣帝高洋末年酗酒残暴,高德政屡进劝谏,高洋不悦。高德政忧惧称疾,屏居佛寺,559年为高洋所杀。

言行相顾 yán xíng xiāng gù

【词源】《北齐书》卷三十七:“收以子侄少年,申以戒厉,著《枕中篇》,其词曰:吾曾览管子之书,其言曰:‘任之重者莫如身,途之畏者莫如口,期之远者莫如年,以重任行畏途,至远期,惟君子为能及矣。’……审道而行,量路而止,自我及物,先人后己,情无击于荣悴,心靡滞于愠喜。不养望于丘壑,不待价于城市,言行相顾,慎终犹始,有一于斯,郁为羽仪,恪居展事。”

【注】顾:顾及,关照。

【释义】指言行一致,说到做到。

【书证】明·范立本《明心宝鉴·序》:“飞横自然永息,存于其心,自然言行相顾,贯串无疑,所为焉从差误矣?”

【考据】魏收,见“板床锐减”。

颜如春英 yán rú chūn yīng

【词源】三国·魏·刘劭《赵都赋》:“朱幕蔽野,彩帷连冈,妖冶呈饰,颜如春英。”

【注】彩帷:彩色的帐幔。春英:春花。

【释义】像春天的鲜花一样的容颜。

【考据】刘劭,见“博识君子”。

掩目捕雀 yǎn mù bǔ què

【词源】晋·陈寿《三国志·魏书·陈琳传》:“谚有‘掩目捕雀’,夫微物尚不可欺以得志,况国之大事,其可以诈立乎?”

【注】掩:捂。

【释义】捂着眼睛捕捉麻雀。

比喻自己欺骗自己。

【书证】《魏书·帝纪》（并见《北史·魏纪·五》）："随以箕敛之重，终纳十倍之征，掩目捕雀，何能过此！"唐·魏征《理狱听谏疏》（《全唐文·一百四十》；并见于吴兢《贞观政要·五·公平·八》）："为之而欲人不知，言之而欲人不闻，此犹捕雀而掩目，盗钟而掩耳者。"

【考据】陈琳，见"冰消瓦解"。

羊踏菜园 yáng tà cài yuán

【典源】三国·魏·邯郸淳《笑林》："有人常食蔬茹，忽食羊肉，梦五藏神曰：'羊踏破菜园！'"

【释义】比喻惯吃蔬菜的人偶食荤腥美食而致腹疾。

【书证】清·韩廷锡《山中答孟韩妹书》："二哥在山中，已是长素，忽寄若干肉至，得无羊踏菜园乎？然不欲虚妹一片至情，为妹一饱食，然后复素。"

【考据】邯郸淳，见"天人"。

邯郸淳的《笑林》和《艺经》，讲述了当时的许多笑话、噱头、善喻、讥讽、幽默趣事以及当时流行的投壶、米夹、掷砖、马射、弹棋、棋局、食籁等诸般游艺项目，成为中国最早的笑话和杂耍专著。邯郸是复姓。

阳五伴侣 yáng wǔ bàn lǚ

【典源】《北史》卷四十七："（阳休之的次弟阳俊之）当文襄时，多作六言歌辞，淫荡而拙，世俗流传，名为《阳五伴侣》，写而卖之，在市不绝。俊之尝过市，取而改之，言其字误。卖书者曰：'阳五古之贤人，作此《伴侣》，君何所知，轻敢议论！'俊之大喜。后待诏文林馆，自言：'有文集十卷，家兄亦不知吾是才士也。'"

【注】文襄：高澄（521—549），高欢长子。536 年起在邺城任尚书令，547 年为东魏大丞相、齐王。阳五伴侣：阳俊之所作，时称"六言歌辞"，已失传。文林馆：北齐武平中设立的招揽人才的机构，当时署文林馆侍诏者有仆射阳休之、祖孝征（祖珽）以下 30 余人。

【释义】低级庸俗文作。亦指人做了不齿事，尚不自耻，反以为荣。

【书证】宋·毛滂（páng）《复李直方书》："近有妾人作诗，世俗传唱，阳五伴侣，世以为贤，其斯之谓欤（yú）。"

【考据】阳休之的弟弟阳俊之，北齐时位兼通直常侍、聘陈副（出使陈国的使节副使）、尚书郎。他所作的六言歌词《阳五伴侣》是在东魏时期。因为此书未署自己的真名，所以无人知晓，甚至卖书者以为是古人。

杨修啖酪 yáng xiū dàn lào

【典源】南朝·宋·刘义庆《世说新语》："人饷魏武一杯酪。魏武啖少许，盖头上题'合'字以示众，众莫能解。次至杨修，修便啖曰：'公教人啖一口也，复何疑？'"

【注】魏武：魏武帝曹操。杨修（175—219）：字德祖，东汉建安年间举为孝廉，任郎中，后为汉相曹操主簿。

酪：乳制食品。人啖一口："合"字拆开来是"一人一口"，所以说"人啖一口"。

【释义】比喻才思敏捷、领会人意。

【考据】刘义庆的《世说新语》是我国南朝宋时期（420—581）产生的一部主要记述魏晋人物言谈逸事的笔记小说。这个表达曹操与杨修之间的智慧的故事即出自此书，具体时间不可考，但应在219年之前（杨修219年去世）。

邺瓦 yè wǎ

邺宫铜瓦 yè gōng tóng wǎ

【典源】宋·梅尧臣《王几道罢磁州遗澄泥古瓦二砚》诗："澄泥丛台泥，瓦斲（zhuó）邺宫瓦。共为几桉用，相与笔墨假。赋无左思作，书愧右军写。初从故人来，自来邯郸下，物因人以重，谬当好事者。"

【注】瓦：指邺宫铜雀台殿顶之瓦。

【释义】这里指名砚。泛指名贵器物。

【书证】宋·苏轼《次韵和子由欲得骊山澄泥砚》："举世争称邺瓦坚，一枚不换百金颁。……"宋·苏易简《文房四谱》记载："魏铜雀台遗址，人多发其古瓦，琢之为砚甚工，而贮水数日不燥。"

【考据】邺城曾是东汉末年曹操时期的魏王都，曹魏的五都之一。后赵、冉魏、前燕、东魏、北齐皆以此为都。北周577年灭北齐后逐渐荒废。邺宫瓦在宋代被广泛制作成砚台，成为文人争相收存的名砚。

一别如雨 yī bié rú yǔ

【词源】三国·魏·王粲《赠蔡子笃》:“风流云散,一别如雨。”

【释义】比喻离别以后很难再会。

【书证】清·毛奇龄《毛翰林词·兰陵王·别谭开子》(《清名家词》):“恨一别如雨和,更南北东西,春还秋暮。”

【考据】王粲,见“不失一字”。

一夫之勇 yī fū zhī yǒng

【词源】晋·陈寿《三国志·魏书·荀彧传》:“颜良、文丑,一夫之勇耳,可一战而擒也!”

【注】颜良、文丑:均是东汉末年割据邺城的袁绍部将,建安五年(200)在官渡之战中被曹操消灭。一夫:一人。

【释义】指一个人的勇力不足为贵。

【书证】宋·司马光《资治通鉴·唐中宗景龙元年》:“杜预射不穿札,建平吴之勋。是知中权智谋,不取一夫之勇。”

【考据】此典出于官渡之战前荀彧向曹操的建议中对袁绍手下的大将文丑、颜良的评价。

一瓜共食 yī guā gòng shí

【词源】《北齐书》卷十一:“长恭貌柔心壮,音容兼美。为将躬勤细事,每得甘美,虽一瓜数果,必与将士共之。”

【注】长恭:高肃,一名孝瓘,北齐兰陵王,大将。是高欢的孙子,高澄的儿子。共:一同。

【释义】与将士同甘共苦。

【考据】兰陵武王高长恭,见“共少”。

一家风骨 yī jā fēng gǔ

【词源】《北史》卷四十七:“莹以文学见重,常语人云:‘文章须自出机杼成一家风骨,何能共人同生活也。’盖讥世人好窃他文以为己用。”

【注】莹:祖莹,北魏末到东魏时人。风骨:诗文书画的风格、特点。

【释义】艺术作品的风格特色自成一家。

【考据】祖莹:东魏范阳遒道人,字元珍。少时耽书,常以夜继昼,时号圣小儿。及长,以文学见重。孝文帝时科太学博士,掌彭城王元勰书记。后因贪货贿屡受迁谪。孝庄帝末典造金石雅乐，迁车骑大将军。孝武帝以太常行礼，得封文安县子。东魏孝静帝天平初，以议迁都邺城功，晋伯爵。

一举两全 yī jǔ liǎng quán

一举两得 yī jǔ liǎng dé

一举两利 yī jǔ liǎng lì

【词源】晋·陈寿《三国志·魏书·郭淮传》："兵不远西，而胡交自离，此一举两全之策也！"

【注】举：举措，举动，行动。

【释义】指做一件事能得到两方面的好处。

【书证】明·吴承恩《西游记》第五十四回："这叫做'假亲脱网'之计。岂非一举两全之美也？"《晋书·束皙传》："赐其十年之复，以慰重迁之情，一举两得，外实内宽。"宋·苏洵《衡论·议法》："天使有罪者不免于困，而无辜者不至临于笞戮，一举而两利，斯智者之为也。"

【考据】郭淮：字伯济，太原阳曲人。建安中举孝廉，除平原府丞。曹丕为五官将，召为门下贼曹，转为曹操的丞相兵曹仪令史，跟随曹操征汉中。曹操还，留征西将军夏侯渊拒刘备，以郭淮为司马。夏侯渊战死后，他收集散卒，推荡寇将军张郃为军主，诸营乃定。其明日，刘备欲渡汉水来攻。诸将议打算依水拒敌，郭淮认为："此示弱而不足挫敌，非算也。不如远水为陈，引而致之，半济而后击，备可破也。"结果刘备不敢渡河，郭淮也坚守，示无还心。曹操听说后非常称赞，复以郭淮为司马。曹丕称帝建立曹魏后，赐爵关内侯，转为镇西长史，又行征羌护军。

一览无遗 yī lǎn wú yí

【词源】《北齐书》卷三十六："（邢邵）尝因霖雨，乃读《汉书》，五日，略能遍记之。后因饮谑倦，方广寻经史，五行俱下，一览便记，无所遗忘。"

【注】览：看。遗：遗留。

【释义】原指记忆力强，一看就能记住。也指观看景色，一眼望去，尽收眼底。

【书证】南朝·宋·刘义庆《世说新语·言语》："江左地促，不如中国，若使阡陌条畅，则一览而尽，故纡余委曲，若不可测。"明·丛兰《预防边患事》："又况此地平漫高亢，贼若据此俯视本关城内虚实强弱，一览无遗，为兵家所忌。”

【考据】邢邵，见“觅虱”。

邢邵“十岁能属文，有才思，文章典丽，既赡且速”。有文名，藏书为北齐私家之冠，是北齐有名的才子。少年时在洛阳专以山水游宴为娱，不暇勤业。一次遇雨在家，读到《汉书》，从此广寻经史。

一目十行 yī mù shí háng

【词源】《北齐书》卷十一：“孝瑜容貌魁伟，精彩雄毅，谦慎宽厚，兼爱文学，读书敏速，十行俱下，覆棋不失一道。”

【释义】比喻天资聪颖，读书速度很快。

【书证】宋·刘克庄《杂记六言五首》诗：“五更三点待漏，一目十行读书。”明·冯梦龙《警世通言》卷二十四：“那三官双名景隆，字顺卿，年方一十七岁，生得眉目清新，丰姿俊雅，读书一目十行，举笔即便成文。”清·曹雪芹《红楼梦》第二十三回：“你说你会‘过目成诵’，难道我就不能‘一目十行’了？”

【考据】高孝瑜，字正德，高澄的长子。东魏初封河南郡公，北齐时晋爵为王。历位中书令、司州牧。

一钱尺帛 yī qián chǐ bó

【词源】《北史·崔昂传》：“一钱尺帛，不入私房，吉凶有须，聚对分给。”

【释义】一丝一毫的财物。

【书证】《宋书·列传第十八》：“弘微经纪生业，事若在公，一钱尺帛出入，皆有文簿。”

【考据】崔昂：东魏、北齐博陵安平人，字怀远。初为高澄记室参军，受到高澄的信任。东魏末，高澄入朝辅政，召为开府长史。时勋将亲族宾客多行不轨，澄命昂以法绳之，内外齐肃。迁尚书左丞，兼度支尚书。齐代东魏，迁散骑常侍，兼大司农卿。校理有术，下无奸伪。与邢邵定国初礼，并删定律令。文宣帝天保十年，策拜仪同兼右仆射。后坐事除名，倾复为五兵尚书，迁祠部，卒。

一人当千 yī rén dāng qiān

【词源】《北史》卷五十五：“七年，（高洋）于羊汾堤讲武，令邕总为诸军节度。事毕，仍监宴射之礼。亲执其手，引至太后前，坐于丞相斛律金上。启太后云：'邕一人当千。'仍别赐钱采。"

【注】讲武：讲习武事。邕：唐邕，北齐文宣帝高洋的大臣。斛律金（488—567）：北魏末年到东魏、北齐的著名军事家，北齐高洋时期先后为咸阳郡王、太师、丞相。太后：指高洋的母亲娄太后。

【释义】比喻人的能力很出众。

【考据】高洋550年在邺城代东魏建立北齐，称帝，年号天保，天保七年即556年。

唐邕自北魏太昌初，即跟随高欢，先后受到高氏家族的重用。他记忆力超群，"自督将以还，军吏以上，劳效由绪，无不谙练，每有顾问，占对如响。或于御前简阅，虽三五千人，邕多不执文簿，暗唱官位姓名，未常谬误。"所以深受高洋的倚重，夸赞他"一人当千"。

一言陷人 yī yán xiàn rén

【词源】北齐·颜之推《颜氏家训·后娶》："自古奸臣佞妾，以一言陷人者众矣！"

【注】陷：陷害。

【释义】比喻进谗言去陷害人。

【考据】颜之推，见"抱令守律"。

衣绣昼行 yī xiù zhòu xíng
衣锦昼游 yī jǐn zhòu yóu

【词源】晋·陈寿《三国志·魏书·张既传》："魏国既建，为尚书，出为雍州刺史。太祖谓既曰：'还君本州，可谓衣绣昼行矣！'"

【注】魏国：建安八年曹操被封魏王，建立魏国。太祖：指曹操。衣：穿。昼：白天。

【释义】穿了锦绣衣裳在白天出行。旧时形容在本乡做官，或在外地做官告老回乡，荣耀异常。

【书证】唐·李延寿《北史·甄琛传》："琛既至乡，衣锦昼游，大为称满，政体严细，甚无声誉。"宋·叶适《朝请大夫主管冲佑观焕章侍郎陈公墓志铭》："大父康伯，相高宗，值逆亮送死，竭臣子力，赖累圣威灵，幸而破虏。临内禅，物诏定第，自请退休，得守乡社。都人称赞曰：'所谓衣锦昼行者也。'"

【考据】张既，东汉末年雍州人，曹魏集团的重臣。曹操213

年封魏王，建魏国，命张既任尚书令、雍州刺史等。以雍州人而为雍州刺史，即所谓“还君本州”。

依山傍水 yī shān bàng shuǐ

【词源】北齐·杜弼《檄梁文》：“彼连营拥众，依山傍水，举螳螂之斧，被蛣蜣之甲。”

【注】傍：靠。

【释义】指地理位置靠山近水。

【书证】宋·叶适《安集两淮申省状》：“奔迸渡江求活者几二十万家，而依山傍水相保聚以自固者亦二十万家。”

【考据】《檄梁文》又作《移梁檄文》，写于东魏末年侯景之乱的前夕。文中数说梁政的腐朽，文采激扬。作者杜弼(499—559)，字辅玄，东魏、北齐中山曲阳(今河北曲阳)人。以军功起家，历任中军将军、长史、中书令、骠骑将军、胶州刺史、定州县侯等职。才华横溢，长于笔札，为时辈所推。为官清洁仁恕，敢言直谏，深恶贪官污吏，遭奸佞嫉恨，北齐天保十年被枉杀。天统五年平反昭雪，谥号文肃。著有《注老子道德经》二卷、《新注义苑》等。

怡情悦性 yí qíng yuè xìng

【词源】三国·魏·徐干《中论·治学》：“学也者，所以疏神达思，怡情理性，圣人之上务也！”

【注】怡：和悦愉快。悦：高兴，愉快。

【释义】使心情舒畅愉快。

【书证】清·曹雪芹《红楼梦》第十七回：“如今上了年纪，且案牍劳烦，于这怡情悦性的文章更生疏了。”

【考据】徐干，见“操翰成章”。

遗声余价 yí shēng yú jià

【词源】北齐·颜之推《颜氏家训·名实》：“神灭形消，遗声余价，亦犹蝉壳蛇皮、兽远鸟迹耳！何预于死者，而圣人以为名教乎？”

【注】声：名誉。

【释义】人死后，留在社会上的声誉和评价。

【考据】颜之推，见“抱令守律”。

遗世越俗 yí shì yuè sú

【词源】三国·魏·曹植《七

启》："亦将有才人妙妓，遗世越俗，扬《北里》之流声，绍《阳阿》之妙曲。"

【释义】逍遥于世俗之外，不为物累。

【考据】曹植，见"八斗之才"。

以宫笑角 yǐ gōng xiào jué

【词源】北齐·刘昼《新论·文武》："今代之人，为武者则非文，为文者则嗤武，各执其所长而相是非，犹以宫笑角，以白非黑，非适才之情，得实之论也！"

【注】宫、角：均为古代五音之一。

【释义】拿宫调讥笑角调，比喻执著自己的观点，去否定、批评他人的观点。

【书证】清·袁枚《随园诗话》第五卷："宁藏拙而不为则可，若护其所短，而反讥人之所长，则不可，所谓以宫笑角，以白诋青者，谓之陋儒。"

【考据】刘昼，见"遁世幽居"。

以手加额 yǐ shǒu jiā é

【词源】《晋书·石勒载记下》："勒见(刘)曜无守军，大悦，举手指天，又自指额曰：'天也！'"

【注】刘曜(？—328)：十六国前赵皇帝。

【释义】把手放在额上，表示欢欣庆幸。

【书证】宋·杨万里《章贡道院记》："斯言一出，十邑之民，以手加额，家传人诵。"

【考据】石勒，见"饱以老拳"。

以伪乱真 yǐ wěi luàn zhēn

【词源】北齐·颜之推《颜氏家训·勉学》："《汉书·王莽赞》云：'紫色蛙声，余分闰位。'谓以伪乱真耳！"

【释义】把假的混在真的里面，使真假不分。

【书证】清·李百川《绿野仙踪》第四卷："于冰道：'报单上已申说明白，着百姓们自写家口数目，投送水神庙内，生员按户酌量分发。'剥皮道：'如此办法，势必以假乱真，以少报多。'"

【考据】颜之推，见"抱令守律"。

以蚓投鱼 yǐ yǐn tóu yú

【词源】《北史·列传二十四·薛道衡传》："陈使傅縡聘齐，以道衡兼主客郎接对之。绰赠诗五十韵，道衡和之，南北称美。魏收曰：‘傅绰所谓以蚓投鱼耳！’”

【释义】用蚯蚓做鱼饵钓鱼。比喻用较小的代价换得较大的收获。

【书证】清·袁枚《金贤村太守诗序》：“况仆与先生笙磬同音，云龙并驾，如骖从靳，以蚓投鱼。香火因缘，喜灵山之有份；白头期限，伤老物之无多。”

【考据】陈使傅绰聘齐在北齐武平帝高湛初年。当时，薛道衡兼散骑常侍，接对周、陈二使。薛道衡（540—609）：字玄卿。河东汾阴（今山西万荣）人。历仕北齐、北周。北齐武成帝高湛即位后，累迁太尉府主簿，兼散骑常侍。

倚马可待 yǐ mǎ kě dài

【词源】《周玉集·一百一十二·聪慧》引《魏书》：“（元瑜）事曹操。时韩遂据陇，集众起谋。曹操时因出行，使瑜马上作书，欲与韩遂，瑜马上具草，顿笔即成，以示曹公。公索笔欲改之，卒无下笔之处也！”

【注】元瑜：阮瑀，字元瑜。韩遂：韩遂（？—215），东汉末年拥兵割据西凉，被钟繇说服，归顺于曹操。

【释义】倚在即将出发的战马前起草文件，可以等着完稿。比喻文章写得快。

【书证】唐·李白《与韩荆州韩宗书》：“必若接之以高宴，纵之以清淡，请日试万言，倚马可待。”

【考据】阮瑀（约165—212）：字元瑜，陈留尉氏（今河南开封）人，汉、魏文学家，“建安七子”之一。所作章表书记很出色，当时曹操的军国书檄文字多为阮瑀与陈琳所拟。后徙为丞相仓曹掾属。儿子阮籍、孙子阮咸皆当时名人，位列“竹林七贤”，妙于音律。

逸群之才 yì qún zhī cái

【词源】三国·魏·徐干《中论·虚道》：“故君子常虚其心志，恭其容貌，不以逸群之才，加乎众人之上，视彼犹贤，自视犹不足也！”

【注】逸：超过。

【释义】超过众人的才能。

【书证】唐·杨炯《后周宇文公神道碑》：“有如荀羡，独负逸群之才；不学江迪，空有连鸡之喻。”《魏书》卷十四：“足下抱逸群之才，值旧邦倾覆，主将殷勤，千里延颈，宜崇古贤桑梓之义。”《全晋文》卷一百六十七：“子以逸群之才，当贯三千之首。”

【考据】徐干，见“操翰成章”。

因事设奇 yīn shì shè qí

【词源】晋·陈寿《三国志·魏书·武帝纪》裴松之注引《魏志》：“太祖自统御海内，芟夷群丑，其行军用师，大较依孙、吴之法，而因事设奇，变化如神。”

【注】太祖：曹操。曹丕称帝后追尊曹操庙号太祖。孙、吴：孙武、吴起，均为春秋末年军事家。

【释义】比喻根据具体情况变化而立奇谋。

【书证】梁·孝元帝（萧绎）《金楼子》：“魏武帝曹操，用师大较依孙吴之法。而因事设奇，量敌制胜，变化如神。自著兵书十余万言。诸将征伐，皆以新书从事。”清·何去非《何博士备论》：“至其所以因事设奇，用而不穷者，虽武之言有所未能尽也！”

【考据】曹操，见“变化无方”。

殷民阜利 yīn mín fù lì

【词源】三国·魏·徐干《中论·治引》：“夫明哲之为用也，乃能殷民阜利，使万物无不尽其极者也！”

【注】殷、利：盛富。

【释义】比喻百姓殷实，财物富足。

【书证】南朝·宋·范晔《后汉书·刘陶传》：“夫欲民殷财阜，要在止役禁夺，则百姓不劳而足。”

【考据】徐干，见“操翰成章”。

饮灰洗胃 yǐn huī xǐ wèi

【词源】《晋书·石季龙载记》：“吾欲以纯灰三斛洗吾腹。腹秽恶，故生凶子。”

【注】石季龙：即石虎，后赵君主。灰：古代以草木灰做洗涤剂。凶子：凶恶可怕的儿子。

【释义】比喻悔过自新。

【书证】《南史·荀伯玉传》：“若许某自新，必吞刀刮肠，饮灰洗胃。”

【考据】石虎，见“抱子弄孙”。

应弦倒越 yìng xián dǎo yuè
应弦而倒 yìng xián ér dǎo

【词源】三国·魏·刘劭《赵都

赋》："决班鬈，破文额，当手毙僵，应弦倒越。"

【注】决：射者用钩弦之器，即扳指。鬈(quán)：卷曲的毛。决班鬈：用弓箭射杀有杂色的野兽。破文额：杀死额头有花纹的猛兽。毙：仆倒。

【释义】听到弓箭的声音，其所射之物随着弦声倒下。比喻射箭百发百中。

【书证】汉·司马迁《史记·李将军列传》："其射，见敌急，非在数十步之内，度不中不发，发即应弦而倒。"晋·陈寿《三国志·魏书·任城威王彰传》："彰追之，身自搏战，射胡骑，应弦而倒者前后相属。"

【考据】刘劭，见"博识君子"。

鹰犬之才 yīng quǎn zhī cái

【词源】三国·魏·陈琳《为袁绍檄豫州文》："幕府董统鹰扬，埽夷凶逆，续遇董卓侵官暴国，于是提剑挥鼓，发命东夏，广罗英雄，弃瑕录用，故遂与操参咨策略，谓其鹰犬之才，爪牙可任。"

【注】豫州：指刘备，东汉末年，刘备曾被任为豫州牧。幕府：军队主将的府署设在帐幕内，因此称幕府，后也称军政大官僚的府署，这里代指袁绍。董卓：东汉末年少帝、献帝时权臣，原屯兵凉州，于灵帝末年的十常侍之乱时受大将军何进之召率军进京，旋即掌控朝中大权。招致群雄联合讨伐，胁汉献帝迁都长安。192年被亲信吕布所杀。东夏：东方。操：指曹操。鹰犬：猎人驯养的鹰与狗，打猎时用于追捕猎物。

【释义】比喻供驱使、能出力的人。

【书证】《旧唐书·李纲传》："方今多士盈朝，当择贤者居其任，奈何以弦歌鹰犬之才侍侧，至令致此？乃陛下训导不足，岂太子之罪耶！"宋·苏籀《栾城遗言》："汉武帝所得人才，皆鹰犬驰驱之才。"

【考据】陈琳，见"豺狼野心"。

引文主要叙述袁绍在东汉末年起兵事。袁绍(？—202)：字本初，东汉末年群雄之一。灵帝死，大将军何进与司隶校尉袁绍合谋诛宦官，事泄，何进被杀，袁绍率军尽诛宦官，主持朝政。董卓进京专权，袁绍因政见不同，逃奔冀州，董卓拜其为勃海太守。初平元年(190)，关东州郡牧守联合起兵以讨董卓，袁绍被推为盟主，自号车骑将军，时曹操也参加讨伐董卓。董卓不久被杀。关东军内部开始互相兼并。袁绍夺取冀州（邺城），自领冀州牧，此后又夺得青州、并州、幽州，为当时势力最强的一方诸侯。不久袁绍被册封为大将军、太尉。200年，袁绍向曹操发起进攻，在官渡大败，不久病死。

拥兵自固 yōng bīng zì gù

【词源】《北齐书》卷二：“世子为神武书召景。景先与神武约，得书，书背微点，乃来。书至，无点，景不至，又闻神武疾，遂拥兵自固。”

【注】世子：古代称继承王爷、诸侯爵位的正式封号者为世子。这里指高欢的长子高澄。神武：指高欢，东魏大丞相。北齐建立后被追尊为神武帝。景：侯景，时为东魏河南大行台。拥：持，掌握。固：坚固。

【释义】掌握、控制军队，以巩固自己的势力。

【书证】《金史·完颜仲德传》：“鲁山元帅元志领军千余来援，时诸帅往往拥兵自固，志独冒险救数百里，且战且行。”

【考据】547年，东魏大丞相高欢去世，高澄担心侯景不服，去书招侯景来都城邺城。因侯景先前与高欢书信往还时有在书背点墨点的约定，所以见此书无墨点暗号，不肯至。此后，侯景闻知高欢去世，于是发动叛乱。

忧国恤民 yōu guó xù mín

【词源】三国·魏·徐干《中论·谴交》：“文书委于官曹，系囚积于囹圄，而不遑省也。详察其为也，非欲忧国恤民，谋道讲德也！”

【注】恤：忧虑。

【释义】忧虑国事，怜恤百姓。

【书证】清·王夫之《读通鉴论》卷一：“读其所上书，讦天子之过以摇人心，背汉而德已，岂有忧国恤民仁义之心哉？”

【考据】徐干，见“操翰成章”。

有斧无柯 yǒu fǔ wú kē

【词源】三国·魏·陈琳《檄吴将校部曲文》：“及诸将校孙权婚亲，皆我国家良宝利器。而并见驱迮，雨绝于天。有斧无柯，何以自济？相随颠没，不亦哀乎？”

【注】柯：斧柄。

【释义】有斧子头却没有柄。比喻有杰出的才干却无借以施展的权柄。

【书证】晋·葛洪《抱朴子·外篇》：“有斧无柯，无以为国家流秽浊于四裔。”唐·崔致远《桂苑笔耕录·谢就加侍中兼实封状》：“虽值盘根错节，其如有斧无柯！”明·解缙等《永乐大典·残卷·七十五》：“慕恶者如宵虫之赴明烛，学恶者如轻埃之应飚风。有斧无柯，无如之何？”

【考据】陈琳，见“冰消瓦解”。

幼廉一脚趾 yòu lián yī jiǎo zhǐ

【典源】《北史》卷三十三：“齐神武行经冀部，总合河北六州文籍，商榷户口增损，亲自部分，多在马上征责文簿，指影取备，事非一绪。幼廉应机立成，恒先期会，为诸州准的。神武深加慰勉，乃责诸人曰：‘碎卿等诸人，作得李长史一脚趾否？’是时诸人并谢罪，幼廉独前拜恩，观者咸叹美之。”

【注】神武：高欢，东魏大丞相，北齐建立后被追尊为神武皇帝。幼廉：李幼廉，东魏时曾长期任高澄的长史。趾：脚趾头，这里比喻很小的意思。

【释义】幼廉很能干，别人的能力不及其一脚趾。

【考据】高欢，见“冲锋陷阵”。

羽觞随波 yǔ shāng suí bō

【词源】《晋书·束皙传》：“昔周公成洛邑，因流水以泛酒，故逸诗云：‘羽觞随波。’”

【注】周公：周文王的儿子，周武王的弟弟。洛邑：西周时期的东都，也称成周（在今河南洛阳王城公园一带），周成王时周公平定三监后建立。羽觞：酒器，作鸟雀形，有头、尾、羽翼，故名。

【释义】杯里装酒，浮在水上随波传送。这是古代三月上巳日游宴之俗。

【考据】束皙，见“报束长生”。

玉架书隐 yù jià shū yǐn

【典源】晋·葛洪《神仙传》卷六：“王烈者，字长休，邯郸人也……烈入河东抱犊山中，见一石室，室中有石架，架上有素书两卷。烈取读，莫识其文字。不敢取去，却着架上。暗书得数十字形体，以示康，康尽识其字。烈喜。乃与康共往读之。至其道径，了了分明。比及，又失其石室所在。烈私语弟子曰：'叔夜未合道故也！'"。

【注】康：嵇康，字叔夜，曹魏时期人，曾弃官随王烈学习。

【释义】比喻仙迹。

【书证】唐·王勃《观内怀仙》诗："玉架残书隐，金坛旧迹迷。牵花寻紫涧，步叶下清溪。"

【考据】王烈，邯郸人。传有仙术，至魏晋时期活 380 余岁。嵇康曾随其一起入山中求仙丹。

原心略迹 yuán xīn lüè jì

略迹原心 lüè jì yuán xīn

【词源】北齐·魏收《北齐文宣帝大赦文》："原心略迹，在可哀矜。"

【注】文宣帝：北齐文宣帝高洋。

【释义】从内心探讨事物的真相，不以表面现象苛责其人其事。

【书证】清·李宝嘉《文明小史》第十七回："我们如今，也只好略迹原心，倘若求全责备起来，天底下哪里还有甚么好人呢？"

【考据】北齐文宣帝高洋的大赦有二：一是 558 年四月大赦；二是十一月齐三台成，甲午，高洋至邺，大赦。未知孰是。

援笔立成 yuán bǐ lì chéng

援笔成章 yuán bǐ chéng zhāng

【词源】晋·陈寿《三国志·魏书·陈思王植传》："时邺铜爵台新成，太祖悉将诸子登台，使各为赋。植援笔立成，可观，太祖甚异之。"

【注】陈思王植：曹植，曾封陈王，去世后谥号思，后世称为陈思王。邺：东汉末年曹操的根据地，故址在今邯郸市临漳县西南。太祖：指曹操。援笔：拿笔。

【释义】拿起笔立刻写成。形容才思敏捷。

【书证】唐·蒋防《霍小玉传》："生素多才思，援笔成章，引谕河山，指诚日月。"《新唐书·王勃传》："先磨墨数升，则酣饮，引被覆面卧，及寤，援笔成章，不易一字。"

【考据】铜雀台初建于建安十五年（210）。曹操自建安八年（204）消灭袁绍势力占领邺城后，即以此为根据地，逐渐统一了北方。自建安十五年(210)起先后在邺城内修建了铜雀台等三台。

月明星稀 yuè míng xīng xī

【词源】三国·魏东汉·曹操《短歌行》:“月明星稀,乌鹊南飞,绕树三匝,何枝可依?”

【释义】月色明朗,星星稀少。

【书证】李准《李双双·七》:“当天夜晚,河湾子修堰坝的工地,月明星稀,小河水静静地流入水渠。”

【考据】曹操,见“变化无方”。

月兔笔毫 yuè tù bǐ háo

【典源】晋·王羲之《笔经》:“诸郡献兔毫,出鸿都门,惟赵国毫中用。”

【注】鸿都门:东汉灵帝光和元年(178)在洛阳鸿都门设立学校,专习辞赋书画。

【释义】比喻好的毛笔。

【书证】唐·姚合《省直书事》诗:“蜀笺金屑腻,月兔笔毫精。禁树霏烟覆,宫墙瑞草生。”五代·前蜀·贯休《观怀素草书歌》:“又似深山朽石上,病松枝挂铁锡。月兔笔,天灶墨,斜面凿黄金侧锉玉,珊瑚枝长大束束。”

【考据】汉朝时,赵国平原广泽,无杂草木,唯为细草,是以兔肥,肥则毫长而锐,所以只有用赵国所献兔毫制出的毛笔特别好用。

阅人多矣 yuè rén duō yǐ

【词源】《北齐书》卷三十一:“帝欲以晞为侍中,苦辞不受。或劝晞勿自疏,晞曰:‘我少年以来,阅要人多矣,充诎少时,鲜不败绩。且性实疏缓,不堪时务,人主恩私,何由可保,万一披猖,求退无地。非不爱做热官,但思之烂熟耳。’”

【注】帝:指北齐孝昭帝高演。晞:王晞,北齐高演倚重的大臣。阅:察看。

【释义】形容人阅历长,跟各种各样的人打交道多,一眼就能看出人的好坏以至其前程。

【书证】《旧唐书·房玄龄传》:“玄龄乃避左右告父曰:‘隋帝本无功德……今虽清平,其亡可翘足而待。’彦谦惊而异之。年十八,本州举进士,授羽骑尉。吏部侍郎高孝基素称知人,见之深相嗟挹(yì),谓裴矩曰:'仆阅人多矣,未见如此郎者。'"宋·王藻《镇江府月观记》:"然自有天地,则有山川,其阅人多矣,而山川胜处,非人不传。"清·侯方域《蹇(jiǎn)千里传》:"会有善相人者,过之曰:'吾阅人多矣,公耳累累然,面颊而长,类诸葛瑾,后当极人臣,必富贵,无相忘也。'"

【考据】王晞,见"思其烂熟"。据《北齐书·王晞传》,王晞于北齐文宣帝天保元年(550)为北齐太原郡事,后在邺至齐亡。

云中白鹤 yún zhōng bái hè

【词源】晋·陈寿《三国志·魏书·邴原传》:"太祖征吴,原从行,卒。"裴松之注引《邴原别传》:"邴君所谓云中鹤,非鹑鷃之网所能罗矣!"

【注】太祖:指曹操。吴:东吴,指此时割据江东的孙权。

【释义】像云彩中的白鹤一般。比喻志行高洁的人。

【书证】明·李贽《初潭集·兄弟上》:"讦超越俗,如半天朱霞;歊矫矫出尘,如云中白鹤。"

【考据】邴原,见"单步负笈"。

韫椟未酤 yùn dú wèi gū

【词源】三国·魏·刘桢《处士国文甫碑》:"不计治萃,名与殊路,知我者希,韫椟未酤。"

【注】韫:藏。椟:木匣子。酤:卖。处士:古时候称有德才而隐居不愿做官的人。

【释义】藏在匣子里尚未出售。比喻怀才待用。

【考据】刘桢,见"曹刘"。

据刘桢《处士国文甫碑》文,国文甫为东汉末年的处士,建安十七年四月卒。故此文作于建安十七年(213)之后。此时刘桢在邺城。

Z

载歌且舞 zài gē qiě wǔ
载歌载舞 zài gē zài wǔ

【词源】《乐府诗集·北齐南郊乐歌·昭夏乐》:"饰牲举兽,载歌且舞,既舍伊腯,致精灵府。"

【释义】边唱歌,边舞蹈。形容众人以歌舞聚会,气氛热烈。

【书证】明·沈周《和张光弼歌风台韵》:"载歌载舞未为央,留至十日未为长。”茅盾《新疆风土杂记》：“迪化每有晚会，往往有维族之歌舞节目，男女二人，载歌载舞，歌为维语，音调颇柔美。”

【考据】北齐（550—577）的都城为邺，故址在今邯郸市临漳县西南。

赃污狼藉 zāng wū láng jí

【词源】晋·陈寿《三国志·魏书·武帝纪》：“长吏多阿附贵戚，赃污狼籍。”

【注】武帝：指魏武帝曹操。长（zhǎng）吏：指职位较高的官吏。《汉书》：“秩四百石至二百石是为长吏。”狼籍：纵横散乱，引申为破败的不可收拾。“籍”通“藉”。

【释义】指贪污受贿，行为不检，名声败坏，不可收拾。

【书证】北齐·魏收《魏书·崔暹传》：“初以秀才累迁南兖州刺史，盗用官瓦，赃污狼籍，为御史中尉李平所纠，免官。”北宋·司马光《资治通鉴·唐中宗景龙三年》：“郑愔俱掌铨衡，倾附势要，赃贿狼籍，数外留人，授拟为足，逆用三年阙，选法大坏。”明·冯梦龙《喻世明言》第四十卷：“一到京师，看见严家赃秽狼籍，心中甚怒。”

【考据】曹操，见“变化无方”。

张牙舞爪 zhāng yá wǔ zhǎo

【词源】三国·魏·曹植《七启》：“于是人稠网密，地逼势胁，哮阚之兽，张牙奋鬣，志在触突，猛气不慑。”

【注】张：张开。舞：挥舞。

【释义】张着口露出牙齿，舞弄着爪子。形容猛兽凶恶可怕。也比喻猖狂凶恶。

【书证】《敦煌变文集·孔子项托相问书》附录二《新编小儿难孔子》：“鱼生三日游于江湖，龙生三日张牙舞爪。”清·李宝嘉《官场现形记》第五十五回：“见了州官，州判老爷胆子也壮了，张牙舞爪，有句没句，跟着教习说了一大泡。”

【考据】曹植，见“八斗之才”。

仗气使酒 zhàng qì shǐ jiǔ

【词源】《北齐书》卷二十三：“（崔㥄）与赵郡李概为莫逆之友。概将东还，㥄遗之书曰：‘仗气使酒，诋诃指切，在卿尤甚。

足下告归,吾于何闻过也?'"

【注】赵郡:北魏赵郡治所在平棘(今石家庄市赵县)。东魏、北齐因之。莫逆之友:非常要好的朋友。仗:凭借,倚仗。使:放任。

【释义】任性酗酒,放荡无羁。

【书证】《南史·沈庆之传》:"(沈)昭略字茂隆,性狂俊,不事公卿,使酒仗气,无所推下。"

【考据】崔甗,北齐人,皇建元年(北齐孝昭帝高演的年号,560年八月—561年十一月)曾除给事黄门侍郎。

赵伦鹠怪 zhào lún liú guài

【典源】《晋书·赵王伦传》:"伦从兵五千人,入自端门,登太极殿……乃僭即帝位……时有雉入殿中,自太极东阶上殿,驱之,更飞西钟下,有顷,飞去。又伦于殿上得异鸟,问皆不知名,累日向夕,宫西有素衣小儿言是服刘鸟。伦使录小儿并鸟闭置牢室,明旦开视,户如故,并失人鸟所在。伦目上有瘤,时以为妖焉。"

【注】赵王伦:即司马伦(?—301):司马懿第九子,西晋建立后封赵王。

【释义】比喻不祥之兆。

【书证】唐·李瀚《蒙求》:"端康相代,亮陟隔坐。赵伦鹠怪,梁孝牛祸。桓典避马,王尊叱驭。"

【考据】司马伦(?—301):西晋建立后,封琅邪郡王。咸宁中,改封于赵,迁平北将军、督邺城守事,进安北将军。元康初,迁征西将军、开府仪同三司,镇关中。氐、羌反叛,征还京师。寻拜车骑将军、太子太傅。永康元年(300),司马伦领右军将军。永康二年威逼晋惠帝司马衷禅位于己,改元建始。不久遭到齐王司马冏等联合攻击。司马伦败,赐死于金墉城。

折节读书 zhé jié dú shū

【词源】《北齐书》卷三十七:"(魏收)年十五,颇已属文。及随父赴边,好习骑射,欲以武艺自达。荥阳郑伯调之曰:'魏郎弄戟多少?'收惭,遂折节读书。夏月坐板床,随树阴讽诵,积年,板床为之锐减,而精力不辍。以文华显。"

【注】折:曲,拐弯。节:气节,操守。

【释义】改变过去的志趣和行为,发愤读书。

【书证】唐·吴竞《开元升平源》："四十年，方遇张憬藏，谓臣当以文学备位将相，无为自弃。尔来折节读书。"

【考据】魏收，见"板床锐减"。

珍玩服物 zhēn wán fú wù

【词源】三国·魏·刘劭《赵都赋》："其珍玩服物，则昆山美玉、元珠、曲环、轻绡、启缯、织纩、绨纨。"

【注】曲环：一种圆环形金玉玩物。轻绡、启缯、织纩、绨纨：都是制衣所用的上等丝织品。

【释义】珍贵的玩赏服用之物。

【考据】刘劭，见"博识君子"。

甄妃出宫 zhēn fēi chū gōng

【典源】晋·陈寿《三国志·魏书·后妃传》："文昭甄皇后，中山无极人。……及冀州平，文帝纳后于邺，有宠，生明帝及东乡公主……延康元年正月，文帝即王位，六月，南征，后留邺。黄初元年十月，帝践阼。践阼之后，山阳公奉二女以嫔于魏，郭后，李、阴贵人并爱幸，后愈失意。有怨言，帝大怒，二年六月，遣使赐死，葬于邺。"

【释义】三国时，甄后先以貌得宠，后因谗言失宠，有怨言，被赐死。喻指后妃失宠。

【书证】唐·王《后庭怨》："君不见红闺少女端正时，夭夭桃李仙容姿。幸得君王怜巧笑，披香殿里荐蛾眉。蛾眉双双人共进，常恐妾身从此摈。甄妃为妒出层宫，班女因猜下长信。长信宫门闭不开，昭阳歌吹风送来。"

【考据】甄皇后，魏文帝曹丕皇后。生子曹睿。曹丕称帝后被废。曹睿（明帝）即位后，追谥其为"文昭皇后"。参见"女博士"。

枕善而居 zhěn shàn ér jū

【词源】北齐·刘昼《新论·慎独》："故蘧瑗不以昏行变节，颜回不以夜浴改容……斯皆慎乎隐微，枕善而居，不以视之不见而移其心，听之不闻而变其情也！"

【注】枕：以头枕物。

【释义】指守善不移。

【考据】刘昼，见"遁世隐居"。

枕石漱流 zhěn shí shù liú

【词源】三国·魏·曹操《秋胡

行》："名山历观，遨游八极，枕石漱流饮泉。"

【释义】以石为枕，用流水漱口。旧时指隐居生活。

【书证】宋·释道原《景德传灯录》卷二十八："只如野逸高士，尚解枕石漱流。"

【考据】曹操，见"变化无方"。

整旅厉卒 zhěng lǚ lì zú

【词源】《北齐书》卷十九："（莫多娄贷文）元象初，除车骑大将军、仪同、南道大都督，与行台侯景攻独孤如愿于金墉城。周文帝军出函谷，景与高昂议整旅厉卒，以待其至。"

【注】莫多娄贷文：北魏太安狄那人，东魏时曾任南道打都督。元象：东魏孝静帝元善见的第二个年号（538 年一月—539 年十一月，历时近 2 年）。侯景：历北魏、东魏、北齐，时任东魏行台。独孤如愿：即独孤信（503—557），突厥（鲜卑）望族，本名独孤如愿，西魏、北周大将，此时任骠骑大将军。周文帝：即宇文泰（507—556），文帝是北周建立后对他追尊的帝号。高昂：即高敖曹（491—538），字敖曹，东魏大将。整：整顿、调整。厉：磨炼，勉励。

【释义】整训军队，激励士气。

【考据】此成语背景为 538 年东魏与西魏之间的洛阳大战。此前西魏独孤信占据洛阳附近的金墉城。东魏莫多娄贷文与侯景一起进攻金墉城。西魏宇文泰此时在洛阳城内祭拜列祖列宗的园陵，侯景、高敖曹二人为先锋又围攻洛阳，高欢则亲率大军随后而至。宇文泰援助金墉失败，独孤信只好败逃而归。

郑樱桃 zhèng yīng táo

【典源】《晋书·石季龙载记上》："石季龙，勒之从子也……勒深嘉之，拜征虏将军。为樱桃而杀郭氏，更纳清河崔氏女，樱桃又谮而杀之。所为酷虐。"

【注】石季龙：即石虎。勒：石勒，后赵皇帝。樱桃：郑樱桃（？—349），后赵武帝石虎的第三任妻子，后被封为皇后。优伶出身，颇具美色，深得石虎宠爱。郭氏：将军郭荣之妹，石虎的妻子。郑樱桃向石虎进谗，石虎遂杀郭氏。

【释义】石季龙的妃子郑樱桃美丽善歌舞，擅宠宫掖，性妒，谗杀虎妻郭氏、崔氏。比喻指特别喜欢妒嫉的女人。

【书证】唐·刘言史《乐府杂诗三首》："紫禁梨花飞雪毛，春风丝管翠楼高。城里万家闻不见，君王试舞郑樱桃。"唐·李商隐《樱桃答》："众果莫相诮，天生名品高。何因古乐府，惟有郑樱桃。"

【考据】郑樱桃：后赵冗从仆射郑世达家妓。石虎见而娶之，后被封为天王皇后。郑樱桃为石虎生下石邃、石遵二子。咸和八年(333)七月，因石虎受封魏王，被立为魏王后。咸康三年(337)正月，石虎称帝，立郑樱桃为天王皇后。其子石邃荒淫无道，为石虎同年八月废杀，并废郑樱桃为东海太妃。永和五年(349)，石遵成为皇帝，尊母亲郑樱桃为皇太后。后为石闵所杀。

枝附叶从 zhī fù yè cóng

【词源】三国·魏·陈琳《檄吴将校部曲文》："丞相衔奉国威，为民除害，元恶大憝，必当枭夷，至于枝附叶从，皆非诏书所特禽疾。"

【注】憝：奸恶。丞相：指曹操。附：依附。从：跟随，依顺。

【释义】树叶随树枝附从于树干。比喻依附的部属。

【书证】《魏书》卷四十四："罗结枝附叶从，当旧之眷，子孙显禄，俱至公王。"

【考据】陈琳，见“冰消瓦解”。

知人善察 zhī rén shàn chá

【词源】晋·陈寿《三国志·魏书·武帝纪》："二月丁卯，葬高陵。"裴松之注引《魏书》曰："知人善察，难眩以伪。"

【注】高陵：东汉末年魏王曹操的陵墓。

【释义】善于观察识别人才。

【考据】曹操，见“变化无方”。

知微知章 zhī wēi zhī zhāng

【词源】三国·魏·刘劭《人物志·九征》："圣人淳耀，能兼二美。知微知章。"

【注】微：细小。章：明显，显著，后作“彰”。

【释义】既了解细小的萌芽状态，又了解发展起来后的显著特征。比喻了解事物发展的始末。

【书证】《旧唐书·列传一百三十九》："圣人知微知章，不可不慎。"

【考据】刘劭，见“博识君子”。

指屋画金 zhǐ wū huà jīn
屋角成金字
wū jiǎo chéng jīn zì

【词源】《北史》卷五十四：“金（斛律金）性质直，不识文字。本名敦，苦其难署，改名为金，从其便易，犹以为难。司马子如教为金字，作屋况之，其字乃就。”

【注】金：斛律金，东魏、北齐时的著名大将。敦：斛律金原来的名字。司马子如：字遵业，河内温（今河南温县）人，东魏尚书令。

【释义】以屋角形似“金”字，识、写“金”字。喻指千方百计学文识字。

【书证】宋·陆游《剑南诗稿·舍北摇落景物殊佳偶作》：“屋角成金字，溪没作谷纹。”

【考据】斛律金、司马子如，均为高欢的老友，早年追随高欢起事，屡立战功，斛律金不识字，司马子如教他写“金”字即以屋檐为形状。

至死不悟 zhì sǐ bù wù

【词源】三国·魏·徐干《中论·下慎所从》：“足以至死而不寤，亦何足怪哉？”

【注】至：到。悟：醒悟。寤：同“悟”。

【释义】到死也不醒悟。

【书证】晋·葛洪《抱朴子·道意》：“求乞福愿，冀其必得，至死不悟，不亦哀哉？”宋·胡仔《苕溪渔丛话前集·五柳先行下》：“大率才高意远，则所寓得其妙，遂能如此，如大匠运斤，无斧凿痕。不知者疲精力，至死不悟。”

【考据】徐干，见“操翰成章”。

志在千里 zhì zài qiān lǐ

【词源】三国·魏·曹操《步出夏门行·龟虽寿》：“老骥伏枥，志在千里；烈士暮年，壮心不已。”

【释义】志向在千里之外。比喻志向远大。

【考据】曹操，见“变化无方”。

智差三十里 zhì chà sān shí lǐ

【典源】晋·裴启《语林》：“曹公至江南，读曹娥碑文，背上别有八安，其辞云：‘黄绢幼妇，外孙齑臼。’曹公见之不解，而谓德祖：'卿知之不？'德祖曰：'知之。'曹公曰：'卿且勿言，待我思之。'行卅里，曹公始得，令祖先说。祖曰：'黄绢色丝，绝字也，于字为绝；幼妇少女，妙字也；外孙女子，好字也；齑臼受辛，辞字也。谓绝妙好辞。'"曹公笑曰：'实如孤意。'俗云有智无智隔卅里，此之谓也！"《后汉书·曹娥传》注引《会稽典录》："曹娥碑为邯郸淳作文，蔡邕题八字暗语于碑背。"

【释义】谓才智相差很大。

【书证】宋·黄庭坚《送张林翁赴秦签》："短长不登四万日，愚智相去三十里。"

【考据】此碑在今绍兴上虞。上虞，县名，秦始皇二十五年置，古隶会稽郡。曹操一生没有到过江南，因此有人推断这个故事是虚构的。参见"绝妙好辞"。

忠臣义士 zhōng chén yì shì

【词源】晋·陈寿《三国志·魏书·陈思王植传》："每览史籍，观古忠臣义士，出一朝之命，以徇国家之难。"

【释义】指忠诚而有节操的臣民。

【书证】清·钱彩《说岳全传》第七十三回："忠臣义士，尽陷罗网之中；乱臣贼子，咸置庙廊之上。"

【考据】曹植，见"八斗之才"。

中圣人 zhòng shèng rén

【典源】晋·陈寿《三国志·魏书·徐邈传》："魏国初建……时科禁酒，而邈私饮至于沈醉。校事赵达问以曹事，邈曰：'中圣人。'达白之太祖，太祖甚怒。度辽将军鲜于辅进曰：'平日醉客谓酒清者为圣人，浊者为贤人。邈性修慎，偶醉言耳！'竟坐得免刑。"

【注】中（zhòng）：读入声，受到、遭受之义。魏国：曹操封魏王后建立的魏王国。科：律法。邈：徐邈。东汉末年人，曹操封魏王后任徐邈为尚书郎。曹：分职办事的官署。太祖：曹操。太祖是曹魏建立后魏文帝追尊曹操的庙号。

【释义】"中圣人"即饮好酒而醉。比喻醉酒。

【书证】唐·白居易用《和微之春日投简阳明洞天五十韵》："醉乡虽咫尺，乐事亦须臾。若不中贤圣，何由外智愚。"

【考据】汉末曹操主政，严禁饮酒。徐邈在曹操封魏王建魏国

(曹操 213 年被封魏王，于邺城建立魏王宫)后，因私下饮醉酒违犯禁令，按律当罪，因鲜于辅为其辩解而免刑。当时人忌讳说酒字，称清酒为圣人，浊酒为贤人。

众材得序 zhòng cái dé xù

【词源】三国·魏·刘劭《人物志》："夫圣贤之所美，莫美乎聪明；聪明之所贵，莫贵乎知人。知人诚智，则众材得其序，而庶绩之业兴矣！"

【释义】众多人才各尽其用。

【考据】刘劭，见"博识君子"。

仲宣诗赋 zhòng xuān shī fù

【典源】晋·陈寿《三国志·魏书·王粲传》："善属文，举笔便成，无所改定，时人常以宿构，然正复精意覃思，亦不能加也。著诗、赋、论、义垂六十篇。"

【释义】称誉有文才。

【书证】唐·白居易《题文集柜》："自开自锁闭，置在书帷前。身是邓伯道，世无王仲宣。只应分付女，留与外孙传。"宋·李清照《鹧鸪天》："秋已尽，日犹长，仲宣怀远更凄凉。不如随分尊前醉，莫负东篱菊蕊黄。"

【考据】王粲，见"不失一字"。

赒穷恤匮 zhōu qióng xù kuì

【词源】北齐·颜之推《颜氏家训·勉学》："素鄙吝者，欲其观古人之贵义轻财，少私寡欲，忌盈恶满，赒穷恤匮，赧然悔耻，积而能散也！"

【注】赒：接济，救济。匮：缺乏，不足。

【释义】接济、救助贫困的人。

【考据】颜之推，见"抱令守律"。

珠翠之珍 zhū cuì zhī zhēn

【词源】三国·魏·曹植《七启》："山鵽斥鷃，珠翠之珍。"张铣："珠翠之珍，谓蜯肉及翠鸟肉。"

【注】鵽：鵽鸠，即沙鸡。

【释义】指美味食物。

【考据】曹植，东汉末年建安时期邺下文人集团的代表人物之一，与曹操、曹丕合称"三曹"。其主要文学活动是在邺城进行的。

【考据】曹植，见"八斗之才"。

助我张目 zhù wǒ zhāng mù

【词源】三国·魏·曹植《与吴季重书》："墨翟不好伎，何为过朝歌而回车乎？足下好伎，值墨翟回车之县，想足下助我张目也。"

【注】张目：睁大眼睛，比喻张扬气势。

【释义】比喻得到别人的赞助，声势更加壮大。

【书证】清·章炳麟《东京留学生欢迎会演说辞》："留学生中助我张目的人，较从前增加百倍，才晓得人心进化，是实有的。"

【考据】此典出自曹植《与吴季重书》，是曹植在邺城时与吴质的书信往还。吴质，见"穷理尽微"。

专精覃思 zhuān jīng tán sī

【词源】《北齐书·冯伟传》："不问生产，不交宾客，专精覃思，无所不通。"

【注】覃：深广的。

【释义】专心研究，深入思考。

【考据】冯伟：北齐中山安喜人，字伟节。少从李宝鼎游学，于书无所不通，尤明《礼传》。还乡里，杜门三十年，不交人事。赵郡王举充秀才，固辞不就。自耕自织，箪食瓢饮，以寿终。

壮心不已 zhuàng xīn bù yǐ

【词源】三国·魏·曹操《步出夏门行·龟虽寿》："老骥伏枥，志在千里；烈士暮年，壮心不已。"

【注】已：停止。

【释义】指年纪虽老而壮志不衰。

【考据】曹操，见"变化无方"。

壮志凌云 zhuàng zhì líng yún

【词源】三国·魏·曹植《学宫颂》："玄镜独鉴，神明昭晰。仁塞宇宙，志凌云霓。"

【注】壮志：宏大的志愿。凌云：直上云霄。

【释义】形容理想宏伟远大。

【书证】姚雪垠《李自成》第二卷第二十八章："这号人，在困难中不是低头叹气，而是奋发图强，壮志凌云，气吞山河。"

【考据】曹植，见"八斗之才"。

追风逐电 zhuī fēng zhú diàn

【词源】北齐·刘昼《新论·知

人》:“故孔方诬之相马也,虽未追风逐电,绝尘灭影,而迅足之势固已见矣!”

【释义】比喻速度极快,也比喻马飞速奔驰的样子。

【书证】清·钱彩《说岳全传》第七十七回:“坐下乌骓马,追风逐电;手提合扇刀,霹雳飞腾。”

【考据】刘昼,见“遁世隐居”。

捉刀人 zhuō dāo rén

【典源】南朝·宋·刘义庆《世说新语·容止》:“魏武将见匈奴使。自以形陋,不足雄远国,使崔季珪代,帝自捉刀立床头。既毕,令间谍问曰:‘魏王何如?’匈奴使答曰:‘魏王雅望非常。然床头捉刀人,此乃英雄也!’魏武闻之,追杀此使。”

【注】魏武:曹操,曹魏建立后追尊曹操为魏武帝。崔季珪:崔琰,字季珪,曹操的属吏。捉刀人:持刀的人。

【释义】称代人做事,后多指代人作文的人。

【书证】清·蒲松龄《聊斋志异·张鸿渐》:“赵以巨金纳大僚,诸生坐结党被收,又追捉刀人。”

【考据】崔琰长期追随曹操,建安十年(205)曹操领冀州牧,辟琰为别驾从事。建安十三年(208)曹操为丞相,琰为东西曹掾属征事。建安二十一年(216)曹操为魏王,崔琰表示反对,被赐死。

紫陌 zǐ mò

紫陌红尘 zǐ mò hóng chén

【典源】北魏·郦道元《水经注·漳水》:“又慕容儁投石虎处也,田融以为紫陌也。赵建武十一年,造紫陌浮桥于水上,为佛图澄先造生墓于紫陌。”

【注】慕容儁:前燕景昭帝(319—360)。石虎:后赵皇帝。田融:东晋人,撰有《赵石记》、《二石记》等,记后赵时期故实。赵建武十一年:即345年。建武,后赵时期石虎的年号。佛图澄:后赵时期的和尚,国师。《高僧传》说佛图澄是西域人,晋怀帝永嘉四年来到中原,后赵时为石勒、石虎所信任。

【释义】本指邺城近郊临接漳水地段,后与“红尘”联为“紫陌红尘”,喻指繁华的都市区域。

【书证】唐·李白《南都行》:“高楼

对紫陌，甲第连青山。”唐·刘禹锡《元和十年自朗州承召至京戏赠看花诸君子》：“紫陌红尘拂面来，无人不道看花回。玄都观里桃千树，尽是刘郎去后栽。”

【考据】《高僧传九》载，慕容儁都邺，处石虎宫中。每梦见虎啮其臂，意谓石虎为祟，乃募觅虎尸，于东明馆掘得之，尸僵不毁。儁踏之骂曰：“死胡敢怖生天子！汝作宫殿成，而为汝儿所图，况复他耶?”鞭挞毁辱投之漳河。尸倚桥柱不移。

紫陌在邺城遗址南郊至漳水一带，在石赵时称为“紫陌”。中心地段即西门豹漳水投巫处。佛图澄葬处当在漳水之南。

自成一家 zì chéng yī jiā

【词源】《北史》卷四十七：“莹以文学见重，常语人云：‘文章须自出机杼，成一家风骨，何能共人同生活也。’盖讥世人好窃他文以为己用。”

【注】莹：祖莹，字元珍。机杼：本指织布机上的筘，织布时每条经线都要从筘齿间穿过。比喻心思、心意。

【释义】指在某一方面的学问或技术有独到的见解或独特的做法，能自成体系。

【考据】祖莹：北魏末至东魏人，是北齐著名学者祖珽的父亲，以文学见重，反对文章抄袭。

自出机杼 zì chū jī zhù

【典源】《北史》卷四十七：“莹以文学见重，常语人云：‘文章须自出机杼，成一家风骨，何能共人同生活也。’盖讥世人好窃他文以为己用。”

【注】机杼，本指织布机上的筘，织布时每条经线都要从筘齿间穿过。比喻心思、心意。

【释义】比喻写文章、古诗的构思和布局别出心裁、独创新意。

【书证】《晚清文学丛钞·黄绣球·第七回》：“作文章原要自出机杼，自行发挥，不是迎合他人的嗜好。”

【考据】祖莹：东魏范阳遒道人，字元珍。祖季真子。少时耽书，常以夜继昼，时号圣小儿。及长，以文学见重。孝文帝时科太学博士，掌彭城王元勰书记，因贪货贿屡受迁谪。孝庄帝末典造金石雅乐，迁车骑大将军。孝武帝以太常行礼，得封文安县子。孝静帝天平初，以议迁都功，晋伯爵。

自高自大 zì gāo zì dà

【词源】北齐·颜之推《颜氏家训·勉学》："见人读数年十卷书，便自高自大，凌忽长者，轻慢同列。"

【释义】自以为了不起。

【书证】元·无名氏《点绛唇》曲："有一等明师，自高自大，狂言诈语，道听途说，自把他元神昧。"

【考据】颜之推，见"抱令守律"。

自投罗网 zì tóu luó wǎng

【词源】三国·魏·曹植《野田黄雀行》："不见篱间雀，见鹞自投罗。"

【注】投：进入。罗网：捕捉鱼鸟的器具。

【释义】自己投到罗网里去。比喻自己送死。

【书证】宋·苏轼《策别十七·去奸民》："譬如猎人终日驰驱践蹂于草茅之中，搜求伏兔而搏之，不待其自投于罗网而后取也。"清·曹雪芹《红楼梦》第十二回："凤姐故意抱怨他失信，贾瑞急得起誓。凤姐因他自投罗网，少不得再寻别计令他知改。"

【考据】曹植，见"八斗之才"。

隋唐至元明清时期

承光元年(577),北齐为北周所灭,邺城毁于兵燹(xiǎn)。四年后,杨坚在长安逼北周静帝宇文阐让出帝位,至587年,消灭了长期割据南方的陈朝,结束了西晋末年之后近300年的分裂局面。中国的历史依次进入隋、唐、宋、元、明、清时期。

华夏的再度统一,使得在邯郸城东南75公里处的大名,由于其"枢毂中原,襟带齐鲁"、"控扼河朔,北门锁钥"的战略地位而迅速崛起。唐初即为河北道治所,"畿辅八府"之首,以后一直是藩镇及郡、州、道、路治所。宋代为北京——大名府,宋京都开封的陪都。它是宋四大明星城市之一,也是黄河以北的政治、军事、文化中心。唐洺州、宋磁州也是彼时的重要城镇。在这个时期,涌现出了以唐朝名臣、邯郸馆陶人魏征,宋时开国名将、邯郸大名人潘美,被称为圣相的邯郸肥乡人李沆等为代表的许多仁人志士。包括这一时期的一些客籍杰出人物,如:隋末农民起义军领袖窦建德曾定都洺州,建国号夏;唐大臣狄仁杰,曾出任魏州刺史、河北道行军元帅、河北道安抚大使;宋名将宗泽。他们的文治武功在历史上产生了重大影响。

A

安然如故 ān rán rú gù

【词源】元·纪君祥《赵氏孤儿》第四折："(赵武)我和他一不做二不休。(唱)那怕他牵着神獒，拥着家兵，使着权术。你只看这一个，那一个，都是为谁而卒，岂可我做儿的倒安然如故。(云)爹爹放心，到明日我先见过了主公，和那满朝卿相，亲自杀那贼去。"

【注】安：安全、安逸。然：这里表示状态。故：依然，仍旧。

【释义】仍旧像原来那样安逸无恙。

【书证】清·吕熊《女仙外史》第七十回："二人大骇说：'如今再要走怎处？'又摸摸发髻内灵符，安然如故。"

【考据】赵氏孤儿之说，最早记于《左传》、《史记·赵世家》。元杂剧作家纪君祥改编为《赵氏孤儿大报仇》。剧情大意为：春秋晋灵公时，赵氏先祖赵盾遭屠岸贾陷害，致使赵盾全家被抄斩，连刚刚出生的孤儿也不放过。赵家门客程婴，在韩厥、公孙杵臼的协助下，用自己的亲生儿子顶替赵氏孤儿，被屠岸贾杀害。韩厥、公孙杵臼也都死于救助行动中。终使赵氏孤儿安然无恙。20年后，赵氏孤儿长大成人，程婴将其身世及家仇如实相告。赵氏孤儿大报仇冤。该剧被称为中国十大悲剧之一，影响很大。至今，仍有戏剧作家涉足整理。特别值得一提的是，1775年，元杂剧《赵氏孤儿大报仇》还被法国著名文学家伏尔泰翻译成《中国孤儿》，使之成为中国戏曲史上最早被翻译出国的戏曲剧本。近年来，国内一些地方剧种又开始了对这一剧目的整理改编，尤以河南省豫剧院二团改编并演出的《程婴救孤》为最成功者，该剧先后获得2004—2005年度国家舞台艺术十大精品剧目、文化部第十一届文华大奖第一名等奖项。

程婴、韩厥、公孙杵臼一直受到后人，尤其是赵氏后人的敬仰和怀念。在邯郸最早可循的遗迹有：明万历十九年(1591)邯郸县令卢龙云于丛台下所创建的"三忠祠"，用来祭祀程婴、韩厥、公孙杵臼。到清雍正年间，时任邯郸知县的郑方坤曾予以重修，并迁址于城西东明观右。

郑以为公孙(杵臼)乃赵之门客,程(婴)为赵友,韩(厥)则同为列卿,“忠”字似未稳帖,遂更名为“三义祠”,但未沿袭下来,后仍称“三忠祠”。之后或兴或废,延续未断。在今邯郸市丛台公园里的“七贤祠”,系1980年10月奠基至1983年10月竣工修建。正门门额匾上所书“七贤祠”三字,是由时任国务院副总理的方毅题写。程婴、韩厥、公孙杵臼与蔺相如、廉颇、李牧、赵奢的塑像并列祭台。

傲睨得志 ào nì dé zhì

【词源】明·罗贯中《三国演义》第六十回:“却说张松到了许都驿馆住定,每日去相府伺候,求见曹操。原来曹操自破马超回,傲睨得志,每日饮宴,无事少出,国政皆在相府商议。张松候了三日,方得通姓名。左右近侍先要贿赂,却才引入。”

【注】睨:斜看。

【释义】形容意得志满,傲视一切的神情。

【考据】曹操(155—220)即魏武帝,东汉末沛国谯(今安徽亳州市)人,字孟德,杰出的政治家、军事家和文学家。建安元年(196),迎献帝都许昌。建安九年(204)攻下邺城(即今邯郸市临漳县西古邺城),同年晋位丞相,后封魏王。长期经营邺地达16年。其间,以邺城为根据地,统一了北方的割据局面。至建安二十五年(220)卒于洛阳,谥号武,葬邺城高陵。魏文帝黄初时追尊武帝,庙号太祖。

有关曹操的墓葬,一直为史学界所关注,邯郸市历史学会会长刘心长,在《曹操墓所定》一文中,依据古籍记载,实地考证,论证曹操墓位于邯郸市磁县境内。2009年年末,河南省文物考古部门在北京宣布,曹操墓在安阳市西高穴村被发现,并进行了抢救性发掘。一时舆论哗然,包括业界专家在内,也各持说辞,舆论不一。直至2010年1月14日,在中国社会科学院“聚焦曹魏高陵”考古论坛上,中国社会科学院考古所所长王巍在总结时,才以“高穴村大墓是否曹操墓还不是盖棺定论的时候”,“根据目前的证据,我们初步断定该墓为曹操墓。今后,还会随着新的证据的出现,不断检测这一初步结论是否正确”作为阶段性结论。不管曹操墓葬的具体地址在河南河北两省之何地,邺城才是他生前“指点江山，激扬文字”的政治舞台。他的墓地，包括墓葬所反映出的所有信息，均属古邺文化的重要组成部分和延展部分。

B

八面威风 bā miàn wēi fēng

【词源】元·无名氏《马陵道》第一折：“（庞涓云）哥哥，我说什么来？（孙膑唱）可不道大将军八面威风。（庞涓云）兀的不羞杀我也。哥哥，想七国中惟您兄弟一人而已，六国都来进奉，则是怕兄弟。谁想哥哥神机妙策，出鬼入神。”

【注】八面：方方面面。威风：令人敬畏的气势。

【释义】形容人气势昂扬，威慑力强。

【书证】元·尚仲贤《单鞭夺槊》第四折：“圣天子百灵相助，大将军八面威风。”明·董谷《碧里杂存·满江红》：“圣天子六龙护驾，大将军八面威风。”清·吴趼人《情变》：“一个袅赳赳八面威风，一个孃婷婷双眉写月。”贺捷生《深秋》：“父亲在沙场上，八面威风，浑身是胆。”

【考据】元曲《马陵道》写的是战国时期，同出鬼谷子门下的孙膑和庞涓的故事。庞涓妒忌孙膑比自己的军事才能高超，不念同门手足情谊，竟设计将孙膑施以刖足酷刑，并逼迫孙膑给自己抄写兵书。孙膑只得装疯整日在羊圈生活。后在齐国使臣的暗中帮助下，逃到了齐国，并被拜为军师。随后，齐国即联合秦、楚、赵、韩、燕五国共同讨魏。孙膑利用增兵减灶之计，引诱庞涓误入马陵道，被俘处死。

据《史记》载，马陵道在邯郸大名县境内。《大名县志》、《大名府志》和《东周列国故事选》均有同类记载。《东周列国志》还对马陵道之战作了以下描述：“魏军已过沙鹿山……孙膑屈指计程，日暮必至马陵。那马陵道在两山之间……堪以伏兵。”学者张建华、李伦等，依据史籍记载、出土文物、民间传说等资料和实物，对大名县东南部，距县城约 30 公里的西付集乡 6 个马陵村一带的地形、地貌做了多年的考察和考证工作，认为：现 6 个马陵村南北长 20 余华里，西侧十几里处为沙鹿山，蜿蜒起伏几十里。东侧 6 里处有 5 座山峰，自然形成一个大通道。6个马陵村和马陵道及沙鹿山的地望名称，应该有互依互存的沿袭关系。因此，战国时期（前341），魏、齐马陵之战在大名县的可信度很大。

白玉微瑕 bái yù wēi xiá
白璧微瑕 bái bì wēi xiá

【词源】唐·吴兢《贞观政要·公平》："贞观十一年，时屡有阉宦充外使，妄有奏，事发，太宗怒。魏征进曰：'阉竖虽微，狎近左右，时有言语，轻而易信，浸润之谮，为患特深。今日之明，必无此虑，为子孙教，不可不杜绝其源。'太宗曰：'非卿，朕安得闻此语？自今以后，充使宜停。'魏征因上疏曰：'臣闻为人君者，在乎善善而恶恶，近君子而远小人。善善明，则君子进矣；恶恶著，则小人退矣。近君子，则朝无秕政；远小人，则听不私邪。小人非无小善，君子非无小过。君子小过，盖白玉之微瑕；小人小善，乃铅刀之一割。铅刀一割，良工之所不重，小善不足以掩众恶也；白玉微瑕，善贾之所不弃，小疵不足以妨大美也。'"

【注】微瑕：洁白玉面上的小疵斑。璧：平圆形，中心有孔的玉器。

【释义】比喻很好的人或事物有些小的缺点，美中之不足。

【书证】鲁迅《华盖集·牺牲漠》："但是，我的同志，你什么都牺牲完了，究竟也大可佩服，可惜你还剩一条裤，将来在历史上也需要留下一点白璧微瑕。"

【考据】魏征：字玄成，唐初政治家、思想家、史学家，深受唐太宗信任，唐魏州曲城（今邯郸市馆陶县）人。

北门锁钥 běi mén suǒ yuè
北门管钥 běi mén guǎn yuè

【典源】宋·王君玉《国老谈苑》卷二："寇准镇大名府，北使路由之，谓公曰：'相公望重，何以不在中书？'准曰：'主上以朝廷无事，北门锁钥，非准不可。'"

【注】锁：门锁。钥：钥匙。

【释义】指大名府是北方重镇、军事要地。泛指军事要地。也喻守御重地的人或守护边防之重任。

【书证】清·孔尚任《桃花扇》第三十五出："守住这座扬州城，便是北门锁钥了。"清·孔尚任

《平阳鼓词·踏登词》:“太守迎恩士立台,北门锁钥轻不开。秧歌竹马儿童戏,还倒堂前舞一回。”清·龚自珍《说居庸关》:“八达岭之北门大书曰‘北门锁钥,景泰三年建’。”刘复《吊史阁部》诗:“北门锁钥千斤重,南渡江山半壁羞。”清·黄遵宪《冯将军歌》:“冯将军,英名天下闻。……北门管钥赖将军,虎节重臣亲拜疏。”

【考证】大名府故城,在今大名县城东北 6 公里处大街乡一带。今大街乡村即大名府故城的中心。现南门口、东门口、北门口、铁窗口四个村是当时府城的四个大门所在地。城址面积 36 平方公里,是一座有着一千多年历史的古城。大名府故城始筑于唐僖宗中和年间。后唐李存勖在此登基称帝,改大名府为东京兴唐府,对府城大加修饰。宋仁宗庆历二年(1042),因契丹南侵,丞相吕夷简建议建大名为北京,以示仁宗御驾亲征之意,仁宗从之,乃修宫城、外城,规模、规格更盛于往朝。大名府故城的古城门雄伟壮观,兼有军、民用两途。唐宋时,曾把大名视为“北门锁钥”。后人便在大名古城门的北门上悬挂“北门锁钥”匾额。

奔车朽索 bēn chē xiǔ suǒ

【词源】唐·吴兢《贞观政要·卷一·君道第一》:“贞观十一年,特进魏征上疏曰:‘臣观自古受图膺运,继体守文,控御英雄,南面临下,皆欲配厚德于天地,齐高明于日月,本支百世,传祚无穷。然而克终者鲜,败亡相继,其故何哉?所以求之,失其道也。殷鉴不远,可得而言。……凡百元首,承天景命,莫不殷忧而道著,功成而德衰。有善始者实繁,能克终者盖寡,岂取之易而守之难乎?昔取之而有余,今守之而不足,何也?夫在殷忧,必竭诚以待下;既得志,则纵情以傲物。竭诚则胡越为一体,傲物则骨肉为行路。虽董之以严刑,震之以威怒,终苟免而不怀仁,貌恭而不心服。怨不在大,可畏惟人,载舟覆舟,所宜深慎,奔车朽索,其可忽乎!’”

【注】奔车:奔跑中的车。朽索:朽烂的绳子。

【释义】用朽烂的绳子驾驭奔跑的车子。形容情势十分危险。也喻挽救危急的举措不力。

【考据】魏征,见“白玉微瑕”。

绷扒吊拷 bēng bā diào kǎo

【词源】元·纪君祥《赵氏孤儿》第二折："（公孙杵臼）程婴。你也说的是。我想那屠岸贾与赵驸马呵，（唱）……[二煞]他把绷扒吊拷般般用，情节根由细细穷；那其间枯皮朽骨难禁痛。少不得从实攀供，可知道你个程婴怕恐。（带云）程婴，你放心者。（唱）我从来一诺似千金重，便将我送上刀山与剑峰，断不做有始无终。"

【注】绷：捆紧。扒：强行脱掉衣服。

【释义】古代的一种刑罚。强行脱去衣服，捆紧身体，并吊起来拷打。

【书证】元·李行道《灰阑记》第二折："你若经官发落，这绷扒吊拷要桩桩儿挨过。"元·王仲文《救孝子》第三折："并无聪明正直的心腹，尽都是那绷扒吊拷的招状。"

【考据】见"安然如故"。

兵来将迎，水来土堰

bīng lái jiàng yíng shuǐ lái tǔ yàn

兵来将挡，水来土掩

bīng lái jiàng dǎng shuǐ lái tǔ yǎn

【词源】元·高文秀《渑池会·楔子》："（赵成公云）将军，唤你来不为别，今有秦昭公差一使命，持书前来，索取无瑕玉璧，愿以十五座连城偿之，故请老将军商量此事也。（廉颇云）大王，此一事其中有诈，倘若将玉璧送到秦邦，若昭公不与城池，可不自送了玉宝，又不与城池，枉惹邻邦耻笑。愿大王思之。（赵成公云）老将军，若俺不送玉璧去时，秦国若领兵前来，俺可怎了也？（廉颇云）大王，自古道兵来将迎，水来土堰。他若领兵前来，俺这里领兵与他交锋。若战敌不胜呵，再做个摆布。"

【注】堰：挡水的低坝。这里作堵、挡水之意。

【释义】依据具体情况，果断采取应对措施，多系一种以不变应万变的策略。

【书证】元·无名氏《云台门》第一折："兵来将敌，水来土堰，兄弟也，你领兵就随着我来，不可延迟也。"元·无名氏《大战邳彤》："主公，便好这兵来将挡，水来土掩。"明·兰陵笑笑生《金瓶梅词话》第四十八回："常言道：'兵来将挡，水来土掩'，事到其间，道在人为。少不得你我打点礼物，早差人上东京，央及老爷那里去。”

【考证】廉颇，战国时赵国人。赵惠文王时为将，官至上卿。《史记·廉颇蔺相如列传》有明确记载：“廉颇者，赵之良将也……”且廉颇在邯郸留有的遗迹及其记载颇多。在今磁县台城乡赵拨庄就有廉颇墓。其历史记载有：(1)明·嘉靖元年(1522)《彰德府志·地理》磁州目中载：“廉将军墓在赵拨庄。”(2)清·康熙三十九年(1700)蒋擢撰《磁州志·古迹》载：“赵将军廉颇墓，在州北五十里赵拨庄。”(3)民国二十九年(1940)《增修磁县县志·陵墓》载：“赵将军廉颇墓，在县北五十里赵拨庄。”民国二十二年(1933)《邯郸县志》载：“信平君廉颇墓，在县西南故城中。”宋·范成大《揽辔录》载：“台城赵王避暑胜地镇故城延袤十数里，城中有灵台、坡陀，邯郸人春时倾城出祭，赵王歌舞台上。旁有廉殿、蔺相如墓。”另有一说：廉颇墓在今邯郸市邯山区北张庄镇孙庄。其实，这是因为该村与磁县的台城乡赵拨庄接壤，新中国成立前，此地块属磁县赵拨庄，后划归邯郸市邯山区北张庄镇孙庄所致。

兵临城下 bīng lín chéng xià

【词源】元·无名氏《马陵道》第三折：“(庞涓云)比及你来时，我先在东门等你，将你那人夫都点过，茶车里都搜过。你若带出孙膑去呵，你见么？俺这里雄兵百万，战将千员，有一日兵临城下，将至壕边，四下里安营，八下里扎寨，兵打你城池，马践你山川。卜商，那其间悔之晚矣！”

【注】临：到。

【释义】敌军来到城墙下面。比喻大兵压境，情势十分危急。

【书证】元·无名氏《秦并六国平话》卷上：“今有荆楚襄王为招讨，合诸国兵马约二十余万，猛将数十员，兵临城下，将至濠前。”元·无名氏《范书》第一折：“有一日兵临城下，将至濠边，四下里安环，八下里拽炮，人平了你宅舍，马践了你庭堂。”明·施耐庵《水浒传》第六十二回：“如是留得卢员外性命在世，佛眼相看，不忘大德，但有半米儿差错，兵临城下，将至濠边，无贤无愚，无老无幼，打破城池，尽皆斩首。”郭沫若《虎符》第一幕：“但我们大梁在前也遭过兵临城下的惨祸，我们有良好的先例在那儿。”

【考据】见“八面威风”。

不辞而去 bù cí ér qù
不辞而别 bù cí ér bié

【词源】元·郑德辉《王粲登楼》第一折：“报老爷得知，王粲不辞而去了。（蔡相云）学士，王粲不辞而归，都在学士身上。”

【注辞】告别。

【释义】没有告别就离开了。

【书证】老舍《骆驼祥子》第十五章：“他不想跟她去商议，他得走；想好了主意，给她个不辞而别。”

【考据】见“王粲登楼”。

不此之图 bù cǐ zhī tú

【词源】明·罗贯中《三国演义》第三十二回：“今明公提兵攻邺，袁尚不还救，则失巢穴；若还救，则谭踵袭其后。以明公之威，击疲惫之众，如迅风之扫秋叶也。不此之图，而伐荆州丰乐之地，国和民顺，未可摇动。况四方之患，莫大于河北；北既平，则霸业成矣。愿明公详之。”

【注】明公：指曹操。此：这个。图：谋划，谋取。

【释义】不筹谋这件事，或不希图事情的得失。

【书证】胡适《非留学篇》：“当美国之退还赔款也，其数甚巨，足以建一大学而有余。乃不此之图，而以之送学生留学美国。其送学生也，又以速成致用为志，而不为久远之计。”

【考据】见“傲睨得志”。

不拘形迹 bù jū xíng jì

【词源】五代·赵莹、桑维翰、刘昫等《旧唐书·魏征传》：“其年，（魏征）迁尚书左丞。或有言征阿党亲戚者，帝使御史大夫温彦博案验无状，彦博奏曰：‘征为人臣，须存形迹，不能远避嫌疑，遂招此谤。虽情在无私，亦有可责。’帝令彦博让征，且曰：‘自今后不得不存形迹。’”

【注】拘：限制，拘泥。形迹：举止行动上留下的迹象。

【释义】形容言谈举止自由洒脱，无拘无束。

【书证】姚雪垠《李自成》第一卷第十六章：“随后他知道了方岳宗确实没有钱，他的弟弟方岳贡做官有清廉之名，就赶快把他释放，表示歉意，并同他做了朋友，时常约他吃酒，不拘形迹地畅谈。”茅盾《子夜·四》：“曾沧海回头一看，认得是土贩李四；在某一点上，他这李四是不拘形迹的密友。”

【考据】魏征，见“白玉微瑕”。

不让肉食 bù ràng ròu shí

【典源】北宋·欧阳修《新五代史·卷二十八·唐臣传第十六》：“刘赞，魏州人也。父玭为县令，赞始就学，衣以青布衫襦，每食则玭自肉食，而别以蔬食食赞于床下，谓之曰：‘肉食，君之禄也，尔欲之，则勤学问以干禄；吾肉非尔之食也。’由是赞益力学，举进士，为罗绍威判官，去为租庸使赵岩巡官，又为孔谦盐铁判官。明宗时，累迁中书舍人、御史中丞、刑部侍郎。守官以法，权豪不可干以私。”

【注】食：吃。

【释义】刘赞以肉食是自己的俸禄为由，不让儿子吃，激其勤奋学习走向仕途。泛指激励青年人努力上进。

【考据】据《中国历史地名大辞典》载：“魏州，北周大象二年(580)置，治所在贵乡县，即今大名县东北大街乡一带。唐时辖境相当于今河北大名、魏县、馆陶，河南南乐、清丰，山东冠县、莘县等地。”刘赞为五代后唐人，当时魏州已于唐同光元年(923)升为兴唐府，但治所仍在贵乡县，即今邯郸市大名县东北大街乡一带。

不做不休 bù zuò bù xiū

一不做，二不休 yī bù zuò èr bù xiū

【词源】元·无名氏《马陵道》第四折：“他把切骨的冤仇死也似结，怎教俺便忘了者。俺如今拼的个不做不休，这就是至诚心为人为彻。”

【注】“不做不休”，是编剧者按词曲格律的要求，由“一不做，二不休”简缩而成。

【释义】意谓横下心来，一干到底。

【书证】元·石德玉《秋胡戏妻》第三折：“我如今一不做，二不休，拼的打死你也。”明·施耐庵《水浒传》第四十回：“一不做，二不休，众好汉相助着晁某，直杀尽江州军马，方才回梁山泊去。”周立波《山乡巨变·下十》：“这堂客眨一眨眼睛，心里默神：‘一不做，二不休，索性添一点柴火。'”

【考据】见“八面威风”。

C

残茶剩饭 cán chá shèng fàn

【词源】元·马致远《黄粱梦》第四折:“(洞宾背云)好奇怪,这姑姑怎生也认得吕岩?既然姑姑认得我,可也好。姑姑,因为我卖了阵,将我这三口儿迭配无影牢城。如今天色晚了也,有甚么残茶剩饭,与俺两个孩儿些吃。我就觅一宵宿,天明了,便索长行。”

【注】残:不完整,有缺失。

【释义】余剩的茶水饭菜。

【书证】清·西周生《醒世姻缘传》第四十三回:“这些年,自有他进监,都吃他的残茶剩饭,不曾受的饥饿。”

【考据】元·马致远所著杂剧《黄粱梦》,说的是东华帝君发现河南府的吕洞宾有神仙缘分,差正阳子钟离权和骊山老母前去点化成仙的故事。这个故事的发生地被马致远老先生在剧中安排到了“邯郸道黄化店”,即今邯郸市北邯郸县境内的黄粱梦镇。这里至今有一座始建于宋朝的“吕仙祠”,经明清几次重修和扩建,占地约 20 亩,是一组规模宏伟、保存较好的明清时代建筑群。现为著名旅游观光胜地,国家 AAAA 级景区。院内建有“钟离殿”,内塑正阳子钟离权和两童子像。过钟离殿往北又是一院,即该祠的主殿——“吕祖殿”。殿内塑吕洞宾和童子像,两壁嵌题咏刻石 5 块。殿前有拜殿和月台。再往北走,是吕洞宾后来点化成仙的卢生的睡宫,也称“卢生殿”。殿内有大青石雕刻的卢生睡像,头西足东,侧身而卧,两腿微曲,睡意朦胧,惟妙惟肖。东、西、北三面墙壁上绘有连环壁画,讲述了卢生一枕而梦,一梦而觉,省悟黄粱美梦的全过程。这三座大殿依次排列,向人们演绎着千百年来有关钟离权点化吕洞宾,吕洞宾又点化卢生的传说。

草衣木食 cǎo yī mù shí

【词源】元·马致远《黄粱梦》第一折:“(洞宾云)俺为官居兰堂,住画阁。你这出家人,无过草衣木食,干受辛苦,有甚么受用快活处？”

【注】草衣：用草编织的衣物。木食：树上的果实。

【释义】穿草衣，吃树果。形容生活清苦。

【书证】元·关汉卿《望江亭》第一折：“这出家无过草衣木食，熬枯受淡。”元·不忽木《点绛唇·辞朝》套曲：“草衣木食，胜如肥马轻裘。”

【考据】见“残茶剩饭”。

成败论人 chéng bài lùn rén

【词源】北宋·苏轼《孔北海赞序》：“文举以英伟冠世之资，师表海内，意所予夺，天下从之，此人中龙也。而曹操阴贼险狠，特鬼蜮之雄者耳。其势决不两立，非公诛操，则操害公，此理之常。而前史乃谓公负其高气，志在靖难，而才疏意广，讫无成功，此盖当时奴婢小人论公之语。……世以成败论人物，故操得在英雄之列。而公见谓才疏意广，岂不悲哉！”

【注】论：衡量，评定。

【释义】以成功和失败作为评论人物的唯一标准。

【书证】南宋·朱熹《朱子语类》卷八十三：“左氏有一个大病，是他好以成败论人。”明·朱国祯《涌幢小品·大劫运》：“凡梁之舍身，唐之厌胜，宋之暗祷，无所不至。然皆外勤兵而内忘武备，毕竟及祸。虽然，大劫难逃，内备虽伤，又必发之意外。今人但成败论人耳。”清·吴敬梓《儒林外史》第八回：“成败论人，固是庸人之见；但本朝大事，你我做臣子的，说话须要谨慎。”

【考据】孔融（153—208）：东汉鲁国人，字文举。孔子二十世孙。性好学，有异才。初辟司徒杨赐府，大将军何举高第，为侍御史。后辟司空掾，拜北军中侯、虎贲中郎将。以忤董卓，转议郎。献帝时为北海相，立学校，表儒术，举贤良。历少府、太中大夫，名重天下。自负才气，对曹操多侮漫之辞，曾被免官，终与操结怨，构陷成罪，于208年为操所杀。文辞有名与世，为“建安七子”之一。有《孔北海集》。

成则为王，败则为虏
chéng zé wéi wáng bài zé wéi lǔ

【词源】元·纪君祥《赵氏孤儿》第五折：“（屠岸贾云）我成则为王，败则为虏。事已至此，惟求早死而已。”

【注】成：成功。为：做。虏：俘虏。

【释义】旧指在争夺政权斗争中，成功了的就是合法的，称帝称王；失败了的就是非法的，被称为俘虏。含有成功者权势在手，无人敢责难，失败者却有口难辩的意思。

【书证】孙中山《国民党第一次代表大会之演讲》：“中国历史上有一习惯，所谓成则为王，败则为寇，但近代文明国家，不是如此。”柳亚子《题〈太平天国〉战史》诗：“成王败寇漫相呼，直笔何人纵董狐。”

【考据】见“安然如故”。

城狐社鼠 chéng hú shè shǔ

【词源】唐·吴兢《贞观政要·直谏附》：“贞观七年，蜀王妃父杨誉，在省竞婢，都官郎中薛仁方留勘问，未及予夺。其子为千牛，于殿庭陈诉，云：‘五品以上非反逆不合留，以是国亲，故生节目，不肯决断，淹留岁月。’太宗闻之，怒曰：‘知是我亲戚，故作如此艰难。’即令杖仁方一百，解所任官。魏征进曰：‘城狐社鼠皆微物，为其有所凭恃，故除之犹不易。况世家贵戚，旧号难理，汉、晋以来，不能禁御，武德之中，已多骄纵，陛下登极，方始萧条。仁方既是职司，能为国家守法，岂可枉加刑罚，以成外戚之私乎！此源一开，万端争起，后必悔之，将无所及。’”

【注】社：古代指土地神或祭祀土地神的地方、日子、祭礼。城狐：住在城墙里的狐狸。社鼠：住在庙里的老鼠。

【释义】清除城狐和社鼠怕殃及其住所。比喻依仗权势作恶，清除起来有投鼠忌器之虞。

【书证】明·许自昌《水浒记·婚约》：“城狐社鼠扰朝廷，毒闾阎。”清·洪升《长生殿·疑谶(chèn)》：“不提防柙(xiá)虎樊熊，任纵横社鼠城狐。”梁启超《改盐法议》：“作弊之技，愈久愈精，社鼠城狐，去之无术。”鲁迅《华盖集·“公理”的把戏》：“以事论，则现在的教育界中实无豺虎，但有些城狐社鼠之流，那是当然不能免的。”

尺兵寸铁 chǐ bīng cùn tiě

【词源】清·戴名世《八月庚申齐师战于干时我师败绩》：“昔者，王莽乘西汉之衰，不用尺兵寸铁而移汉祚，翟义起兵讨之，未成而身死；唐武氏之祸，唐几亡矣，李敬业起兵讨之，未成而身死。”

【注】兵：兵力。铁：这里指冷兵器时代的作战武器。尺、寸：比喻很小的意思。

【释义】微小的武力。

【考据】王莽（前45—23）：字巨君，魏郡元城（今邯郸市属大名县东）人。汉成帝孝元皇后侄。初，王莽由其伯父——大将军王凤推荐，拜黄门郎，迁射声校尉；成帝永始元年，封新都侯，迁骑都尉、光禄大夫、侍中。绥和元年，代王根为大司马。哀帝立，尊孝元皇后为太皇太后，王莽被免官就国。平帝立，太皇太后临朝，又召王莽复任大司马，总揽朝政，进太傅，号安汉公，后加称宰衡。至此，王莽权倾朝野，觊觎汉位之心日显，旋毒死平帝，立两岁的孺子婴为帝，以摄政名义居天子位，改元居摄。两年后，王莽称帝，新朝始立，在位15年。

赤壁鏖兵 chì bì áo bīng

【词源】元·无名氏《两军师隔江斗智》第一折：“某使曹仁守南郡，叵耐刘备那厮，暗地夺取荆州。想他赤壁鏖兵，全仗我东吴力气，平白地他倒得了荆襄九郡，怎生干罢？某数次取索，被那癞夫诸葛亮识破计策。如今又生一计，可取荆州，等众将来时商议。”

【注】鏖，激战、苦战。

【释义】208年，曹操率大军伐吴，孙权联合刘备抗曹，其间，双方几经激战，难决胜负。最后孙刘联军于赤壁采用火攻，大破曹兵。后泛指激烈的战斗。

【书证】蔡东藩《后汉演义·第八十四回：召周郎东吴主战 破曹军赤壁鏖兵》：“这一番赤壁鏖兵，若非孙刘合力，瑜亮并智，哪里杀得过曹军？”

【考据】《三国志·魏·武帝纪》载，曹操于汉献帝建安九年（204）攻下邺城，便以邺为根据地，大规模展开了扫灭群雄、平定北方的战争。征乌桓，鏖赤壁，平西凉，破汉中，臣伏孙权，全是曹操据邺期间的壮举。

出世超凡 chū shì chāo fán

【词源】元·马致远《黄粱梦》第一折：“（华帝君云）你自不知，你不是个做官的，天生下这等道貌，是个神仙中人。常言道，一子悟道，九族升天。不要错过了。（唱）［醉雁儿］你有那出世超凡神仙分，系一条一抹绦，戴一顶九阳巾。君，敢着你做真人。”

【注】出世：离却尘世。

【释义】旧指脱离世俗生活，成仙得道。今可引申为卓然不群的智能和才华。

【书证】明·许仲琳《封神演义》第十五回：“自别仁兄，实指望出世超凡，奈何缘浅分薄，未遂其志。”陈玙《夜幕下的哈尔滨》第四十六章：“从上到下，干净得真像才用喷壶冲洗过的水仙。大有一尘不染、出世超凡之感。”

【考据】见“残茶剩饭”。

出头之日 chū tóu zhī rì

【词源】元·无名氏《马陵道》第三折：“（孙膑装疯爬上云）休笑休笑，我和你耍子去来！这里也无人，贫道孙膑是也。自从辞别了师父下山，到于魏国。公子教俺摆阵，不想庞涓在公子跟前下了谮言，将贫道刖其二足。如今佯推风疾举发，白日里与儿童作戏，到晚间共羊犬同眠。不知几时才得个出头之日也呵！”

【注】出头：出人头地。

【释义】泛指从艰难困苦、孤独无援的境遇中摆脱出来的时日。

【书证】清·李宝嘉《官场现形记》第二十八回：“照此下去，我要躲到何年何月方有出头之日？”

【考据】见“八面威风”。

唇枪舌剑 chún qiāng shé jiàn

【词源】元·高文秀《渑池会》第一折：“（蔺相如唱）凭着我唇枪舌剑定江山，见如今河清海晏，黎庶宽安。出口夸言离赵国，铺谋定计入潼关。因此上乘骏马，跨雕鞍，披星月，冒风寒，完玉璧，要回还。解了那麒麟殿上赵公忧，更和这虎狼丛里英雄汉。也不望封官赐赏，则愿的人马平安。”

【释义】唇像枪，舌如剑。形容言辞锋利，如枪、剑交锋。

【书证】鲁迅《且介亭杂文二集·京派和海派》：“在许多唇枪舌剑中，以为那时我发表的所说，倒也不算怎么分析错了的。”陈毅《满江红·送周总理赴日内瓦》词：“日内瓦，话重说。换唇枪舌剑，议倾坛席。”

【考据】元杂剧《渑池会》是依据战国时期赵国几个经典故事改编的。戏中的《完璧归赵》、《渑池会》、《将相和》都出自《史记·廉颇蔺相如列传》，为世人所熟知，廉颇、蔺相如是剧中的主角，集中展现了这一对贤相、名将在赵国历史上的文功武治和他们为国为民赤心奉献，不怕牺牲，不计个人名利得失的高风亮节。

D

殿上虎 diàn shàng hǔ

【典源】元·脱脱、阿鲁图《宋史·卷三百四十五·列传第一百四》："刘安世，字器之，魏人。……安世仪状魁硕，音吐如钟。初除谏官，未拜命，入白母曰：'朝廷不以安世不肖，使在言路。倘居其官，须明目张胆，以身任责，脱有触忤，祸谴立至。主上方以孝治天下，若以老母辞，当可免。'母曰：'不然，吾闻谏官为天子诤臣，汝父平生欲为之而弗得，汝幸居此地，当捐身以报国恩。正得罪流放，无问远近，吾当从汝所之。'于是受命。在职累岁，正色立朝，扶持公道。其面折廷争，或帝盛怒，则执简却立，伺怒稍解，复前抗辞。旁侍者远观，蓄缩悚汗，目之曰'殿上虎'，一时无不敬慑。"

【注】虎：意谓刘安世刚直不阿，面无惧色。

【释义】为维护朝廷纲纪，不惜性命，敢言直谏。

【考据】刘安世（1048—1125）：宋大名人，字器之，号元城。刘航子，神宗熙宁六年进士。不就选，从学于司马光。光入相，荐为秘书省正字。又以吕公著荐，为右正言，议事刚直，历劾章惇、蔡确、范纯仁。累迁左谏议大夫，进枢密都承旨。章惇用事，累贬英州安置，徙梅州，欲置之死，会徽宗立得赦，历知衡、鼎、郓州及镇定府。蔡京为相，连谪至陕州羁管。有《尽言集》等。

跌弹斑鸠 diē dàn bān jiū

【词源】明·汤显祖《邯郸记·大捷》："（热莽龙）'罢了，罢了。千里之外，便是祁连山，乃胡汉之界，待我想一计来。'（内雁叫介）'有计了，不免裂帛为书，系于雁足之上，央他放我一条归路。……走上天山一看，杀气无边无岸。做了跌弹斑鸠，说与寄书胡雁。'"

【注】跌：倒下。

【释义】谓中弹落地的斑鸠。喻指失意落寞或受挫神伤的人。

【书证】元·关汉卿《救风尘》第二折："一个个眼张狂似漏了网的游鱼，一个个嘴卢都似跌了弹的斑鸠。"

【考据】明·汤显祖《邯郸记》是依据唐·沈既济《枕中记》改编。见"黄粱美梦"。

顶天立地 dǐng tiān lì dì

【词源】元·纪君祥《赵氏孤儿》第一折："(韩厥)程婴，我若把这孤儿献将出去，可不是一身富贵？但我韩厥是一个顶天立地的男儿，怎肯做这般勾当！"

【注】顶：以头支撑。

【释义】头顶着天，脚踏着地。形容形象高大雄壮。

【书证】明·施耐庵《水浒传》第二十九回："武松是个顶天立地的好汉，不做这般的事！"郭沫若《屈原》第三幕："先生是楚国的栋梁，是顶天立地的柱石。"

【考据】见"安然如故"。

东郭先生 dōng guō xiān shēng

【典源】明·马中锡《中山狼传》："赵简子大猎于中山，虞人导前，鹰犬罗后，捷禽鸷兽，应弦而倒者不可胜数。有狼当道，人立而啼。简子唾手登车，援乌号之弓，挟肃慎之矢，一发饮羽，狼失声而逋。简子怒，驱车逐之。惊尘蔽天，足音鸣雷，十步之外，不辨人马。

"时墨者东郭先生将北适中山以干仕。策蹇驴，囊图书，夙行失道，望尘惊悸。狼奄至，引首顾曰：'先生岂有志于济物哉？昔毛宝放龟而得渡，隋侯救蛇而获珠，龟蛇固弗灵于狼也，今日之事，何不使我得早处囊中以苟延残喘乎？异时倘得脱颖而出，先生之恩，生死而肉骨也，敢不努力以效龟蛇之诚！'

"先生曰：'私汝狼以犯世卿、忤权贵，祸且不测，敢望报乎？然墨之道，兼爱为本，吾终当有以活汝。脱有祸，固所不辞也。'乃出图书，空囊橐徐徐焉实狼其中。前虞跋胡，后恐疐尾，三纳之而未克。徘徊容与，追者益近。狼请曰：'事急矣！先生果将揖逊救焚溺而鸣鸾避寇盗耶？惟先生速图！'乃局蹐四足，引绳而束缚之，下首至尾，曲脊掩胡，猬缩蠖屈，蛇盘龟息，以听命先生。先生如其指，纳狼于囊，遂括囊口，肩举驴上，引避道左，以待赵人之过……

“遥望老子杖藜而来，须眉皓然，衣冠闲雅，盖有道者也。先生且喜且愕，舍狼而前，拜跪啼泣，致辞曰：‘乞丈人一言而生！’丈人问故，先生曰：‘是狼为虞人所窘，求救于我，我实生之。今反欲咥我，力求不免，我又当死之。欲少延于片时，誓定是于三老。初逢老杏，强我问之，草木无知，几杀我；次逢老牸，强我问之，禽兽无知，又将杀我。今逢丈人，岂天下之未丧斯文也！敢乞一言而生。’因顿首杖下，俯伏听命。丈人闻之，欷歔再三，以杖叩狼曰：‘汝误矣！夫人有恩而背之，不祥莫大焉！儒谓，受人恩而不忍背者，其为子必孝，又谓虎狼知父子。今汝背恩如是，则并父子亦无矣。’乃厉声曰：‘狼速去，不然，将杖杀汝！’

“狼曰：‘丈人知其一，未知其二。请诉之，愿丈人垂听。初，先生救我时，束缚我足，闭我囊中，压以诗书，我鞠躬不敢息。又蔓词以说简子，其意盖将死我于囊，而独窃其利也。是安可不咥？’丈人顾先生曰：‘果如是，是羿亦有罪焉。’先生不平，具状其囊狼怜惜之意。狼亦巧辩不已以求胜。丈人曰：‘是皆不足以执信也。试再囊之，吾观其状，果困苦否？’狼欣然从之，伸足先生。先生复缚置囊中，肩举驴上，而狼未之知也。丈人附耳谓先生曰：‘有匕首否？’先生曰：‘有。’于是出匕。丈人目先生使引匕刺狼。先生曰：‘不害狼乎？’丈人笑曰：‘禽兽负恩如是，而犹不忍杀，子固仁者，然愚亦甚矣！从井以救人，解衣以活友，于彼计则得，其如就死地何！先生其此类乎？仁陷于愚，固君子之所不与也。’言已大笑。遂举手助先生操刃，共殪狼，弃道上而去。”

【释义】这是东郭先生救助被人追杀的中山狼，几乎被狼吃掉的故事。意谓对坏人不能施仁慈之心。

【考据】寓言故事中的赵简子即赵鞅，系春秋战国时赵国的先祖。一作志父，又称赵孟，春秋末晋国人，赵武之孙，正卿。晋顷公十三年，鞅与荀寅率师筑城于汝滨，征铁于民，以造刑鼎，鼎上铸范宣子所著刑书。定公十二年，率军围卫，卫贡五百家，鞅置诸邯郸。十五年，将五百家迁晋阳。晋卿内讧，鞅击败范氏、中行氏。十九年，齐输粮于范氏，使郑兵护送。鞅率师大败郑兵，赵氏遂专晋政权，为嗣后建立赵国奠定基础。卒谥简。在邯郸市插箭岭公园内的成语典故苑的进门处，有一只尊巨鼎，是按照山西出土赵简子墓中原鼎的形制、规格、重量复制而成。

洞鉴古今 dòng jiàn gǔ jīn

【词源】五代·赵莹、桑维翰、刘昫等《旧唐书·卷九十·列传第四十》："史官曰：'王及善在孝敬东宫，诚能奉职。当俊臣下狱，力谏除凶，是忧滥及贤良，而欲明彰羽翼，兴复之志，不谓无心。杜景俭五刑有滥，济活为心，四气不和，归罪在己，则天谓曰"真宰相"。然奈柔顺李昭德，不无吐刚之过也。朱敬则文学有称，节行无愧，谏诤果决，推择精真，苟非洞鉴古今，深识王霸，何由立其高论哉？惜乎相不得时矣。'"

【注】洞鉴：犹明察。

【释义】指能深入透彻明察古今世事。

【书证】宋·钱世昭《钱氏私志·蔡鲁公》："公高明远识，洞鉴古今，知国家之事，必至于斯乎。"

【考据】王及善：邯郸人，唐朝重臣。唐高宗时为吏部尚书加光禄大夫。死后追封为益州大都督，陪葬干陵。140年后，唐宣宗诏命王及善、房玄龄、杜如晦、魏征等功臣画像绘图凌烟阁。见"鸠集凤池"。

斗南一人 dǒu nán yī rén

【典源】北宋·欧阳修《新唐书·狄仁杰传》："狄仁杰，字怀英，并州太原人。……同府参军郑崇质母老且疾，当使绝域。仁杰谓曰：'君可贻亲万里忧乎？'诣长史兰仁基请代行。仁基咨美其谊，时方与司马李孝廉不平，相敕曰：'吾等可少愧矣！'则相待如初，每曰：'狄公之贤，北斗以南，一人而已。'……万岁通天中，契丹陷冀州，河北震动，擢仁杰为魏州刺史。前刺史惧贼至，驱民保城，修守具。仁杰至，曰：'贼在远，何自疲民？万一虏来，吾自办之，何预若辈？'悉纵就田。虏闻，亦引去，民爱仰之，复为立祠。"

【注】斗南：北斗星以南。

【释义】指天下绝无仅有的人才。

【书证】宋·陆游《贺叶枢密启》:"北斗以南一人,谁其伦儗?"宋·无名氏《沁园春·寿长斋友人》:"眼底高年,如老曾仙,斗南一人。"清·蒋湘南《与田叔子论古文·第三书》:"则有如戴编修东原先生,文在贾、董之室,经升游、夏之堂,北斗以南,一人而已。"陈启泰《致缪荃孙》:"将来主席,计亦非我公莫属。苏宁兼顾,不妨斗南一人,自无多让,容再续商一切。"

【考据】魏州百姓感念狄仁杰防御契丹、兴归农桑,使民安居乐业的恩德,在今大名县城东北3公里处的孔庄村北建狄仁杰祠堂,并立碑纪念。后祠堂毁废,田承嗣镇守魏博,重建祠堂,并立狄梁公祠堂碑。该祠堂碑立于唐元和七年(812),盘龙首,龟趺坐,通高4.46米,宽1.46米,厚0.46米。现为河北省重点文物保护单位。

妒花女 dù huā nǚ

【典源】宋·李昉等《太平御览》卷九一六引南宋·虞通之《妒记》:"武阳女嫁阮宣,武妒忌。家有一株桃树,花叶灼耀,宣叹美之。即便大怒,使婢取刀斫树,摧折其华。"

【注】妒:妒忌。

【释义】妒忌到连花都不能容忍丈夫夸赞的女人。意谓妒忌心特强。

【书证】明·高启《高太史集·惜花叹》:"懊恼园中妒花女,画幡不禁狂风雨。"

【考据】武阳:即今邯郸市大名县、馆陶县一带。

短见薄识 duǎn jiàn bó shí

【词源】元·无名氏《马陵道·楔子》:"(鬼谷子领道童上云)……贫道姓王名禅,道号鬼谷先生。幼而习文,长而习武,善晓兵甲之书,能辨风云之气。不须胜败,预决兴亡。排阵处尽按天文,争锋时每驱神将。恐怕人间物色,甘从谷口逃名。在这云梦山水帘洞,扮道修行,忘其岁月。贫道有两个徒弟,一个是庞涓,一个是孙膑。此二人来到山中,寻着贫道。拜为师父。学业十年,兵书战策,无不通晓。我观此二人,孙膑是个有德有行的人,庞涓久后得地呵?此人是个短见薄识、绝恩绝义的人。"

【注】短见:浅陋的见识。薄

识：见地浅薄。

【释义】见识浅陋，鼠目寸光。

【书证】明·凌濛初《初刻拍案惊奇》卷三十五："浑家李氏却有些短见薄识，要做些小便宜勾当。"

【考据】见"八面威风"。

E

恶叉白赖 è chā bái lài

【词源】元·马致远《黄粱梦》第二折："（吕岩唱）闹垓垓幺喝十字街。（带云）他今日声声说是高太尉女儿养汉来。（唱）直恁的恶叉白赖，婆娘家情性恁般乖。"

【注】恶叉：夜叉，佛经里说的一种吃人的恶鬼。

【释义】指凶狠加无赖的流氓脾性。

【书证】元·关汉卿《望江亭·中秋切鲙·第一折》："一会儿甜言热趱，一会儿恶叉白赖，姑姑也，只被你直着俺两下做人难。"元·石德玉《曲江池》第三折："我和他埋时一处埋，生时一处生，任凭你恶叉白赖寻争竞。"

【考据】见"残茶剩饭"。

F

非知之难，行之惟艰 非行之难，终之斯难

fēi zhī zhī nán xíng zhī wéi jiān fēi xíng zhī nán zhōng zhī sī nán

【词源】唐·魏征《十渐不克终疏》："臣观自古帝王受图定鼎，皆欲传之万代，贻厥孙谋。故其垂拱岩廊，布政天下。其语道也，必先淳朴而抑浮华；其论人也，必贵忠良而鄙邪佞；言制度也，则绝奢靡而崇俭约；谈物产也，则重谷帛而贱珍奇。然受命之初，皆遵之以成治；稍安之后，多反之而败俗。其故何哉？岂不以居万乘之尊，有四海之富，出言而莫己逆，所为而人必从，公道溺于私情，礼节亏于嗜欲故也？语曰：'非知之难，行之惟艰；非行之难，终之斯难。'所言信矣。"

【注】知：透彻地了解。行：行动。终：坚持到最后。惟：只有，尤其。

【释义】了解一件事或一个问

题并不困难，困难的是去做；去做也并不困难，困难的是坚持不懈，善始善终。

【书证】《人民网》："2007 年 5 月 4 日，温家宝总理专程到中国人民大学看望青年学生。……他把'非知之难，行之惟难；非行之难，终之斯难'这句话送给同学们，希望同学们知难而前行，善始而敬终。"

焚林而畋 fén lín ér tián

【词源】唐·吴兢《贞观政要·直谏附》："简点使右仆射封德彝等，并欲中男十八已上，简点入军。敕三四出，征执奏以为不可。德彝重奏：'今见简点者云，次男内大有壮者。'太宗怒，乃出敕：'中男已上，虽未十八，身形壮大，亦取。'征又不从，不肯署敕。太宗召征及王珪，作色而待之，曰：'中男若实小，自不点入军。若实大，亦可简取。于君何嫌？过作如此固执，朕不解公意！'征正色曰：'臣闻竭泽取鱼，非不得渔，明年无鱼。焚林而畋，非不获兽，明年无兽。若次男已上，尽点入军，租赋杂徭，将何取给？且比年国家卫士，不堪攻战。岂为其少，但为礼遇失所，遂使人无斗心。若多点取人，还充杂使，其数虽众，终是无用。若精简壮健，遇之以礼，人百其勇，何必在多？'"

【注】畋(tián)：打猎。

【释义】比喻攫取资源不留余地，只顾眼前，不顾长远利益。

【书证】宋·秦观《李训论》："焚林而畋，明年无兽；竭泽而渔，明年无鱼。"

丰功懋烈 fēng gōng mào liè

【词源】元·胡只遹(yù)《木兰花慢·题倪都运南塘莲社》："庐山社、兰亭会，后世图画、题咏，至今传玩不绝，乃知前代尊俎风流，犹为人永永景慕。其于善行名言，丰功懋烈，谁得而废之。去岁夏，仆以从百官后，走上都，闻南塘白莲集诸名公，皆赋乐章，自以不得一继余韵为恨。今年秋，席上运使倪公得寻旧盟，仆忝与宾末，仅赘一阕，庶几异日，得附南塘莲社之故事云：'倚西风闲坐，谈清影，玉亭亭。问幽苦芳心，何时解语，脉脉盈盈。秋香欲无还有，似自怜、不嫁惜娉婷。好在芙蓉城阙，梦回罗袜尘生。多情争似总无情。残照又西倾。怕去去兰舟，露凉烟冷，月落参横。沙雁也能留客，倩溪光、相照晚妆明。缓按梁州丝竹，听番白苎新声。'"

【注】丰，丰厚。懋，盛大。

【释义】巨大不朽的功绩。

【书证】清·佚名《康雍干间文字之狱》："独念圣祖皇考六十余年之丰功懋烈，而作如此归结，岂为人子者所忍为乎？"

【考据】《元史·卷一百七十·列传第五十七》："胡只遹，字绍闻，磁州武安（今邯郸市属武安市）人。少孤，既长读书，见知于名流。中统初，张文谦宣抚大名，辟员外郎。明年，入为中书详定官。至元元年，授应奉翰林文字，寻兼太常博士，调户部员外郎，转右司员外郎，寻兼左司。时阿合马当国，进用群小，官冗事烦，只遹建言：'省官莫如省吏，省吏莫如省事。'以是忤权奸，出为太原路治中，兼提举本路铁冶，将以岁赋不办责之。及其莅职，乃以最闻。改河东山西道提刑按察副使。宋平，为荆湖北道宣慰副使。有佃民诉其田主谋为不轨者，只遹察其冤，坐告者。十九年，为济宁路总管，上八事于枢府言军政：曰役重，曰逃户，曰贫难，曰正身入役，曰伪署文牒，曰官吏保结，曰有名无实，曰合并偏颇。枢府是之，以其言著为定法。济宁移治巨野县，自国初经兵戈，其废已久，民居未集，风俗朴野。只遹选郡子弟，择师教之，亲为讲论，期变其俗，久之，治效以最称。升山东东西道提刑按察使，所至抑豪右，扶寡弱，以敦教化，以厉士风。民有父子兄弟相讼者，必恳切谕以天伦之重，不获已，则绳以法。召拜翰林学士，不赴，改江南浙西道提刑按察使，未几，以疾归。二十九年，朝廷征耆德者十人，只遹为之首，以疾辞。三十年，卒，年六十七。延祐年，赠礼部尚书，谥文靖。子持，太常博士。"商务印书馆《中国人名大辞典》在记载胡只遹传略后，专就胡只遹字绍闻作解，认为系"元史乃传写之讹也"，故胡只遹字以"绍开"为是。

风霜雨雪 fēng shuāng yǔ xuě

【词源】元·马致远《黄粱梦》第四折："（东华帝君云）你既省悟了，一梦中十八年，见了酒色财气，人我是非，贪嗔痴爱，风霜雨雪。前世面见分明，今日同归大道。位列仙班，赐号纯阳子。"

【释义】比喻人生中的种种艰

难困苦。

【考据】见“残茶剩饭”。

逢山开路 féng shān kāi lù

【词源】元·纪君祥《赵氏孤儿·楔子》：“（屠岸贾）赵盾出得殿门，便寻他原乘的驷马车。某已使人将驷马摘了二马，双轮去了一轮。上得车来，不能前去。旁边转过一个壮士，一臂扶轮，一手策马，逢山开路，救出赵盾去了。”

【注】逢，遭遇，遇见。

【释义】遇到山则开通道路。形容不畏艰险，勇于开拓。

【书证】明·罗贯中《三国演义》第五十回：“军旅逢山开路，遇水叠桥，岂有泥泞不堪行之理！”

【考据】见“安然如故”。

扶危救困 fú wēi jiù kùn

【词源】元·高文秀《渑池会》第四折：“（吕成云）丞相，论你有经纶济世之才，补完天地之手，凭三寸舌完璧还朝，仗英豪渑池会救主除难。丞相何故惧怯廉将军？（正末云）先生言者差矣。（吕成云）丞相，小官何差之有？（正末云）廉将军他比我何强？（吕成云）廉将军虽然不强，只因你名扬七国。（正末云）则视廉将军比秦公如何？（吕成云）秦昭公乃虎狼之国，雄兵百万，战将千员，廉将军难以并比。（正末云）想秦公在渑池会上，大将数员，列雄兵百万，我独自一人，拔剑在手，张目叱咤之间，喝众将不敢近前，使昭公击缶。酒罢，我保赵公无事还国。量廉将军一人，我何惧之有？见今秦国不敢加兵于赵国者，徒以我二人在也。今若两虎共斗，其势不俱生。吾所以为此者，先国家之急也。我岂惧廉将军哉？（吕成云）丞相原来有济国安邦之策，扶危救困之忧，忠孝双全，人中之杰。”

【注】扶：支援。救：救助保护。

【释义】援手危难，救助贫困。

【书证】元·无名氏《魏征改诏·第三折·楔子》：“今日个扶危救困休辞惮，疾便地牵战马上雕鞍。”明·施耐庵《水浒传》第五十五回：“素知将军仗义行仁，扶危济困，不想果然如此义气。”梁斌《红旗谱》第三卷：“陈旅长响亮地笑了，说：‘知兄！还不失尚老遗风，扶危救困，爱国恤民。'”

【考据】见“唇枪舌剑”。

G

盖世英雄 gài shì yīng xióng

【词源】元・无名氏《马陵道》第一折:“(魏公子云)元帅之言甚善。孙先生,我与你三千军马,就在此教场内,摆几个阵势,等我试看咱。(孙膑云)贫道领旨。(庞涓云)哥哥,你是摆阵咱。(孙膑做摆阵科,云)大小三军听吾将令,合行则行,合止则止,若违令者,必当斩首。(唱)[仙吕][点绛唇]遮莫他盖世英雄,驱兵拥众,你可也休惊恐。若是和俺孙膑交锋,只当似掌股上婴儿弄。”

【注】盖:超过,压倒。世:世间,天下。

【释义】超越世间的其他英雄。

【书证】明・罗贯中《三国演义》第九回:“然允老迈无能之辈,不足为道;可惜将军盖世英雄,亦受此污辱也!”清・文康《儿女英雄传》第三十九回:“是盖世英雄,始信短如春梦。”

【考据】见“八面威风”。

高视阔步 gāo shì kuò bù

【词源】唐・魏征《隋书・卷五十七・列传第二十二》:“向之求官买职,晚谒晨趋,刺促望尘之旧游,伊优上堂之夜客,始则亡魂褫魄,若牛兄之遇兽,心战色沮,似叶公之见龙;俄而抵掌扬眉,高视阔步,结侣弃廉公之第,携手哭圣卿之门。华毂生尘,来如激矢,雀罗暂设,去等绝弦。饴蜜非甘,山川未阻,千变万化,鬼出神入。为此者皆衣冠士族,或有艺能,不耻不仁,不畏不义,靡愧友朋,莫惭妻子。外呈厚貌,内蕴百心,繇是则纡青佩紫,牧州典郡,冠帻劫人,厚自封殖……”

【注】高视:眼往高处看,情态高傲。阔步:旁若无人,大步向前。

【释义】这里指跑官买官者内无才干,外表却装作一副目空一切的傲慢姿态。引申也可意为看得高,有远见,且勇于付诸实践。

【书证】宋・熊克《中兴小纪・绍兴七年正月癸亥》:“(程)颐之行则孝悌显于家,忠诚动于兮;

非其道义，一介不以取与，则高视阔步，岂其行哉！”

苟延残喘 gǒu yán cán chuǎn

【词源】明·马中锡《中山狼传》：“时墨者东郭先生将北适中山以干仕。策蹇驴，囊图书，夙行失道，望尘惊悸。狼奄至，引首顾曰：‘先生岂有志于济物哉？昔毛宝放龟而得渡，隋侯救蛇而获珠，龟蛇固弗灵于狼也，今日之事，何不使我得早处囊中以苟延残喘乎？异时倘得脱颖而出，先生之恩，生死而肉骨也，敢不努力以效龟蛇之诚！’”

【注】苟：暂且，勉强。延：延续。残喘：临死前的喘息。

【释义】暂时延续临死前残存的喘息。引喻一些事物艰难维持生存的状况。

【书证】清·李宝嘉《官场现形记》第二十八回：“穷得当卖全无，虽只区区四金，到也不无小补，又可以苟延残喘得好几日了。”鲁迅《〈花边文学〉序言》：“在这种明诛暗杀之下，能够苟延残喘，和读者相见的，那么，非奴隶文章又是什么呢？”

【考证】见“东郭先生”。

孤苦伶仃 gū kǔ líng dīng
孤苦零丁 gū kǔ líng dīng

【词源】元·纪君祥《赵氏孤儿》第二折：“（公孙杵臼云）程婴，你则放心前去，抬举的这孤儿成人长大，与他父母报仇雪恨。老夫一死，何足道哉。（唱）[煞尾]凭着赵家枝叶千年永，晋国山河百二雄。显耀英材统军众，威压诸邦尽伏拱；遍拜公卿诉苦衷。祸难当初起下宫，可怜三百口亲丁饮剑锋；刚留得孤苦伶仃一小童，巴到今朝袭父封。提起冤仇泪如涌，要请甚旗牌下九重，早拿出奸臣帅府中，断首分骸祭祖宗，九族全诛不宽纵，恁时节才不负你冒死存孤报主公，便是我也甘心儿葬近要离路旁冢。”

【注】孤：孤单。伶仃：孤独的样子。

【释义】形容孤独困苦，无依无靠。

【书证】清·曹雪芹《红楼梦》第一百一十二回：“头里有老太太，到底还疼我些；如今也死了，留下我孤苦伶仃，如何了局？”

【考据】见“安然如故”。

挂肚牵心 guà dù qiān xīn

【词源】元·王鼎《雁传书》套曲："如今，再不去梦里搜寻，再不去愁中加病，再不去挂肚牵心。"

【注】挂：挂念。牵：牵扯。

【释义】形容非常惦念的心情。犹"牵肠挂肚"。

【考据】王鼎：今邯郸市大名县人，元散曲家，与关汉卿友好，其作品收入元朝杨朝英所编《阳春白雪》中。

鬼神莫测 guǐ shén mò cè

【词源】元·无名氏《马陵道》第四折："（齐公子领卒子上云）……今生特遣大夫卜商，入魏进茶。不想，卜商暗将孙膑在茶车内带到俺国。闻得他兵法更胜似那庞涓百倍。俺如今就拜为军师，统领大势雄兵，会合各国大将，与庞涓决战。真个军师妙算，鬼神莫测。只一个添兵减灶之计，要将庞涓赚到马陵山谷，做下八面埋伏，准备擒他。看这一场，是好厮杀也。"

【注】测：猜度。现在一般使用"神鬼莫测"，意义相同。

【释义】鬼神也揣测不透。形容谋略的神机奥妙。

【书证】明·王世贞《鸣凤记·世藩奸计》："妙哉妙哉，此主不惟朝廷不知，抑且鬼神莫测。"明·罗贯中《三国演义》第四十九回："瑜骇然曰：'此人有夺天地造化之法，鬼神不测之术！'"明·冯梦龙《东周列国志》第七十三回："虽有擒龙搏虎之勇，鬼神不测之谋，安能济事。"

【考据】见"八面威风"。

H

海鹞克蛟螭

hǎo yào kè jiāo chī

【典源】宋·李昉《太平广记·卷第四百六十·禽鸟一》："薛嵩镇魏时，邺郡人有好育鹰隼者。一日，有人持鹰来告于邺人，人遂市之。其鹰甚神俊，邺人家所育鹰隼极多，皆莫能比，常臂以玩，不去手。后有东夷人见者，请以缯百余段为直，曰：'吾方念此，不知其所用。'其人曰：'此海鹞也，善辟蛟螭患，君宜于邺城南放之，可以见其用矣。'先是邺城南陂蛟常为人患，郡民苦之有年矣。邺人遂持往，海鹞忽投陂水中，顷之乃出，得一小蛟，既出，食之且尽，自是邺民免其患。有告于嵩，乃命邺人讯其事，邺人遂以海鹞献焉。”

【注】海鹞：类似鹰状的凶猛大鸟。克：战胜。蛟：古代传说的一种能发水成灾的孽龙。

【释义】海鹞战胜蛟龙。天敌相克，一物降一物。

【考据】邺郡：指今邯郸市临漳县西古邺城。

邯郸道 hán dān dào

【典源】唐·沈既济《枕中记》：“开元七年，道士有吕翁者，得神仙术，行邯郸道中，息邸舍，摄帽弛带，隐囊而坐。俄见旅中少年，乃卢生也。衣短褐，乘青驹，将适于田，亦止于邸中，与翁共席而坐，言笑殊畅。久之，卢生顾其衣装敝亵，乃长叹息曰：‘大丈夫生世不谐，困如是也！’翁曰：‘观子形体，无苦无恙，谈谐方适，而叹其困者，何也？’生曰：‘吾此苟生耳。何适之谓？’翁曰：‘此不谓适，而何谓适？’答曰：‘士之生世，当建功树名，出将入相，列鼎而食，选声而听，使族益昌而家益肥，然后可以言适乎。吾尝志于学，富于游艺，自惟当年青紫可拾。今已适壮，犹勤畎亩，非困而何？’言讫，而目昏思寐。……卢生欠身而寤，见其身方偃于邸舍，吕翁坐其傍，主人蒸黍未熟，触类如故。”

【注】道：路。

【释义】效法卢生寻求得道成仙之路，亦指仕途追梦。

【书证】唐·杜牧《柳司马至》：“设备邯郸道，和亲罗些城。”宋·王安石《渔家傲》：“贪梦好，茫然忘却邯郸道。”元·卢势《梧叶儿》曲：“邯郸道，不再游，豪气傲王侯。”清·张恭《狱中口占》：“似闻昨日邯郸道，最是卢生未得闲。”清·宋荦《邯郸道上》：“邯郸道上起秋声，古木荒寺野潦请。”陈毅1948年冬至后一日谒《晋冀鲁豫烈士陵园》诗：“往来邯郸道，数度谒陵园。光辉照寰宇，成仁齐圣贤。大众歌盛德，英勇足世传。遗爱般般在，忽忘缔造难。”

【考据】见“黄粱美梦”。

邯郸书 hán dān shū

【典源】宋·左圭《百川学海》：“邯郸李氏，其家所藏书目，足以与秘府敌，视参政苏公、宣献宋公、文忠欧阳公、丞相苏公、宋公兄弟尤盛。”

【释义】指邯郸李氏家藏书很多，泛指私家藏书极多。

邯郸一梦 hán dān yī mèng

邯郸一枕 hán dān yī zhěn

一梦邯郸 yī mèng hán dān

【典源】唐·沈既济《枕中记》：“卢生欠身而寤，见其身方偃于邸舍，吕翁坐其傍，主人蒸黍未熟，触类如故。生蹶然而兴，曰：‘岂其梦寐也？’翁谓生曰：‘人生之适，亦如是矣。’生怃然良久，谢曰：‘夫宠辱之道，穷达之运，得丧之理，死生之情，尽知之矣。此先生所以窒吾欲也。敢不受教！’稽首再拜而去。”

【释义】虚幻梦境，空想一场。

【书证】清·石成金《小令·黄莺儿·莫愁歌》：“无事莫生愁，叹愚痴、作楚囚，邯郸一梦谁参透。”宋·黄庭坚《醉落魄（之一）》：“陶陶兀兀。尊前是我华胥国。争名争利休休莫。雪月风花，不醉怎生得。邯郸一枕谁忧乐。新诗新事因闲适。东山小枝携丝竹。家里乐天，村里谢安石。”清·李雯《蓼斋词·春感》：“桃李怨春风，玉笛吹残看塞鸿。一枕邯郸无好梦，朦胧，教人莫唱《大江东》。”清·厉鹗《折桂令·赋得客帐梦封侯》：“李将军得遇高皇，万里名扬，万户勋偿。一枕邯郸，总是荒唐。”

【考据】见“黄粱美梦”。

邯郸重步 hán dān chóng bù

【典源】唐·沈既济《枕中记》：“卢生欠伸而悟，见其身方偃于邸舍，吕翁坐其傍，主人蒸黍未熟，触类如故。生蹶然而兴，曰：‘岂其梦寐也？’翁谓生曰：‘人生之适，亦如是矣。’”

【释义】再入黄粱梦中。

【书证】叶圣陶《穷愁》：“（阿松）谓曰：‘请母安眠也！’母唯唯应，其音模糊，往何而邯郸重步矣！”

【考据】见“黄粱美梦”。

含糊其词 hán hú qí cí

含糊其辞 hán hú qí cí

【词源】明·冯梦龙《东周列国志》第五十七回：“景公自战邲阳时，已恶同括专横，遂惑其言。问于韩厥，韩厥对曰：‘桃园之事，与赵盾何与？况赵氏自成季以来，世有大勋于晋。主公奈何听细人之言，而疑功臣之后呼？'景公意未释然。复问于栾书谷锜，二人先受岸贾之嘱，含糊其词，不肯替赵氏分辩。景公遂信岸贾之言，以为实然，乃书赵盾之罪于版，付岸贾曰：'汝好处分，勿惊国人！'"

【注】含：含糊，发音不清楚。糊：模糊。词：言辞。

【释义】话语或文字表述得不清不楚。

【书证】清·文康《儿女英雄传》第十三回："公子道：'也曾问过，无奈他含糊其词，只说在个上不在天、下不着地的地方住。'"老舍《四世同堂》第五十二章："在这种时节，他总是含糊其词地敷衍两句，而后三转两转不知怎么的又把话引到别处去，而大家也就又随着他转移了方向。"朱自清《执政府大屠杀记》："其实这只要看政府巧电的含糊其辞，也就够证明了。"

【考据】同"安然如故"。

蒿兰同臭 hāo lán tóng chòu

【词源】唐·吴兢《贞观政要·论公平第十六》："魏征因上疏曰：'……臣闻为人君者，在乎善善而恶恶，近君子而远小人。善善明，则君子进矣；恶恶著，则小人退矣。近君子，则朝无秕政；远小人，则听不私邪。小人非无小善，君子非无小过。君子小过，盖白玉之微瑕；小人小善，乃铅刀之一割。铅刀一割，良工之所不重，小善不足以掩众恶也；白玉微瑕，善贾之所不弃，小疵不足以妨大美也。善小人之小善，谓之善善；恶君子之小过，谓之恶恶，此则蒿兰同臭，玉石不分，屈原所以沉江，卞和所以泣血者也。'"

【注】蒿：一种有异味的野草。兰：兰草。

【释义】把香兰草也当做臭蒿草。喻是非混淆。好坏不分。

【考据】魏征，见"白玉微瑕"。

何足为奇 hé zú wéi qí

【词源】元·无名氏《马陵道·第一折》："（庞涓背云）且慢者。恰才他摆过的阵势，都是我在山中操练过的。我下山来这三年光景，则怕俺那师父别教与他甚么兵书战策。则除是恁的。（见公子科，云）公子，他恰才摆的阵势，都是我知道的。他还有好阵势，不肯摆将出来。公子，如今着他别摆一个阵势。（魏公子云）孙先生，恰才你摆的阵势，都是可破的，何足为奇。你须再摆一个，若是再破了呵，必然见罪。孙先生莫怪。（孙膑云）理会的。”

【注】何：副词，表示疑问。足：足够。奇：奇异，独特。

【释义】没有什么值得称奇的。表示一般化。

【书证】明·罗贯中《三国演义》第四十六回：“瑜下帐迎之，称羡曰：‘先生神算，使人敬服。’孔明曰：‘诡谲小计，何足为奇。’”清·吴敬梓《儒林外史》第三回：“他家就是我卖肉的主顾，一年就是无事，肉也要用四五千斤，银子何足为奇！”

【考据】见“八面威风”。

恨小非君子，无毒不丈夫

hèn xiǎo fēi jūn zǐ wú dú bù zhàng fū

【词源】元·无名氏《马陵道·第二折·楔子》：“（庞涓云）恨小非君子，无毒不丈夫。某庞涓想来，那孙膑无礼。是咱旧交朋友，我便有些儿差池，你就耽（担）待不得？把俺拿在阵前，花白许多说话。怎生出的我这口气！”

【注】恨：怨恨，仇视。毒：毒辣，狠。

【释义】不懂得怨恨，不是君子。下不得狠手，不是男子汉大丈夫。常为一些阴谋家不择手段攫取私欲的借口。亦用于为保卫真理、捍卫正义不得不采用非常手段。

【书证】元·高文秀《渑池会·三折四折间楔子》：“（廉颇云）恨小非君子，无毒不丈夫。某乃廉颇是也。只因筵宴之间，封相如偌大官职，与某同列。某有不忿之心，筵散之间，使令人将相如打倒。今闻知相如在家染病，不曾入朝，他则是惧某之勇，必有害吾之心。今日我用副帅吕成看相如去，若相如言词和会，某去陪话；若他有害吾之心，某别有计较。”元·无名氏《谢金吾》第三折：“（王枢密云）恨小非君子，无毒不丈夫。叵奈杨景无礼，他私下三关，擅离信地……”元·马致远《破幽梦孤雁汉宫秋》第一折：“教他苦受一世，正是恨小非君子，无毒不丈夫。”

【考据】见“八面威风。”

衡门深巷 héng mén shēn xiàng

【词源】明·无名氏《三化邯

郸》第三折："闲岁月衡门深巷，淡衣冠博带宽裘。"

【注】衡门：衡通横，横木为门，指简陋的宅舍。深巷：清冷的巷子。

【释义】简陋、偏僻的处所。

【考据】元明时期的杂剧从《邯郸道省悟黄粱梦》（作者：元·马致远、李时中、花李郎、红字李二共同创作）；《吕真人黄粱梦境记》（作者：明·苏元俊）。到后来，明代著名剧作家汤显祖的《邯郸记》、谷子敬的《邯郸道卢生枕中记》、无名氏的《吕翁三化邯郸店》，都是以唐·沈既济《枕中记》为题材。尽管有的写成被度者是吕洞宾，有的写成沈既济老先生的原定人物——卢生，但戏剧的主题立意相近，故事结构也极为雷同。而且故事的发生地，都写在了今邯郸市所属的邯郸县黄粱梦镇。现在的邯郸县黄粱梦镇"吕仙祠"之所以闻名海内外。正是得益于戏剧的传播和弘扬。

红丝待选 hóng sī dài xuǎn

红丝结缡 hóng sī jié lí

【典源】五代·王人裕《开元天宝遗事·牵红丝娶妇》："郭元振少时，美风姿有才艺。宰相张嘉贞欲纳为婿。元振曰：'知公门下有女五人，未知孰陋，事不可仓促，更待忖之。'张曰：'吾女各有姿色，即不知谁是匹偶，以子风骨奇秀，非常人也。吾欲令五女各持一丝幔前，使子取便牵之，得者为婿。'元振欣然从命，遂牵一红丝线，得第三女，大有姿色。后果随夫贵达也。"

【注】选：遴选。结缡：缡为古代妇女的佩巾。结缡指女子出嫁。

【释义】牵红丝选择心仪的妻子。泛指美满婚姻。

【书证】明·高明《琵琶记·奉旨招婿》："红楼此日，红丝待选，须教红叶传情。"

【考据】郭元振（656—713）：名震，字元振，唐朝诗人，魏州贵乡（今邯郸市大名县）人。18岁举进士，任通泉尉。武则天当政时授为右武卫铠曹参军，曾出使吐蕃。长安元年任凉州都督、陇右诸军州大使，治边有方。神龙年间任左骁卫将军，兼检校安西大都护，又累迁金山道行军大总管、吏部尚书、兵部尚书、朔方军大总管。后因参与平息皇室内乱有功，封代国公，兼御史大夫，持节为朔方道大总管。

红线盗盒 hóng xiàn dào hé

【典源】唐·杨巨源《红线传》:“唐潞州节度使薛嵩家青衣红线者,善弹阮咸,又通经史,嵩召俾掌表笺,号曰内记室。时军中大宴,红线谓嵩曰:‘羯鼓之声甚悲切,其击者必有事也。’嵩素晓音律,曰:‘如汝所言。’乃召而问焉,云:‘某妻昨夜身亡,不敢求假。’嵩即遣归。是时至德之后,两河未宁,以滏阳为镇,命嵩固守,控压山东。杀伤之余,军府草创。朝廷命嵩女嫁魏博节度使田承嗣男,又遣嵩男娶滑台节度使胡章女;三镇交缔为姻娅,使益相接。

“田承嗣常患肺气,遇暑益增,每曰:‘我若移镇山东,纳其凉冷,可以延数年之命。’乃募军中武勇十倍者,得三千人,号外宅男,而厚其廪给。常令三百人夜直宅中。卜良日,欲并潞州。

“嵩闻之,日夕忧闷,咄咄自语,计无所出,时夜漏方深,辕门已闭。杖策庭除,惟红线从焉。红线曰:‘主公一月,不遑寝食。意有所属,岂非邻境乎?’嵩曰:‘事系安危,非汝能料。’红线曰:‘某诚贱品。亦能解主公之忧。’嵩以其言异,乃曰:‘我不知汝是异人,诚暗昧也。’遂告其事,曰:‘我承祖父遗业,受国厚恩,一旦失其疆土,则数百年功勋尽矣。’红线曰:‘此易与耳。不足劳主公忧,某暂到魏境,观其形势,觇(chān)其有无。今一更登途,二更可复命,请先定一走马使具寒暄书,其他则俟(sì)某却回也。’嵩曰:‘倘事或不济,反祸之速,又如之何?’红线曰:‘某之此行,无不济也。’乃入闺房,饬其行具。梳乌蛮髻,插金凤钗,衣紫绣短袍,着青丝轻履,胸前挂龙纹匕首,额上书太乙神名。再拜而行,倏(shū)忽不见。嵩乃返身闭户,背烛危坐。时常饮酒,不过数杯,是夕举觞十余不醉。忽闻晓角吟风,一叶坠露,惊而起问,红线回矣。嵩喜而慰劳,询事谐否?红线对曰:‘幸不辱命。’又问曰:‘无杀伤否?’曰:‘不至是。但取床头金盒为信耳。’又曰:‘某子夜前三刻,即达魏城,凡历数门,遂及寝所。闻外宅儿止于房廊,睡声雷动,见中军士卒,步于庭下,传呼风生,乃发其左扉,抵其寝帐。田亲家翁止于帐内,鼓趺酣眠,头枕文犀,枕前露七星剑。剑前仰开一金盒,内书生身甲子与北斗神名;复以名香美味,压镇其上。

彼则扬威玉帐，但其心豁于生前；熟寝兰堂，不觉命悬于手下。宁劳擒纵，只益伤嗟。时则蜡烛烟微，炉香烬委，侍人四布，兵仗森罗。或头触屏风，鼾而者；或手持巾拂，寝而伸者。某乃拔其眷珥，褰其裳衣，如病如昏，皆不能寤；遂持金盒以归。出魏城西门，将行二百里，见铜台高揭，漳水东流；晨钟动野，斜月在林。忿往喜还，顿忘于行役，感知酬德，聊副于咨谋。夜漏三时往返七百里。入危邦，一道经五六城，冀减主忧，敢言劳苦。'嵩乃发使入魏，遗承嗣书曰：'昨来暮夜有客自魏中来，云从元帅床头获一金盒，不敢留驻，谨封纳。'专使星驰，夜半方达。正见搜捕金盒，一军忧疑。使者以马捶挝门，非时请见。承嗣遽出，使者以金盒授之，捧承之时，惊绝倒。遂留使者止于宅中，狎以私宴，多其赐赉。明日遣使赉帛三万匹，名马二百匹及珍异等，以献于嵩，曰：'某之首领，系在恩私。便宜知过自新，不复更贻伊戚。专膺指使，敢议亲姻。循当捧鼓后车来，在麾鞭马前。所置纪纲外宅儿者，本防他盗，亦非异图，今并脱其甲裳，放归田亩矣。'"

【注】红线：唐潞州节度使薛嵩家青衣红线女。

【释义】赞扬艺高胆大侠义女子，以不战而屈人之兵化解危机的睿智和胆魄。

【考据】唐·杨巨源的《红线传》，写的是唐肃宗时期的故事。故事中的魏博节度使田承嗣所在的魏博节度使治所——魏州，即在今邯郸市大名县境内。红线盗盒就发生在这里。

缓步代车 huǎn bù dài chē

【词源】唐·魏征《隋书·卷七十五·列传第四十》："刘炫，字光伯，河间景城人也。……炀帝即位，牛弘引炫修律令。……弘甚善其言而不能用。纳言杨达举炫博学有文章，射策高第，除太学博士。岁余，以品卑去任，还至长平，奉敕追诣行在所。或言其无行，帝遂罢之，归于河间。于时群盗蜂起，谷食踊贵，经籍道息，教授不行。炫与妻子相去百里，声问断绝，郁郁不得志，乃自为赞曰：'……昼漏方尽，大耋已嗟，退反初服，归骸故里，玩文史以怡神，阅鱼鸟以散虑，观省野物，登临园沼，缓步代车，无罪为贵，其幸四也。'"

【注】缓：舒缓、自在。

【释义】慢步行走以代乘车。

【考据】魏征，见“白玉微瑕”。

黄粱美梦

huáng liáng měi mèng

黄粱一梦 huáng liáng yī mèng

一枕黄粱 yī zhěn huǎng liáng

【典源】唐·沈既济《枕中记》：“开元七年，道士有吕翁者，得神仙术，行邯郸道中，息邸舍，摄帽弛带，隐囊而坐。俄见旅中少年，乃卢生也。衣短褐，乘青驹，将适于田，亦止于邸中，与翁共席而坐，言笑殊畅。久之，卢生顾其衣装敝亵，乃长叹息曰：‘大丈夫生世不谐，困如是也！’翁曰：‘观子形体，无苦无恙，谈谐方适，而叹其困者，何也？’生曰：‘吾此苟生耳。何适之谓？’翁曰：‘此不谓适，而何谓适？’答曰：‘士之生世，当建功树名，出将入相，列鼎而食，选声而听，使族益昌而家益肥，然后可以言适乎。吾尝志于学，富于游艺，自惟当年青紫可拾。今已适壮，犹勤畎亩，非困而何？’言讫，而目昏思寐。

“时主人方蒸黍，翁乃探囊中枕以授之，曰：‘子枕吾枕，当令子荣适如志。’其枕青瓷，而窍其两端。生俯首就之，见其窍渐大，明朗。乃举身而入，遂至其家。数月，娶清河崔氏女。女容甚丽，生资愈厚，生大悦。由是衣装服驭，日益鲜盛。明年举进士，登第，释褐秘校。应制转渭南尉，俄迁监察御史，转起居舍人，知制诰。三载，出典同州。迁陕牧。生性好土功，自陕西凿河八十里，以济不通。邦人利之，刻石纪德。移节汴州，领河南道采访使。征为京兆尹。是岁，神武皇帝方事戎狄，恢宏土宇。会吐蕃悉抹逻及烛龙莽布支攻陷瓜沙，而节度使王君奂新被杀，河湟震动。帝思将帅之才，遂除生御史中丞、河西道节度。大破戎虏，斩首七千级，开地九百里，筑三大城以遮要害。边人立石于居延山以颂之。归朝册勋，恩礼极盛。转吏部侍郎，迁户部尚书兼御史大夫。时望清重，群情翕习。大为时宰所忌，以飞语中之，贬为端州刺史。三年，征为常侍。未几，同中书门下平章事。与萧中令嵩、裴侍中光庭同执大政十余年，嘉谟密命，一日三接，献替启沃，号为贤相。同列害之，复诬与边将交结，所图不轨。下制狱。府吏引从至其门而急收之。生惶骇不测，谓妻子曰：‘吾家山东，有良田五顷，足以御寒馁，何苦求禄？而今及此，思衣短褐，乘青驹，行邯郸道中，不可得也。’引刃自刎。其妻救之，获免。其罹者皆死，独生为中官保之，减罪死，投欢州。数年，帝知冤。复追为中书令，封燕国公，恩旨殊异。生五子：曰俭，曰傅，曰位，曰倜，曰倚，皆有才器。俭进士登第，为考功员外；傅为侍御史；位为太常丞；倜为万年尉；倚最贤，年二十八为左衮。其姻媾皆天下望族。有孙十余人。两窜荒徼，再登台铉，出入中外，徊翔台阁，五十余年，崇盛赫奕。性颇奢荡，好佚乐，后庭声色，皆第一绮丽。前后赐良田、甲第、佳人、名马不可胜数。

“后年渐衰迈，屡乞骸骨，不许。病，中人候问，相踵于道，名医上药，无不至焉。将殁，上疏曰：‘臣本山东诸生，以田圃为娱。偶逢圣运，得列官叙，过蒙殊奖，特秩鸿私，出拥节旌，入升台辅。周旋中外，绵历岁时。有忝天恩，无裨圣化。负乘贻寇，履薄增忧，日惧一日，不知老至。今年逾八十，位极三事，钟漏并歇，筋骸俱耄，弥留沉顿，待时溘尽。顾无成效，上答休明，空负深恩，永辞圣代。无任感恋之至。谨奉表陈谢。’诏曰：‘卿以俊德，作朕元辅。出拥藩翰，入赞雍熙，升平二纪，实卿所赖。比婴疾疹，日谓痊平。岂斯沉痼，良用悯恻。今令骠骑大将军高力士就第候省。其勉加针石，为予自爱。犹冀无妄，期于有瘳。’是夕，薨。

“卢生欠身而寤，见其身方偃于邸舍，吕翁坐其傍，主人蒸黍未熟，触类如故。生蹶然而兴，曰：‘岂其梦寐也？’翁谓生曰：‘人生之适，亦如是矣。’生怃然良久，谢曰：‘夫宠辱之道，穷达之运，得丧之理，死生之情，尽知之矣。此先生所以窒吾欲也。敢不受教！’稽首，再拜而去。”

【释义】原意指人生如梦，虚幻一场，亦指欲望破灭犹如一梦。

【书证】北宋·苏轼《被命南迁途中寄定武同僚》：“人事千头及万头，得时何喜失时忧。只知紫绶三公贵，不觉黄粱一梦游。适见恩纶临定武，忽遭分职赴英州。南行若到江千侧，休宿浔阳旧酒楼。”元·范子安《竹叶舟》第一折：“因应举不第，道经邯郸，得遇正阳子师傅，点化黄粱一梦，遂成仙道。”《四游记·东华传道钟离》:"曾见万古以来,江山有何常主,富贵有何定数!转眼异形,犹之黄粱一梦耳。"毛泽东诗词《清平乐·蒋桂战争》:"风云突变,军阀重开战。洒向人间都是怨,一枕黄粱再现。红旗跃过汀江,直下龙岩上杭。收拾金瓯一片,分田分地真忙。"

【考据】黄粱梦吕仙祠,位于邯郸市北20公里处邯郸县的黄粱梦镇,是依照唐代沈既济的传奇小说《枕中记》所建。始建于宋,明清曾进行重修和扩建。占地约20亩,是一组规模宏伟、保存较好的明清时代建筑群,现为河北省文物保护单位,为国家4A级景区。该祠坐北朝南,大门向西。进门为前院,正东迎门而立的是精巧别致的两层重檐八仙阁楼。院南照壁嵌有"蓬莱仙境"四字草书石刻,相传为吕洞宾手书。与石刻相对的是通向建筑群中轴线的丹门,门上悬有明嘉靖皇帝题写的"风雷隆一仙宫"匾额。走过丹门为中院,院内建有莲池,池中建桥,中央有八角攒角的八卦亭。池北有三门,中门便是午门,上书"神仙洞府",东西两侧为月亮门。进午门往北,正面为硬山式的钟离殿,面阔三间,进深三间,前有月台,内塑钟离和两童子像,东西有钟楼、鼓楼,间有古松翠柏点缀,确有从容淡定之风。过钟离殿往北又是一院,正面一殿最为雄伟,即黄粱梦吕仙祠主殿——吕祖殿。该殿歇山式琉璃顶,面阔进深各三间,前后各出单步廊,五彩镏金斗拱,飞檐翼角昂首望天。殿内塑吕洞宾和童子像,两壁嵌题咏刻石五块。殿前有拜殿和月台,两侧为东王母殿和西王公殿各七间。北院便是吕仙超度悟世的卢生睡宫,也称卢生殿。殿内有大青石雕刻卢生睡像,头西足东,侧身而卧,两腿微曲,睡意朦胧,惟妙惟肖。睡床高二尺,长五尺,与睡像连成一体。东、西、北面墙壁上绘有壁画,展现了卢生一枕而觉,一觉而梦,梦醒黄粱的全过程。在三座大殿的两侧有东西两院,是清末专为光绪皇帝和慈禧太后逃往西安、返回北京时修建的行宫。西院建有慈禧蜡像馆和保护神(斗姆宫)殿,东院建有民俗神宫。

另在黄粱梦吕仙祠偏东北2公里处有一卢英堡村,系邯郸民间所传《枕中记》卢生所居的村庄。《邯郸县志》载:"……明隆庆年间,时任邯郸县令的山东仕平人张第有《过卢英堡》诗：'当年仙迹已荒芜，此地犹闻旧姓卢。不见青驹何处去，独余风月满平湖。'"在黄粱梦吕仙祠东北5公里处的南吕固村也有一吕祖庙，庙内正殿为"吕祖殿"，并有东西廊房。庙内后院有一圆形土包，外围是青砖砌成八卦形矮墙。《邯郸县志》载："……1986年《邯郸地名志》载：'南吕固村东北有吕祖坟一座。祠内有墓穴，经市文保处鉴定，该墓是唐代建筑，是吕洞宾的衣冠冢。'"

回天运斗 huí tiān yùn dǒu

【词源】唐·张鼎《邺城引》："君不见汉家失统三灵变，魏武争雄六龙战。荡海吞江制中国，回天运斗应南面。隐隐都城紫陌开，迢迢分野黄星见。流年不驻漳河水，明月俄终邺国宴。"

【注】回：掉转，返回。运：转动。斗：星斗。

【释义】调动天日，运转星斗。喻能量或权势很大，可掌控时局的发展变化。

【考据】邺城遗址位于临漳县城西南17.5公里的邺镇三台村，西距京广铁路讲武城车站5公里，分邺北城和邺南城两部分。面积近20平方公里。为全国重点文物保护单位。据文献记载，邺城为春秋时齐桓公所筑。此前，因大业居住此地而得名。战国时以西门豹治邺而声名鹊起。东汉后期为袁绍统治北方的军事中心。建安九年(204)，曹操打败袁绍进入邺城，开始大规模建设，后成为曹魏的陪都，管辖十郡，使之成为中国北方的施政中心。后相继又成为十六国时期后赵、冉魏、前燕和北朝时期的东魏、北齐五个王朝的都城。作为我国历史上北方著名的六朝故都，前后延续了370年，是南北朝时期北方的政治、经济、军事、文化中心。

J

机深智远 jī shēn zhì yuǎn

【词源】明·罗贯中《三国演义》第二十三回："操遂使人召衡至。礼毕，操不命坐。祢衡仰天叹曰：'天地虽阔，何无一人也！'操曰：'吾手下有数十人，皆当世英雄，何无一人也？'衡曰：'愿闻。'操曰:'荀彧、荀攸、郭嘉、程昱,机深智远,虽萧何、陈平不及也。'张辽、许褚、李典、乐进勇不可挡,虽曾……安得无人?'"

【注】机:素质,禀赋。远:深远。

【释义】禀赋聪明,智谋高深。

【考据】曹操语出。见"傲睨得志"。

计斗负才 jì dòu fù cái

【词源】宋·无名氏《释常谈·八斗之才》:"文章多,谓之八斗之才。谢灵运尝曰:'天下才有一石,曹子建独占八斗,我得一斗,天下共分一斗。'"

【注】计:计算。斗:市制计量单位。十斗合一石(dàn)。负:以背载物,引申为负担。

【释义】按斗来计算才华,以分高下。

【书证】唐·黄滔《启卢员外浔》:"伏以员外断籯(yíng)积学,计斗负才;龟镜词林,梯航陆海。"

【考据】曹植:字子建,曹操第三子。建安邺下文人集团领袖,"三曹"之一,被称为建安之杰。

济国安邦 jì guó ān bāng
安邦定国 ān bāng dìng guó
安邦治国 ān bāng zhì guó

【词源】元·高文秀《渑池会》第四折:"(吕成云)丞相(即蔺相如)原来有济国安邦之策,扶危救困之忧,忠孝双全,人中之杰。"

【注】济:帮助。安:稳定。

【释义】帮助治理和保卫国家,使之安定稳固。

【书证】明·无名氏《伐晋兴齐》第一折:"荐贤举善是吾心,安邦治国访知音。"明·冯梦龙《东周列国志》第九十七回:"话说大梁人范雎,字叔,有谈天说地之能,安邦定国之志。"蒋子龙《如何"治亏"》:"中国有那么多能安邦治国的高人智士,有用半部就可以治天下的整部《论语》,有近半个世纪的经营国营企业的经验和教训,怎么就解决不了区区一个亏损的问题呢?"

【考据】见"唇枪舌剑"。

家至户晓 jiā zhì hù xiǎo
家喻户晓 jiā yù hù xiǎo

【词源】五代·赵莹、桑维翰、

刘昫等《旧唐书·魏謩(mó)传》:(唐文宗)诏曰:"昔乃先祖贞观中谏书十上,指事直言,无所避讳。每览国史,未尝不沉吟伸卷,嘉尚久之。尔为拾遗,其风不坠,屡献章疏,必道其所以。至于备洒扫于诸王,非自广其声妓也;恤髫(tiáo)龀(chèn)之宗女,固无嫌于征取也。虽然,疑似之间,不可家至而户晓。尔能词旨深切,是博我之意多也。噫!人能匪躬謇(jiǎn)谔(è),似其先祖;吾岂不能虚怀延纳,仰希贞观之理欤?而謩(mó)居官日浅,未当叙进,吾岂限以常典,以待直臣!可右补阙。"

【注】至:到达。晓:知道,明白。

【释义】家家户户都知道。

【书证】宋·无名氏《宣和书谱·叙论》:"昔者帝王坐法官,垂衣裳,不出九重深密之地,使四方万里朝令昔行,岂家至户晓也哉?"宋·欧阳修《乞出第三札子》:"臣所谓辩诬谤、全名节者,为中外之人不可家至户晓者尔。"宋·楼月《缴郑熙等免罪》:"而遽有免罪之旨,不可以家喻户晓。"清·李汝珍《镜花缘》第八十一回:"今日之下,其所以家喻户晓,知他为忠臣烈士,名垂千古者,皆有无心而传。"清·吴趼(jiǎn)人《情变》第四回:"一人传十,十人传百,区区一个八里铺,能有多大地方,不到几天,便传得家喻户晓。"

【考据】魏謩:魏征五世孙。

驾轻就熟 jià qīng jiù shú
轻车熟路 qīng chē shú lù

【词源】唐·韩愈《送石处士序》:"河阳军节度、御史大夫乌公为节度之三月,求士于从事之贤者。有荐石先生者,公曰:'先生何如?'曰:'先生居嵩、邙、瀍、谷之间,冬一裘,夏一葛;食,朝夕饭一盂、蔬一盘。人与之钱,则辞;请与出游,未尝以事免;劝之仕,不应;坐一室,左右图书。与之语道理,辨古今事当否,论人高下,事后当成败,若河决下流而东注,若驷马驾轻车就熟路,而王良造父为之先后也,若烛照数计而龟卜也。'"

【注】轻:载重很少的车。就:归于。熟:熟路。

【释义】驾轻车,走熟路。比喻对某事熟悉,有经验,做起来很容易。

【书证】清·李绿园《歧路灯》第一百零二回:"到了场期日迫,只得把功令所有条件略为照顾,以求风檐寸晷，有驾轻就熟之乐。”《清史稿·陈宏谋传》：“此汝驾轻就熟之地，当秉公持重，毋立异，毋沽名。能去此结习，尚可造就也！”茅盾《腐蚀·十一月十二日晚》：“你和他要弄得好好的，要劝他悔过，劝他自首。你——这是驾轻就熟。”

【考据】王良：赵国人，善驾驭车。造父：周穆王时驭手，春秋赵氏家始祖。

兼听则明 偏信则暗

jiān tīng zé míng piān xìn zé àn

兼听则明 偏听则暗

jiān tīng zé míng piān tīng zé àn

【词源】唐·吴兢《贞观政要·卷一·君道第一（凡五章）》：“贞观二年，太宗问魏征曰：‘何谓为明君暗君？’征曰：‘君之所以明者，兼听也；其所以暗者，偏信也。《诗》云：“先人有言，询于刍荛。”昔唐、虞之理，辟四门，明四目，达四聪。是以圣无不照，故共、鲧之徒，不能塞也；靖言庸回，不能惑也。秦二世则隐藏其身，捐隔疏贱而偏信赵高，及天下溃叛，不得闻也。梁武帝偏信朱异，而侯景举兵向阙，竟不得知也。隋炀帝偏信虞世基，而诸贼攻城剽邑，亦不得知也。是故人君兼听纳下，则贵臣不得壅蔽，而下情必得上通也。’太宗甚善其言。”

【注】兼：都，全面。偏：片面，部分。明：明白，明智。暗：愚昧，昏聩。

【释义】全面了解事物的全貌，是明智、睿智之举。不了解全貌，盲从武断，就显得昏聩、愚昧。

【书证】毛泽东《矛盾论》：“唐朝人魏征说过：‘兼听则明偏信则暗’。也懂得片面性不对。”郭沫若话剧《蔡文姬》第四幕中曹操说：“古人说‘兼听则明，偏听则暗’。看起来是一点也不错的。”

【考据】魏征，见“白玉微瑕”。

渐不克终 jiàn bù kè zhōng

【词源】唐·魏征《十渐不克终疏》：“常许仁义之道，守之而不失；俭约之志，终始而不渝。一言兴邦，斯之谓也。德音在耳，敢忘之乎？而顷年以来，稍乖曩志，敦朴之理，渐不克终。”

【注】渐：逐渐。克：能，能够。终：终了、最后。

【释义】指不良倾向已显露苗头，如不加遏制，原定的善政就不能贯彻始终。

【书证】清·谈迁《国榷·四一·孝宗弘治元年七月癸未》："有一于此，皆足害政，乞以古人渐不克终为鉴。"

【考据】魏征，见"白玉微瑕"。

竭诚相待 jié chéng xiāng dài

【词源】唐·魏征《谏太宗十思疏》："凡百元首，承天景命，善始者实繁，克终者盖寡。岂取之易，守之难乎？盖在殷忧，必竭诚以待下；既得志，则纵情以傲物。竭诚，则吴、越为一体；傲物，则骨肉为行路。虽董之以严刑，振之以威怒，终苟免而不怀仁，貌恭而不心服。"

【注】竭：穷尽。待：对待。

【释义】竭尽诚意，对待别人。

【书证】蔡东藩《前汉演义》第二十六回："汉王竭诚相待，礼意兼优，比昨日情形不相同。"

【考据】魏征，见"白玉微瑕"。

戒奢以俭 jiè shē yǐ jiǎn

【词源】唐·魏征《谏太宗十思疏》："臣闻求木之长者，必固其根本；欲流之远者，必浚其泉源；思国之安者，必积其德义。源不深而望流之远，根不固而求木之长，德不厚而思国之安，臣虽下愚，知其不可，而况于明哲乎？人君当神器之重，居域中之大，将崇极天之峻，永保无疆之休，不念居安思危，戒奢以俭，德不处其厚，情不胜其欲，斯亦伐根以求木茂，塞源而欲流长者也。"

【注】戒：清除掉。奢：奢侈。以：连词，表示其前后两词并列。俭：节俭。

【释义】清肃奢侈，倡导节俭。

【考据】魏征，见"白玉微瑕"。

仅容旋马 jǐn róng xuán mǎ

【词源】元·脱脱《宋史·李沆传》："沆性直谅，内行修谨，言无枝叶，识大体。居位慎密，不求声誉，动遵条制，人莫能干以私。公退，终日危坐，未尝跛倚。治第封丘门内，厅事前仅容旋马。或言其太隘，沆笑曰：'居第当传子孙，此为宰相厅事诚隘，为太祝、奉礼厅事已宽矣。'"

【注】旋马：马调转身子。

【释义】指住宅狭小。意谓不求奢华。

【书证】明·程登吉《幼学琼林·宫室》："寇莱公庭除之外，

只可栽花；李文靖厅事之前，仅容旋马。”清·葛虚存《清代名人轶事》：“阿文成公屡膺挞伐，平定绝域，其拔擢人才，或于散僚卒伍，以一二语赏识，即登荐牍，故人皆乐为之用。……卒后，往吊者见其厅第湫(jiǎo)隘，居然儒素，较之当时权贵万厦巍然者，薰莸自别。比之李文靖厅前仅容旋马者未为过也。”

【考据】李沆(947—1004)：宋洺州肥乡人，字太初，号李炳子。太宗太平兴国五年进士。累除右补阙、知制诰。淳化二年拜参知政事。罢知河南府，迁礼部侍郎兼太子宾客。真宗即位，复参知政事。咸平初加平章事、监修国史，累加尚书右仆射。为相恪守条制，反对任用浮薄喜事者，常以四方艰难奏闻，戒帝侈心，时称“圣相”。

进身之阶 jìn shēn zhī jiē

【词源】元·胡只遹《紫山大全集·礼论》：“殊不察自即位以来，所闻之言无大利害，适足以为口舌者进身之阶，虚失待大臣之体，渎上下之分。”

【注】阶，台阶，阶梯。

【释义】指借以提拔升迁的途径和门路。

【书证】明·冯梦龙《东周列国志》第八十七回：“某与兄有八拜之交，誓同富贵，此行倘有进身之阶，必当举荐吾兄，同立功业。”清·李渔《怜香伴·谄笑》：“我如今求汪学师开我做礼生，且先借明伦堂做个进身之阶，不怕寅宾馆不是我安身之处。”

【考据】胡只遹，见“丰功懋烈”。

井底捞月 jǐng dǐ lāo yuè

【词源】元·无名氏《马陵道》第三折：“(庞涓云)我若今日见你呵，将你活跺做两三截，你要活时恰似井底捞明月。我若拿住你呵，你道兄弟饶了我者。要我饶你呵，则除是九重天滴溜溜飞下一纸郊天赦来。”

【释义】从井底捞月亮。比喻白费劲，什么也得不到。

【考据】见“八面威风”。

鸠集凤池 jiū jí fèng chí

【典源】北宋·司马光《资治通鉴·唐纪·则天后圣历二年》：“内史王及善虽无学术，然清正难夺，有大臣之节。”胡三省【注】“《朝野佥载》曰：‘王及善才行庸猥，风神钝浊，为内史时，人号为鸠集凤池。’”

【注】鸠：如斑鸠鸟，比喻人才平庸。集：栖止，鸟类停留歇宿。凤池：凤凰池的简称，喻指朝廷的中书省。

【释义】比喻庸才占据要位。

【考据】王及善：邯郸人，任唐尚书省左仆射，为唐高宗、武则天所依重。死后被追封为益州大都督，谥号“真”，陪葬干陵。唐宣宗大中初期，诏命王及善、房玄龄、杜如晦、魏征等功臣画像绘凌烟阁。

九霄云外 jiǔ xiāo yún wài

【词源】元·马致远《黄粱梦》第二折：“(洞宾云)我看着老院公面皮，饶你这一命。……(旦儿拜科，云)若不是老院公，谁救我一命？深谢你这厚恩！(老院公唱)[幺篇]我见他掩了泪眼，改了面色，笑靥儿攒破旱莲腮，直从那针关儿透得命到来，恰便似九霄云外，滴溜溜飞下一纸赦书来。”

【注】霄：天空。

【释义】极高的天空。比喻极高极远处。

【书证】元·无名氏《抱妆盒》第二折：“太子也你在这七宝盒中，我陈琳早魂飞九霄云外。”明·施耐庵《水浒传》第八回：“当时薛霸双手举起棍来，望林冲脑袋上便劈下来。说时迟，那时快；薛霸的棍恰举起来，只见松树背后，雷鸣也似一声，那条铁禅杖飞将来，把这水火棍一隔，丢去九霄云外，跳出一个胖大和尚来，喝道：‘酒家在林子里听你多时！’”。清·曹雪芹《红楼梦》第二十八回：“黛玉听了这话不觉把昨晚的事都忘到九霄云外去了。”鲁迅《三闲集·怎么写(夜记之一)》：“什么哀愁，什么夜色，都飞到九霄云外去了。连靠过的石栏也不放在心里。”

【考据】见“残茶剩饭”。

酒色财气 jiǔ sè cái qì

【词源】元·马致远《黄粱梦》第四折：“(东华帝君云)你既省悟了，一梦中十八年，见了酒色财气，人我是非，贪嗔痴爱，风霜雨雪。前世面见分明，今日同归大道，位列仙班，赐号纯阳子。”

【释义】指嗜酒、好色、贪财、逞气。泛指各种不良嗜好和习性。

【书证】明·贾仲名《升仙梦》

第一折："断绝了利锁名缰，逼绰了酒色财气。"明·冯梦龙《警世通言》卷十一："李生起而观之，乃是一首词，名《西江月》，是说酒色财气四件的短处。"杨沫《青春之歌》第二部第十六章："但是他们要是高了兴，要是酒色财气顺了心，你只要向他们谦卑地鞠个躬，或者给小姐太太脱脱大衣、献朵鲜花，那么，立刻十块、八块大洋赏给你。"

【考据】见"残茶剩饭"。

旧病难医 jiù bìng nán yī

【词源】明·无名氏《三化邯郸》第三折："则待做抱官囚，觅不着逃生计，急回头待悔来应迟，又不将心猿意马牢拴系，也不是你本性难移，旧病难医。"

【注】医：治病。

【注释】老病不好治。喻犯过的错误不容易改。

【考据】见"衡门深巷"。

救乱除暴 jiù luàn chú bào

【词源】明·罗贯中《三国演义·卷五·曹公分兵拒袁绍》（明嘉靖壬午本）："又一谋士，广平人也，姓沮，名授，出曰：'盖救乱除暴，谓之义兵；恃众凭强，谓之骄兵。兵义无敌，骄者先灭。曹操迎天子，安营许都，今举兵南向，于义则违。且妙胜之策，不在强暴。曹操法令即行，士卒精练，岂比公孙瓒坐受困者不同。今弃万安之策，而兴无义之兵，窃为明公惧之！'"

【注】救：止。

【释义】治理混乱局面，清除强暴势力。

【考据】沮授：字公与，公袁绍手下谋士。三国时广平（今邯郸市鸡泽县东）人，从小志向远大，喜欢谋略。韩馥入主冀州时任别驾，当茂才，做了两次县令，后被韩馥推荐为骑都尉。袁绍占领冀州，即投奔袁绍。沮授对袁绍可谓尽心辅佐，多献良谋，但多不被采纳。最终于官渡战败后被曹操擒获，拒降而死。

举鼎拔山 jǔ dǐng bá shān

【词源】明·张四维《双烈记·虏骄》："王基霸业今朝定，举鼎拔山盖世强。"

【释义】能将大鼎举起，能将高山拔动。比喻力大气壮。

【书证】明·无名氏《衣锦还

乡》第一折:“执锐披坚领大兵,排兵布阵任非轻,身怀举鼎拔山力,独占东吴数百城。”

【考据】张四维,字治卿,亦作子维,明杂剧作家。元城(今邯郸市大名县)人。留世著作有《双烈记》、《章台柳》等。明杂剧《双烈记》讲述的是南宋末期韩世忠、梁红玉夫妇抗击金兵的故事。

举觞称庆 jǔ shāng chēng qìng

【词源】明·无名氏《三化邯郸》第三折:“我所生五子,皆有国器,并膺宠爵,每语夫人崔氏,言及于此,未尝不举觞称庆。”

【注】觞,古代盛酒器。

【释义】举杯饮酒,庆贺喜事。

【书证】明·归有光《震川先生集》卷二十一:“子姓姻戚,衣冠萃止,举觞称庆。”

【考据】见“衡门深巷”。

K

狂瞽之言 kuáng gǔ zhī yán

【词源】唐·魏征《十渐不克终疏》:“臣诚愚鄙,不达事机,略举所见十条,辄以上闻圣听。伏愿陛下采臣狂瞽之言,参以刍荛之议,冀千虑一得,衮职有补,则死日生年,甘从斧钺。”

【注】狂:狂妄。瞽:盲人。

【释义】指愚妄无知的言论。旧时常用作自谦之词。亦作“狂瞽之说”。

【书证】唐·李延寿《南史·虞寄传》:“使得尽狂瞽之说,披肝胆之诚。”

【考据】魏征,见“白玉微瑕”。

L

稂不稂莠不莠 láng bù láng yǒu bù yǒu

不稂不莠 bù láng bù yǒu

【词源】明·汤显祖《邯郸记·行田》:“(卢生)‘之乎者也,今文岂在我之先,亦已焉哉。前世落在人之后。衣冠欠整。稂不稂,莠不莠。人看处面目可憎。世事都知。’”

【注】稂:古书上指狼尾巴草。莠:狗尾巴草。

【释义】稂和莠都是侵害农作

物生长的野草。用来比喻品行有缺失的人。亦指行止猥琐，样子狼狈不堪的人。

【书证】清·吴敬梓《儒林外史》第二回："人生世上，难得的是这碗现成饭，只管稂不稂莠不莠的到几时？"梁斌《播火记·三十三》："这群人稂不稂莠不莠的，一直跑到城门口站下，喘了喘气。"

【考据】明·汤显祖的杂剧《邯郸记》根据唐·沈既济的《枕中记》改编。见"黄粱美梦"。

劳神苦思 láo shén kǔ sī

焦心劳思 jiāo xīn láo sī

【词源】唐·魏征《谏太宗十思疏》："诚能见可欲，则思知足以自戒；将有作，则思知止以安人；念高危，则思谦冲而自牧；惧满溢，则思江海下百川；乐盘游，则思三驱以为度；忧懈怠，则思慎始而敬终；虑壅蔽，则思虚心以纳下；惧谗邪，则思正身以黜恶；恩所加，则思无因喜以谬赏；罚所及，则思无因怒而滥刑。总此十思，宏兹九德。简能而任之，择善而从之，则智者尽其谋，勇者竭其力，仁者播其惠，信者效其忠。文武并用，垂拱而治。何必劳神苦思，代百司之职役哉！"

【注】劳：费力。苦：辛苦。

【释义】耗费心力，艰辛探索。

【书证】宋·孔平仲《续世说·任诞》："劳神苦思，竟不成名。"明·兰陵笑笑生《金瓶梅词话》第一百回："春梅见统制日逐理论军情，干朝廷国务，焦心劳思，口中尚未暇食。"蔡东藩·许廑父《民国通俗演义》第十五回："本大总统劳心焦思，几费寝食。"聂绀弩《奇遇》："不分白天和夜晚，劳心焦思。"

【考据】魏征，见"白玉微瑕"。

乐极悲来 lè jí bēi lái

【词源】唐·陈子昂《馆陶郭公姬薛氏墓志铭》："华繁艳歇，乐极悲来，以长寿二年太岁葵巳月十七日，遇暴疾而卒于通泉之宫舍。"

【注】极：端点，尽头，最高位置。

【释义】欢乐到了极点，悲伤的事就会发生。

【书证】宋·张君房《云笈七签》卷八十三："夫有死必有生，有生必形亏。亏盈盛衰，物之长理。日中则移，月满则亏。乐极悲来，物盛则衰。有生死是天地人之常数也。"清·佚名《狄公案》第六十三回："谁知乐极悲来，狄公自入京以来，削奸除佞，整理朝纲，全无半刻闲暇，加以年岁高大，精力衰颓，以至积勤成疾。"元·无名氏《点绛唇·赠妓曲》："叹光阴白驹过隙，我则怕场头乐极生悲。"元·宫大用《范张鸡黍》第四折："可正是乐极生悲，今日个泰来否往。"清·壮者《扫迷帚》第十九回："及至会散回家，只落得呼天抢地，追悔无及。本来想寻欢乐，却不道乐极生悲。"宋·张君房《云笈七签》卷八十七："气浮而为喜适感会之悦，气烦而为戏欢笑剧之极，气激而为啼号哀泣之至，由是有乐极则悲，悲极则乐。"

【考据】馆陶：即今邯郸市馆陶县。

李沆焚诏 lǐ hàng fén zhào

【典源】元·脱脱、阿鲁图《宋史·卷二百八十二·列传第四十一》："李沆，字太初，洺州肥乡人。……会契丹犯边，真宗北幸，命沆留守，京师肃然。真宗还，沆迎于郊，命坐置酒，慰劳久之。累加门下侍郎、尚书右仆射。真宗问治道所宜先，沆曰：'不用浮薄新进喜事之人，此最为先。'……一夕，（真宗）遣使持手诏欲以刘氏为贵妃，沆对使者引烛焚诏，附奏曰：'但道臣沆以为不可。'其议遂寝。"

【注】诏：诏书，皇帝的命令或文告。

【释义】当着使者的面，用蜡烛把皇帝的诏书引燃烧掉。用来表示忠直大臣敢于用行动抗拒皇帝错误决定的凛然正气。

【考据】李沆，见"仅容旋马"。

礼贤远佞 lǐ xián yuǎn nìng

【词源】明·冯梦龙《东周列国志》第五十回："其时列国离心，万民嗟怨，赵盾等屡屡进谏，劝灵公礼贤远佞，勤政亲民，灵公如瑱充耳，全然不听，反有疑忌之意。"

【注】礼：尊敬。远：远离。佞：佞人，极善花言巧语、阿谀奉承的人。

【释义】敬重有才德的人，疏远奸巧谄谀的人。

【考据】同"安然如故"。

利己损人 lì jǐ sǔn rén

损人利己 sǔn rén lì jǐ

【词源】元·纪君祥《赵氏孤儿》第一折："（韩厥云）程婴，我若把这孤儿献将出去，可不是一身富贵？但我韩厥是一个顶天立地的男儿，怎肯做这般勾当！（唱）[醉中天]我若是献出去图荣进，却不道利自己损别人。可怜他三百口亲丁尽不存，着谁来雪这终天恨？”

【注】 利己：有利于自己。损：损害。

【释义】 为了自己的利益去损害他人。现多用“损人利己”。

【书证】 元·高文秀《谇范叔》第四折：“则为你损人利己使心机，图着个甚的？”元·无名氏《陈州粜米》第一折：“做的个上梁不正，只待要损人利己惹人憎。”明·冯梦龙《喻世明言》卷九：“此乃他人遗失之物，我岂可损人利己，坏了心术？”鲁迅《且介亭杂文·难行和不信》：“不负责任的，不能照办的教训多，则相信的人少；利己损人的教训多，则相信的人更其少。”茅盾《闻笑有感》：“白天黑夜，他时时存着损人利己之心。”

【考据】 见“安然如故”。

燎发摧枯 liǎo fà cuī kū

【词源】 唐·魏征《隋书·音乐志下·〈凯乐〉歌辞三首·之二》：“帝德远覃，天维宏布。功高云天，声隆《韶》《护》。惟彼海隅，未从王度。皇赫斯怒，元戎启路。桓桓猛将，赳赳英谟。攻如燎发，战似摧枯。救兹涂炭，克彼妖逋。尘清两越，气静三吴。鲸鲵已夷，封疆载辟。班马萧萧，归旌弈弈。云台表效，司勋纪绩。业并山河，道固金石。”

【注】 燎发：火烧毛发。枯：枯树朽木。

【释义】 用音乐营造击溃敌人的气势如火燎毛发、摧折枯树般富有冲击力。形容攻无不克，战无不胜。

【考据】 魏征，见“白玉微瑕”。

列鼎重裀 liè dǐng chóng yīn

【词源】 元·纪君祥《赵氏孤儿》第二折：“（公孙杵臼）他他他，在元帅府扬威也那耀勇；我我我，在太平庄罢职归农。再休想鹓班豹尾相随从。他如今高官一品，位极三公；户封八县，禄享千钟。见不平处有眼如蒙，听咒骂处有耳如聋。他他他，只将那会谄谀的着列鼎重裀，害忠良的便加官请俸，耗国家的都叙爵论功。他他他，只贪着目前受用，全不省爬得高来可也跌得来重，怎如俺守田园学耕种？早跳出伤人饿虎丛，倒大来从容。”

【注】列鼎：鼎是古代贵族用以烹煮和盛贮肉类的器具。周朝的列鼎形制由大到小，成为一列。代表着不同的身份等级。称为列鼎。周代的礼制规定：天子用九鼎，诸侯用七鼎，大夫用五鼎，士用三鼎或一鼎。到了东周，则是天子、诸侯用九鼎，卿用七鼎，大夫用五鼎，士用三鼎或一鼎。裀：床垫，褥子。这里以“列鼎”、“重裀”喻指仕宦的等级、地位。

【释义】指仕卿官宦应享受的生活待遇。

【书证】明·无名氏《单刀劈四寇》第一折：“官居极品姓名高，列鼎重裀满腹学，为臣正直安天下，保祚吾皇立国朝。”元·秦简夫《剪发待宾》第三折：“老慈母训子殷勤，陶士行今日成名，乘传去朝廷保奏，一家儿列鼎重裀。”

【考据】见“安然如故”。

临深履薄 lín shēn lǚ bó

【词源】唐·吴兢《贞观政要·论政体第二》：“贞观六年，太宗谓侍臣曰：‘看古之帝王，有兴有衰，犹朝之有暮……诚可畏也。’魏征对曰：‘自古失国之主，皆为居安忘危，处理忘乱，所以不能长久。今陛下富有四海，内外清晏，能留心治道，常临深履薄，国家历数，自然灵长。’”

【解释】如面临深渊，脚踩薄冰。比喻境遇危急，须小心谨慎。

【书证】唐·王勃《平台秘略赞·孝行》：“履薄临深，惟王之侧。”《太平广记》卷二百五十二引隋·侯白《启颜录》：“某乙即稽颡（sǎng）再拜，终冀勒碑刻铭，但知悚惧恐慌，实若临深履薄。”

零珠片玉 líng zhū piàn yù

【词源】金·赵秉文《滏水文集·中大夫翰林学士承旨文献党公神道碑》：“其下作者如零珠片玉，非无可喜，要非书法之正也。”

【注】零、片：零星散碎。

【释义】比喻零散的却有价值的事物。引喻被埋没在民间的人才。

【书证】清·陈敬璋《编次遗书叙》：“一日，（吴丈）出其（指干初工）文集一册、诗集二册见示，谓公之撰著极富，而目所得见，惟此而已。零珠片玉，可不为之珍重而爱惜之乎！”

【考据】赵秉文（1159—1232）：金文学家，字周臣，号闲闲老人，磁州滏阳（今邯郸市磁县）人。大定进士，官至礼部尚书。能诗文，多写自然景物，又工草书，著有《闲闲老人滏水文集》。

流荡忘反 liú dàng wàng fǎn

流宕忘返 liú dàng wàng fǎn

【词源】唐·魏征《群书治要序》：“窃惟载籍之兴，其来尚矣。左史右史，记事记言，皆所以昭德塞违，劝善惩恶。故作而可纪，薰风杨乎百代；动而不法，炯戒垂乎千祀。是以历观前圣，抚运膺期，莫不懔乎御朽，自强不息，朝干夕惕，义在兹乎。近古皇王，时有撰述，并皆包括天地，牢笼群有，竞采浮艳之词，争驰迂诞之说，骋末学之传闻，饰雕虫之小技，流荡忘反，殊途同致。虽辩周万物，愈失司契之源，术总百端，弥乖得一之旨。”

【注】流宕：流浪、漂泊。反：通“返”。

【释义】漂泊在外，而不知返回。泛指沉溺于不良事物或嗜好不加制约，难以回归正道。

【书证】宋·王禹偁《答张知白书》：“后人流荡忘返，盖得其也，荐宗庙播管弦；其失也，语淫奔事诡怪而已。”明·宋濂《宋学士文集·赠梁建中序》：“乃溺于文辞，流荡忘返，不知老之将至，岂可乎哉！”清·张谦宜《𬘡斋诗谈·五》（《清诗话续编》）：“元诗环于曲，纤浓娇艳，不能自振。前七子以初盛挽之，方不至流荡忘返。”

【考据】魏征，见“白玉微瑕”。

柳开千轴 不如张景一书

liǔ kāi qiān zhóu bù rú zhāng jǐng yī shū

柳开千轴 liǔ kāi qiān zhóu

【典源】北宋·沈括《梦溪笔谈》：“柳开少好任气，大言凌物。应举时，以文章投主司于帘前，凡千轴，载以独轮车。引试日，衣襕自拥车以入，欲以此骇众取名。时张景能文有名，唯袖一书帘前献之。主司大称赏，擢景优等。时人为之语曰：‘柳开千轴，不如张景一书。’”

【注】轴：书画卷轴。

【释义】柳开的千轴文章，不如张景一篇书文。引喻两人间的才华悬殊很大。

【考据】见“争长竞短”。

漏齑搭菜 lòu jī dā cài

【词源】元·马致远《黄粱梦》第二折：“（老院公唱）[幺篇]夫人你便有随何陆贾舌，张仪苏秦才，百般难免这场灾。是你辱门败户先自歪，做的来漏齑搭菜，把花言巧语枉铺排。”

【注】漏：遗漏。齑：切碎的葱、姜、蒜等。搭菜：赔上菜。

【释义】把切碎的葱姜蒜带菜漏了个精光。这里指做的龌龊事，全部曝光。泛指做事不严密，丢三落四，难以取得圆满结果。

【考据】见“残茶剩饭”。

露凉烟冷 lù liáng yān lěng

【词源】元·胡只遹《木兰花慢·题倪都运南塘莲社》：“倚西风闲坐，谈清影，玉亭亭。问幽苦芳心，何时解语，脉脉盈盈。秋香欲无还有，似自怜、不嫁惜娉婷。好在芙蓉城阙，梦回罗袜尘生。多情争似总无情。残照又西倾。怕去去兰舟，露凉烟冷，月落参横。沙雁也能留客，倩溪光、相照晚妆明。缓按梁州丝竹，听番白苎新声。”

【注】露：露水。烟：炊烟、人烟。

【注释】喻清冷肃杀，荒凉景象。

【考据】见“丰功懋烈”。

落荒而走 luò huāng ér zǒu
落荒而逃 luò huāng ér táo

【词源】元·无名氏《马陵道》第三折：“（卜商云）先生，我本意要带你去，只是一件，恰才庞元帅问我几时回去。我便道明日回，往东门去。庞涓道，我先在东门上，将你那茶车搜过。若搜出来呵，可怎了也？（孙膑云）大夫放心，此人搜头不搜尾。若搜呵，咱着一个小军儿，打扮他的小军，飞马来报道，西门上拿住孙膑了。出得东门，你自慢慢地从大路上行。我便落荒而走。只要到地齐邦，便好领兵拿获庞涓，报我刖足之仇也。”

【注】荒：荒野。

【释义】离开大道向荒野逃跑。

【书证】明·罗贯中《三国演义》第三十一回：“玄德见势危，落荒而走。”明·许仲琳《封神演义》第六十一回：“兽马争持，剑戟并举。未及数合，子牙便走，不进城，落荒而逃。殷洪见子牙落荒而走，急忙赶来。”

【考据】见“八面威风”。

M

马壮人强 mǎ zhuàng rén qiáng

【词源】元·纪君祥《赵氏孤儿》第四折：“（赵武）某，程勃（即赵武）是也。这壁厢爹爹是程婴；那壁厢爹爹可是屠岸贾。我白日演武，到晚习文。如今在教场中回来，见我这壁厢爹爹走一遭去也呵。（唱）[中吕粉蝶儿]引着些本部下军卒，提起来杀人心半星不惧。每日家习演兵书。凭看我，快相持，能对垒，直使的诸邦降伏。俺父亲英勇谁如，我拼着个尽心儿扶助。[醉春风]我则待扶明主晋灵公，助贤臣屠岸贾。凭着我能文善武万人敌，俺父亲将我来许。可不道马壮人强，父慈子孝，怕甚么主忧臣辱。”

【注】“马壮人强”是由编剧人依据唱词对韵脚的需要把成语“人强马壮”的结构变化而成，意义相同。马壮，战马健壮。人强：将士勇猛。

【释义】形容军队军容整肃，战斗力旺盛。

【书证】元·关汉卿《单刀会》第三折：“那鲁子敬是个足智多谋的人，他又兵多将广，人强马壮。”明·孟称舜《娇红记·番衅》：“说甚么天心帮孽子，旺气属番邦，都则是马壮人强。”

【考据】见“安然如故”。

卖利献勤 mài lì xiàn qín

【词源】明·宋濂《元史·卷一百五十八·列传第四十五》：“时初建中书省，平章政事王文统颇见委任，默上书曰：‘臣事陛下十有余年，数承顾问，与闻圣训，有以见陛下急于求治，未尝不以利生民安社稷为心。时先帝在上，奸臣擅权，总天下财赋，操执在手，贡进奇货，炫耀纷华，以娱悦上心。其善结朋党、离间骨肉者，皆此徒也。此徒当路，陛下所以不能尽其初心。救世一念，涵养有年矣。今天顺人应，诞登大宝，天下生民，莫不欢欣踊跃，引领盛治。然平治天下，必用正人端士，唇吻小人一时功利之说，必不能定立国家基本，为子孙久远之计。其卖利献勤、乞怜取宠者，使不得行其志，斯可矣。若夫钩距揣摩，以利害惊动人主之意者，无他，意在摈斥诸贤，独执政柄耳，此苏、张之流也，惟陛下察之。伏望别选公明有道之士，授以重任，则天下幸甚。'”

【注】卖利：出卖利益。献勤：献殷勤。

【释义】出卖自己的利益、献殷勤讨好上司。

【考据】窦默（1196—1280）：字子声，早年名杰，字汉卿，河北广平肥乡人。元朝官至翰林侍讲学士，召文馆大学士，卒后赠太师，追封魏国公，谥文正。亦是金元时代有名的针灸学家。

眉飞色舞 méi fēi sè wǔ

【词源】清·郑方坤《邯郸士人小传·刘续部》：“尤熟于历代史，抵掌谈成败，如亲见之，间及忠孝节义事，则色飞眉舞，或泣下沾襟不自禁。”

【注】色，脸色，表情。

【释义】喜形于色，情不自禁。

【书证】清·李宝嘉《官场现形记》第三十二回：“余荩臣一听‘明保’二字，正是他心上最为关切之事，不禁眉飞色舞。”清·梁章钜《浪迹丛谈·少穆尚书赠联》：“甫逾月，少穆果手制二十八字长联见寄，并缀以长跋，词翰双美，感愧交并。时方辑录《楹联余话》，得又增一美谈，不禁眉飞色舞也。”鲁迅《朝花夕拾·后记》：“譬如‘郭巨埋儿’，无论如何总难以画到引得孩子眉飞色舞，自愿躺到坑里去。”

【考证】郑方坤：《邯郸县志》载：“郑方坤，福建闽南建安（今建瓯县）人，字则厚，号荔乡。清初著名文士。清雍正元年中进士，雍正五年任邯郸县令。因政绩卓异，升登州知州、武宝知府、兖州知府等。一生多有著作，曾编纂《邯郸县志》，著有《邯郸士人小传》、《蔗尾集》、《经裨》、《五代史话》、《全闽诗话》、《清名家诗抄小传》。其中《裨注》被选进纪晓岚主编的《四库全书》。”

眉高眼低 méi gāo yǎn dī

【词源】明·张四维《双烈记·计遣》：“大夫四海为家，那里去不了，怎肯受你家眉高眼低，干言湿语。”

【释义】指面部表情的变化，多指蔑视或不屑的神情。也喻善于观察人情世故的能力，即人们常说“这人能看出个眉眼高低”。

【书证】清·文康《儿女英雄传》第二十五回："我既不能靠着十个指头趁些银钱换些担柴斗米；又不肯舍着这条身子做人奴婢，看人眉高眼低。"清·曹雪芹《红楼梦》第二十七回："只是跟着奶奶，我们学些眉眼高低，出入上下，大小的事儿，也得见识见识。"清·石玉昆《三侠五义》第三十二回："慢说走路，什么处儿的风俗，遇事眉高眼低，那算瞒不过小人的了。"

【考据】见"举鼎拔山"。

眉头一皱，计上心来

méi tóu yī zhòu jì shàng xīn lái

【词源】元·纪君祥《赵氏孤儿》第二折："（屠岸贾云）韩厥为何自刎了？必然走了赵氏孤儿。怎生是好？眉头一皱，计上心来。我如今不免诈传灵公的命，把晋国内但是半岁之下，一月之上，新添的小厮，都与我拘刷将来，见一个剁三剑，其中必然有赵氏孤儿。"

【释义】形容经过短暂的思考，就想出了计谋。

【书证】毛泽东《实践论》："《三国演义》上所谓'眉头一皱，计上心来'，我们普通说话所谓'让我想一想'，就是人在脑子中运用概念以作判断和推理的工夫。"清·曹雪芹《红楼梦》第六十七回："凤姐越想越气，歪在枕上，只是出神。忽然眉头一皱，计上心来。"明·冯梦龙《醒世恒言·卖油郎独占花魁》："九妈见他十分坚心，眉头一皱，计上心来，扯开笑口道：'老身已替你排下计策，只看你缘法如何。'"徐迟《哥德巴赫猜想·石油头》："眉头一皱，计上心来。他在泥浆地里添上水泥，不少不多的十袋。恰到好处。"

【考据】见"安然如故"。

梅开二度 méi kāi èr dù

【典源】清·惜阴堂主人《二度梅全传》第十三回、第十四回："一家见陈公立意要去，一齐大哭起来。小姐、公子拜伏于地道：'爹爹从前远在京师，孩儿们每日思想。今归府第，正好早晚侍奉，以乐天年。不意因着这草木之情，而陡起修行之念。劝爹爹暂息此念，待孩儿祝告神祇，求拜天地，保佑梅花二开。'陈公笑道：'也罢，你们如此孝心，要求梅开二度，限三日以定。如三日梅花不能重开，定要前去修行，云游四海，或访僧道于山林之上，或泛舟楫游江湖之间，或仿高士于村庄之内，或乐琴棋于洞府之中。这是我修道之所，死而无怨，方是我陈东初之心也。'小姐与公子一齐站起身来，叫家人到花园中摆设香案。小姐又到梅亭中，望空拜伏在地，祷告不止。……单言喜童睡去，朦胧中忽闻香气袭人，便翻身急速爬将起来，穿好衣服，说道：'这等香气，莫非梅花重开了吗？'便把门开了，走上亭子来一看，只见杂色梅花，都变成一色绿蕊，梅花开得齐齐整整，异香扑鼻。"

【注】度：表示次数。

【释义】多用来比喻爱情的纯真和美好。也喻重复操作同样一件事。

【考据】《二度梅全传》，讲述的是唐代朝臣梅魁遭宰相卢杞陷害，累及其子梅良玉与尚书陈东初之女陈杏元的婚事。在几经磨难，沉冤昭雪之后，终得以奉旨完婚的故事。其中在陈杏元被迫北上和番时，梅良玉假扮表兄相送至邯郸，在丛台诀别。于是在邯郸丛台的据胜亭上留下了"夫妻南北，兄妹沾襟"的千古名句。

扪隙发罅 mén xì fà xià

【词源】宋·王令《答刘公著微之书》："今夫人爵，人之求者，犹研精苦思，扪隙发罅，以窥求门户，虽所学固不中节，然张巧射中之心不为不勤矣。"

【注】扪：摸。隙、罅：间隙，裂缝。

【释义】找寻可乘之机以钻营。

【考据】王令：字逢源，北宋诗人，原籍元城（今河北大名县东北部），著有《广陵先生文集》等传世。

闷葫芦 mèn hú lú

【典源】元·纪君祥《赵氏孤儿》第四折："（程勃即赵武）云，待我再看来。这一个将军前面摆着弓弦、药酒、短刀三件，却将短刀自刎死了。怎么这一个将军也引剑自刎而死？又有个医人手扶着药箱儿跪着，这一个妇人抱着个小孩儿，却像要交付医人的意思。呀！原来这妇人也将裙带自缢死了，好可怜人也！（唱）［石榴花］我只见这一个身着锦襜褕，手引着弓弦药酒短刀诛。怎又有个将军自刎血模糊？

这一个扶着药箱儿跪伏，这一个抱着小孩儿交付，可怜穿珠戴玉良家妇，他将着裙带儿缢死何辜。好着我沉吟半晌无分诉，这画的是傒幸杀我也闷葫芦。”

【释义】不明白，难解难猜。也用来比喻不爱说话的人。

【书证】清·曹雪芹《红楼梦》第五回：“（仙姑）恐把仙机泄漏，遂掩了卷册，笑向宝玉道：‘且随我去游玩奇景，何必在此打闷葫芦。’”

【考据】见“安然如故”。

密不通风 mì bù tōng fēng

【词源】元·纪君祥《赵氏孤儿》第二折：“（公孙杵臼）程婴，你也说的是。我想那屠岸贾与赵驸马呵，（唱）[三煞]这两家做下敌头重。但要访的孤儿有影踪，必然把太平庄上兵围拥，铁桶般密不通风。（云）那屠岸贾拿住了我，高声喝道：‘老匹夫岂不见三日前出下榜文，偏是你藏下赵氏孤儿。’”

【注】密：严丝合缝。

【释义】形容包围严紧或防卫严实。比喻做事严密，丝毫不露。

【书证】清·夏敬渠《野叟曝言》第八十五回：“岂知中军闻知按院奉旨捉拿钦犯，想又奉过密谕，在辕门领兵防守，密不通风。”瞿秋白《饿乡纪程·六》：“黯黯的一盏电灯，密不通风的大窗子，一张桌子，两张凳，四张板铺。”明·凌濛初《初刻拍案惊奇》卷二：“朝奉在家，推个别事出外，时时到此来往，密不通风，有何不好？”

【考据】见“安然如故”。

渑池击缶 miǎn chí jī fǒu

【典源】元·高文秀《渑池会》：“（秦昭公云）成公，某久闻公子善能鼓瑟。筵前无乐，不成欢乐，伏望就筵鼓瑟为幸。（蔺相如云）秦公，我赵公鼓瑟，请公击缶。（秦昭公云）想某职居高位，岂肯与人击缶？（蔺相如云）秦公不肯，这五步之内，臣请以颈血溅大王！（唱）[塞鸿秋]将主公向筵前鼓瑟相欺负，（秦昭公云）大夫，我击缶则便了也。（蔺相如唱）请秦公击缶我也相凌辱。”

【注】击：敲打、演奏。缶：中国传统八音（金、石、土、革、丝、竹、匏、木）中的土类乐器的一种。

【释义】渑池会上，秦昭公有意凌辱赵成公，让赵成公鼓瑟，赵成公无奈只得应从。蔺相如急中生智，以死相逼，要秦昭公为赵成公击缶。秦昭公碍于声望被迫击缶。喻不畏强暴，以牙还牙之意。

【考据】见“唇枪舌剑”。

面北眉南 miàn běi méi nán

【词源】元·无名氏《马陵道》第三折：“(卜商云)此人之意，已尽露矣。我不免跳入这圈匂去。孙先生，你休大惊小怪的。我是齐国卜商，特来救拔你哩！(孙膑云)你莫不是子夏否？(卜商云)然也。(正末唱)[挂玉钩]我这里吐胆倾心说与伊，难道你不解其中意？(卜商云)先生何不跟我馆驿中去来。(孙膑云)你先行，我随后便到也。(卜商云)你不与我同去。可是为何？(孙膑唱)我则怕路上行人口胜碑，(卜商云)先生，我须不是故意来赚你的。(孙膑唱)咱两个都心会。(卜商云)小官此一来，专为先生，别无他干。(孙膑唱)既然是你为我来，须回避。且做个面北眉南，你东咱西。”

【注】面：脸。

【释义】二人向背，不照面。意谓互不相识，不理睬。

【书证】明·贾仲名《萧淑兰》第二折：“俺那崔氏女正红愁绿惨，你个张君瑞待面北眉南。”

【考据】见“八面威风”。

面不改色 miàn bù gǎi sè

【词源】明·冯梦龙《东周列国志》第九十六回：“再说秦王假说斋戒，实未必然，过五日。升殿陈设礼物，令诸侯使者皆会，共观受璧，欲以夸示列国。使赞礼引赵国使臣上殿。蔺相如从容徐步而入。谒见已毕，秦王见相如手中无璧，问曰：‘寡人已斋戒五日，敬受和璧，今使者不持璧来，何故？’相如奏曰：‘秦自穆公以来，共二十余君，皆以诈术用事。远则杞子欺郑，孟明欺晋；近则商鞅欺魏，张仪欺楚。往事历历，从无信义。臣今者惟恐见欺于王，以负寡君，已令从者怀璧从间道还赵矣。臣当死罪！’秦王怒曰：‘使者谓寡人不敢，故寡人斋戒受璧。使者以璧归赵，是明欺寡人也！’叱左右前缚相如。相如面不改色，奏曰：‘大王请息怒，臣有一言。今日之势，秦强赵弱，但有秦负赵之事，决无赵负秦之理。大王真欲得璧，先割十五城予赵，随一介之使，同臣往赵取璧，赵岂敢得城而留璧，负不信之名，以得罪于大王哉？臣自知欺大王之罪，罪当万死，臣已寄奏寡君，不望生还矣。请就鼎镬之烹，令诸侯皆知秦以欲璧之故，而诛赵使，曲直有所在矣。'"

【注】面：脸。

【释义】脸色不变。形容从容镇定的样子。

【书证】元·秦简夫《赵礼让肥》第二折："我这虎头寨上，但凡拿住的人呵，见了俺，丧胆亡魂，今朝拿住这厮，面不改色。"鲁迅《故事新编·铸剑》："黑色人也仿佛有些惊慌，但是面不改色。"

【考据】蔺相如，战国时赵惠文王、赵孝成王时期的上卿。蔺相如墓在邯郸市磁县西北十里羌村。

渺渺茫茫

miǎo miǎo máng máng

【词源】元·马致远《黄粱梦》第一折："（钟离权云）功名二字，如同那百尺高竿上调把戏一般，性命不保，脱不得酒色财气这四般儿。笛悠悠，鼓冬冬，人闹吵，在虚空。怎如的平地上来，平地上去，无灾无祸，可不自在多哩。（唱）［后庭花］酒恋清香疾病因，色爱荒淫患难根；财贪富贵伤残命，气竞刚强损隐身。这四件儿不饶人。你若是将他断尽，便神仙有几分。（洞宾云）我十年苦志，一举成名，是荷包里东西，拿得定的。神仙事渺渺茫茫，有甚么准程，教我去做他？"

【注】渺：遥远。茫：旷远，模糊。

【释义】远不可及。看不清，摸不到。

【书证】明·刘基《六幺令》词："追寻畴者，愁如流水，渺渺茫茫趁潮汐。"清·曹雪芹《红楼梦》第一百二十回："谁与我逝兮，吾谁与从？渺渺茫茫兮，归彼大荒！"鲁迅《三闲集·叶永蓁作〈小小十年〉小引》："释迦牟尼出世以后，割肉喂鹰，投身饲虎的是小乘，渺渺茫茫地说教的倒算是大乘，总是发达起来。"

【考据】见"残茶剩饭"。

灭门绝户 miè mén jué hù

【词源】元·纪君祥《赵氏孤儿·第一折》："（程婴云）告大人

停嗔息怒，听小人从头分诉：想赵盾晋室贤臣，屠岸贾心生嫉妒。遣神獒扑害忠良，出朝门脱身逃去；驾单轮灵辄报恩，入深山不知何处。奈灵公听信谗言，任屠贼横行独步；赐驸马伏剑身亡，灭九族都无活路。将公主囚禁冷宫，那里讨亲人照顾。遵遗嘱唤做孤儿，子共母不能完聚；才分娩一命归阴，着程婴将他掩护。久以后长立成人，与赵家看守坟墓。肯分的遇着将军，满望你拔刀相助；若再剪除了这点萌芽，可不断送他灭门绝户？”

【注】绝：断绝。门、户：家族。

【释义】彻底铲灭一个家族。

【书证】明·许仲琳《封神演义》第十二回：“谁知你是灭门绝户之祸根也！”

【考据】见“安然如故”。

名标青史 míng biāo qīng shǐ

【词源】元·纪君祥《赵氏孤儿》第二折：“（程婴云）老宰辅，你好好的在家，我程婴不识进退，平白地将着这愁布袋连累你老宰辅，以此放心不下。（公孙杵臼云）程婴，你说那里话？我是七十岁的人，死是常事，也不争这早晚。（唱）［菩萨梁州］向这傀儡棚巾，鼓笛搬弄。只当做场短梦。猛回头早老尽英雄，有恩不报怎相逢，见义不为非为勇。（程婴云）老宰辅既应承了，休要失信。（公孙杵臼）言而无信言何用。（程婴云）老宰辅，你若存的赵氏孤儿，当名标青史，万古流芳。（公孙杵臼唱）也不索把咱来厮陪奉，大丈夫何愁一命终，况兼我白发蓬松。”

【注】标：写明。青史：古代在竹简上写史籍，因之称史为青史。

【释义】把姓名事迹写进史书。形容功业巨大，永垂不朽。

【书证】元·高明《琵琶记·临妆感叹》：“也不索气蛊，也不索气蛊，既受托了苹蘩，有甚推辞，索性做个孝妇贤妻，也落得名标青史。”

【考据】见“安然如故”。

木朽蛀生 mù xiǔ zhù shēng

【词源】明·唐顺之《信陵君救赵论》：“虽然，魏王亦不得为无罪也。兵符藏于卧内，信陵亦安得窃之？信陵不忌魏王，而径请之如姬，其素窥魏王之疏也。如姬不忌魏王，而敢于窃符，其素恃魏王之宠也。木朽而蛀生之矣。古者人君持权于上，而内外莫敢不肃，则信陵安得树私交于赵？赵安得私请救于信陵？如姬安得衔信陵之恩？信陵安得卖恩于如姬？履霜之渐，岂一朝一夕也哉！由此言之，不特众人不知有王，王亦自为赘旒也。”

【注】朽：腐烂。蛀：啮蚀木头、衣物的虫子。

【释义】木头腐朽就会生虫子。意谓领导者自律不严，就会衍生错误。

【书证】蔡东藩、许廑父《民国通俗演义》第八十回：“浙人无故逐吕，乃致段派乘间而入，木朽蛀生，非自取而何？”

【考据】救赵即是救邯郸。

目成心许 mù chéng xīn xǔ

【词源】明·梅鼎祚《玉合记·缘合》：“罗敷知他有夫，不着紧目成心许，虽多梦见，此生应见稀。”

【注】目：眼睛。许：答应，允许。

【释义】谓男女间用眼睛表达对对方的爱意。泛指用眼睛表示自己同对方已达成某种默契。

【考据】罗敷是邯郸美女，传说是今邯郸县西北姜窑村人，许配给赵王迁的家令王仁为妻。罗敷有一次出外采桑时，不巧被赵王看见，欲占为己有，罗敷不从，弹筝作《陌上桑》，以自明有夫，后被赵王所逼，投潭身死。汉乐府《陌上桑》就是写罗敷的传说。

目中无人 mù zhōng wú rén

【词源】明·冯梦龙《东周列国志》第九十六回：“赵奢子赵括，自少喜谈兵法，家传《六韬》、《三略》之书，一览而尽；尝与父奢论兵，指天画地，目中无人，虽奢亦不能难也。其母喜曰：‘有子如此，可谓将门出将矣！’奢蹴然不悦曰：‘括不可为将。赵不用括，乃社稷之福耳！’母曰：‘括尽读父书，其谈兵自以为天下莫及，子曰不可为将。何故？’奢曰：‘括自谓天下莫及，此其所以不可为将也。夫兵者，死地，战战兢兢，博咨于众，犹惧有遗虑；而括易言之！若得兵权，必果于自用，忠谋善策，无繇而入，其败必矣。’”

【注】目：眼睛。

【释义】眼里没有别人。形容狂妄自大，看不起他人。

【书证】清·曹雪芹《红楼梦》第十回：“他因仗着宝玉和他好，他就目中无人。”巴金《秋》第二十九章："我对你说，你不要目中无人，就把长辈都不放在眼睛里。"

【考据】赵奢、赵括父子，均系战国时期赵国将帅。

N

弩箭离弦 nǔ jiàn lí xián

【词源】元·纪君祥《赵氏孤儿》第一折："（韩厥云）程婴回来。你这其中必有暗昧。我着你去呵，似弩箭离弦；叫你回来呵，便似毡上拖毛。程婴，你则道我不认得你哩！（唱）[河西后庭花]你本是赵盾家堂上宾，我须是屠岸贾门下人。你便藏着那未满月麒麟种，（带云）程婴你见么？（唱）怎出的这不通风虎豹屯。我不是下将军，也不将你来盘问。（云）程婴，我想你多曾受赵家恩来！（程婴云）是。知恩报恩，何必要说。（韩厥唱）你道是既知恩合报恩，只怕你要脱身难脱身。前和后把住门，地和天那处奔？若拿回审个真，将孤儿往报闻，生不能，死有准。"

【注】弩：弩弓，一种用机械力量发射箭矢的武器。

【释义】比喻速度非常之快。

【考据】见"安然如故"。

P

攀今揽古 pān jīn lǎn gǔ

【词源】元·高文秀《渑池会》第一折："（秦昭公云）兀那大夫，这玉璧不是真宝，自上古至今，何为至宝？你试说一遍咱。（蔺相如云）公子，自古及今，有几个国之大宝也。（秦昭公云）是那几个国之大宝？你试说我试听咱。（蔺相如唱）[河西后庭花]一个汤伊尹除佞奸，一个姜太公伐暴残。有一个孝子周公旦，一个忠臣殷比干。（秦昭公云）我道你说甚么大宝，你可将上古名人比并，你在我跟前攀今揽古。（蔺相如唱）非是我古今攀，他都是后人楷范，你看的这无瑕玉似等闲。"

【注】攀：攀话，交谈。揽：收拢。

【释义】谈话的内容宽泛，兼及古今。

【书证】元·关汉卿《单刀会》第四折："你这般攀今揽古，分甚枝叶？我跟前使不着你‘之乎者也、诗云子曰’，早该豁口截舌。”元·范康《竹叶舟》第一折：“你看中间一个老秃厮，左边一个牛鼻子，右边一个穷秀才，攀今揽古的，比三教圣人还张智哩。”

【考据】见“唇枪舌剑”。

朴素无华 pǔ sù wú huá

【词源】明·宋濂《元史·乌古孙泽传》：“常曰：‘士非俭无以养廉，非廉无以养德。’身一布袍数年，妻子朴素无华，人皆言之，泽不以为意也。”

【注】华：浮华。

【释义】质朴素雅，不奢华。

【书证】鲁迅《二心集·夏娃日记·小引》：“幸而靠了作者的纯熟的手腕，令人一时难以看出，仍不失为活泼泼的作品；又得译者将丰神传达，而且朴素无华，几乎要令人觉得倘使夏娃用中文来做日记，恐怕也就如此一样，更加值得一看了。”张群生《解放战争全记录·第三卷·中原逐鹿·延城长缨缚苍龙》：“是啊，真理往往就是这样的朴素无华。这些多年跟随毛泽东南征北战，或在毛泽东指挥下东拼西搏的勇士们，今天又一次亲身领略了伟人那明察秋毫的锐利眼光，高屋建瓴的思想境界，富于哲理的分析判断和驭舵导航的领袖风范。”

【考据】乌古孙泽：字润甫。原居汴梁（今河南开封），金陷汴梁后，移居当时的北京（即今邯郸市大名县）。

Q

千辛万苦 qiān xīn wàn kǔ

【词源】元·张之翰《元日》：“千辛万苦都尝遍，只有吴淞水最甘。”

【注】辛：艰辛。苦：苦难。

【释义】形容各种各样的艰难困苦。

【书证】元·秦简夫《赵礼让肥》第四折：“想当时受尽了千辛万苦，谁承望有今日驷马安车。”巴金《将军集·短刀二》：“他历尽了千辛万苦，漂流了七年，埋葬了母亲。”清·刘鹗《老残游记续集遗稿》第三回：“你这孩子，你老子千辛万苦，挣下这个家业。”梁斌《红旗谱》第二十三章：

"你就是当家主事的人儿，千辛万苦也要把庄稼拾掇回来。"

【考据】张之翰：元代词人，字周卿，晚年号西岩老人，今河北邯郸人。著作有《西岩集》20卷。

谦冲自牧 qiān chōng zì mù
谦谦自牧 qiān qiān zì mù

【词源】唐·魏征《谏太宗十思疏》："君人者，诚能见可欲，则思知足以自戒；将有作，则思知止以安人；念高危，则思谦冲而自牧；惧满溢，则思江海下百川；乐盘游，则思三驱以为度；忧懈怠，则思慎始而敬终；虑壅（yōng）蔽，则思虚心以纳下；惧谗邪，则思正身以黜恶；恩所加，则思无因喜以谬赏；罚所及，则思无因怒而滥刑。总此十思，宏此九德。简能而任之，择善而从之，则智者尽其谋，勇者竭其力，仁者播其惠，信者效其忠。文武并用，垂拱而治。何必劳神苦思，代百司之职役哉！"

【注】冲：谦虚。自牧：自我修养。

【释义】提高修养，保持谦恭品德。

【书证】唐·孙逖《授李岫卫尉少卿制》："父在枢衡，固守范宣之让，谦冲自牧，足镇于浮躁。"唐玄宗《赐源干曜、张说考中上词》："源干曜謇謇匪躬，谦谦自牧，正身率下，直道事人。"梁羽生《冰川天女传》第二十三回："如今听他说了这一番话，真是谦冲自牧，不槐有道之言。"

前程万里 qián chéng wàn lǐ

【词源】元·郑光祖《王粲登楼》第三折："自洛下飘零到这里……指望待末尾三稍，越闪的我前程万里。"

【注】前程：前途。

【释义】比喻前途远大，不可限量，也喻路程极远。

【书证】明·凌濛初《二刻拍案惊奇》卷十一："况且秀才是个读书之人，前程万里。"明·冯梦龙《警世通言》："家中自有兄弟支持，不必挂怀。前程万里，须自保重！"田汉《关汉卿》第十二场："好去者，望前程万里！"

【考据】见"王粲登楼"。

前遮后拥 qián zhē hòu yōng

【词源】明·汤显祖《邯郸记·

死窜》："一任他前遮后拥闹吖喳，挤的俺前合后偃走踢踏，难道他有甚么劫场的人也则看着要。"

【释义】形容十分拥挤、喧闹的样子。

【书证】元·吴昌龄《东坡梦》第三折："你这里齐臻臻前遮后拥，美甘甘笑口欢容。"明·施耐庵《水浒传》第七十四回："那任原坐在轿上，这轿前轿后三二十对花搭膊的好汉，前遮后拥，来到献台上。"

【考据】见"黄粱一梦。"

巧夺天工 qiǎo duó tiān gōng

【词源】宋·无名氏《采兰杂志》："甄后既入魏宫，宫廷有一绿蛇，口中恒有赤珠，若梧子，不伤人……每日后梳妆，则盘结一髻形于后前。后异之，因就而为髻，巧夺天工。故后髻每日不同，号为灵蛇髻。"

【注】夺：超越。

【释义】人的手工技艺胜过天然巧成。形容技艺十分精妙。

【书证】元·赵孟頫《赠放烟火者》诗："人间巧艺夺天工，炼药燃灯清昼同。"明·文征明《题画》诗："敢言新巧夺天工，真觉神游粉墨中。"清·洪升《长生殿·密誓》："妃子巧夺天工，何须更乞。"孙中山《民权主义第六讲》："许多新发明，真是巧夺天工，是我们梦想不到的。"吴伯萧《猎户》："自然环境里有整饬的规划，野生的动植物衬托出人工饲养的巧夺天工。"

【考据】甄后：原是袁绍二儿子袁熙的妻子。204 年，曹操打败袁绍，占据了邺城（今河北临漳），曹丕得到了她，因曹丕后为魏文帝，所以，后人称她为甄后。

穷心剧力 qióng xīn jù lì

【词源】宋·王令《答刘公著微之书》："今夫穷心剧力，茫然日以雕刻为事，而不暇外顾者，其成何哉？"

【注】穷：尽。剧：甚、极。形容程度深。

【释义】用尽心机，全力以赴。

【考据】见"门隙发鳟"。

曲受谗谮 qū shòu chán zèn

【词源】唐·吴兢《贞观政要·杜谗邪·第二十三》："贞观初，太宗谓侍臣曰：'朕观前代谗佞之徒，皆国之蟊贼也。或巧言令色，朋党比周；若暗主庸君，莫不以之迷惑，忠臣孝子所以泣血衔冤。故丛兰欲茂，秋风败之；……'魏征曰：'《礼》云："戒慎乎其所不睹，恐惧乎其所不闻。"《诗》云："恺悌君子，无信谗言。谗人罔极，交乱四国。"又孔子曰："恶利口之覆邦家"，盖为此也。臣尝观自古有国有家者，若曲受谗谮，妄害忠良，必宗庙丘墟，市朝霜露矣。愿陛下深慎之！'"

【注】曲：不公正、不正确。谗：谗言、坏话。谮：说坏话陷害人。

【释义】错误地听信那些谗陷好人的坏话。

【考据】魏征，见"白玉微瑕"。

驱驴宰相 qū lǘ zǎi xiàng

【典源】唐·张鷟(zhuó)《朝野佥载》："唐王及善才行庸猥，风神钝浊。为内侍时，人号为'鸠集凤池'。俄迁文昌右相，无它政，但不许令史之驴入台，终日追逐，无时暂舍。时人号'驱驴宰相'。"

【释义】泛指热衷于繁杂琐事，不理政务或没有能力处理政务的官员。

【考据】见"鸠集凤池"。

取易守难 qǔ yì shǒu nán

【词源】唐·魏征《谏太宗十思疏》："凡百元首，承天景命，善始者实繁，克终者盖寡。岂取之易守之难乎？盖在殷忧必竭诚以待下，既得志则纵情以傲物；竭诚则胡越为一体，傲物则骨肉为行路。虽董之以为严刑，振之以威怒，终苟免而不怀仁，貌恭而不心服。"

【注】取：攻下、夺取。守：防守、守好。

【释义】夺取天下容易，守住天下困难。形容创业容易，守业难。

【书证】清·张廷玉等《明史·卷二百五十九·列传第一百四十七》："廷弼不得已出关，次右屯，而驰奏海州取易守难，不宜轻举。"

R

人来人往 rén lái rén wǎng

【词源】元·郑光祖《王粲登楼》第一折："(店小二云)酒店门前三尺布，人来人往图主顾。好酒做了一百缸，全有九十九缸似滴醋，自家店小二是也。”

【释义】人来来往往连续不断。也形容忙于应酬。

【书证】清·曹雪芹《红楼梦》第一百一十回：“这两三天人来人往，我瞧着那些人都照应不到，想必你没有吩咐，还得你替我们操点心儿才好。”

【考据】见“王粲登楼”。

人情世故 rén qíng shì gù

【词源】明·汤显祖《邯郸记·合仙》：“度却卢生这一人，把人情世故都高谈尽，则要你世上人梦回时心自忖。”

【注】人情：人与人之间的情感。世故：待人接物的处世经验。

【释义】谓处世为人的准则方法和旧历旧例。

【书证】明·冯梦龙《醒世恒言》第二十一卷：“可惜你满腹文章，看不出人情世故。”清·黄小配《廿载繁华梦》第三十回：“正是人情世故，转面炎凉。”郭沫若《韩非子的批判》：“我们读他的《说难》、《难言》那些文章吧，那对于人情世故的心理分析是怎样的精密。”巴金《春》第五章：“人年纪大了，就明白一点，多懂点人情世故。”

【考据】见“黄粱美梦”。

人我是非 rén wǒ shì fēi

【词源】元·马致远《黄粱梦》第四折：“(东华帝君云)你既省悟了，一梦中十八年，见了酒色财气，人我是非，贪嗔痴爱，风霜雨雪。”

【注】是非：争执，纠纷。

【释义】人与人之间的各种利害冲突和是非纠纷。

【书证】明·无名氏《度黄龙·楔子》：“一梦之中，见了人我是非，得失荣枯，遂有出尘之志。”

【考据】见“残茶剩饭”。

日陵月替 rì líng yuè tì

【词源】唐·吴兢《贞观政要·卷一·君道第一(凡五章)》：“贞观十五年，太宗谓侍臣曰：‘守天下难易？’侍中魏征对曰：‘观自古帝王，在于忧危之间，则任贤受谏。及至安乐，必怀宽怠，言事者惟令兢惧，日陵月替，以至危亡。圣人所以居安思危，正为此也。安而能惧，岂不为难？’”

【注】陵：磨砺。替：衰败、替代。

【释义】一些好的治政措施在

经年累月的磨砺中，逐渐被边缘化，甚至被取代。

【书证】清·郭嵩焘《诗文集·笙陔（gāi）五叔大人六十寿序》：“学校之衰，盖自干隆之际，诚亦风会然载！而为学官者，窳（yǔ）惰驰易，几不知学校之为何事，学官弟子之为何人，日陵月替，视为故常，所以来远矣！”

【考据】魏征，见“白玉微瑕”。

如雷贯耳 rú léi guàn ěr

【词源】元·郑光祖《王粲登楼》第一折：“（曹学士云）久闻贤士大名，如轰雷贯耳，今得拨云雾见青天，实乃曹植万幸。”

【注】贯：穿入，进入。

【释义】声响如雷传入耳内。形容人的声威影响很大。

【书证】元·无名氏《冻苏秦·第一折》：“久闻先生大名，如雷贯耳。”明·施耐庵《水浒传》第六十一回：“小可久闻员外大名，如雷贯耳。”

【考据】见“王粲登楼”。

辱门败户 rǔ mén bài hù

【词源】元·马致远《黄粱梦》第二折：“（老院公唱）是你辱门败户先自歪，做的来漏面搭菜，把花言巧语枉铺排。”

【注】辱：辱没。败：败坏。

【释义】辱没家族声誉，败坏家庭名声。

【书证】元·李文蔚《燕青博鱼》第一折：“哥哥，俺是甚等样人家，着他辱门败户。”《元曲选·曲江池》：“这等辱门败户羞人甚，倒也不若无儿一世孤。”

【考据】见“残茶剩饭”。

S

深思熟虑 shēn sī shú lǜ

【词源】唐·吴兢《贞观政要·君臣鉴戒第六（凡七章）》：“贞观十四年，特进魏征上疏曰：‘臣闻君为元首，臣作股肱，齐契同心，合而成体，体或不备，未有成人。……荀卿子曰：“君，舟也。民，水也。水所以载舟，亦所以覆舟。”故孔子曰：“鱼失水则死，水失鱼犹为水也。”故唐、虞战战栗栗，日慎一日。安可不深思之乎？安可不熟虑之乎？’”

【释义】反复深入地思虑考量。

【书证】宋·张孝祥《代揔得居士与叶参政》:"今者相公既专宥密之奇,深思熟虑,日不暇给,将以戡外侮而隆内治。"宋·苏轼《策别第九》:"而其人亦得深思熟虑,周旋于是,不过十年,将必有卓然可观者也。"宋·欧阳修《辞免第二状》:"苟非深思熟虑,理须避让,岂敢固自稽迟以干典宪。"明·焦竑《玉堂丛语·规讽》:"不深思熟虑,身任其责,惟阳敛阴施,掩人耳目,虽曰自保,其实误国。"茅盾《一个人的烦恼》:"他这一行动,虽然自以为是深思熟虑的结果,其实还是一时冲动。"

【考据】魏征,见"白玉微瑕"。

神嚎鬼哭 shén háo guǐ kū

【词源】元·无名氏《马陵道》第二折:"(庞涓云)郑安平,公子在那里,立等回话哩。兀那刽子,你近前来,我嘱咐你:'刖足之时,我着你轻着,你便重着,我说浅着,你便深着……'(刽子云)理会的。孙膑,请出你那尊足来。(庞涓云)轻着些儿。(又云)浅着些儿。(刽子刖足科)(孙膑云)兀的不痛杀我也!(庞涓云)将酒来,哥哥苏醒者!您兄弟备下香喷喷三盏安魂酒,你吃了便定疼也。(孙膑唱)[二煞]我饮过这香喷喷三盏儿安魂酒,则被你闪杀我也血渌渌一双脚指头。刀落处鼻痛心酸,皮开肉绽,筋骨相离,鲜血浇流。哎,可怎生神嚎鬼哭,雾惨云昏,白日为幽。耳边厢只听得半空中风吼,莫不是相天地替人愁!"

【注】嚎:大声喊叫。泣:哭。

【释义】形容发泄性的大声哭喊。

【书证】明·施耐庵《水浒传》第六十六回:"此时北京城内百姓黎民,一个个鼠窜狼奔,一家家神号鬼哭。"清·吴趼人《二十年目睹之怪现状》第二十五回:"真真气煞人!今天那贱人忽然嚷起肚子痛来,嚷了个神嚎鬼哭,我见他这样辛苦,便来请先生。"

【考据】见"八面威风"。

圣相 shèng xiàng

【典源】元·脱脱、阿鲁图《宋史·卷二百八十二·列传第四十一》:"沆为相,王旦参政事,以西北用兵,或至旰食。旦叹曰:'我辈安能坐致太平,得优游无事耶?'沆曰:'少有忧勤,足为警戒。他日四方宁谧，朝廷未必无事。’后契丹和亲，旦问何如，沆曰：‘善则善矣，然边患既息，恐人主渐生侈心耳。’旦未以为然。沆又日取四方水旱盗贼奏之，旦以为细事不足烦上听。沆曰：‘人主少年，当使知四方艰难。不然，血气方刚，不留意声色犬马，则土木、甲兵、祷祠之事作矣。吾老，不及见此，此参政他日之忧也。’沆没后，真宗以契丹既和，西夏纳款，遂封岱祠汾，大营宫观，搜讲坠典，靡有暇日。旦亲见王钦若、丁谓等所为，欲谏则业已同之，欲去则上遇之厚，乃以沆先识之远，叹曰：‘李文靖真圣人也。’当时遂谓之‘圣相’。”

【注】圣：具有最高智慧和道德的人。相：丞相。李文靖：李沆因病死于任上，谥文靖。

【释义】功勋卓著、德高望重的丞相。

【考据】见“仅容旋马”。

十恶不赦 shí è bù shè

【典源】唐·魏征《隋书》卷二十五志第二十：“孝昭在藩，已知其失，即位之后，将加惩革，未几而崩。武成即位，思存轻典，大宁元年，乃下诏曰：‘王者所用，唯在赏罚，赏贵适理，罚在得情。然理容进退，事涉疑似，盟府司勋，或有开塞之路，三尺律令，未穷画一之道。想文王之官人，念宣尼之止讼，刑赏之宜，思获其所。自今诸应赏罚，皆赏疑从重，罚疑从轻。’又以律令不成，频加催督。河清三年，尚书令、赵郡王睿等，奏上《齐律》十二篇：……又列重罪十条：一曰反逆，二曰大逆，三曰叛，四曰降，五曰恶逆，六曰不道，七曰不敬，八曰不孝，九曰不义，十曰内乱。其犯此十者，不在八议论赎之限。”

【注】孝昭：北齐孝昭帝高演。武成：北齐武成帝高湛。恶：这里指罪行。赦：赦免。

【释义】罪恶极大，不可饶恕。

【书证】元·关汉卿《窦娥冤》第四折：“这药死公公的罪名，犯在十恶不赦。”鲁迅《致许寿裳》：“仆审现在所出书无不大害青年，其十恶不赦之思想令人肉颤。”

【考据】魏征，见“白玉微瑕”。

时移事异 shí yí shì yì

【词源】唐·吴兢《贞观政要·

论悔过·第二十四》:“贞观中,太子承干多不修法度,魏王泰以才能为太宗所重,特诏泰移居武德殿。魏征上疏谏曰:‘魏王既是陛下爱子,须使知定分,常保安全,每事抑其骄奢,不处嫌疑之地也。今移居此殿,使在东宫之西,海陵昔居,时人以为不可,虽时移事异,犹恐人之多言。’”

【注】移:移动,改变。异:不同。

【释义】时间和事件都发生了变化。

【考据】魏征,见“白玉微瑕”。

识几知变 shí jǐ zhī biàn
识时达务 shí shí dá wù

【词源】唐·魏征《为李密檄荥阳守郇(xún)王庆文》:“……但为识宝鼎之迁移,知神器之先改,河决不可壅,树颠不可维,所谓元览通人,明鉴君子者矣。而王之先代,家住山东,本姓郭氏,乃非杨族。只为宿与隋朝,颇有勋旧,遂得预沾磐石,名在葭莩。娄敬之与汉高,殊非血允;吕布之于董卓,良异天亲。芝焚蕙叹,事不同此。又王之昏主,心若豺狼,储忿同胞,乃甚沈阋。惟勇及谅,咸罄甸师。魏文之毒任城,汉武之鸩河献,假使宗祧是一,疏不间亲,况乃族类为非,有何疑阻?王之为臣,无所献纳,不能曲突徙薪,除烦去惑,致令四海鼎沸,百姓乱麻,高垒深沟,自固而已。藩屏之寄,岂若是乎?欲免大责,其可得也?为王计者,莫若举城从义,开门送款,识几知变,足为美谈,乃至子孙,长守富贵。”

【注】几:在古语中有“隐微”、“事的迹兆”和“危险”三解。故这里指危险的处境和迹象之意。

【释义】认识所面临的处境及前景,作出正确抉择。泛指看清形势,把握机遇,灵活应变。

【书证】唐·韩愈《昌黎集·十九·与袁相公书》:“又习于吏职,识时知变,非如儒生文士止有偏长。”清·曹雪芹《红楼梦》第九十九回:“他不多几年,已巴到极顶的分儿,也只为识时达务,能够上和下睦罢了。”

【考据】出自魏征为李密征伐荥阳守郇王庆文所作的檄书。

手到拈来 shǒu dào niān lái

【词源】明·施耐庵《水浒传》第六十一回:“小生凭三寸不烂之舌,直往北京说卢俊义上山，如探囊取物，手到拈来。”

【注】拈：用手指取物。

【释义】比喻办事容易，不费力。

【书证】明·施耐庵《水浒传》第八十回：“那个人便是浪里白条张顺，水里拿人，浑如瓮中捉鳖，手到拈来。”

【考据】见“云屯雾集”。

守道安贫 shǒu dào ān pín

【词源】五代·赵莹、桑维翰、刘昫等《旧唐书·卷九十·列传第四十》：“王及善，洺州邯郸人也。……史官曰：王及善在孝敬东宫，诚能奉职。当俊臣下狱，力谏除凶，是忧滥及贤良，而欲明彰羽翼，兴复之志，不谓无心。……及善奉职，非无智力。景俭当权，不谓不贤。雄文高节，少连为绝。守道安贫，怀远当仁。钦望之属，片善何足。谄媚再思，只宜遄(chuán)速。”

【注】守：遵守。道：道义。安：安心。

【释义】恪守纲纪，上无奢欲。

【书证】《宋史·卷四百四十四·列传第二百三十》：“王无咎，字补之，建昌南城人。第进士，为江都尉、卫真主簿、天台令，弃而从王安石学，久之，无以衣食其妻子，复调南康主簿，已又弃去。……安石上章荐其才行该备，守道安贫，而久弃不用，诏以为国子直讲，命未下而卒，年四十六。”

【考据】见“鸠集凤池”。

书之笏 shū zhī hù

【典源】宋·欧阳修《新唐书·卷九十七·列传第二十二》：“(魏征死)帝后临朝叹曰：‘以铜为鉴，可正衣寇；以古为鉴，可知兴替；以人为鉴，可明得失。朕尝保此三鉴，内防己过。今魏征逝，一鉴亡矣。朕比使人至其家，得书一纸，始半稿，其可识者曰：“天下之事，有善有恶，任善人则国安，用恶人则国弊。公卿之内，情有爱憎，憎者惟见其恶，爱者止见其善。爱憎之间，所宜详慎。若爱而知其恶，憎而知其善，去邪勿疑，任贤勿猜，可以兴矣。”其大略如此。朕顾思之，恐不免斯过。公卿侍臣可书之于笏，知而必谏也。’”

【注】笏：古代大臣朝见时拿的手板，用以记事。

【释义】把魏征的话写在笏板上。意谓把重要的事牢记心上。

【书证】宋·苏轼《送欧阳推官

赴华州监酒》:“喜见三年少,俱有千里骨。千里不难到,莫遣历块蹶。临分出苦语,愿子书之笏。”

【考据】唐太宗因感念魏征生前的忠贞而出此语。

数白论黄 shǔ bái lùn huáng

【词源】明·汤显祖《邯郸记·赠试》:“(前腔)(旦)有家兄打圆就方,非奴家数白论黄。少他呵,紫阁金门路渺茫,上天梯有了他气长。”

【注】白:指银子。黄:指金子。数:查点。论:理论。

【释义】这里指依仗金银贿赂官场,祈求中试。也喻计较金钱。

【书证】明·周楫《西湖二集》第二十卷:“只要有钱,事事都好做。有《邯郸记》曲为证:‘有家兄打圆就方,非奴家数白论黄。少了他呵,紫阁金门路渺茫,上天梯有了他气长。’”

【考据】明·汤显祖的《邯郸记》是依据唐·沈既济的《枕中记》改编的。见“黄粱美梦”。

水断陆绝 shuǐ duàn lù jué

【词源】宋·王令《与邵不疑书》:“穷南之珠,极西之玉,山海之犀象,蜀里之锦,楚南荆北之材,天下之殊也,然皆水断陆绝。”

【注】断:断绝。绝:阻隔。

【释义】路途遥远,山阻水隔,不能相通。

【考据】王令(1032—1059):字逢原,初字钟美,原籍元城(今邯郸市大名县)人,因幼年丧亲失养,寄食于游宦广陵之叔祖父王乙,遂占籍广陵(今江苏扬州)。王令少时尚意气,后折节力学,他一生不求仕进,以教授生徒为业,往来于瓜洲、天长、高邮、江阴等地。王安石对他极为赏识,认为“可以任世之重而有功于天下”(《王逢原墓志铭》),誉之曰“窃以谓可畏惮而有望其助我者,莫逾此君”。正是由于王安石的发现和推崇,王令的诗得以传抄,且在北宋诗坛大放光彩。

水米无交 shuǐ mǐ wú jiāo

【词源】唐·魏征《隋书·卷七十三·列传第三十八》:“(赵轨)在(齐)州四年,考绩连最。持节使者郃阳公梁子恭状上,高祖嘉之,赐物三百段,米三百石,征轨入朝。父老相送者各挥涕曰：‘别驾在官，水火不与百姓交，是以不敢以壶酒相送。公清若水，请酌一杯水奉饯。’轨受而饮之。”

【注】水火：这里指百姓水米等类的财物。交：交往。

【释义】指赵轨和百姓之间从没有任何财物交往。意为不取百姓财物。泛指为官清正廉洁。

【书证】元·关汉卿《谢天香》第四折：“老夫在此为理三年，治百姓水米无交，于天香秋毫不染。”《群音类选·桃园记·独行千里》：“还金印绶，与他水米无交。”清·文康《儿女英雄传》第八回：“我与他也是水米无交，今日才见。”

【考据】魏征，见“白玉微瑕”。

说到曹操，曹操就到

shuō dào cáo cāo cáo cāo jiù dào

【典源】清·曾朴《孽海花》第二十九回：“一壁笑着道：‘无巧不成书！说到曹操，曹操就到。职道才和美菽在裁判所里遇见陈千秋，正和美菽讲哩！这个人，职道从小认识的，是个极聪明的少年，可惜做了革命党。’”

【释义】谈论到某人，某人恰巧来了。喻人来得机缘巧合。

【书证】敖德观《浮云·第三部分·内战年代》：“到家时家里的灯光通明，姆妈、姐姐、哥哥全家人都还没睡，突然间见我回来都又惊又喜。母亲连说：‘说到曹操，曹操就到。’”

【考据】曹操（155—220）：即魏武帝，东汉末沛国谯（今安徽亳州市）人，字孟德，杰出的政治家、军事家和文学家。建安元年（196），迎献帝都许昌。建安九年（204）攻下邺城（即今邯郸市临漳县西古邺城），同年进位丞相，后封魏王。长期经营邺地达16年。其间，以邺城为根据地，统一了北方的割据局面。至建安二十五（220）年卒于洛阳，谥号武，葬邺城高陵。魏文帝黄初时追尊武帝，庙号太祖。

死日生年 sǐ rì shēng nián

【词源】唐·吴兢《贞观政要·慎终第四十（凡七章）》：“贞观十三年，魏征恐太宗不能克终俭约，近岁颇好奢纵，上疏谏曰：‘……臣诚愚鄙，不达事机，略举所见十条，辄以上闻圣听。伏愿陛下采臣狂瞽之言，参以刍荛之议，冀千虑一得，衮职有补，则死日生年，甘从斧钺。’”

【释义】“虽死之日，犹生之年”的缩语。意谓不惜以死报答别人对自己的恩惠。

【书证】唐·赵元一《奉天录》卷三：“愿陛下天威远借，死日生年，臣之愿也！”

【考据】魏征，见“白玉微瑕”。

送君千里，终有一别

sòng jūn qiān lǐ zhōng yǒu yī bié

送君千里，终须一别

sòng jūn qiān lǐ zhōng xū yī bié

【词源】元·无名氏《马陵道·楔子》：“……（庞涓背云）如何？我为着甚么着他舒着手接我过去？倘有疏失，我拿住他的手，可不我倒他也倒。（回云）哥哥，将你手来。（正末云）兄弟，兀的不是手。（做拿孙膑手过。庞涓云）过来了。兀的不唬杀我也。哥哥，送君千里，终有一别。哥哥你回去，您兄弟若得官呵，必然保举哥哥，同享富贵。若不如此，天厌其命，做马为牛，如羊似狗。（孙膑云）兄弟，你休这般说，我买一壶儿酒，与兄弟饯行咱。（庞涓云）量兄弟有何德能，着哥哥如此用心也。（孙膑云）兄弟，满饮此杯。（庞涓云）多谢了哥哥。（正末云）兄弟此一去，则要你着意者。（唱）[仙吕][赏花时]想着咱转笔抄书几度春，常则是刺股悬梁不厌勤。你今日践红尘，只愿你此去呵功名有准，早开阁画麒麟。”

【注】君：对对方的尊称。终有：总有。

【释义】送得再远，总是要分别的。

【书证】明·施耐庵《水浒传》第二十三回：“武松挽住宋江说道：‘尊兄不必远送。常言道：送君千里，终须一别。’”

【考据】见“八面威风”。

T

剔蝎撩蜂 tī xiē liáo fēng

【词源】元·纪君祥《赵氏孤儿》第二折：“（公孙杵臼云）：程婴，你也说的是。我想那屠岸贾与赵驸马呵，（唱）[三煞]这两家做下敌头重。但要访的孤儿有影踪，必然把太平庄上兵围拥，铁桶般密不通风。（云）那屠岸贾拿住了我，高声喝道：‘老匹夫岂不见三日前出下榜文，偏是你藏下赵氏孤儿。与俺作对，请波请波！'（唱）则说老匹夫请先入瓮，也须知榜揭处天都动；偏你这罢职归田一老农，公然敢剔蝎撩蜂。"

【注】剔蝎：剔除蝎子。撩蜂：撩拨蜂虫。

【释义】主动攻击对方，泛指招惹是非。

【书证】元·无名氏《小尉迟》第一折："常是个争龙斗虎，剔蝎撩蜂。"明·无名氏《四马投唐》第二折："你待要剔蝎撩蜂惹战斗，劝着对越不瞅，你待要与唐家做对头。"

【考据】见"安然如故"。

天下伟器 tiān xià wěi qì

【词源】唐·魏征《隋书·卷四十二·列传第七》："李德林，字公辅，博陵安平人也。祖寿，湖州户曹从事。父敬族，历太学博士、镇远将军。魏孝静帝时，命当世通人正定文籍，以为内校书，别在直阁省。德林幼聪敏，年数岁，诵左思《蜀都赋》，十余日便度。高隆之见而嗟叹，遍告朝士，云：'若假其年，必为天下伟器。'邺京人士多就宅观之，月余，日中车马不绝。年十五，诵五经及古今文集，日数千言。俄而该博坟典，阴阳纬候，无不通涉。善属文，辞核而理畅。"

【注】伟：才识卓越。器：才能。

【释义】喻人才识卓越，智能超群。

【考据】魏征，见"白玉微瑕"。

W

万古流芳 wàn gǔ liú fāng
万古留芳 wàn gǔ liú fāng

【词源】元·纪君祥《赵氏孤儿》第二折："（程婴云）老宰辅，你若存的赵氏孤儿，当名标青史，万古留（流）芳。"

【注】万古：千秋万代。流芳：美名传扬。

【释义】英名、美名世代流传。

【书证】元·无名氏《延安府》第四折："汉廷汲黯忠，唐室魏征良。见如今千载名扬，万古流芳，史记谈扬，一个个凌烟阁画图像。"杨朔《三千里江山》："从日本的奴役下解放朝鲜人民，并确保朝鲜的自由与独立的伟大苏军万古流芳！"

【考据】见"安然如故"。

万剐千刀 wàn guǎ qiān dāo
千刀万剐 qiān dāo wàn guǎ

【词源】元·纪君祥《赵氏孤儿》第三折："（公孙杵臼唱）见程婴心似热油浇，泪珠儿不敢对人抛，背地里揾了。没来由割舍的亲生骨肉吃三刀。（云）屠岸贾那贼，你试觑者。上有天哩，怎肯饶过的你，我死打甚么不紧！（唱）［鸳鸯煞］我七旬死后偏何老，这孩儿一岁死后偏何小。俺两个一处身亡，落得个万代名标。我嘱咐你个后死的程婴，休别了横亡的赵朔。畅道是光阴过去得疾，冤仇报复得早。将那厮万剐千刀，切莫要轻轻地素放了。"

【注】剐：从骨头上剔肉。

【释义】千刀割肉，万刀剔骨。古时用来惩处罪大恶极罪犯的一种极刑。

【书证】元·无名氏《盆儿鬼》第四折："即日押赴市曹，将他万剐千刀，凌迟处死。"明·冯梦龙《醒世恒言》卷三十七："激得将军大怒，遂将韦氏千刀万剐。"清·孔尚任《桃花扇·誓师》："谁敢再有二心，俺便拿送辕门，听元帅千刀万剐。"

【考据】见"安然如故"。

王粲登楼 wáng càn dēng lóu

【典源】宋·高似孙《木兰花慢》："风声习气想风流。终拟觅菟裘。待射虎南山，短衣匹马，腾踏清秋。黄尘道，何时了，料故人、应也怪迟留。只问寒沙过雁，几番王粲登楼。"

【注】登：由低处走到高处。

【释义】王粲曾到荆州投刘表，不为所重。期间作《登楼赋》留世，深受后人推崇，常作为怀念故园乡土的典故引用，借以抒发对故土乡情的思恋和怀念。

【书证】宋·周密《一萼红·登蓬莱阁有感》："故国山川，故园心眼，还似王粲登楼。"明·徐三阶《节侠记·遁荒》："休，休，绝塞羁留，怎如王粲登楼？"

【考据】王粲（177—217）：字仲宣东汉末山阳高平人。王粲于建安十三年（208）归曹操。辟丞相椽。"建安七子"之一。著有诗、赋、论、议 60 篇，尤以诗赋见长。其《七哀诗》、《咏史》、《从军行五首》均辑入《古诗词鉴赏辞典》。刘勰称其为"七子之冠"。后人辑有《王侍中集》。

王叟大悟 wáng sǒu dà wù

【典源】宋·李昉《太平广记·卷第一百六十五·廉俭(吝啬附)》:“天宝中,相州王叟者,家邺城。富有财,唯夫与妻,更无儿女。积粟近至万斛,而夫妻俭啬颇甚,常食陈物,才以充肠,不求丰厚。庄宅尤广,客二百余户。叟尝巡行客坊,忽见一客方食,盘餐丰盛,叟问其业。客云:‘唯卖杂粉香药而已。’叟疑其做贼,问汝有几财而衣食过丰也?此人云:‘唯有五千之本,逐日食利,但存其本,不望其余。故衣食常得足耳。’叟遂大悟,归谓妻曰:‘彼人小得其利,便以充身,可谓达理。吾今积财巨万,而衣食陈败,又无子息,将以遗谁?’遂发仓库,广市珍好,恣其食味。”

【注】悟:觉醒,启发。

【释义】受别人的言行启发,突然醒悟明白过来。

【考据】王叟居邺城,即今邯郸市临漳县西。

往日无仇,近日无冤

wǎng rì wú chóu jìn rì wú yuān

无冤无仇 wú yuān wú chóu

【词源】元·纪君祥《赵氏孤儿》第三折:“(屠岸贾云)咄!你这匹夫,你怎瞒得过我。你和公孙杵臼往日无仇,近日无冤,你因何告他藏着赵氏孤儿?你敢是知情么!说的是,万事全休;说的不是,令人磨的剑快,先杀了这个匹夫者。”

【注】仇:仇恨。冤:通怨,怨恨。

【释义】过去没有仇恨现在也没有怨恨。指彼此间没有隔阂。

【书证】元·无名氏《神奴儿》第二折:“婶子,我和你往日无冤,近日无仇。”明·施耐庵《水浒全传》第七回:“我与你二位,往日无仇,近日无冤。你二位如何救得小人,生死不忘!”

【考据】见“安然如故”。

物阜民熙 wù fù mín xī

物阜民安 wù fù mín ān

【词源】元·高文秀《渑池会》第二折:“(赵成公云)相如,你去秦国为使,玉璧一事如何?(蔺相如云)主公,小官托主公之威,到于秦国,见了昭公。秦公见小官对答如流,大喜,欲要玉璧。小官见秦公无心与俺连城,被小官辗转的说过。小官暗出潼关,全璧而回。(赵成公做喜科,云)

大夫真是个谋如伊尹，智若傅说，全璧归国，智过上古之贤也！（蔺相如云）小官不敢。（唱）[迎仙客]臣不曾调鼎鼐，又不曾理盐梅，怎做的那济为楫旱为霖伊傅比。（赵成公云）想昭公乃虎狼之国，兴心贪图玉璧，你完宝而还，实为难矣。（蔺相如唱）我则待罢刀兵，安社稷。则要的物阜民熙，则俺这为臣子要当竭力。”

【注】阜：丰富。熙：安乐。

【释义】亦作“物阜民安”。比喻太平盛世，物产丰富，百姓安康。

【书证】明·凌濛初《初刻拍案惊奇》卷二十：“（裴安卿）莅任半年，治得那一府物阜民安，词清讼简。”

【考据】见“唇枪舌剑”。

雾惨云愁 wù cǎn yún chóu

【词源】元·无名氏《马陵道》第四折：“（齐公子云）……六国诸将士听者：（词云）奈庞涓擅起戈矛，生扰乱六国诸侯。自恃的英雄无敌，妒孙子假意相求。只等待下山入魏。便与他赌胜争筹。因打阵结成嫌隙，索天书百计图谋；强中手偏生犯对，讽风魔一命终留。卜大夫载回齐国，拜军师坐拥貔貅。诸国将皆来助战。喊杀处雾惨云愁。用减灶佯输诡计，引追兵直过鸿沟。伏万弩马陵山谷，题大树决斩庞头。果然得分户奏凯，还报了刖足深仇。”

【释义】指一种撼天动地、悲壮惨烈的雄浑氛围。

【书证】元·安熙《仲冬初吉归途即事》诗：“雾惨云愁结暮阴，游方客子正悲吟。”

【考据】见“八面威风”。

X

膝行肘步 xī xíng zhǒu bù

【词源】唐·王勃《山亭思友人序》：“对酒。虽形骸真性，得礼乐于身中；而宇宙神交，卷烟霞于物表。至若开辟翰苑，扫荡文场，得宫商之正律，受山川之杰气。虽陆平原、曹子建，足可以车载斗量；谢灵运、潘安仁足可以膝行肘步。”

【释义】用膝盖和肘部匍匐前进。形容对他人的畏服。

【书证】元·高文秀《谇（suì）范

叔》第三折:“待到来日,膝行肘步,肉袒求见。”

【考据】曹植(192—232):字子建,曹操之三子,三国·魏沛国谯人,夙慧,有文才。早年为操所宠,汉献帝建安十六年封平原侯,十九年徙封临淄侯,一度欲立为太子。但因任性而行失宠。兄曹丕为帝,黄初三年封鄄城王,四年徙封雍丘王,备受猜忌。明帝太和三年徙封东阿王,又改封陈王。每冀试用,终不能得。十一年中三徙其都,郁郁而终,谥思,世称陈思王。文才富艳,善诗工文,与曹操、曹丕合称“三曹”。后人辑其所作成《曹子建集》。据《三国志·魏·陈思王传》载,曹植随父于204年入邺,时年仅12岁,居邺16年。期间,正是曹植风华正茂,文采飞扬,名满天下之时。

先下手为强

xiān xià shǒu wéi qiáng

【词源】元·纪君祥《赵氏孤儿》第四折:“(程婴云)程勃,你听者,这桩故事好长哩。当初那穿红的和这穿紫的,原是一殿之臣,争奈两个文武不和,因此做下对头,已非一日。那穿红的想道:先下手为强,后下手遭殃。暗地遣一刺客,唤做钽麑,藏着短刀,越墙而过。要刺杀这穿紫的。”

【注】强:强大,强势。

【释义】对决和对比情势下的一种制胜之策,先于他人出手。

【书证】明·吴承恩《西游记》第八十一回:“不趁此时下手,还到几时,正是‘先下手为强,后下手遭殃’!”明·凌濛初《二刻拍案惊奇》卷十七:“这个说不得。从来说‘先下手为强’。况且原该是我的。”马烽《吕梁英雄传》第二十回:“不管他三七二十一,先下手为强!”

【考据】见“安然如故”。

显祖扬宗 xiǎn zǔ yáng zōng
显祖荣宗 xiǎn zǔ róng zōng

【词源】明·无名氏《魏征改诏》第一折:“博得个官高禄重,都则要敬于事上要摅忠,咱人要立身行道,显祖扬宗。”

【注】显:显示、彰显。

【释义】谓使祖宗的声名显耀传扬。

【书证】明·冯梦龙《醒世恒言》第十九卷:玉娘道:“妾观郎君才品,必非久在人后者,何不觅便逃归，图个显祖扬宗，却甘心在此，为人奴仆，岂能得个出头的日子？”明·王玉峰《焚香记·离间》：“这求官是一件大事，倘得一举成名，不惟带挈我夫妻二人享用不尽，在你身上显祖荣宗，封妻荫子，所系不小。”

【考据】魏征：字玄成，唐魏州曲城（今邯郸市馆陶县）人，唐初政治家、思想家、史学家，深受唐太宗信任。

心怀叵测 xīn huái pǒ cè

【词源】明·罗贯中《三国演义》第五十七回：“马超曰：‘操奉天子之命以召父亲，今若不往，彼必以“逆命”责我亦。当乘其来召，竟往京师，于中取事，则昔日之志可展也。’马腾兄子马岱谏曰：‘曹操心怀叵测，叔父若往，恐遭其害。’”

【注】怀：心里怀着某种意想。叵：不可。

【释义】心里怀着不可揣测的不良动机。泛指奸诈人的阴暗心理。

【书证】明·冯梦龙《醒世恒言》第二十四卷：“（晋王广）却只是心怀叵测，阴贼刻深，好钩索人情深浅，又能为矫情忍询之事。”清·洪楝园《悬嶴（ào）猿·归神》：“都是这一个狗才设计骗将出来，以为自己富贵之地，是以吾阁部为奇货，居心叵测，天理不容。”鲁迅《华盖集续编·记“发薪”》：“近来有几个心怀叵测的名人间接忠告我，说我去年作文，专和几个人闹意见，不再论及文学艺术，天下国家，是可惜的。”

【考据】见“傲睨得志”。

心如刀刺 xīn rú dāo cì

【词源】明·冯梦龙《东周列国志》第九十九回：“公孙干置酒请吕不韦，不韦曰：‘座间别无他客，既是秦国王孙在此，何不请来同坐？’公孙干从其命，即请异人与不韦相见，同席饮酒。至半酣，公孙干起身如厕，不韦低声而问异人曰：‘秦王今老矣。太子所爱者华阳夫人，而夫人无子。殿下兄弟二十余人，未有专宠，殿下何不以此时求归秦国，事华阳夫人，求为之子，他日有立储之望。’异人含泪对曰：‘某岂望及此！但言及故国，心如刀刺，恨未有脱身之计耳。’不韦曰：‘某家虽贫，请以千金为殿下西游，往说太子及夫人，救殿下还朝，如何？’异人曰：‘若如君言，倘得富贵，与君共之！’”

【注】刀刺：刀扎。

【释义】内心痛苦得像被刀扎了一样。

【书证】明·凌濛初《二刻拍案惊奇》卷六：“里头翠翠闻知此信，心如刀刺，只得对将军说了，要到书房中来看看哥哥的病症。”清·吴趼人《二十年目睹之怪现状》第九十六回：“迂奶奶听了，更是心如刀刺，又是羞，又是恼，又是痛，又是怕。”

【考据】异人此时是秦国在邯郸的人质。后通过吕不韦结识赵姬，纳为妻室，生子嬴政，即后来的秦始皇。嬴政在邯长到八九岁时，异人才在吕不韦的斡旋下，带赵姬和嬴政回到秦国。

兴亡成败 xīng wáng chéng bài

【词源】元·马致远《黄粱梦》第二折：“（老院公唱）［幺篇］昨日上官时似花正开，今日迭配呵风乱筛。都是犯着年月日时该。（带云）休道咱小民呵！（唱）隋江山生扭做唐世界，也则是兴亡成败，怎禁那公人狠劣似狼豺！”

【注】兴：隆盛。亡：衰亡。

【释义】时代更迭瞬间事，世事变迁弹指间。

【考据】见“残茶剩饭”。

胸中无墨 xiōng zhōng wú mò
胸无点墨 xiōng wú diǎn mò

【词源】宋·吴子良《林下偶谈》：“俚俗谓不能文者为胸中无墨，盖亦有据。通典载，北齐策秀才书，有滥劣者，饮墨水一升。东坡监试呈诗试官云：‘麻衣职再著，墨水真可饮。’”

【释义】肚子里没有一点墨水。指人没有文化。

【书证】清·松云氏《英云梦传》：“此辈乃胸中无墨纨绔狂儿，惟图一时之乐，不思日后之贫……”清·淮阴百一居士《壶天录》卷上：“某家本殷实，父母以独子故，甚爱之，读书十年，胸无点墨。”蔡东藩《明史演义》第七十九回：“胸中无墨，何妨藏拙。奈何冒名延誉，自取祸戾？”清·吴趼人《二十年目睹之怪现状》第二十二回：“因为市上的书贾，都是胸无点墨的，只知道什么书销场好，利钱深，却不知什么书是有用的，什么书是没用的。”李六如《六十年的变迁》第二卷第九章：“马子青还不穿着漂漂亮亮吗？金丝眼镜，西装黄皮鞋，然而胸无点墨，谁瞧得起他?"

【考据】北齐:都邺,即今邯郸市临漳县西。

熊心豹胆 xióng xīn bào dǎn

【词源】元·纪君祥《赵氏孤儿》第三折:"(屠岸贾同程婴领卒子上,云)来到这吕吕太平庄上也。令人,与我围了太平庄者。程婴,哪里是公孙杵臼宅院?(程婴云)则这个便是。(屠岸贾云)拿过那老匹夫来。公孙杵臼,你知罪么?(公孙杵臼云)我不知罪。(屠岸贾云)我知你个老匹夫和赵盾是一殿之臣。你怎敢掩藏着赵氏孤儿!(公孙杵臼云)老元帅,我有熊心豹胆?怎敢掩藏着赵氏孤儿!"

【释义】熊的心、豹子的胆加在一起,比喻胆量大,无所畏惧。

【书证】明·无名氏《五马破曹》第二折:"都是些熊心豹胆能征将,怕甚么虎窟龙潭恶战场。"

【考据】见"安然如故"。

学成文武艺,货与帝王家

xué chéng wén wǔ yì huò yǔ dì wáng jiā

【词源】元·无名氏《马陵道·楔子》:"(正末扮孙膑同净庞涓上)(孙膑云)贫道孙膑,燕国人也。兄弟庞涓,乃魏国人氏。俺弟兄二人,一同天到云梦山水帘洞鬼谷先生跟前学业,可早十生光景也。俺两人兵书战策,都学成了。今日师父呼唤,不知有甚事。须索走一遭去来。(庞涓云)哥哥,今日师父呼唤俺二人,你说为什么来?自古道:学成文武艺,货与帝王家。必然见俺二人学业成就,着俺下山。进取功名。哥哥,俺和你见师父,看着谁先下山去。"

【注】艺:技艺、知识、本领。货:卖出。

【释义】指旧时学好文武才能,报效朝廷,建功立业。

【书证】元·郑光祖《王粲登楼》第一折:"(曹学士云)贤士差矣,却不道学成文武艺,货与帝王家。又道是十年窗下无人问,一举成名天下知。凭着贤士腹在才,神有剑,口能吟,眼识字,取富贵如反掌相似,何不进取功名,可怎生便回家去也?"元·高明《琵琶记》第四出:"自古道:学成文武艺,货与帝王家。秀才,你这般才学,如何不去做官?"明·冯梦龙《喻世明言》卷二十:"陈辛曰:'我正是学成文武艺,货与帝王家。'不数日，去赴选场，偕众伺候挂榜。旬日之间，金榜题名，已登三甲进士。"

【考据】见"八面威风"。

寻根拔树 xún gēn bá shù

【词源】元·纪君祥《赵氏孤儿·第四折》："（程勃即赵武云）：兀的不痛杀我也！（唱）［普天乐］听的你说从初，才使我知缘故；空长了我这二十年的岁月，生了我这七尺的身躯。原来自刎的是父亲，自缢的咱老母。说到凄凉伤心处，便是那铁石人也放声啼哭。我拼着生擒那个老匹夫，只要他偿还俺一朝的臣宰。更和那合宅的家属。（云）你不说呵，您孩儿怎生知道。爹爹请坐，受您孩儿几拜。（拜科）（程婴云）今日成就了你赵家枝叶，送的俺一家儿剪草除根了也。（做哭科）（赵武唱）［上小楼］若不是爹爹照觑，把你孩儿抬举，可不的二十年前早撄锋刃，久丧沟渠。恨只恨屠岸贾那匹夫，寻根拔树，险送的俺一家儿灭门绝户。"

【注】寻：寻觅。根：根源。

【释义】寻根觅源，彻除祸患。

【书证】清·俞越《七侠五义》："非是他必须要寻根拔树，只是遇见了便仿佛自己的事一般。"

【考据】见"安然如故"。

寻枝摘叶 xún zhī zhāi yè

【词源】宋·严羽《沧浪诗话·诗评》："诗有词、理、意兴。南朝人尚词而病于理，本朝人尚理而病于意兴，唐人尚意兴而理在其中，汉魏之诗词理意兴无迹可求。汉魏古诗气象混沌难以句摘，晋以还方有佳句，如渊明'采菊东篱下，悠然见南山'，谢灵运'池塘生春草'之类，谢所以不及陶者，康乐之诗精工、渊明之诗质而自然耳。谢灵运之诗无一篇不佳。黄初之后，惟阮籍咏怀之作极为高古，有建安风骨。晋人舍陶渊明、阮籍嗣宗外，惟左太冲高出一时，陆士衡独在诸公之下。颜不如鲍，鲍不如谢，文中子独取颜非也。建安之作全在气象，不可寻枝摘叶；灵运之诗，已是彻首尾成对句矣，是以不及建安也。"

【注】寻：寻找。摘：选取。

【释义】比喻观察、审视事物只着眼于细枝末节，抓不住本质特征。

【书证】明·吴又可《瘟疫论》：

"或颠倒误用,或寻枝摘叶,但治其症,不治其邪,同归于误一也!"

【考据】建安之作:指以三曹父子和"建安七子"为代表的文学成就,建安文学成就于邺城(今邯郸市临漳县西)。

Y

牙签万轴 yá qiān wàn zhóu

【词源】唐·韩愈《送诸葛觉往随州读书》:"邺侯家书多,插架三万轴,一一悬牙签,新若手未触。"

【注】牙签:古时藏书用来系在书函上的签牌,多用象牙或兽骨做成,以便查阅。轴:书画卷轴。

【释义】意谓藏书非常多。

【书证】南唐·李煜《题金缕子后》诗:"牙签万轴裹红绡,王粲书同付火烧。"宋·胡继宗《书言故事·书史》:"称人书多,牙签万轴。"明·徐霖《绣襦(rú)记·正学求君》:"牙签万轴绕芸窗,教子须知有义方。"

【考据】邺侯:指唐朝时被封邺侯的李泌。

烟聚波属 yān jù bō shǔ

【词源】隋·卢思道《北齐兴亡论》:"朝士无赖者,亦竞相谄媚,或送婢妾,或进子女,筐筐苞苴,烟聚波属。"

【注】聚:会合,聚拢。属:连接,跟随。

【释义】如烟之聚集,波之连接。比喻集聚太多,接踵而至。指北齐政坛腐败堕落之风蔓延朝廷各个角落,盘根错节积重难返。也可作褒义词,用来形容好事、丽事接连不断。

【考据】卢思道:范阳(今涿州)人。北齐时,在邺(北齐都城,今邯郸市临漳县西)为官,历北齐诸帝。

言不诡随 yán bù guǐ suí

【词源】唐·张说《齐黄门侍郎卢公神道碑》:"清明虚受,磊落标奇,言不诡随,行不苟合,游必英俊,门不尘杂。"

【注】诡:谲诈。随:听任。

【释义】说话不诡谲善变,随波逐流。谓说话负责任。

【书证】南宋·徐梦莘《三朝北

盟会编》:"窃闻中丞昔在禁掖,以代言不诡随获罪。"

【考据】卢公:即北齐黄门侍郎卢思道。见"八采卢郎"。

眼笑眉舒 yǎn xiào méi shū

【词源】元·胡只遹《沉醉东风》曲:"渔得鱼心满愿足,樵得樵眼笑眉舒。一个罢了钓竿,一个收了斤斧。林泉下偶然相遇,是两个不识字渔樵士大夫,他两个笑加加的谈今论古。"

【注】舒:伸展。心情舒畅的神情。

【释义】眉毛舒展,眼里流露着欢笑。

【书证】清·文康《儿女英雄传》第十五回:"说着,只乐得他手舞足蹈,眼笑眉飞。褚一官等在旁看了,也自欢喜。"

【考据】见"丰功懋烈"。

演武修文 yǎn wǔ xiū wén

【词源】元·纪君祥《赵氏孤儿》第一折:"(韩厥云)程婴,你好去的不放心也!(唱)[醉扶归]你为赵氏存遗胤,我于屠贼有何亲?却待要乔做人情遣众军,打一个回风阵。你又忠我可也有信,你若肯舍残生,我也愿把这头来刎。[青歌儿]端的是一言一言难尽。(带云)程婴,(唱)你也忒眼内无珍。将孤儿好去深山深处隐,那其间教训成人,演武修文;重掌三军,拿住贼臣;碎首分身,报答亡魂,也不负了我和你硬踩这是非门,担危困。"

【注】演武:演习武艺。修文:研究学习礼乐文才,典章史籍。

【释义】指演练武艺,修习文典。喻文武并举。

【书证】无名氏《曹彬下江南》第一折:"圣皇治世掌山川,演武修文将相全。"

【考据】见"安然如故"。

燕俦莺侣 yàn chóu yīng lǚ
燕侣莺俦 yàn lǚ yīng chóu

【词源】元·胡只遹《点绛唇·赠妓》词:"风度高闲,水仙花露香吐。等闲尊俎。细听黄金缕。命薄秋娘,梦断霓裳舞。黄梅雨,燕俦莺侣,那解芳心苦。"

【注】俦,伴侣。

【释义】形容男女欢爱如燕莺般和谐相伴。

【书证】元·王实甫《西厢记》第三本第三折:"只为这燕侣莺

俦，锁不住心猿意马。”明·陈汝元《金莲记·弹丝》：“我梦巫柳蒲之质，何日成燕侣莺俦。”元·徐琰《青楼十咏·小酌》：“结凤世鸾交凤友，尽今生燕侣莺俦。”

【考据】见“丰功懋烈”。

野草闲花 yě cǎo xián huā

【词源】元·无名氏《马陵道·楔子》：“（鬼谷子领道童上，诗云）暑往寒来春复秋，夕阳西下水东流。将军战马今何在，野草闲花满地愁。贫道鬼谷子是也。自从庞涓到于魏国，受了武阴君之职。他举荐孙子下山，共同为官。贫道观其气色，此一去必有灾难。如今设下坛场，缚起个草人，待贫道登坛，召取诸天神将，看其休咎，便见分晓。”

【注】野：旷野。闲：与正事或自己无关的。

【释义】这里喻花草与世事无涉。借“野草闲花满地愁”，抒发鬼谷子对自己门徒的牵挂之情。亦指旧时的娼妓，或插足别人家庭、婚姻的轻浮女子。

【书证】元·无名氏《渔樵记》第三折：“他和那青松翠柏为交友，野草闲花做近邻。”元·戴善夫《风光好》第三折：“此别后，我专想着你玉堂金马怀离恨，谁再与野草闲花做近邻！”元·无名氏《白兔记·分别》：“叮咛嘱咐三四声，野草闲花莫要寻。”明·汤显祖《紫钗记·哭收钗燕》：“俺见鞍思马，难道他是野草闲花？”

【考据】司马迁在《史记·卷六十九苏秦列传第九》和《史记·卷七十张仪列传第十》里，都有苏秦、张仪俱事鬼谷先生的记载。《中国人名大辞典》王诩条载：“王诩，居鬼谷。号鬼谷先生。苏秦张仪尝从之学纵横术。在世数百岁，后不知所之。著有《鬼谷子》。”在其鬼谷子条中补记说：“鬼谷子，无乡里族姓名字，因其所居，称曰鬼谷子先生。张仪、苏秦皆师事之。或云姓王名诩……隋志有鬼谷子一卷，盖其所著书也。或云后人讹撰。或云鬼谷子，一号玄微子……”民间又有王禅老祖之称。综上所述，鬼谷子在历史上是一位神秘的高人、奇人。纵横家称其为先师；兵家称其为师祖；仙道家称其为真人；阴阳家称其为祖师爷。可见其活动的范围之广、影响之大。在历史上遗迹之多，也是旷古未有的。仅现知其在全国的遗迹就有十多处。中国社会科学院历史研究所研究员、中国先秦史学会常务副会长孟世凯在解释这一现象时说："鬼谷子是一位不求官之隐者，可能曾漂泊于不少地方隐居，故传于后世名为鬼谷之地就出现了十余处之多。"早在1994年，全国首届鬼谷子研究会在河南省淇县举行，与会的文史界、考古界专家就曾到临漳县实地考察论证，并查阅了包括《临漳县志》等地方史志的记载，确认鬼谷子诞生在今临漳县香菜营乡的鬼谷子村至盐食村一带。邯郸地方学者张子欣、邓中堂、姜福祥等在研究鬼谷子的故里时，依据《临漳县志》及临漳县现存鬼谷子的遗址、遗迹和民间传说，作了收集整理和大量的考察、考证，也确认了鬼谷子出生在临漳县鬼谷子村及盐食村一带的记载。其影响已远播海外，临漳县鬼谷子村及盐食村已成为东南亚一些国家和地区，如新加坡、马来西亚、泰国、缅甸和中国台湾、香港等王氏民间宗亲社团寻根祭祖的圣地。

邺下才人 yè xià cái rén
邺下文人 yè xià wén rén

【词源】唐·贾曾《奉和春日出苑瞩目应令》："铜龙晓辟问安回，金辂春游博望开。渭北晴光摇草树，终南佳气入楼台。招贤已得商山老，托乘还征邺下才。臣在东周独留滞，忻逢睿藻日边来。"

【注】邺：邺城。

【释义】泛指极富才华的文人。

【书证】清·陈森《品花宝鉴》："夕阳欲下，则好鸟咸啼。流泉数金石之声，岩岫染黛眉之色。则有云间词客，邺下才人，落唾生珠，清词霏玉。"清·爱新觉罗·敦诚《挽曹雪芹》："邺下才人应有恨，山阳残笛不堪闻。"

【考据】邺城在今邯郸市临漳县西。

一佛出世 yī fó chū shì

【词源】唐·魏征《隋书·卷三十五·志第三十》："佛经者，西域天竺之迦维卫国净饭王太子释迦牟尼所说。……阿罗汉已上，至菩萨者，深见佛性，以至成道。每佛灭度，遗法相传，有正、象、末三等淳樗之异。年岁远近，亦各不同。末法已后……有大水、大火、大风之灾，一切除去之，而更立生人，又归淳朴，谓之小劫。每一小劫，则一佛出世。”

【释义】佛教认为，世界每经历一劫，才会有一佛出世。比喻事物非常难得，也以佛教灵魂出窍之说，引申喻死去活来。

【书证】宋·叶廷珪《海录碎事》卷十一引《谈苑》：“（唐）文宗尝谓近臣曰：‘词臣之选，古今尤难，朕闻朝廷除一舍人，六亲皆贺，谚以为一佛出世，岂容易哉！’”明·凌濛初《二刻拍案惊奇》卷三十八：“遂把李三上起刑法来，打得一佛出世，二佛升天，只不肯招。”明·施耐庵《水浒传》第九回：“（差拨）把林冲骂得一佛出世，哪里敢抬头答应。”明·施耐庵《水浒传》第三十九回：“打得宋江一佛出世，二佛涅槃，皮开肉绽，鲜血淋淋。”

【考据】魏征，见“白玉微瑕”。

一还一报 yī huán yī bào

【词源】元·纪君祥《赵氏孤儿》第四折：“（程勃，即赵武云）爹爹放心，到明日我先见过了主公，和那满朝的卿相，亲自杀那贼去。（唱）［耍孩儿］到明朝若与仇人遇，我迎头儿把他住；也不须别用军和卒，只将咱猿臂轻舒，早提番玉勒雕鞍辔，扯下金花皂盖车，死狗似拖将去。我只问他人心安在，天理何如？［二煞］谁着你使英雄忒使过，做冤仇能做毒，少不得一还一报无虚误。你当初屈勘公孙老，今日犹存赵氏孤。再休想咱容恕，我将他轻轻掷下，慢慢开除。”

【注】还：还回。报：报复。

【释义】同因果报应。指做了坏事，就会遭受报复。

【书证】清·曹雪芹《红楼梦》第十九回：“黛玉听了笑道：‘阿弥陀佛。到底是我的好姐姐。你一般也遇见对子了。可知一还一报，不爽不错的。’”元·岳伯川《铁拐李》第一折：“不是我千错万错，大刚来一还一报。”元·石子章《竹坞听琴》第四折：“我着你记着，想着，不会忘了。常言道‘一还一报’。”

【考据】见“安然如故”。

一望而知 yī wàng ér zhī

【词源】明·冯梦龙《东周列国志》第九十六回：“赵营军士许历书一简，上为‘请谏’二字，跪于营前。赵奢异之，命刊去前令，召入曰：‘汝欲何言？’许历曰：‘秦人不意赵师卒至，此其来气盛，元帅必厚集其阵，以防冲突，不然必败。'赵奢曰:'诺。'即传令列阵以待,许历又曰:'《兵法》:得地利者胜。阏与形势惟北山最高,而秦将不知据守,此留以待元帅也,宜速据之。'赵奢又曰:'诺。'即命许历引军万人,屯据北山岭上,凡秦兵行动,一望而知。"

【注】望:看。

【释义】一看就清清楚楚。

【书证】清·李绿园《歧路灯》:"又说了一回话,大约言语甜俗,意味粗浅,中藏早是一望而知的。"清·百一居士《壶天录·卷上》:"山川灵秀,奇异百出,此探奇览胜者一望而知也。"叶圣陶《潘先生在难中·一》:"一连问了八九家旅馆,都大大的写着'客满'的牌子;而且一望而知情商也没用,因为客堂里都搭起床铺,可知确实是住满了。"

【考据】赵奢,赵国名将,也是赵国七贤之一。今丛台七贤祠内有其塑像。

一无所长 yī wú suǒ cháng

【词源】明·冯梦龙《东周列国志》第九十九回:"平原君笑曰:'夫贤士处世,譬如锥之处于囊中,其颖立露。今先生处胜门下三年,胜未有所闻,是先生于文武一无所长也。'毛遂曰:'臣今日方请处囊中耳!使早处囊中,将突然尽脱而出,岂特露颖而已哉?'"

【注】长:长处,特长。

【释义】学识才干都很平庸。

【书证】清·吴趼人《二十年目睹之怪现状》第九十回:"那日记当中,提到他那位叶妹夫,便说他年轻而纨绔习气太重,除应酬外,乃一无所长,又性根未定,喜怒无常云云。"鲁迅《书信集·致曹聚仁》:"现在当局之手段,除摧毁一切,不问新旧外,已一无所长。"

【考据】毛遂是战国末期赵国人(今邯郸市属鸡泽县)。时为赵平原君门客,自荐出使楚国,促成楚赵联合抗秦。2008年,鸡泽县与中国毛氏研究会取得联系,以翔实的史料记载及确凿的考证取得中国毛氏研究会认定:毛遂为邯郸市鸡泽县人。

一字不易 yī zì bù yì

【词源】北宋·欧阳修《新唐书·卷二百二十·列传第一百二十七》:"开元间,苏颋(tǐng)、齐澣(huàn)、苏晋、贾曾、韩休、许景先及逖（tì）典诏诰，为代言最；而逖尤精密，张九龄视其草，欲易一字，卒不能也。”

【注】易：更换、更改。

【释义】文辞严密，精当得体，一字不能更改。也指一字不改地抄袭他人作品。

【考据】孙逖（695—761）：唐朝潞州涉县（今邯郸市涉县）人，孙逖幼时英俊，文思敏速。仕途顺畅，至开元二十九年（741），任河东黜陟使，天宝三载（744）权判刑部侍郎，天宝五载（746）改太子左庶子。他掌诰八年，制敕所出，为时流叹服。自开元以来，苏颋、齐澣、苏晋、贾曾、韩休、许景先及逖，为王言之最，逖尤善思，文理精练，加之谦退不伐，人多称赞。晚年转太子詹事。上元二年（761）卒，广德二年（764）皇帝追封孙逖为尚书右仆射。

意攘心劳 yì rǎng xīn láo

【词源】明·无名氏《三化邯郸》第二折：“卢生也，也是你三生累积功千劫，教我一夜思量计万条，意攘心劳。”

【注】攘，扰乱。

【释义】形容心绪焦躁而烦乱。

【书证】明·醉西湖新月主人《弁（biàn）而钗》第五回：“再三听，意攘心劳，料他们相思瘦，揉碎薛涛，忍见他断肠词调。”

【考据】见“衡门深巷”。

用武之地 yòng wǔ zhī dì

【词源】北宋·欧阳修《新五代史·杂传·李周传》：“李周，字通理，邢州内丘人，唐昭义军节度使抱真之后也。父矩，遭世乱不仕，尝谓周曰：‘邯郸用武之地，今世道未平，汝当从军旅以兴吾门。’周年十六，为内丘捕贼将，以勇闻。”

【注】武：通称军事、技击、强力之事。

【释义】形容地形险要，利于作战的地方。引喻可以施展才能的地方或机会。

【书证】唐·房玄龄《晋书·卷一百一十六·载记第十六》：“洛阳虽小，山河四塞，亦是用武之地。”冰心《两个家庭》：“你自己先把根基弄坏了，将来就有用武之地，也不能做个大英雄，岂不是自暴自弃？”

有国难投 yǒu guó nán tóu

【词源】元·无名氏《马陵道》

第二折："（郑安平云）孙膑，你只安心儿受死，不要大惊小怪的。（孙膑唱）[滚绣球]这法场近御沟，对凤楼，（带云）冤屈也！（唱）我这里叫尽屈有谁来分剖。送的我眼睁睁有国难投。强缚住我这调羹补衮的手，掩住我这衔冤负屈的口。这都是我自作自受，也不专为那人怨人仇。哀哉故国难回首。可正是烦恼皆因强出头，便死何求！"

【注】投：找上去，参加进去。

【释义】有国家却不能回去。形容走投无路。

【书证】明·施耐庵《水浒传》第十一回："谁想今日被高俅这贼坑陷了我这一场，文了面，直断送到这里，闪得我有家难奔，有国难投，受此寂寞。"元·无名氏《百花亭》第二折："则为我攀花折柳，致令的有国难投。"清·俞万春《荡寇志》第七十二回："那林冲何等好汉，被他颠倒得有家难奔，有国难投。"

【考据】见"八面威风"。

鹓鹭班 yuān lù bān

鹓鹭行 yuān lù háng

【典源】唐·魏征《隋书·卷十四志第九》："食至御前，奉食举乐辞……（其二）：彤庭烂景，丹陛流光。怀黄绾白，鹓鹭成行。文赞百揆，武镇四方。折冲鼓雷电，献夔协阴阳。大矣哉，道迈上皇。陋五帝，狭三王。穷礼物，该乐章。序冠带，垂衣裳。"

【注】鹓、鹭：两种鸟类，群飞有序。

【释义】喻古代列班整齐的文武朝官。亦喻文人才子。

【书证】宋·陆游《岁暮抒怀》："忆昔初辞鹓鹭行，慨然誓暮老耕桑。"宋·辛弃疾《御街行》："情知梦里寻鹓鹭，玉殿追班处，怕君不饮太愁生，不是苦留君住。"元·汪元亨《双调·雁儿落过得胜令·归隐》："耻随鹓鹭班，笑结鸡豚社。"

【考据】魏征，见"白玉微瑕"。

远水近渴 yuǎn shuǐ jìn kě

远水救不得近渴 yuǎn shuǐ jiù bù dé jìn kě

【词源】明·张四维《双烈记·代役·第八回》："你说千金报我，远水救不得近渴，见钟不打何须铸，算还咱免淘闲气。"

【注】"远水近渴"系"远水救不得近渴"的缩语。远：距离很大。

【释义】远处的水不能解眼前

的口渴。泛指事发的状况紧急，而解决的举措显效太慢，或不足以遏制事态的发展。

【书证】清·李绿园《歧路灯》第八回："春宇是生意人性情，也觉着远水不解近渴，也就没叫上学。"清·李绿园《歧路灯》第七十七回："他如今济宁做官，远水不能解近渴，一定该央你程大叔。"老舍《四世同堂》第五十六章："'长沙？'老祖父想了想，知道长沙确是属于湖南 。'离咱们这儿远得很呢！远水解不了近渴呀！'"

【考据】见"举鼎拔山"。

怨怨哀哀 yuàn yuàn āi āi

【词源】元·马致远《黄粱梦》第二折："(正末改扮院公拿拄杖慌上，云)……(唱)[商调][集贤宾]报道前厅上侍长恰到来。(带云)即是来到了呵，(唱)却怎生不听的把玳筵排？(洞宾云)这妇人忒无礼，瞒着我做这等勾当！(正末做听科，云)真个来了！(唱)有甚事吵吵七七？(旦儿哭科，云)我是为害眼，许下的愿心来。(正末唱)没来由怨怨哀哀，我这里七林林转过庭槐，慢腾腾行过厅阶，孤桩桩靠定明亮隔。"

【注】怨：哀痛。哀哀：悲伤不已。

【释义】哀怨声不绝。

【书证】元·无名氏《渔樵记》第二折："恁时节方知这个朱秀才，不要你插插花花认我来，哭哭啼啼泪满腮，你这般怨怨哀哀磕着头拜。"元·关汉卿《蝴蝶梦》第四折："空教我闷转加、愁无奈，只落得哭哭啼啼、怨怨哀哀。"

【考据】见"残茶剩饭"。

云屯雾集 yún tún wù jí

【词源】明·施耐庵《水浒传》第六十五回："这北京大名府是河北头一个大郡冲要去处，却有诸路买卖，云屯雾集，只听放灯，都来赶趁。"

【注】屯：聚集。集：积累。

【释义】像云和雾那样聚拢而来。形容数量多，而且集中得快。

【书证】清·李百川《绿野仙踪》第三回："又早到八月初头，各处的举子云屯雾集。"

【考据】见"北门锁钥"。

Z

簪缨世胄 zān yīng shì zhòu

【词源】元·郑德辉《王粲登楼》第二折："贤士乃簪缨世胄，堪为元戎帅首也。"

【注】簪、缨：古时达官贵人的冠饰。胄：后代。

【释义】指连续几代承袭祖上爵位做官的人。

【书证】明·凌濛初《二刻拍案惊奇》卷十七："舍人是簪缨世胄，况又是黉宫名士，指日飞腾，岂分什么文武门楣？"

【考据】见"王粲登楼"。

择善而行 zé shàn ér xíng

【词源】唐·魏征《十渐不克终疏》："陛下贞观之初，损己以利物，至于今日，纵欲以劳人，卑俭之迹岁改，骄侈之情日异。虽忧人之言不绝于口，而乐身之事实切于心。或时欲有所营，虑人致谏，乃云：'若不为此，不便我身。'人臣之情，何可复争？此直意在杜谏者之口，岂择善而行者乎？"

【注】行：做。善：良好。

【释义】选择好的、有益的事去做。

【书证】《敦煌文集·降魔变文》："翟昙何如旧扶六师，择善而行应好事。"

【考据】魏征，见"白玉微瑕"。

诈败佯输 zhà bài yáng shū
佯输诈败 yáng shū zhà bài

【词源】元·高文秀《须贾大夫谇范叔·楔子》："俺魏国与齐国有积世之仇，前年齐国遣孙膑统领军马，明称救韩，暗来袭魏，被他诈败佯输，添兵减灶，在马陵山下削木为号，众弩俱发，射死大将庞涓。"

【注】诈：欺骗。佯：假装。

【释义】假作被打败的样子。

【书证】明·施耐庵《水浒传》第八十五回："林冲、花荣占住吊桥，回身再杀，诈败佯输，诱引卢俊义抢入城中。"明·罗贯中《三国演义》第二十五回："今可即差刘备手下投降之兵，入下邳，见关公，只说是逃回的，伏于城中为内应；却引关公出战，诈败佯输，诱入他处。"明·吴承恩《西游记》第四十九回："猪八戒料道不得赢他，对沙僧丢了个眼色，二人诈败佯输，各拖兵器，回头就走。"

【考据】见“八面威风”。

毡上拖毛 zhān shàng tuō máo

【词源】元·纪君祥《赵氏孤儿》第一折：“（韩厥）程婴回来。你这其中必有暗昧。我着你去呵，似弩箭离弦；叫你回来呵，便似毡上拖毛。”

【注】毡：用动物毛擀压制成的毛毡。拖：拽着走。

【释义】在毡上拖拽着毛走，艰涩难行。形容脚步迟疑缓慢。

【书证】元·康进之《李逵负荆》第三折：“鲁智深窟里拔蛇……宋公明似毡上拖毛。”

【考据】见“安然如故”。

粘雨台 zhān yǔ tái

【典源】宋·李昉《太平广记·引王子年〈拾遗记〉》：“石虎于大武殿前起楼，高四十丈。结珠为帘，垂五色玉佩。上有铜龙，腹空，盛数百斛酒。使胡人于楼上噀酒，风至，望之如云雾。名曰‘粘雨台’，使以洒尘。”

【注】噀（xùn）：喷。

【释义】喻亭台楼阁装饰得豪华奢侈。

【考据】石虎：字季龙，魏晋南北朝时羯人石勒的养子。曾任魏郡太守，镇守邺城。石勒在襄国称帝建立后赵后，石虎篡权夺位，迁都邺城。

斩尽杀绝 zhǎn jìn shā jué

【词源】元·高文秀《渑池会》第四折：“（蔺相如同廉颇骊马儿上）（廉颇云）大夫，前面来的不是秦国军兵？看我擒拿也。（蔺相如云）来者何人？（净康皮力云）我乃秦将康皮力、范当灾，领大兵来，擒拿你这无名之将。（蔺相如云）这里比你那渑池会上省气力，操鼓来！（唱）[雁儿落]旗开云影飘，炮响雷霆噪。弓开秋月圆，箭发流星落。（调阵子科）（唱）[得胜令]霎时间尸首积山高，鲜血滚波涛。觅子寻爷叫，呼兄唤弟号。俺将帅雄骁，恰便似撞雾天边鹞。他军马奔逃，恰便似飘风云外鹤。（做拿净康皮力、范当灾科）（廉颇云）大夫，小官今日将秦国二将活挟将来了，将众兵斩尽杀绝也。”

【注】尽：全部。绝：断绝。

【释义】全部杀掉，一个也不留。亦喻做事决绝，不留余地。

【书证】明·吴承恩《西游记》第

五十三回："我本待斩尽杀绝，争奈你不曾犯法；二来看你令兄牛魔王的情上。"郭沫若《孔雀胆》第三幕第二场："据这样看来，高丽王似乎也做过了火，为什么一来总是那样斩尽杀绝?"魏巍《前进吧，祖国!》："他们就站在这道长城上，打击着、折磨着那些还没有斩尽杀绝的野兽。"

【考据】见"唇枪舌剑"。

展尽底蕴 zhǎn jìn dǐ yùn

【词源】北宋·欧阳修《新唐书·卷九十七·列传第二十二》："河北州县素事隐、巢者不自安，往往曹伏思乱。征白太宗曰：'不示至公，祸不可解。'帝曰：'尔行安喻河北。'道遇太子千牛李志安、齐王护军李思行传送京师，征与其副谋曰：'属有诏，宫府旧人普原之。今复执送志安等，谁不自疑者？吾属虽往，人不信。'即贷而后闻。使还，帝悦，日益亲，或引至卧内，访天下事。征亦自以不世遇，乃展尽底蕴无所隐，凡二百余奏，无不剀切当帝心者。由是拜尚书右丞，兼谏议大夫。"

【注】展尽：全部说出。底蕴：内心所掌握的所见、所闻及所思、所想。

【释义】毫无保留地把所有情况及自己的意见、看法和盘托出。

【书证】宋·熊克《中兴小记·十二·绍兴二年闰四月戊子》："自今行在百官，日轮一人面对，各宜展尽底蕴，以救时弊。"宋·李心传《建炎以来系年要录·绍兴六年十月癸亥》："今（张）浚成功淮上，其气甚锐，当使展尽底蕴，以副陛下之志。"

【考据】征：即魏征，今邯郸市馆陶县人。

展眼舒眉 zhǎn yǎn shū méi

【词源】元·郑光祖《王粲登楼》第三折："空学成补天才却无度饥寒计，几曾道展眼舒眉。则被你误了人儒冠布衣，熬熬人淡淡饭黄齑。"

【注】展：张开。舒：伸展。

【释义】形容称心遂意的愉悦神情。

【书证】清·文康《儿女英雄传》第三十六回："两边站着那班丫鬟仆妇望着老少主人，也都是展眼舒眉，一团喜气。"

【考据】见"王粲登楼"。

朝欢暮乐 zhāo huān mù lè

【词源】明·汤显祖《邯郸记·赠试》:"卢郎,自招你在此,成了夫妇。和你朝欢暮乐,百纵千随,真人间得意之事也。"

【注】朝:早晨。暮:傍晚。

【释义】谓从早到晚,寻欢作乐。

【书证】清·洪升《长生殿》第三十八出弹词:"哎!只可惜当日天子宠爱了贵妃,朝欢暮乐,致使渔阳兵起。"明·冯梦龙《警世通言·杜十娘怒沉百宝箱》:"虽则如此,两下情好愈密,朝欢暮乐,终日相守,如夫妇一般。"

【考据】见"黄粱美梦"。

赵高青雀 zhào gāo qīng què

【典源】宋·李昉《太平广记·引王子年〈拾遗记〉》:"秦王子婴,常寝于望夷宫。夜梦有人,身长十丈,鬓发绝伟,纳玉舄(xì)而乘丹车,驾朱马,至宫门云:'欲见秦王婴。'阍(hūn)者许进焉。子婴乃与之言。谓婴曰:'予是天使也,从沙丘来。天下将乱,当有欲诛暴者,翌日乃起。'子婴既疑赵高,因囚高于咸阳狱。纳高于井中,七日不死;更以镬煮之,亦七日不沸。戮之。子婴问狱吏曰:'高其神乎?'狱吏曰:'初囚高之时,见高怀有一青丸,大如雀卵。'时方士说云:'赵高先世受韩众丹法。受此丹者,冬日坐于冰,夏日卧于炉上,不觉寒热也。'及高戮,子婴弃尸于九逵之路,泣哭者千家。咸见一青雀从高尸中出,直飞入云。九转之验,信于是乎!"

【释义】迷信传说。喻牵强附会、胡编乱造之说。

【考据】赵高:秦时邯郸人。秦始皇去世时,与李斯密谋伪造遗诏逼始皇长子扶苏自杀,立二世胡亥为皇帝,后又逼胡亥自杀,立扶苏之子子婴为帝。终被子婴于前207年斩杀。

赵人患鼠 zhào rén huàn shǔ

【典源】明·刘基《郁离子·捕鼠》:"赵人患鼠,乞猫于中山,中山人予之。猫善捕鼠及鸡,月余,鼠尽而鸡亦尽。其子患之,告其父曰:'盍去诸?'其父曰:'是非若所知也。吾之患在鼠,不在乎于鸡。夫有鼠,则窃吾食,毁吾衣,穿我垣墉,坏伤吾器用,吾将饥寒焉。不病于无鸡乎?无鸡者,弗食鸡则已耳,去饥寒犹远。若之何而去夫猫也？’”

【注】赵：赵国，这里指赵国的一家人。患鼠：受到鼠的祸害。这个故事是说：赵国一家人受到鼠的祸害。这家的父亲到中山国要了一只猫。这只中山猫善于捕捉老鼠，但也逮鸡。一个多月过去了，这家家里老鼠没有了，鸡也被猫吃光了。儿子十分担忧地对父亲说：“为什么不把猫赶走呢？”父亲说：“这你就不懂了，我所担心的是老鼠，不在乎鸡。老鼠偷吃我们的粮食，毁坏我们的衣服，挖透我们房屋的墙壁，破坏我们的器具，那我们将会挨饿受冻的。害处不是比没有鸡更大吗？没有鸡，我们不吃鸡就罢了，离挨饿受冻还远着呢。为什么要把猫赶走呢？”

【释义】喻做事要权衡利弊，掌握两权相害取其轻的原则。

【考据】本典故说的是赵国的事。

折桂攀蟾 zhé guì pān chán

攀蟾折桂 pān chán zhé guì

【词源】元·无名氏《三化邯郸》第二折：“折桂攀蟾姓字标，入省登台意气豪。”

【注】桂：月桂树，桂冠。蟾：蟾宫，指月亮。

【释义】古代喻科考得中。

【书证】元·关汉卿《陈母教子》第二折：“二哥哥，枉展污了你那折桂攀蟾的钓鳌手。”元·李好古《张生煮海》第二折：“休为那约雨期云龙氏女，送了你个攀蟾折桂俊多才。”明·无名氏《闹钟馗·楔子》：“论此人文艺高强，稳情取攀蟾折桂，那期间天下扬名。”

【考证】见“衡门深巷”。

争长竞短

zhēng cháng jìng duǎn

竞短争长 jìng duǎn zhēng cháng

【词源】北宋·柳开《穆夫人墓志铭》：“异姓相聚，争长竞短。”

【注】竞：追究，计较。

【释义】计较细枝末节，争夺利害得失。

【书证】北宋·黄庭坚《书寄祝有道》：“人家兄弟无不义者，盖因娶妇入门，异姓相聚，争长竞短，渐渍日闻，以至背戾，分门割户。”明·冯梦龙《醒世恒言》第八卷：“只因刘璞病势愈重，恐防不妥，单要哄媳妇到了家里，便是买卖了。故此将错就错，更不争长竞短。”明·无名氏《渔樵闲话》:“为利图名呵如燕雀营巢,争长竞短,如虎狼竞食。”清·西周生《醒世姻缘传》第三十回:“那等悍妻泼妾,逆妇悍姑,或与婆婆合气,或与丈夫反目,或是妯娌们言错语差,或是姑嫂们竞短争长,或因偏护孩子,或因讲话舌头,打街骂巷,恶舍闹邻。”

【考据】柳开(947—1000):宋代大名人,原名肩愈,字绍先,后更名开,字仲涂,号东郊野夫,补亡先生。太祖开宝六年进士。补宋州司寇参军。太宗征北汉,随同督运楚、泗八州军粮。选知常、润二州,拜监察御史,复迁殿中侍御史。后历知宁边军、全州、桂州、邠州等。真宗即位,命知代州,上书建议加强对西夏之防务,及省职官,减虚费。咸平二年辽军攻宋,上书请真宗亲征。愈年徙沧州,道病卒。

争名夺利 zhēng míng duó lì

【词源】元·马致远《黄粱梦》第一折:“(钟离权上唱)……[混江龙]当日个曾逢关尹,至今遗下五千文。大刚来玄虚为本,清净为门。虽然是草舍茅庵一道士,伴着这清风明月两闲人。也不知甚的秋,甚的春,甚的汉,甚的秦,长则是习疏狂、躯懒散、佯装钝,把些个人间富贵,都做了眼底浮云。(云)想世人争名夺利,何苦如此!(唱)[油葫芦]莫厌追欢笑语频,但开怀好会宾,寻思离乱可伤神。俺闲遥遥独自林泉隐,你虚飘飘半纸功名进。你看这紫塞军、黄阁臣,几时得个安闲分,怎如我物外自由身!”

【注】名:名誉地位。利:利益。

【释义】争抢名位和经济利益。

【书证】元·柯丹秋《荆钗记·迎请》:“倘登高第,雁塔题名身高贵,若能够赠母封妻,也不枉了争名夺利。”明·吴承恩《西游记》第一回:“争名夺利几时休?早起迟眠不自由!”柳青《狼透铁·八》:“被同志误解真令人心疼!把忠实于人民的事业说成争名夺利真令人寒心!”

【考证】见“残茶剩饭”。

中山狼 zhōng shān láng

【词源】明·马中锡《中山狼传》:“赵简子大猎于中山,虞人导前,鹰犬罗后,捷禽鸷兽,应弦而倒者不可胜数。有狼当道,人立而啼。简子唾手登车,援乌号之弓,挟肃慎之矢,一发饮羽,狼失声而逋。简子怒,驱车逐之。

惊尘蔽天，足音鸣雷，十步之外，不辨人马。……

“遥望老子杖藜而来，须眉皓然，衣冠闲雅，盖有道者也。先生且喜且愕，舍狼而前，拜跪啼泣，致辞曰：‘乞丈人一言而生！’丈人问故，先生曰：‘是狼为虞人所窘，求救于我，我实生之。今反欲咥我，力求不免，我又当死之。欲少延于片时，誓定是于三老。初逢老杏，强我问之，草木无知，几杀我；次逢老牸，强我问之，禽兽无知，又将杀我。今逢丈人，岂天下之未丧斯文也！敢乞一言而生。’因顿首杖下，俯伏听命。丈人闻之，欷歔再三，以杖叩狼曰：‘汝误矣！夫人有恩而背之，不祥莫大焉！儒谓，受人恩而不忍背者，其为子必孝，又谓虎狼知父子。今汝背恩如是，则并父子亦无矣。’乃厉声曰：‘狼速去，不然，将杖杀汝！’”

“狼曰：‘丈人知其一，未知其二。请诉之，愿丈人垂听。初，先生救我时，束缚我足，闭我囊中，压以诗书，我鞠躬不敢息。又蔓词以说简子，其意盖将死我于囊，而独窃其利也。是安可不咥？’丈人顾先生曰：‘果如是，是羿亦有罪焉。’先生不平，具状其囊狼怜惜之意。狼亦巧辩不已以求胜。丈人曰：‘是皆不足以执信也。试再囊之，吾观其状，果困苦否？’狼欣然从之，伸足先生。先生复缚置囊中，肩举驴上，而狼未之知也。丈人附耳谓先生曰：‘有匕首否？’先生曰：‘有。’于是出匕。丈人目先生使引匕刺狼。先生曰：‘不害狼乎？’丈人笑曰：‘禽兽负恩如是，而犹不忍杀，子固仁者，然愚亦甚矣！从井以救人，解衣以活友，于彼计则得，其如就死地何！先生其此类乎？仁陷于愚，固君子之所不与也。’言已大笑。遂举手助先生操刃，共殪狼，弃道上而去。”

【注】中山：地名。

【释义】指恩将仇报的人。引喻稍有仗持就欺凌他人。

【书证】清・和邦额《夜谭随录・王侃》：“女子已预坐溪畔石上，笑谓王曰：‘得无以中山狼见目耶？’”清・曹雪芹《红楼梦》第五回：“子系中山狼，得志便猖狂。”

【考据】见“东郭先生”。

终天恨 zhōng tiān hèn

【词源】元・纪君祥《赵氏孤儿》第一折：“（韩厥云）程婴，我若把这孤儿献将出去，可不是一身富贵？但我韩厥是一个顶天立地的男儿，怎肯做这般勾当！(唱)［醉中天］我若是献出去图荣进，却不道利自己损别人。可怜他三百口亲丁尽不存，着谁来雪这终天恨？(带云)那屠岸贾若见这孤儿呵，(唱)怕不就连皮带筋，捻成齑粉。我可也没来由立这样没眼的功勋。”

【注】终：最后，到底。

【释义】恨到底，形容仇恨之深，也喻不可挽回的遗恨。

【书证】明·高则成《琵琶记·一门旌奖》：“卑人空怀罔极之思，徒抱终天之恨。”清·西周生《醒世姻缘传》第七十六回：“万一尚得相见，免得终天之恨，事在不疑。”

【考据】见“安然如故”。

钟漏并歇 zhōng lòu bìng xiē

【词源】唐·沈既济《枕中记》：“臣本山东诸生，以田圃为娱。偶逢圣运，得列官叙，过蒙殊奖，特秩鸿私。出拥节旌，入升台辅，周旋中外，绵历岁时。有忝天恩，无裨圣化，负乘贻寇，履薄增忧，日惧一日，不知老至。今年逾八十，位极三事，钟漏并歇，筋骸俱耄(mào)，弥留沈顿，待时益尽，顾无成效，上答休明，空负深恩，永辞圣代。”

【注】钟、漏：古时计时器具。并：一起。歇：停止，尽、完。

【释义】喻年老体衰，身心俱疲，接近死亡。

【书证】清·蒲松龄《聊斋志异·辛十四娘》：“老身钟漏并歇，残年向尽，骨肉之间，殊多乖阔。”清·王韬《淞隐漫录》：“老身钟漏并歇，何处贵人，辱临敝地。”

【考据】见“黄粱美梦”。

仲宣独步 zhòng xuān dú bù

【词源】唐·魏征《隋书·卷三十五·志第三十》：“文者，所以明言也。古者登高能赋，山川能祭，师旅能誓，丧纪能诔(lěi)，作器能铭，则可以为大夫。言其因物骋辞，情灵无拥者也。唐歌虞咏，商颂周雅，叙事缘情，纷纶相袭，自斯已降，其道弥繁。世有浇淳，时移治乱，文体迁变，邪正或殊。宋玉、屈原，激清风于南楚，严、邹、枚、马，陈盛藻于西京，平子艳发于东都，王粲独步于漳滏。”

【注】独：仅，只有。

【释义】称赞王粲在漳河及滏

河一带文采风范独树一帜。

【书证】唐·李瀚《蒙求》："……楚庄绝缨。恶来多力，飞廉善走。赵孟疵面，田骈天口。张凭理窟，裴頠谈薮。仲宣独步，子建八斗。广汉钩距，弘羊心计。卫青拜幕，去病辞第。郦寄卖友，纪信诈帝。……"

【考据】魏征，见"白玉微瑕"。

铸成大错 zhù chéng dà cuò

【典源】北宋·司马光《资治通鉴·唐纪·昭宗天佑三年》："初，田承嗣镇魏博，选募六州骁勇之士五千人为牙军，厚其给赐以自卫，为腹心。自是父子相继，亲党胶固，岁久益骄横，小不如意，辄族旧帅而易之。自史宪诚以来皆立于其手。天雄节度使罗绍威心恶之，力不能制。……复遣牙将臧延范趣全忠。全忠乃发河南诸镇兵七万，遣其将李思安将之，会魏、镇兵屯深州乐城，声言击沧州，讨其纳李公佺也。……至是悉平之，引兵南还。全忠留魏半岁，罗绍威供亿，所杀牛羊豕近七十万，资粮称是，所赂遗又近百万，比去，蓄积为之一空。绍威虽去其逼，而魏兵自是衰弱。绍威悔之，谓人曰：'合六州四十三县铁，不能为此错也！'"

【注】铸：铸造，造成。错：错误。

【释义】"合六州四十三县铁，不能为此错也"意为用六州四十三县铁也铸不成如此大锉。这里借"错"、"锉"谐音，造成重大错误之意。

【书证】姚雪垠《李自成》第一卷第十五章："倘若我晚回一步，岂不铸成大错！"茅盾《一张不正确的照片》："而笔者之所以铸此大错，实因他不懂得1932年文坛现象之历史性。"

【考据】罗绍威（910—942）：字端已，五代后梁大臣，魏州贵乡（今河北大名）人。

追风觅影 zhuī fēng mì yǐng
追风捕影 zhuī fēng bǔ yǐng

【词源】明·无名氏《三化邯郸》第四折："跋涉沧溟，才度蓬瀛，真乃是追风觅影。"

【注】觅：寻找。

【释义】追寻虚幻缥缈的东西。

【书证】明·胡文焕《群音类选·五子登科记·祭头巾》："祭遇者拾芥拈芹，似我时追风捕影。"

【考据】见"衡门深巷"。

浊骨凡胎 zhuó gǔ fán tāi

【词源】元·马致远《黄粱梦》第二折："（洞宾云）好老婆，我不在家，你养着奸夫吃酒！老院公那老匹夫在哪里？（老院公唱）听说罢撧耳揉腮。（洞宾云）我则杀了这妇人。（老院公云）这事怎了？（唱）我这里伤心空跌脚，低首自渐胲。[逍遥乐]夫人也想着你那百年恩爱、半世夫妻，好也啰你做下这一场丑态。（洞宾云）我吃这妇人气杀我也！（老院公唱）休道是浊骨凡胎，便是释迦佛也恼下莲台。"

【注】浊骨：浊人骨，浊人在佛教界指凡俗的人。

【释义】意谓世俗凡人。

【书证】元·马致远《岳阳楼》第二折："虽然如此，争奈浊骨凡胎，无人点化。"清·西周生《醒世姻缘传》第二十七回："大家与玉皇大帝相傲，却不再寻思你这点点子浊骨凡胎，怎能傲得天过。"明·施耐庵《水浒传》第四十四回："杨林道：'只恐小弟是凡胎浊骨，比不得兄长神体。'"

【考据】见"残茶剩饭"。

姿彩殊异 zī cǎi shū yì

【词源】宋·李昉《太平广记·第二百·文章·三引〈谈薮〉》："北齐高昂字敖曹，胆力过人，姿彩殊异。其父次同，为求严师教之。昂不遵师训，专事驰骋。每言男儿当横行天下，自取富贵，谁能端坐读书，做老博士也。其父以其昂藏敖曹，故名字之。东魏末，齐神武起义，昂倾意附之，因成霸业，除侍中司徒，兼西南道大都督。而敖曹酷好为诗，雅有情致，时人称焉。"

【注】姿：形貌，态度。彩：通"采"。文辞才华。殊：超过。

【释义】身姿风貌、学识才华都超越常人。

【考据】《北齐书·高昂传》载，高昂于东魏孝静帝天平元年(534)为侍中，由司空转司徒，为三公之一，与高欢共掌朝政。元象元年(538)，为京城（邺城）最高长官——京兆郡公。同年，邙山之战阵亡。

字字珠玉 zì zì zhū yù

字字珠玑 zì zì zhū jī

【词源】明·汤显祖《邯郸记·

赠试》:“原来如此,感谢娘子厚意。听的皇榜招贤,尽把所赠金资,引动朝贵,则小生之文字字珠玉矣。”

【注】珠玉:用玉琢成的珠子。

【释义】文章中每一个字都像珍珠那样金贵、闪光。形容文章写得好。

【书证】老舍《八方风雨》:“抗战中我是到处流浪,没有一定的住处,没有适当的饭食,而且时时有晕倒的危险,我怎能写出字字珠玑的东西来呢?”

【考据】明·汤显祖的《邯郸记》是依据唐·沈既济的《枕中记》改编。见“黄粱美梦”。

宗庙丘墟 zōng miào qiū xū

【词源】唐·吴兢《贞观政要·卷六·杜谗邪第二十三》:“贞观初,太宗谓侍臣曰:‘朕观前代谗佞之徒,皆国之蠹贼也。或巧言令色,朋党比周;若暗主庸君,莫不以之迷惑,忠臣孝子所以泣血衔冤。故丛兰欲茂,秋风败之;王者欲明,谗人蔽之。此事著于史籍,不能具道。至如齐、隋间谗谮事,耳目所接者,略与公等言之。斛律明月,齐朝良将,威震敌国,周家每岁斫汾河冰,虑齐兵之西渡。及明月被祖孝征谗构伏诛,周人始有吞齐之意。高颎(jiǒng)有经国大才,为隋文帝赞成霸业,知国政者二十余载,天下赖以安宁。文帝惟妇言是听,特令摈斥,及为炀帝所杀,刑政由是衰坏。又隋太子勇抚军监国,凡二十年间,固亦早有定分。杨素欺主罔上,贼害良善,使父子之道一朝灭于天性。逆乱之源,自此开矣。隋文既混淆嫡庶,竟祸及其身,社稷寻亦覆败。古人云“世乱则谗胜”,诚非妄言。朕每防微杜渐,用绝谗构之端,犹恐心力所不至,或不能觉悟。前史云:“猛兽处山林,藜藿为之不采;直臣立朝廷,奸邪为之寝谋。此实朕所望于群公也。”’魏征曰:“《礼》云:戒慎乎其所不睹,恐惧乎其所不闻。”《诗》云:“恺悌君子,无信谗言。谗人罔极,交乱四国。”又孔子曰:“恶利口之覆邦家,盖为此也。”臣尝观自古有国有家者,若曲受谗谮,妄害忠良,必宗庙丘墟,市朝霜露矣。愿陛下深慎之!’”

【注】宗庙:古代帝王祭祀祖宗的庙堂。

【释义】宗庙变成废墟。喻国破家亡之意。

【书证】元·施惠《幽闺记·罔害皤良》："城市中喧喧嚷嚷，村野间哭哭啼啼，可惜车驾奔驰，生民涂炭，宗庙丘墟。"清·郑燮《范县署中寄舍弟墨第五书》："以及宗庙丘墟，关山老戍之苦，宛然在目。"

【考据】魏征，见"白玉微瑕"。

钻天入地 zuān tiān rù dì

【词源】北宋·庞元英《文昌杂录》卷四："北京留守王宣徽，洛中园宅尤胜，中堂七间，上起高楼，更为华侈。司马公在陋巷，所居才能芘风雨，又作地室，常读书于其中。洛人戏云：'王家钻天，司马家入地。'然而道德之尊，彼亦不知颜氏子之乐也。"

【注】司马公：即司马光。芘：遮蔽。"芘"在《辞源》中"遮蔽"意通"庇"；在《辞海》中通"庇"，荫蔽。"庇"：在《现代汉语词典》中有遮蔽、保护意。王家钻天：王家居住奢华；司马家入地：指司马光地室。也喻司马家房舍简陋。

【释义】原指王和司马两家居住条件悬殊极大。现多用来形容人坚韧不拔的精神气质。也用来指某些人极善利用社会关系钻营取巧，谋取不当得利。

【书证】明·吴承恩《西游记》第三十二回："他是个钻天入地，斧砍火烧，下油锅都不怕的好汉。"

【考据】北京：宋时北京即现邯郸市大名县驻地附近。

引用、参考书目

1. 夏征农主编:《辞海》,上海辞书出版社 1989 年版。
2. 程志强编著:《中华成语大辞典》,中国大百科全书出版社 2003 年版。
3. 余清逸主编:《古汉语成语典故词典》,黑龙江人民出版社 1985 年版。
4. 朱祖延主编:《汉语成语大词典》,河南人民出版社 1982 年版。
5. 宋·班固撰:《汉书》,中华书局 2005 年版。
6. 宋·范晔撰:《后汉书》,中华书局 2005 年版。
7. 汉·司马迁撰:《史记》,中华书局 1959 年版。
8. 安继民注译:《荀子》,中州古籍出版社 2008 年版。
9. 梁启雄著:《荀子简介》,中华书局 1983 年版。
10. 西汉·戴德撰:《礼记》,北京燕山出版社 2009 年版。
11. 南朝·宋 刘义庆撰:《世说新语》,北京燕山出版社 2009 年版。
12. 宋·司马光编著:《资治通鉴》,中华书局 1956 年版。
13. 出版社编写组编:《古今汉语成语词典》,山西人民出版社 1985 年版。
14. 肖礼主编:《典故小词典》,河北少年儿童出版社 1993 年版。
15. 肖峰、东梅编:《历史掌故小词典》,河北少年儿童出版社 1993 年版。
16. 吴兆基编著:《中华成语故事》,京华出版社 2005 年版。
17. 藏瀚之编著:《中华典故》,京华出版社 2004 年版。
18. 梅萌主编:《汉语成语大全》,商务印书馆国际有限公司 2007 年版。
19. 出版社编写组:《成语大词典》,商务印书馆国际有限公司 2007 年版。
20. 侯廷生编著:《邺城历史故事》,国际文化出版公司 1996 年版。
21. 刘心长:《曹操墓研究》,中国文史出版社 2000 年版。
22. 申有顺主编:《邯郸成语典故论丛》,研究出版社 2008 年版。

23. 郝良真、孙继民:《邯郸历史文化论丛》,中国文史出版社 2004 年出版。
24. 出版社编写组:《文白对照二十五史精华》,海南出版社、三环出版社 1993 年版。
25. 出版社编写组:《元曲选》,中华书局 1958 年版。
26. 出版社编写组:《元曲选外编》,中华书局 1959 年版。
27. 出版社编写组:《元杂剧选注》,北京出版社 1980 年版。
28. 郝在朝编:《邯郸成语典故集》,中华工商联合出版社 1997 年版。
29. 梁辰、马延良、乔永生编著:《邯郸成语典故辞典》,研究出版社 2008 年版。